让 我 们 一 起 追 寻

〔美〕埃里克·杰·多林（Eric Jay Dolin）作品　　　冯璇 译

皮毛、财富 和 帝国

Fur
Fortune
and
Empire

美　国　皮　毛　交　易　的　史　诗

THE EPIC HISTORY OF THE FUR TRADE IN AMERICA

社会科学文献出版社
SOCIAL SCIENCES ACADEMIC PRESS (CHINA)

献给珍妮弗

北美殖民地扩张的历史也可以看作皮毛交易的历史。欧洲人最先被通过皮毛获利的期望吸引到北美洲海岸地区。建立起殖民地之后，这项交易带来的收入成了早期英国、法国和荷兰的殖民地定居者维持生计的主要途径……很多已经无人知晓其姓名的交易者才是最先踏上这片地区的白人，他们心心念念的只是皮毛交易，而不是什么发现者的称号，所以这些荣誉都被算在了他人头上……交易者面前是未经探索的蛮荒之地；交易者身后是由他们开辟出来的道路和不断扩大的殖民活动浪潮……皮毛交易者就是这样在新大陆上拓荒的。

——阿瑟·H. 巴芬顿（Arthur H. Buffinton），出自塞缪尔·埃利奥特·莫里森（Samuel Eliot Morison）1916年1月提交给马萨诸塞州殖民历史学会的论文

本书获誉

本书与多林另一本关于美国捕鲸行业历史的著作相得益彰……作者梳理了能够提供皮毛的哺乳动物在美利坚合众国的崛起与扩张中发挥的作用……对一段容易被忽视的血腥年代的精彩而及时的描绘。

——里克·伯恩斯（Ric Burns），纪录片制片人

埃里克·杰·多林对于这个国家的皮毛交易历史的精彩论述是关于这个美国最令人着迷的行业之一的最受欢迎的流行历史著作……昨日胜景的完美重现！

——詹姆斯·A. 汉森（James A. Hanson），皮毛交易博物馆首席历史学家

出色的叙事技巧，将美国皮毛交易在经济、环境和政治层面的丰富内涵融合进引人入胜的故事……历史题材写作的最高境界。

——彼得·德鲁米（Peter Drummey），马萨诸塞州历史学会斯蒂芬·T. 赖利图书馆馆长

《皮毛、财富和帝国》内容全面、研究深入，是关于北美洲皮毛交易的可读性极高的历史著作，这段历史是解释美国成为一个大陆国家的关键一环。

——罗伯特·M. 尤里（Robert M. Utley），国家公园管理局前任首席历史学家

目　录

引　言

在普利茅斯殖民地建立之初，"《圣经》与河狸是年轻
的殖民地的两个支柱"，历史学家詹姆斯·特拉斯洛·亚当
斯（James Truslow Adams）在 1921 年时这样写道。[1]鉴于清
教徒都是为了躲避宗教迫害而逃到美洲的宗教分裂主义者，
我能明白亚当斯为什么会提到《圣经》。《圣经》是清教徒
生活方式的核心，其中的教义能够在极其困苦的环境中为人
们指明存在的价值，让人们保有美好的希望。但是我不理解
他为什么要把河狸与《圣经》相提并论，这激发了我的好
奇心，于是我阅读了更多相关的内容，很快就发现河狸的说
法是完全有道理的。在清教徒刚抵达美洲后的十余年里，他
们最主要的收入来源是将从印第安人那里获得的皮毛转卖到
伦敦，正是这项交易让他们有了购买物资和偿还债务的能
力。[2]所以说，河狸对于殖民地的存续起到了至关重要的作
用。这样的发现让我感到十分惊讶。关于美国的皮毛交易，
还有多少是我不曾知晓的？答案是很多很多。

皮毛交易是塑造美国 17 世纪早期到 19 世纪晚期历史走
向的重要动力，在殖民地的建立和演变及美国的发展壮大中

扮演着重要的角色。由于时尚潮流的主宰和人类的虚荣心作祟，人们杀死了数以百万计的动物以获取它们的皮毛。对皮毛持续不断的追求所引发的文化之间的碰撞、财富的波动，以及血腥的战争给后人留下了许多充满戏剧性而且通常是以悲剧收场的故事。

皮毛交易还决定了帝国的走向。它加速了北美洲东部的殖民化，同时，为争夺对这片区域里的皮毛交易的控制权，欧洲列强之间展开了激烈的竞争进而引发了冲突和摩擦，让新大陆沦为战场。最终，瑞典人、荷兰人和法国人都被赶出了这片大陆。皮毛交易产生的争端还是引发美国大革命和1812 年战争的因素之一。随着皮毛交易向太平洋沿岸不断扩张，它也成了推进美国领土扩张，尤其是拓展西北边界线的关键动力。

皮毛交易者和动物捕杀者往往是印第安人最先见到的白人，皮毛交易活动给印第安文化带来了巨大的影响，然而这种影响往往没什么益处。同样受到巨大影响的还有美洲大陆上的众多物种。皮毛交易就像一场致命的浪潮席卷了整片大陆。皮毛交易虽并未造成任何物种的灭绝，但少数情况下它已接近此临界点了。

美国皮毛交易的故事不仅讲述了它在经济、军事、文化和生态层面的影响，更号称拥有一个远超好莱坞史诗巨片范围的演员阵容（其角色往往可以概括为"好人、坏人和丑恶的人"）——在这里你可以看到正直的人和扭曲的人、享乐主义者和空想家，还有开国元勋和回头浪子。然而所有角色中最令人印象深刻的，恐怕还要数所有让皮毛交易成为可能的动物们，其中的代表就是河狸、海獭和野牛。

关于美国皮毛交易的书籍和文章成千上万。1902 年，海拉姆·马丁·奇滕登（Hiram Martin Chittenden）在他的经典著作——长达 1029 页的《美洲远西区的皮毛交易》（*The American Fur Trade of the Far West*）中提醒自己的读者："鉴于要梳理的材料过于庞杂，涉及的事物纷繁多样，作者在决定如何以一个更符合逻辑的顺序来呈现各个主题的过程中经历了很多困难。各种事件千差万别，相互之间也没有什么关联，想要形成一个连贯的叙述几乎是不可能的。"[3]奇滕登的作品关注的还仅仅是 19 世纪西部地区的皮毛交易这一主题，而本书涉及的范围比那广泛得多。即便如此，我仍然 XVII 发现了一条清楚明白、丝丝入扣的叙述主线，还发现随着叙述的推进，全书将迎来一个符合逻辑的结局，那就是在 19 世纪晚期和 20 世纪早期兴起的自然保护运动，以及各地纷纷出台关于限制捕杀带皮毛动物的法规。因此，本书关注的不是美国皮毛交易在 20 世纪或 21 世纪的发展，也不会谈及当下备受关注的关于动物权益或穿着皮毛有无正当性之类的政治和道德辩论。这本书真正讲述的是皮毛交易初期的非凡故事，那时的人们喊的是这样的口号："趁有皮毛赶紧剥！"

第一部分

皮毛定居新大陆

1609 年 4 月 4 日，英国探险家亨利·哈得孙带领他的　3
16 名船员，驾驶着 85 英尺长的"半月号"（*Halve Maen*）
大帆船从阿姆斯特丹出发，前去寻找通往富有的东方的东北
航线。没人知道当哈得孙看着城市的轮廓一点点消失在远方
时，他在想些什么，但他显然确信自己接到的任务是一件徒
劳无功的差事，所以一种可能只有听天由命的预感占了上
风。1608 年，在哈得孙还受雇于英国贸易巨头马斯科威公
司（Muscovy Company）的时候，他就曾带着与此次航行相
同的任务出海，结果被坚不可摧的浮冰群挡住了去路。无论
是他的亲身经历，还是包括著名的荷兰人威廉·巴伦支
（Willem Barents）在内的其他探险家的尝试都让他相信，寻
找通往东方的东北航线的这种念头只是一种充满危险的幻
想。此外，英国探险家约翰·史密斯（John Smith）和乔
治·韦茅斯（George Weymouth）向西航行，横穿大西洋后　4
带回英国的各种信息也让哈得孙愈发确定，传说中的通往东
方的航线应该就在那个方向，而且是在沿着新大陆海岸线的
某个地方。哈得孙当然不会把自己的这些担忧告诉荷兰东印

度公司的董事们，因为他们正是为航行出资的人。无论既有的证据提出多少相反意见，那些人仍然坚信东北航线是唯一切实可行的通路。不过，哈得孙关于这次航行的一些疑虑肯定还是不知怎么地传到了公司高层的耳朵里，因为就在他临行之前，公司突然调整了对这次航行活动的指示，明确要求哈得孙驾驶"半月号"向东北方向航行，"不许考虑寻找任何其他航线或通路"。[1]

一个月之后，"半月号"果然一头扎进了俄国北部海岸线外"一片满是浮冰的……海洋"。哈得孙利用这个机会向那些对他意见越来越大的船员们提出了两个选项：要么没有任何发现、一无所获地返回阿姆斯特丹；要么大胆地赌一把，以史密斯或韦茅斯的航行日志为向导横穿大西洋。根据他俩的航海日志，史密斯相信沿着美洲海岸南下一定能发现一片可以通往东方的大海，而韦茅斯则认为沿着今天的加拿大北方边界可以找到通往东方的航线。船员们选择赌一把，于是哈得孙把宝押在了史密斯的理论上。如今，他终于得到了自己最想要的东西——一个证明自己的机会。[2]

船磨破了，连船上的一根桅杆也被劈成了两截。在经历了这般惊涛骇浪的航行过程之后，哈得孙和他的船员们于7月中旬抵达了新斯科舍（Nova Scotia）。从这里又向西南行驶了一个多月后，他们靠近了英国弗吉尼亚殖民地的詹姆斯敦（Jamestown）。从那里再向南航行了不久，哈得孙就掉头沿海岸返回了。快到8月底的时候，哈得孙和他的手下成了已知的第一批抵达特拉华湾的西方人，不过那里密集的沙洲和浅滩立刻打消了他们想要从这里通往东方的想法。[3]于是他们离开了这个港湾，继续沿着海岸北上。到 9 月中，当灿烂的阳光驱散了最后一缕晨雾的时候，"半月号"驶入了"两个陆岬之间，进入了……一条人们能找到的最好的大河。这条河又深又宽，河岸两边还有很多适宜抛锚的停船地点"。[4] "半月号"此时驶入的这条大河就是将来会以哈得孙的名字命名的哈得孙河。

哈得孙无比迫切地希望自己终于找到了人们一直渴望发现的通路，于是他沿着河道缓缓向上游继续航行。起初，一切似乎充满希望，河道"有 1 英里宽"（约 1609 米），两边有光秃秃的断崖，有些地方的水深能够达到 14 英寻。[5]然而，沿河航行了一周多的时间，走出了约 150 英里的距离后，河道开始变窄，河底也开始升高。最终，"半月号"无法继续前进了，哈得孙的航行在如今纽约州奥尔巴尼市附近的地方进入了死胡同。到 10 月初，哈得孙驾船沿原路驶回河口，然后横渡大西洋返航，向自己的雇主报告这个令人失望的消息去了。

哈得孙没有亲自传达这一消息。因为不知出于什么原因，他没有直接驶回阿姆斯特丹，而将船停靠在英格兰的达特茅斯，结果他被英国政府扣留了，因为后者希望他能够"为自己的国家服务"，而不是为英格兰的老对手荷兰效力。[6]虽然哈得孙没能回到荷兰，但是关于他航行的消息被传到了那里。伊曼纽尔·范米特伦（Emanuel van Meteren）是一个居住在伦敦的荷兰人，他正是促成哈得孙驾驶荷兰船只出海的中间人。范米特伦撰写了一份报告，连同哈得孙的航海日志一起送回了荷兰。荷兰的商人们听说哈得孙的发现之后都表现出极大的兴趣，因为承蒙其在航行过程中遇到的那些印第安人，哈得孙了解了很多消息，而他带回来的这些消息暗示了巨大的潜在利益。[7]

商人们听说，当哈得孙的"半月号"在河口外停泊时，有穿着"鹿皮"、"用羽毛装饰的披风"和"优质皮毛外套"的印第安人到访过他的船只。① 实际上，这些印第安人非常渴望与他们进行交易，他们"很文明"，也"很高兴"见到欧洲人。在接下来的一个月里，当哈得孙在河流上往返航行时，印第安人用玉米、牡蛎、豆子、葡萄、烟草、南瓜及河狸和海獭的皮毛与欧洲人交换各种"小东西……包括珠子、小刀和短柄斧头"。不过，这样的友好关系并不是主流。哈得孙的一名船员就是在完成探测水深的工作之后返回船上的过程中被弓箭射穿了脖子而丧命的。就在"半月号"启程返回欧洲几天之前，他们还经历了两场非常残酷的小规模冲突，造成多达十名印第安人身亡。[8]然而这样的小规模冲突都被故意省略不提了，范米特伦在他的报告中称河流"上游地区"的印第安人都是"友善谦和"的，还说他们有"丰富的物资，包括貂和狐狸的皮毛以及其他各种商品"。[9]显而易见，关于动物皮毛的消息令人们格外兴奋，因为在欧洲做皮毛生意可以赚大钱，而荷兰人正打算在这个行业中扮演更重要的角色。

---

① 本书引用的许多旧时期文献中的词语都采用了古体拼写方式，有时会令人感到难以理解，比如此处的"皮毛"（furs）在原文中的拼写是"furres"。下文中如遇到类似情况，除非不保留古语单词会改变原文含义或减损引文表达效果，否则我会将古语拼法转化为现代拼法。

皮毛交易的根源可以追溯到史前时代，那时的人类依靠 6
动物皮毛来保护自身、抵御外在危险。对于他们来说，这是
一种非常明智和必要的生存策略，因为人类是所有哺乳动物
中体毛最少的，或者说是肌肤暴露在外最多的。[10]实际上，
《圣经》中就有这样的内容：上帝将亚当和夏娃赶出伊甸园
时，"用皮子［皮毛］作衣服给他们穿"。随着人类数量不
断增多，皮毛的用途也越来越多样化。穿着皮毛已经不再仅
仅是为了保暖，更是为了美观。皮毛还成了彰显地位的标志
和奢华享受的方式。古代埃及人会与阿拉伯人和腓尼基人交
易皮毛，然后用植物染料给皮毛上色。希腊人从利比亚人和
塞西亚人手中购买皮毛。这两个民族都生活在里海以北，他
们会用河狸和海獭的皮毛给自己的衣物镶边。罗马人从德国
进口动物皮毛，当元老们脱下羊毛纺织的托加长袍，换上
"哥特式皮毛外衣"的时候，人民就会称他们为"帕利特"
（*Pellete*）。[11]

在中世纪，市场上交易的皮毛数量非常惊人，这些皮毛
会被远销到四面八方。德国、爱尔兰和苏格兰的皮毛被卖到
了伦敦；西班牙、北非和西西里的皮毛被卖到了巴黎；瑞
典、葡萄牙和保加利亚的皮毛被卖到了布鲁日以及其他一些
地方；等等。东边的俄国也成了一个重要的货物集散地，大
量皮毛从这里源源不断地流向西方。皮毛出售之前都是进行
过清洁、剪裁、缝制和染色的。专业从事这些工作的人越来
越多，他们把皮毛制作成各种各样的产品，包括外套、帽
子、手套和寝具等。皮毛交易发展壮大的结果就是很多曾经

与世隔绝、故步自封的国家和文化都融入了一个国家间联系越来越紧密、越来越相互依存的世界。[12]

皮毛后来还成了阶级分化及财富的象征，是区分贵族和平民的重要标志。一系列限奢法令规定了人们只能依据自己的身份恰当地使用皮毛。1337 年，英国国王爱德华三世规定，可以穿戴皮毛的人员仅限于皇室成员，"高阶圣职人员、伯爵、男爵、骑士和上流社会女士"，以及年俸不低于 100 英镑的教会官员。[13]1429 年，苏格兰国王詹姆斯一世宣布，只有骑士以上级别的男性或年收入超过 200 马克的人，才可以穿着由最好的皮毛装饰的丝绸衣物，以及佩戴镶嵌了珍珠或黄金的饰物。城镇议会的委员和高级市政官员可以穿戴有皮毛镶边的长袍。等级再低的人就只能"穿着适合他们地位的低调朴素的服装"。[14]"出身卑微"的富商们愿意在皮毛上花大把的钱财，为的就是向众人显示自己完全有资格爬上僵化的社会成就阶梯上的更高位置。[15]平民当然也不是就得受冻，但他们只能穿一些不受追捧的材质，也就是最普通的动物的皮毛制成的衣物，比如山羊、绵羊、猫、狗和兔子。[16]

虽然使用皮毛的群体范围非常广泛，但是对皮毛交易拥有最大影响力的还要数贵族和皇室成员。为了稳固人数稀少的贵族的地位，贵族成员会购买大量的皮毛。即便如此，他们和皇室成员比起来仍然只能算小巫见大巫。皇室成员有无穷无尽的财富，他们买起皮毛来完全没有节制。比如英格兰国王亨利四世有一件九片拼接的礼服，是用超过 12000 张松鼠皮和 80 张白貂皮制成的。布列塔尼女公爵安妮与法国国王查理八世举行婚礼时穿了一件下摆很长的长袍，长袍上装饰着金线，镶嵌了珠宝，并使用了 160 张黑貂皮。13 世纪初一个英国木匠辛苦工作 40 天的收入仅能买一条兔子皮的镶边，而亨利八世国王的一件礼服就用了 100 张黑貂皮和 560 张松鼠皮，价值大约 200 英镑，是当时在埃尔特姆宫为国王工作的泥瓦匠日工资的 6000 倍，这样的对比足以让人理解这种铺张浪费的恶行究竟有多么严重了。[17]

当然也不是所有君主都认为穿戴皮毛是一种无可指摘的积极嗜好。8 世纪末 9 世纪初在位的法兰克人的国王查理曼大帝虽然也会在国事活动上穿戴精美的皮毛，但他并不认可是衣物造就了穿衣之人的观点。当他开始为自己的朝臣们过度沉迷于精致奢华的服饰而感到担忧之后，查理曼大帝选择了一个非常寒冷，还下着大雨、刮着大风的日子，命令所有朝臣穿上他们最精致的服装和他一起去打猎。查理曼穿着一件厚实且防水的羊皮斗篷，所以恶劣的天气一点儿也没有让他感到不适；而他的那些随行人员却被淋成了落汤鸡，他们身上穿的精致丝绸和皮毛也都沾满了污泥。查理曼大帝给他的贵族们一个教训的机会出现了。他把这群冷得发抖的人带回城堡，让他们站在炉火前面取暖。他们身上的皮毛被烤干之后不但严重缩水，还变得皱皱巴巴的，都成了浪费了大价钱的破布。根据苏格兰历史小说家沃尔特·斯科特爵士（Sir Walter Scott）的说法，查理曼大帝"身上穿的朴素的羊皮斗篷既不怕水也不怕火，他意气风发地站在众人面前，看着围绕在自己四周的这群衣衫褴褛的朝臣，告诫他们把丝绸和皮毛留到重要庆典上穿戴就可以了，打仗或在平原上打猎的时候还是要穿祖先们曾经穿过的那些朴素但实用的衣物"。[18]

8 　　查理曼大帝还只是拿贵族们对于皮毛的盲目追求来取笑，而中世纪编年史作家不来梅的亚当（Adam of Bremen）则认为 11 世纪席卷欧洲的皮毛风尚是远比一点点虚荣心邪恶得多的问题。这位虔诚的神职人员尤其反对从俄国大批进口动物皮毛，因为他认为那里的"皮毛［像］牲畜粪便一样多"，他还担心"我们会受到天谴……因为我们像追求永恒的救赎一样追求一块貂皮"。作为最后的谴责，他宣称正是因为这种亵渎神明的对皮毛的渴望，以及俄国在满足这种有害无益的需求上扮演的角色，才使得"追求奢华虚荣的致命罪恶"充斥了整个西方。[19]

　　无论邪恶与否，任凭朝代更迭，人们对于皮毛的需求持续旺盛。到 17 世纪早期，欧洲内部对皮毛的供应能力渐渐衰退。几个世纪以来，动物捕杀者已经搜尽了欧洲所有的森林、草地、溪水及河流，甚至走到了远东地区，他们为了获得皮毛而杀死不计其数的动物。[20]各个地方有皮毛的动物的数量都在急剧下降。这就是为什么哈得孙关于发现皮毛的汇报在荷兰能引发巨大的兴奋。在传统皮毛来源渐渐枯竭的同时，美洲这个新资源正等着人们去发掘。

　　哈得孙并非最先发现大西洋彼岸存在丰富皮毛资源的西方人。这个头衔应当属于诺曼人。他们早在 11 世纪初就驾船来到美洲并在这里建立了定居点，只是维持的时间并不长。那个定居点被称为文兰（Vinland），其具体位置至今仍在引发历史学家们的争论，但是可能性最大的位置是在加拿大海岸附近。[21]根据"红发埃里克"（Eric the Red）的冒险故事，冰岛人托尔芬·卡尔赛弗尼（Thorfinn Karlsefni）和他的船员们遇到生活在当地的印第安人时，很快就开始与后者进行交易了。印第安人对于"红色的布料"尤为感兴趣，他们会用"动物皮毛来进行交换……完美得没有一点损坏的皮毛可以换一块一掌宽的布料，他们［印第安人］会把布料缠在头上"。[22]

　　五个世纪之后，欧洲人开始大批量地抵达北美洲的海岸边，他们亲眼见识了新大陆上多到难以置信的带皮毛动物。虽然这些欧洲人大多是来寻找前往东方的新航道或金银矿藏的，所以对获取动物皮毛并不是特别感兴趣，但若有机会送上门，他们也会非常高兴地来者不拒。1524 年，意大利探险家乔瓦尼·达·韦拉扎诺（Giovanni da Verrazano）驾驶"法国王太子号"（*La Dauphine*）帆船进入今天缅因州的卡斯科湾（Casco Bay）时，遇到了"穿着熊皮、猞猁皮、海狼皮和其他动物皮毛"的印第安人。最初，这些印第安人可能是因为与此前遇到的欧洲人打交道时有过不好的经历，所以对外来人感到怀疑和恐惧，无论如何不同意达·韦拉扎诺登陆。"如果我们想跟他们交换一些物品，"达·韦拉扎诺写道，"印第安人会走到海边那些碎浪最猛烈的地方的礁石上，而我们只能划着小船接近，等他们用绳子把他们愿意提供的物品送下来，同时他们还不忘大喊着提醒我们不许靠岸。"印第安人就是采用这种方法把动物皮毛送下来的，作为交换，欧洲人会给他们送回一些"小刀、鱼钩或其他锋利的金属工具"，这些就是印第安人唯一想要的。[23]然而十年之后的 1534 年 7 月，法国探险家雅克·卡蒂埃（Jacques

Cartier) 在新不伦瑞克（New Brunswick）北部的沙勒布湾（Chaleur Bay）遇到的印第安人就变成迫切地渴望进行交易了。当卡蒂埃的一些船员驾驶着一条小船到海岸边进行探索时，一大群米克马克印第安人（Micmac Indians）就站在岸边，将皮毛绑在长杆顶部来回挥舞，示意欧洲人登陆。鉴于他们只有一艘小船，船上人手又不多，谨慎的欧洲人不愿上岸，而是继续做自己的工作去了，结果印第安人干脆坐上七条小船下水来追他们。"印第安人做出了各种表示喜爱和欢乐的手势，好像非常想要获得我们的友谊。"欧洲人催促印第安人返回，但是他们不肯，直到欧洲人朝着他们头顶上方开了两枪，受惊的印第安人才划着船离开了。然而，很快又有印第安人划着船追来，如果他们靠得太近了，欧洲人就用长矛朝他们戳刺，直到他们再次离开。第二天，共有九条满载着印第安人的小船划到了卡蒂埃的两艘大船附近，"他们示意自己是前来进行交易的"。这一次，卡蒂埃派了两名船员上岸，用小刀和"其他铁器进行交易，还送给他们的首领一顶红帽子"。这些物品都非常受欢迎，印第安人把所有的皮毛都拿来交换了，甚至连身上穿的都脱了下来。临走之前，赤身裸体的印第安人还说他们第二天会带更多的皮毛来，结果他们真的又来了。[24]

　　探险家们对于皮毛交易通常浅尝辄止，而将这项活动推向新层次的人是渔民。为了满足本国人对于鱼类日益增长的需求，欧洲渔民在 16 世纪初就驾驶船只穿越大西洋来寻找新的渔场了。结果他们在纽芬兰海岸线外发现了一个鳕鱼的聚集地——面积巨大的浅滩里面全是体型硕大的鳕鱼。[25]起初，渔民与印第安人或印第安人的皮毛资源并没有什么交集，因为捕鱼活动都是在海岸之外进行的。[26]渔民们会在鱼钩上放鱼饵，把渔线抛出船舷，将上钩的鱼拉上甲板，然后把它们投进加工流水线，也就是沿着船身摆放的几张桌子。流水线上的第一个人负责砍掉鳕鱼的头；第二个人负责划开鳕鱼的肚子，清除内脏；第三个人负责去掉鱼骨，然后将处理好的鳕鱼扔进装满盐水的大桶。在盐水里腌制 24 小时之后的鳕鱼就可以被压紧，储存在船舱里运回家了。

随着时间的推移，这种"捕鲜鱼"或"捕湿鱼"的方式渐渐被"捕干鱼"的方式取代了，后一种方式意味着渔民的很多工作都被转移到了陆上进行。此时的捕鱼活动往往要持续几个月，在这段时间里渔民会住到岸上去，把大船抛锚停靠在附近。每天早上他们驾着小船出海，到晚上满载着捕捞成果返回。对捕到的鱼进行加工的过程与之前在水上进行的几乎相同，唯一一个重要的区别就是：渔民会把在盐水里腌制之后的鳕鱼放到石头或木板上晒干，他们把这些平台称作晒鱼架。与捕湿鱼相比，捕干鱼的方法效率更高、成本也更低，因为要晒干的鱼在腌制时可以少放些盐，制成的鱼干也节省了存储空间，同时渔民能够停留更长时间、捕更多的鱼。这种方法制成的鱼干硬得像石头一样，保存期限几乎是无限长的。[27]

由于渔民在岸上停留的时间变长了，印第安人就开始拿着皮毛到渔民的帐篷里进行交易。因为很多渔民都会每年定期返回同一个捕鱼地点，所以这样的交易也形成了周期性的规律。印第安人会把皮毛攒起来，等待交易季节的到来。欧洲人也会在离家之前购齐充足的交换货物。被交易的皮毛并不总是本地产的。随着欧洲人前来交易的消息传开，内陆地区的印第安人也开始每年带着他们的皮毛定期到海岸边进行交易。原本就生活在海岸边的印第安人演变成了中间人，他们会从内陆地区的部落那里获取皮毛来和渔民进行交易。

交换皮毛最初只是捕鱼行程中的副业，但是到 16 世纪末，它已经逐渐发展成了一项核心交易。皮毛几乎是最完美的商品。印第安人把获取皮毛的所有工作都做完了，却只想用它们来交换一些不值钱的欧洲器物；皮毛也容易运输，运回国就能卖出很高的价钱。在所有进行皮毛交易的欧洲渔民里，没有人比法国渔民更投入的了，他们对于这项事业充满了动力和决心，而且获得了巨大的成功，这也导致越来越多的渔民都"抛弃了原本的职业［捕鱼］，改为倒卖更赚钱的熊皮与河狸皮"。[28]就这样，"盛极一时的捕鱼业……成了皮毛交易之母"。[29]

11   法国国王亨利四世极力支持法国人继续扩大在北美洲进行的皮毛交易。他相信这样的活动能够填补他日渐空虚的国库，为法国货物输出寻找新的途径，还能壮大和扩张他的帝国。为了有助于实现这些目标，亨利于 1599 年授予了一群法国人在圣劳伦斯河（St. Lawrence River）地区进行皮毛交易的垄断权，条件是他们每年运送 50 名殖民者到那里定居。因为那些获得了垄断权的商人只关心皮毛交易，对殖民定居并不怎么上心，所以亨利希望进行快速殖民化扩张的愿望破灭了，但是皮毛交易从此兴旺了起来。这些垄断权所有者及跟随他们陆续来到北美洲的人在泰道沙克（Tadoussac）建立了第一个长期性的皮毛交易点，之后又在魁北克地区建立了第二个。在垄断权所有者控制范围之外经营的其他法国商人也积极地投身到了收购皮毛的活动中。[30]

鉴于此，到哈得孙于 1609 年夏天驾船抵达新斯科舍省海岸之外的时候，法国人在这一地区的交易活动已经发展得初具规模了。在这附近一个叫拉阿沃（LaHave）的地方有六名印第安人，其中一个会讲一点法语的人告诉哈得孙"法国人和他们进行交易"。三天之后，有一些印第安人划着"几条法国小船［一种小型敞舱船］"接近"半月号"，想要"用河狸皮和其他优质皮毛"交换一些"红色长袍"，以及其他"法国人能够交易给他们的"东西。[31]这样的情况很可能并不会令哈得孙或他的船员们感到意外。欧洲人都清楚法国人在北美洲进行的皮毛交易活动，而且没有哪个国家比荷兰更嫉妒法国取得的成功了。

17 世纪初，荷兰与俄国的贸易进行得非常红火，他们用欧洲的各种货物来交换俄国的皮毛。通过往来于阿姆斯特丹和阿尔汉格尔斯克（Archangel）之间的船只进行的贸易对于荷兰非常有利，因为俄国收取的进出口关税都非常低。不过，再低也比不上根本不收关税的北美洲，所以当荷兰商人听说大西洋对面有丰富的皮毛资源，用各种"没什么价值的小东西"就能换来，还不用缴纳任何关税的时候，他们就把到西方去发展贸易定为自己的目标。除此之外，这个新皮毛来源还可以弥补欧洲和俄国日渐衰弱的供应能力。起

12 初，荷兰人想要抢夺法国人在圣劳伦斯河沿岸的交易。[32]但荷兰人并不乐意扮演法国宣称占有并予以保护的领地的入侵者角色。幸运的是他们又发现了别的地点：多亏了哈得孙，荷兰人如今得知了一条"最好的"大河的存在，那里距离法国人的地盘有几百英里远，还有许多"友好的"印第安人迫切地想跟他们交易皮毛。如果荷兰人走运的话，他们就能够在那里收获很多在欧洲市场上格外值钱的河狸皮毛。

第二章
宝贵的河狸

　　17世纪初对于河狸来说是一段恐怖的时光。这种动物
被捕杀已经有几百年的历史了，但此前它只是时尚界采用的
各种皮毛中的一种，而且是不怎么重要的一种，各种颜色的
貂皮才是皮毛界的明星。可是到了16世纪末，潮流的演变
使得河狸皮帽子成了所有出身良好、家境富裕的人士必备的
单品。突然之间，河狸这种世上最神秘的生物之一变成了皮
毛交易中最受追捧的品种。这样的流行热度最终持续了两百
多年才渐渐散去。[1]

　　鉴于河狸在这本书中的地位如此重要，我们有必要先来
了解一下这种动物的自然历史。河狸有两个不同的种，其一
是生活在欧洲或欧亚地区的欧亚河狸（*Castor fiber*）；其二
是生活在北美洲的美洲河狸（*Castor canadenisis*）。它们都属
于哺乳纲，啮齿目，包括松鼠、豪猪和老鼠之类有突出牙齿
的动物也都属于啮齿目。欧洲和北美洲的河狸在染色体数量
和少数一些行为特征上存在差别，但整体说来还是非常相似
的，都属于河狸属，所以下文统一使用它们的属名"河狸"
来指代。河狸的身长能够达到4英尺，体重最大的能达到

110磅，但常见的平均体重也就40~50磅。唯一比河狸体型更大的啮齿类动物是南美洲的水豚，后者的身长同样是4英尺，但是形态肥胖，最重能达到150磅。不过，无论是现代的河狸还是水豚，比起已经绝迹的巨型河狸来说都只能算很小的了。在长毛猛犸象生活的同一时期，巨型河狸也生活在远古森林里，它们有可能达到7英尺长、500磅重。[2]

从头到尾地观察一下河狸的样子，人们会发现它身上存在许多令人惊奇的特征。位于头部最前端的是四颗有弧度的门齿，上下颌各两颗，都向外凸出着。这样的组合从形式和功用上来说都是最完美的，让河狸能够咬断直径最粗可达3英尺的树干。[3]如果让普通的哺乳动物进行这样的工作，它们的牙齿很快就会被磨光，但是河狸的牙齿就是被设计来进行这种艰苦工作的，无论怎么磨都能继续保持锋利。这些牙齿具有的第一项自我保护能力是它们可以不停地生长，这样新长出来的部分就能够迅速替换被磨掉的部分。再说，磨蚀对于这些门齿来说反而是有益的，因为每颗门齿的外部边缘都是密度高、硬度大的牙釉质，内侧则是质地软得多的牙本质，所以门齿内侧的磨损程度就比外侧快得多，结果是形成了一种斜面，能让河狸的牙齿形成一个凿子一样的构造；每次河狸张嘴闭嘴，门齿之间也会摩擦，能够把"凿子"磨得更加锋利。然而，如果门齿中哪怕有一颗掉了或长歪了，结果都将是灾难性的。没有对应门齿阻挡的那颗牙会一直生长，长长以后还有一定的弧度，长到最后会使得河狸无法进食，只能痛苦地慢慢饿死；如果门齿碰巧朝某个特定角度生长，还可能刺穿河狸的头骨，也会导致河狸死亡。除了强大

的门齿之外，河狸嘴里还有 16 颗坚固的臼齿，都嵌在河狸
又大又结实的头骨上。河狸下巴上的肌肉格外强壮，能够提
供足以啃倒一棵树木的动力，也能够让河狸咬碎那些以纤维
质为主的素食，包括树皮、落叶树木的细小树枝、各种水生
植物的叶子和根部、陆生的草叶、开花植物和浆果。[4]

　　河狸身后那条扁平、呈菱形的尾巴是它最吸引人也是最
容易辨认的特征。尾巴的长度占了这种动物身长的 1/4 以
上，虽然有肌肉的尾巴根部长有皮毛，但其他部分则覆盖着
交叠的鳞片，就像鱼或蛇身上的鳞片一样；不过表象有时也
是有欺骗性的，这些看起来像鳞片的部分其实只是皮肤上的
凹痕。河狸的尾巴是一个用途很多的部位，当河狸站起来观
察四周的情况或啃咬树干的时候，尾巴能够帮助它站立；当
河狸在水中游泳的时候，尾巴就是它的舵；当食物稀少的时
候，尾巴里储备着脂肪，能调节河狸的体温。河狸尾巴还是
一种警报系统，河狸会采取用尾巴迅速而有力地拍打水面的
方式警告其他河狸危险的存在，这种动作产生的响亮声音能
够传到几百码之外。[5]

　　河狸的尾巴还在宗教饮食规定的历史中扮演过一个小角
色。历史学家马克·库兰斯基（Mark Kurlansky）指出，中
世纪时，天主教会颁布法令禁止信徒"在宗教节日期间食
用'红肉'……理由是红肉'性热'，总是被与性联想到一
起，而信徒在宗教节日期间是要禁欲的"。不过，教会并不
反对信徒食用生活在水中的动物，因为这些食物被认为
"性寒"，不会引发性欲。这种宗教特赦的范围甚至被错误
地扩大到将河狸的尾巴也包括在内，理由是河狸总是出现在

15

水中，因此它们也是"性寒"的。结果就是，包括宗教节日和所有的周五在内，天主教徒全年有 166 天的时间都可以毫无顾忌地食用河狸的尾巴。[6] 我们不知道究竟有多少人这样做了，反正数量肯定不少。很多尝过河狸肥嫩的尾巴的人都说那是一道美味佳肴。印第安人也把河狸的尾巴视为珍馐，不过他们对于这种食材功效的理解与教会的大相径庭。印第安人认为河狸的尾巴是一种催情剂，有壮阳的作用，所以这种食材毫无意外地成了只有酋长或首领才能吃的。17 世纪时，一位在新英格兰南部研究印第安人的观察者就注意到河狸的尾巴能"激发男性的功能，如果我们国家的夫人们知道了这件事，肯定会盼望有船只专门来购买这些尾巴"。[7]

河狸全身包裹着柔软光亮的皮毛，以栗棕色最为常见，有些略偏红，偶尔会有黑色的，最为少见的是白色的。河狸身上的毛分为两种，分别是长一些、粗糙一些的保护鬃毛和软一些、更像羊毛的底层绒毛。这两种毛加在一起使得河狸的皮毛惊人地浓密，能够达到每平方厘米皮肤上生长 12000 ~ 23000 根毛。这样厚实的皮毛能够在水中产生额外的浮力，能够在天敌的尖牙和利爪下保护河狸的皮肉，还能维持河狸身体的干燥和温暖。河狸的毛冬天最厚，而且生活在越靠北、气候越寒冷的地区的河狸，身上的毛越浓密，进入皮毛交易市场之后的价格也越高。相反，在夏天河狸换毛期间获得的，或来自生活在靠南的温暖地区的河狸的毛就没有那么浓密，市场价格也会低一些。

16　　虽然在河流或小溪沿岸也能找到河狸，但它们更喜欢的居住环境其实是池塘。如果河狸找到一个天然的池塘，它可以轻松地在水边搭建巢穴或挖洞作为自己的家。[9]如果一片区域里没有池塘，那么河狸通常会自己创造一个——它们会被称为"自然界的工程师"可不是没有原因的。河狸能够使用圆木、树枝、淤泥和石块建造起结构惊人的工程。通过将这些材料费力地放置在水流的轴线上，河狸能在沿着山坡顺流而下的溪水或河谷中建起坚实的堤坝，从而引水淹没旁边的土地以形成池塘。要建造这些自然界中的大工程，河狸采用的都是身边唾手可得的材料，其中最主要的是木头，往往来自柳树、杨树、桦树和其他落叶树木。[10]河狸可以独自工作，有时也会出现两只一起工作的情况。它们用自己强有力的门齿啃咬树木的根部，能够咬出一种 V 字形的切面。河狸能够连续工作好几个小时，直到摇摇欲倒的树干与基座之间连接的部分不超过一根铅笔的粗细。只要再咬一下，或者是碰巧刮起一阵风，连接的那一点木材就会断裂，树干部分也会随之倾倒。通过感受牙齿上传来的震动或听见木材断裂的声音，河狸会快速闪躲到一旁，避免被倒下的树木砸中。树木就是这样倒下的，不过有时也不能尽如河狸所愿。如果临近的地方有其他树木的树权支撑它的话，树干就还是立着或向一边倾斜。[11]有些人认为河狸能够预测树干向哪一边倒下，或者是它们在啃树干的时候就能有意识地控制树干倒下的方向。这些说法都不是真的，少数一些河狸其实完全不知道树干会倒向哪里，所以根本来不及躲避。最终，这些河狸成了杀死自己的刽子手，被自己亲口咬断的树木砸成了肉酱。[12]

　　河狸修建的堤坝实际上同时反映出了环境的限制和建造

者的倾向。河狸用它像老虎钳一样有力的下巴紧紧咬住被截断的圆木，将它拖入水中作为开工的第一步。如果水流较急，堤坝往往会向上游方向形成一定弧度，以此来尽量抵消水流的冲击力。堤坝的基础部分是把一些粗壮的木材像木桩一样浅浅地插进水底的淤泥中而形成的，河狸有时还会用石头加固。如果水流和缓，堤坝也许就会与水流方向垂直，甚至与水流方向形成凹形弧度。这种堤坝在水中的基础部分是木棍、石头和淤泥堆积而成的。完成了工程最基础的这部分工作之后，河狸就要开始给堤坝加宽、加高。它们会小心地将圆木和树枝交错着堆到渐渐扩大的堤坝上，同时加入石头、淤泥、草叶或其他能够起到稳固堤坝作用的碎片，尽量增加堤坝的体积，减少空隙。一条溪流上可能只有一个堤坝，也可能会有多个堤坝。每个被创造出的水塘都像一颗液体珍珠一样，连续不断地分布在这一整片地方。[13]

　　一个河狸家庭可以在几天之内就建好一个小型堤坝，一个星期左右能够建成一个 30～40 英尺长的堤坝，几年之内可以建成一个 1000 英尺长的堤坝。不过，无论什么长度的堤坝，都没有彻底完工的一天，总会有什么地方需要加固或有漏洞需要填补。河狸似乎对于水流的声音有一种天生的厌恶，所以它们总是特别留心地时时进行修补。河狸通常会连续几代持续维护同一个堤坝，堤坝的长度从几英尺到 1000 多码不等，堤坝的高度最低只有 8 英寸，最高能达到 18 英尺。无论堤坝的体积大小和年代远近，它们都不可能永久存续下去。最终，河狸会用尽周围容易弄到的木材，到那个时候，它们就知道自己该搬家了。[14]

第二章　宝贵的河狸

人们认为河狸是自然界的工作狂，说它勤劳到了极致，所以地方谚语里才有"像河狸一样劳碌"或"像河狸一样勤劳"之类的比喻。在野生环境中观察了 27 年河狸的美国博物学家伊诺斯·米尔斯（Enos Mills）宣称："大多数人认为河狸总是在工作，也不是说它一定就完成了什么，但是它总是有事做。"不过，这样的假设其实是错误的。"现实是，"米尔斯接着说道，"通常情况下，河狸每年只有一小半时间是在工作，其他大部分时间的行动都可以被称作嬉戏。虽然河狸身体上可以承受长时间的繁重工作，但实际上它们非常聪明，能够事半功倍。"[15]

人们一般不会意识到河狸对它们周围的世界产生的重大影响。当西方人第一次到新大陆探险时，北美洲的河狸差不多是这片大陆上分布最广、最有成就的哺乳动物，"从北极冻原到墨西哥北部的沙漠，只要是有水的地方，十有八九就有河狸"。[16]少有的一些没有发现河狸的地方包括今天的佛罗里达州、干旱的西南部边缘和北方最遥远的极寒地区。当时河狸的数量据估算应当在 6000 万到 2 亿之间。[17]河狸对于环境的影响在今天仍然非常深远，在当时更甚。河狸造的池塘降低了水的浑浊度，促进了杂质的沉淀，水变得清亮之后，阳光就能够照进更深的地方，促进植物的生长。河狸创造的宝贵的湿地为大量的动物和植物提供了栖息地。当河狸搭建的堤坝最终被冲毁之后，池塘原本的底部就会暴露出来，很快就会长满野草、野花、灌木和树木。河狸的堤坝对于水土保持和防御洪水也有很大作用。湿地能吸收很多雨水，到了

18

旱季再慢慢蒸发出来。堤坝本身在猛烈的暴风雨来袭时也能发挥重要的作用，能够阻碍横冲直撞的水流，减轻洪水对下游区域的冲蚀作用。[18]

鉴于河狸展现出的众多惊人的特性和技巧，人类对这种动物的兴趣已经持续了几千年就不足为奇了。很多印第安人部落中都流传着以河狸为主角的传说。东北部的阿尔贡金族（Algonquian）印第安人说世界最初被海水包围，是巨型的河狸、海獭和麝鼠潜入水中很深很深的地方挖来一堆堆的淤泥，然后由伟大的神灵将这些泥巴塑造成如今的陆地。阿米克纳人（Amikona）是阿尔贡金族群体中的一个部落，这个名字的意思就是"河狸之人"，他们相信自己是从最初的河狸的尸体上繁衍出来的。夏延人（Cheyenne）认为世界是被一根巨大的木梁支撑起来的，一只来自遥远北方的雪白的河狸正在啃咬这根木梁，所以世界已经摇摇欲坠。他们还认为这只白色河狸就是人类之父，如果它感到气愤，就会将木梁彻底咬断，那样大地就要坠入无边无际的黑暗深渊之中。为了避免这样的命运，夏延人不吃河狸肉，也从不碰它们的皮毛。生活在加利福尼亚的派尤特人（Paiute）说是河狸用它们的尾巴从东边取来了火种，这就是为什么它们的尾巴上没有皮毛，因为都被烧光了。[19]

在印第安人创造了他们关于河狸的传奇的同时，西方人也创造了他们自己的充斥着各种夸张说法的神话。首先是关于河狸的嘴，罗马自然哲学家老普林尼（Pliny the Elder）说："被这种动物咬了可不得了……无论咬到人体的哪一部位，河狸只要咬住就绝不会松口，直到将人的骨头咬碎为止。"[20]虽然被河狸咬到无疑会伤得很重，但亨利·大卫·梭罗（Henry David Thoreau）在 19 世纪时准确地注意到像老普林尼这样的观察家们"对于某种根本不存在的动物或某种动物是否有过某种行为的幻想，比大多数博物学者对于自己亲眼见到的事情的描述还要生动鲜活"。[21]

　　包括但丁·阿利基耶里（Dante Alighieri）在内的很多中世纪的作家都认为河狸是吃鱼的。人们猜想河狸会把它的大尾巴伸到水中摇晃，尾巴能释放出一种脂肪类的物质来吸引水中的鱼靠近，感觉到猎物靠近的河狸会突然转身将鱼一口咬住。[22]18 世纪法国自然历史学家布丰伯爵（Georges-Louis LeClerc，comte de Buffon）的说法更加夸张，他大胆地宣称："河狸有一条表面呈鳞状的尾巴就是因为它吃鱼。"这种令人震惊的说法使得一位英国企业家乔治·卡特赖特（George Cartwright）感到忍无可忍。18 世纪晚期，卡特赖特在拉布拉多海岸上进行了长达 16 年的皮毛交易活动。他对伯爵观点的评价是："我很想知道布丰伯爵本人是不是也有……［鳞状的尾巴］，因为我确定他吃过好多鱼，比全世界的河狸加在一起吃的都多。"[23]

　　最古老也是最不同寻常的一个关于河狸的神话传说是关于这种动物的睾丸、猎人和河狸香的。河狸香是一种颜色发黄、带有强烈气味的河狸排泄物。河狸用它来标记领地界线，而人类则一直认定这种物质有药用价值。这个神话传说的大致内容是：人们相信河狸香存在于河狸的睾丸之中，猎人们总是为了获得这种价值极高的药材而捕杀河狸，所以河

19

29

狸会自行咬下睾丸换得逃命的机会。[24]对这种阉割行为最好的阐述出自《伊索寓言》中一篇名为《河狸和它的睾丸》的故事，它被创作于公元前 6 世纪："据说当河狸被猎狗追赶得无路可逃的时候，它会咬下自己的睾丸，因为它知道那就是自己被追杀的原因。我想一定是有一种超凡的理解力在促使河狸做出这样的举动，因为只要猎人们拿到了这种神奇的药材，他们就不会再去追捕猎物，也会召回自己的猎狗。"伊索从这个故事中引申出了这样的寓意——"如果人都能学会同样的方式，愿意为了过上没有危险的生活而放弃自己的财产的话，就不会再有人想办法去抢夺已经一无所有的人了"。[25]暂且不说什么寓意，这个故事本身就存在许多漏洞。首先，河狸香不是从河狸的睾丸里，而是从香腺囊里发现的。其次，这个故事无法解释同样会因为河狸香而受到猎人追捕的雌性河狸要怎么逃脱。最后，就算河狸香真的是在河狸的睾丸里，雄性河狸也愿意自我阉割来保命，它们仍然没有办法完成这个动作，因为河狸的睾丸不仅非常小，而且长在身体内部，河狸锋利的门齿根本够不到。

还有些神话是围绕河狸如何将木材运回它的堤坝和巢穴而展开的。一位 17 世纪的观察者宣称，在做这项工作时，一只河狸会将圆木扛在肩上，同时用前爪扶好，然后所有的河狸会抓住"前面一只的尾巴，像一个马队一样"连成一排，将圆木拉到它们的"居住地"。[26]16 世纪瑞士博物学者康拉德·格斯纳（Conrad Gesner）对于这个问题持有更加与众不同的看法："一群"河狸咬断树木之后所做的第一件事是选出群体中"最老的"一只，因为"老河狸的牙齿已

经不适合进行咬断树木的工作了"。然后，这只老河狸要仰
面躺在地上，"所有的圆木都被精巧地堆叠在它的肚子上，
靠它的腿固定，避免木材掉下去"。有时，河狸"群体"也
会"强迫外来的河狸这样平躺下来"作为运输木材的工具。
不管被选中的装载平台是谁，河狸"群体"都会揪着它的
尾巴把它拖到池塘边。格斯纳毫不怀疑这种说法的准确性，
是因为他听说人们"抓到过背上没有毛的"河狸。这对河
狸来说反而是个好消息，格斯纳称猎人看到这种光秃秃的河
狸之后，会"因为可怜它们受到了奴役和虐待"而"放弃
捕杀这些个体"。[27]

　　河狸的少数几种品质还为它们赢得了比它真实智商水平
高得多的神话般的地位。如约翰·詹姆斯·奥杜邦（John
James Audubon）和约翰·巴克曼（John Bachman）观察到
的那样："河狸的机智和直觉从远古时期就是人们崇敬和惊
叹的对象。两块大陆上的作者都将它描述为理性、智慧、道
德高尚的生物，如果河狸能说话，它们在某些方面几乎就可
以达到和人类一样的高度了。"[28]实际上，赞美过河狸令人惊
奇的"机智"，或将这种动物的智力与人类的相提并论的作
者数量竟然出奇的多。[29]

　　然而，再多的赞颂之词也不能改变事实的真相。如刘易
斯·S.摩根（Lewis S. Morgan）在其 1868 年出版的经典著
作《美洲河狸》（*The American Beaver*）中主张的那样："从
智力和聪明程度的层面来说……［河狸］无疑是低于大多
数食肉动物的。"[30]科学数据分析支持了摩根的观点。生物学
家通过计算脑化指数的方式来衡量智商的高低，即用动物大

21 脑的实际体积或重量与"预期大脑体积"进行比较。后者
是某一分类群体中，比如说同一纲、同一目或同一科内，所
有物种大脑重量和身体重量的平均比率。从这个衡量标准来
说，河狸处于平均水平，其脑化指数是0.9，"在与它体重
相近的陆栖啮齿类动物和……松鼠之间"。[31]

不过，真正让人激动的并不是河狸不同寻常的外表、工
程能力、工作道德或传说中的高智商，反而是由这种啮齿类
动物而来的产品。在欧洲人到来很久之前，北美印第安人就
把河狸当作自己的"食物来源"了。[32]他们将整只河狸烤熟，
作为鲜美的肉食。印第安人也会把河狸肉切成一条一条的，
在小火上烤，或放在被太阳晒得发烫的石头上，直到肉条变
得又干又脆。之后他们会将肉干和浆果放在一起捣碎成糊状，
再加上动物脂肪，做成一种能够保存几个月甚至几年的干肉
饼。印第安人到野外去的时候，就可以带着这种食物作为干
粮。河狸的皮毛也不是什么地位的象征，而是生存的必需品。
人们把河狸皮毛缝到一起，做成保暖的外套、手套和皮鞋，
到了冬天可以用它们御寒。经过鞣制的河狸皮能够形成一种
质地纤薄但结实的皮子，最适宜做皮带和夏天的裙装或上衣，
还可以做成箭筒或背包。有些人把河狸的肩胛骨作为宗教仪式
上的工具，还有些人，尤其是太平洋西北地区的一些部落，会
在河狸的牙齿上雕刻图案、染上颜色，作为游戏中的骰子。[33]
相较之下，西方人主要是将河狸看作一种利润中心。这
种动物能够提供的两种最有价值的商品就是河狸香和皮毛。
几千年来，获取河狸的香腺囊一直是人们捕杀河狸的目的之

第二章　宝贵的河狸

一。略呈黄色、像糖浆一样黏稠的河狸香晾干后会凝结成棕红色的蜡状物质，能够发出一种略带甜味的麝香香气。人们会将这种物质混到酒里喝下去，也可以削成碎屑或制成片剂服用，因为据称它能包治百病，包括头疼、癫痫、风湿、失眠、精神失常、视力不佳或长虱子。最晚是从 9 世纪时开始，河狸香还被用作芳香物质的定香剂，用来使香气更加持久。[34]

到 16 世纪晚期，河狸的皮毛开始变得与河狸香一样受追捧，河狸毛毡帽子就是从那个时候开始流行的。毛毡加工过程的第一步是将修剪好的动物皮毛在高温、潮湿，有时还要加入油脂的环境下，通过抖动、滚压和压实的过程使皮毛中的纤维紧紧地纠缠在一起，形成一种强力的面料。差不多任何皮毛都可以通过这样的加工方式被制成毛毡，但河狸皮是"最好的原材料"，因为河狸身上那层柔软的绒毛上带有微小的倒刺，被加工时能够完美地纠缠在一起，让最终的成品格外密实、柔顺、防水，即便是在最恶劣的气候条件下也不会变形。[35]

关于河狸皮帽子的早期历史还很模糊，我们不知道第一顶河狸毛毡帽子是什么时候做出来的。[36]最早提到河狸皮帽子的内容出自杰弗里·乔叟（Geoffrey Chaucer）的 14 世纪晚期著作《坎特伯雷故事集》（*Canterbury Tales*），其中提到一位"商人"戴了一顶"弗兰德河狸皮帽子"。[37]接下来的两个世纪里，为了满足人们对于河狸毛毡帽子越来越大的需求，以制帽为业的人也越来越多。到伊丽莎白一世女王统治末期，高质量的河狸皮帽子成了所有帽子中最昂贵也是最受青睐的。不仅在英格兰是这样，在整个欧洲也是如此。河狸皮帽子的尺寸和形状已经成了一个人社会地位的象征。[38]河

22

狸皮帽子交易规模的迅猛增长给欧洲河狸带来了致命的打击。随着人们对皮毛需求的增加，物种灭绝问题先是在欧洲出现，最终也蔓延到了俄国。

欧洲和俄国的河狸及其他带皮毛的动物越来越稀少，但哈得孙河沿岸的皮毛交易似乎充满了希望，然而荷兰人并没有马上穿越大西洋来收割成果。前往新大陆的航行是一笔巨大的投资，要召集船员、装备船只，所以荷兰人追随哈得孙脚步的第一次皮毛交易航行是直到 1611 年才从阿姆斯特丹启程的，也就是范米特伦那份关于哈得孙航行活动的引人遐想的报告送到荷兰大约一年之后。

当荷兰人计划将哈得孙的发现转化为现实利益时，哈得孙本人则走向了毁灭的终点。1610 年春，在一小拨英国商人探险家的资助下，哈得孙终于获得了作为船长出海寻找他一直渴望找到的通往东方的西北航线的机会。鉴于上一次航行过程让他意识到约翰·史密斯设想的沿美洲海岸寻找通路的方法行不通，所以这一次哈得孙决定追随乔治·韦茅斯的脚步，到北方的加拿大寻找通路。[39] 4 月底，哈得孙带领着包括自己年轻的儿子约翰在内的 22 名船员，登上"发现号"（*Discovery*）帆船从伦敦出发了。

虽然哈得孙抵达了后来被命名为哈得孙湾的地方，但他最终没能发现他渴望的通路；他能够发现的是，自己的船员已经不肯再向前一步了。那个冬天，"发现号"被困在（哈得孙湾南部的）詹姆斯湾（James Bay）边缘聚集的浮冰里寸步难行，船员们忍受着严寒的煎熬，日渐消瘦。有些人开始恶狠狠地埋怨起哈得孙的领导能力。令他们尤其不满的是船长对眼看一天比一天少的补给的分配方式，以及等春天来了还要继续寻找通路的打算。哈得孙不肯承认失败返回伦敦，却要将所有人都置于危险之中。到了 1611 年 6 月初，当浮冰退去，"发现号" 又可以自由航行之后，船员们的不满最终转变为了暴动。

一天早上，哈得孙穿着睡衣从自己的舱房里走出来时，暴动者抓住他，并 "将他的双臂绑在身后"。这些人迫使哈得孙、他的儿子和另外七名 "贫穷、患病及不中用的" 船员登上 "发现号" 携带的小船，"没有给他们食物、饮用水、衣服或其他任何补给"。大船先是拖着小船行驶了一会儿，然后水手们就砍断了绳子，让载着九个人的小船漂进了浮冰中。小船一从他们的视线里消失，暴动者就开始在船上寻找食物，结果发现了一些显然是被哈得孙私藏起来的物资。然而此时，小船却像幽灵一般重新出现在远方，暴动者们马上 "扬起主帆和上桅帆，像躲避敌人一样迅速地驶离了这个地方"。[40] "发现号" 逐渐远去，只剩哈得孙、他的儿子及其他小船上的人蜷缩在一起，等待他们的必然是缓慢而痛苦的死亡。这绝对算得上航海历史中最充满悲剧性、最绝望的景象之一。

"发现号" 最终于 1611 年夏末抵达伦敦，此时船上还剩下八名船员。六年之后，他们之中的四个人被指控谋杀哈得孙及其他被强迫登上小船的船员。暴动者们宣称自己是清白的，而且最终都被宣判无罪。至今没人找到与哈得孙或和他一同被抛弃之人有关的任何痕迹。[41]

第三章
新阿姆斯特丹的崛起

24   我们对于荷兰人第一次前往哈得孙河的皮毛交易航行了解不多，只知道航行的时间是 1611 年，航行的船只是"圣彼得号"（*St. Pieter*），为航行出资的是范特韦恩霍森公司（Van Tweenhuysen Company），航行的结果至少是成功到让公司愿意在接下来一年又派出一艘由阿德里安·布洛克（Adriaen Block）担任船长的"幸运号"（*Fortuyn*）继续前往那里。[1]这第二次航行也是非常成功的，因为布洛克船长是整片地区里唯一的买家。到 1612 年底至 1613 年初的那个冬天，当布洛克船长再次返回这里时，这样的好运似乎延续了下来。不过在抵达七周之后，布洛克发现远处出现了其他船只的身影。[2]新来的也是一艘荷兰船，船长名叫泰斯·佛尔科茨·莫瑟尔（Thijs Volckertz Mossel）。为这艘船出资的是一拨与范特韦恩霍森公司有竞争关系的商人，船只来此的目的也是进行交易。

　　布洛克一看到闯入者的影子就大为光火，尤其是当莫瑟尔在与印第安人交易皮毛时愿意出两倍于布洛克提供的货物进行交换，试图借此让后者"没生意可做"之后，情况就

36

更加糟糕了。进一步竞争的结果只能是让印第安人坐收渔翁之利，所以两位船长就获取每条皮毛的固定价格达成了协议。他们还说好莫瑟尔可以收购 1/3 的皮毛，剩下 2/3 是布洛克的。不过就在莫瑟尔即将驾船返回之前，他却在刚熄灭的火上浇了一桶油。他把自己的一位来自西印度地区的船员胡安·罗德里格斯（Juan Rodrigues）留在了当地，同时还给他留下了 80 柄斧子、一些小刀、一把长剑和一杆毛瑟枪。莫瑟尔对布洛克发誓说罗德里格斯是主动弃船留在这里的，那些货物都是他参加航行所得的工资，但布洛克仍然怀疑莫瑟尔是故意将罗德里格斯留在这里，好让他作为自己的代表在莫瑟尔下一个交换季驾船返回之前继续进行皮毛交易。为了阻挠这样的竞争，布洛克似乎还曾试图绑架罗德里格斯，但是最终没有成功。[3]

　　布洛克和莫瑟尔之间的争议一直延续到双方都返回阿姆斯特丹之后，由他们各自的雇主继续进行捍卫自己权利的争斗。每一方都宣称自己有在哈得孙河沿岸进行皮毛交易的独家权利。荷兰的贵族领袖莫里斯亲王（Prince Maurice）认真地听取了双方的意见，然后告诉他们应当努力化解纠纷。可是双方商人在任何问题上都无法达成共识，对于所有的选项都予以拒绝，无论是分享交易机会、联手交易，还是一方出资买断另一方交易权利的提议都让他们感到无法接受，所以双方都抱着决绝和无畏的态度再次派出了前往美洲的船只，同时还都给对方发出了一封恐吓信，要求对方退出，否则后果自负。[4]

　　1613 年末，有两艘船抵达了哈得孙河，它们之间的争斗也随即爆发。莫瑟尔和亨德里克·克里斯蒂安森（Hendrick Christiaensen）分别代表长期敌对的两批商人，他们都愤怒地指责对方擅入了被他们认定为"属于自己的"河流。当克里斯蒂安森"通过一些狂妄自大、激烈且带有侮辱性质的言辞"来挑起双方船员之间的"口角和冲突"时，莫瑟尔采取了一个更直接的办法。他将一条满载印第安人的独木舟撞翻了，然后用斧头将独木舟砍成了碎片，这条独木舟本来是要去和克里斯蒂安森的船只交易皮毛的，结果独木舟上的印第安人吓得四散奔逃。一位目击者称莫瑟尔之所以做出这样的暴力举动，是因为他带来进行交换用的货物不如克里斯蒂安森的质量好，他知道自己不可能在皮毛交易中与后者进行竞争并获得成功，所以他想到的办法就是威胁对方，让自己也获得一部分"皮毛交易"的机会，否则就要将前去与对方交易的印第安人都吓跑。[5]

在事态升级到更加无法控制的地步以前，布洛克驾驶着"老虎号"（*Tijger*）于 1614 年 1 月抵达并处理了这里的问题。布洛克是克里斯蒂安森在同一个公司中的上级，他和莫瑟尔达成了一个协议，规定在与印第安人进行交易时，每五张皮毛里有三张归布洛克，剩下两张归莫瑟尔。不过，协议才达成不久就又出现了一系列危机，协议的内容也变成了一纸空文。首先是布洛克的"老虎号"被大火付之一炬，据称这是一次意外。接着，布洛克的船员们以武力方式抢下了莫瑟尔的船只，随后进行的一系列协商都以失败告终，双方还发生了进一步交火，结果暴动者驾驶船只前往西印度地区做海盗去了。到了 5 月，又有另外两艘分别受不同商人团体资助的荷兰船抵达，迫使布洛克和莫瑟尔不得不将之前的协议作废，并与新来的船只达成了每一方各占沿河地区皮毛交易机会 1/4 的协议。[6]

　　虽然出现了许多小规模冲突，但是到 1614 年夏天，所有船只都满载动物皮毛返回了阿姆斯特丹，仅布洛克和克里斯蒂安森就收购了 2500 张皮毛，其中大部分是河狸皮毛。[7]即便如此，考虑到商人之间的仇怨、返航的延期、随后进行的诉讼，更不用说还损失了一些船只，商人们对于最终的投资回报并不满意。不过，他们的怒火没有延续多久。1614 年 3 月 27 日，荷兰议会颁发了一项《通用许可》（*General Octroy*），内容是鼓励任何发现了"新航道、新港湾、新国家和地区"的人前来申请在该区域开展贸易的独占权，有效期限为四次航行。1613 年至 1614 年间前往了哈得孙河的这些曾经敌对的商人们决定，与其相互斗争，不如搁置争议，联合起来组建一个新尼德兰公司，并申请一份在哈得孙河及其沿岸，外加河口以南和以北的整条海岸沿线上的贸易独占权。哈得孙河及其周边地区并不是由该公司发现的，但这件事根本不会让他们感到困扰，也丝毫没有让议会觉得不妥。后者在 1614 年 10 月 14 日满足了商人们的要求，授予他们在北纬 40°至 45°之间沿海岸地区的独家贸易权利，这个范围相当于今天宾夕法尼亚州的费城到缅因州的班戈（Bangor），这片区域自此还被重新命名为"新尼德兰"。[8]

　　为了在这片区域里扎根，新尼德兰公司立刻在哈得孙河上建起了一个交易点，这样他们的雇员或代理商就可以全年无休地在那里持续进行皮毛交易了。这个 1614 年建造的交易点被命名为拿骚堡（Fort Nassau），位置就在今天的奥尔巴尼附近的城堡岛（Castle Island）上。这个堡垒坚不可摧，外围一面是 58 英尺高的胸墙，另一面是 18 英尺宽的护城河。堡垒中有 2 门重炮和 11 门轻型加农炮，还有 10 ~ 12 人的驻军长期守卫在此。[9]虽然堡垒看起来牢不可破，但是城堡岛本身并不怎么安全。因为经常发洪水，所以新尼德兰公司后来不得不抛弃了拿骚堡，三年之后，他们在附近的哈得孙河岸上建立了一个新堡垒。

拿骚堡位于哈得孙河之上，靠近它与另一条重要的河流莫霍克河（the Mohawk）的交汇处，是一个有战略性意义的位置，也是皮毛资源丰富的内陆地区沿河而来的必经之路，有利于交易点从中获益。堡垒还能为荷兰皮毛交易者提供一个可以退守抵抗的容身之地。不过在现实中，战斗并不是一个切实可行的选项。荷兰人很清楚自己在印第安人面前几乎没有什么自保能力，因为双方的人数悬殊。由五个民族联合起来的易洛魁人联盟是美洲东部最强大的印第安人联盟，其成员包括莫霍克族（Mohawk）、奥奈达族（Oneida）、奥农达加族（Onondaga）、卡尤加族（Cayuga）和塞尼卡族（Seneca）。莫霍克族的人数尤其多，所以荷兰人总是尽全力维护自己与莫霍克和莫希干（Mahican or Mohican）印第安人的友好关系，他们就生活在堡垒以东的大片陆地上。

新尼德兰公司的独占权有效期截至 1618 年，之后没有再获得更新，最有可能的原因是议会也打算组建一个私人公司到美洲进行贸易活动，让政府从中获得一些经济利益。独占权丧失之后出现了一个为期五年的自由竞争阶段，任何想

27

要发起到哈得孙河进行贸易探索活动的组织，或任何代表阿姆斯特丹其他商人的船只都可以前往仍然被新尼德兰公司主宰的这片区域分一杯羹。[10]荷兰人准备好交易的消息传开之后，越来越多的印第安人带着皮毛来到哈得孙河上的交易点，同样增多的还有在河上往来的荷兰船只。荷兰人先后行驶到了南河（特拉华河）和新河（康涅狄格河），最东抵达了纳拉甘西特湾（Narragansett Bay），全都是为了寻找更多的交易机会。

经过十来年的摸索，荷兰人在美洲逐渐形成了一套行之有效的皮毛交易体系。如阿德里安·范德唐克（Adriaen van der Donck）在自己 1655 年出版的作品《新尼德兰记述》（*A Description of New Netherland*）中提到的那样，荷兰人能获得这样的成功有几个非常有说服力的原因。"这个地方确实非常适合这样的交易，其地理位置也便于开展商业活动：第一，那里的土地十分肥沃，农作物可以茁壮生长；第二，那里有宽广的大河和众多可航行的水道，连通了各个地方，让四面八方的产品都能被集中到此进行交易；第三，那里有印第安人，他们提供的皮毛质量高、数量大，每年我们不费任何力气就能收获价值可与数吨黄金相匹敌的皮毛。"[11]

随着时间的推进，荷兰人和印第安人之间的关系也愈发紧密起来，因为他们都能从对方那里获得自己想要的东西。从荷兰人的方面来说，这个等式再简单不过：他们想要尽可能多的皮毛，最好的当然就是河狸皮毛。作为交换，荷兰人会给印第安人各种各样的欧洲产品，包括刀子、金属质地的

28

盆盆罐罐、玻璃器皿，还有绒粗呢——一种粗糙、耐穿、通常颜色多样的羊毛布料。至于在不远的未来会给美洲印第安人的生活带来深刻改变的枪支和烈酒，在荷兰人最初的这个交易时期里几乎没有被使用过。[12]

交易活动中的一个关键是贝壳珠，荷兰人称之为"*sewan*"、"*sewant*"或"*zeewand*"，印第安人和英国人则称之为"*wampumpeag*"、"*peag*"或"*wampum*"。贝壳珠有两种类型：白珠子是从海螺壳的带螺纹的内部切下来的；所谓的黑珠子（其实是深紫色的）则是从一种圆蛤的边缘切下来的，它的价值是白珠子的两倍。东部海岸附近的很多印第安人将贝壳珠当作仪式用品，也有人将其作为珠宝来显示身份地位，还有人将其作为进贡、赔款、求和的礼物，或是作为部落之间进行交易的媒介。[13]一位 17 世纪的欧洲观察者注意到贝壳珠"对于印第安人来说适用于一切场合，就像黄金和白银在我们的生活中发挥的作用一样"。[14]欧洲人马上意识到贝壳珠作为一种流通货币的重要意义，知道自己可以用它来购买皮毛，于是就给印第安人提供了金属钻和抛光工具，很快，后者就开始以很快的速度生产出了大量的贝壳珠。[15]

荷兰人和长岛上的印第安人的关系就是这样渐渐发展起来的，后者生产了太多的贝壳珠，所以荷兰人干脆用"贝壳之地"（*sewan-hacky*）来指称长岛。[16]荷兰人会用欧洲产品和长岛人交换贝壳珠，然后再用贝壳珠去和其他印第安人交换皮毛。从这时起直到 18 世纪早期，贝壳珠的使用会对殖民地的皮毛交易产生重大的影响。如 19 世纪历史学家简单明了地指出的那样："贝壳珠就像磁铁一样，把内陆森林中的河狸都吸引出来了。"[17]

　　有些人认为包括荷兰人在内的早期欧洲皮毛交易者占了印第安人的便宜，可事实上印第安人自己并不这么看。[18]一位法国耶稣会神父保罗·勒热纳（Paul Le Jeune）曾于1643年在加拿大东部与蒙登雅人（Montagnais）相处过一段时间，他们属于阿尔贡金族中的一个部落。神父发现印第安人觉得欧洲人如此渴望获得皮毛，并愿意使用宝贵的货物来交换这件事很有趣，勒热纳听到"接待他的主人有一次开玩笑地说：'河狸什么都能换（*Missi picoutau amiscou*），包括水壶、斧子、长剑、小刀、面包，概括地说就是所有东西。'……他还给我看了一把漂亮的刀子，[他说]：'英国人完全没有理智，他们给了我们20把这样的刀子来换一张河狸皮。'"[19]不管是不是讲笑话，问题的核心在于双方都用自己认为没有什么价值的东西换回了自己认为很宝贵的东西，因此，双方都认为自己的买卖很划算。[20]

　　尽管印第安人将河狸奉若神明，但是他们在捕杀河狸的时候完全没有顾忌。几千年来，他们都是靠这个办法获得食物和衣服，并利用这种猎物满足其他一些实际的需要。不过印第安人的捕杀行为从来都不是肆意而为的，17世纪法国历史学家和政治家尼古拉·德尼（Nicolas Denys）注意到"他们只杀死能够满足自己需要的数量，他们从不会囤积驼鹿、河狸、海獭或其他动物的皮毛，而是只要足够个人使用的就可以了"。[21]然而，欧洲人到来之后，印第安人与河狸及其他带皮毛的动物之间的关系就发生了翻天覆地的改变。如历史学家威廉·克罗农（William Cronon）观察到的那样："之前印第安人几乎没有任何理由要去捕杀固定数量之外的动物……殖民时代以前的交易奉行了一种无意识的动物保护主义，这种保护不是源于先进的生态环境意识，而是因为印第安人对于'需求'的社会定义有局限。"[22]不过，从欧洲人那里获得商品的机会打破了原本的等式，也改变了印第安人原本关于"'需求'的定义"。当他们发现欧洲人想要用自己的商品换取的就是这里很常见的皮毛的时候，印第安人立刻全心全意地投入到这项事业中去了，这无疑会给当地的动物造成巨大的损害。[23]

从效果上来看，印第安人只需要付出很少的成本，就可以通过皮毛交易来改善自己的生活水平，提高自己在本部落内，甚至是更广泛的印第安人群体内的地位。然而印第安人对于欧洲人货物的这种兴趣不应当被混同为想要囤积财富或变得富有的愿望。变得更加富有是欧洲人进行皮毛交易的首要目的，但印第安人和欧洲人不同，他们并没有这样的想法。他们的目的从性质上来说更实际，也更神圣。[24]金属斧子、刀子和水壶及用水壶同样的材质制成的箭头等工具不但比印第安人的传统石器更好使、更耐用，而且还能让拥有这些工具的人在其他印第安人眼中更有"威望"。[25]印第安人非常喜欢进口的玻璃珠子和闪闪发光的红铜或黄铜制品，会把它们作为饰物或用于仪式和庆典，因为印第安人认为这些物品上浸透着"神灵的威力"。[26]欧洲的布料，尤其是被染成红色或蓝色的布料在这里也特别受欢迎，这不仅是因为印第安

30

人可以轻松地把布料制成耐穿、有弹性、很轻便，相对也能够防风防雨的衣物，更重要的是，穿布料比穿河狸皮便宜。正如历史学家劳雷尔·撒切尔·乌尔里克（Laurel Thatcher Ulrich）中肯地形容的那样，美洲东北部的印第安人"都不再穿……［皮毛制成的］衣物了，不是因为这些衣物不如英国布料，而是因为皮毛变得太有价值，他们舍不得穿了"。[27]另外，用河狸皮毛换贝壳珠也被看作一种特别划算的交易。[28]

欧洲人也秉持着一种与此类似的逻辑。铁质器皿、布料及各种没有价值的小玩意都是很常见的东西，有些还是专门被生产出来用于和印第安人交易的，本身并没有什么价值。因此用这些东西来换取河狸及其他动物的宝贵皮毛绝对是非常明智的商业决定。

不过，这绝对不是说欧洲人在交易时总是公平合理的，也不能说他们对于印第安人是充满尊重的，因为这显然不是事实。举个例子来说，1622 年有一位荷兰商人沿康涅狄格河逆流而上，打算与河流印第安人（Sequin Indians）进行交易。他认为获得贝壳珠最好的办法就是绑架一名当地的首领，直到印第安人向他交付一条 140 英寻长的贝壳珠串成的带子作为赎金之后才将人质释放。[29]虽然确实有这样的事例存在，但从更广阔的范围来看，有一种观点绝对是不正确的，即认为起码在与欧洲人交易的早期，印第安人经常受欺骗或遭受恶劣对待。不管怎么说，印第安人实际上相当于欧洲商人们的客户，想要维持一种有利可图的交易关系的关键一点就是对待自己客户的态度起码是礼貌客气的。交易者都懂得一旦自已破坏了这种关系，他们的印第安伙伴就不会再与他们交易了。[30]印第安人也不是从没进行过交易的商场新手。他们自己的群体之间本来也会进行交易，这种交易在广阔的北美洲大陆上已经进行了几千年。在荷兰人来到哈得孙河之前，印第安人也已经与其他欧洲探险家、渔民和皮毛交易者打过交道并获得了一些经验。如果说皮毛交易早期出现过一方被占便宜的情况的话，也应该是印第安人占了欧洲人的便宜，因为前者很快就意识到了皮毛的价值，并且经常会通过另谋买家的手段来迫使欧洲人提高收购价。[31]罗德岛殖民地创立者——道德高尚的罗杰·威廉姆斯（Roger Williams）比他的那些欧洲同胞们对印第安人更加充满尊敬和同情，他在 1643 年时就观察到："与他们［印第安人］打交道或做生意的人必须要有智慧、有耐心，还要讲诚信；因为他们总会说'你在撒谎，你骗了我'。他们讨价还价的时候特别巧妙机智，一分一厘都要斤斤计较，对于英国人想要欺骗他们的任何举动都很敏感：因此他们会走遍整个市场，问遍所有地方，以寻求更高的收购价格，他们不惜多走上 20 ~ 40 英里甚至更远，有时还要住在树林里，就为了省 6 个便士。"[32]

　　将皮毛交易视为纯经济、纯实用主义或纯精神层面的活动都是错误的。对于印第安人来说，这项交易是一条建立个人与群体间联系的重要途径。如克罗农注意到的那样，比如说印第安人用皮毛与一个交易者交换了金属斧子，"这并不是两种物品之间的简单交换，这同时还有一种象征意义。交易者们也许并没能完全意识到这些象征，但是对于印第安人而言，进行交换代表着友谊的建立。印第安人会指望交易者向他们提供军事支持，同时作为回报，他们自己也会支持交易者"。[33]鉴于此，皮毛交易同时还具有外交上的意义，它加强了印第安人和欧洲人之间的同盟关系。这不但能够保持印第安部落之间的平衡，也让即将前来争夺对这片大陆控制权的欧洲各国保持均势。

对荷兰人在此建立起来的支配权形成最大威胁的莫过于英国人。1606 年英国国王詹姆斯一世就已经宣称北美洲位于北纬 34°至 45°之间的大片土地归英格兰所有，具体相当于今天北卡罗来纳州的开普菲尔（Cape Fear）到缅因州的班戈之间的地方。一年之后，也就是哈得孙抵达这里两年前，英国人就在弗吉尼亚州的詹姆斯敦建立起了第一个殖民地永久定居点。这对于荷兰人来说不是什么好事，因为他们直到 1614 年才宣称占有新尼德兰，但是新尼德兰的位置完全落在了英国人已经宣称占有的地域范围之内。虽然詹姆斯敦位于北纬 37°略靠北一点的地方，还在新尼德兰的南面，但是到 17 世纪 20 年代晚期，英国人打算向北加强殖民的意图已经再清楚不过了。[34]

新尼德兰公司明白英国人的打算，他们认为最有效的能抵挡英国人，保住新尼德兰的办法就是效仿英国人的做法，鼓励殖民定居。到 1620 年，公司董事们看到了将本打算前往英国殖民地的潜在定居者吸引过来的机会。一群被称为清教徒的宗教分离主义者当时正在荷兰生活，他们表现出了前往美洲定居的意图。清教徒们已经从一家英国公司那里获得了土地使用许可，但是他们仍然在为筹措航行资金而想办

32

法，荷兰人就这样适时地出现了。

董事们于 1620 年 2 月向议会提交了一份请愿书，其中提出英国国王正迫切地用"英国人"占满新尼德兰的领地，这样就可以"强行……"使荷兰人在那里的"财产和发现……变得毫无意义"。不过，股东们提出有一个办法摆在议会面前，可以用来避免这种结果的发生。眼下"有一位英国牧师［约翰·鲁宾逊（John Robinson）］"暂居莱顿，"他精通荷兰语"，而且"能够动员超过 400 户家庭随同他一起前往［新尼德兰］，其中既有荷兰家庭也有英国家庭"。如果议会能够将这些清教徒送到美洲，并向他们提供保护，让他们享受追求自己宗教信仰的自由，那么他们就会到那里定居，这样就可以维护荷兰在那片地方的"权利"。[35]

议会并不看好这份请愿书中的提议。首先，议会计划组建一个私人公司来统筹监管美洲事务的行动已经展开，他们认为任何移民相关的决定都应该由这个新的公司来做出。其次，荷兰有与西班牙开战的打算，而英国有可能会在这场战争中与荷兰结成同盟，所以现在可不是为了一块殖民地而激怒英格兰的好时候。出于这些原因，议会在 1620 年 4 月 11 日驳回了这份请愿书。不过时至此时，请愿书中涉及的问题都变成了纯理论性讨论，因为清教徒们已经接受了一个伦敦投资者组成的名叫"商人和投机者"的群体授予的土地使用许可，并最终前往马萨诸塞湾的海岸边建立了属于英国的普利茅斯殖民地。[36]

经过多年的筹划之后，1621 年 7 月，荷兰议会终于向一家私人拥有的垄断公司——荷兰西印度公司颁发了特许授权。这家公司负责与西班牙开战并通过发展与包括北美洲在内的全球大部分地区的贸易来为战争提供资金。[37]不过，公司要做任何事之前，必须先具备清偿能力，这就意味着公司要先吸引到投资者，而这样的工作很快就受到了公司与战争紧密关系的影响。因此，随着时间的推移，无论是公司的声明还是宣传中都开始减少关于战争需求的笔墨，转而鼓吹贸易可以带来的丰厚回报，获得最终的利润也逐渐成了公司的首要目标。[38]公司最初的投资者之一威廉·乌塞林克（William Usselincx）针对以金钱作为激励手段的战略价值给出了一个中肯的评价，他说："如果一个人想吸引到资金，他就必须给别人提出能够说服他们投资的提议。为了达到这样的结果，说是为了上帝的荣耀也许能打动某些人，说是为了与西班牙交战也许能打动另一些，说是为了祖国的利益还能打动一些，但是最主要也是最有说服力的理由还要数每个投资者最后能获得多少收益。"[39]这就是为什么西印度公司要把大量的精力放在在哈得孙河附近建立殖民地上，因为如果在那里的皮毛交易能顺利进行，就能产生稳定的收入。

33

　　西印度公司的股东们花了两年多的时间才筹措到公司运营的资金。吸收资本的过程几乎和召集定居者一样艰难。此时正是荷兰最繁荣昌盛的时候，所以几乎不可能找到愿意前往蛮荒的美洲定居的荷兰人。但是，有一小批被荷兰人称为瓦隆人（the Walloons）的新教徒难民迫切地想要移民。他们讲法语，因为受到西班牙人的宗教迫害而从比利时逃了出来。[40]不过，全部56个瓦隆人家庭在与荷兰人接触之前就转投英国人了，因为他们听说本来住在莱顿的清教徒们已经成功地在美洲建起了殖民地定居点，所以瓦隆人也想要效仿这些人的做法。1621 年 7 月，瓦隆人向英格兰国王詹姆斯一世申请到弗吉尼亚殖民地定居。这份请愿书被转交给了负责颁发美洲该地区土地使用许可的弗吉尼亚公司。虽然弗吉尼亚公司想要鼓励殖民，也愿意让瓦隆人到弗吉尼亚定居，但是他们并没有为后者的航行出资的打算，所以协商进行到这里也就没了下文。

瓦隆人没有就此放弃，而是转向其他地方继续寻找资助者，所以他们又向荷兰提出了请愿。他们选择的时机非常合适。议会最近刚刚组建了西印度公司，无论是公司的董事们还是议会中的政治家们都清楚，殖民地定居者就是能够让公司在美洲建立的新省份安稳发展的锚。因此，当瓦隆人表示愿意前去定居的时候，荷兰人自然十分欢迎。在以土地为抵押担保换取定居者承诺为公司工作六年的前提下，30 户瓦隆人家庭于 1624 年 1 月底乘坐 "新阿姆斯特丹号"（*New Amsterdam*）前往了哈得孙河。[41]

定居者们于 5 月初抵达目的地，最初是在曼哈顿岛登陆。大部分人沿河而行，来到了今天的奥尔巴尼所在的位置，并打算在即将在这里建立的奥朗日堡（Fort Orange）定居。另有些人在河口附近的另一个小岛定居（即今天的总督岛），还有些人沿特拉华河或康涅狄格河分散开来，建立了一些交易点。[42]殖民地定居者为这里的新环境感到惊喜，因为这里完全不是他们原本想象的蛮荒之地。一个定居者在给家乡人的书信里这样写道："我们在这里发现了美丽的河流，奔涌不息的瀑布汇入河谷之中……森林中有很多适合食用的果实……水中有很多鱼……还有大片可耕作的土地……
［而且］我们在这里来去自由，不用担心遇到赤身裸体的原
住民。要是能养几头牛、猪或其他可供食用的牲畜就好
了……我们根本不想再回到荷兰去，因为我们在天堂一般的
荷兰渴望得到的一切，都在这里找到了。"[43]

　　瓦隆人的到来标志着一个时代的结束。荷兰皮毛交易者
从此不能再随意控制海岸沿线的这些地区了。从此时起，这
一地区里的皮毛交易都变成了公司的事业。如果任何人对于
公司最想要获得哪种皮毛还有疑问的话，他只要看看这个新
建立的省份的印章图案就行了，印章正中是一只河狸，河狸
周围有一条贝壳珠串成的带子。[44]

　　新省份在建立之初的一年半时间里发展得很不错。1626
年9月23日，从新尼德兰起航的"阿姆斯特丹徽章号"
(*Arms of Amsterdam*) 于11月4日抵达阿姆斯特丹，不但带
回了关于美洲的消息，还载满了货物。第二天，西印度公司
董事之一彼得·沙根（Pieter Schaghen）给议会写信，向
"尊贵的大人们"汇报说"我们善良的人民在那里生活得平
静祥和"，他们不仅获得了丰收，还"花60个荷兰盾从印
第安人手中买下了曼哈顿岛"。[45]完成交易之后不久，新尼德
兰的首任总督彼得·米努伊特（Peter Minuit）就将这里改
名为新阿姆斯特丹。之后，为了加强安保和提升行政管理效
能，总督让省内分散在各地的殖民地定居者们都迁居到新阿
姆斯特丹，并在岛屿西南端建造了阿姆斯特丹堡，那里能够
观察到整个港湾出口处的情况，有利于防御敌人的攻击。

　　虽然购买曼哈顿并不是什么可以被忽略不计的小事，但

是在当时，这个消息的意义似乎远没有"阿姆斯特丹徽章号"运回的货物重大。船上装载了 7246 张河狸皮毛、853.5 张海獭皮毛、48 张貂皮、36 张山猫皮、33 件貂皮大衣和 34 张鼠皮。再加上之前 1624 年运回的 4000 张河狸皮毛和 1625 年运回的 5295 张河狸皮毛，足以证明这个殖民地省份的皮毛交易正在顺利地发展壮大。[46]不过，荷兰人也很清楚，他们并不是唯一到美洲寻找皮毛的国家。

35　　17 世纪 20 年代中期，法国人在美洲进行的皮毛交易经常受到动乱和冲突的干扰。独占权可以轻易获得，也可能被随时撤销，不断有新公司加入竞争，还有一些私人交易者也会从本来可由公司获得的利益中分走一杯羹。自由交易时期的状况就是所有人都可以加入竞争，大部分交易者互相抢夺皮毛资源。许多交易点因为无人照管而变得破败不堪。在这片通常被称为"新法兰西"的地区实施殖民化的殷切希望也一直没能实现：到 1625 年，在魁北克永久定居的人只有 20 个，远不及偶尔进行交易的自由皮毛交易者的人数。不过，尽管有这么多问题，皮毛交易活动的势头始终强劲。每年都有 15000 ~ 20000 张皮毛被运回法国，而且几乎全部是河狸皮。[47]在这个时期，法国人和荷兰人之间的接触非常有限，只有极少的几个事例中出现过某些皮毛交易者试图到其他交易者的交易范围中抢夺货源的情况。

　　当法国人在遥远的北方忙于交易的时候，英国人在南方的交易同样活跃。1607 年 4 月末，经历了为期四个月的海上航行之后，挤满了大约 100 名来自英国的定居者的"苏珊·康斯坦特号"（*Susan Constant*）、"神佑号"（*Godspeed*）和"发现号"穿越大西洋，成功抵达了美洲海岸线上的切萨皮克湾（Chesapeake Bay）入口处。几周之后，船上人员在距离海洋大约 40 英里之外一个延伸入今天的詹姆斯河（James River）的半岛上登陆。半岛上有茂密树林和沼泽，定居者就在这里创建了詹姆斯敦殖民地。[48]定居者中人生经历最丰富多彩的莫过于 27 岁的约翰·史密斯。在他眼中，自己的经历已经足够被载入史册了。史密斯是一条失事船上的幸存者，在地中海当过海盗，作为雇佣兵参加了荷兰和匈牙利的战争，曾经被一名土耳其帕夏抓走做奴隶，还在决斗中杀死过三位对手。[49]这一次，作为殖民地领袖之一，有一段时间还是领袖集团主席的史密斯终于有机会仔细勘察他来到的这个新环境了。在他看来，自己简直就是来到了人间仙境。后来他回忆说："这里无疑就是神明创造出的最适宜人类定居的地方。"[50]这里充足的鱼类资源和植被数量让史密斯感到震惊，更不用说这里动物品种之丰富，包括河狸、水獭、貂和山猫，无一不是在皮毛交易市场上最有销路的种类。[51]后面这项发现并不令他意外，因为史密斯很了解其他英国人的航行，包括沃尔特·雷利爵士（Sir Walter Raleigh）、马丁·普林（Martin Pring）、乔治·韦茅斯和詹姆斯敦的殖民地定居者巴塞洛缪·戈斯诺尔德（Bartholomew Gosnold）在内的这些人在他之前就已经到过美洲了。每位探险家都看到了美洲丰富的皮毛资源，有些人甚至还从印第安人手中获得过皮毛。[52]因此，当史密斯抵达詹姆斯敦的时候，他已经很清楚皮毛将会成为殖民地最重要的资产之一。

尽管印第安人迫切地想要进行皮毛交易，史密斯和其他殖民地领袖对此却不感兴趣，也没有时间考虑这件事。他们眼下有比进行交易更切实的基本需求亟待解决——殖民地定居者们得有办法获得食物养活自己。即便如此，私下进行的非法皮毛交易还是很快发展了起来，印第安人会和从英国前来给定居者运送物资的船只上的船员们交易。水手们会搜刮船上的货物，拿去与印第安人交换皮毛、篮子或其他物品。为了增加自己的收益，水手们还会动员殖民地定居者给自己提供协助，后者会偷偷地作为中间人，偷走港口上的物资去和印第安人进行交易，然后将换得的物品交给水手，并从中获得一定分成。在长达六七周的时间里，因为这种秘密交易而失窃的物品包括两三百柄斧子、凿子、锄头、镐，以及大量子弹和火药。一艘船的船长事后承认，他通过这种方式换来的皮毛和其他货物被运回伦敦后实现了 30 英镑的收益。

史密斯十分反对这种"可恶的私人交易"，但是直到 1609 年秋天返回英国之前，他也没有想出什么对策来根除这种现象。在接下来的 10 ~ 15 年里，大批交易者来到这里进行交易，詹姆斯敦殖民地也确实从这门生意中获得了丰厚的利益。不过到 17 世纪 20 年代早期，弗吉尼亚最主要的经济动力已经转向了烟草贸易。[53]

鉴于此，在新阿姆斯特丹建立之初，这个小小的以皮毛交易为主业的荷兰省份完全不用担心新法兰西的法国人和詹姆斯敦的英国人的竞争。不过，还是有一股来自北方的英国人的威胁渐渐增强了，这种威胁恰恰来自 1620 年被荷兰人拒绝了的从莱顿移民至此的清教徒。

第四章
"《圣经》与河狸"

几乎所有人都知道，乘坐"五月花号"前往美洲的清
教徒们是一群在宗教问题上持异议的人，他们反对英国国
教，想要在美洲建立殖民定居点，这样他们才能够按照自己
的意愿以自己认为适当的方式追求清教徒的宗教信仰。[1]不
过，这些只是故事内容的一半。虽然宗教目标是清教徒心中
的首要追求，但是为他们的航行出资的商人和投机者公司可
没有什么精神层面的野心。船上的每个人都需要以某种形式
为公司提供服务，这样才能获得维持自己生存的必需品，并
为公司带来收益。如果清教徒们不能实现这个目标，殖民地
很可能就建立不起来。没有人比威廉·布拉德福德
（William Bradford）更清楚这次航行背后存在的经济上的必
要性。在搭乘"五月花号"的人员终于看到科德角顶端的
陆地之前的 65 天航行过程中，布拉德福德一定经常在思考，
新大陆上的众多资源里，究竟哪一样能够让这个风险投资企
业获得收益——是鱼，皮毛，还是木材？事实证明，河狸这
种在英格兰已经绝迹了至少 100 年的动物就是解答他问题的
答案。[2]更具体地说，"五月花号"上的乘客此前从来没有见

过的河狸皮毛在未来将成为他们赖以生存的经济来源。[3]如詹姆斯·特拉斯洛·亚当斯说的那样:"《圣经》与河狸是年轻的殖民地的两个支柱。前者拯救了他们的精神,后者解决了他们的开销,同时这种啮齿类动物在二者中更为重要一些。"[4]

在清教徒启程前夕,所有征兆都指向了失败的结果:到此时为止,整个准备过程就是一连串的灾难、失望和挫败,给人们带来了越来越多的担忧和不好的预感。6 月时,清教徒们震惊地发现商人和投机者公司连航行用的船只都还没有订好,所以清教徒们不得不自行购买了一艘"斯皮韦尔号"(*Speedwell*)将他们从荷兰送到南安普顿。到 7 月末,他们终于抵达英格兰之后,公司才又买了一艘"五月花号",然而关于航行的其他安排仍然处于混乱之中。

清教徒们认为公司原本起草的合同对于他们来说还算公平合理。定居者每周有四天要进行能够为公司带来收益的工作,两天归自己支配,最后一天当然是用来做礼拜。这个规定的有效期是七年。每名年满 16 周岁的殖民地定居者都可以免费获得这个风险投资企业的一份股份,在这七年间,他们的生活成本和物资补给都将由公司的联合股份承担。七年期满之后,股东将结算收益,定居者可以获得他们房子及房屋所占土地的所有权。[5]但是到了此时,因为担心风险投资公司的收益满足不了这样的承诺,商人和投机者公司在最后关头单方面修改了合同条款——殖民地定居者们的所有时间都要用来为公司工作,土地和房屋将被视为公共财产,按照持股比例在股东之间进行分配。清教徒们认为这样的条款

"只适合小偷和奴隶，而不是给具有诚信的劳动者的"。[6]

尽管清教徒的代表匆匆签署了这份修订后的合同，但是成员中的大部分人都拒绝妥协。这让公司派来的代表托马斯·韦斯顿（Thomas Weston）觉得自己受到了天大的冒犯，他摔门而出，让清教徒"自谋生路去"。韦斯顿甚至拒绝支付"五月花号"和"斯皮韦尔号"离港之前必须缴清的100 英镑欠费，致使清教徒们不得不低价出售一些船上装载的宝贵补给来凑钱。布拉德福德称清教徒付出了很大的代价，船上几乎"不剩……一点黄油，也没有灯油，连修鞋都没有鞋底可替换"，剩下的长剑、毛瑟枪和盔甲等装备都不够他们妥善地保护自己的安全。[7]除此之外，谁将登船前往美洲也成了问题之一。因为对雇佣合同、这次航行本身和抵达美洲后可能遇到的危险等的担忧一天比一天加剧，很多清教徒临阵退缩了，公司不得不另外召集了 52 名非分离主义分子加入此次航行。这一举动令清教徒们很是警惕，他们认为这些"陌生人"非常可疑。

至此，问题依然没有结束。因为"斯皮韦尔号"出现了严重的漏水，修都修不好了，只能彻底报废，人们第一次起航的尝试也被迫中止。到 9 月初，清教徒的处境变得更加艰难了。准殖民定居者们此时已经吃掉了船上近一半的补给，但仅剩的"五月花号"仍然处于超载状态。更何况他们这么晚才启程，到了以波涛汹涌著称的大西洋上注定要遭遇恶劣的天气。1620 年 9 月 6 日，"五月花号"终于出发了，布拉德福德多少带着点乐观主义地提到，他们的船只"顺风顺水"。[8]遗憾的是这样的好运并没有维持多久。

"五月花号"航行没多久就遭遇了"多次狂风暴雨，船只晃动得厉害，吃水线以上部分漏水严重"。[9]船上的积水和船身木材的裂缝让很多船上乘客忍不住想要返航，不过，凭借勉强的维修和向上帝的祈祷，他们决定继续前进。最终在两个月后的 11 月 9 日早上，他们看到了科德角的顶端。清教徒们认为自己看到的远处的陆地是一片"相当好的，有树木延伸到海边的地方"。[10]不过离岸边越近，他们就越清楚地意识到自己来错了地方。他们获得的土地使用许可中规定的地点是在哈得孙河附近，还要向南再航行大约 200 英里。所以清教徒们继续航行，但是他们刚一到科德角的拐弯处就被"危险的浅滩和猛烈的拍岸浪"拦住了去路。[11]认为船上人员的安全比遵守英国许可更重要的清教徒们决定掉头返回，并于 11 月 11 日在相当于今天的普罗温斯敦港（Provincetown Harbor）附近一片相对平静的水域里抛锚停船。又经历了一个多月充满艰辛、令人沮丧的在沿岸地区寻找适宜定居点的探索之后，疲惫、病弱的乘客们最终在普利茅斯上岸了。

40　　　这是一片荒无人烟的地方，不过这种荒芜很是奇怪，那些"玉米田"及其他迹象足以证明印第安人曾经将这片地方清理出来，但是这里没有一个印第安人，也没有任何原住民在此定居的迹象。[12]仅仅 15 年前，萨米埃尔·德·尚普兰（Samuel de Champlain）在一次到美洲海岸地区探险时还绘制了一幅关于这个地区的精美地图，其中显示这里有兴旺的印第安人群体，他们建造了无数的棚屋，还开垦了农田，海岸边随处可见他们的身影。如今这样戏剧性的巨变是一场"大瘟疫"的结果。1616 年至 1619 年期间，这个地区爆发了传染病，这很有可能是由欧洲来的渔民或皮毛交易者传入，随后蔓延开来的。印第安人从来没有接触过这样的疾病，所以完全没有免疫力。虽然确切的起因和具体的疾病是什么在历史学家之间还没有定论，但瘟疫造成的结果是无可争辩的。[13]普利茅斯附近生活的几千名印第安人在这次灾难中几乎无一幸免，稍远一些地方的部落也遭受了巨大的打击，死亡率超过 90%。清教徒将这样的结果视为上帝的神迹。一位 17 世纪的历史学家注意到"［受］天意眷顾，英国人才能在［印第安］人口减少的地方平顺地安顿下来"。[14]另一位同时期的历史学家声称，凭借这场瘟疫，"耶稣（他在世上各处施行的光辉伟大的神迹都是在为教会和上帝的子民谋利）不仅为他的信徒提供了可耕种的田地，还驯服了野蛮的印第安人冷硬残酷的心"。[15]然而，如果这种说法是真的，那么上帝的施为可以说是惨绝人寰的。一位清教徒在海岸边巡视一番之后评论说，受到瘟疫袭击的印第安人太多了，以至于他们都来不及"埋葬逝去的同胞，很多头骨和身体骨架就暴露在地面之上，那里可能就是他们曾经居住的房屋或居所的所在地，这样的场景令人不忍直视"。[16]

　　普利茅斯的殖民地定居者在初冬时节登上岸边，此时没有人谈论什么交易或盈利之类的事。活命才是所有人最首要的目标，其余的事只能等以后再说。到 1621 年 3 月春回大地的时候，102 名登上"五月花号"的乘客中有将近一半的人没能熬到此时；还活着的人当中，也只有六七个人"健康"得还能照料一下其他病人。然而，到 3 月 16 日，定居者的运气终于朝着好的方向发展了。当天早上，一位高大、自信的印第安人"勇敢地"走进了普利茅斯的定居点。开始，定居者们还非常警惕，不过他们的担忧很快就转为了惊奇，因为印第安人竟然向他们"敬礼"并大声说道："欢迎你们，英国人！"[17]

41　　　这个名叫萨莫塞特（Samoset）的阿布纳基人（Abenaki）酋长来自缅因省的佩马奎德角（Pemaquid Point），他从经常到海岸边捕鱼的渔民那里学过一些"不成句的英文"。他向殖民地定居者索要啤酒，后者向他提供了"烈性的液体［很可能是烧酒］、饼干、黄油、奶酪、布丁和一块鸭肉，所有这些都令他很满意"。萨莫塞特给定居者介绍了他们如今占据的这个名叫帕图西特（Patuxet）的地方及本地印第安人的情况，特别提到了临近的庞卡诺基特人（Pokanoket）的伟大领袖马萨索伊特（Massasoit）。[18]萨莫塞特在定居点里过了一夜。第二天早上，定居者们交给萨莫塞特"一把刀子、一个手镯和一个戒指"，请他将这些礼物带给马萨索伊特，并邀请他和他的手下到普利茅斯来做客，还可以把"他们拥有的河狸皮带来进行［交易］"。[19]

　　五天之后，马萨索伊特在萨莫塞特及一大批印第安人勇士的陪同下来到了普利茅斯。这场会面进行得非常顺利。首先，普利茅斯殖民地定居者和庞卡诺基特人达成了和平条约。其次，殖民地定居者们借此机会结识了一个名叫斯宽托（Squanto or Tisquantum）的来自帕图西特的印第安人。1614年，斯宽托曾被一个名叫托马斯·亨特（Thomas Hunt）的英国人绑架并卖到西班牙做奴隶，后来却流落到了英国。1619年，斯宽托陪同一位英国探险家托马斯·德尔梅（Thomas Dermer）乘船驶向新英格兰。到1620年夏天，马撒葡萄园岛（Martha's Vineyard）的印第安人袭击了德尔梅的探险队，斯宽托被俘，最终到了马萨索伊特的手下。在与清教徒的这次协商中，斯宽托凭借自己的英语技能为马萨索伊特做翻译。协议达成后，斯宽托就留在了殖民地。用布拉德福德的话说，斯宽托不仅仅是他们的翻译，更是"上帝派来的超越了他们所有期待的特别使者"。斯宽托教会了殖民地定居者如何播种玉米，到哪里捕鱼以及获得"其他有用的东西"，同时还是定居者探索定居点周边环境时的向导。[20]

马萨索伊特和殖民地定居者之间最初的会面之所以意义重大还因为它开启了普利茅斯的皮毛交易活动。普利茅斯的定居者们提出让马萨索伊特携带河狸皮毛前来，他就真的带来了。[21]六个月后，普利茅斯定居者组织了他们的第一次皮毛交易行程。1621年9月18日午夜时分，普利茅斯人的军事领袖迈尔斯·斯坦迪什（Miles Standish）带着九名定居者、斯宽托和另外两名印第安人一起，划着小船沿海岸向北去拜访马萨诸塞印第安人。除了获取皮毛，这些人还希望能够"看看这个地方"，并与印第安人"建立和平关系"。[22]

接下来的四天里，这支队伍探索了今天的波士顿港及其附近地区。当他们发现这个美丽、宽阔、水很深又风平浪静，还有多条大河注入其中的优良港口时，普利茅斯人意识

42

到自己选错了定居的地方。这个港湾远比普利茅斯好得多，那里的水相对较浅，也没有能够连通有丰富皮毛资源的内陆的大河。不过就算这些人想着"要是在这里定居该多好"，他们也没有机会从头再来了。[23]

事实证明，要找到可以与之进行交易的印第安人并不容易。1614 年约翰·史密斯来到这个地方时曾宣称它是"那一整片区域里最美好的天堂"。他估计港湾里的岛屿上生活着近 3000 人，岛上种植着庄稼和果树，还有精心打理的美丽花园。海岸沿线的土地也有人耕种，那里生活着"很多身材匀称的人"。[24]然而，斯坦迪什和他的队员们看到的景象与这些描述正相反。迎接他们的是一片荒芜的景象，田里长满了野草，所有人"不是死了就是离开了"。[25]在普利茅斯肆虐的疾病也侵入了这里，杀死了绝大部分的原住民，还有许多人死于部落间的战争。斯坦迪什最终在距离海岸边几英里远的地方找到一小拨战战兢兢的印第安人，直到他向他们讲明自己和自己的手下没有恶意，只想"进行交易"之后，印第安人才放松下来。印第安妇女陪同这些人去到她们的小船边，一边走一边"将身上穿的［皮毛］外套都卖给了他们，然后满面羞愧地在自己身上绑了些树枝作为遮蔽（实际上她们比我们的一些英国妇女还要纯洁）"。在"带着大量的河狸皮毛"离开之前，斯坦迪什承诺还会再回来。[26]

这次探索活动的成功来得还是太晚了，没能让代表公司的韦斯顿感到满意。他本希望殖民地定居者一抵达美洲就开始创造收益，所以当"五月花号"在 1621 年 4 月只载着压舱物和一些印第安人手工艺品返回英格兰时，韦斯顿简直要

气炸了。他立即给普利茅斯殖民地的首位总督约翰·卡弗
（John Carver）写了一封措辞严厉的信件，抱怨船只的空手
而归，并警告殖民地定居者下次必须有所改进。韦斯顿讽刺
地说："你们没有送回任何货物这件事……真是太棒了，简
直让人感到恶心。我知道这样的结果完全是由你们的懦弱造
成的，我肯定你们都是没有决心，又懒惰成性的人……别忘
了公司的生意能否存续就取决于你们能送回什么货物。"这
封信在 1621 年 11 月随"幸运号"抵达普利茅斯。在此之
前，卡弗已经去世了，布拉德福德被选举为继任总督，所以 43
这封信件最终也是由他来回复的。回信内容的核心是：你用
毫无依据的指控侮辱了我们，我们那时连活下来都很难，每
天忙着埋葬去世的同胞，怎么可能去做什么交易，我希望你
不要再纠结于我们对你的"冒犯"，还是去干点正事吧。[27]

　　除了韦斯顿这封充满指责的书信，"幸运号"还送来了
37 名殖民地定居者，一份就清教徒的定居地而获得的新的
土地使用许可，以及商人和投机者公司希望殖民地定居者接
受公司在他们离开英格兰之前提出的那些严苛的新条款的请
求——具体说来就是让定居者把七年里所有的时间都用在为
公司工作上。虽然仍对合同感到不满，但是殖民地定居者们
觉得自己没有别的选择，所以最终只好签了字。他们很想证
明自己对于公司是有价值的，所以很快就给"幸运号"的
货舱里装满了"两大桶的河狸和海獭皮毛"，总价值约合
500 英镑——占全船货物价值的 60%。[28] 讽刺的是，与这艘
船的名称的寓意相反，"幸运号"在返回英格兰的途中不幸
被法国军舰劫持，船上所有货物都被抢走，只剩一条空船被

许可继续驶回目的地。商人和投机者公司对此有多么郁闷可想而知，但他们也为殖民地定居者还是能够送回皮毛的事实而备受鼓舞。殖民地定居者们当然也得到了这个明确的指示，从此以后，公司希望每艘返回的船只上都能载满皮毛。

公司从一开始就盼望着殖民地定居者能够在皮毛交易上有所作为，却没有为实现这个目标而给他们提供任何帮助。虽然所有人都知道要从印第安人那里获得皮毛就得准备好可交换的货物，但是公司没有给"五月花号"装载任何能够吸引印第安人前来进行交换的传统货物。因此，如布拉德福德观察到的那样，殖民地定居者刚开始与印第安人进行物物交换的时候，他们手中只有"最初随身带来的一些［属于他们自己的］没什么价值的小东西"。[29]殖民地定居者请求商人和投机者公司给他们提供一些适合交换的货物，但是公司给出的回应很敷衍。基本上只能靠自己想办法的殖民地定居者们只好接受现实，随机应变。

普利茅斯殖民地的领袖们很快意识到印第安人想要获得玉米，所以自从他们的庄稼收成变好之后，他们马上就把富余的玉米都用来换取河狸皮毛了。[30]殖民地定居者还会想尽各种办法获得可以用来交易的欧洲货物，1622 年 8 月，英国船只"发现号"抵达普利茅斯就是这样的机会之一。"发现号"是一艘专为与印第安人进行交易而前来的船只，所以船上装满了珠子和刀子。"发现号"的船长托马斯·琼斯（Thomas Jones）很乐意将自己的货物出售给殖民地定居者。但是他知道自己的货物很抢手，所以就狮子大张口。没有资

44

本讨价还价的定居者们提出"大衣河狸皮每磅 3 先令的交换价格,但没过几年就涨到了每磅 20 先令。通过这种办法,定居者们终于又可以继续进行皮毛交易了"。[31]另一个机会出现在 1626 年,听到缅因省海岸外的蒙希根岛(Monhegan Island)上的定居点要"解散"的消息之后,布拉德福德、清教徒爱德华·温斯洛(Edward Winslow)和另外几名定居者一起驾船"前往该地",买回了价值 500 英镑的可交易货物,其中 100 英镑的货物来自几个月前搁浅在那里的一艘法国船只。[32]

有了可用于交易的货物还只是满足了交易条件的一半;条件的另一半当然就是河狸。此时此地,几个因素加在一起,给人们捕获河狸造成了重大的障碍,其中包括生物学因素、地理因素及瘟疫带来的影响。首先,河狸不会进行长距离迁徙,繁殖能力较低,如果对本地河狸进行过度捕杀的话,很快就会造成这一物种的灭绝。因此,皮毛交易的压力很快就使得普利茅斯附近的森林里和草场上一只河狸也找不到了。其次,普利茅斯附近没有可航行的大河,也就没有方便地将内陆地区的皮毛运到清教徒手中的办法。最后,瘟疫夺去了本地大部分印第安人的性命,而这些人正是本来可以自然地成为清教徒的交易伙伴,并帮助他们搭建与内陆地区拥有更多皮毛资源的部落进行交易的桥梁的人。

殖民地定居者采取的应对这些障碍的方法是沿海岸线分别向南和向北航行以寻找有皮毛可交易的印第安人。斯坦迪什在 1621 年前往波士顿港的航行就是这类探索中的第一次,随后很多人纷纷效仿，包括 1625 年爱德华·温斯洛和另外几位定居者一起驾驶着装满了玉米的小船"向东航行了 40～50 里格"，最终到达缅因省，然后又从那里沿肯纳贝克河（Kennebec River）溯流而上，用他们的玉米从当地印第安人手里换来了"700 磅重的河狸皮和其他一些动物皮毛"。[33]这样的航行表面上似乎无关紧要，实际上却对殖民地定居者的生活具有重大意义。如布拉德福德在普利茅斯殖民地建立最初这段时间里写到的那样："[除了皮毛交易]，没有别的办法能让定居者获得……他们最需要的食物和衣服。"[34]

45　　依赖印第安人提供皮毛在长达两百多年的时间里会成为美洲皮毛交易的主旋律。如历史学家哈罗德·希克森（Harold Hickerson）所说，印第安人在此期间变成了"以生产皮毛原材料为业的森林中的无产阶级，他们获取工资的形式就是换得一些物品"。[35]一位名叫威廉·伍德（William Wood）的英国人曾经在马萨诸塞湾殖民地居住了四年，他在 1634 年时写到殖民地定居者不擅长狩猎。河狸的"智慧足以确保它们不会被英国人逮到，后者很少或者可以说从来没有杀死过河狸，他们没有耐心长时间地去围堵河狸，也很容易被河狸狡猾的躲避所欺骗，所以英国人得到的所有河狸皮毛都来自印第安人，因为他们有更充足的时间和经验来完成这样的工作"。[36]

　　印第安人有很多捕杀河狸的办法。他们可以在陆地上设陷阱，在水下撒网，还会用河狸喜欢的食物作诱饵。印第安人养的狗有时也能够抓到河狸。[37]印第安人还可以破坏一部分河狸修建的堤坝，等河狸前来修补破损的地方时就朝它们射箭或用长矛将它们刺死。天冷时池塘水面全结了冰之后，猎人们会先毁掉河狸的巢穴，迫使它们从在水下的洞口钻出逃生，然后利用河狸不得不露出水面换气的弱点将它们杀死。印第安人知道河狸会寻找"冰面薄，水与冰面之间有空隙的地方呼吸"，所以他们就拿着一种特质的大棒，棒子一头插着"鲸鱼骨"，另一头装着锋利的"铁刃"。印第安人先用带鲸鱼骨的一头轻轻敲击冰面，就能找到这种有空隙的地方，然后他们会把大棒倒过来，用有铁刃的一端在冰面上凿出一个洞，"观察水下是否有河狸活动或呼吸的迹象"。一旦发现目标，他们就会用一种"带钩的棍子"把河狸抓上来，然后用大棒敲碎它的头骨。[38]

　　死去的河狸要被交给印第安妇女们进行剥皮。这项工作单调乏味，首先要从根部砍掉河狸的腿，然后从下巴一直划开到尾部，再从边缘开始慢慢将动物的皮剥下来，同时要确保皮上连接的脂肪和肌肉去除得越干净越好。接下来通过进一步清理和准备之后，一张椭圆形的皮毛可能有两种结果。大部分皮毛会被裁成长方形，由印第安人缝制成大衣穿一两年再拿去与欧洲人交易。这样处理过的河狸皮被称作大衣河狸皮（法国人称之为 *castor gras*），是价值最高的，因为在穿着的过程中，河狸皮毛与印第安人的身体不断摩擦，那些支棱着的保护鬃毛就都被磨掉了，只剩下柔软的绒毛，从而省去了后续加工过程中最费时的拔鬃毛的步骤。穿过的皮毛还有一个额外的好处，印第安人身上的汗水会让剩下的绒毛更加紧密，更容易制成毛毡，还能让皮毛更具光泽。

　　另一种没有被缝制成大衣的河狸皮毛会被固定在圆环上

46

拉抻，用动物的筋腱锁边，放到阴凉处晾一两天。之后要把皮毛上残存的最后一点肉或脂肪也除干净，再继续风干一段时间。最终被从圆环上取下来的像块板子一样硬的皮毛就可以拿去进行交易和运输了。这样处理过的河狸皮被称作羊皮纸河狸皮（法国人称之为 castor sec），它上面仍然带着保护鬃毛，因此不如大衣河狸皮价值高。然而，不管选择哪一种处理方法，处理过程适当与否才是最为重要的，粗劣地加工会导致皮毛腐烂生虫，那样的货物没有任何价值。[39]

普利茅斯殖民地在皮毛交易活动上还面临不少竞争对手。沿海岸地区上不断出现新的定居点，几乎所有定居点里的定居者都要靠皮毛交易来维持生计。[40]其中最令人惊讶也是最不成功的定居点正是由托马斯·韦斯顿建立的。1621年初，韦斯顿决定与商人和投机者公司"分手"，自立门户。他相信自己比清教徒更清楚该如何在美洲进行皮毛交易。公司提醒普利茅斯殖民地当心，说韦斯顿要在他们附近建立定居点，想把皮毛交易尽可能吸引到他那里去，还说他可能会通过武力或欺诈的方式抢走属于殖民地定居者的物资。[41]

一年之后，韦斯顿派了"60多名身强力壮的男性定居者"来这里开启他的计划。韦斯顿的所作所为都显示出他其实一点也不了解如何才能在美洲获得成功。历史学家塞缪尔·埃利奥特·莫里森称他派来的那些人为"伦敦贫民窟里的地痞流氓"，很快就显露了自己"粗鲁无礼"的本性。他们来的时候几乎没有携带任何食物或补给，多亏了定居者

们善意地许可他们留在普利茅斯，才让他们熬过了最初的几
个月。[42]到了秋天，韦斯顿派来的这些人决定迁移到韦萨格塞（Wessagussett），即今天波士顿港边缘的韦茅斯。然而这些人根本无法融入新环境，不但水土不服，找不到足够的食物养活自己，还惹怒了附近的马萨诸塞印第安人，使得后者对于他们的态度愈发充满敌意。当普利茅斯的定居者们从马萨索伊特那里得知印第安人打算彻底毁掉韦萨格塞的小定居点，甚至连普利茅斯也要一并消灭的时候，他们决定采取以攻代守的策略。斯坦迪什带领一小队人马前往韦萨格塞，打算通过尽可能多地杀死印第安人的方法来粉碎他们的计划。定居者先是装作邀请印第安人分享食物，把他们引进一栋房子，然后斯坦迪什和自己的手下发起了突然袭击，将印第安人全都刺死了。这次短暂的战斗还从房屋里发展到房屋外，斯坦迪什和他的手下又杀死了更多的印第安人，他们的行动可以说是大获全胜。[43]

韦斯顿派来的定居者们幸运地躲过了几乎是必死无疑的结果，他们认为自己已经受够了这里的一切，于是登上自己的船只向缅因省驶去。他们启程之后不久，韦斯顿本人就以一种最奇特的方式来到了美洲。因为有权颁发新英格兰北部的土地使用许可并管理这一地区的新英格兰议会已经下令禁止韦斯顿前往此地区，所以他只好使用了一个假名字，并装扮成铁匠，搭乘一艘渔船跨过大西洋，在梅里马克河（Merrimack River）以北的海岸边登陆。[44]听说自己的殖民地定居点已经"毁灭解体"之后，韦斯顿继续向南航行，想看看能否挽回些什么。结果他乘坐的小船遭遇了暴风雨，撞

毁在伊普斯威奇湾（Ipswich Bay）岸边。韦斯顿本人被印第安人俘虏，身上的财物也都被抢走了。光着脚，只剩一件穿在身上的衣物的韦斯顿走到附近的一个交易点借了几件衣服，最终返回了普利茅斯，他在那里等待自己的另一艘船带来更多补给。此时的韦斯顿竟然还好意思厚着脸皮要求殖民地的领袖们给他一些河狸皮毛，好让他回去以后有机会翻身。虽然普利茅斯的领袖们还为这位前出资人曾经出言不逊，且不按照承诺提供补给的事感到愤怒，但是看着他眼下凄惨的样子，他们不但决定不计前嫌地原谅韦斯顿，还给了他100张河狸皮。韦斯顿最终在弗吉尼亚建立了交易基地，还去了几次缅因省，不过本性难改的他"从来没有回报"殖民地定居者的善意，反而是如布拉德福德气愤地回忆到的那样，用"斥责和恶毒的言辞"来以怨报德。几年之后，韦斯顿返回了英格兰，到死还欠着一屁股债。[45]

48　　另一个与普利茅斯殖民地进行竞争的群体就是大量停靠到新英格兰海岸边的船只，船上的船员都抱着来这里打鱼和交换皮毛的想法。1624年时，在缅因省海岸外来来回回的船只中，光是来自英国的就已经接近40艘。[46]虽然普利茅斯的殖民地定居者们并不乐意与这些流动交易者分享潜在的利益，但给他们造成最大困扰的其实是这些渔民交易者用来交易的货物。为了占据交易中的优势地位，那些"不请自来的"渔民选择用枪支作为交换的筹码。这并不是什么新鲜的举措（很多年来，来自各国的渔民交易者都曾经使用武器与印第安人进行交换），但是到了17世纪20年代中后期，使用枪支进行交换的规模扩大了。随着印第安人越来越了解枪支在狩猎和战争中发挥的巨大作用，他们对于枪支的渴望与日俱增，也更愿意用皮毛交换枪支来武装自己，所以每年都有越来越多的枪支流入印第安人手中。

　　印第安人获得武器装备这件事令普利茅斯殖民地的定居者们感到十分担忧。他们抵挡印第安人进攻的最主要资本一直是胜过对方的武器装备，然而此时这种优势受到了挑战。写到这一时期的时候，布拉德福德毫不掩饰自己的情绪："天啊！皇室和议会应当马上下令禁止这种充满危害的行为［向印第安人提供枪支和火药］，直到彻底消除这样的祸根。最好的办法就是在他们的殖民地都被野蛮人颠覆之前，严厉惩处几个贪婪无耻的谋杀犯（这些交易枪支的人只配得上这样的称呼），以一儆百，否则印第安人就要使用这些背叛同胞、背叛祖国之人提供的邪恶的武器杀死所有定居者了。"[47]让情况更加糟糕的是，英国渔民公然无视詹姆斯一世国王在 1622 年颁发的禁止与印第安人交易武器的公告，这一公告就是专为保护国王在海外子民的安全而颁布的。[48]

　　想要阻止渔民加入这项交易却苦于没有这个能力的还不只是普利茅斯殖民地的定居者。在新英格兰议会的授意之下，弗朗西斯·韦斯特船长（Capt. Francis West）于 1623年 6 月驾驶"定居点号"（*Plantation*）抵达美洲。船长还被议会授予了"新英格兰海军上将"这类有名无实的头衔。因为渔民无视在海岸地区捕鱼和进行交易之前要先申请许可并支付费用的规定，怒火中烧的议会下令让韦斯特去迫使那些狂妄自大的渔民们遵守规定。结果无论是人数上还是装备上都落于下风的韦斯特大败而归，他意识到自己的敌人是一些"十分固执的家伙"，比他这样的人和他所掌握的薄弱的武装力量"强大"得多，所以根本不可能听从他的摆布。[49]

49　　　虽然普利茅斯没有办法向随时出现的渔民交易者追索补偿，但是当有人到他们邻近的地区定居并也开始用枪支交换皮毛时，普利茅斯人就不能再听之任之了。他们对待在波士顿港岸边建立交易点的托马斯·莫顿（Thomas Morton）和他的助手时，就采取了完全不同的态度。莫顿于 1576 年前后出生在德文郡的一个圣公会家庭，有一点贵族血统，在学校里学的是法律，所以他称自己为"克利福德法学院宿舍的托马斯·莫顿绅士"。不过，其他人对于他的称呼就没这么友善了。布拉德福德称他"不过是一个讼棍，比起正直诚信，更善于玩弄诡计"；温斯洛说他"就是个彻头彻尾的无赖"；19 世纪的历史学家查尔斯·弗朗西斯·亚当斯（Charles Francis Adams）说莫顿是"一个天生的波西米亚式人物，不拘泥于成规，还是一个鲁莽的浪荡公子，不受任何道德或宗教上的束缚"。[50]不管他究竟是什么样的人，总之他关于人生，尤其是关于交易枪支的理念让普利茅斯的定居者们无法接受，后者已经做好了斗争的准备。

　　莫顿 1622 年第一次来到美洲。1625 年他再次前往时，随行人员包括一个名叫沃拉斯顿（Wollaston）的队长、几个富有的投资者和"一大批"签了合同要受雇于沃拉斯顿和其他监督者几年时间的仆人。他们的目标是在马萨诸塞湾沿岸进行捕鱼和皮毛交易。这支由形形色色的人员组成的队伍先是在沃拉斯顿山（今天的昆西）安顿了下来，但是只过了不到一年时间，被布拉德福德称赞为"多才多艺的"沃拉斯顿就对这样一个偏远地区的发展前景表示出了悲观的态度，他尤其不愿意再在新英格兰度过一个漫长、难熬的冬天。所以沃拉斯顿带领着自己的大部分仆人前往了弗吉尼亚，剩下的少数仆人、他的一个助手和莫顿则留在了这里。弗吉尼亚显然更符合沃拉斯顿的口味，他很快就靠出售自己的仆人赚了一大笔钱，还要求另一部分仆人也马上离开沃拉斯顿山到他这里来。[51]

这一系列情况的出现让莫顿警觉起来，因为他知道沃拉斯顿很快就会要求自己也向南去与他会和。经过 1622 年为期三个月的短暂停留和这次在沃拉斯顿山居住的这段时间之后，莫顿已经毫无保留地爱上了新英格兰地区及这里具有的商业潜力，并决定在此永久定居。在 1637 年出版的《英国新迦南》（*New English Canaan*）这本书中，莫顿像几年前也曾为这个地方着迷的约翰·史密斯一样，狂热地赞美了这片激发了他所有想象力的新土地。莫顿写道："仔细想想这里的美景和天赋的资源之后，我认为世上任何一个已知的地方都不能与其相提并论……在我看来，'它是自然的杰作，是最充足的资源仓库：如果这里还称不上富饶，那么整个世界都该算作贫瘠了'。"[52]

莫顿没有同意沃拉斯顿队长要求他向南送去更多仆人的要求，反而开始挑拨留在这里的那些仆人拒绝前往南方，他告诉这些人一旦他们去了南方，就会和之前的那批人一样被卖掉。与此同时，他还给这些人提供了另一种可供考虑的选

50

择：如果他们愿意和自己一起留在此地定居，莫顿承诺废除他们的奴役关系，把他们当作平等的人对待，并和他们共同分享劳动成果。这样的回报足以煽动起一次小型起义了。仆人们赶走了沃拉斯顿的助手，莫顿则和留下的人一起建立了一个交易点。莫顿喜欢让他的下属们称呼他为"我的主人"，还给他的交易点重新取名为"马雷蒙特"（Mare-mount），意思是"海边的小山"。不过，清教徒们都不信任莫顿，更不信任他异教徒般的行事作风，所以他们管莫顿的定居点叫"马利蒙特"（Merie-mount，后来流传下来的拼法又变成了 Merrymount）。鉴于之后那里发生的事情，这个名字可以说是再适合不过了①。[53]

马利蒙特很快就变成了一个过分自由、是非不断的地方，那里的人只想着赚钱和行乐。莫顿和当地印第安人之间建立了热络亲密的关系，他将后者视为朋友和协作者，而非无知的野蛮人或潜在的敌人。莫顿尊重印第安人崇敬长者的习俗，也钦佩他们的慈悲心和幽默感。他认为印第安人懂得享受生活，除了妻子之外，他们愿意和别人分享任何东西。更令莫顿印象深刻的是，印第安人没有"囚禁卑鄙之人的"监狱。[54]实际上，如果非让莫顿在普利茅斯的清教徒和印第安人之间选择的话，他会毫不犹豫地选择生活在后者中间。

通过使用枪支作为物物交换的对象，"我的主人"和他的追随者们很快就把与印第安人的皮毛交易搞得红火起

---

① "Merrymount"一词中的"merry"有嬉闹、欢愉之意，暗指这个地方的风气，所以作者说这个名字"再合适不过"。——译者注

来。[55]1627 年 5 月，为了庆祝自己在商业活动上取得的成功，莫顿为自己的手下、当地的印第安人及其他出席的人员举行了一场盛大的庆祝活动，人们可以吟诵诗歌、尽情舞蹈，还可以畅饮充足的啤酒。现场还竖起了一根 80 英尺高的五朔节花柱，花柱顶端插着一头巨大的雄鹿的鹿角，按照莫顿的说法，它的作用是"像大海中的清晰航标一样让所有人都能找到前往马雷蒙特的'我的主人'家的路"。一首专为这次狂放的活动而创作的充满挑逗性的歌曲是这么唱的："穿着河狸皮大衣的少女快来吧，无论白天黑夜，你们都会受到欢迎。"至于这首歌的副歌部分，内容就更加下流了：

> 开怀畅饮、随性玩闹吧，小伙子们，
>
> 你们要尽享鱼水之欢，
>
> 放纵的日子到了，
>
> 就在五朔节花柱边找个房间吧。[56]

51

普利茅斯殖民地那些古板严格的清教徒们带着越来越深的恐惧看着这些活动。在评论马利蒙特的情况时，布拉德福德声称莫顿和他的手下们：

> 已经陷入了无法无天的境地，过着放荡的生活，行各种亵渎神灵之事。莫顿就是管制不善的罪魁祸首，容留了大批（可以被称为）无神论者的家伙。一旦他们手里有了好货，这些通常是从印第安人那里交易来的，他们就会把赚到的钱都花到毫无疑义的过度饮酒上，既

有葡萄酒也有烈酒，据说他们一个上午就能喝掉价值10英镑的量。这些人还经常竖起五朔节花柱，然后围着柱子纵酒狂欢。这样的活动每次都会持续好几天，他们还会邀请印第安妇女参加，和她们一起跳舞、厮混，甚至做些更下流的勾当（她们就像一群丛林仙子一般，或者说是复仇女神才更恰当）。这些人好像是在复兴和庆祝罗马神话中的花神芙罗拉的节日，或是在令人厌恶地庆祝疯狂的酒神节。[57]

马利蒙特在商业上获得的成功也令殖民地定居者坐立难安。多一张河狸皮落到莫顿手中，就意味着送到普利茅斯的河狸皮又少了一张，普利茅斯的领袖们最不想看到的莫过于这个切实关乎殖民地生计的买卖被别人分走一杯羹。不过，比起马利蒙特"无法无天"的行径和它所获得的商业利益，更令普利茅斯殖民地人们担忧的是莫顿向印第安人提供枪支并教会他们如何使用这种武器射击的事。如果莫顿只是在皮毛交易上击败普利茅斯人，或是继续他那种在清教徒看来是道德败坏的生活方式，清教徒们虽然还是免不了严厉地批判他的行为，但至少会放任其自生自灭。[58]可莫顿交易枪支这件事显然已经超越了底线，最终也导致了他的失败。[59]

印第安人只把枪支用来打猎，完全没有将枪口对准英国人的打算，但这一事实对于英国人来说没有任何意义。清教徒对于可能发生之事的恐惧心理已经足以造成恐慌。布拉德福德就写到了"零散"生活在海岸地区的定居者们在"没有任何自保能力"的情况下，在树林中遇到举着枪的印第

52

安人时感到多么"惊骇"。人们争论说，如果莫顿的交易不被阻止，印第安人持有武器的数量会加速增长。到 1628 年初，所有的迹象都显示这样的加速增长已经成为现实。莫顿从英国订购了更多"商品"，根据布拉德福德的说法，印第安人都"疯狂地"渴望枪支，不惜用自己拥有的任何东西来交换，在他们眼里，"原来的弓箭跟枪支比起来根本不值一提"。[60]

1628 年春，波士顿港附近地区所有最能感受到莫顿威胁的小定居点的代表聚集在一起商讨应对策略。他们都知道自己没有能力独自对抗莫顿，哪怕是联合起来也不是他的对手，所以他们决定转向普利茅斯寻求支持。普利茅斯是这个地区里人口最多、实力最雄厚的定居点，也是会因为莫顿的恶劣行径损失最多的地方。鉴于此，普利茅斯义无反顾地扛起了向莫顿宣战的大旗，并选定了珀斯韦申（Persuasion）作为进攻的前线。感觉自己受到了不公对待的小殖民地联合起来给莫顿写了一封"充满朋友之情和邻里之爱"的书信，请求他停止与印第安人交易枪支。但莫顿的回复是措辞严厉的斥责，他质问这些定居点有什么权力质疑他的活动，并宣称不管别人有多少不满，自己都将"继续与印第安人交易枪支"。仍然抱着莫顿最终会讲道理的希望而不肯放弃的各个定居点又联合起来给莫顿写了第二封信，建议他"对自己的行为有所节制"，同时指出他已经违反了詹姆斯国王在1622 年颁发的不得与印第安人交易武器的禁令。另外他们还婉转地警告莫顿说"这个地方经受不起莫顿带来的伤害"。

对此，莫顿给出的回应一点儿也不婉转。他公然宣称"国王已死，就算有什么不满也都随他入土了"。另外，莫顿也回敬了一个警告：如果任何人想要来"骚扰"他，那么他们就得当心了，因为他已经做好了准备。[61]这样的傲慢无礼让各个定居点忍无可忍，最终他们决定依靠武力制服莫顿。每个定居点都出了资，组建了一项战斗基金，普利茅斯用这笔钱给迈尔斯·斯坦迪什和另外八人组成的队伍添置了装备，并派遣他们前去捉拿"管制不善的罪魁祸首"。

关于接下来发生的事有很多种说法。莫顿自己的记录中充斥着他标志性的自吹自擂，他说"分离主义者嫉妒马雷蒙特殖民地的兴旺发达和充满希望"，尤其眼红这里的人们在河狸皮毛交易上获得的成功，所以他们才宣称他是个"野蛮的禽兽"，还"组织了一群人"来抓他。莫顿轻蔑地描写了敌人派来的队伍，嘲笑地说他们是"新迦南的九个大人物"，还称身材矮小的斯坦迪什为"虾米队长"。莫顿说斯坦迪什和他的手下是在韦萨格塞"碰巧"抓住他的，那里距离马利蒙特还有大约一英里远。因为"抓到了"他们的"头号目标"而欣喜若狂的九个人"开怀痛饮"、狼吞虎咽。莫顿没有加入他们的庆祝活动，为的是保持警觉，有机会随时逃跑。

当天夜里，共有六个人负责看守他，其中一个还和他躺在同一张床上。等这些人都睡熟了之后，莫顿悄悄起身，无声无息地打开了两道锁住的房门。就在他以为自己马上就能神不知鬼不觉地成功脱身之时，他却没有抓紧第二道门，房门重重关上的声音惊醒了所有的守卫和斯坦迪什。莫顿声称后者"看到煮熟的鸭子飞走时像发疯了一样，甚至撕坏了自己的衣服来发泄心中的愤怒"。

斯坦迪什追到了马利蒙特，他恳请莫顿放下武器投降，这样自己就可以把他送回英格兰。宣称自己是"军人之子"的莫顿起初不愿就范，但是后来想到一旦发生交火，难免要有人"流血"——当然不是他的，而是对方的，所以最终在斯坦迪什承诺不会伤害他或他的任何一个手下的情况下，莫顿让步了。虽然对方做出了承诺，但是莫顿说自己刚一开门，"虾米队长"和手下"就扑到了他的身上，好像要吃了他一样"，他们没有用长剑"将他千刀万剐"的原因是斯坦迪什手下一位年长的队员提醒他们"这些大人物不该做出这样背信弃义的事"。[62]

布拉德福德对于这件事的记述里完全没有莫顿提到的那些跌宕起伏和义愤填膺，他甚至根本没有提及在韦萨格塞的巧遇和逃跑这档事。在他的版本中，斯坦迪什直接前往了马利蒙特，发现"我的主人"已经躲避到他的一栋房子里，房门和窗子都被钉死了，他的手下和他一起"围坐在摆满了各种装着火药的盘子和子弹的桌边"。莫顿起初无视斯坦迪什要求他投降的喊话，反而是以"嘲弄和侮辱"作为回应。后来，担心斯坦迪什会拆掉房子的墙壁冲进来，莫顿和几个手下才拿着枪走出了前门。不过这些人"都已经酩酊大醉"，根本连举枪瞄准都做不到，更别说向面前的敌人射击了。莫顿本想朝斯坦迪什开枪，但是在他有所动作之前，斯坦迪什已经来到他的面前，抓住了他的枪并控制住了莫顿。马利蒙特的战斗就这样结束了，只有莫顿一方有一人受伤。当时斯坦迪什的手下举着剑进入了他们躲避的房屋，莫顿的那个手下因为醉得太厉害了，"自己一头撞在了别人的剑尖上"。[63]

54　　不管哪个版本更接近真相，故事的结局都是一样的。莫顿接受了模拟法庭的审判，被囚禁到新罕布什尔和缅因海岸10 英里之外的多岩石的浅滩岛（Isle of Shoals）上，直到人们找到能够将他送回英格兰的船只。马利蒙特定居点失去了自己的领袖之后很快就解体了，那个地方在 1629 年被重命名为大衮山（Mount Dagon），但第二年就因为一场大火而被烧成了平地。[64]

　　在普利茅斯的殖民地定居者忙着解决莫顿问题的同时，他们与荷兰人之间也发展起了一种很有意思的关系。这种关系是从 1627 年 3 月开始的，当时任新阿姆斯特丹秘书长的伊萨克·德·拉希尔（Isaack de Rasière）给布拉德福德总督写了一封书信。虽然荷兰人从普利茅斯殖民地创立之时就知道它的存在，但这封信才是两个殖民地之间第一次正式的接触。德·拉希尔注意到荷兰人经常会驾着小船沿海岸向北与印第安人进行交易，有时会航行到距离普利茅斯仅半天航程的地方。鉴于这种邻近关系，他认为双方是时候正式地相互介绍一下了。德·拉希尔祝贺英国人成功建立起了殖民地，并伸出了友谊的橄榄枝。他尤其想要建立一种对自己和普利茅斯都有利的交易安排，所以提出向后者出售荷兰产品来换取河狸或海獭的皮毛。最后他还补充说，如果英国人不需要他们的商品，他们也愿意直接"付钱"购买皮毛和其他有用的东西。[65]

布拉德福德同样有礼地回应了这封信件，确认了普利茅斯希望与荷兰人交易的意愿，但他同时也警告荷兰人必须停止与科德角西南部、巴泽兹湾（Buzzard's Bay）和纳拉甘西特湾以内及周边地区的印第安人交易。他坚称英格兰已经宣布占有这些地区，因此普利茅斯有权驱赶任何闯入者——布拉德福德暗示如果荷兰人不退出，自己有可能就会行使这样的权力。对此德·拉希尔回复说荷兰也对这些地方宣称了所有权，所以荷兰人会继续与任何他们愿意与之交易的印第安人进行交易。不过双方暂时都没有就这一争议采取进一步的措施，反而是顺利开展起了两个殖民地之间的贸易。

1627 年 10 月，德·拉希尔在锣鼓喧天的开道声中访问了普利茅斯。德·拉希尔给殖民地定居者带来了各种商品，包括烟草、三种不同颜色的布料和砂糖。不过他带来的最重要的东西还要数贝壳珠。普利茅斯的定居者们此时还不怎么了解贝壳珠在与印第安人交易中占据的重要位置，所以他们聚精会神地听着德·拉希尔向他们介绍这种东西在奥朗日堡"多么有销路"，又是如何帮助荷兰人获得了大量皮毛的。之后，德·拉希尔几乎是不加掩饰地奉劝普利茅斯人将交易的注意力转向东北部地区，放弃荷兰人交易最活跃的西南部地区。他说如果英国人有了贝壳珠，他们在缅因省和肯纳贝克河流域的皮毛交易肯定大有发展。被说服的普利茅斯殖民地领袖们最终购买了价值 50 英镑的贝壳珠。[66]

购买贝壳珠及将交易重点转移到缅因省这两项措施完美地契合了普利茅斯打算发展壮大其皮毛交易活动的计划。温

55

斯洛在 1625 年前往缅因省的成功航行收获了价值 700 英镑的河狸皮毛，之后又有其他人也前往了那附近的地区。为了让该地区的皮毛交易扎根立足，普利茅斯人在 1628 年申请到了肯纳贝克河沿岸地区的土地使用许可，当年他们就在相当于今天奥古斯塔（Augusta）的地方建立了交易点，并在那里储存了充足的布料、毯子、玉米等食物，以及其他印第安人愿意用皮毛来换取的货物。殖民地定居者们也在这里准备了他们刚刚购进的贝壳珠，不过令他们失望的是，这种东西在缅因省并不如德·拉希尔预计的那么"有销路"，至少在短时间内还不行。到交易点来进行交易的来自内陆地区的印第安人还不熟悉贝壳珠这种东西，所以一开始并不愿意接受。不过仅过了不到两年的时间，他们就从不愿意变为渴望交换贝壳珠了。布拉德福德注意到，从那时起，印第安人"要多少贝壳珠都不觉得够"。[67]

获得贝壳珠和增加在缅因省的贸易活动的过程与普利茅斯殖民地进行彻底的经济支柱重构过程是同时发生的。1628年，包括布拉德福德、温斯洛和斯坦迪什在内的定居者群体中的八名领袖决定承担清偿殖民地对商人和投机者公司的1800 英镑欠款的责任，从而获得为期六年在本地区进行皮毛交易的专营权。有曾经的普利茅斯殖民地副总督艾萨克·阿勒顿（Isaac Allerton）作为殖民地在伦敦最主要的销售代理，这八名所谓的承包商打算每年稳定出口相当数量的皮毛，那样的话这笔债务一定很快就能还上。他们也确实迎来了一个不错的开局，仅第一年就向英国运回了价值 700 英镑的河狸皮毛。[68]

承包商在缅因省的投入到 1629 年时又增加了。阿勒顿和另外几名投资者带着新的提议前来与他们协商。原来阿勒顿和他带来的这些人决定在佩诺布斯科特河（Penobscot River）沿岸建立新的皮毛交易点，他们希望承包商们以合伙人的身份加入这个新组建的公司并/或为交易点提供交易货物和食物补给。这样的提议让承包商们觉得很是为难。如果他们拒绝加入这个公司或不同意为这个交易点提供物资，就可能得罪阿勒顿一伙人，从而失去他们的支持，他们之中一些人正是承包商们的主要资助者。此外，如果承包商不成为合伙人，而只是向这个交易点提供物资的话，那就等于是在协助自己的竞争对手，最终将导致他们一年前才刚刚建立的肯纳贝克河交易点获利减少。

让承包商们更难决断的因素还包括，他们对于被选作佩诺布斯科特河交易点管理者的爱德华·阿什利（Edward Ashley）既不信任也不喜欢。据布拉德福德说，阿什利是一个"亵渎神灵的年轻人"，之前就已经冒犯过清教徒，因为他曾和印第安人一起生活，"赤身裸体地"走在他们中间，遵守"他们的礼仪"。最终，承包商们决定将他们对阿什利的担忧搁置一边，签署了成为合伙人兼供应商的协议。不过，没过多久，阿什利就将他们最大的恐惧转变成了现实。虽然他很快就收购了"大批河狸皮毛"，却拒绝就承包商们提供的物资支付任何费用，同时还恬不知耻地向他们索要更多。除此之外，布拉德福德宣称，阿什利与印第安人的熟络导致他犯下了"与印第安妇女的不洁行为"，这在清教徒眼

56

中是不可饶恕的大罪。不过，真正让阿什利陷入麻烦的还要数他与印第安人交易"火药和子弹"的行为，他最终因此遭到逮捕并被押回英格兰囚禁起来。没有了阿什利来添乱，承包商们于 1630 年接管了佩诺布斯科特河交易点。[69]

清教徒建立殖民地的实践开始仅四年之后，爱德华·温斯洛就洋洋得意地描述了新英格兰皮毛交易的光辉前景。"通过与印第安人交易皮毛，在这里定居的人能够获得很多好处，……无论是英国人、荷兰人还是法国人，每年仅凭这一项交易就可以获得几千英镑的丰厚利润。"[70]在 17 世纪 20 年代剩下的时间里，温斯洛和他的定居者同胞们实现了这个美好的预言。普利茅斯殖民地在缅因省内皮毛资源充足的地区站稳了脚跟。此外，英国人还不顾荷兰人的计划，坚持向西南方向拓展业务，在科德角背面、巴泽兹湾的顶端，相当于今天桑威奇（Sandwich）的地方建立了另一个交易点。凭借玉米的大丰收，再加上贝壳珠的流行和其他稳定地从英格兰运来的货物，普利茅斯终于拥有了扩大皮毛交易的资本。与此同时，殖民地的新财政安排和承包商们的专营权都让定居者们开始憧憬一个不再欠债的美好未来。到 17 世纪 30 年代初，所有的迹象似乎都表明，殖民地皮毛交易的成功还将延续下去。然而仅仅过了不到十年，这项交易就彻底消失了。

第二部分

帝国间的碰撞

第五章
竞争、冲突与诡计

就算普利茅斯的承包商们打广告招募在伦敦的代理商，他们也不可能找到比艾萨克·阿勒顿更合适的人选了。阿勒顿是他们群体中一位受人尊敬的成员，是最初登上"五月花号"的乘客之一，也是第五个在《五月花号公约》上签字的人，他似乎就是胜任这个职位的绝佳人选。这样一个人一定可以为承包商们争取到最大的利益，尤其是当他自己也是承包商中一员的情况下。然而结果是，到1630年阿勒顿辞职时，他给其他人留下了一个财务上的烂摊子。

阿勒顿没有把销售皮毛的收益用在偿还欠款及承担殖民地的开销上，反而是选择了一条满足私利的道路。他给承包商提供货物时收取高价，不仅做假账，还有一些说不清的个人开销。销售获得的利润几乎被他挥霍一空，承包商拖欠的债务却翻了一番还多。说起这次令人遗憾的事件，布拉德福德懊恼地称整个殖民地的人都被"蒙在鼓里"。[1]

阿勒顿离开之后，承包商们雇用了新会计来监督每一笔 生意上的开销，他们迫切地希望这一次自己的运气能有所改善。因为法国人在北方的入侵及西南方向的荷兰人和其他英国人的竞争切断了持续获得大批优质河狸皮毛的途径，背运的承包商们实现经济可持续发展的桥梁正在慢慢坍塌：为争夺美洲皮毛交易机会的帝国战争已经打响。

阿勒顿辞职后不久，法国人就给普利茅斯的皮毛交易带来了一次沉重的打击。这次行动迅速果断，行动过程中没有任何人受伤或丧命，行动的方式甚至还有点好笑。1631年，一艘法国船来到佩诺布斯科特河交易点，船上的人通过一个苏格兰人船员翻译宣称他们已经在海上航行很久了，不知道自己这是到了哪里，但是船只现在漏水严重，所以他们请求靠岸进行维修。获得许可后，船员们都上了岸。那个苏格兰人通过和交易点的几名"仆人"闲谈得知"主人和其他人"都到普利茅斯运输补给去了。得知这一消息的法国人对交易点主屋墙壁挂架上摆放的枪支突然感兴趣起来，还把它们取下来仔细观察。仆人们似乎完全没有意识到自己已经落入了陷阱之中，他们在被询问这些武器里有没有装子弹时还老实地给出了肯定的回答。听了这话的法国人立即停止了赏玩，转而用这些枪指着仆人们，命令他们"不许反抗，安静地"把值钱的东西都集中到一起。很快，法国人就满载着价值500英镑的货物和300磅重的河狸皮毛扬长而去了。[2]

四年之后，法国人再一次袭击了佩诺布斯科特河交易点。这一次，一位被称为多尔奈先生的贵族夏尔·德·梅努（Charles de Menou，sieur d'Aulnay）奉阿卡迪亚总督的命令航行到佩诺布斯科特湾，"要将从佩马奎德到肯纳贝克河沿岸的所有人都赶走"。多尔奈征用了在岸边不远处作业的属于交易点的小船，还强迫小船上的人引导他的大船靠岸。登陆之后，多尔奈不仅占领了交易点，还按照他规定的价格"购买了"这里所有的物资，却说什么时候失去了货物的英国人去向他索要货款，他才会支付这笔钱。完成这次贱价收购以后，多尔奈给了普利茅斯人"很多赞美和称颂"及一点点食物，然后就把他们都赶上小船，命令他们回家去了。被赶走的交易者向定居者讲述了自己的遭遇，这不但激起了殖民地人的愤怒，也促使普利茅斯的领袖们开始寻求报复机会并想办法夺回交易点。[3]

普利茅斯人询问在离他们不远的马萨诸塞湾殖民地的清教徒邻居们是否愿意给自己提供帮助，后者是在 1629 年建立起自己的殖民地的。虽然马萨诸塞的定居者认可采取报复措施的行动，但是他们不打算为此提供任何资助，所以普利茅斯人只能靠自己了。他们雇用了一艘 300 吨重，"装备了充足武器的"船只，由格林先生（Mr. Girling）任船长。如果格林能够成功地将法国人赶走，他将获得 700 磅重的河狸皮毛作为报酬；如果失败，则一分钱也得不到。为了帮助格林，普利茅斯人还派出一艘配备了 20 名船员，由无所畏惧、意志坚定的迈尔斯·斯坦迪什领导的帆船。船舱里装满了摞得高高的河狸皮毛，在法国人被打败之前，这些可能要支付给格林的报酬就由斯坦迪什负责保管。

这次出征就是一次彻头彻尾的灾难，固执且鲁莽的格林抛弃了之前大家已经商定好的策略，即和法国人谈判并动员他们自愿放下武器，以避免跟全副武装的对手硬碰硬。格林反而"从很远的地方就开始像个疯子一样朝敌人开炮"，因为法国人有坚固的泥土胸墙做防护，根本"没有受到一点伤害"。斯坦迪什对于这样的做法既担忧又愤怒,他劝说格林把船开到距离目标近一些的地方再攻击,这样才有效果,不过一切都太晚了。等格林足够靠近的时候,他仅剩的几枚炮弹马上就用光了。格林催促不太情愿的斯坦迪什到最近的英国定居点为他获取更多火药好继续发起攻击。可是此时后者已经对格林的意图起了疑心,还有"情报"说这个无能的船长其实是想抢劫他的帆船,直接把皮毛夺走。为了避免这样的风险,斯坦迪什给格林找来火药之后就驾着船只,载着皮毛返回普利茅斯了。格林的进攻计划最终没有获得任何成效,所以他也没再骚扰法国人,而是自己驾船离开了。[4]

斯坦迪什返回普利茅斯殖民地之后曾试图再次说服马萨诸塞湾殖民地支持他们重新组织一次攻击法国人的行动。马萨诸塞的人们虽然继续对普利茅斯人的事业表示同情,但还是再一次拒绝了这个提议,理由是自己在经济层面没有这样的能力。不过,马萨诸塞的定居者不愿参与这件事的真正原因其实是他们根本不想用自己的钱来帮助普利茅斯保护他们的皮毛交易。实际上,自马萨诸塞湾殖民地建立之初,这里的人们就将皮毛交易视为维持殖民地存续和偿还投资者欠款的途径。[5]在 1630 年时,也就是这个殖民地获得皇室授予的特许授权一年之后,"新英格兰地区发展最完善的产业就是清教徒的皮毛出口生意",马萨诸塞的人们希望自己也能分享这份成功带来的好处。[6]弗朗西斯·希金森牧师(Reverend Francis Higginson)是最早在马萨诸塞湾殖民地定居的人之一,皮毛交易的无限可能令他感到震惊。他在 1629 年时写

第五章 竞争、冲突与诡计

道："我们的英国种植者靠种植印第安玉米换来的收获高得 64
令人不敢相信。"为了证明自己的观点，他列举了一个例
子：一个人种下了 13 加仑的玉米种子，成本是 6 先令 8 便
士；他用收获之后的庄稼从印第安人手中换来了价值 327 英
镑的河狸皮毛，利润率接近 1000%。[7]

　　马萨诸塞湾殖民地要想复制普利茅斯的成功就得先找到
获取皮毛的途径，这对于他们来说是个难题。波士顿港邻近
地区绝大多数带皮毛的动物都已经被杀死和剥皮，用以满足
这个行业的需求了。所以马萨诸塞湾定居者不得不把目光放
到更加遥远的地方。可是他们到了远处就会发现，普利茅斯
殖民地的定居者已经又领先了他们一步。1634 年时，马萨
诸塞湾总督约翰·温斯罗普（John Winthrop）带着浓浓的商
业上的嫉妒心愤恨地抱怨说，普利茅斯"占据了新英格兰
所有主要的交易地点，也就是肯纳贝克河、佩诺布斯科特
河、纳拉甘西特和康涅狄格"。[8]因此，如果马萨诸塞湾殖民
地遇到一个能够比普利茅斯先找到皮毛货源的机会，他们会
毫不犹豫地抓住。实际上，普利茅斯定居者们刚被赶出佩诺
布斯科特河交易点以后，马萨诸塞湾殖民地的商人们就立刻
开始与这里的法国新主人做起了交易，他们用物资、火药和
子弹来交换皮毛和其他商品。这样的行为招来了普利茅斯领
袖们的严厉谴责，他们本来还期待这些同样敬畏上帝的邻居
们能够给自己提供兄弟一样的帮助，结果却被后者抢走了
生意。[9]

　　佩诺布斯科特河事件已经不是普利茅斯和马萨诸塞湾两

91

个殖民地之间第一次因为缅因省的皮毛交易活动而产生摩擦了。1634 年 4 月发生的另一件事被布拉德福德形容为"自他们来到这里之后发生在他们身上的最令人难过的事件之一"。约翰·霍金（John Hocking）是一位来自皮斯卡塔韦（Piscataway，今天新罕布什尔州的朴次茅斯）的英国定居点的皮毛交易者。他和少数几个人一起驾船沿肯纳贝克河向上游航行，打算越过普利茅斯殖民地的交易点，在印第安人顺流而下抵达那里之前就先买走他们的皮毛。当霍金航行至该交易点的时候，交易点的领头人约翰·豪兰（John Howland）告诉他此区域里所有的皮毛都属于普利茅斯殖民地，并要求霍金和他的同行者们立即离开。霍金反驳说去他的普利茅斯，他们偏要继续航行，"想去哪里交易就去哪里"。豪兰朝霍金大喊说如果他们不离开，自己就要采取武力驱逐他们。完全没把这样的虚张声势放在眼里的霍金一边"让［豪兰］……尽管拿出他最大的本事来好了"，一边继续向上游行船，直到出了交易点的视线范围以后才抛锚停船。[10]

65 之后不久，豪兰带领着四名手下追赶霍金。追上之后，豪兰再一次恳请霍金和平地离开。霍金仍然拒绝离开，还"出言不逊"，并质问豪兰是不是要朝他开枪射击。豪兰回答说自己不会射击，但是一定会把他赶走，于是他下令让自己的手下砍断霍金船只的锚链，那样船只就只能朝下游漂去。被砍断一根锚链之后，霍金警告豪兰的手下不要再砍断另一根，当后者试图继续的时候，霍金掏出手枪抵住了豪兰带来的名叫摩西·塔尔博特（Moses Talbott）的手下的太阳穴。"别开枪，要开枪朝我开！"豪兰大喊道，还说塔尔博特只是在执行他的命令，如果"有任何损失也应当由自己来承担"。[11]霍金无视豪兰的恳求，执意扣动扳机，一枪打死了塔尔博特。在他还想要再朝其他人开枪之前，塔尔博特的一个"（对他充满感情的）同伴"先朝霍金开了枪，后者"倒在地上，再也说不出一个字了"。[12]失去了领袖的霍金的手下见此情形，迅速地驾船返回了。

霍金的手下返回定居点之后，在其他皮斯卡塔韦定居点的定居者面前把霍金描述为受害者而非挑起冲突的一方，还说他是"平白无故"被杀死的。这样的故事在马萨诸塞湾殖民地引发了人们的狂怒。"为了河狸而杀人"的想法令当地民众感到担忧，杀人者的行为更违反了十诫中第六项"不可杀人"的规定。霍金的一位亲属向温斯罗普总督正式提出控告，"要求将行凶者绳之以法"。马萨诸塞湾殖民地立刻就此采取了行动。[13]温斯罗普囚禁了普利茅斯的一位地方治安官约翰·奥尔登（John Alden），后者当时恰巧正在波士顿。囚禁奥尔登的理由是谋杀发生时，他恰好在肯纳贝克河交易点，虽然他没有直接牵涉到开枪事件中，但是有义务接受询问、说明情况。[14]

普利茅斯的领袖们为自己"邻居"的所作所为感到怒不可遏，马萨诸塞湾"对于普利茅斯根本没有管辖权"，却囚禁了自己殖民地群体中的一员，还强迫他出庭作证。斯坦迪什被派去陈述实情并要求释放奥尔登。温斯罗普在斯坦迪什承诺将出庭应诉的前提下释放了奥尔登。与此同时，皮斯卡塔韦定居点的所有者塞伊爵士和布鲁克爵士（Lords Say and Brooke）也给普利茅斯此时的总督托马斯·普林斯（Thomas Prince）送来了一份措辞尖锐的通知："因为霍金的死，我们完全有理由派遣一艘军舰去把你们在肯纳贝克河上的房屋都夷为平地；不过我们更希望通过其他途径解决问题"——召集普利茅斯、马萨诸塞湾和皮斯卡塔韦定居点的代表共同审理这个案件并做出判决。然而，到了集会当天，皮斯卡塔韦定居点并没有派遣代表出席，所以普利茅斯和马萨诸塞湾的官员们"对一系列事件进行了彻底地辩论"，最终得出的结论是：霍金侵犯了普利茅斯殖民地的权利，应当就这次致命的争执承担责任，他的死虽然令人遗憾，但杀人者的行为是可以被原谅的。[15]

霍金事件和法国人占领佩诺布斯科特河交易点这两件事进一步刺激了马萨诸塞湾殖民地人对于在缅因省进行皮毛交易的兴趣，也凸显了普利茅斯殖民地在保卫自己在本地区利益上的弱势和无能。最后的结果就是，马萨诸塞湾的交易者和其他沿海岸地区的英国交易者渐渐将普利茅斯的皮毛交易者排挤出了市场，到17世纪30年代末，缅因省里几乎已经没有普利茅斯的交易者了。与此同时，普利茅斯人也被北方的皮毛交易市场拒之门外了，在南部和西部也都是如此，因为那些地方不仅有荷兰人，还有更多的其他英国殖民地的定居者在挤压普利茅斯人的生存空间。

在17世纪20年代晚期，当新阿姆斯特丹和普利茅斯之间还明智地维持着谨慎但友好的关系时，荷兰人曾经对英国人提起过一个美好的地方——康涅狄格河沿岸一片皮毛资源充足、土地肥沃的区域。荷兰人邀请英国人到那里定居，抛弃他们此时生活的这片相对"贫瘠的小地方"。布拉德福德认为荷兰人的提议慷慨大度，但实际上他们别有用心——荷兰人认为英国人一旦沿河岸定居，就要受自己的掌控，由此可以增加荷兰人规模还很小的殖民地里的人口数量，让荷兰人有机会巩固自己对于这个地区的权力主张。普利茅斯的领袖们起初是拒绝的，但是当一位名叫瓦希纳卡特（Wahginnacut）的莫希干人酋长前来拜访之后，他们的想法就彻底改变了。[16]

　　1631 年时，瓦希纳卡特的族人就生活在康涅狄格河河谷，他们向普利茅斯和马萨诸塞湾的殖民地定居者们提出了相同的邀约。如果英国人在康涅狄格河沿岸定居，瓦希纳卡特愿意每年向他们提供玉米和 80 张河狸皮毛，此外英国人也可以自主进行皮毛交易。作为回报，瓦希纳卡特希望英国人能够和他结盟，共同对抗佩科特人（Pequot），因为后者一直在攻击瓦希纳卡特的族人，并试图将他们赶出这片原本属于他们的土地。马萨诸塞湾殖民地的领袖们礼貌地拒绝了这个提议，但普利茅斯的领袖们动了心，尤其是他们最近刚刚得知阿勒顿背叛了他们的信任，所以更加迫切地想要扩大皮毛交易活动的规模。为了确认瓦希纳卡特的提议是否值得接受，普利茅斯人在 1632 年时派遣温斯洛前往康涅狄格河进行探查，他返回之后汇报说那里是"一个好地方"。这之后，定居者们又进行了一些皮毛交易尝试，也都"不是没有收益的"。[17]

　　普利茅斯的领袖们在 1633 年最终决定对康涅狄格河河

67

谷主张所有权。到了 7 月，布拉德福德和温斯洛一起会见了马萨诸塞湾殖民地的总督温斯罗普，并督促马萨诸塞湾殖民地与普利茅斯殖民地一起在康涅狄格河上建立交易点，联手阻挡荷兰人插手这里的交易。当温斯罗普拒绝了这个提议之后，布拉德福德和温斯洛又开出了更优厚的条件，邀请马萨诸塞湾以合伙人的身份与他们共同组建公司，并承诺在接下来几年里提供财务支持。不过温斯罗普依然没有被说服，后来他写到这件事时说，马萨诸塞湾殖民地的领袖们"认为参与［这个］"项目"是不明智的"。最终，布拉德福德和温斯洛询问温斯罗普是否反对普利茅斯独自展开这项行动，温斯罗普回答说不反对。于是普利茅斯开始自行准备向河谷地区进发，不过他们很快就发现，荷兰人已经在那里了。[18]

无论荷兰人最初是抱着什么样的打算建议普利茅斯人到康涅狄格河河谷定居的，这种打算到 1633 年初时已经被彻底抛弃了。此时的荷兰人将这个河谷视为自己的后院，将英国人视为潜在的入侵者，认为他们来到这里不仅是要抢夺荷兰人的皮毛生意，还可能一有机会就要想办法将荷兰人从这里赶走。荷兰人完全清楚塞伊爵士和布鲁克爵士及其他一些人在 1631 年就获得了英国颁发的土地使用许可，从而拥有了对于从罗德岛到纽约，包括康涅狄格河河谷在内的大面积土地的所有权。荷兰人很可能还听说了瓦希纳卡特向普利茅斯和马萨诸塞湾殖民地提出的友好建议。后来，在 1633 年发生的另一件事又使得荷兰人对于在美洲的英国人愈发充满敌意和怀疑。[19]

第五章 竞争、冲突与诡计

4 月 18 日，英国船只"威廉号"（*William*）抵达了阿姆斯特丹堡，船上的货物押运人是一个名叫雅各布·伊尔克斯（Jacob Eelkes）的荷兰人，他说自己打算向哈得孙河上游航行，沿途交换一些皮毛。这个伊尔克斯就是在 1622 年作为荷兰西印度公司雇员时绑架了一名河流印第安人首领，然后要求获得一条 140 英寻长的贝壳珠串成的带子作为赎金的那个荷兰人。因为这种道德败坏的行径而被荷兰公司立即开除之后，伊尔克斯转而为英国人提供服务，此次他又回到美洲就是打算凭借自己对于皮毛交易的了解来为他的新老板赚取利益。

接下来发生的事就像是一部"滑稽歌剧"。[20]刚上任不久的新阿姆斯特丹总督沃特·范特威勒（Wouter van Twiller）跟伊尔克斯一起喝酒，喝醉之后的总督没有就伊尔克斯与一位荷兰探险家大卫·德弗里斯（David de Vries）之间发生的激烈争吵做出任何表态。这两个人都声称自己代表的国家因为发现了这条河流而对河流及河流上的皮毛享有权力。伊尔克斯说发现河流的亨利·哈得孙是英国人，因此河流应归属英国所有；德弗里斯反驳说哈得孙当时是荷兰公司的雇员，所以河流绝对应当归属于荷兰。几天之后，伊尔克斯收起船锚，沿河向上游去了，范特威勒对此的反应则是打开另一瓶葡萄酒，一边喝一边命令其他荷兰人去阻止英国人的前进——不过这样的号召只引来了别人的嘲笑，没有任何人采取任何行动。[21]

德弗里斯再也忍不住自己的不满，他大胆地谴责了范特威勒的软弱无能，还说如果自己能做主的话，一定会动用堡

68

97

垒中的加农炮将伊尔克斯的船炸成碎片，"那样他就不能向上游航行了，"德弗里斯还补充说"傲慢自大是英国人的本性，他们认为什么都应该属于他们。我要派'盐山号'（*Soutberg*）去攻击他的船，直到把他赶出这条河流为止"。[22]几天之后，范特威勒在德弗里斯的催促下终于采取了行动，派出了三艘武装舰船沿河而上，要将入侵者赶走。等这些舰船抵达奥朗日堡附近时，伊尔克斯已经开始在那里进行交易了。震惊的荷兰舰队没有花费多少时间就将伊尔克斯及他的船员们都抓了起来，并押送回阿姆斯特丹堡。后来伊尔克斯等人从那里驾驶自己的船只被迫返回英国去了。受到这件事的刺激，再加上听到英国人即将在康涅狄格河河谷定居的消息，范特威勒下令在康涅狄格河上修建一个小堡垒，位置就在今天的哈特福德（Hartford）附近。堡垒于 1633 年 6 月完工，并被取名为"好望堡"（Fort Good Hope）。[23]

在这之后不久，普利茅斯的定居者们着手将他们在康涅狄格河上修建交易点的计划转变为现实。他们从印第安人手里购买了在荷兰人堡垒上游方向 6 英里之外的一个地方，并装备了一艘"崭新的大帆船"，满载建立交易点所需的物资，由船长威廉·霍姆斯（William Holmes）驾驶前往目的地。霍姆斯于 10 月初抵达好望堡时，堡垒的指挥官询问他要前往何处。听说普利茅斯人打算在自己堡垒的上游"建立"交易点之后，这名指挥官命令船只"抛锚停船"，否则就要遭到炮火打击。霍姆斯轻蔑地回答说自己既然受普利茅斯殖民地总督的雇用，就有义务把船只开到目的地。指挥官接着又发出了一些非此即彼的威胁，只不过他的实际行动和

69

嘴上的说法并不一致，最终还是让英国人通过了。船只抵达了位于相当于今天温莎（Windsor）的目的地之后，普利茅斯人把预先制作好构件的房屋迅速"组装成形"，然后又在房子四周修建了栅栏作为保护。[24]

当范特威勒得知普利茅斯殖民地定居者的无耻行径之后，他给殖民地的领袖们写了一封信，指出荷兰已经宣称对康涅狄格河拥有权力，并要求普利茅斯人立即离开。在书信没有起到任何效果之后，范特威勒从曼哈顿派出了一支由70人组成的武装队伍。这些人得到的指示是前去吓唬吓唬英国人，在不真正使用武力的情况下迫使他们离开，所以当这支队伍看到英国人已经做好了防御准备，意识到要想把他们赶走"必然要付出血的代价"之后，队伍的荷兰指挥官选择"协商"，最终"和平地"带着自己的队伍返回了曼哈顿。[25]在这之后，英国人就开始与印第安人进行交易，他们高兴地发现荷兰人实际上并没有像普利茅斯殖民地的领袖们担忧的那样给他们造成多少阻碍，反而是他们的英国同胞给普利茅斯人在康涅狄格河河谷的雄心壮志带来的麻烦更大一些。

1630 年时，普利茅斯还是新英格兰地区人口最多的殖民地，居民人数大约 300 人。不过仅仅五年之内，从英格兰前来的清教徒"大迁徙"就让马萨诸塞湾殖民地的居民人数迅速增长至四五千人。[26]很多聚集在拥挤的海岸边的居民都有各种各样想要继续迁移的理由。有些人认为岸边地域狭窄；有些人想要避开马萨诸塞湾清教徒领袖们的严格控制，希望寻找到一片可以自由地追求自己信仰的地方；还有些人打算寻求新的商业机会。对于这最后一种人来说，皮毛交易是最具有吸引力的。早在大批移民到来之前，不少早期的定居者们就已经在进行这项交易了。比如，1629 年时，这个殖民地的首位总督马修·克拉多克（Mathew Craddock）就在米斯蒂克河（Mystic River）上距离查尔斯顿（Charleston）仅 3 英里的相当于今天梅德福（Medford）的地方建立了一个皮毛交易点兼造船点。[27] 六年之后，西蒙·威拉德（Simon Willard）带领着 12 个家庭向内陆行进了 17 英里，发现了一个地方并在那里建立了康科德镇（Concord）。他们选择这个地方的最主要原因就是这里十分适合进行皮毛交易，不但有很多溪流和池塘，还有一条大河从这里经过。[28]

70

起初，马萨诸塞人对于开发康涅狄格河河谷的资源似乎并没有什么兴趣。毕竟，在 1633 年 7 月时，温斯罗普还拒绝了布拉德福德和温斯洛邀请他在河上建立联合交易点的提议。不过，如一位历史学家礼貌地指出的那样，温斯罗普的做法其实说明了他"另有打算"。[29] 马萨诸塞湾殖民地的领袖们当然想要到康涅狄格河河谷定居，他们不仅想开发那里的皮毛资源，还想利用那里富饶的农田，但是他们并不想让普利茅斯作为自己的合伙人。在拒绝了普利茅斯的邀请仅仅几周之后，温斯罗普就派"海湾恩宠号"（*Blessing of the Bay*）前往了康涅狄格河、长岛和新阿姆斯特丹。清教徒给在那里的范特威勒送去了一封温斯罗普给他的令状，其中指出"英格兰国王已经将康涅狄格河及附近的地区都授予了自己的子民，因此［荷兰人］应当停止在这里修建任何设施"。

范特威勒无视这种婉转的威胁，他"热情地接待了"传信之人，然后就把他们打发走了。[30]"海湾恩宠号"返回波士顿几天之后，温斯罗普收到了一封范特威勒写给他的信，建议两个殖民地将争议留给英国国王和荷兰议会"去协商决定双方区域的界线，那样我们就可以像友好的邻居一样共同生活在这片尚未开化的蛮荒地带了"。[31]不过，此时的查理一世国王正忙着处理各种国内和国际问题，根本无暇关注这些遥远的殖民地上的纷争，所以马萨诸塞人只能靠自己了，这些人很快就做出了决定——他们要朝康涅狄格河进发。

约翰·奥尔德姆（John Oldham）在 1633 年到康涅狄格河进行皮毛交易的选择被证明是具有决定性的。当年夏天，奥尔德姆和三位陪同者沿着后来被称为"老康涅狄格路"的印第安人小道行进。这条道路的起点是马萨诸塞的剑桥，一路翻山越岭，穿过河谷，最终抵达今天哈特福德附近的河流。[32]到了 9 月，探路者们满载而归。他们不仅带回了大量的皮毛，还描述了沿途繁荣的贸易和该区域里富饶多产的黑土地。对于那些想要脱离马萨诸塞湾殖民地的禁锢，开始一种新生活的人来说，康涅狄格河河谷一下子成了最有吸引力的目的地。[33]

迁移大潮的闸门是在 1635 年时打开的，当年有一大批来自马萨诸塞湾殖民地的定居者前往了康涅狄格河，最终定居在哈特福德和韦瑟斯菲尔德（Wethersfield），还有一些定居在离普利茅斯殖民地在温莎的交易点很近的地方。交易点的管理者对于大量人口的涌入感到担忧，他给布拉德福德写信说"每天都有马萨诸塞的人迁移到这里来，有的走水路，有的走陆路……我会尽量抵挡，但愿他们能通情达理；毕竟是我们先来到这里的，我们刚来时经历了很多艰难和危险，有来自荷兰人的，也有来自印第安人的，再说我们已经买下这片土地了"。[34]然而，马萨诸塞的人根本不想跟普利茅斯人理论所有权的问题，他们只相信"上帝……的庇护是公平的"，所以这片土地是他"提供给"所有人的。布拉德福德为这种傲慢无礼、用心险恶的天赋权力说感到震惊，他警告闯入者们不要"垂涎于……归邻居所有的东西，因为那不是你的"，不过，所有的规劝和抗议都没有任何效果。马萨诸塞的人在数量上远远超过了普利茅斯单薄的防御力量，前者掌握了主动，而且坚决不肯离开。普利茅斯殖民地根本没有考虑过进行反击，而是选择"通过和谈……达成尽可能对自己有利的条款"。然而最终的条款没有让他们占到一点便宜。原本由他们占据的面积中只有 1/16 继续归他们所有，剩下的 15/16 都被后来人占去了。布拉德福德就此写道："冲突就这样结束了，但是对方展现的恶意是很难被遗忘的。"[35]

马萨诸塞湾殖民地的定居者还不是唯一抢占康涅狄格河上的皮毛资源的人。独立的交易者、渔民和其他英国殖民地的定居者也都是这个市场中的竞争对手。1635 年 10 月，小约翰·温斯罗普（John Winthrop, Jr.）派遣一艘载着 20 名船员的大帆船前往康涅狄格河河口，宣称对那一片地区拥有权力，并建立起了定居点。实际上，荷兰人在此三年之前就已经从当地的印第安人手里买下了那片土地，但是温斯罗普对此毫不在意，因为这里处于英国颁发的土地使用许可的范围内，所以在他眼里荷兰人才是非法入侵者。温斯罗普的手下抵达该地区之后，撕下了原本悬挂在一棵树上的荷兰政府标志，"还在那个地方刻了一个鬼脸"。[36] 等范特威勒派遣一艘单桅帆船前来想要将英国人赶走的时候，一切为时已晚。温斯罗普摆好了两门加农炮，没开火就吓跑了荷兰人单薄的小船。英国人很快在这里修建起堡垒兼交易点，并将其取名为塞伊布鲁克，以此致敬土地使用许可的所有者塞伊爵士和布鲁克爵士。[37]

到 1636 年，在康涅狄格生活的从马萨诸塞前来的移民已经接近 800 人，还留在这里的少数普利茅斯定居者被进一步边缘化了，他们想要从这里的皮毛交易中获利也变得越来越难。[38] 同年，马萨诸塞湾殖民地的领袖之一威廉·平琼（William Pynchon）在康涅狄格河上一个叫阿格瓦姆（Agawam）的地方建立了一个皮毛交易点，这个地方位于普利茅斯人在温莎的交易点的上游，相当于今天马萨诸塞州的斯普林菲尔德（Springfield）。平琼的交易点很快将康涅狄格河上大部分皮毛交易都吸引了过去，普利茅斯人的日子更是难上加难。[39]

在北方受到法国人的打压，在西南部被英国同胞排挤，所以普利茅斯殖民地的皮毛交易遭受了重创，情况似乎已经糟得不能再糟了，然而，更坏的事情还是发生了。自从抛弃了阿勒顿之后，普利茅斯的领袖们就一直高兴地认为自己的财务危机已经结束了。然而对 1636 年皮毛交易进行审计的结果还是令他们大吃一惊。根据他们在英国的代理的说法，

虽然普利茅斯在 1631 年至 1636 年间向英国运回了价值
12000 英镑的河狸及其他动物的皮毛，但依然入不敷出。布
拉德福德本以为这个数目足以偿还他们所有的债务，甚至还
应当有些盈余。[40]看起来，普利茅斯的领袖们又一次被骗了，
不过这在很大程度上应归咎于他们自己。有了之前的经验，
这些殖民地领袖们本应当更加注意监管殖民地的财政状况。
在各个方面都面临困境，又没有能力捍卫自己利益的情况
下，普利茅斯殖民地只能接受自己的皮毛交易日益萎缩的现
实。在 17 世纪 30 年代剩下的几年里，普利茅斯送回英国的
皮毛数量一年比一年少，到 1640 年，出于各种实际的考虑，
这里的皮毛交易彻底终结了。[41]

普利茅斯在皮毛上的运气耗尽的同时，新英格兰其他地
方的皮毛交易却因为市场需求的增加而愈发兴旺起来。殖民
地人口的增加导致本地人对河狸皮帽子的需求增加了。马萨
诸塞湾殖民地普通法院在 1634 年颁布法律禁止购买和佩戴
河狸皮帽子（已经有了的除外），因为人们认为它助长了教
义中严禁的虚荣和傲慢这两种罪过。即便如此，河狸皮帽子
依然供不应求。[42]在欧洲，穿戴皮毛仍然是区分社会阶层的
重要标志。如当时一位法国人观察到的："未婚男子、法律
人士、君主、医生等都会在皮毛上花费重金，它代表了神学
的玄妙、政治的原则、医学的秘密……在所有被创造出来的
奢华的装饰物中，没有什么比皮毛更尊贵、更威严、更珍
稀……皮货商人所拥有的特权和荣耀超过了其他任何行业的
从业者。"[43]英国的制作皮帽子的工匠在 1638 年时又获得了

73

额外的经济助力，因为国王查理一世宣布从那时起，英国将不再进口外国人生产的河狸皮帽子，另外，所有在英国制造的供英国人消费的河狸皮帽子必须使用100%的河狸皮，不得加入兔子皮等低级的皮毛。[44]

　　新英格兰的皮毛交易者们在思考这项生意的未来的时候，有一个尤为令人担忧的预兆是无法回避的。在边界地区，带皮毛的动物已经被猎捕到几近灭绝的地步。印第安人不得不到更远的地方，通过更艰难的路线，才能把皮毛送到分散在各处的英国交易点里。不过新英格兰的交易者相信有一个办法可以改善他们的前景：如果他们能够夺走荷兰人掌握的收益丰厚的皮毛交易，那他们的利润就有保障了。

第六章
"猎狗多了，兔子难逃一死"

74　　　新英格兰的定居者们一直对荷兰人的皮毛交易很眼馋。多年来他们听了不少荷兰交易者每年向荷兰出口成千上万张河狸及其他动物皮毛的事，做梦都在想怎么才能将这些皮毛资源吸引到英国商人手中。1635 年时，一位匿名作者抱怨说荷兰人"是英国殖民地进行河狸皮毛交易的巨大障碍"。[1]两年之后，普利茅斯殖民地的老仇人托马斯·莫顿宣称荷兰人每年销售河狸皮毛的收益达到 20000 英镑，莫顿敦促自己的同胞们采取措施防止荷兰人进一步增强他们对于该区域皮毛交易的控制，还说"继续浪费时间无疑将被认定为不可挽回的疏忽，届时我们将不得不忍受荷兰人"将他们的魔爪伸向英国殖民地西部和北部皮毛资源丰富的内陆地区的结果。[2]

　　　在人们纷纷表达此类观点的同时，驱逐荷兰人的工作其
75　实已经随着英国定居者们涌入康涅狄格河河谷而展开了。如历史学家亚瑟·巴芬顿指出的那样，这样的事件不过是一个更宏大的历史浪潮中的一个组成部分，"〔迁入河谷〕这种行动……之前先会有皮毛交易出现，斯普林菲尔德就是为了

皮毛交易才建立起来的。这类迁移可以被视为英国与荷兰的一系列冲突中最早的一批，而这些冲突的结果就是荷兰人被赶出了北美洲沿海地区。在皮毛交易中的斗争肯定会被认定为最早出现的，也是促成这一结果的最重要的原因之一"。[3]实际上，从17世纪30年代晚期到60年代中期英国人彻底将荷兰人赶出这片大陆为止，皮毛交易一直都是引发这两个国家之间最频繁也是最严重的摩擦的根源。

英国人在康涅狄格河谷安顿下来的同时，新尼德兰却仍在经历发展初期的各种艰辛。荷兰的西印度公司在建立新尼德兰时对这里是有一个定位的，它首先是皮毛交易点，其次才是殖民地定居点。从交易的层面说，虽然公司的雇员向荷兰运回了大批的皮毛，但是公司的董事们并不觉得这有什么了不起。早在1629年10月，他们就给议会写信说新尼德兰"是有收益的，不过参考历年的数据，我们一年最多只能带回5万荷兰盾"。[4]这样的收入与公司其他分支产生的利润相比逊色多了，尤其是与已经发展成体系的掠夺西班牙海运货物的行当相比。在一次尤为引人注目的行动中，荷兰人截获了17艘满载金银的大型帆船，货物价值达到了1200万荷兰盾。[5]简而言之，公司只把新尼德兰当作一个没有太大经济价值的落后地区，自然也不会对它特别上心。

新尼德兰在殖民方面的进展也不怎么顺利。1630年时，这里只有大约300名居民，在国内的人更没有什么移民美洲的愿望。到1640年，新尼德兰的人口几乎没有任何增长。[6]在这一年里，西印度公司为了改善殖民地的运势，决定向任何愿意进行贸易的人敞开大门，于是荷兰本土和新英格兰的人都开始涌向这里。可是没过多久，这个刚刚有所发展的殖民地就因为卷入了与当地印第安人的一场极端惨烈的战争而元气大伤。引发战争的原因是时任总督威廉·基夫特（Willem Kieft）非常不明智地要求印第安人以皮毛、谷物和贝壳珠的形式向荷兰人缴税，以换取荷兰人提供的军事保护。[7] 直到战争结束，以及令人厌恶的基夫特在 1647 年被彼得·史蒂文森接替之后，新尼德兰才真正开始发展成一个繁荣兴旺的殖民地。

76　　整个 17 世纪 30 年代，再加上史蒂文森上任之前的这个时期，新尼德兰的皮毛交易已经取得了引人注目的巨大成功，给阿姆斯特丹送回了几万张河狸及其他动物的皮毛。[8] 不过，1634 年冬天，新尼德兰人遭遇了一次挫折，他们一直以来的交易伙伴莫霍克人突然不再来奥朗日堡进行交易了。鉴于皮毛交易是殖民地唯一的收入来源，这样的情况无异于一场经济灾难。荷兰人怀疑幕后主使是法国人，猜测他们一定是用了更好或更多的货物来交换皮毛才把莫霍克人吸引走的。为了重新挽回自己的老主顾，荷兰人派遣 22 岁的哈曼·曼德茨·范登博加特（Harmen Meyndertsz van den Bogaert）在两名同伴和五名莫霍克人向导的带领下，前去莫霍克人的领地拜访他们。[9]

在几乎走到了奥奈达湖（Lake Oneida）岸边时，这支队伍才找到了一个莫霍克人的重要村庄。当范登博加特告诉这个部落的首领之一自己只是来"拜访"，所以并没有遵照交易之前赠送礼物的传统而携带礼物之后，愤怒的首领对着范登博加特大吼起来，指责荷兰人是"无赖"，还告诉他们法国人来交易时不仅会赠送"礼物"，还愿意比荷兰人支付更多贝壳珠，或提供更好的货物来交换莫霍克人的皮毛。范登博加特受够了这样的训斥，对首领反唇相讥，结果倒令印第安人的气势缓和了一些。另一位首领笑笑说："别生气，我们很高兴你前来拜访。"

部落中的长老们"说他们愿意与荷兰人……做朋友，让［荷兰人］不必害怕"，范登博加特回答说自己的队伍根本不怕。印第安人"进行了长时间的讨论"之后，一位"老者"把手掌按在范登博加特胸前，发现他的心跳稳健缓慢，于是宣布荷兰人"没有害怕"。这时印第安人才给范登博加特送来一件河狸皮大衣，还说"这个给你路上穿，你一定很累了"。之后，双方才正式开始讨价还价。

印第安人说他们其实更愿意与荷兰人交易，但在他们这样做之前，双方应当先确认一大张河狸皮毛交换的对价——印第安人希望是四掌宽的贝壳珠带加上四掌宽的布料。[10]范登博加特并没有决定这种交易条件的"权力"，他说他必须去征求他的"首领"，也就是新尼德兰总督的意见。一位印第安人回答说："你不要说谎，明年春天你要带着结果回来见我们。如果你们同意四掌的条件，我们就不会和其他人交换皮毛。"荷兰人于翌年年初同意了这些条件，他们和莫霍克人之间的交易也恢复如常了。

即便如此，荷兰人进行皮毛交易的外在威胁还是在不断增加。英国人涌入康涅狄格河谷之后没过多久，瑞典人也开始尝试抢占荷兰人在特拉华河上的皮毛交易。曾经就任新尼德兰总督的彼得·米努伊特被解职后带着一个商业提议前往了瑞典。提议的内容是如果瑞典王室愿意给米努伊特和他的助手们出资，他们就能在特拉华河岸边建立一个皮毛交易公司。这个位置非常具有战略意义，刚好位于南边英国人控制的弗吉尼亚和北边荷兰人控制的新尼德兰之间。与王室达成协议之后，米努伊特装备了两艘船，载满了布料、烈酒和其他货物启程驶向特拉华，并于 1638 年春天抵达目的地。米努伊特将船只停在特拉华河的一条名叫米夸斯基尔（Minquas Kill）的支流西岸，这是相当于今天费城以南的一个地方。虽然英国和荷兰都宣称是自己的国家发现了这个地方所以对该区域享有权力，但双方都没有从印第安人手里实际购买过土地。于是米努伊特将这里买了下来，并在此修建了克里斯蒂娜堡（Fort Christina）作为主要的交易点兼防御袭击的堡垒，瑞典人就这样正式开始进行交易了。[11]

当基夫特得知新瑞典的存在以后，他给米努伊特写信说整条特拉华河都是属于荷兰人的领地，并警告后者马上停止自己的活动。"如果你继续建造防御工事、在土地上进行耕种、进行皮毛交易或采取任何方式给我们造成损失，"基夫特总结道，"那么我们在此就未来可能出现的所有毁坏、开销、损失及所有不幸、流血和动乱表示抗议……我们将保留行使管辖权的权力，并按照我们认为适宜的方式采取行动。"[12]这样的空话并不能吓倒米努伊特，他还知道荷兰殖民地此时正面临困境，根本无暇将信中的威胁付诸实践。所以米努伊特直接无视了基夫特的话，完成了克里斯蒂娜堡的建造工程。全身心投入皮毛交易活动的米努伊特在 1638 年 6 月启程返回欧洲，船上装载了 2212 张动物皮毛，其中近 1800 张是河狸皮毛，剩下的是海獭皮和熊皮。[13]对此，基夫特能做的只有观望和抱怨，说米努伊特"是靠赠送大量的礼物才将皮毛交易都吸引到他那里的"。[14]新瑞典和新尼德兰之间始终维持着这种脆弱的休战状态，直到 1641 年 4 月，一艘英国船也来到了特拉华河上。

这艘船来自纽黑文殖民地，那个地方是在 1638 年由一些从马萨诸塞移居该地的人在康涅狄格的昆尼皮亚克河（Quinnipiac River）岸边建立的。此时的这艘船之所以会航行到特拉华河上是因为它的船长乔治·兰伯顿（George Lamberton）在 1638 年底至 1639 年初的那个冬季曾经前往特拉华河进行交易。兰伯顿知道荷兰人和瑞典人都已经在河上建起立足点，但是他认为这里仍然有充足的空间供纽黑文的人们来分享。返回自己的殖民地之后，他向其他同伴们描述了这条河流、这里的皮毛和草木茂盛的田野，所有人都被吊足了胃口。纽黑文的定居者本来就已经开始感觉到那里空间不足，与当地印第安人的皮毛交易也不如他们期望的那样红火，所以这个对所有人开放且富饶多产的特拉华地区对他们来说就更充满吸引力了。于是，兰伯顿和几个同伴共同创建了一个特拉华公司，并明确表示要在特拉华河边建立定居点。1641 年兰伯顿前往特拉华河的目的就是要启动建立殖民地的工作，并向印第安人购买土地。他的指示是要找到一片"还没有被任何基督教国家占领的"土地。[15]

兰伯顿最终在特拉华河两岸都买下了大片的土地，并开

78

始在瑞典人的克里斯蒂娜堡下游的特拉华河东岸，相当于今天新泽西州塞勒姆附近的一个叫瓦肯斯基尔（Varkens Kill）的地方建造了一个交易点。之后不久就有大约 60 人从纽黑文迁居至此，其中大部分都是皮毛交易者。到夏天快结束的时候，兰伯顿返回纽黑文，他就特拉华地区兴盛的皮毛交易的发展潜力做出了热情洋溢的汇报，该汇报鼓舞了整个城镇，纽黑文正式决定将本殖民地的边界扩展至特拉华河岸边。特拉华公司也不再仅仅是一个商业公司，而且成了殖民地政府的一个分支。

然而到 1642 年春天，兰伯顿再次返回瓦肯斯基尔后却发现这个地方其实并不适宜进行皮毛交易。它不仅位于瑞典人的克里斯蒂娜堡下游，还位于上游更远处建立在特拉华河与斯库尔基尔河（Schuylkill River）交汇处的荷兰人的拿骚堡下游。这就意味着，瑞典人和荷兰人在印第安人顺流而下的途中就已经把他们送来的皮毛都换走了。为了解决这个问题，兰伯特又到自己一年前在斯库尔基尔河河口处购买的一片土地上修建了第二个交易点，这回的交易点位于特拉华河西岸，正对着荷兰人的拿骚堡。

79   随着英国人的到来，本来一直小心地提防着彼此的瑞典人和荷兰人突然成了致力于将新竞争者赶出去的盟友。最先出击的是瑞典人。1641 年兰伯顿刚一到达，克里斯蒂娜堡的指挥官就驾船航行至瓦肯斯基尔，不但开炮进行警示，还在新交易点周围插上了装饰着瑞典盾徽标志的木桩。瑞典指挥官派了一名手下前去警告兰伯顿说他已经进入了瑞典领土，必须马上离开。兰伯顿对于这样的最后通牒置之不理，还给瑞典人送去了威胁信件，宣称自己对于自己购买的所有沿河岸地区土地拥有合法的权力，并警告对方不要来找碴。[16]

接下来轮到新尼德兰与英国人展开较量，不过荷兰人采取的方式显然更令人心悦诚服。1642 年春天，由罗伯特·科格斯韦尔（Robert Cogswell）带领的另一大批纽黑文定居者们驶入特拉华河，中途在新阿姆斯特丹短暂停靠。[17]当基夫特得知他们的意图之后，他警告科格斯韦尔"不要在南河定居或修建建筑，因为那里属于新尼德兰的范围之内……[那些土地] ……依法属于荷兰人"。[18]不过，基夫特也不愿错过这个可以吸引新定居者的潜在机会，所以他又补充说，如果纽黑文的这些人愿意宣誓"效忠"荷兰王室及荷兰西印度公司的话，他们就可以随意在那里定居。科格斯韦尔向基夫特保证说自己这群人不会在荷兰领地内定居，但是，如果他们找不到合适的地方，他们愿意在荷兰领土上定居并成为忠实的臣民。对此表示满意的基夫特于是许可科格斯韦尔的队伍继续前进，后者最终抵达了位于斯库尔基尔河河口的兰伯顿建立的交易点。

科格斯韦尔无疑真心认为这个交易点是建立在英国人的领土上的，因为这片地方都被兰伯顿买下来了。不过荷兰人坚决反对这样的说法。1642 年 5 月 15 日，基夫特和他的委员会"掌握了有英国人厚颜无耻地"在拿骚堡对面登陆的情报，于是下定决心要将这些人赶走。[19]基夫特下令从新阿姆斯特丹派出两艘武装单桅帆船，协同驻扎在拿骚堡的人员一起迫使"[英国人] ……立即和平地离开，否则就要付出血的代价"。[20]英国人不肯听话地离开，于是荷兰人将所有人抓了起来，然后放火把交易点烧成了灰烬。所有俘虏先是被押送到了新阿姆斯特丹，后来又从那里被遣返回了纽黑文。[21]

即便是遭受了这样的打击，兰伯顿仍然不肯放弃他的特拉华河梦想。翌年，他又驾驶一艘双桅帆船"雄鸡号"（Cock）返回，对自己购买的土地主张所有权。他还恢复了皮毛交易，并等着看荷兰人和瑞典人会做何反应。不过，这一次兰伯顿要面对的对手变成了 1643 年初刚刚就任新瑞典总督的约翰·普林斯（Johan Printz）。普林斯是一个脾气暴躁、身材肥硕的人，他体重超过 400 磅，被当地的印第安人戏称为"大肚子"。普林斯获悉了英国人带来威胁的情况，还收到了重申瑞典对于瓦肯斯基尔控制权的命令。[22]在发现交易点中的英国人已经陷入了绝望的困境，不仅遭受了疾病的侵袭，也没有人给他们提供保护之后，普林斯就占领了这个交易点，只留下了几个愿意成为瑞典子民的英国人，然后将其余的人都送走了。为了巩固对这片区域的控制权，普林斯下令在瓦肯斯基尔下游不远处再修建一个埃尔夫斯堡（Fort Elfsborg），并给这个堡垒配备了八门铁质和铜质的加农炮。[23]

所以，当兰伯顿返回并提出抗议说自己拥有瓦肯斯基尔岸边及斯库尔基尔河河口的土地时，普林斯采取了攻势。他邀请兰伯顿来克里斯蒂娜堡，然后以煽动印第安人屠杀河流沿岸的瑞典人和荷兰人，以及在未获得许可的前提下进行皮毛交易的罪名逮捕了兰伯顿。一个由瑞典人、荷兰人和英国人代表组成的法庭驳回了煽动印第安人的罪名，但是判定兰

伯顿非法进行皮毛交易。不过法庭并没有没收兰伯顿手中的
400张河狸皮，只是要求他支付双倍的税款才可以离开，同
时还警告他如果再次未经许可回来这里进行皮毛交易，就将
被没收船只和所有货物。[24]

返回纽黑文之后，兰伯顿到殖民地法院就自己受到的严
苛对待作证，称瑞典总督"是一个张狂易怒的人"，肆意诅
咒和诽谤"纽黑文的英国人，说他们是叛逃的游民"。[25]法院
于是将兰伯顿的案件提交到了最近刚刚组建的新英格兰殖民
地联盟的官员们面前。这个组织是一个由马萨诸塞、纽黑
文、普利茅斯和康涅狄格结成的松散的集合体，要作为
"一个永恒的亲善友好的联盟，共同进攻与防守，相互协商
与扶助"。[26]

接下来，联盟官员和普林斯之间展开了激烈的交流与争
论，官员们宣称特拉华地区是英国的领地，并要求对方赔偿
兰伯顿遭受的损失；普林斯一方则宣称自己没有任何过错，
自己的行为都是恰当的。普林斯最后还不怎么真诚地补充
说，如果纽黑文的定居者向他提供一份殖民地联盟颁发的批
准他们沿特拉华河进行皮毛交易的许可及一份英国就这片地
区颁发的特许授权，他会张开双臂热情欢迎他前来。虽然
纽黑文取得了这些文件，但是这个问题在此时并没有获得进
一步的解决。[27]

在荷兰人和瑞典人给特拉华河上的纽黑文人找麻烦的同
时，另一批原本定居马萨诸塞的英国人也迁移到了这里。几
十年来，新英格兰人一直在谈论一个几乎是神话传说一般的

81

湖泊——易洛魁湖，那里可以说就是河狸版的黄金国，据说它是该区域里河流的源头，也是河狸的主要产地。从 17 世纪 20 年代起，新英格兰的探险家们就在寻找这个湖的确切位置，但是一直没能成功。到 1644 年，一群马萨诸塞人重新发起了尝试。这一次他们把重点放在了特拉华河上，相信只要沿着河流找到它的源头，就一定能找到他们要找的湖泊。这群人中的领头者名叫威廉·阿斯彭沃尔（William Aspenwall），他身上带着马萨诸塞总督写给新尼德兰和新瑞典总督的书信，内容是要求他们许可这一行人沿河而上，同时还授予了他们在易洛魁湖进行河狸皮毛交易的专营权，有效期为 21 年。[28]

　　阿斯彭沃尔在新阿姆斯特丹停靠时向基夫特提交了这些文件，后者做出了一些软弱无力的抗议之后就批准这些人通过了。当阿斯彭沃尔的双桅帆船航行到埃尔夫斯堡时，瑞典人用加农炮开炮示警，并登上了他的船只，强迫英国人"顺流而下"沿河返回。阿斯彭沃尔向普林斯提出了抗议，后者"承认自己一方的做法有错"，同意英国人在一艘瑞典船的陪同下继续向上游航行。这艘瑞典船的任务是监视英国人的活动，同时确保他们没有和当地的印第安人进行皮毛交易。尽管普林斯认错并放行了，但他并不信任英国人，也不想让他们到上游去，因为他担心这样会切断来自北方的给新瑞典的皮毛供应。为了预先避免这种情况的发生，普林斯给拿骚堡的荷兰指挥官去信，要求他们不计一切代价阻止阿斯彭沃尔的行动。其实普林斯根本不用这么费心，因为阿斯彭沃尔的船只刚一离开新阿姆斯特丹，基夫特就已经给拿骚堡下达了同样的命令："弄沉这艘英国船，［别让］……它通过。"[29]想要保护自己珍贵皮毛交易的显然不只是瑞典人。

最终，英国人的探索行动还是被终结了，不过讽刺的是，终结他们行动的不是像雨点一样落下的炮火，而是过度饮酒。英国双桅帆船的船长在拿骚堡"喝得酩酊大醉，对荷兰人和瑞典人的话言听计从"，自动停止继续前行了。阿斯彭沃尔短暂地考虑了一下使用小独木舟继续前进的可能，不过马上就抛弃了这种想法，担心如果自己把船长留在这里，"他在醉酒的情况下也许会把船上的货物等都送给荷兰人"。这次航行以失败告终之后，马萨诸塞人只得驾船返回。不过，在离开特拉华河之前，他们还遭到了另一次无礼的对待。埃尔夫斯堡的瑞典人强迫阿斯彭沃尔缴纳40先令以补偿之前英国双桅帆船刚来到特拉华河上时，瑞典人开炮示警产生的费用。[30]

在荷兰人和瑞典人击退特拉华河上的英国人的同时，荷兰人还要抵挡东北方向上英国人的入侵。从17世纪30年代中期开始的英国移民潮在1637年时更加汹涌了。与佩科特人的血腥而惨痛的战争于这一年结束，曾经强大的佩科特印第安人几乎被杀光了，所以在康涅狄格和长岛东部出现了大面积开放的可供殖民地定居者占用的土地。[31]受到远在英格兰的政治家们的鼓动，新英格兰人被驱使着"不断扩大定居点范围和居民人数，好将荷兰人从他们如今占据着的地方挤出去"。像格罗顿（Groton）、斯坦福（Stamford）、吉尔福德（Guilford）、斯特拉特福（Stratford）和南安普敦

82

117

（Southampton）之类的新城镇相继建立起来，"英国殖民地在荷兰人占领区域的边界外连成了一条线，有些甚至已经进入了他们的边界之内"。[32]因为很多新城镇都是部分靠与印第安人进行皮毛交易来维持生计的，所以英国人的扩张吸引了大多数的皮毛资源，荷兰人的利益因此受到很大损失。在所有这些参与了英国人入侵行动的皮毛交易者之中，没有谁比威廉·平琼带来的影响更大。自从 1636 年在斯普林菲尔德建立了交易点之后，平琼已经与荷兰人传统的盟友易洛魁人建立起了稳固的联系，还在康涅狄格河沿岸建立起了自己的迷你皮毛交易帝国，他毫无疑问即将成为新英格兰地区最富有的人之一。[33]

到 17 世纪 40 年代中期，皮毛交易仍然是在美洲的英国人和荷兰人进行的最主要的商业活动之一，从很多方面来看，这项交易的本质与早期相比没有发生什么变化。印第安人仍然是皮毛资源最主要的供应者，他们要么是通过捕猎和设陷阱诱捕来直接获得皮毛，要么是作为中间人，通过物物交换从其他印第安人手中获得皮毛之后，再走陆路或水路送到分散在各地的交易点去。独立的皮毛交易者也很活跃，他们会主动进入森林或沿河而行，到印第安人的领地里去与他们进行交易。荷兰的"森林走私者"（*boschlopers*）就是这些人中的一员。[34]无论是在交易点里还是在丛林中，交易双方在进行交易活动之前都要先进行仪式性的礼物交换，之后才是实质性的讨价还价。买方会仔细检查和评估皮毛的质量并依此确定价格。[35]珠子、斧头、镜子、锅和布料等欧洲商品仍然是主要的交换货物，不过贝壳珠才是兑换物中的王者。[36]如史蒂文森观察到的，"贝壳珠是河狸皮毛交易得以进行的根源……没有贝壳珠，我们就不能从那些野蛮人手中获得河狸皮毛"。[37]

虽然皮毛交易的机制大体沿袭了下来，但一些重大的变化已经开始出现：借贷和以土地作为交换的现象都成了交换过程的一部分。在冬天捕杀季节到来之前，皮毛交易者们往往会向印第安人预付大量货物，条件是捕杀季节结束之后，印第安人会以皮毛的形式来偿还他们欠下的债务。为了确保债务能够得到偿还，皮毛交易者们有时会要求印第安人以他们的土地作抵押。虽然很多欠债的印第安人最后会拒绝承认这样的交易，并与其他交易者再建立借贷关系，但也有一些印第安人真的交付了自己的土地。[38]

在交易中使用烈酒和枪支的情形也越来越多了。流动交易者或渔民从很久以前就开始用葡萄酒、白兰地、朗姆酒或其他烈性酒作为吸引印第安人前来交易的邀请，这些东西也是能够让谈判更加顺利的工具，莫顿也不是第一个在皮毛交易中利用印第安人对于枪支的渴望的人。但是到了17世纪40年代中期，曾经只是少数人使用的方式已经发展为皮毛交易中的主流，随着时间的流逝，烈酒和枪支更是成了最普遍，也是造成最严重后果的固定交换物。

虽然殖民地官员对于烈酒和枪支交易扩大的现象抱怨连天，殖民地的交易者们在使用这两项交换物时却越来越明目张胆。从所颁布的限制或禁止这种交易方式的法律的数量上就可以看出政府在这方面的工作有多失败。针对此类违法行为提出起诉的情况很少，政府本身的态度也摇摆不定，今天颁布了限制使用烈酒和枪支进行交易的法令，明天就可能迫于选民的压力而将法令废除，因为选民们宣称这样的限制会让他们在与其他不用受制于这类规定的皮毛交易者的竞争中处于劣势，这也确实是实情。[39]罗杰·威廉姆斯是少有的在与印第安人的交易中坚守道德底线，绝不交换枪支的交易者之一。他评论说："我（因着上帝的仁慈），拒绝通过这种等同于谋杀的交易获利。"[40]

　　皮毛交易的演变与发展给印第安人社会带来的影响是翻天覆地的。随着老一辈人一个个去世，剩下的都是从小生活在充斥着各种欧洲产品的文化环境下的新一代印第安人。结果就是，有些生活方式已经成了遥远的过往。这样的转变从第一批欧洲人进入美洲与印第安人交易皮毛时就开始了，到17世纪末，这样的现象已经非常普遍。尼古拉·德尼在1672年描述了自己目睹的阿卡迪亚（Acadia）印第安人生活的变化，这样的描述同样也适用于其他部落。他说"他们已经抛弃了所有原本使用的器皿"，这是因为那些用皮毛从欧洲人手中换来的东西更方便好用。"他们仍然采用传统的方式狩猎，但有一个区别，原来他们使用削尖磨利的兽骨作为弓箭和长矛的尖头，如今则改为使用铁质的箭头，而且这种箭头就是专为与他们进行交换而生产的……毛瑟枪成了印第安人在狩猎时使用最多的武器。"[41]

　　随着印第安人停止使用锋利的兽骨和石块、陶罐及其他传统器物，他们也就渐渐丧失了制造这些东西所需的技能，进而更加依赖欧洲产品。这个现象的意义有多么重大是不言而喻的。这种循环加剧了依赖，迫使印第安人捕杀更多的河狸及其他带皮毛的动物，这已经不仅仅是为了交易，更是为了生存。[42]同样地，获得欧洲货物还意味着印第安人不用再把时间和精力花在制造日常用品上，如历史学家丹尼尔·K.里克特（Daniel K. Richter）指出的那样，他们可以花更多的时间"使用进口的工具和材料"来创造漂亮的装饰物，由此出现了"一个原住民艺术表达的高峰期"。[43]而且，这并不是什么转瞬即逝的现象，而是贯穿整个有印第安人参与的美洲皮毛交易时代的重要标志。[44]

　　印第安人获得的枪支不仅影响了他们的捕猎方式，还成了决定部落之间权力平衡的关键因素。没有枪支的印第安人都想获得枪支，已经拥有的则想要更多。1644 年新尼德兰会计委员会的报告上说，"不仅是殖民地定居者，还有到这里交易的自由交易者们为了获得巨大的利润，向莫霍克人出售了供 400 人使用的枪支、火药和铅弹；而其他提出此类要求的部落却被拒绝，由此加深了他们的怨恨和敌意"。[45]

　　酒精也许是给印第安人社会带来最多隐性威胁的东西。里克特注意到，17 世纪的印第安人"喝酒就是为了喝醉；欧洲人关于适量的社交饮酒的概念引不起他们一点兴趣"。不过如许多学者评价的那样，印第安人对于酩酊大醉的看法与欧洲人是不同的。从某些层面上，印第安人认为饮酒是一种达到更高的精神层次的潜在途径，相当于"仪式性地激发一种恍惚的状态，以此追寻幻象或探索精神力量的外部来源"。[46]虽然这种超自然的追求可能是印第安人最初开始喝酒的原因之一，但是随着皮毛交易的发展，皮毛交易者提供的烈酒日益增加，越来越多的印第安人也不再是为了寻找什么精神救赎，而是单纯为了追求醉酒的感觉而喝酒。就此德尼又为我们提供了一段生动鲜活的描述。

> 他们认为不喝醉就不叫喝酒，如果没有人打架并受伤那也不叫喝酒。印第安人要喝酒的时候，他们的妻子会先把棚屋里的枪支、斧头、带尖头的剑［长矛］、弓箭［等任何武器］，甚至是印第安人挂在脖子上的小刀都拿走。任何他们可以用来杀了彼此的东西都不能留在屋里……妇女们把……［武器］拿到树林里很远的地方，然后就和自己的孩子们一起躲在那里。此时，男人们就可以开始享受美好的饮酒时光了，结果很可能是斗殴、受伤，甚至闹出人命。[47]

印第安人肯定不是完全意识不到酒精带来的危害。长岛上有一位首领曾在 1642 年向彼得·史蒂文森提出请求："你不应当向印第安人出售白兰地，因为印第安人不适应你们的烈酒，他们都被弄疯了。你们自己的人已经适应了这种液体，即便是他们在喝醉之后也会挥着刀子打斗或干出一些傻事。为了避免灾祸，我希望你不要再向我的勇士们出售烈酒了。"[48]不过，这样的请求没有任何作用。烈酒成了皮毛交易中的完美交易品。它的价格相对低廉，便于运输，印第安人喝了酒之后还更容易接受对欧洲交易者有利的交易条件。酒还有另一个最宝贵的特征：人们对于器皿、小刀、布料和其

86

他耐用产品的需求会出现波动，因为人们对这些东西的需求是有限的，但是对于酒精的需求则几乎是无穷无尽的。

当时的一些观察者们毫无保留地指责了那些让饮酒现象在印第安人文化中不断扩张的罪魁祸首。丹尼尔·古金（Daniel Gookin）尖锐地写道："在英国人、荷兰人、法国人和西班牙人等基督教国家来到美洲之前，印第安人并不酗酒。这些国家在上帝面前都应当感到惭愧，尤其是新英格兰的英国人，因为正是他们引诱印第安人犯下了这样邪恶野蛮的罪行。"[49]尽管烈酒在皮毛交易中出现的范围越来越广，数量越来越大，但喝酒的行为并不是非常普遍的，也并不绝对是要造成损害的。如历史学家彼得·C. 曼考尔（Peter C. Mancall）指出的那样："不是所有印第安人都喝酒，很多喝酒的人也没有受到什么损伤"，不过，"历史记录中确实能看到印第安人因为喝酒而付出惨痛代价的案例"。[50]

彼得·史蒂文森在 1647 年来到新尼德兰时，不得不同时与瑞典和英国正面交锋。这两个国家分别从南部和北部侵蚀着荷兰的殖民地。瑞典的问题是这二者中相对小一些的，但也花了史蒂文森八年的时间才解决。[51]在这期间大部分时间里，他和普林斯都在进行战术上和外交上的攻防，偶尔穿插一些冲突交战或有名无实的承诺，两个人所有行动背后的动因都是实现同一个基本目标——控制特拉华河及该区域中利润丰厚的皮毛交易。

史蒂文森是一个粗鲁无理、毫无幽默感的人，一条小腿被加农炮的炮弹炸飞了，后来装了一段木橛子（边缘缠着银色的带子），所以他就得了一个"榍子腿"的外号。史蒂文森可不是什么会有所保留的人，他做出的决定都要得到执行。如果能由他说了算的话，他可能会马上将瑞典人全部赶走。这个目标应该不难达到，他能够调派的人手至少有300，而新瑞典的人口还不到200，那里的防御工事也很简单。不过史蒂文森只是一个受雇之人，不得不听从上面的命令，而荷兰西印度公司给他的命令是对待瑞典邻居要有耐心，所以他与后者之间一直维持着友好亲善的关系，同时不放弃荷兰人对这条河流的权力及在该区域内进行皮毛交易的机会。

87　　瑞典人的堡垒都在特拉华河下游，这样的位置很有战略意义，让瑞典人成了这一地区皮毛交易的把门人。他们尤其喜欢骚扰，有时甚至是截停荷兰船只，没收船上的货物。荷兰人的抱怨不是被无视，就是只能换来一些不真诚的道歉及瑞典人宣称希望与荷兰人和平共处的毫无实质意义的表态。当瑞典人巩固了他们在斯库尔基尔河河口的位置之后，荷兰人为了重申他们对于这片地区的权力，也在河口附近修建了一个"河狸路堡"（Fort Beverseede）。瑞典人对此的回应是烧毁了一些荷兰人刚刚修起来的建筑，然后几乎就在河狸路堡的原址上修建了他们自己的堡垒。为此，一位荷兰官员给史蒂文森写信说瑞典人的堡垒"是世上最大的侮辱……因为他们的堡垒距离我们的栅栏不过12英尺或13英尺远，完全挡住了我们面向河流一侧的视线"。另一个荷兰人声称普林斯"在这里建造堡垒就是为了取笑我国的大人们，而不在乎他们自己能不能获得经济利益，因为在我们的堡垒旁边修建 20 栋这样的建筑的地方都有，他们却偏偏选择这里"。[52]就算普林斯在战略层面上没有从这次外交冒险中获得什么利益，新瑞典的定居者却从皮毛交易中获得了大大的好处，荷兰人则遭受了不小的损失，这一点让史蒂文森怒不可遏。

1651 年，瑞典和荷兰之间的关系开始恶化，荷兰人对瑞典人不公正行为的指责也越来越公开化，史蒂文森认定自己已经受够了"新瑞典的傲慢无礼"。[53]是时候将特拉华河重新牢牢地掌握在新阿姆斯特丹手中了。于是史蒂文森带领着一支 120 人的队伍从陆上行进到拿骚堡，在那里与他从新阿姆斯特丹派出的 11 艘船会合，其中 4 艘还"配备了精良的武器"。为了震慑瑞典人，史蒂文森率领这支迷你舰队在河上来回巡航，"不但敲锣打鼓，还会发射加农炮示威"。[54]接下来，他邀请了当地的印第安人领袖进入堡垒，从他们手中购买了河流西岸的土地，然后带领自己的人去主张对那些新领地的所有权。那个地方就在瑞典人的克里斯蒂娜堡下游不远处，荷兰人在那里又修建了一个卡齐米尔堡（Fort Casimir），这个宏伟的堡垒面积可观，长度超过 120 英尺，宽度是长度的一半，还配备了 12 门加农炮。

荷兰人以卡齐米尔堡为基地，有效地控制了这条河流，对沿河发生的买卖进行管理，还要求所有交易者为从这里运输的货物支付税费。面对如此压倒性的军事优势，普林斯能做的只有发表抗议，而荷兰人则乘胜追击，抢走了这一区域中大部分的皮毛交易。普林斯的处境还因为新瑞典定居者的 88

弃离而更加糟糕，这里的人口已经只剩一百来人，他们不得不弃守其他地方，全都集中到一个瑞典堡垒中。普林斯希望从瑞典获得支援来帮助他对抗荷兰人，但是时间一年年过去了，始终不见支援的到来。最终，普林斯对这样的处境感到嫌恶和厌烦，并且他在新瑞典定居者眼中已经威信尽失。最后，普林斯于 1653 年秋天离开了新瑞典。

普林斯曾经无比渴望的增援和补给在 1654 年 5 月终于到来了，随之而来的还有普林斯的继任者约翰·赖辛（Johan Rising），不过他马上就会犯下一个巨大的战略性错误。得知当时卡齐米尔堡的守卫薄弱、物资短缺之后，赖辛决定无视自己接到的不要招惹荷兰人的命令，执意对这个堡垒发动了袭击。他没费一枪一炮就夺下了堡垒，控制了在堡垒中的一部分防御人员，还将这里重新命名为"三一堡"（Fort Trinity）。[55] 当这次袭击和"耻辱的投降"的消息传回荷兰西印度公司之后，暴怒的董事们派出配备了 36 门炮和 200 名船员的"天平号"（De Waag）前往新阿姆斯特丹，这艘船给史蒂文森送来的指令是让他安排自己的手下配合这艘船，"使出全部力量报复瑞典人造成的损失，不仅要将一切恢复到之前的状态，更要从河流上的各个方向向瑞典人发起打击"。[56]

1655 年 9 月 5 日，史蒂文森率领着 7 艘舰船和将近 700 名手下驶向特拉华河，五天后抵达三一堡。史蒂文森一上岸就派遣了一个手下到堡垒去"要求对方立即归还属于我们的财产"。[57] 守卫堡垒的指挥官之前看到荷兰人靠近就已经开始担忧，虽然赖辛给他的命令是抵挡敌人的进攻，但是考虑到对方压倒性的力量优势，他还是立即选择了投降。

史蒂文森接下来将自己的注意力投向了克里斯蒂娜堡，赖辛正在那里严阵以待。这位瑞典总督还想要和史蒂文森讲理，企图"说服他放弃进一步的敌对行动"，他在给史蒂文森送去的书信上宣称瑞典对这片土地依法享有权力，还威胁说如果荷兰人发动进攻，必将遭到反击。不过赖辛的抗议完全没有效果；史蒂文森既然接到了命令，就一定会将命令执行到底。瑞典人"要么撤出这片地方，要么服从荷兰人的管理"。如果瑞典人想要打仗，史蒂文森绝不会对他们展露一点仁慈。

经过一周多的通信往来之后，赖辛打算召集起自己仅有的 30 名守卫者，组织一场英勇的堡垒守卫战，不过他们的处境根本就是毫无希望。堡垒里的人已经用光了几乎所有物资，剩下的子弹和火药都不够他们每人打一枪的。与此同时，荷兰人则在堡垒四周多处设置了炮列。他们还"掠夺了"居住在堡垒外围边缘的瑞典人，"几乎抢光了所有东西"，还杀死了他们的牲畜。[58]

随着逃跑人数的增多及堡垒里要发生叛乱的趋势愈发明显，赖辛决定"与史蒂文森讲和"，看能不能说服荷兰人改变想法。赖辛又搬出了自己之前已经提过的一套说辞，不过史蒂文森丝毫不肯妥协。为了让对方彻底明白自己的立场，他还给赖辛下了最后通牒，让对方在 24 小时之内决定主动投降还是接受攻击。别无选择又不愿以身殉国的瑞典人一致同意投降，他们列队从堡垒里走了出来，"手里还举着武器，现场旗帜飘扬、锣鼓喧天、笛声阵阵，还点了火把；荷兰人在这样的欢庆场面下占据了堡垒，降下瑞典国旗，升起荷兰国旗"。[59]新瑞典从此不复存在。

　　史蒂文森希望采取和他解决新瑞典一样的方式来解决从北方入侵新尼德兰的新英格兰人。新英格兰人通过入侵康涅狄格及长岛部分区域，已经占据了一些荷兰原本主张归自己所有的土地。英国人的行为与瑞典人在特拉华河上的没有什么区别，所以在史蒂文森眼中，他们同样应当受到报复。不过新英格兰可不是什么无力保卫自身安全的小殖民地；而是几个单独的殖民地联合而成的强大联盟，人口总和与荷兰殖民地的人口比例超过 10∶1。[60]如果这些殖民地联合起来对抗荷兰人，或者哪怕是其中一两个最有实力的殖民地拿起武器反击，他们完全可以轻易地打败荷兰人，就像荷兰人能够轻易地铲除瑞典人一样。荷兰西印度公司也是这么认为的，在回复史蒂文森询问可否向英国殖民地发起军事行动的来信时，公司通知他："我们如果发动战争是占不到一点便宜的，新英格兰人对于我们来说太过强大了。"[61]

　　既然军事行动已经不是选项之一，史蒂文森只好通过一系列外交手段和挑衅行动来促使新英格兰人坐到谈判桌前。1650 年，双方开始协商解决边界问题和其他争议，随后达成的《哈特福德条约》（Treaty of Hartford）中与皮毛交易相关的最重要的条款就是，确定英国与荷兰在北方的边界及如何分享特拉华河，尤其是纽黑文的殖民地定居者究竟有没有权利迁移到此定居的问题。关于北方边界的问题，最终划定的界线基本维持了谈判开始时双方界线的原状。所以新英格

90

兰人可以保留他们在康涅狄格及长岛上占据的土地，好望堡
虽然仍归属于荷兰人并作为他们在康涅狄格河上的交易点，
但那里几乎成了被包围在英国人海洋中的一个孤岛。这样的
结果对于荷兰人来说无疑是有损失的，因为他们实际上是永
久地放弃了对于一些他们原本认为应归自己所有的土地的权
力。不过这个条约至少终止了英国人的不断入侵，也让新阿
姆斯特丹能够继续保有对哈得孙河及沿岸地区宝贵的皮毛交
易的控制权。[62]

关于特拉华河的问题，条约规定荷兰和纽黑文殖民地
"维持现状（*status quo prius*），如有需要，双方都可以在特
拉华河定居或进行交易，以实现和增进自己的正当利
益"[63]——这种空话解决不了任何问题，因为双方对此都有
不同的解释。这个情况在 1651 年时变得再清楚不过了，当
时又有 50 名从纽黑文来的定居者要向南到特拉华河上主张
占有土地，因为他们认为这是条约赋予他们的权力。然而史
蒂文森对此坚决反对。当这些准定居者们途经新阿姆斯特丹
时，史蒂文森短暂地关押了他们一段时间之后就把这些人押
送回了纽黑文，还警告他们再也不许回来。对于史蒂文森来
说，"维持现状"的意思就是特拉华河及那里宝贵的皮毛交
易都属于荷兰人。[64]

当纽黑文的迁居者们返回家乡，并讲述了自己受到的无
礼对待时，这个问题立刻引发了关注，并被提交到新英格兰
殖民地联盟的官员面前寻求解决办法。纽黑文人希望其他新
英格兰同胞加入他们针对荷兰人的全面战争，以维护英国人
在特拉华河上的权益，但是联盟的官员们并不想采取这样过

激的行动。相反，他们建议纽黑文组织 100～150 名武装人员护送定居者到特拉华去。如果荷兰人胆敢攻击他们，届时新英格兰殖民地联盟一定会派遣士兵前去保护定居者，但派遣军队的费用要由纽黑文人承担。这样的条件对于纽黑文人来说难以承受，他们也只好就此作罢。[65]

　　荷兰与英国之间接下来一次，也是最后一次因为皮毛交易而爆发冲突是在 1659 年。当时马萨诸塞湾殖民地的一群"探索者"获得了在斯普林菲尔德以西大约 50 英里，距离荷兰人在北边的奥朗日堡交易点 40～60 英里的范围内建立

91　　定居点的许可。堡垒四周此时已经形成了一个叫河狸镇（Beverwijk）的小镇。探索者们到该地区探查之后选定了一个叫沃平杰斯基尔河（Wappinger's Kill）的地方，这条河是哈得孙河的一条细小支流，就在今天纽约的波基普西（Poughkeepsie）以南不远处。探索者们抵达奥朗日堡时受到了热情欢迎，他们告诉当地的荷兰官员自己打算在沃平杰斯基尔河沿岸，奥朗日堡管辖范围之外的地方定居，他们的主要经济目标是向堡垒提供牲畜。鉴于从波士顿地区前往沃平杰斯基尔河的陆上通道很不好走，不适宜运输沉重的货物和补给，所以探索者们还提出要申请在哈得孙河上往来通行的许可。堡垒的官员们先是"感谢［探索者］……提出友好交往的请求"，然后告诉他们这是找错了人，因为堡垒只是新尼德兰政府的"下级"，所以探索者们必须把自己的申请提交给史蒂文森和他的委员会。[66]

　　探索者们还没来得及正式求见史蒂文森，后者就已经得

知了他们的计划，并且为此火冒三丈。他坚信探索者们说自己只想为荷兰人提供牲畜的说法是个诡计，他们真正的意图无非是"插手我们的河狸交易，用他们的贝壳珠引走我们的货源"。如果让"波士顿人"在哈得孙河上立足，他们的存在感就会越来越强，逐渐发展到荷兰人再也没办法解决掉他们的地步。史蒂文森警告公司的董事们："猎狗多了，兔子难逃一死。"

为了彻底挫败英国人的计划，史蒂文森提议荷兰人先下手为强，"安排一些勤劳智慧的农民到那个地方定居"，派遣 20~25 名军人保护他们不受印第安人的攻击，为了让这个计划能够尽快付诸实行，史蒂文森建议董事们可以先安排少数"无家可归的波兰人、立陶宛人、普鲁士人和佛兰德农民"前来。[67]史蒂文森还提醒到，如果董事们对于阻止英国人实行自己的计划这件事的重要性有任何怀疑的话，就想想英国人以前是怎么出现在康涅狄格河上，怎么迅速取代了荷兰人的位置，抢走了他们的河狸生意。如果荷兰人现在不行动，哈得孙河上的荷兰人难逃同样的命运。[68]

1659 年 12 月，董事们支持了史蒂文森购买沃平杰斯基尔河周围土地的决定，"以确保我们〔对于这里〕享有无可争议的权力"；他们还保证会尽快安排农民到那里定居。董事们给史蒂文森的命令是，如果有英国人前往该地，要采取一切必要措施将他们强行赶走。[69]之后，董事们又听说英国人不仅对沃平杰斯基尔河周围的土地有想法，还打起了奥朗日堡几英里之外的莫霍克河岸边一个地方的主意。于是，董事们就督促史蒂文森在这两个区域里同时采取武力制止对方

92

131

的行动。[70]

史蒂文森确信英国人的目的是获得河狸而非出售牲畜，这样的想法在马萨诸塞省普通法院给探索者颁发皮毛交易及其他商品专营许可时得到了证实。许可的有效期是 21 年，范围是距离哈得孙河 15 英里以内。接着法院还毫无顾忌地给史蒂文森去信，承认虽然即将在沃平杰斯基尔河建立的定居点及在哈得孙河上通行的相关权利可能会"伤害到……你们的交易和利益"，但是如果荷兰人以这样的理由反对英国人建立定居点，就是"不符合基督徒精神的，那些真心维护公共正义和正直诚信的人肯定无法说出这样的话而不感到羞愧"。[71]不过，史蒂文森当然是要反对的。他愤怒地称荷兰人绝不会允许马萨诸塞团体在荷兰的领地上建立交易点或在哈得孙河上自由通行，"除非他们将自己的……荣誉、声望、财产、鲜血、身体和生命都献给［荷兰］"。[72]

担心这样直白地拒绝英国人的行动会招致军事反击，也意识到自己的军力根本无法与马萨诸塞湾殖民地的军力相抗衡，史蒂文森迫切地请求董事们向哈得孙河口派遣重装护卫舰。不过在局势进一步升温之前，1661 年中，斯图亚特王朝复辟，查理二世登上王位。鉴于政治局势的变化，马萨诸塞的探索者们放弃了对哈得孙河的计划。史蒂文森暂时躲过了英国的入侵，不过最终也只是将这个结果推迟了很短的一点时间而已。

故事的终结发生在 1664 年 8 月，四艘摆满了大炮、搭载着士兵的英国军舰抵达了哈得孙河。查理二世被身边众臣说服，相信此时是摧毁荷兰贸易帝国，由英格兰取而代之的最好时机。国王已经将北美洲大陆上几乎包括整个新英格兰在内的大片地区都封给了自己的兄弟约克公爵詹姆斯。英国军舰航行到新阿姆斯特丹岸边，占领了这里，将此作为詹姆斯的战利品。史蒂文森想要反击，只可惜他是唯一这么想的人，在同事们的压力之下，他只能向占据压倒性优势的敌人投降。新阿姆斯特丹就这样变成了纽约，荷兰作为一股强大的美洲殖民势力的日子也就此终结了。[73]

93

将荷兰人赶走开启了美洲皮毛交易的历史新篇章。英国人此前一直在与荷兰人和法国人争夺这项交易的控制权，如今他们的对手只剩下法国一个。与荷兰不同的是，法国会证明自己是一个更难对付、更加危险的敌人。

第七章
再见，法国人

　　当英国人、荷兰人和瑞典人在南方为皮毛交易而打作一团的时候，北方的法国人也在忙着挣扎求生。他们的梦想是让自己在这里建立的以皮毛交易为根基的帝国存续下去，然而在 17 世纪 30 年代初到 60 年代初这段时间里，法国商人和交易者们经历过巨大的成功，也遭遇过彻底的失败，乐观和消极的情绪总是交替出现、循环往复。刚开始的时候一切还算顺利，1633 年，"新法兰西之父"萨米埃尔·德·尚普兰作为代理总督返回魁北克地区，他的主要目标之一就是重振这里的皮毛交易。[1]不过尚普兰意识到自己面临着一个难题，几十年来人们一直在圣劳伦斯河下游流域捕杀河狸，造成当地的河狸及其他带皮毛动物的数量大幅减少。尚普兰确信，新法兰西只有把眼光投向更广阔的范围才能让皮毛交易兴盛起来。法国人从自己传统的盟友和交易伙伴休伦人

（Huron）和阿尔贡金人那里听说，在遥远的西方有一群"海洋之人"，他们的领地上有很多河狸。尚普兰想要与这个神秘的民族取得联系，不仅仅是为了获得他们提供的皮毛，还因为他认为这些人生活在西方海洋（太平洋）边缘，

第七章　再见，法国人

也许他们就是亚洲人，也许找到前往东方的西北航线的梦想终于要被实现了。所以尚普兰选择了自己最信任的翻译让·尼科莱（Jean Nicollet）作为这次行动的领头人。[2]

尼科莱早在 1619 年就来到了新法兰西，那时他才 20 岁左右，后来成了尚普兰的"代言人"（truchements）之一。所谓代言人就是被派去和印第安人一起生活的年轻男孩，他们要学习印第安人的语言，了解印第安人的生活方式，从而在法国人和印第安人之间建立起更加稳固的联系，并鼓励后者参与皮毛交易。尼科莱在到达这里之后的 14 年中，绝大部分时间都和尼皮辛人（Nipissing）一起生活，他们是阿尔贡金族的一支，生活在休伦湖东北方向。鉴于此，尼科莱绝对是尚普兰设想的这趟探索之旅的最佳人选。他于 1634 年 7 月离开魁北克，在路上与七名休伦人同伴会合，然后继续朝着还没有欧洲人前往过的地方进发。他们驾驶独木舟穿过麦基诺水道（Straits of Mackinac）进入密歇根湖，最终在密歇根和威斯康星东北部交界地区的格林贝（Green Bay）岸边登陆。

尼科莱与梅诺米尼人（Menominee）一起待了一段时间，其间他派了一位印第安人同行者先向南去通知海洋之人说自己随后就到。海洋之人听到"神奇之人"（Manitouiriniou）即将来访的消息后兴奋异常，专门派出一支小队去迎接尼科莱进入村庄，还有人替他拿行李。尼科莱心中仍然以为自己就要见到亚洲人了，所以特意穿上了"一件中国锦缎长袍，上面绣着各色花鸟图案"，希望能给对方带来良好的第一印象。穿着奇装异服、双手各攥着一把手枪的尼科莱走进村庄，"妇女和孩子们看到这个两只手上都拿着能发出雷鸣的神器的男人时吓得四散奔逃"。尼科莱抵达的地方距离亚洲还有十万八千里，所谓的海洋之人其实是生活在福克斯河（Fox River）河口附近的温纳贝戈人（Winnebago）。尼科莱抵达的消息迅速传遍了这片区域，很快就有四五千名印第安人前来欢迎他，还有许多首领为他举行了宴会，其中一顿饭上甚至端出了120只烤河狸。尼科莱与当地的部落达成了和平条约，没过多久，这些西部地区的河狸皮毛就被源源不断地送到了新法兰西。[3]

1635年秋天，尚普兰突发中风，起初是腿部瘫痪，很快又蔓延到了手臂，他不得不卧床休息了十周的时间。虽然身体不能动，但他的思维仍然清晰。他把养病期间的大部分时间用来准备"对自己一生的总结忏悔"，他的好朋友耶稣会牧师夏尔·拉勒芒（Charles Lalement）听了他的忏悔。尚普兰在1635年圣诞节这一天与世长辞。魁北克的所有人民，以及这些年来与他结为朋友的众多印第安人一起举行了游行仪式来纪念他。后来他的遗体被安葬在圣母新生大教堂（Church of Notre-Dame-de-la-Recouvrance），尚普兰把自己的大部分财富都遗赠给了这个机构。[4]

尚普兰一直希望新法兰西能够成为一个运转流畅、功能多样的殖民地，结果这个偏远地区始终只有皮毛交易一项事业，魁北克、蒙特利尔和三河城成了皮毛交易的集散中心。就连原本是到这片土地上来耕种的农民和前来教化印第安人的耶稣会传教士也都被这项活动所能带来的快速收益吸引，全部参与到皮毛交易之中了。

第七章　再见，法国人

新法兰西的皮毛主要通过两个渠道进入交易市场。一是由国王授予专营权的人安排雇员在各个交易点等候边远地区的印第安人划着堆满了皮毛的独木舟前来，然后双方开始交易；二是像荷兰的森林走私者一样的"自由交易者"（coureurs de bois）自行前往印第安人的领地与他们直接交易，这些自由交易者不受雇于任何人，他们在寻找货源的过程中往往会成为印第安人最先见到的欧洲人，无意中也成了传播西方文明的使者。

通过由小溪、河流和湖泊构成的像蜘蛛网一样复杂的水路，法国的自由交易者们在北美洲大陆上蜿蜒前行。他们最主要的交通工具是一种桦树皮独木舟，这种独木舟呈流畅的锥形，有雪松木制成的肋拱。北方的印第安人从很久很久以前就开始使用这样的独木舟航行、狩猎甚至交战了。这种交通工具样式美观，稳定性好，拼接的地方非常齐整，用黏稠的桦树树脂填缝，防水性能出色，牢固耐用，能够承载几百甚至几千磅重的乘客和皮毛，同时船身又很轻，搬运起来毫不费力。独木舟的船底是平的，浮力很大，划船的人可以使用又宽又平的船桨有力地划水并巧妙地控制独木舟。桦树皮独木舟既可以在又深又急的河水上航行，也可以从流速缓慢的浅溪上通过。造船的材料也是很常见的林木，随时可以修理。桦树皮独木舟在北方皮毛交易的增长中发挥了核心的作用，人们很难想象如果没有这种工具，皮毛交易是否还能获得成功。[5]

根据作家贝尔纳·德沃托（Bernard DeVoto）的观察，自由交易者们就是"拥有白人思维的印第安人，他们的生

97　活很自由……围绕在［他们］四周的荒野……就像一件裹在他们身上的长袍……他们骄傲地将其视为自己精美的徽章"。[6]他们出去收购皮毛的行程长短不定，可能几周，也可能几个月甚至几年。自由交易者们大都是勇敢无畏甚至是鲁莽粗蛮之人。他们和印第安人一起生活、一起捕猎，对山林情况很熟悉。他们也是精明的生意人，知道如何获得最好的皮毛。他们还懂得享受生活，唱歌、跳舞、赌博、喝酒和做爱是最常见的娱乐方式。[7]他们将自己的货物卖给谁也不受什么限制，能卖给法国人的交易点当然好，但是如果荷兰人或英国人出了更高价钱的话，他们也会毫不犹豫地把自己的货物卖给祖国的对手。

　　有些人认为自由交易者的生活几乎是完美的。如一位历史学家写到的那样："他们是在美洲边界地区活跃着的最浪漫、最具有诗意的人物。他们的每一个举动都能激发人们最丰富的想象……我们从远处听着他们齐声合唱，令人激动的旋律穿过草原和湿地，回响在树林和山谷之间……他们的生活多么轻松惬意！"[8]相反，当时的一些评论家们则给出了严苛得多的评价。虽然耶稣会传教士通常会需要这些自由交易者带领他们到荒野中建立传教点或代表他们进行皮毛交易，但他们仍然会毫不犹豫地指责这些人异教徒般的行为。他们不加节制的酗酒或是使用烈酒换取皮毛的做法总是会令耶稣会传教士感到震惊，更让传教士骇然的还有他们的脾气秉性越来越"倾向于原住民"——他们总是跟印第安人混在一起，穿着打扮和他们类似，甚至迎娶印第安人妇女为妻。政府官员也对于他们不愿在殖民地定居，不愿融入当地的社会，不愿为殖民地的发展做出贡献而感到懊恼沮丧。获得了皮毛专营权利的人更是将这些自由交易者视为竞争对手，甚至是叛国者。因为只要有人出高价，他们愿意把自己的皮毛卖给任何买家，而不在乎对方的国籍为何。无论是被看作浪漫主义者、堕落之人、没有根基的漫游者，还是不受欢迎的竞争对手，反正在新法兰西存在的整段时间里，自由交易者在皮毛交易中一直发挥着至关重要的作用。[9]

在经历了一系列大起大落的波动之后，新法兰西的皮毛交易在 1646 年迎来了巅峰时刻。当年从这里运走的皮毛有 168 桶，总重超过 33000 磅，而且绝大部分是河狸皮。[10]不过，在荒野之中日益激烈的暴力冲突使得这样的成功黯然失色。易洛魁人无情地攻击了新法兰西的盟友们，其中就包括他们最主要的交易伙伴休伦人。在 1642 年的一份《耶稣会记叙》（*Jesuit Relations*）中记录了这样的内容，"当我们的休伦人"划着他们的独木舟来到三河城或魁北克交易河狸皮毛的时候，他们最惧怕的不是湍急的河水或陡峭的瀑布，"虽然这些危险经常导致他们沉船"，但更令他们担心的是隐藏在森林中的印第安人。"因为易洛魁人每年都会向他们发动新的突袭，休伦人一旦被活捉，就有可能遭受各种可怕的折磨。"[11]

这样的袭击其实是被称为"河狸战争"的更大范围冲突的一个组成部分，之所以会这样命名这场战争，就是因为历史学家们曾经认定战争爆发的真正原因在于易洛魁人需要获得新的河狸资源——他们会有这样的需要是因为易洛魁人原本领地中的河狸在连年的捕杀下数量急剧下降。易洛魁人想要继续通过与荷兰人进行皮毛交易来获益的话，就得寻找到新的皮毛资源。结果就是他们不可避免地选择了攻击其他印第安人，夺取他们的皮毛，将他们的土地据为己有。[12]不过，近来越来越多更有说服力的对河狸战争的研究结果都认定，人们不应过分强调经济成分和皮毛交易在这之中发挥的作用。易洛魁人的战争更应当被视为一种哀悼之战，当一个部落中有很多成员去世或被杀之后，发动战争其实是他们重新增强自己部落实力的一种传统手段。在 17 世纪 30 年代到 40 年代初，很可能是由于皮毛交易者引入了天花，易洛魁人群体中多次暴发疫情，活下来的人只剩下原来的一半。为了祭奠亡灵，妇女们要求剩下的男性去袭击其他部落，抓来俘虏取代丧命的人们，这样才能弥补易洛魁人的损失。所以在接下来的河狸战争中，易洛魁人的目标仅此而已。[13]

无论河狸战争究竟是出于经济原因还是哀悼原因，或者兼而有之，最终的结果都是一样的。到 1649 年，易洛魁人几乎彻底消灭了休伦人，并将他们的幸存者赶到了西部。在这个过程中，新法兰西的皮毛交易也遭到了严重的打击。在随后的几年中，河狸战争的规模随着易洛魁人继续攻打其他部落而不断扩大，包括渥太华人、阿尔贡金人、佩丘人（Petun）、伊利人（Erie）及中立人（Neutral）在内的各个部落都难逃厄运，法国和印第安人之间的交易也继续被殃及。[14]这些战争造成的损害在 1653 年的《耶稣会记叙》中有所体现："我们的湖泊和河流上的河狸比以往任何时候都多，但是这片地区里的仓库从来没有这么空荡过。在休伦人灭亡之前，曾有近百条独木舟前来交易，船上都堆满了河狸皮毛；阿尔贡金人也会从各个方向送来货物……易洛魁人的战争切断了所有这些资源。河狸可以放心地休养生息了……［易洛魁人］禁止了所有河狸皮毛交易，那恰恰是这片地区里最主要的财富。"[15]河狸战争带来的混乱如此严重，以至于1664 年英国人从荷兰人手中夺下新尼德兰之时，新法兰西的皮毛交易出于各种原因已经"终止了"——不过，这种情况只是暂时的。[16]

99

新法兰西的皮毛交易在 17 世纪 60 年代中期到 80 年代晚期逐渐恢复了一些活力。讽刺的是，这种复兴出现的原因还要被部分归结到即将结束的河狸战争上。被易洛魁人打败的印第安人逃到了密歇根湖和苏必利尔湖的西面、北面和南面，并在那些地方遇到了还不了解皮毛交易的苏族（Sioux）印第安人、迈阿密人、克里人（Cree）、福克斯人和伊利诺人（Illinois）。这些部落都迷上了逃亡印第安人拥有的那些欧洲人的器物，于是新的交易活动应运而生。渥太华人——其名字的意思就是"交易者"——开始使用自己用旧了的刀子、水壶及布料与这些遥远地方的部落交换上好的河狸皮毛，然后把这些皮毛送到蒙特利尔换成欧洲人的货物，新的货物又可以再换得更多的皮毛。就这样，渥太华人成了这项蓬勃发展的交易里的中间人，也是从这时起，如历史学家哈罗德·A. 英尼斯（Harold A. Innis）指出的那样："迈阿密人和苏族人都不再把河狸当作食物，而是开始以获得皮毛为目标进行捕猎。"[17]

　　探险活动是新法兰西皮毛交易复兴的另一个原因。现在在美国境内随处可见以法国人名字命名的地方。这些法国人向西、向南进行探索是为了对更多的土地主张所有权，与当地印第安人建立交易联系，以及寻找通向西边海洋的水上通路。[18]那些最先出发的人之中有一位名叫雅克·马凯特（Jacques Marquette）的耶稣会传教士和一位名叫路易·若利耶（Louis Joliet）的皮毛交易者。印第安人之间流传着一个关于一条位于五大湖以南的大河的传说，他们称这条河为"水之父"（Meschacebe）。受到这个故事的吸引，马凯特和若利耶在1673年春启程前去调查传说的真伪，并确认这条大河最终将会注入哪里。在五名印第安人向导的带领下，马凯特和若利耶乘坐桦树皮独木舟来到格林贝，然后沿福克斯河逆流而上抵达威斯康星，最终在行程的终点发现了后来会被人们称为密西西比河的"水之父"。

　　马凯特和若利耶并不是最先看到密西西比河的欧洲人——这个殊荣属于西班牙探险家埃尔南多·德·索托（Hernando de Soto），后者于1541年在相当于今天田纳西州孟菲斯附近的地方发现了这条河。但是，马凯特和若利耶是最先为这条河流绘制地图并进行探索的人。他们在顺流而下的航行中遇到了友好的印第安人，当时河两岸还有很多野牛，他们还吃到了野牛肉。他们一路航行，先后经过了密苏里河、俄亥俄河与密西西比河的交汇点。最终因为补给短缺，再加上他们已经可以确信密西西比河最终会流入墨西哥湾而不是（如很多人以为的那样）流入西边的海洋或大西洋，所以马凯特和若利耶就从阿肯色河与密西西比河的交汇处附近掉头返回了新法兰西，好将他们的新发现告诉那里的人们。[19]

　　勒内·罗伯特·卡维利耶·德·拉萨尔（René Robert Cavelier de La Salle）的行动比马凯特和若利耶更进了一步。1682 年，在五大湖区探索了很多年并建立起一系列交易点之后，拉萨尔沿着密西西比河一路航行进入了墨西哥湾。伴随着鸣放毛瑟枪、插旗杆、升起皇室纹章等一系列夸张的仪式，拉萨尔以法国国王路易十四的名义宣布这条河流及其支流流域的所有土地都归法国所有。出于对国王的敬意，拉萨尔把这片被他的一个同行者称为"世界上最美丽的地方"的新领地命名为路易斯安那。[20]拉萨尔向南航行的同时，另一位被敬称为迪吕特先生（sieur Duluth，原本的拼法为"Dulhur"）的法国人达尼埃尔·格雷索隆（Daniel Greysolon）则反其道而行之，探索了密西西比河的源头、苏必利尔湖岸边及更靠北的一些地方。迪吕特在这一过程中也建立了一些交易点，并与克里人和苏族人进行皮毛交易，还为自己赢得了一个"自由交易者之王"的名号。[21]

　　马凯特、若利耶、拉萨尔、迪吕特和其他一些不如他们出名的探险者们通过自己的探险活动为新法兰西皮毛帝国的扩张打开了通路，使得帝国的范围覆盖了从圣劳伦斯湾到五大湖区，再向南直至墨西哥湾的广大区域。新法兰西从这里向欧洲运回了大量皮毛，让巴黎重新成为最杰出的时髦皮衣和皮帽的制造地。[22]虽然获得了这样的成功，但新法兰西仍然对自己的处境感到战战兢兢。他们完全有理由不安，因为无论北方还是南方都有英国人的威胁存在，他们不仅会影响法国的进一步扩张，更重要的是，他们还想夺走法国人对于这项利润丰厚的皮毛交易的控制权。

如果新法兰西能够更好地对待皮埃尔－埃斯普里·拉迪松（Pierre-Esprit Radisson）和被敬称为戴斯格罗斯勒先生的梅达尔·舒瓦尔（Médard Chouart, sieur des Groseilliers），那么他们与北方的英国人之间本不会出现什么麻烦。在河狸战争进行得如火如荼的时候，拉迪松和戴斯格罗斯勒是少有的敢于冒着被易洛魁人攻击的风险继续进行皮毛交易的自由交易者。17世纪50年代晚期，他们在五大湖区的一次收购活动就带回了装满60条独木舟的皮毛，成了当时新法兰西皮毛交易活动中唯一的亮点。[23]受到这次成功的鼓舞，拉迪松和戴斯格罗斯勒向总督申请进行新交易活动的许可，政府虽然授予了许可，但是附加了各种条件，这让二人感到无法接受，所以他们选择无视总督的明令禁止，按照自己的意愿启程。虽然这次行动的收获与前一次一样丰厚，但结果大相径庭。1663年他们返回魁北克时，这里已经来了一位新总督，他决定通过法律手段限制自由交易者在未经许可的前提下私自进行皮毛交易的行为。最终，拉迪松和戴斯格罗斯勒被短暂囚禁了一段时间，不但要缴纳巨额罚款，还要被迫上交他们收购来的大部分皮毛。

被这样的对待彻底激怒的拉迪松和戴斯格罗斯勒返回法国向国王申诉，但是毫无结果。在巴黎的时候，这二人向所有愿意聆听他们故事的人讲述了在五大湖以北有一片面积巨大的水域（哈得孙湾），印第安人常常提起那里，说它四周围绕着多条大河，生活着大量体型肥硕、毛色光亮的河狸。

第七章 再见，法国人

拉迪松和戴斯格罗斯勒还说，如果有人愿意资助他们返回北方进行探索，他们就可以代表法国主张占有这片资源丰富的猎场。然而，无论是在巴黎还是在魁北克，都没有任何人对这个计划表现出兴趣。于是，坚信自己想法没有错的拉迪松和戴斯格罗斯勒采取了他们认为唯一可走的最后一条路——那就是想办法获得英国的支持。[24]

拉迪松和戴斯格罗斯勒来到波士顿，他们尝试了几次组织前往哈得孙湾的探索活动都失败了，直到他们面见了时任英国国王财务副总管兼英国海军财长的乔治·卡特赖特爵士。卡特赖特对法国人的计划很感兴趣，提出安排二人觐见国王查理二世。于是拉迪松和戴斯格罗斯勒于 1665 年秋抵达了伦敦，但他们发现这里正深陷于大规模的腺鼠疫疫情之中，将近 90000 人因此丧生。逝者的尸体和将死之人发出的恶臭笼罩着整座城市，卡特赖特、拉迪松和戴斯格罗斯勒就在这样的境况下乘船沿泰晤士河航行，前去觐见查理二世。这位国王对于金钱有一种永远无法满足的渴望，他认为探索哈得孙湾是一个能够获得巨大经济回报的机会，也是一个能让英国在与法国争抢北美洲皮毛资源的竞争中获得优势的途径。于是国王支付给拉迪松和戴斯格罗斯勒每周 40 先令的津贴，还承诺马上就会给他们安排一艘船进行这场商业探险。[25]

最终，负责实施这次行动的任务落在了国王的表亲鲁珀特亲王（Prince Rupert）肩上。亲王精力充沛、多才多艺，102 不仅已经证明了自己是一个成功的商人，还是一位有才华的艺术家、受人尊敬的军人和颇有名望的发明家（他的发明成就包括最先研制了鱼雷、制造了一个用于取回沉入水中的失落财宝的潜水钟等，此外，他还是将意大利的金属雕版印刷术引入英格兰的人）。鲁珀特召集一些投机商人组建了一个公司，由这些财大气粗的出资人资助这次航行。前往哈得孙湾的航行最终于 1668 年起航，并于次年满载而归，运回了价值高昂的河狸及其他动物的皮毛，由此证明了拉迪松和戴斯格罗斯勒提出的这个计划的可行性。这样的结果足以鼓励公司继续进行投资，但是鲁珀特心中有更为宏大的目标。他知道要想将哈得孙湾占为己有，就必须先获得皇室颁发的专营许可。1670 年 5 月 2 日，他终于获得了自己想要的结果，甚至还获得了比他要求的更多的好处。查理二世签发的文件不仅让鲁珀特和他的合伙人们成了"真正的领主和所有权人"，而且他们拥有的领地范围不仅限于哈得孙湾，还包括河流流域范围内所有的土地。这次堪称历史上规模最大的土地转让之一的安排让新建立的哈得孙湾公司一下子拥有了 150 万平方英里的土地，后来这片区域也被称为鲁珀特领地，它涵盖了今天加拿大约 40% 的国土面积，外加明尼苏达州和北达科他州的大部分。[26]

拒绝了拉迪松和戴斯格罗斯勒的新法兰西实际上促成了一个潜在威胁非常大的竞争者的诞生。哈得孙湾公司很快就成了新法兰西苦恼的源泉，他们往常可以从印第安人那里获得的皮毛如今都被这个公司在岸边建立的各个交易点抢走了。[27]然而，在北方突然崛起的交易者们还不是唯一让新法兰西烦躁不安的英国人。在南方已经联成一线的英国殖民地同样会给新法兰西发展之中的皮毛交易带来不小的侵害。

第七章 再见，法国人

新法兰西最大的竞争者是英国人刚刚建立起来的纽约殖民地。1664 年荷兰人被赶走之后，奥朗日堡的名字变成了奥尔巴尼，但是其作为交易点的商业属性并没有变。那些把奥朗日堡打造成北美皮毛交易活动中心的荷兰人在英国人占领这里之后并没有离开，而是改为效忠英国国王以便继续进行这项利润丰厚的买卖。曾经与荷兰人交易了很长时间的易洛魁人很快就发现了情势的变化，马上也转投了英国人一方。有易洛魁人作为与各个部落交易的中间人，再加上用英国货物换取皮毛，那些本来可以送到新法兰西的皮毛就全顺着哈得孙河流到了奥尔巴尼。

其他一些南方殖民地也对新法兰西的皮毛交易造成了威胁，尤其是弗吉尼亚、宾夕法尼亚、南卡罗来纳和北卡罗来纳。因为这些地区里有很多鹿，所以南方的殖民地定居者们与当地的印第安人展开了规模巨大的鹿皮交易，鹿皮被运回欧洲以后可以制作皮鞋、手套和其他皮革制品。[28]南方殖民地里也有那些以传统的河狸、浣熊、狼、麝鼠、貂和黑熊等动物的皮毛为主要商品的交易，不过这些交易无论在规模上还是在经济意义上都远不如鹿皮生意。[①] 随着海岸沿线动物数量的减少，南方的交易者们越来越深入内陆地区，最终穿过阿巴拉契亚山脉（Appalachian），加入了与法国人的竞争。

---

① 鹿皮交易被归入了皮革交易而非皮毛交易，所以本书内容并没有涵盖规模巨大的美洲鹿皮交易活动。

讽刺的是，新英格兰这个英国人最早开始进行皮毛交易的地方在如今北美洲东部逐渐加剧的皮毛资源竞争中已经不再是什么关键的参与者了。从 17 世纪中晚期开始，对于海岸地区来说则是在更早一些的时候，新英格兰的各个殖民地就在印第安人的帮助下，将那里的皮毛交易彻底摧毁了。[29]新英兰的森林里再没有足够产生像样收益的带皮毛的动物了，新英格兰人获得皮毛的途径因为其他交易者的竞争而受到了很大限制，再加上他们没有能够通往内陆的便捷水道。[30]即便是新英格兰的殖民地定居者想要向西扩张，继续进行交易，他们也没有这个能力，因为纽约殖民地迅速且大规模的扩张完全阻断了他们的机会。

虽然新英格兰的皮毛交易还会维持一段时间，不过那里已经根本不再是值得考虑，更别说是能让新法兰西担忧的力量了。如很多历史学家们指出的那样，新英格兰皮毛交易的衰败还改变了这个地区印第安人的交易方式。他们曾经依靠皮毛来获取欧洲人的货物，没有皮毛可交易之后，如克罗农指出的那样，印第安人被迫"改用他们仅剩的另一项商品——他们的土地［进行交易］"。[31]因此，随着皮毛的消失，印第安人的土地也一点一点地不再属于他们了。这样的转变使得印第安人和英国人之间出现了敌对情绪，无异于在地区冲突的油锅下面添了一把柴。

到 17 世纪 80 年代晚期，大陆东半部皮毛交易活动的最104终结果是，圣劳伦斯湾到墨西哥湾之间形成了一条接近3000 英里长的交战线，法国和英国各占一边。从此时起直到 18 世纪中期，皮毛交易成了这两个国家间紧张局势爆发的永恒导火索，同时也是导致法国人在法国印第安人战争中被赶出这片大陆的重要原因。

法国人和英国人从 1611 年起就已经走上了注定要在美洲爆发冲突的对撞之路。当时有一艘在肯纳贝克河附近进行皮毛交易的英国船俘虏了一艘法国的交易船，理由是后者擅自进入英国领地。到 17 世纪末，唯一真正改变的只有冲突的地理范围。拉萨尔在 1684 年就已经意识到了这样的趋势，他敦促法国以他的发现为基础继续加强路易斯安那的殖民化并巩固防卫，不要等到一切为时已晚。"如果让外国人抢了先，"拉萨尔写道，"他们就会……彻底摧毁新法兰西，实际上，他们已经用弗吉尼亚、宾夕法尼亚、新英格兰和哈得孙湾将这里包围了。"[32]英国人同样知道采取大胆行动将法国人困在中间的必要性，1690 年时一群英国人写的一份备忘录就证明了这一点。文件的内容是这些人想要申请获得马里兰、宾夕法尼亚和弗吉尼亚西部一直延伸到太平洋岸边的土地使用许可，从而控制这一整片地区。"英国人通过在［这些地方］定居的方式……就可以轻易地毁掉法国人与印第安人的交易，并确保所有［皮毛］交易机会都落入他们手中。"[33]英法两国都在觊觎被对方宣称占有的土地和机会，所以它们之间爆发冲突是必然的，唯一的问题是时间早晚。

最初两次这样的冲突分别是 1689～1697 年的威廉王之战和 1702～1713 年的安妮女王战争。这两次冲突其实都是先于各自在欧洲爆发的战争的衍生品。前者是欧洲的大同盟战争的延续，后者则由西班牙王位继承战引发。欧洲的战争与皮毛交易无关，但是当战火的余烬蔓延到美洲时，夺取对皮毛交易的控制权就成了战略目标之一。法国人、英国人，还有他们的印第安人盟友们都想在这场争斗中占得先机。不过最终的结果是白忙一场，所有在战场上获得的又被迫在谈判桌上放弃了。[34]

结束了安妮女王战争的《乌得勒支条约》（Treaty of Utrecht）为英国人和法国人开启了一段长达 31 年的相对和平的时光。在这场战争将近结束的时候，新法兰西的皮毛交易已经严重受创。从 17 世纪晚期，当法国探险家探索更广大的地域，有更多交易者涌入那些新地方并用独木舟运回大量皮毛的时候，各种麻烦就已经开始显现。这些交易者中既包括无处不在的自由交易者，也包括一个新的群体——船夫（the voyageurs）。他们主要是技巧高超的划桨人，受商人们的雇用到内陆去与印第安人进行交易。[35]在一段时间里，自由交易者和船夫都能挣到丰厚的报酬，因为法国的皮衣工匠和皮帽制作者会将他们交换来的皮毛都买走。

然而战争抑制了这项交易的发展。由于承受着重税来满足战争的开销，法国人民已经没什么余钱去购买皮衣了。再加上法国同时与多个欧洲国家交战，所以它原本的那些出口市场也都将它的产品拒之门外了。结果就是法国人对于皮毛的需求大幅下降。然而交易者们还在一如既往地大肆收购，供应量很快就超过了市场需求。到 17 世纪 90 年代晚期，新法兰西每年收购的皮毛数量是法国国内市场需求的四倍，所以皮毛的价格一落千丈。为了阻止情况继续恶化，国王禁止了自由交易者的活动，并关闭了西部的一些皮毛交易点，希

105

望能够扭转颓势。即便如此，皮毛还是源源不断地被送到这里，过剩的皮毛堆在仓库里发霉，很多都被老鼠咬坏了。人们甚至把摞成小山一样的皮毛点火烧掉，为的就是减少供给，好让价格停止下跌。蒙特利尔笼罩在刺鼻的黑色浓烟中，甚至从几英里外都能闻到和看到。[36]

《乌得勒支条约》签订之时，新法兰西皮毛库存中的大部分都被卖了、烧了或是已经被蛀满虫洞，变得一文不值了。法国国王路易十四和新法兰西的领袖们仍然相信皮毛是殖民地未来的经济生命线，于是要下大力气重振这项交易。自由交易者不再受到限制，反而被鼓励去尽快收购尽可能多的皮毛。堡垒和交易点也都被加固或重建了，重新发挥起了保护和扩大法国人在五大湖区、密西西比河及其支流沿岸皮毛交易活动的作用。重新增多的新法兰西皮毛很快就在国际市场上受到了欢迎。[37]

与此同时，英国人也在进行类似的活动。战争结束后，英国变得兴盛起来。对于河狸皮帽子和皮衣的需求猛增，在哈得孙湾和美洲殖民地的交易者们忙得不亦乐乎。南卡罗来纳殖民地的查尔斯顿成了一个集散中心。到 18 世纪 30 年代，每年从这里送回英国的鹿皮超过 20 万张，由此产生的"财富比殖民地所有靛蓝染料、牛、猪、木材和松脂加在一起产生的还多"，只有殖民地的稻谷能够比皮毛交易更赚钱。[38]佐治亚的奥古斯塔和萨凡纳，还有南卡罗来纳的哥伦比亚最初都只是交易点，如今也随着皮毛交易的发展而兴旺起来。弗吉尼亚一直以来出口的皮毛数量都在 20000 张左右，从这类出口商品上征收的税费被用来承担威廉与玛丽学院（College of William and Mary）的开销。[39] 在 18 世纪前半叶的大部分时间里，从纽约运到英国的货物中，销售皮毛的收益占到货物总价值的 20% 左右，由此也产生了一批纽约暴发户。然而，刺激皮毛交易发展的并不仅仅是英国的市场需求，殖民地内部的皮帽制造行业也开始发展，殖民地人购买的皮毛帽子也多了起来，这些都为英国皮毛交易者收购更多皮毛增添了动力。[40]

殖民地之间总是在为皮毛交易的控制权而竞争，这种竞争有时甚至是非常激烈的。[41] 不过无论英国殖民地之间的敌对情绪有多么高涨，它们仍然会联合起来对付法国人。虽然严格说来英国和法国此时处于和平时期，但他们在美洲的附属地之间永远是冲突不断的，冲突的热点地区就在不断变化的从五大湖区到墨西哥湾一线的双方分界线沿线。[42] 两个国家都与各自的印第安人盟友建立了军事上和经济上的同盟关系，还经常鼓动自己的盟友去攻击竞争对手，连皮毛交易者自己偶尔也会参与袭击。鉴于英国人和法国人都竭力说服印第安人只与本国的交易者交易，所以印第安人也学会了利用"英国与法国之间的对立，把皮毛交易作为自己外交政策的一种手段"。[43]

在这场对皮毛的争夺战中，英国人掌握了一些关键的有利因素，其中最重要的一项莫过于英国商品的数量、质量和价格优势。英国的布料、水壶、小刀和枪支等货物不仅数量更多，很多时候货物的质量也比法国人的好，价钱反而还便宜得多。出现这种情况的主要原因在于法国人进行皮毛交易

第七章 再见，法国人

所缴纳的税费比较高，从法国运输货物到美洲的成本也更高。[44]英国人出售的烈酒也比法国人的好。比起相对温和但好喝一些的法国白兰地，印第安人更偏爱烈性的英国西印度朗姆酒，他们称这种酒为"英国牛奶"。[45]不过，无论印第安人喝的是哪种酒，酒精给他们造成的严重伤害结果都是一样的，这使一些印第安人不得不彻底停止饮用这种烈性液体。[46]1753 年时，一位易洛魁首领斯卡罗亚帝（Scarrooyady）向宾夕法尼亚总督控诉了烈酒的问题，其实十几二十年前，甚至是 30 年前的印第安人就该这样做了：

> 朗姆酒毁了我们。我们请求你限制交易者继续进口大量烈酒……这些以威士忌为交易物的交易者每次来都会带三四十桶烈酒摆在我们面前让我们喝，然后把我们的皮毛都拿走了，而这些皮毛本应用来偿付已与我们定下合同的公平诚信的交易者的欠款；这样的把戏不仅害了我们，也害了那些诚信的交易者。坏心肠的威士忌交易者一旦让印第安人喝酒上了瘾，就会害他们连身上的衣服都换出去。简言之，如果这样的交易方式继续下去，我们难逃毁灭的结果。[47]

和之前一个世纪的情况一样，这样的请求没有任何结果，烈酒仍然是皮毛交易中不可或缺且完全不受限制的交易品。简单来说就是，很多印第安人是自愿换取烈酒的，交易者也绝对乐意满足这样的要求。[48]

在英国人的竞争压力下，法国人还能够守住自己在北美洲的皮毛交易，这是很多因素共同作用的结果。法国交易者愿意长途跋涉去寻找皮毛，与生活在英国人进行交易或具有影响力的区域以外的部落进行交易。法国人的火药是很有吸引力的交易品，因为它的数量更充足，很可能也是法国人拥有的唯一一比英国人同类商品质量好的交易品。为了同英国人争抢货源，法国人有时愿意出高价，有时高到自己没有什么盈利空间，甚至要赔本销售。法国人还经常从英国人那里购买货物，好提高自己的竞争力。知道把皮毛卖给英国人更有赚头的法国人也会无视法律规定，定期将自己的皮毛运到英国人的交易点去出售。

法国人还受益于总体上来说与印第安人更加友好的关系。虽然无论法国人还是英国人都没有真正将印第安同盟者看成与自己平等的朋友和交易伙伴，但是法国人相对更加尊重印第安人及他们的生活方式。这让法国人获得了印第安人对他们的某种程度上的忠诚。[49]法国人在向印第安人赠送礼物的时候也更大方和讲究，很多自由交易者和船夫们几乎已经融入了印第安人的社会，从而进一步强化了双方之间的经济联系。如一位英国殖民地定居者郁闷地观察到的那样，法国交易者"和印第安人一起生活，甚至通婚，简言之就是好像他们同属一个民族一样，后一种行为虽然不值得赞赏，但是确实能赢得印第安人的钟爱……不过我们的国家秉持着完全相反的观念，最终恐怕会被排挤出这项交易"。[50]

法国交易者在印第安人眼中比英国交易者略好一些一个最重要的原因可能是英国交易者的表现实在太恶劣了。如历史学家查尔斯·霍华德·麦基尔韦恩（Charles Howard McIlwain）写到的那样："大部分［英国］交易者都是社会上的渣滓，他们道德败坏，对待印第安人的方式令人不齿。"[51]宾夕法尼亚的总督在 1744 年时说道："我对于与印第安人的交易感到无比忧虑，如果任其按照现在的方式发展下去的话，最终我们一定会被卷入与印第安人的致命冲突。我们的交易者无视法律规定，随意使用烈酒进行交易，利用印第安人对于酒精的无节制渴望，以显失公平的方式获得了对方的皮毛和贝壳珠……在交易过程中，还经常会引诱印第安人的妻子做不道德的事。"[52]对于人类行为的观察总是细致入微的本杰明·富兰克林称英国皮毛交易者是"我们国家里最阴险邪恶、寡廉鲜耻的可怜虫"。[53]法国交易者当然也不是没干过坏事。他们同样经常劝诱印第安人酗酒，也会想各种办法占便宜，只不过不像英国人那么过分而已。

另一个让法国人比英国人更受印第安人偏爱的原因是法国殖民活动与英国殖民活动的区别。新法兰西一直只是个活跃的皮毛交易点，而非兴旺的殖民地。当时在北美洲的法国人总共只有大约 60000 名，主要集中在加拿大和五大湖区，在延伸至墨西哥湾一线上的分布则十分稀疏，在密西西比河流域也不多。这些人之中只有很少一部分能够拿起武器保卫殖民地，所以不得不依赖与印第安人维持良好的关系来确保自己的安全。法国人对于殖民定居的兴趣远不如对于皮毛交易的兴趣大。因此，他们的主要目标就是让法国人留在分散在各地的交易点里，不去破坏带皮毛动物的栖息地，让印第安人可以继续生活在他们的土地上，并为法国市场供应皮毛。与此相反，英国人的殖民方式更加具有侵略性，给印第安人带来了更多危险。在东部沿海地区的英国人已经超过了100万，他们表现出了购买土地、将印第安人赶走的迫切愿望。无论印第安人愿不愿意，英国人都要为自己的定居者开疆辟壤。[54]

109 在和英国人竞争的这段时间，法国人采取了一种双管齐下的政策：一方面向西扩张，寻找新的皮毛交易机会；另一方面巩固对于已经宣称占有的地区的统治力，也就是继续执行在各地建立堡垒的策略，阻止英国人翻过阿巴拉契亚山脉。向西扩张的行动获得了不错的效果，其中就有德拉韦朗德里先生皮埃尔·戈尔捷·德瓦雷纳（Pierre Gaultier de Varennes, sieur de la Vérendrye）和他的儿子们进行的那些探索，这些活动扩大了法国人与克里人及阿西尼伯因人（Assiniboin）的交易规模，把法国人的交易点最远建到了马尼托巴湖（Lake Manitoba）岸边。德拉韦朗德里先生的一个儿子还在探索通往太平洋海岸的行程中前进到了比格霍恩山（Big Horn range）附近的落基山脉脚下。[55]巩固既有地盘的行动也迅速开展了起来，法国人从墨西哥湾沿密西西比河河谷一路延伸至加拿大沿途建立起了一系列法国交易点，其中最重要的就是1701年由德卡迪亚克先生安托万·德·拉莫特（Antoine de La Mothe, sieur de Cadillac）建立的底特律堡。[56]然而，法国人试图阻止英国人翻过阿巴拉契亚山脉的计划则是一个彻头彻尾的失败。英国交易者出现在山脉以西的情况一年比一年常见。

第七章　再见，法国人

当法国人为英国人的入侵而哀叹时，英国人也越来越为法国人的存在而感到担忧。新法兰西对于阿巴拉契亚山脉以西地区的企图令英国殖民地定居者气愤异常，原因有三。第一，很多批准建立英国殖民地的皇室特许授权已经将从大西洋海岸延伸至太平洋海岸的土地权利都授予了殖民地定居者，所以英国人认为被法国人占领的土地其实是包含在自己获得的授权范围以内的。[57]第二，英国人认为自己与易洛魁联盟的特殊关系也足以支持他们关于争议土地的主张。易洛魁联盟此时又吸收了塔斯卡洛拉族（Tuscarora），已经发展成了六个民族的大联盟。《乌得勒支条约》已经规定易洛魁人为英国国民，在英国人眼中，这意味着被易洛魁人征服的土地将自然成为不列颠帝国领土的一部分。因此，问题在很大程度上取决于如何定义"征服"的概念，英国人选择完全按字面解释。如历史学家弗朗西斯·帕克曼（Francis Parkman）指出的那样，英国人"宣称凡是有易洛魁人在那里割下过一个敌人的头皮的每条山脉、每座森林、每片草原都属于英国"，这样看来，"阿勒格尼山脉（Alleghenies）到密西西比河之间"大部分地区都要被包括在内了。[58]第三，英国人不想让法国人独占皮毛交易的机会。如纽约殖民地测绘局总监卡德瓦拉德·科尔登（Cadwallader Colden）在1724年写到的那样，新法兰西"从密西西比河河口延伸至圣劳伦斯河河口，这明确显示了法国人打算将英国殖民地包围起来的意图，他们希望借此切断我们与生活在北美洲广阔大陆上的各个印第安民族进行商业交往的机会"。[59]

鉴于以上这些理由，英国人将法国人视为擅自入侵英国领土的闯入者，而并不认为是自己入侵了人家的地盘。英国的殖民地定居者担心如果法国人成功抢占了这些土地，从而将英国人限制在阿巴拉契亚山脉以东的有限区域里的话，英国殖民地将因为"无法扩张而衰落直至灭亡"。[60]因此，越来越多的英国殖民地定居者认为解决法国人问题的办法就是不能继续允许敌对势力的存在，必须将其彻底击败。如果能够将法国人赶出这片大陆，那么争议中的土地和皮毛交易机会就都归英国人所有了。[61]

18 世纪 40 年代初期，法国和英国在北美洲的长期和平态势走到了破裂的边缘。1740～1748 年的奥地利王位继承战争席卷了欧洲大部分地区，英国和法国很快也会加入战局。到 1744 年，战火终于蔓延到了美洲，史称乔治王之战（1744～1748 年）。这场充满血腥、漫长曲折的战争最终并没能缓解英法之间的紧张情绪，因为双方在战争结束时签署的《艾克斯拉沙佩勒条约》（Treaty of Aix-la-Chapelle）规定恢复"战前状态"（status quo ante bellum），也就是任何一方占领的地区都要归还给原本的所有者。战争没能解决法国和英国就领地范围的争议，却给皮毛交易的均势带来了重大的冲击，随之发生的一系列事件将俄亥俄河谷变成了战场，这里爆发的又一次殖民地之间的战争最终导致了新法兰西的灭亡。[62]

战争期间，英国利用在陆地上的胜利和在海洋上的优势，几乎完全切断了新法兰西的物资输送线。没有了可供交换皮毛的货物，法国人根本无法与英国人竞争，尤其是在俄亥俄河谷这个地方。[63]英国交易者仍然拥有数量充足、质量上乘的货物，他们利用法国人的困境乘虚而入，发现印第安人其实非常愿意放弃传统的法国盟友，改为与他们交易。因为比起历史上的联系，印第安人显然更重视眼下的经济利益。宾夕法尼亚的皮毛交易者乔治·克罗根（George Croghan）在1747年写给本殖民地省议会秘书长的书信中清楚地说明了河谷中出现的这种形势变化。"我们刚从森林中返回，并且给总督带回了一封书信、一个法国人的头皮和一些贝壳珠，这些都来自一个生活在伊利湖岸边的部落，他们属于易洛魁联盟的一部分。这些印第安人以前都是和法国人做交易的，但是从今年春天开始，几乎所有森林中的印第安人都宣布与法国人敌对：我想这是一个绝佳的机会，如果我们准备一些礼物送给印第安人，一定能够让他们彻底断绝与法国人的往来。"[64]好像是为了证明克罗根的说法一般，一位被法国人称为拉德穆瓦塞尔（La Demoiselle）的迈阿密印第安人首领因为受够了新法兰西的缺货和高价，于同年抛弃了自己的法国交易伙伴，带领着自己的部落向南迁移到洛雷恩溪（Lorraine Creek）与大迈阿密河（Great Miami River）的交汇处，并在那里建立了一个名为皮卡维拉尼（Pickawillany）的村庄。拉德穆瓦塞尔向英国交易者们敞开了大门，后者争相涌入这个新建立的村庄，在那里建立了简易的交易点。宾夕法尼亚的殖民地定居者还给拉德穆瓦塞尔起了个绰号叫"老英国人"，他村子里的皮毛交易很快就红火了起来。[65]

战争结束之后，法国人下定决心要夺回对俄亥俄河谷的

111

控制权。这不仅是因为丧失皮毛交易机会对法国人打击很大，更是因为占据这个河谷本身也是维持新法兰西未来完整性的关键。如帕克曼所说：

> 法国人占据的美洲殖民地中有两个最重要的地方——一个在冰雪覆盖的加拿大，另一个在甘蔗丛生的路易斯安那。前者通过圣劳伦斯湾与外界连通，后者则通过墨西哥湾。这两个至关重要的地方之间仅靠一些军事据点连成一线……俄亥俄河谷正好位于加拿大和路易斯安那中间。如果英国人占据了这里，他们将切断军事据点之间的联系，从而将在美洲的法国人分隔两地。反之，如果法国人守住俄亥俄河谷，他们就可以稳固住东部边界，将竞争者困在阿勒格尼山脉和大西洋之间，同时控制住西部的各个部落，一旦战争爆发，就可以动员印第安人攻击英国边界。[66]

新法兰西使出的第一招是重申自己对于俄亥俄河谷的主权，劝说印第安人重回法国人的阵营，警告英国交易者立刻离开这片区域。抱着这样的目标，法国上尉皮埃尔－约瑟夫·塞洛龙·德·布兰维尔（Capt. Pierre-Joseph Céloron de Blainville）带领着 200 名法国士兵和 30 名印第安人进入了河谷中心地带。塞洛龙在一些关键河流交汇处岸边的大树上钉了几块锡板，上面刻着法国的纹饰徽章，又在地上固定了一些铅质的标志物，上面明确地指出这个地区是法国领地，法国人已经回来重新主张他们依法享有的权力了。[67]塞洛龙和他在这里找到的那些印第安人会面，为的是说服他们与英国人决裂，这些人之中就包括那个被称为"老英国人"的首领。在一个塞尼卡人的村庄里，塞洛龙传达了新法兰西总督德·拉·加利索尼埃侯爵（marquis de la Galissonière）的口信："我的孩子们，我们之前一直与英国交战，我听说他们已经引诱了你们；不但腐化了你们的心灵，还趁机占据了本不属于他们的我的领地……我不会允许英国人在我的土地上横行。孩子们，听我说……听从我的建议，那样你们头顶上的天空就会永远平静湛蓝。"印第安人马上告诉塞洛龙自己愿意重新效忠法国人，但是军队的随行牧师博纳康神父（Father Bonnecamp）则不愿轻信印第安人的表态："如果我认为他们是真心实意的，我应当会感到满足；不过没人怀疑这样的回答是迫于恐惧而给出的。"[68]虽然塞洛龙成功赶走了少数几个英国交易者，但还是有一些人拒绝离开。他此时终于意识到，要解决英国人的问题并不是那么简单的。

1751 年，迈阿密人、特拉华人、肖尼人（Shawnee）和休伦人在今天匹茨堡附近一个名叫罗格敦（Logstown）的村子里举行了一个易洛魁联盟代表的集会。法国人试图借此机会再次说服印第安人。一位有一半塞尼卡人血统的法国军官菲利普·托马斯·容凯（Philippe Thomas Joncaire）督促印第安人将英国人从他们的村子里赶出去，重新恢复与法国人的交易。[69]"英国人并不诚心进行皮毛交易，他们真正的目的是夺取你们的土地，他们努力让你们变得堕落，这样你们就会软弱地任由他们统治，你们被蒙骗得太彻底了，以至于看不出现在哄着你们的这些人一旦获得了你们的土地就会像对待黑人一样奴役你们。"[70]容凯刚说完，一个易洛魁首领就站起身说道："你们这些自称是我们的父亲的人，请听好我要对你们说的话。你们想让我们将我们的英国兄弟赶走，从此不再与他们交易；我现在就告诉你，我们绝不会这么做，因为是我们请他们到这里来与我们交易的，所以只要我们还有一个人活着，英国人就可以和我们生活在一起。"[71]这样的断然拒绝就是在场的包括克罗根在内的宾夕法尼亚交易者们最想听到的。为了巩固自己与印第安人的关系，宾夕法尼亚人筹备了价值 700 英镑的礼物分送给各个部落。

113　　　然而，河谷中的风向即将朝着对法国人有利的方向吹去。新法兰西的领袖们一直都在叫嚣着要毁掉皮卡维拉尼，他们将那里的英国交易者和被称为"老英国人"的部落首领都视为"〔在俄亥俄〕煽动叛乱的人，是要给我们带来不幸和灾难的人"。[72]领袖们的愿望最终变成了现实。1752 年 6 月，法国交易者夏尔 - 米歇尔·德·朗格拉德（Charles-Michel de Langlade）带领着由 250 名齐帕威人（Chippewa）和渥太华人组成的队伍将这个村子劫掠一空，甚至把部落首领"老英国人"身上的肉割下来烤着吃以庆祝胜利。[73]这样大胆的行动给英国人在这一地区的交易带来了毁灭性的打击，也让很多印第安人重新与法国人结盟去了。

在接下来的一年里，新法兰西的总督迪凯纳侯爵米歇尔 - 安热·迪凯纳·德·梅内维尔（Michel-Ange Duquesne de Menneville，marquis Duquesne）实施了一个旨在将剩下

第七章 再见，法国人

的英国交易者彻底赶走并让他们再也不敢妄想在俄亥俄河定居的计划。迪凯纳的队伍在半岛（Presqu'isle，今天的宾夕法尼亚州伊利）及阿勒格尼河（Allegheny River）的支流贝夫河［Rivière aux Boeuf，今天的弗伦奇克里克（French Creek）］上建立了堡垒。另外，法国人还占领并加固了位于韦南戈（Venango，今天宾夕法尼亚州的富兰克林）的一个不大的英国人交易点。迪凯纳还计划在俄亥俄河分叉口上再建造一个堡垒，阿勒格尼河与莫农加希拉河（Monongahela）就是在此汇聚成俄亥俄河的，这个名字在法语中的意思是"美丽的河"（la Belle Rivière）。在迪凯纳设想的所有堡垒中，最重要的一个就是计划建造在相当于今天匹茨堡附近的河流分岔口上的这个堡垒，它对于控制俄亥俄河谷及通往密西西比河上游的通道具有关键的战略意义。不过，迪凯纳的设想不知何时才能实现了。他的手下已经疲病交加，他们的物资储备也已经不足，不可能再继续保持进攻态势。[74]

迪凯纳在俄亥俄河上的这些激进的行动引发了英国人的强烈反弹。他们确信如果不马上阻止法国人的行动，整条俄亥俄河就可能被对方控制。当时有人给《宾夕法尼亚公报》（Pennsylvania Gazette）的编辑写信，书信的落款是"公共自由之友"，书信的内容是呼吁尽快采取措施："有些人正在践踏一切公正以侵入英国的定居点……如果任由他们在此定居并建立起堡垒，结果将不堪设想。这样的可能令我不寒而栗，我们会失去自由、遭受伤害和毁灭，我不忍继续说下去……一项年收益不低于40000英镑的产业（我指的是皮毛

交易）将被彻底阻断……如果你热爱你的国家就奋起反抗，

114　用你的行动证明你配得上享受你现在拥有的自由。"[75]英国本
土的政府注意到了这样的威胁，所以下令殖民地抵抗法国的
入侵，如有需要可以使用武力。[76]

　　弗吉尼亚殖民地总督罗伯特·丁威迪（Robert Dinwiddie）
响应了这个号召。弗吉尼亚一直以来都主张自己对俄亥俄河
享有权利，如今法国人给这种权利造成了威胁，所以愤怒的
丁威迪迫切地想要予以反击。不过，除此之外丁威迪还有一
个更私人的想要将法国人赶出这个河谷的原因。1749 年时，
国王乔治二世已经将俄亥俄河分叉口附近 50 万英亩的土地
授予了一批卓越的弗吉尼亚定居者，条件是后者在此定居并
建立堡垒进行防卫。组建俄亥俄公司的投资者们也都迫切地
想要开发这里的皮毛资源，他们认为皮毛交易将是维持这里
后续殖民定居活动的最佳途径，而丁威迪就是投资者之
一。[77]伦敦的交易和殖民委员会完全支持丁威迪的进攻立场，
如果他还需要额外的鼓励的话，那么俄亥俄公司的代理及皮
毛交易者威廉·特伦特（William Trent）写给他的书信就是
最好的补充。"所有印第安人都在看着你，"特伦特在 1753
年 8 月 11 日写道，"你现在有机会以最小的代价为国王陛下
保住这一整片地区，一旦错过了这个机会，英国人再想夺回
这片地区就必须付出巨大的代价，还得动用所有殖民地的力
量……［法国人］总是对印第安人说他们会将英国人赶到
阿勒格尼山脉的另一面。"[78]

　　特伦特其实还可以补充一点，印第安人不仅是听到法国
人这么说，他们还相信法国人真的可以实现这个目标。印第

第七章　再见，法国人

安人总是敬重强者，他们能够看出法国人在这一片地区中的势力正在上升。当时一位印第安人首领的观点就可以代表不少和他类似的部落首领。他们看到英国人正在被他们的欧洲宿敌羞辱："看看那些法国人，他们是真正的男人，他们在各地加强防御。惭愧地说，你们就像女人一样，没有任何防御工事作为保护。"[79]如果放任这样的势态延续下去，英国人在俄亥俄河上的计划必将全部落空。

总督为扭转局势而采取的第一招是给法国人写信，指出他们已经侵占了英国领土，警告他们马上离开。送信这件事是一项非常需要技巧的任务，总督最终选择了自己的得意门生乔治·华盛顿。时年21岁的华盛顿身高6英尺3英寸，是弗吉尼亚殖民地民兵组织里的一名少校，他身强力壮，满怀雄心壮志，但是还不具备任何实战经历或外交经验。[80]华盛顿与他的小队于1753年11月离开威廉斯堡（Williamsburg），12月初抵达法国人在韦南戈的堡垒。他到这里才得知，有资格接收自己要转交信件的法国指挥官此时身在上游的贝夫堡（Fort Le Boeuf）。华盛顿没有立即启程，而是接受了韦南戈堡垒中好客的军官们留他吃饭的邀请，这些人之中还包括容凯。华盛顿后来回忆说，席间人们可以畅饮葡萄酒，酒精"很快就让开始有些拘谨的［法国军官们］……放松了下来，他们什么都敢说，尽情地表达自己的想法。他们告诉我法国人明确计划占领俄亥俄河，而且他们很快就会采取行动，并且由G—带领；虽然他们知道英国人可以集结起超过他们一倍的军队人数，但是英国军队行动迟缓拖拉，无法阻挡法国人的任何行动"。[81]几天之后，华盛顿抵达了贝夫堡，将他的信件交到了法国人手中，并获得了对方的回复。丁威迪一定早就想到了会是这样的结果——一个礼貌但坚定的拒绝。

等不及要巩固弗吉尼亚殖民地和俄亥俄公司对于这个河谷的权利主张的丁威迪于1754年2月派出41人前往俄亥俄河分叉口修建堡垒，这些人之中不少都是木匠。另一支人数多得多的队伍将在华盛顿的带领下尽早出发，追上前一支队伍。如果法国人胆敢进攻在建的堡垒，他们就要负责防卫。然而，在华盛顿的队伍还未抵达目的地之前，灾难就已经发生了。4月17日，好几百条独木舟和几十条平底船载着1000名法国士兵和18门加农炮航行到河流分岔口。正在修建堡垒的弗吉尼亚工匠们无力进行任何抵抗，自然是很快就投降了。他们刚一离开，法国人就开始在同一个地方建造迪凯纳堡（Fort Duquesne）。

华盛顿收到法国人不费一兵一卒就获得胜利的消息时还在行军途中。他立即开始为即将进行的夺回分岔口的军事行动展开准备工作。他不仅派人清理了树林中的道路，还在大梅多斯（Great Meadows）搭建了一个营地。华盛顿还从印第安同盟者口中得知附近有30名法国士兵，他相信这支队伍就是被派来抓捕他的，于是他下令发动进攻。这场先发制人的战斗爆发于5月28日上午，持续时间不长，最终有1名弗吉尼亚士兵和14名法国士兵阵亡。这些法国士兵的确是来找英国人的，但并没有交战的准备。法国人的指挥官约瑟夫·库隆·德·维利耶·德·朱蒙维拉（Joseph Coulon de Villiers de Jumonville）是从迪凯纳堡出发的，他的任务只是给华盛顿送信，命令英国人离开河谷，否则就将面对法国人的强大军事力量——这与华盛顿在一年之前给法国人送去的书信内容如出一辙。[82]

5 月 28 日上午的交战成了美洲的法国印第安人战争的导火索，这场战争从 1754 年持续到 1763 年，后来又演变成了 1756 年至 1763 年在欧洲爆发的七年战争。关于这场战争的细节，其中的血腥杀戮和曲折起伏，本书不做赘述。重要的是战争的结果是英国战胜、法国战败。这两个国家长期以来在美洲上演的统治权之争也随之结束了。英国的领地此时覆盖了加拿大，向南包括除新奥尔良之外的密西西比河以东的所有土地。[83]很多法国人坦然地接受了失去北美洲的结果。1759 年法国国王路易十五的情人蓬帕杜尔夫人（Madame de Pompadour）就丝毫没有把整个魁北克陷落的消息放在心上："这没有什么大不了，加拿大唯一的用处就是给我提供皮毛。"[84]《巴黎条约》签订的当天，伏尔泰给一个朋友写信说："请允许我恭维您一句。我和大多数普通人一样认为获得和平比占据加拿大更重要。我想法国人没有魁北克也会很幸福。"[85]有些法国人可能会认为放弃控制美洲没什么不好，但胜利者无疑才是更加开心的一方。[86]一个多世纪以来，英国人一直在嫉妒新法兰西的皮毛交易，并垂涎于他们占据的皮毛资源丰富的地区。如今，这些土地都是英国人的了，那么剩下的问题就是，英国人要如何处置这些地方。

第八章
美国人赶走英国人

本杰明·富兰克林于1766年在英国下议院就《印花税法案》作证时曾竭尽全力地想要说明法国印第安人战争是一场英国人的战争，不是美洲殖民地定居者的战争。他最主要的论点之一就是皮毛交易在冲突中扮演的角色："就俄亥俄河来说，那里的竞争起源于你们在印第安人领地里交易的权利……[法国人]抓了[英国]交易者、没收他们的交易货物，也就是英国生产的产品；法国人还占领了[俄亥俄河分叉口的]堡垒，这个堡垒是由一个英国商人组建的公司[俄亥俄公司]……建造的，为的也是保障英国人的交易安全。"富兰克林声明是英国人决定派遣士兵前去夺回堡垒，殖民地的人马都是在英国军队被打败之后才被迫卷入战局的。"与印第安人进行交易虽然是在美洲进行的，"富兰克林总结道，"但那并不是为了让美洲殖民地定居者……[而是]为了让英国人受益而进行的；交易中使用的是英国产品，从中获利的都是英国商人和英国制造业者。因此这场战争是为保卫皇室领地（不属于美洲定居者的财产）及一项纯粹由英国人进行的交易而进行的，它完全是一场英国人的战争。"[1]

富兰克林说皮毛交易是由英国制造业支持的英国人的利益是没错的，但是他宣称美洲定居者没有从这项事业中获利就错了，这样的误判显然并不符合他一贯的精明睿智。他不承认美洲殖民地定居者其实像英国人一样迫切地想要赶走法国人，然后投入到皮毛交易中的观点（至少可以说）是口不对心的。宾夕法尼亚和弗吉尼亚的皮毛交易者们从 18 世纪 40 年代就大批涌入俄亥俄河谷，他们可不是什么英国商人的代理，而是想靠皮毛赚钱的美洲殖民地定居者。类似的，俄亥俄公司毫无疑问也是美洲定居者的关切之一，公司在殖民地的投资者们像关心如何填满自己的荷包一样在意如何维持英国皮毛交易的活跃。因此，当战争结束后，许多美洲定居者也毫不意外地为法国人被赶出美洲而欢呼雀跃，期盼着将皮毛交易扩展到这些新被征服的地方。不过，虽然规模确实有所扩大，但美洲定居者的皮毛交易在整个 18 世纪 70 年代中期一直停留在杂乱无序、相对无足轻重的状况中。即便如此，皮毛交易仍然是让英国人在美洲愈发受到憎恶的核心因素之一，这样的情绪最终导致了美国大革命的爆发。

美洲定居者的皮毛交易难以扩大规模的第一个障碍是印第安人在五大湖区发动的起义，法国人称那里为"北部地区"（*pays d'en haut*）。虽然 1763 年 2 月 10 日英法双方签订《巴黎条约》才标志着法国印第安人战争正式结束，但是北美洲的战事在 1760 年 9 月初蒙特利尔陷落之后就基本平息了。几天之后，罗伯特·罗杰斯少校（Maj. Robert Rogers）带领一支武装队伍向西行进前去接管法国的堡垒。沿途有许多印第安人迫切地想要与英国人重新建立起和平的关系，复兴皮毛交易，好让在战争期间被切断的货物供应重新丰富起来。对于印第安人的热情和渴望，罗杰斯自然是回以同样的善意，还承诺过不了多久，"来自伟大国王的礼物——朗姆酒将源源不断地从各条大河上送到这里，此外还有品种丰富、数量充足、价格低廉的货物"。[2] 然而，罗杰斯的承诺没有任何效力，因为负责管理英国新领地的上将杰弗里·阿默斯特爵士（Gen. Sir Jeffrey Amherst）心中另有打算。后者不认为印第安人是与自己平等的交易伙伴，而是把他们看作需要被管束的野蛮人。如今法国人被击败，阿默斯特确信印第安人除了与英国人交易别无选择，所以他表现得高高在上。因为他不仅是占了优势的交易者，更是唯一的交易者。阿默斯特对待印第安人没有一点礼貌和尊重；反而单方面规定皮毛交易的条件，这些条件还非常苛刻。他还废除了长久以来的向印第安人赠送礼物的传统，说那相当于"花钱购买顺从"，但是他"不认为自己有必要用礼物贿赂印第安人，因为不服管的人都会受到惩罚"。[3] 他相信"[印第安人]得到的越多……要求就越多，他们永远不会感到满足"。除这些以外，他还确信，不向印第安人赠送礼物，印第安人就会更加努力地去搜集皮毛，好有足够的货物换取他们需要的英国商品。让他们忙碌是避免他们给"国王陛下的利益"找麻烦的好办法。为了限制印第安人策划任何军事行动的能力，阿默斯特出于殖民者的主观臆断，几乎彻底禁止了向印第安人供应弹药。他辩称"没有什么比向他们提供可以用来实现我们最不愿见到的恶行的工具更不明智的行动了"。

不过，这样一来，它实际上也剥夺了印第安人最主要的捕猎和获取食物的工具。[4]最后，阿默斯特还禁止了销售烈酒。

这些政策令印第安人怒火中烧，同样令他们感到气愤的还有大批抵达美洲的殖民地定居者和在边界驻军的英国士兵。看着自己的交易地位越来越下滑，自己的土地也被占领这里的军队一点点蚕食殆尽，印第安人提出了强烈的抗议。他们抱怨说被英国人击败的是法国人，而不是印第安人。所以英国人无权占有他们的土地，更不用说如此无礼地对待他们。[5]

时至此时，印第安人还没有对英国人展开敌对行动的唯一原因就是缺少一位领袖，但是这个人很快就出现了。有一位生活在底特律附近的渥太华人的领袖名叫庞蒂亚克（Pontiac）。如许多曾经与法国人结盟的印第安人一样，庞蒂亚克为英国人获得最终的胜利感到震惊，他认为出现这种结果唯一的理由只能是在法国的那位"伟大的父亲"——法国国王"睡着了"。所以，当在这片地区中游走的法国人鼓动印第安人向英国人发动袭击时，他们告诉庞蒂亚克法国国王已经醒了，还说他会帮助印第安人赶走那些"穿着红衣服的狗"。[6]这样的说法让庞蒂亚克受到了鼓舞，同时他还深信一位名叫内奥林（Neolin，英国人称其为"特拉华先知"）的印第安人宣讲的理论，后者认为印第安人必须斩断与白人的所有联系，才能复兴他们以往的生活方式，夺回他们捕猎的场所，最终实现精神上的救赎并进入天堂。[7]

为英国人对待自己的方式而感到愤怒，并且相信法国人会协助自己的事业，再加上内奥林的号召，庞蒂亚克说服了

120

自己的部落及临近的伯塔瓦托米人（Potawatomi）和怀安多特人（Wyandot）一起于 1763 年 5 月向底特律堡的英国人发动了进攻。[8]虽然这次进攻并不成功，但是为后来的印第安人全民起义拉开了序幕。虽然法国国王根本没有从他漫长的沉睡中苏醒过来帮助自己的"孩子"赶走"穿着红衣服的狗"，但印第安人还是很快就打败了五大湖区的大部分英国人，只剩三个英国堡垒没有夺下来。在这一过程中被杀死的英国士兵超过 500 名，此外还有至少 2000 名殖民地定居者丧命。[9]

英国人起初对此局面的应对略显迟缓，但后来则变得极为强势。大部分起义的印第安人都被击退了，只有少数几个地方仍是印第安人获胜。不过最终，英国人并不是依靠战斗，而是靠协商及政策上的调整终结了这场庞蒂亚克起义。1763 年 10 月 7 日，国王颁发公告，实际上授予了印第安人大部分他们想要获得东西。英国殖民地定居者不得在五大湖区周围及阿巴拉契亚山脉和密西西比河之间定居，"所有已经有意或无意地进入这些地区……的人"还被下令"放弃这些土地上的定居点，迁移到别处去"。[10]一年之后，英国又解除了向印第安人赠送礼物、销售烈酒和弹药的禁令，这无疑让印第安人更加欢欣鼓舞。[11]

印第安人对 1763 年公告表示欢迎，在美洲的定居者们却为此感到震惊和沮丧。他们加入法国印第安人战争就是为了将法国人赶走，然后翻过阿巴拉契亚山脉，在那片他们认定理应属于自己的土地上定居。如今法国人战败，美洲定居者想要兑现自己的收益，却又被这份公告禁止了。在美洲的

第八章　美国人赶走英国人

定居者们这才后知后觉地意识到这个残酷的，但一点儿也不令人意外的反转。英国人只是和法国人互换了位置，他们将继续扮演阻碍定居者向西扩张的角色，由此可见英国人根本不打算放弃他们对殖民地的统治权。难怪美洲定居者们忍不住捶胸自问，如果结果只是用一个新障碍取代一个旧障碍，那么他们付出鲜血和生命的斗争究竟有什么意义？

在英国本土的政府则不是这样看待整件事的，这一点从希尔斯伯勒勋爵（Lord Hillsborough）的报告中就能看出。希尔斯伯勒是交易和殖民委员会的委员之一，他告诉其他委员公告的主要目的有两个。第一是将美洲的殖民地定居点控制在海岸附近地区，这样他们就会一直服从并依赖于宗主国，也就更容易被管控。第二是确保印第安人不受骚扰，这样才能最大限度地实现皮毛交易的利益。如希尔斯伯勒勋爵的观察，"皮毛交易能否扩大完全取决于印第安人能否不受打搅地占有他们的捕猎场；所有殖民活动的本质属性决定了它必将给这项事业带来损害的结果……我们应当让野蛮人安稳地享有他们的蛮荒之地……如果他们被赶出了森林，皮毛交易也会衰落"。[12]公告的目标与当时商人们的理论是一致的，后者也假定殖民地的存在就应当是为宗主国的利益而服务的，但这些理由显然无法说服美洲的定居者们接受公告的条款。实际上，1763年公告对于他们来说只是证明了英国人对待他们有多么不公，以及在伦敦的帝国政客们对于美洲定居者的需求、渴望和权利有多么漠视的又一个证据。在接下来几年里，英国人还会在殖民地管理问题上采取更多漫不经心、不计后果的措施，包括《印花税法案》、《蔗糖法案》

和《唐森德税法》等，这些法案和 1763 年公告加在一起，最终点燃了革命的熊熊烈焰。

公告除了让美洲殖民地定居者心绪烦乱之外，并没能起到其他实际作用。虽然英国人为执行定居禁令做出了各种努力，但他们还是无法阻挡对土地充满渴望的殖民地定居者向西扩张的大潮，只能任由他们横扫而过。[13] 至于那些在美洲的皮毛交易者们，他们对公告的看法与普通的殖民地定居者略有不同。公告并没有限制他们的活动，因为公告的目标之一就是建立一个欢迎交易者前往的皮毛交易专区。所以对于交易者而言，公告是一个机会而非阻碍。印第安人在 18 世纪 60 年代初的起义活动已经结束。在庞蒂亚克起义最高潮的时候，这一地区的皮毛交易出现了极大的萎缩，但如今看来，美洲皮毛交易者的运势即将大大地转好了。

虽然人们的期望值很高，但皮毛交易并没有迅速反弹。有一部分原因是监管上出了问题。无论是各个殖民地还是英国政府都没能制定出一套行之有效、运行流畅的边界交易管理方针。没有总体的管控，交易就会出现混乱，所有人都能参与，无论是交易者之间还是交易者对待印第安人时都出现了欺诈和不公。另一部分原因是皮毛交易作为经济增长引擎的作用在逐渐消退。在法国印第安人战争期间，殖民地的皮毛交易几乎完全中止。战争结束之后，殖民地的经济开始慢慢复苏，然而此时，皮毛交易已经不复往日作为主导产业的荣光。举例来说，战争之前，皮毛货物占纽约省船运货物总价值的 20% 左右，战争结束后，这个比例下降到了不足 5%。美洲定居者们已经有越来越多其他的投资选择，他们可以把时间和金钱用在皮毛交易以外的其他事情上。[14]最后一个阻碍美洲皮毛交易者获得成功的原因是竞争的存在。另有两个主要群体也想在向西扩展的交易中获利——群体之一是从法国人手中接管了加拿大的英国人；群体之二是仍然在西班牙控制的路易斯安那领地之外进行皮毛交易的法国人。

　　加拿大被英国人夺走后，一大批来自苏格兰高地和英国其他地方的移民到蒙特利尔定居，很快就接管了曾经被法国人控制的兴旺的皮毛交易。这些新来的蒙特利尔交易者们被对他们充满嫉妒的哈得孙湾公司的雇员们嘲笑地称为"小商贩"，他们已经意识到自己的成功完全取决于能否雇到最了解皮毛交易进行方式的皮毛交易者，所以他们立即雇用了大批在加拿大变换国籍之后还愿意留在这里的自由交易者和船夫。有了这些专业人士的协助，蒙特利尔交易者联合组建了西北公司，使用法国人留下的在西部和北部的皮毛交易点作为跳板，进一步深入到由五大湖、密西西比河及俄亥俄河围成的区域中进行皮毛交易。这片区域如今被历史学家们称为"老西北地区"。[15]"没过多久，几代人曾经习以为常的大批皮毛沿着圣劳伦斯河被运往海外的景象就又出现了，只不过运输的目的地从巴黎变成了伦敦和格拉斯哥的仓库。"[16]

　　与此同时，法国皮毛交易者在密西西比河以西的皮毛交易也获得了巨大的成功。密西西比河与密苏里河交汇处下游不远的地方，有一个位于密西西比河西岸的名叫圣路易斯的镇子，那里的皮毛交易尤其兴旺。圣路易斯的历史渊源有一些复杂。1763 年 2 月 10 日英法两国签订《巴黎条约》时，

123　新奥尔良和路易斯安那似乎还被攥在法国人手里，然而表象有时是具有欺骗性的。早在 1762 年，法国就秘密地和西班牙签署了《枫丹白露条约》（Treaty of Fontainebleau），其中的一部分内容就是将这片地区割让给西班牙，以感谢对方在战争期间对法国的支持，同时也是为了防止这里落入英国人的控制之中。不过，这次秘密的易主直到 1764 年 10 月才被公之于众，无论是路易斯安那的法国官员，还是整个世界在此前都毫不知情。因此，法国人皮埃尔·拉克利德（Pierre Laclède）于 1764 年 2 月 15 日在圣路易斯建立皮毛交易点时，仍然以为这里是法国领地。鉴于 18 世纪信息传递速度之缓慢，直到 1764 年 12 月，当拉克利德和他的法国定居者同胞们得知圣路易斯其实是一个西班牙城镇，镇上居民也都成了西班牙子民之时，他们的震惊可想而知。即便如此，拉克利德和其他定居者还是决定留在此地继续发展，他们很快就将皮毛交易发展到了密苏里河上游、密西西比河以东及老西北地区，在最初几年里就实现了每年最多 50 万美元的收入。[17]

　　从 18 世纪 60 年代晚期到 70 年代初期，来自蒙特利尔和圣路易斯的皮毛交易者们为获得皮毛资源进行了激烈的竞争。在这一过程中，他们把绝大部分的皮毛交易都吸引到了阿巴拉契亚山脉以西和密西西比河以东，而美洲殖民地定居者们则几乎没有什么生意可做。后来美洲皮毛交易者的处境变得更加艰难了，因为英国向殖民地强行征收新税，愤怒的殖民地商人们决定联合起来停止进口英国货物，直到这些税目被取消为止。鉴于英国货物对于皮毛交易的重要性，无货可换直接影响了印第安人与美洲殖民地定居者进行交易的意愿。[18]所以到美国大革命前夕，美洲殖民地的皮毛交易已经陷入了十分可怜的境地，这一点儿也不让人意外。

　　1774 年，英国议会通过了《魁北克法案》，令情况进一步恶化。法案的内容之一是将俄亥俄河以北、密西西比河以西的所有地区——基本上就是整个老西北地区——划归魁北克总督的管辖之下，总督有权管理该区域内的皮毛交易活动。加拿大人无疑是欢欣鼓舞的，实际上他们还曾经为确保这个法案的通过而到议会进行游说；相反，殖民地定居者们对此则怒不可遏，他们的怒火甚至都不主要源于法案可能给皮毛交易带来的潜在影响，最让他们不满的其实是议会此举实质上废除了殖民地定居者们对于这里涉及的西部土地的权利，而这些权利在弗吉尼亚、康涅狄格和马萨诸塞湾殖民地获得的最初特许授权中就已经被授予当地的定居者了。[19]这个法案简直就是 1763 年公告的翻版。最终正是《魁北克法案》及其他一系列专横无理、带有惩罚性质的英国法律、决议、税制和公告迫使美洲殖民地定居者们拿起武器为自己的权利和独立而战。《魁北克法案》颁布之后不到一年，"震惊世界的革命第一枪"就在马萨诸塞的莱克星顿郊外打响。美国大革命正式爆发。

　　美洲定居者的皮毛交易在美国大革命前夕就已经濒于消亡，在战争期间更是彻底崩盘了。虽然美国领导人迫切地想要利用皮毛交易来与印第安人建立一种新的联盟关系，但是他们并没能成功，因为他们没法获得用于交换的货物。独立

124

之后的美国皮毛交易者依然无所作为也是出于同样的原因。相反，英国的皮毛交易者在战争期间也能够跟之前一样进行交易，每年收入差不多 20 万英镑。蒙特利尔、魁北克的交易者和哈得孙湾皮毛公司能够不受任何限制地从英国获得货物，而且他们仍然控制着密西西比河以东主要的交易点，还能够从加拿大、五大湖区及其他地方收购皮毛。[20]

当傲慢的英国首相诺斯勋爵（Lord North）得到查尔斯·康沃利斯侯爵于 1781 年 10 月 19 日在约克敦向乔治·华盛顿投降的消息之后，他不禁悲叹："上帝啊，一切都完了！"[21]事实也是如此。投降实质上终结了战争，推动了接下来的和平谈判，最终双方于 1783 年 9 月 3 日签订了《巴黎条约》。这个条约的序言勾画出了战争结束后殖民帝国与新生国家将亲善友好地修复二者之间关系的美好画面。英国和美国一致同意"将过去的误解和分歧抛在脑后……在互惠互利的基础上，建立一个对于两个国家都有益处，令双方都感到满意的相处方式，以促进和确保长久的安宁与和谐"。[22]

起码从字面上看，条约对正处于挣扎求生状态下的美国皮毛交易是有利的。条约基本上划定了延续至今的加拿大和美国之间的国界，即从缅因州北部边界直至位于今天的明尼苏达州、安大略省和曼尼托巴省交界处的伍兹湖（Lake of the Woods）。从这里向南的边境线是沿着密西西比河东岸一路延伸至墨西哥湾。美国人由此控制了五大湖区以南皮毛资源丰富的地区，无论是最初的法国还是后来的英国原本都是想要独占这片地方的。条约还许可美国人和英国人不受任何限制地进入密西西比河，由此确保两个国家都可以使用这条

第八章　美国人赶走英国人

对于皮毛交易来说至关重要的交通主干道。最后，英国人还同意"以适宜的速度"尽快撤出所有坐落在此时的美国领地内的军事据点和皮毛交易点。这个举动应该可以使美国的皮毛交易者有机会填补英国人留下的空缺，并逐渐成为向欧洲输出皮毛这项产业中的关键参与者了。唯一能让美国皮毛交易发展得比这还好的办法是如本杰明·富兰克林在条约谈判初期所要求的那样，让英国将整个加拿大都割让给美国。[23]

虽然美国谈判队伍并没有将复兴皮毛交易当作谈判工作中的主要目标之一，但他们对于这样的结果还是感到满意的。[24]饱受批评的约翰·亚当斯在给自己的妻子阿比盖尔（Abigail）的书信中写道："我一生中从来没经历过过去三年来我所经历的这样严重的焦虑，它让我辗转难眠、黑发转白……没有人知道其中的苦楚，也没有人关心。但是我希望等我到天堂之后，我所做的一切都会有所回报。"亚当斯开玩笑地说如果自己留在家中，而不是前去参与条约谈判，那么他的"生活运势"也许会轻松得多，不过紧接着一句话他就写到他认为如果自己选了另一条路，美国的利益将因此受损。"那样的话，也许我们的鳕鱼、河狸皮毛、鹿皮和松树就都要落入别人手里了吧。凭良心说，我就是这么认为的。"[25]

美国人对于和平条约的内容表示满意，但加拿大的皮毛交易者及他们在伦敦的支持者们显然没有同感。整个谈判过程中，这些人一直在进行强烈的抗议，认为英国政府把太多出产皮毛的宝贵区域都给了美国人。上加拿大殖民地的副总督约翰·格雷夫斯·西姆科（John Graves Simcoe）讽刺这是在"用美洲诱惑条约谈判者做出了不必要的让步，将本地区最宝贵的交易行业拱手相让"。[26]真正让很多英国观察家感到恼怒的其实是看到自己的政府，尤其是英国首相谢尔本勋爵（Lord Shelburne）被美国人玩弄于股掌之间。一位下议院的议员犀利地形容谢尔本"觉得让美国赤裸裸地获得独立还不够证明自己的慷慨大方……所以还得给他们送上我们的皮毛交易做衣物保暖"。[27]

　　谢尔本反驳说自己之所以这样决定边界的划分主要就是基于经济利益考虑的：首先，利润最丰厚的皮毛交易区域是在这条界线以北，仍由英国人控制；其次，要维持占有界线以南的地区开销巨大，根本不是在那里进行皮毛交易的所得能够承担的。此外，谢尔本还有另一个目的。他想用和平条约作为与美国修好的手段，因此要像对待"兄弟"一样对待美国人。实现这个目标最好的办法就是在边界问题上表现慷慨，让美国人分享一部分皮毛交易的好处。[28]在边界上做出一点牺牲是与一个新建立的国家维持和平关系而必须付出的代价，更何况这个新兴国家还很有可能成为英国商品在战后最重要的市场。

　　谢尔本的辩解并没有说服他的诋毁者们。对于他传说中的这次贱卖行为最辛辣的反驳来自卡莱尔伯爵（Earl of Carlisle）。"你最好把整个加拿大都割让出去，留着蒙特利尔和魁北克这两个交易点摆摆样子有什么用（没有了内陆的皮毛资源，这里就只是两个普通的港口），不还是照样需要耗费国家大笔的开销进行维护吗？"卡莱尔伯爵指出的另

126

一个问题是："英国实际上已经失去了整个加拿大，还失去了阿勒格尼山脉与密西西比河之间的整片区域。所有的堡垒、定居点、运输通道、城镇和沿湖而居的居民都没了。所有的皮毛和皮毛交易也随之消失了。"[29]

　　然而，这些东西并不是真的"消失了"。言辞毕竟不完全等同于行动，人们很快就发现，英国向美国做出的那些让步在实践中并不如看起来那么大方。英国人最终耗了 13 年之久才从边境以南的各个堡垒和交易点中完全撤离——这才是他们所谓"以适宜的速度"的真正含义吧。在那之前，美国人几乎是完全被挡在皮毛交易之外的，而英国的交易者们则继续从中收获丰厚的利益。英国人给出的官方理由是美国人没有按照条约规定的那样尊重反对独立的亲英派人士，也没有偿还拖欠英国国民的债务。这些指责肯定是有一些依据的，也可以部分解释英国人拒绝退出老西北地区的原因。[30]不过英国人采取这样的行动更重要的原因当然还是他们不想失去这里宝贵的皮毛交易或抛弃在这片区域里生活的印第安人。这些印第安人曾在战争期间英勇地为英国而战，而作为回报，他们理应得到某种程度上的尊重和忠诚。更何况，如果英国人继续与这些印第安人保持盟友关系，一旦英国与美国之间再度爆发战争，他们还可以指望这些印第安人依然选择与英国人站在同一战线。

　　结果就是，英国人的政策发生了迅速的改变。在 1783 年谢尔本之后的新一届英国政府决定要维护自己在加拿大的经济根基和印第安人盟友，这样的需求比通过将交易点送给 127

美国人来缓和两国之间的关系更重要。[31]1786 年 5 月，乔治·华盛顿将军给他最信任的老朋友和并肩作战的革命家拉斐特侯爵（Marquis de Lafayette）写信时提到他为英国的两面派行径感到担忧。"英国人仍然占据着我们在西部的那些交易点"，而且他们完全没有放弃这些地方的打算。"我现在已经看清了，他们在签订条约时就是这么计划的……我毫不怀疑他们还在尽全力秘密鼓动印第安人造反，好让那几个州继续充满变数，以此来延缓我们向西扩张定居的脚步，让我们无法获得那片地区里的皮毛交易的利益。"[32]

华盛顿完全有理由为此而不安，他的怒火也是这个新兴国家人民感受的缩影。英国人完全无视美国人多次要求他们撤出交易点的要求。[33]从 18 世纪 80 年代中期至 90 年代早期，美国的外交官员一直在强烈抗议英国的举动。其中一个最好的例子就是 1791 年时，美国国务卿托马斯·杰斐逊给英国驻美国公使乔治·哈蒙德（George Hammond）写了一封言辞激烈的书信切实表达了美国的关切。鉴于英国没能从密歇根湖上的米歇利麦基诺堡（Forts Michilimackinac）、伊利湖和休伦湖之间的底特律、伊利湖上的伊利、安大略湖上的尼亚加拉和奥斯威戈、圣劳伦斯的奥斯威加奇（Oswegatchie）、尚普兰湖上的奥福角（Point au fer）和荷兰人角这些堡垒中撤走，杰斐逊认为英国军队控制了这一整片地区和其中的居民，同时还限制了美国公民的行动。造成美国人"被完全阻挡在与北方印第安人的交易之外，这项交易对于美国来说非常重要，因为它不仅要获得交易本身固有的利益，更需要借此机会与印第安人建立和平"。[34]

第八章　美国人赶走英国人

杰斐逊的信件没有得到令人满意的回应，但没过多久，事态就发生了转变。虽然美国人才刚刚熬过一场战争，根本无力再发动另一场，但是与英国之间爆发新冲突的说法已经成了举国上下都在谈论的话题。英国霸占着老西北地区的交易点拒不撤离的行为，再加上英国实行的批准海军拦截美国船只、强征美国水手为其效力的政策及其他一些问题已经令美国人怒气冲天，很多人都认为再次开战是不可避免的结局。然而，美国第一任总统乔治·华盛顿却不同意这种看法。他没有向英国宣战，而是派遣最高法院大法官约翰·杰伊（John Jay）前往伦敦寻求通过协商解决两国之间分歧的机会。双方商定的《杰伊条约》于 1795 年获得了美国政府的批准，美国虽然成功避免了战争，但是也付出了一些代价。约翰·杰伊在条约几乎所有主要条款上都向英国做出了让步，只有一点例外。[35] 根据条约第二项，英国最晚要在1796 年 6 月 1 日之前将老西北地区所有交易点归还给美国，这一次英国人遵守了诺言。[36]

英国同意在交易点的问题上屈服也是出于一些实际的考量。起初，英国人是将老西北地区的印第安人看成某种保障措施。他们认为以这些部落的实力一定能够有效地防止美国人入侵这片区域，由此可以在英国人占据的交易点之外形成一片保护性的缓冲区。[37] 这种政策确实发挥过一段时间的效果，然而到了 1787 年，美国国会通过了《西北法令》（Northwest Ordinance），将老西北地区转变为西北领地，大批美国人开始前往该地区定居，于是英国人的保险策略在与美国人邻近的边界地方逐渐不那么好使了。美国人的迁入激怒了很多印第安人，他们从来没有授权任何人割让属于他们的土地。他们的怒火愈烧愈烈，于是很快就重新展开了攻击美国定居者的行动。美国随即派出军队保护自己的定居者，他们要让印第安人明白西北领地如今都是属于美国的。

起初，印第安人可以很轻松地打败训练不足、运气不佳的美国军队，而且每一次胜利都会让印第安人信心倍增，继而向定居者发动更多攻击。可是，到 1794 年夏天，力量对比的天平开始向美国人倾斜了。印第安人此时要面对的对手是美国大革命中的战争英雄——"疯狂的"安东尼·韦恩上将（Gen. "Mad" Anthony Wayne）。他原本已经退休，此次是被华盛顿专门请来解决印第安人问题的。虽然头顶着行事鲁莽的名声，但是韦恩上将这一次决定不盲目开战。他花了一年多的时间召集了三千多名士兵，让他们在匹茨堡和辛辛那提附近的训练营里接受训练，为最终的决战做好准备。这一天真的来了，在相当于今天托莱多（Toledo）附近爆发的"伐木之战"（Battle of Fallen Timbers，也称"鹿寨战役"）中，韦恩带领着训练有素的队伍彻底击溃了特拉华人、肖尼人和迈阿密人的联盟。[38]

如历史学家詹姆斯·A. 汉森注意到的那样，这场战役"被证明是新合众国发展道路上一个重要的分水岭。英国人本来指望印第安人能够保护他们的利益，结果却尴尬地目睹了美国人如何轻而易举地粉碎了装备精良的各个部落"。这次近乎耻辱的失败，再加上法国大革命的爆发迫使英国进入备战状态，最终让英国人决定牺牲自己在老西北地区这点儿相对较小的利益，以避免与美国再次开战。更何况，就算让

美国人控制这些交易点，英国人还是可以通过美国人收购来
的皮毛而获益，美国人如果想把他们的皮毛卖出去，无论如
何都要先经过伦敦，因为那里才是世界上最主要的皮毛原料
和皮毛成衣的集散中心。[39]

　　英国人愿意放弃这些交易点并心甘情愿地将它们交到美
国人手中，其背后还有一个更见不得人的原因：那就是他们
觉得自己其实并没有交出任何东西。根据《杰伊条约》中
第三条的规定，英国人和美国人拥有同等的跨境进行皮毛交
易的权利，英国人坚信通过行使这项权利，自己完全可以继
续统治五大湖区和老西北地区的皮毛交易。毕竟，英国人有
更充足的货物进行交易，他们与当地印第安人的关系也更
紧密。[40]

　　英国军队撤离交易点与美国政府加强对皮毛交易的管控
几乎是同时发生的。华盛顿在 1789 年当选总统后就迫切地
想要终结印第安人在西部边界地区造成的范围极广的动荡不
安。他相信能够实现这个目标的办法之一就是为传统的皮毛
交易提供一种全新的替代模式，因为他认为传统的皮毛交易
正是造成动荡局面的原因之一。在华盛顿眼中，同时也在很
多美国人眼中，无论是国内还是国际皮毛交易的实质都是一
群无赖在欺诈和虐待印第安人——低价购买他们的货物，不
断供应他们烈酒。为了消除这些邪恶行径所带来的毁灭性影
响，其办法就是应由政府出面监管皮毛交易，用他的话来说
就是"以促进印第安人的福祉为目的，与他们建立亲密的
关系，让他们牢牢地依附于美国"。[41]为此，华盛顿在 1793

年敦促国会建立政府经营的交易点，"不采用欺诈和胁迫手段，保障充足的交换货物，随时收购印第安人的资源，明示交换标准，确定提供什么样的资源能够换回什么样的货物"，这样就能够实现"与野蛮人的永久和平"。[42] 华盛顿宣称，因为政府并不需要以此营利，所以就可以向印第安人提供比其他交易者更优厚的交换条件，也就比其他交易者更具有竞争力，那些人正是新的政府交易点的主要竞争对手。政府还禁止自己的交易点用烈酒交换皮毛，这样就可以避免印第安人遭受饮用烈酒带来的破坏性后果。国会最终于1795年接受了华盛顿的观点，建立了一个名为与印第安人交易办公室的部门，负责建立交易点的工作。这样的交易点也被称为"工厂"，印第安人可以在这些工厂里进行公平合理的交易。[43] 根据汉森的观点，考虑到与印第安人交易办公室秉持的人道主义关怀，"这也许可以被看作美国历史上最早的联邦社会福利立法的例子"。[44]

从美国大革命结束到《杰伊条约》得以实施的这个时期，美国皮毛交易始终处于低谷。因为得不到老西北地区的皮毛供应，美国人只能依靠13个殖民地范围内产出的皮毛，而这个地区在经过了150年激烈的捕杀之后，带皮毛动物的数量已经大幅减少。就算美国人收集到了足够的皮毛，他们还是要为货物的销路发愁。因为在贫穷的美洲殖民地上，皮毛并不是生活必需品，而战后的伦敦市场则根本不欢迎美国人。即便是在英国遵照《杰伊条约》将所有老西北地区的交易点正式归还美国，英国对于进口美国货物的限制也放松了之后，美国的皮毛交易仍然停留在一个相对无关紧要的水平上，这种状态一直持续到 19 世纪初。出现这种情况的原因包括美国皮毛交易者的数量很少，英国交易者仍然在美国领土上占据主导地位，欧洲皮毛市场萎缩，以及与印第安人交易办公室的作用有限。这个部门在成立之后的七年里总共才建立起两个工厂（交易点）。[45]然而，即便在这段艰难的时光里，美洲还是有一个地方的皮毛交易格外兴旺。这个地方就是西北海岸沿线，长着顺滑皮毛的海獭正在太平洋蓝绿色的咸水中游得欢畅。

第三部分

美国西进运动

18 世纪晚期的美国人对于他们西边广大区域的了解还
很模糊。在当时的地图上，跨过密西西比河之后的内容越来
越简略，大片的空白越来越多。在接下来的一个世纪里，美
国的领土会一直延伸到太平洋岸边，成为一个大陆国家，地
图上的那些空白最终也会被渐渐填满。皮毛交易在西进运动
的过程中扮演了重要的角色。美国人首次到西部去就是为了
获得海獭的皮毛，不过他们并非从陆上前往，而是走的海
路。最先推动这种尝试的人是詹姆斯·库克船长（Capt.
James Cook），这位沉默寡言的约克郡人后来成了世界上最
勇敢无畏的探险家之一。

在美国大革命以前，库克最大的梦想是前往没有任何西
方人到达过的地方。此时的他已经完成了两次足够惊人的航
海壮举，都是在南半球进行的环球航行。[1]1768 年至 1771 年作
为"奋进号"（*Endeavour*）指挥官期间，库克最主要的任务
之一是寻找"未知的南方大陆"（*terra australis incognita*），
据说那是一片郁郁葱葱、资源丰富的大陆，位于地球的底
部。虽然库克最终没有发现这片广大的陆地，但他已经成

了第一个为整个新西兰沿岸水域绘制海图的欧洲人，也是第一个抵达澳大利亚东南部的欧洲人，在这一过程中，他命名了植物学湾（Botany Bay），还与当地的原住民进行了接触。[2]

库克的第二次航行是 1772 年至 1775 年带领"决心号"（Resolution）和"探险号"（Adventure）出海，这一次他仍然没有找到传说中的南方大陆。但是在寻找这片虚幻的陆地的过程中，库克已经驾驶"决心号"航行到了距离南极洲仅 75 英里的地方，成了第一个跨越南极圈的欧洲人。在南纬 71°以北的地方直面冰冷刺骨的寒风和满是浮冰的水面时，库克大胆地当然也是错误地预测，因为"在这片未知的冰雪海洋里寻找海岸的风险太大了……所以不可能有人比我航行得更远了；而那片位于更靠南地方的大陆恐怕永远不会有人去探索了"。库克还断言，就算有人能找到所谓的"未知的南方大陆"，那里也一定是"一片自然条件恶劣，永远感受不到阳光的温暖，常年被无尽的冰雪覆盖的荒凉之地"[3]。

对于美国的皮毛交易历史具有突出贡献的是库克的第三次航行。1776 年 7 月 12 日，库克带领着"决心号"和"发现号"上的 191 名水手从英国出发，追随着无数先驱的脚步，重新踏上了寻找前往东方的西北航线的旅程。议会承诺最先找到这一航线的船只可以获得 20000 英镑奖励，这件事无疑是促使库克出海的重要动力。[4]但是库克并没有沿着北美洲的大西洋一侧搜寻，因为早期的失败案例都是选择的这条路线；库克的计划是先航行到北太平洋，希望自己能够在那里找到传说中的水路，并沿着这些水路穿过（或绕过）北美洲，最终进入哈得孙湾。

在 1778 年 1 月中，也就是经过大概 18 个月的航行之后，库克和他的手下成了第一批到访夏威夷群岛的欧洲人，他将这里命名为桑威奇群岛，以纪念桑威奇伯爵（Earl Sandwich）。后者是英国第一位海军大臣，也是库克最坚定的支持者之一。停靠到考爱岛（Kauai）的船只令夏威夷人目瞪口呆。"在我经历的这些航行中，"库克写道，"我从没见过像这里的原住民登上我的船只时一样惊讶的人。他们从头到尾睁大眼睛，生怕少看一眼；他们的表情和肢体动作非常激烈，充分显露出他们此前对于自己看到的这一切绝对是毫不知晓的。"夏威夷人热情好客，他们对待库克的态度尤其充满敬仰，起码是把他当作什么伟大的首领看待，甚至可能将他奉作了神明。无论他走到哪儿，夏威夷人都会向这位陌生而奇妙的来客匍匐拜倒以示敬意。到了 2 月初，在给自己的船只补充了丰富充足的食物和淡水之后，"决心号"和"发现号"重新启程了。[5]

一个多月之后，库克看到了今天俄勒冈州的海岸线，他继续向北航行，于 3 月底在温哥华岛西岸的努特卡海峡（Nootka Sound）抛锚。库克说，几乎是立刻就有"大量满载着原住民的独木舟"将他的船团团围住，"双方随即开始进行交易"。他们愿意用熊、浣熊、海獭和其他动物的皮毛交换各种各样的东西，包括小刀、纽扣和钉子。库克的水手们纷纷抢购皮毛，好做成衣物来替换他们身上穿的那些。经过快两年的海上航行，原本的衣物早已破旧不堪。在接下来的几个月里，双方又进行过多次交易，船员们最终换到了

135

1500 张皮毛。[6]

  库克把 1778 年剩余的大部分时间都用来寻找西北航线，结果徒劳无功。于是他返回夏威夷让自己的水手获得充分休息，并补充物资为后续的探索活动做好准备。1779 年 1 月 17 日，库克船长和他的船员们在夏威夷大岛的凯阿拉凯夸湾（Kealakekua Bay）上岸，岛上的人热烈地庆祝了他们的到来。在接下来两周半的时间里，岛上的人对库克等人的态度比他们第一次到来时更加恭敬和顺从。当"决心号"和"发现号"于 2 月 4 日清晨从凯阿拉凯夸湾启程时，大批独木舟组成的船队跟随在他们后面，还有几条追到了一艘英国船只旁边，为的是送上几头猪和一些蔬菜作为分别的礼物。[7]

  四天之后，库克的船遇到了大风，"决心号"的前桅杆本来就已经有些朽烂，在这场大风中干脆被齐根刮断了。库克不得不再次返回凯阿拉凯夸进行维修。然而这一次英国人上岸之后，夏威夷人的态度却明显冷淡了很多，后来更是公开表露出敌意。相比于仅仅一周前的情况，这种转变令人惊讶。学术界对于其原因为何至今仍存在激烈的争论，不过事情的结果我们都是知道的。[8]

  夏威夷人起初是偷窃船上物品，很快又升级为与英国人发生争执，再接下来就是向船员扔石头，导致库克不得不尝试以武力方式来重新维持秩序，所以他带领自己的副手及九名带着武器的海军士兵上岸，将夏威夷人的首领扣押为人质，以此要求他们归还"决心号"上的小船，这条小船是在系泊时被夏威夷人偷走的。首领同意随库克走，但是当他们快走到水边的时候，首领的妻子之一歇斯底里地呼喊起

136

第九章　"完美的黄金收益循环"

来，乞求首领不要去，另外两名首领也抓着他"强迫他坐下"。一时之间，夏威夷人迅速聚集了起来，人数可能超过3000 名，他们的情绪也越来越焦躁不安。每次库克想要劝诱越来越胆怯的首领登上能载着他们返回大船的小船时，另外两名首领都会死拉着他不放。意识到强迫首领跟自己返回大船可能引发战斗，库克最终决定放弃。就在此时，却传来了"让情势急转直下的"消息。

当天早些时候，有两条独木舟试图突破库克在海湾处搭建的封锁线，该封锁线是为了阻止任何人在归还小船之前离开。库克的水手朝逃跑的独木舟开了枪，"杀死了一个首领"。随着消息在人群中传开，夏威夷人纷纷穿上了护住前胸的编织"铠甲"，同时拿起了石头和长矛等武器。一个人跑到库克面前疯狂地比画着什么，威胁要发动进攻。库克试图让他冷静下来，但是没有成功，于是他使用一把装了"小弹丸"的枪支开了一枪。不过这些小弹丸打在那个人的"铠甲"上没有造成任何损害，但这样的行为进一步激怒了夏威夷人，他们开始凶恶地朝英国人逼近，并开始向他们投掷石块。

有一个手里拿着匕首的夏威夷人朝着一个海军士兵冲了过去，这个士兵躲开了攻击，还"用毛瑟枪的枪托"狠狠地击打了袭击者。库克此时也"装好子弹开了第二枪"，杀死了一个夏威夷人。当石块像雨点一样朝英国人袭来时，库克下令让自己的人开枪射击并大喊"夺回小船"。士兵们的枪法很准，枪枪致命，但是还未等他们换好子弹，人群已经"发出可怖的大叫和嘶吼"，并朝他们冲了过来。在随后的混战及疯狂争抢小船的过程中，库克被落在了后面。当他跑到岸边，催促一艘小船回来接他时，印第安人追上来，从背后用棍棒和匕首袭击了他。库克向前扑倒在水中，立即有人冲上来继续击打他，还将他拖到沙滩上，轮流反复踢踹或戳刺他的尸体。[9]

库克的手下几乎不敢相信这样的"灾难"真的发生了。他们的指挥官死了，另有 4 名海军士兵和 17 名夏威夷人丧命（双方受伤的人数更多）。人们的哀伤之情很快就被复仇之心所取代。在库克去世的第二天，海军士兵们上岸取回修好的桅杆并收集淡水。夏威夷人又开始向他们投掷石块并威胁靠近，这引发了英国人激烈的报复行动。他们用枪和刺刀杀死了十几个夏威夷人，放火烧了一个村子，甚至砍掉了两个原住民的头颅，还挂在长矛上示威炫耀。之后，船员们的怒火又因为随后发生的事情而燃烧得更加炽热。一个夏威夷祭司划着独木舟到英国人停船的海湾，给他们送来一个包裹，里面是用布料包裹的 10 磅人肉。祭司说这是库克身上的肉，尸体的其他部分都被烧了，只有头颅和骨头还留在一位首领那里。对此，英国人重申了他们之前已经提过的让夏威夷人将库克的全部遗体交还给他们的要求。

2 月 20 日早上，一支肃穆的夏威夷人长队走到海岸边，放下了甘蔗和水果作为礼物，还把一面白旗插在沙子中。一位首领示意停泊在海岸外不远处的大船派遣一条小船来接他。首领的手中托着一个精心包裹起来的包袱，他将这个包袱交给了英国人，里面包裹的正是库克仅剩的部分遗体，包括他带着皮肉的双手，被割掉了头皮、面骨也缺失了的头颅，还有大腿和小腿的骨头。第二天，库克的遗体被放进棺材里，按照军队的礼仪投入了海中。恢复和平之后，英国人在这里继续停留了三个星期，给其余岛屿绘制了海图。到 3 月中，"决心号"和"发现号"一起离开了夏威夷。[10]

此时，查尔斯·克拉克［Charles Clerke，他没过多久也去世了，接替他的人是约翰·戈尔（John Gore）］成了船上的指挥官，他计划让船员们驾船前往堪察加半岛上的俄国定居点，然后继续徒劳地寻找西北航线。不过，最终他们放弃了这个计划，驶向了中国的广州为返航补充物资。[11]正是在那个忙碌的港口，船员们找到了这趟行程中最重要的发现。1779 年 12 月，接管了"发现号"的詹姆斯·金船长（Capt. James King）拜访了一位中国商人，并出售给他 20 张海獭皮毛。商人本来想要压低价码，只出 300 美元买下所有皮毛，因为他认为英国人应该很好骗。虽然这个数目看起来不低，但是金船长已经有了经验。英国水手之前在堪察加半岛上和俄国人交易的时候，海獭皮毛的价格是中国人提议的两倍。于是双方开始讨价还价，最终以 40 美元一张的价格成交。金船长很快还听说，这个他已经非常满意的价格还有继续上升的空间。后来他写道："向中国人出售海獭皮毛的生意迅速兴旺起来，货物的价格每天都在上涨"，哪怕是"损坏或磨损了的"皮毛也有人要。一个幸运的水手把自己所有的皮毛卖出去，收获了 800 美元，其中几张质量特别好的皮毛甚至卖出了 120 美元一张的高价。[12]这样巨大的收益促使船员们几乎无法抑制想要立即返回西北海岸收购更多皮毛的渴望，为此还差点发生了船员暴动。不过最终船上还是

138

197

恢复了秩序，"决心号"和"发现号"一起踏上归途，最终于 1780 年 10 月抵达英国。几年后，库克船长航行的消息，尤其是在广州进行皮毛交易的内容传到了美国东海岸，从而推动了美洲皮毛交易历史上最大的热潮，海獭皮成了当之无愧的行业霸主。

海獭（*Enhydra lutris*）是一种非凡奇妙而且特别漂亮的动物。它与鼬、貂、臭鼬和獾都有亲缘关系。海獭一生的绝大部分时间都生活在海洋里，很少甚至从不上岸。[13]它是体型最小的海洋哺乳动物，身长接近 5 英尺，体重不超过 100磅。海獭曾经的分布范围在太平洋海岸沿线形成了一个巨大的拱形，从日本的千岛群岛附近向北到堪察加半岛，穿过白令海到阿留申群岛，再向南到北下加利福尼亚。

海獭要么仰躺着漂浮在海面上，要么潜入水中，每次潜水时长最多能达到 4 分钟。海獭能够捕食各种美味的小型猎物，包括海胆类动物、螃蟹和鲍鱼。海獭可以用前爪牢牢抓住猎物，也可以把猎物塞进前肢下方皮毛褶皱形成的衣兜一样的部位。海獭还是少有的会使用工具的动物之一，它们总是在肚子上放一块石头，用爪子抓着食物在石头上猛敲，直到猎物坚硬的外壳被撞成碎片，露出里面汁多味美的嫩肉。鲍鱼因为只有一面有壳，所以海獭可以省掉这步，直接从暴露在外的那面把软体动物的肉大块地挖出来吃就行了。至于海胆类则需要小心处理，海獭会用它们灵活的爪子将针尖一样尖锐的棘刺拨开，用嘴咬碎这种生物的外骨骼，最终吃到里面像果冻一样的软肉。

第九章 "完美的黄金收益循环"

　　海獭是一种高度活跃、好动、喜欢群居的动物，总是到处转悠，在水中时会像海豹和海豚一样相互追逐。它们会成群聚集，有时能达到 100 只之多。当它们在海面的浪涌之上悠闲地漂浮着的时候，海獭之间还会挽住彼此的前爪防止失散。在气候温暖的地方，海獭睡觉时会把从海底长出的长长的海藻缠在身上，让其发挥船锚的作用，以免自己睡着之后漂出太远。海獭的视力和听力都很好，嗅觉格外灵敏，所以能够及时感知风险的来临，及早避开虎鲸和大白鲨之类的猎食者。

　　有人认为海獭最令人着迷的特点就是它的皮毛，它身体部分有棕色的、红棕色的和黑色的，头顶部位会发白或呈银色。与河狸一样，海獭的皮毛也分两种，外层的是保护鬃毛，内层是柔软的底层绒毛。海獭每平方英寸皮肤上最多有 100 万根毛发，是所有哺乳动物中毛发最浓密的，所以摸起来的感觉也是最奢华的。[14]威廉·斯特吉斯（William Sturgis）是美国最有名的海獭皮毛交易者，他从 18 世纪晚期就开始到太平洋西北地区进行交易。他认为"看到一张优质的海獭皮毛比欣赏画展上多半的画作更令他愉悦，那些作品不过是受自命不凡的所谓鉴赏家们吹捧的"，他甚至还说"除了美丽的女人和可爱的婴儿之外"，海獭皮毛就是世上最美丽的自然物。[15]

　　与其他哺乳动物不同的是，海獭一年四季不换毛，它的皮毛总是处于最好的状态，没有哪个季节中是枯萎稀疏的。皮毛发挥着温度调节的关键作用。因为海獭身上没有起保暖作用的脂肪层，所以要靠底层绒毛中存在的空气来保持体温。要让这个体系正常工作，外层的保护鬃毛必须时刻保持清洁，这样才能防水。这就是为什么海獭会花大量的时间梳理自己的皮毛，也是为什么一旦海獭的皮毛变脏或沾染油污就可能导致海獭死于体温过低或肺炎。不过，光靠一层浓厚且清洁的皮毛还不能让海獭在冰冷的海水里一直保持温暖，它们每天还必须摄入相当于自身体重 25% 的食物来维持高速的新陈代谢。[16]

海獭的皮毛无疑是让它成为被猎捕对象的原因。在库克的船员们抵达广州时，中国人买卖海獭皮毛的活动已经红火地进行了最少 40 年。海獭皮毛被视为第一流的尊贵材质，比任何其他皮毛都更受权贵和富人的偏爱。它可以用来给长袍和斗篷镶边，也可以用来制作帽子和冬天的外套。[17]日本人最晚在 18 世纪早期就已经开始向中国人出售海獭皮毛了，不过直到 18 世纪 40 年代初俄国人到来之后，海獭皮毛交易才成了一项重要的商业活动。

实际上，俄国人不间断地向东扩展的行动早在 20 年前就已经开始了。俄国最有远见也是最提倡扩张主义的沙皇——彼得大帝召见了他最信赖的海军军官丹麦人维他斯·白令（Vitus Bering），下令让他驾船航行到西伯利亚的最东端，然后穿过太平洋，为俄国获得北美洲的领土。白令的第一次航行持续了五年，过程充满艰辛，最终以失败告终。虽然在白令返回之前，彼得大帝就已经去世，但继任者决定承袭他的策略，在 1733 年派遣白令再次出海。这次航行持续了八年半，白令和他的船员们先是将一支人数不多的军队和一些补给送到了堪察加的海岸边，在那里造了两艘简陋的帆船，然后就驾驶着这两艘帆船向东航行了近 2000 英里，最终于 1741 年 7 月中在美洲登陆。

白令的副手阿列克谢·奇里科夫（Alexei Chirikov）在"圣保罗号"（*St. Paul*）帆船上，他最先在相当于今天的锡特卡海峡（Sitka Sound）附近的塔基尼斯湾（Takinis Bay）望到了美洲大陆。三天之后，他派遣十名船员带着武器上岸探查情况，过了五天还不见他们返回，奇里科夫又派出第二支队伍去查看第一支队伍是不是发生了意外。几天之后，所有谜题终于有了答案。几个特林吉特印第安人（Tlingit Indians）划着两条独木舟进入了船上人员的视线中。虽然俄国人挥舞着白色的手帕示意他们再靠近一些，但这些特林吉特人一直停在远离"圣保罗号"的地方。奇里科夫于是得出结论："这些美洲［印第安人］不敢靠近我们的船只，这一点让我们确信他们不是把我们的人杀了就是扣押起来了。"[18]

奇里科夫此时的处境非常艰难。他船上 1/4 的人手就这么凭空消失了，他们还划走了"圣保罗号"上仅有的两条小船，所以就算奇里科夫想再派人上岸收集淡水或探索一下沿岸情况，他也已经无船可派了。船上只剩下 45 桶淡水，奇里科夫和他的船员们都知道过不了多久他们就要没水喝了。无计可施的奇里科夫只好驾着漏水的帆船返回堪察加，途中又有 21 名船员死于坏血病和其他疾病。[19]

白令驾驶的帆船是"圣彼得号"（*St. Peter*），他们的经历比"圣保罗号"的还要凄惨。白令比奇里科夫晚一天看到陆地，地点是在相当于今天的科尔多瓦（Cordova）东南方向不远的地方。他先是看到了呈锯齿状的圣伊莱亚斯山脉

141　（Mount St. Elias）上的山峰，有些直插云霄，高度近 20000
英尺。沿海岸向西北方向航行了四天之后，白令最终下令登
陆。第一批乘坐小船登陆的人之中有一位 18 世纪的德国博
物学家乔治·威廉·斯特拉（Georg Wilhelm Steller），他是
白令应俄国科学院的要求批准随船航行的大批科学家中的一
员。斯特拉本来希望详尽地记录这一区域里的野生物种，但
是登陆不到一天，白令就宣布"圣彼得号"要返航了，这
让斯特拉怒不可遏。斯特拉后来写道："他这么做的唯一原
因就是愚蠢的固有观念，惧怕几个印第安人，还有懦弱的思
乡情绪作祟。白令为这趟伟大的航行准备了十年，然而真正
的探索才进行了十小时！"[20]

　　接下来的三个月里，"圣彼得号"经历了堪比但丁想象
的地狱一般的航海噩梦。腐坏的食物、缺乏淡水及暴风骤雨
等因素加在一起，不仅夺去了很多船上人员的生命，还几乎
毁掉了这艘帆船。到 10 月下旬，"圣彼得号"终于抵达了
阿留申群岛最顶端。这条弧形岛链是由一系列崎岖不平的火
山岛组成的，在太平洋上绵延了 1200 英里左右。看起来
"圣彼得号"能够最终撑回堪察加，但实际上，船上已经什
么物资都没有了，船帆也破烂不堪，60 岁的白令身患包括
坏血病在内的多种疾病，他的船员连站立都很困难，更别说
控制船只了。11 月 4 日，在大部分船员已经认命，开始等
待迎接可怕的死亡之时，他们终于看到了陆地。人们短暂地
幻想着那里就是堪察加，不过仅过了一两天，已经破损不堪
的帆船就在海岸边撞毁了，人们的美梦也随之破灭。他们在
堪察加海岸外发现的这几个岛屿后来会被命名为科曼多尔群

岛（Komandorski, or Commander Islands），为的是纪念他们的指挥官。而此时，他们被困于其上的这个由死火山形成的岛屿后来被命名为白令岛。

这些瘦弱憔悴的船员们在这个岛上生活了九个月，包括白令在内的很多人都在这期间去世了。在他人生的最后几天，白令不得不将身体部分埋进沙子里，通过这种方法来抵御刺骨的寒风，保持温暖。那些幸存的人完全是依靠海獭才活下来的，俄国人管这种动物叫海中河狸。岛屿附近的海水里有很多海獭，有时它们会爬到石头上。虽然船员们身体虚弱，但还是能轻易杀死海獭的，而这种动物就是他们最主要的食物来源。[21]动物的皮毛还成了人们进行赌博游戏时的筹码。随着赌债的日渐升高，海獭的处境也一天不如一天。斯特拉写道："那些赌博输了个精光的人迫切想要挽回自己的损失，他们的解决之道就是屠杀可怜的海獭。这种行为完全不经任何考量，更不是必要的，他们杀死动物纯粹是为了皮毛，剩下的肉就被随意抛弃。当这种办法仍不能满足对皮毛的需求之后，他们就开始偷窃别人的皮毛，于是到处都充满了怨恨、争吵和冲突。"根据斯特拉的估计，这些人至少杀死了 900 只海獭，这远远超过了他们仅为获得食物而需要杀死的数目。[22]

使用从"圣彼得号"上挽回的及从岛上找到的材料，幸存者们建造了一艘 41 英尺长的大船。他们于 1742 年 8 月初起航，几周后抵达了堪察加东南海岸上的彼得罗巴甫洛夫斯克（Petropavlovsk）。因为船只不堪重负，所以白令的继任者斯文·瓦克塞尔（Sven Waxell）在航行过程中下令将海獭皮毛

142

都扔掉以减轻载重量。船员们都照做了，只有舰队指挥索夫龙·基洛夫（Sofron Khitrov）除外。他把自己囤积的几张最上乘的皮毛藏在了床铺下，到达彼得罗巴甫洛夫斯克之后，他偷偷将皮毛带上岸，然后恬不知耻地吹嘘自己要把这些皮毛卖给中国人，一定可以大赚一笔。基洛夫宣称白令岛和阿留申群岛有很多海獭的消息没过多久就传到了生活在俄国东部边界地区的职业猎人（promyshleniki）耳朵里。如作家科里·福特（Corey Ford）观察到的那样："对黑貂皮的追求刺激了伏尔加的职业猎人翻过乌拉尔山脉前往西伯利亚；同样地，海獭就是引诱俄国版的阿耳戈英雄们穿过北太平洋前往阿留申群岛和美洲西北部的金羊毛。"[23]激烈的竞争由此展开。

俄国的职业猎人其实就是一群土匪，他们素来有通过武力实现自己目的的恶名。职业猎人向东一路猎杀，给所到之处造成了彻底的破坏。职业猎人通常不会亲自捕杀海獭，而是强迫当地的原住民替他们做工。为了让这些被自己称为阿留申人（Aleuts）的原住民服从命令，职业猎人们通常会先抓一些阿留申人做人质，再以此胁迫部落中的其他成员去捕杀海獭，好用皮毛来交换人质。这种极端野蛮的勒索行为对于职业猎人来说效果很好，因为如果阿留申人不遵从命令，他们会毫不犹豫甚至是迫不及待地屠杀阿留申人。一旦阿留申人奋起反抗，结果只能是惨遭杀戮。其中最令人发指的一次是在阿马克岛（Unmak）和乌纳拉斯卡岛（Unalaska）上，绰号"可怕的夜莺"的费奥多尔·索洛耶夫（Fedor Solovief）为报复之前有职业猎人被袭击的事而展开大屠杀，

143

第九章 "完美的黄金收益循环"

这个人如其名的恶棍在这一过程中杀死了近 3000 人。[24]

阿留申人用尽了各种办法来为这些摧残他们的恶魔猎捕海獭。如果退潮之后有海獭留在岸边的石头上，它们通常会被棍棒打死。但绝大部分时间里，海獭都留在水中，所以阿留申人要划着一种被称作"拜达卡"（*baidarkas*）的覆盖着兽皮的小皮船去捕杀海獭。这种小皮船有 12 ~ 21 英尺长，不超过 2 英尺宽，能坐一到三个人。在技巧娴熟的驾船者的控制下，这种船能够发挥快速灵活的特点，最适合用来捕杀海獭。阿留申人划着船小心翼翼地悄悄接近睡着的海獭，用有兽骨或贝壳做尖头的长矛杀死海獭。如果海獭是醒着的，猎手们会驾船在海獭最后被看到时所在的水面附近围成一个大包围圈，等着海獭重新露出水面。一旦海獭出水换气，猎手们就会用长矛袭击目标。人们会不断重复这样的尝试，直到气喘吁吁的海獭最终被杀死为止。阿留申人也用网子，还有些时候，他们会把木块削成海獭的形状并刷成黑色放到水面上，以此吸引其他海獭进入他们的捕猎范围。到 18 世纪末，俄国人教会了阿留申人如何使用枪支进行捕猎。[25]

到库克船长进行他那次背运的航行之时，海獭皮毛交易已经成了沙皇俄国一项主要的产业，海獭皮毛被称为"软黄金"。成千上万的阿留申人在残酷无情的职业猎人的强迫下杀死了数以十万计的海獭，产生了上千万卢布的利益。[26]与此同时，有些俄国人已经将目光投向了阿拉斯加大陆及更向南的广大地区，以期进一步扩展他们的皮毛交易。

美国大革命即将结束时，美国人对于与中国之间的大规模海獭皮毛交易还一无所知，不过这种状况即将被约翰·莱迪亚德（John Ledyard，又译黎亚德）改变。莱迪亚德算得上是美国探险历史上最引人好奇的人物之一，他 1751 年出生于康涅狄格的格罗顿。莱迪亚德有一个自由不羁的灵魂，所以他的人生经历里充满了各种奇特的曲折和反转。他在达特茅斯大学里学习了一年多一点的时间就因为交不起学费而被开除了。学校的领导可完全不会舍不得这个"轻佻的"家伙和他突破常规的行为方式；从莱迪亚德的角度来说，他同样不喜欢学校严格的纪律，所以也乐得离开。不过，莱迪亚德并没有走陆路返回哈特福德向家人传达这个坏消息，反而是砍倒一棵巨大的松树，挖成空心做了一条独木舟，然后沿着康涅狄格河顺流而下航行了 140 英里。他是第一个在这段水路上航行这么远距离的白人。莱迪亚德尝试过很多事情，之前是个半途而废的神学院学生，后来在一条从美国向非洲海岸运送骡子的船上做水手。1775 年时他航行到了伦敦，可能是自愿入伍，也可能是被强征为英国陆军士兵，但没过多久他就被调到了海军。1776 年 7 月，《独立宣言》签署的第二天，莱迪亚德登上了库克船长的"决心号"，成了一名下士。[27]

1780 年底航行结束，莱迪亚德返回伦敦，此时的他对于未来感到迷茫。一方面他思乡心切，想要返回美洲；另一方面他又无法随意脱离英国海军，因为在跨越海洋航行返回美洲的途中，自己很可能会被抓住，而逃兵的下场就是被直接吊死。鉴于此，他必须等待一个恰当的时机才行。1781 年秋天，机会终于来了。莱迪亚德被安排登上英国护卫舰前往长岛与美国人交战。翌年 11 月，借着获批上岸休假的机会，莱迪亚德逃往了康涅狄格州。虽然已经在英国海军中服役多年，但他想办法说服当地的官员相信自己的确是一名美国人。莱迪亚德在当地定居期间撰写了自己唯一的著作《1776 年、1777 年、1778 年和 1779 年间库克船长最后一次在太平洋上航行及寻找美洲和亚洲之间的西北航线的活动记录》（*A Journal of Captain Cook's Last Voyage to the Pacific Ocean*, *and in Quest of a North-West Passage*, *between Asia and America*, *Performed in the Years 1776*, *1777*, *1778*, *and 1779*），并于 1783 年出版。[28]

莱迪亚德在这本书中对海獭皮毛交易的描写相对较少，只是提到"成本价不过 6 便士的皮毛在中国能卖出 100 美元。我们连河狸或别的什么动物的 1/4 张皮毛都没买过，早知道这种货物能够产生那么大的利益，我们肯定会买一些的"。[29]虽然海獭皮毛交易在莱迪亚德的作品中没有占据什么显著的位置，但是他本人很快就迷上了这项交易。他的梦想就是返回太平洋西北地区，在那里建立一个皮毛交易点，然后把海獭皮毛卖到中国去。在这样的探索中，莱迪亚德遇到了乌纳拉斯卡岛上的俄国人，得知他们已经取得了巨大的成功。如果俄国人能够进行这项收益颇丰的交易，那么自己一定也可以。莱迪亚德唯一需要的就是找到出资者为自己提供船只、水手和货物。他最先接触的潜在投资者中就包括当时美国最富有的人之一，费城的大企业家，也是《独立宣言》签署人之一的罗伯特·莫里斯（Robert Morris）。后者在 1783 年 6 月会见了莱迪亚德。两个人交谈得很愉快，莫里斯决定积极地投身于这项事业中。莱迪亚德在给自己的一个表亲的书信中写道:"不过事实就是,尊贵的罗伯特·莫里斯已经决定为我提供前往北太平洋的船只了。"[30]

145　　　莫里斯对于莱迪亚德的计划充满热情是完全符合商业逻辑的。在美国大革命之前,美国人的大部分货物都是从宗主国进口的,支付这些货物价款的主要手段是向英国出口各种原材料。战争结束之后,英美之间双向的贸易通道几乎都被彻底切断了,美国商人不得不寻找新的途径进行投资,并获得本国人想要购买的货物。这些货物之中最受美国人追捧的莫过于茶叶、丝绸和中国瓷器。之前,人们都是从英国的东印度公司手中购买这些货物,因为该公司享有与中国交易的专营权。如今美国人不再是不列颠帝国的一部分了,自然就可以无视东印度公司的垄断,自行前往货物的原产地,直接采购中国人的货物。美国人此时面临的最主要的问题是确定自己应当拿什么来与中国人进行交易。美国人知道中国人肯花大价钱购买西洋参———一种在美国生长的据说有药用价值的植物根部。不过,仅靠西洋参这一种产品还不足以支撑与中国的全部交易。美国商人想要提供更多可交易的货物,而海獭皮毛看起来就是对他们的商品清单的完美补充,因为这种货物在太平洋西北地区的存量丰富,更重要的是它在中国有极大的市场需求。[31]

　　莱迪亚德起初对于这个项目的兴奋之情渐渐被懊恼取代,最终又变为彻底的绝望。莫里斯找的合伙人形形色色,他们根本不把莱迪亚德放在眼里,也没有人告知他准备活动的进展。这伙人虽然造出了一条不错的大船———"中国皇后号"（*Empress of China*），但是他们之间的争执不断和互不信任让这种合作关系千疮百孔，最终导致一些人撤回了出资。财力上的不足使航行不得不缩小规模。船只将不在太平洋西北地区收购海獭皮毛，而是载着西洋参和其他一些产品直接前往中国进行交换。鉴于此，当 1784 年 2 月 22 日"中国皇后号"从纽约港起航时，莱迪亚德并没有登船。

莱迪亚德非常气馁但仍不愿放弃，他先是去了西班牙，然后又去了法国。1784 年 9 月他来到了洛里昂（Lorient），很快就找到了一些非常愿意资助他进行皮毛交易的投资者。莱迪亚德的法国合伙人们立即展开了行动，结果却发现自己既无法申请到进行这项活动的皇室授权，也得不到向中国航行的许可。随后，法国国王在 1785 年 8 月决定派遣探险家德·拉彼鲁兹伯爵让－弗朗索瓦·德·加洛（Jean-François de Galaup，the comte de La Pérouse）到太平洋上航行。法国人的注意力和资源全部都放到了拉彼鲁兹的航行上，所以莱迪亚德的合伙人们直接被无视了，他实现自己梦想的时间也只能再次被延后了。[32]

接下来，莱迪亚德去了巴黎，并在那里遇到了美国海军英雄约翰·保罗·琼斯（John Paul Joens），于是他尝试鼓动对方参与自己的皮毛交易计划。莱迪亚德关于收益率前景也许能够达到 1000% 的说法很快就让琼斯动了心。两人一起成立了一个公司并开始筹划航行事宜。他们的计划是驾驶一艘 250 吨重、配备 45 名船员的结实的大船，由莱迪亚德作为货物押运员，绕行合恩角，经夏威夷到太平洋西北地区进行交易。一旦船上装满了皮毛，他们就可以驶向日本，将皮毛卖了换成金子或其他货物。这个目标实现不了的话就驶向澳门，最后返回法国，全部行程 18 个月。莱迪亚德对于这样的商业形式信心十足，他还宣称："收购这些宝贵的皮毛用不了什么钱，而销售这些皮毛的市场上，售价完全由卖方说了算。"[33]

不过根据莱迪亚德一贯的倒霉经历我们就能猜到，他的计划又失败了。公司的一个投资者告诉琼斯英国人的船只已经驶向太平洋西北地区了，很可能引起他们不想看到的竞争。莱迪亚德也听说"中国皇后号"获得了成功，成了第一艘与中国交易的美国船只，他和琼斯都开始担心很快就会有其他美国船只纷纷效仿。莱迪亚德能够找到的唯一一艘船开出的价格是他预算的三倍之多。琼斯原本还希望获得罗伯特·莫里斯对此次航行的许可，却一直没有收到回信。另外，琼斯在当时还为别的事分心了，他一直忙于从法国政府那里获得他认为自己因为在美国大革命中俘虏了英国战舰而应得的奖金。不过，最具破坏力的打击来自西班牙国王。因为他对几乎整个美洲西海岸都主张了所有权，这就意味着莱迪亚德计划的皮毛交易航行侵犯了西班牙的主权。考虑到法国国王路易十六当时是西班牙的盟友，他肯定不会许可法国船只去破坏自己与西班牙之间关系。所有这些因素加在一起，最终将莱迪亚德的计划扼杀了。遭遇了这次终极打击之后，莱迪亚德给自己的一位表亲写信说："总体来看，我可以说我和保罗·琼斯的生意完蛋了——我应该把我的这个梦想彻底埋葬在巴黎了。"[34]

第九章 "完美的黄金收益循环"

　　在莱迪亚德的计划破产的同时，其他人却取得了巨大的进展。他们无疑都是受到1784年出版的对于库克在太平洋上航行经历的官方记述作品的启发。1783年莱迪亚德的那本书中几乎没怎么谈及海獭皮毛交易及其潜在的巨大利益，而官方的记述中则就这个话题进行了详尽得多的介绍。书中不仅回顾了航行过程中的交易活动，描述了海獭皮毛的巨大价值，还号召人们采取行动。根据库克的观察："这些动物的皮毛……比我们已知的任何动物的皮毛都更柔软、更奢华，因此在北美洲的这部分大陆上能够找到如此宝贵的商品的这个发现值得人们高度重视。"詹姆斯·金船长补充说："我认为从商业角度考虑，前往美洲这一部分海岸边的航行应该能够产生巨大的利益，这件事完全应当引起公众的注意。"[35]

　　当然，詹姆斯·金船长的本意是引起英国公众的注意。公众也确实没有让他失望。掌握着在太平洋和广州进行交易的垄断权的东印度公司和南海公司在1785年就授权了几艘英国船参与美洲西北部的交易。不过，大多数英国商人都选择了规避政府设定的严格的垄断限制，自行从英国以外的港口派出了悬挂他国旗帜的船只前往美洲，采取这种方法的至少有六艘船，它们都是在1788年初起航的。[36]不过，英国人并不是唯一看到金船长的讯息的人；美国人也看到了。

　　托马斯·布尔芬奇（Thomas Bulfinch）是波士顿一位声名显赫的医生。1787年初他在自己位于鲍登广场的大宅里举办了一次聚会。男士们围绕在烧得很旺的壁炉周围，他们谈论的话题很快就转到了生意上，更确切地说是马萨诸塞州海上贸易的前景问题。凭借库克船长的记录，也包括莱迪亚德相对简略的描述，一位波士顿商人约瑟夫·巴雷尔（Joseph Barrell）提议大家联合起来装备几艘船，加入海獭皮毛交易。这样的逻辑非常有说服力，因为马萨诸塞州的交易者们在交易西洋参时遇到了一个问题。从美国大革命即将结束时起，携带大批西洋参前往中国的美国船只数量就在不断增加。这些船只所有者的收益都还算不错，但他们造成的结果是中国市场上的西洋参数量过剩，已经超过了购买者的需求，所以继续向中国出售西洋参恐怕就要做赔本买卖了。鉴于此，巴雷尔没费什么力气就说服一小批坐在布尔芬奇医生家壁炉周围的人。他使这些人相信，如果他们还打算继续到中国做买卖，海獭皮毛才是最好的选择。巴雷尔评论道："最先加入的人定能收获最丰厚的利益。"[37]

148 为成功的可能性而欢欣鼓舞的人们筹集了 50000 美元，装备了两艘船，一艘是 84 英尺长、212 吨重的"哥伦比亚·雷迪维拉号"（*Columbia Rediviva*），另一艘是小一些的 40 英尺长、90 吨重的"华盛顿女士号"（*Lady Washington*），水手们通常将这两艘船简称为"哥伦比亚号"和"华盛顿号"。被选中作为这次航行总指挥兼"哥伦比亚号"船长的人是约翰·肯德里克（John Kendrick），带领"华盛顿号"的船长是罗伯特·格雷（Robert Gray）。巴雷尔还下令铸造了 300 枚锡、铜和银质的纪念章，纪念章一面刻着这两艘船的图案，另一面刻着投资者们的姓名。这些纪念章是美国最早铸造的一批冲压纪念章。根据此次航行的装船记录，纪念章是用来

"分发给美洲西北海岸的原住民，以及纪念美国人第一次前往太平洋的探险旅程的"。[38]

两艘船于 1787 年 9 月 30 日起航离开了波士顿的港口，当时很多商人和亲友都还在船上。当晚，他们随船航行到了楠塔基特锚地的外港，并在那里抛锚停船。人们在"哥伦比亚号"上举行了一场气氛热烈的欢送会。主甲板上回荡着歌声，人们开怀畅饮。直到水手们要去睡觉了，访客们才告别离去，并祝愿他们的航行平安顺利。[39]第二天一早，两艘船收起船锚，正式开始了自己的行程。

"哥伦比亚号"和"华盛顿号"一路相伴航行到南美洲顶端，在翌年初抵达合恩角。他们在这里遇到了一个巨大的艰难险阻：各国水手都有过在合恩角的暴风骤雨和惊涛骇浪中丧命的先例，如今轮到美国人来迎接这个挑战了。船员们控制着两艘船，花了一个多月的时间与海风做斗争，有时狂风能够大到吹起"山一样高的"海浪，然后重重地拍到船上。海浪不仅会撕破船帆，还有可能"瞬间毁灭"这两艘船及精疲力竭的船员们。[40]到 1788 年 4 月中，"哥伦比亚号"和"华盛顿号"终于平安通过了合恩角，成了美国历史上第一批绕行合恩角的船。不过在绕行过程中，这两艘船失散了，之后它们前往美洲西北部的整段航行也只能各自独立进行了。

"华盛顿号"的船速更快一些，于 8 月 14 日停靠到了俄勒冈海岸线上的蒂拉穆克湾（Tillamook Bay）。撒利希印第安人（Salish Indians）划着独木舟靠近船只，使用海獭皮毛交换了刀子和斧子。几天之后，船上的大副戴维斯·库利奇（Davis Coolidge）和二副罗伯特·哈斯韦尔带领一小队船员登陆。上岸后，他们安排一部分人留在小船上守卫，另一些人则去寻找食物和淡水。库利奇和哈斯韦尔去了当地的村庄，他们看到印第安人通过展示自己使用长矛和弓箭的高超技艺来向他们示威。之后印第安人还跳起了一种战前舞蹈，哈斯韦尔说那些旋转的动作和可怖的嘶吼让他血管里的"血液都冰冷了"。[41]

格雷船长在船上的年轻侍从名叫马库斯·洛佩兹（Marcus Lopez），来自佛得角。他正在附近向小船上运送物资的时候，一个印第安人捡走了他"随意"落在沙滩上的弯刀。另一个船员看到这一幕之后大叫起来，库利奇和哈斯韦尔于是立刻跑向事发地，等他们赶到才发现洛佩兹已经去追那个印第安人了。鉴于此，库利奇、哈斯韦尔和另一个正好在岸上的人一起追进了树林里，他们很快就被浓密的树林团团围住了。就在这时，几个人看到了令他们毛骨悚然的一幕。洛佩兹正被一群印第安人围在中间，他还抓着偷刀人的衣领，同时大声呼救。印第安人看到洛佩兹的同伴赶来时，就立即冲向洛佩兹，"把他们的刀子和长矛野蛮地插进这个不幸的年轻人的身体里"，洛佩兹摇摇晃晃地向前走了几步，最终因为背上"中了很多箭"而倒下了。

另外三个人此时也遭到了来自四面八方的弓箭和长矛的袭击，他们以最快的速度跑回小船。三个人也向印第安人开枪反击了，可能打中了一些，但其他印第安人还在继续追赶他们。库利奇和哈斯韦尔跑到水边，正当他们努力地想要爬上小船时，第三个人被弓箭射中，倒在岸边血流如注，已经不能动弹。两位高级船员自己虽然也受了一些轻伤，但还是

第九章　"完美的黄金收益循环"

想办法把第三个人拖到了小船旁边，船上其他人马上将他们都拉上了船，然后朝着大船拼命划去。这还不算完，印第安人也纷纷跳上他们的独木舟继续在后面紧追不舍。船员们一直在朝印第安人射击，直到他们靠近"华盛顿号"为止。这时船上的小加农炮开火了，印第安人终于开始撤退。当晚，印第安人在岸边点燃篝火，他们一边围着火焰来来回回地走，一边发出疯狂的嚎叫。连续两天时间，格雷船长一直在等待有利于他们启程离开的风向，印第安人则一直在岸边挑衅和嘲弄美国人。他们再一次尝试划着独木舟靠近大船，不过最后还是被加农炮的炮火击退了。最终，潮水的方向终于对了，"华盛顿号"起航驶离了这个被他们命名为"谋杀者之港"的地方。到9月中，船只进入了努特卡海峡，并在这个预先定好的集合点等待"哥伦比亚号"到来。

自从绕过合恩角之后，"哥伦比亚号"一路都在遭受恶劣天气的打击，船只严重损坏。肯德里克不得不在智利海岸以外的胡安·费尔南德斯岛（Juan Fernandez Island）停泊，对船只进行维修。9月底，当"哥伦比亚号"终于驶进努特卡海峡的时候，船上已经有两人死于坏血病，其他同样患了这个病的船员也已经病得很重，几乎站都站不住了。肯德里克意识到此时已经过了进行交易的时节，所以待他的船员们恢复了一些健康之后，他就下令让两艘船的船员一起在温哥华岛岸边建造房子，准备过冬。除了捕猎和捕鱼的工作之外，船员们把大部分时间花在把铁条做成凿子上，这样等天气转暖就可以拿它们去进行交换了。哈斯韦尔利用这段时间

150

印第安人频繁来访的机会，记录了大量对于他们体态特征和生活方式的观察，此外还总结了一份"努特卡海峡词汇"，其中涵盖了 300 多个词语，包括很多有意思且发音充满音乐性的词语，比如头发是"*upsee oop*"，石头是"*mooxey*"，多少是"*oona*"，攻击是"*shucksheetle*"。[42]

1789 年的春夏两季，肯德里克和"哥伦比亚号"一直停在努特卡海峡，而格雷则驾驶着"华盛顿号"沿着海岸航行，从夏洛特皇后群岛（Queen Charlotte Islands）到福拉德利角（Cape Flattery），又沿胡安·德富卡海峡（Strait of Juan de Fuca）行驶了 50 英里，与沿岸的努特卡人、海达人（Haida）和撒利希人进行交易。有一次交易中，格雷按 1 把凿子 1 张皮毛的价格换来了 200 张海獭皮毛。不过，总体来说，他的交易并不成功。美国人懊恼地发现印第安人对于交换货物的喜好在库克和莱迪亚德来过之后已经改变了不少，所以诸如口簧琴、鼻烟壶、珠子和梳子之类他们在波士顿大量囤积的交易品并不如他们期望的那样有市场。[43]

到了 7 月，船上的物资已经不多了，肯德里克认为结束交易的时候到了，他将换来的皮毛分别存放在两艘船上，打算前往中国把它们卖掉，然后就返回波士顿。不过在即将起航之前，肯德里克又改变了主意，他接管了"华盛顿号"，让格雷去领导"哥伦比亚号"。最终，肯德里克再也没有返回波士顿。他非常满意自己的新船只，而且越来越自以为是，不仅随意支配"华盛顿号"为己所用，甚至干脆设计了一场虚假交易，将这艘船据为己有。这位背叛了雇主的雇员后来在太平洋西北地区和中国之间航行，收购皮毛转卖到澳门。他甚至还去过一趟日本，虽然没能引起日本人购买他船上满载的海獭皮的兴趣，但是他成了已知的最早到访这个"封闭国家"的美国人。在他第二次前往中国之后的返航途中，肯德里克在夏威夷停靠期间卷入了与当地原住民的冲突中。他选择与另一艘"胡狼号"（*Jackal*）的船长威廉·布朗（Capt. William Brown）联手，最后他们这一方取得了胜利。被胜利冲昏了头脑的肯德里克和布朗决定发射空炮向对方致敬。不幸的是，"胡狼号"上有一门炮实际上是装了炮弹的。当双方为庆祝而开火的时候，这颗炮弹被射出并击碎了"华盛顿号"侧面的船体，不仅伤到了几名船员，还把正在舱房里的肯德里克的脑袋炸碎了。"华盛顿号"原本的所有者们有多么郁闷自不必说，他们对肯德里克的所作所为感到气愤，也永远无法从这位曾经受雇于他们的航行领导者那里收回一分钱。[44]

151

格雷选择的是一条完全不同的道路。他是在肯德里克之前停靠夏威夷的，所以"哥伦比亚号"就成了第一艘到访这个群岛的美国船。格雷在那里待了3周，筹集了充足的补给，其中包括150头猪。他还批准了一位想去美国游历的原住民首领之子登船，后者的名字叫阿图（Attoo）。格雷在广州出售皮毛的收获是21404.71美元，不过，港口停靠费、给官员的贿赂、修船的费用加在一起就花掉了一半左右。之后他又采购了接近22000磅茶叶。[45]离开广州后，格雷继续向西航行，绕过好望角，于1790年8月9日抵达波士顿。所以"哥伦比亚号"就成了第一艘实现环球航行的美国船，全程近 42000 英里，历时 3 年。

当"哥伦比亚号"航行到城堡岛附近时，格雷发射了
13 响礼炮，岸上的人也同样发射了 13 响回应。等格雷的船
只系泊在港口中以后，他再一次发射了加农炮，引得"大
批市民聚集到各个码头……用大声的欢呼和热烈的欢迎
[回应他]"。[46]群众的兴奋之情还因听说船上有一位"奥怀
希"（Owyhee，即夏威夷）原住民而更加高涨了，很快他们
就看到阿图出现在甲板上，他"头上戴着插了羽毛的头盔，
在阳光的照射下闪闪发光，身上穿着装饰了与头盔上一样的
黄色和红色羽毛的精致斗篷"。[47]阿图跟在格雷身后，两人一
起前往议会大楼接受州长约翰·汉考克（Governor John
Hancock）的接见，之后还出席了为格雷、他的高级船员及
"哥伦比亚号"的所有者们举办的宴会。席间，格雷给所有
在场人员讲了许多航行中的精彩故事。《马萨诸塞侦察报》
（*Massachusetts Spy*）的报道未免有些夸大其词，却被许多其
他报纸转载，报道称这个国家"应当感谢""哥伦比亚号"
的出资者们"进行的这项美国人从没有过的商业尝试"，国
家"也应当感谢……进行了这次航行的航海家们——是他
们的优雅和礼貌确保了我们国家能与他们所到之处的原住民
建立友好关系；是他们的荣誉感和无畏精神为美国赢得了原
本控制那些地方的欧洲列强的保护和尊重"。[48]

152

虽然波士顿的庆祝活动很隆重，但"哥伦比亚号"的
投资者们还是有很多不满的理由。超过一半的茶叶在运输过
程中变质了，这极大地减少了这艘船本来就相对微薄的利
润；更严重的是肯德里克和"华盛顿号"根本没有返回，

而且人们已经开始意识到无论人还是船似乎都不会再回来了。原本的投资者中有两人对此感到非常懊恼，失去了继续投资的信心，并将自己在公司里的股份卖给了格雷和其他一些人。不过剩下的投资者们还是从"哥伦比亚号"的返航中看到了巨大的希望。这次航行足以证明巴雷尔于 1787 年在布尔芬奇家的壁炉边上提议的基本商业模式是可行的，而且人们还相信，经过更加周详的计划和更好的贯彻实施，未来的航行一定会为他们带来巨大的收益。正是出于这样的自信，投资者们立即对"哥伦比亚号"进行了大修，又重新装上物资。在返航仅仅两个月之后，这艘船就向着太平洋西北地区再次出发了，指挥"哥伦比亚号"的依然是格雷。这次航行从 1790 年 9 月一直持续到 1793 年 7 月，航行的收益比第一次丰厚得多。不过，让"哥伦比亚号"的第二次航行为人们所铭记的却不是它的收益。

1792 年 4 月中下旬，在"哥伦比亚号"行驶到了福拉德利角以南不足 50 英里，相当于今天华盛顿州海岸边的地方时，格雷发现远处有两条帆船。这两条帆船分别是以乔治·温哥华（George Vancouver）为船长的英国皇家海军"发现号"和以威廉·布劳顿（William Broughton）为船长的英国皇家海军"查塔姆号"（Chatham）。温哥华是被派遣来解决英国人与西班牙人之间的问题，给海岸地区绘制海图并寻找西北航线的。温哥华派使者前来向格雷打听关于这一片区域的情报。格雷告诉他们自己最近"在北纬 46°10′ 的位置遇到一个河口，可能因为是入海口或是赶上退潮，反正那里的水流强大到让他的船花了九天的时间才驶入河流"。[49]
这会不会就是传说中最神秘的、据说能够引领人们找到西北
航线的"西部大河"?[50]温哥华并不这么认为。就在遇到"哥
伦比亚号"的前一天，他的船只刚好行驶到那个河口附近，
他也注意到"海水……从自然的海水颜色变成了河水颜
色"，但他认为这是由于"一些溪流注入了海湾造成的"，
而不是因为有什么大河存在。温哥华最终的结论是"这个
河口［不］值得关注"。[51]然而，格雷的看法却与他恰恰相
153 反。在和英国人一起向西北航行了一段时间之后，格雷掉转
船头重新返回了海岸边。也许只要再努力一下，他就能找到
传说中的大河了。

　　不过格雷最初还是走了一段弯路。5月7日，他在船艄
左舷外看到一条水路，于是他就驶进去探索。穿过了水路入
口处沙洲上的碎浪之后，"哥伦比亚号"上的船员们发现自
己进入了一个"优良的港湾"，他们给这里取名布尔芬奇港
［即今天的格雷斯港（Grays Harbor）］。很快就有满载印第
安人的独木舟向大船围拢过来想要进行交易。"他们似乎是
一群很野蛮的人，""哥伦比亚号"上的五副约翰·博伊特
（John Boit）评论说，"每个人都全副武装，肩上背着箭袋和
弓……［他们］看着我们的人和船的时候，眼睛里流露出
了无比的震惊。"第二天印第安人又来交易了，但是到了晚
上，在一轮满月的光辉下，有船员看到印第安人正划着独木
舟向大船靠近。船员本来是故意把加农炮弹射高想把他们吓
走就算了，结果，印第安人反而因为没被击中而欢呼嚎叫起
来。一条载着20名勇士的大型独木舟继续靠近"哥伦比亚

号",当它行驶到距离大船的"船身后半部仅剩手枪射程1/2的地方时",船员们朝印第安人发射了一枚9磅重的炮弹,同时还用10杆毛瑟枪向他们射击,"〔独木舟〕……被炸成了碎片,船上的人无疑都不能幸免",其余的独木舟见此情形都迅速撤退了。"我很遗憾我们不得不杀了那些可怜的野蛮人,"博伊特在自己的航行日志中写道,"但是出于安全考虑,这个举动是无法避免的。"[52]

5月10日,格雷开始继续向南航行。按照"哥伦比亚号"官方日志的记录,第二天一早他"就看到东 – 南 – 东方位,距离船只6里格之外的地方就是进入他们渴望的港湾的入口"。这一次"哥伦比亚号"安全地通过了沙洲,驶入了"一条水质新鲜的大河",最终他们溯流而上,一直航行到距离入海口30英里左右的地方。这条河正是格雷之前对温哥华的使者提到的那条河,格雷将其命名为哥伦比亚斯河(Columbia's River)以致敬自己的船只,不过这个名字很快就会被简化为哥伦比亚河。

登上河岸之后,格雷代表美国宣称占有这条河流及周边的土地。船员们在河上及临近的海岸线上探索了八天的时间,还与当地的印第安人进行了活跃的交易。这里的印第安人令博伊特印象深刻。"在哥伦比亚斯河上的这些人身姿挺拔、样貌端正,"博伊特观察到,"这里的妇女非常漂亮。所有人都赤身裸体,只有妇女们会穿一种树叶做成的围裙——可能是无花果树的叶子。不过我们有些人,不管是经批准还是私下地靠近仔细观察了一下之后才发现,那并不是

154　树叶，而是一种精心编制的席子！"博伊特还就哥伦比亚河在美国皮毛交易发展中可能扮演的角色提出了自己的观点。"这条河……是设立工厂［交易点］的好地方。印第安人很多，看起来也很文明有礼……我们在这里收购了150张海獭皮毛和300张河狸皮毛，还有两倍于这个数量的其他动物皮毛。"[53]

　　7月"哥伦比亚号"返回了努特卡海峡，西班牙指挥官堂弗朗西斯科·德·拉·博德加－夸德拉（Don Francisco de la Bodega y Quadra）为格雷和他的船员们举办了丰富多彩的欢迎活动。其中包括一场有54位宾客出席、上了5道菜的宴会，客人使用的碗碟、器皿等所有用具都是用"纯银"制作的。宴会之后，格雷给宴会的主人讲述了发现哥伦比亚河的事情，还为他画了一张该区域的草图。这次信息的沟通引发了一系列事件，这些事件对这条河流产生的影响将一直延续到下一个世纪。格雷离开努特卡海峡不久，温哥华和布劳顿也来到了这里。博德加向温哥华提起了格雷的发现，并给了他一份格雷所画地图的副本。这让温哥华忍不住怀疑自己之前认为"变成河水颜色"的地方不值得进一步探索的想法是错误的。格雷发现的真的是西部大河吗？温哥华必须要去亲眼看看才行，于是他率领"发现号"向着东南方向驶去，布劳顿的"查塔姆号"则紧随其后。[54]

　　在接近哥伦比亚河河口的时候，温哥华认定"发现号"无法安全通过那里的沙洲，于是下令让布劳顿继续探索，自己则驾驶"发现号"向加利福尼亚驶去。经过一系列复杂的计算和合理化考量之后，布劳顿错误地认定格雷并没有恰当地驶入河流，因此他宣称自己发现了这条河流的说法也是无效的。这刚好为布劳顿提供了一个提出自己主张的绝佳机会。抱着这样的想法，他逆流而上行驶了接近 100 英里的距离，并给沿途的一些地标命名，包括胡德山（Mt. Hood）、温哥华角（Vancouver Point）、普吉特岛（Puget's Island）、惠德比河（Whidbey's River）及乔治角（Cape George）。为了让这一切行为正规有效，布劳顿"以英国国王的名义占领了这条河流及附近的地区"，之后就向南航行去与"发现号"会合了。当温哥华听了布劳顿的汇报之后，他完全认可后者的行动，还补充说布劳顿"完全有理由相信没有任何文明国家的国民在此之前驶入过这条河流。格雷先生的草图恰好确认了他的观点，从图上看，格雷先生既没有看到河口，也没有航行到距离河口 5 里格之内的地方"。凭借这样大胆的断言，美国和英国之间关于谁对这个地区享有权利，以及美国的西北边界究竟应当划到哪里的争论持续了几十年。[55]

格雷第二次前往太平洋西北地区海岸时，已经有其他船只效仿他的行动了。如作家大卫·拉文德所说（David Lavender），"哥伦比亚号" 1790 年成功返回波士顿这件事开创了"美国北方人最著名的三项贸易活动：马萨诸塞州向西北地区出售廉价的小物件；将西北地区的皮毛卖到广州；将中国和世界各地的商品运回波士顿"。[56] "哥伦比亚号"的投资者们并不是唯一看到这艘船第一次航行背后机遇的人。其他美国商人也都看到了，并且都积极地投身到这项事业中，期待分享其中的利益。所以在 1791 年时，像"哥伦比亚号"

155

223

一样前往太平洋西北地区进行交易的还有另外六艘美国船。在 18 世纪 90 年代剩下的时间里，这个数目一直在三至六艘之间浮动。在最初的这段时间里，美国并不是仅有的进行这项活动的国家。英国、葡萄牙、法国、西班牙和俄国船只也会出现在这片水域中，也都是为收购皮毛而来。[57]

然而，到了 18 ~ 19 世纪之交的时候，如历史学家玛丽·马洛伊（Mary Malloy）说的那样，太平洋西北地区的皮毛交易变成了"美国的专长，几乎完全被美国垄断了"。[58]相关的记录似乎可以反映出这个新兴国家已经成了一股在经济上非常活跃的力量。1801 年，在海岸边全部 23 艘船中，有 20 艘属于美国，2 艘属于英国，最后 1 艘属于俄国。美国的这种主导地位一直维持到 19 世纪 30 年代初，而且大部分美国船只都是从波士顿出发的。波士顿的影响力在起初很多年里非常大，以至于太平洋西北地区海岸的印第安人以为波士顿就是美国，他们称所有美国人为"波士顿人"以区别于其他那些来自英国的人，后者被称为"乔治国王的人"（Kintshautsh men）。[59]

美国总统詹姆斯·门罗出生在弗吉尼亚，他注意到"新英格兰人的一些习惯和寻常爱好让他们特别擅长进行这项事业"。[60]新英格兰人，特别是波士顿人是出了名的优秀水手和航海家，还是精明的交易者和节俭的生意人。他们也不像其他竞争者，特别是来自英国的那些人一样受到烦琐法规的限制和对他们行动的各种监管。实际上，"波士顿人"只要一出港口就完全靠自己了，船主给他们的命令就是凭借自己的判断和交易技巧争取最划算的交易，无论是与印第安人

还是与广州商人交易时都是如此。这样的自由处置权和随机
应变的灵活性让美国人比自己潜在的竞争对手更具优势，通
常也会带来更好的结果。在有些年份里，美国人向广州运输
了接近 18000 张海獭皮毛，再加上他们携带的其他种类皮毛
的销售，最终的收益绝对是天文数字，通常可以达到每次航
行投资成本的 300% ~ 500%，有些情况下甚至达到过
2200%。[61]产生如此丰厚回报的关键原因深植于这种交易自
身的性质中。如一位 20 世纪初的历史学家认为的那样：
"美国人已经形成了一个完美的黄金收益循环：首先，用最
初的货物交换皮毛就产生了收益；其次，用皮毛换回中国产
品又产生了收益；最后，把中国产品运回美国还会产生收
益。"[62]然而，尽管收益这么大，航行的成功仍不是有保障的
事，很多时候冲动鲁莽、毫无经验的交易者会抱着极大的期
望投身于太平洋西北地区贸易，最终只落得个梦想破灭、血
本无归的结果。

　　太平洋西北地区海獭皮毛交易活动的内在原理与东部海
岸的皮毛交易相似。印第安人都是有经验的谈判家，很快就
了解了皮毛的价值及如何谈妥最好的价钱，他们最惯用的方
法就是不满足他们的要求就不提供皮毛或利用交易者之间的
竞争，谁出钱多就卖给谁。大多数情况下都是印第安人妇女
负责交易，因为如有些人提到的："印第安人妇女能够和白
人男子更好地沟通，她们也更愿意多说一些。"[63]欧洲和美国
的商品已经充分地融入了印第安社会，被用来提升"物质
繁荣"及个人在群体中的地位。不过，地理学家詹姆斯·

R. 吉布森（James R. Gibson）认为这些货物"整体说来……只是补充而非取代了印第安人自己的产品；它们的作用也只是加深而非引发了变化"。[64]烈酒和流行病给各个部落带来了巨大的损害，让很多人英年早逝。枪支变得容易获得，使用枪支的情况也大大增加。和在东部进行的贸易一样，西北地区的交易也是白人和印第安人之间爆发致命冲突的原因之一。体现这种冲突的一个最突出的例子要数约翰·R. 朱伊特（John R. Jewitt）的经历。[65]

19 岁的朱伊特原本生活在英格兰一个叫赫尔（Hull）的港口小镇里。1802 年夏天，美国船只"波士顿号"（*Boston*）航行至此采购用于皮毛交易的货物，之后将前往太平洋西北地区。"波士顿号"的船长约翰·索尔特（John Salter）雇用朱伊特的父亲为自己的船只做些铁匠活，二人很快就成了朋友。有一天朱伊特来"波士顿号"上探望父亲时，船长邀请他以军械士的身份加入"波士顿号"的航行。朱伊特马上同意了，但他的父亲对于把自己的儿子送到半个地球之外这件事抱着很多顾虑，最终他的父亲好不容易才被说服。9 月初"波士顿号"从赫尔起航的时候，船上共有 27 人，其中就包括为即将开启伟大探险而无比激动的朱伊特。

在这之前，朱伊特出海的距离从来没有远到过看不见陆地的地方，但是他很快就克服了晕船的症状，全心投入到船只锻造间的工作里，负责维修毛瑟枪，制作匕首、刀子和小斧子。"波士顿号"于 1803 年 3 月 12 日抵达努特卡海峡。第二天，生活在附近友谊湾（Friendly Cove）的一个尤阔特人（Yuquot）村庄里的首领马奎纳（Maquinna）到"波士顿号"上对船员们表示热烈欢迎。从没见过印第安人的朱伊特说自己为马奎纳的外貌所"震惊",他注意到后者"非常高贵,大约6英尺高,体态挺拔、身材匀称……他的皮肤是古铜色的,但是他的脸上、腿上和手臂上都……涂满了红色的颜料,所以几乎看不出他本来的肤色……他有一头长长的黑发,抹了油闪着光,在头顶的部位扎紧,上面还洒满了白色的绒毛……他穿着一件黑色海獭皮制作的斗篷,长度达到他的膝盖"。

索尔特原本没有打算在这个地方收购皮毛,他只是想补充一些物资就继续向北航行;实际上他们也确实没有进行交易。即便如此,索尔特对于接下来一周里前来拜访的印第安人还是很客气的。虽然出于安全考虑,船员要先检查印第安人是否携带了隐藏的武器,但确定没有之后,船长就会许可他们在船上随意参观。有一天晚上,索尔特邀请印第安人共进晚餐,结束前还送给马奎纳一杆打鸟用的双管猎枪。第二天马奎纳回来找索尔特说双管猎枪的一个保险栓是坏的,所以这杆枪"不好"(*peshak*)。"索尔特认为这样的评价让自己受了很大的冒犯,觉得这是对方看轻自己礼物的表现。他说……[马奎纳]是骗子,还用了其他一些粗野的用语。"索尔特从马奎纳手里抢过猎枪扔进了舱房,然后告诉朱伊特:"约翰,这个人把这杆漂亮的猎枪弄坏了,看看你能不能把它修好。"索尔特对首领进行言辞侮辱时,马奎纳什么也没说,但是朱伊特从他的"表情上"看得出首领已经怒不可遏了。在索尔特滔滔不绝的过程中,马奎纳反复把手掌放在喉咙处,然后向下抚到胸前,后来朱伊特才知道,首领这是在"让自己的心脏平静下来，不然它会气得跳到喉咙把自己噎死"。

一天之后，马奎纳和其他首领一起带着很多人又回来了。索尔特允许他们登船。马奎纳看起来心情很好，头上戴着一个木质的面具在船上四处走动，还用哨子吹着小调。他的手下则跟在他后面，"［唱着歌］在甲板上上蹿下跳"。索尔特并不知道自己已经掉进了对方设计的陷阱。马奎纳要为自己前一天受到的无礼对待报仇，不过要对整条船进行攻击让他有些紧张，所以他把目标设定为分散敌人，各个击破。眼下的行动就是在为实现自己的目标做准备。马奎纳询问索尔特打算何时离开，对方回答说第二天。首领又说："你不是喜欢大马哈鱼吗？友谊湾里有很多，不如你派人去捕捞一些？"索尔特认为这是个极好的主意，在和马奎纳及其他在船上的首领一起进餐之后，索尔特就派出九名船员划着一条小船去下网捞鱼了。与此同时，马奎纳则做好了进攻的准备。

朱伊特听到甲板上面的骚乱时还在船舱内。他迅速爬上楼梯，刚把头探出甲板之上，就被一个印第安人抓住头发拉了上去。不过朱伊特的头发太短了，印第安人没法抓牢。看着自己的猎物要逃跑，印第安人挥起斧子猛击朱伊特的头部，致使他重重地跌回下层甲板晕了过去。朱伊特的头上被打开了一个大口子，鲜血直流。他躺在地上昏迷了一小会儿，直到被可怕的呼喊和嚎叫惊醒。他还活着的唯一原因就是马奎纳没想让他死。打伤了朱伊特的印第安人本来是要直接结果了他，但是被马奎纳拦住，因为首领知道朱伊特是船上的军械士，他的技能也许能为自己的部落所用。朱伊特醒过来没多久，马奎纳就把他叫到主甲板上，六个赤身裸体、浑身沾满鲜血的印第安人围在他周围，手里举着匕首，随时准备出击。马奎纳站在朱伊特面前说："约翰——我说话——你不能说不——你说不——匕首扎你！"马奎纳问朱伊特愿不愿意成为他的奴隶，不仅要在将来的战斗中为他而战，还要负责修理毛瑟枪、刀子和其他武器等。朱伊特同意之后就被带到了后甲板，他在这里见到了被他称为"我亲眼见过的……最可怕的景象——倒霉的船长和他的船员们的头颅……都被摆成了一排"。朱伊特注意到这些令人毛骨悚然的展品中并没有约翰·汤普森（John Thompson），他是"波士顿号"上的制帆人。第二天，印第安人还是找到了汤普森，并且打算把他也杀死，多亏朱伊特急中生智说这个老人是自己的父亲，这才保住了后者的性命。

屠杀发生仅四天之后，又有两艘船来到了友谊湾，不过它们还没机会靠岸，就遭到了印第安人的射击。后者就是使用他们刚刚抢来的毛瑟枪和大口径散弹枪射击的。两艘船尝试了几次反击，但最终还是开走了。从此开始，朱伊特经历了两年多的俘虏生活。虽然他一直受到良好的对待，但是他从没放弃过等待其他船只抵达这里将他解救出去的希望。为了尽早实现这个目标，朱伊特利用从船上找到的纸张写了16 封书信，内容都是讲述自己的艰难处境并请求救援。他把这些书信都交给了来这个部落里走访的印第安人，请他们把书信带给任何他们见到的白人。不过一直没有任何船只前来，因为屠杀的消息传出去之后，外国船只都小心翼翼地避开了这片地方。

159

皮毛、财富和帝国

1805 年夏天，朱伊特的救星终于出现了。他的一封信最终被传到了双桅帆船"莉迪娅号"（*Lydia*）船长山姆·希尔（Sam Hill）手中，"莉迪娅号"是一艘进行皮毛交易的波士顿商船。7 月 19 日，希尔航行到了友谊湾，发射了三枚加农炮弹作为他想与印第安人进行交易的信号。马奎纳非常兴奋。在连续两年没有皮毛交易可做之后，终于又有白人出现了。不过他该怎么把握住这个宝贵的机会呢？这艘船上的人会不会为"波士顿号"船员的下场及他囚禁朱伊特和汤普森的事而感到非常愤怒？最终，马奎纳想出了一个计划。他在登船之前，让朱伊特先给他写了一封介绍信，告诉"莉迪娅号"船长自己"善待了"朱伊特和汤普森。首领希望这个举动能够确保自己受到热情的欢迎。朱伊特立即同意了，不过他相信这是自己"重获自由的……唯一机会"，所以他写下了与马奎纳以为的完全不同的内容。

> 双桅帆船＿＿号
>
> ＿＿船长收，
>
> 1805 年 7 月 19 日于努特卡

先生：

持此信的人名叫马奎纳，是一位印第安人首领。就是他煽动了掠夺来自北美洲波士顿的"波士顿号"的行动，该船船长约翰·索尔特及 25 名船员已经被谋杀，只有 2 名幸存者至今还在岸上——鉴于此，我希望您根据他的罪行将他囚禁，关在窗子都钉死的舱房里，严加看管，防止他逃跑。这样我们过不了几个小时就可以获得释放了。

约翰·R. 朱伊特，

波士顿号军械士，谨此代表他本人及

约翰·汤普森

上述船只的制帆人

马奎纳一字一句地向朱伊特核对信中的内容，朱伊特感 160
觉"自己的命运就悬在这一根细线上了"，所以他尽了最大
的努力保持镇定，最终说服多疑的首领相信信上写的就是他
想要的内容。马奎纳告诉自己的随从们不用担心，因为
"约翰不撒谎"。就这样，首领登上了自己的作战独木舟，
朝"莉迪娅号"划去。朱伊特的计划完美地成功了。读了
这封信的希尔船长将马奎纳关了起来，还告诉他除非在岸上
的两个人被释放，否则他就要一直做囚徒。印第安人意识到
发生了什么之后全都急得发狂，他们沿着岸边走来走去，像
"一群疯子一样，抓挠自己的脸，甚至一把一把地揪下自己
的头发"。有些人冲向朱伊特，威胁说要把他"剁成碎肉，
每一块都比拇指指甲还小"。朱伊特仍然很冷静，他告诉这
些人"如果你们想……就杀了我吧，撕开我穿的熊皮，朝
我胸口来一刀。你们人数这么多，我就一个人，根本不可能
反抗。不过如果你们不想看到自己的首领被拴着脖子，吊在
指向横桅杆臂的那根杆子上，被所有水手射成马蜂窝的话，
你们就不能杀我"。结果他们也确实没有。

经过了一番争论之后，朱伊特告诉印第安人最好的办法
就是用他和汤普森换回马奎纳，印第安人同意了。当两个白

人终于登上"莉迪娅号"给希尔讲述了事情的全过程之后，希尔想要立即处死马奎纳。但是朱伊特站出来为这位老首领求情，理由是"马奎纳占领船只的起因是认为自己受到了索尔特船长的侮辱，还因为其他一些［在那之前来过这个海岸的］船只的船长抢劫了他们的财物，还无缘无故地杀死了一些部落成员"。最终，朱伊特说如果希尔杀死马奎纳，他的勇士又会向下一艘驶入这个海湾的美国船报仇，那样会有更多的人丧命。被说服的希尔释放了马奎纳，朱伊特终于踏上了回家的航行。

与"波士顿号"相关的事件，特别是印第安人袭击船员的行为应当被放在一个更广阔的背景下考量，这样人们才能彻底理解这个问题。如作家希拉里·斯图尔特（Hilary Stewart）注意到的那样："［这次袭击］肯定……是由于白人侮辱了地位极高的马奎纳而引起的，……但是在这一次行为的背后，肯定还有长年以来原住民受到狭隘、贪婪的白人交易者不公对待的积怨的影响。"[66]为马奎纳向希尔求情的时候，朱伊特就转弯抹角地提及了这种不公对待。后来在其他场合，朱伊特又更加明确地指出了这一点。他写道："我毫不怀疑，［沿太平洋西北地区海岸发生的］很多令人哀伤的灾难主要都是由进行这样交易的船长和船员们的鲁莽行为引起的。他们出言不逊……劫掠，甚至是因为一点小事而杀死印第安人的行为都会引起［原住民的］狂怒。对于将以牙还牙作为最神圣原则的野蛮人来说，这些就是……导致他们向最先遇到的船只或小船上的船员进行报复的原因，所以太多无辜的人其实是在为其他有过错的人而付出代价。"[67]

实际上，在太平洋西北地区沿岸的皮毛交易历史中随处可见白人施加在当地印第安人身上的令人发指的残酷暴行，这里的白人当然不仅限于美国人。皮毛交易商人斯特吉斯的一个兄弟就是在这片海岸上被印第安人杀死的，回顾自己多年在西北地区进行皮毛交易的经历，斯特吉斯总结说印第安人通常是"不公、残暴和压迫的受害者，此外他们还受到了一种力量大小是决定权利大小的唯一标准的政策的毒害"。[68]斯特吉斯曾经对波士顿的一批有文化的听众说："我如果给你们讲讲白人在海岸地区所有的非法和残暴行径，你们会觉得这些前往那里的人似乎连他们本来拥有的人性都失去了，这确实就是那里的实际情况。"这位睿智的老船长将主要问题归结为参与这些航行的船员道德败坏，他们"认为"印第安人"比野兽强不了多少"，还"发现自己在这里可以超越文明的界限，不受任何人的管束，不计手段地获取自己想要的东西，不计后果地满足自己残忍的倾向"。[69]吉布森提出了另一种海岸上的交易者经常展现出这种冷酷无情的特质的潜在原因，"这可能是因为他们都是'临时交易者'"，这些人可能一辈子只来这片海岸一次，所以"他们更习惯于冷酷无情地对待原住民；相比之下陆地上的皮毛交易者就不会这样，因为他们还要长期和印第安人一起生活"。[70]沿海岸的交易者总是可以驾船迅速逃离，这无疑加强了他们采取袭击、劫掠、逃跑等策略的倾向。

当然也不是所有西北地区皮毛交易者都会残忍地对待印第安人。也有很多交易的过程是文明的，参与交易的双方都认可交易是公平的，或至少是可以接受的。不过随着时间的推移，问题越来越多。像朱伊特这样的情况，也就是印第安人作为挑起暴力一方的案例虽然存在，但更多的还是白人主动挑起争端的情况。类似的，印第安人偷盗交易者的财物或是试图在交易中占便宜的情况也存在，但更普遍的情况无疑是交易者欺诈印第安人，甚至是使用武力抢夺他们的皮毛。[71]如斯特吉斯评论的那样，印第安人"'犯的罪'不如'受的罪'多"。[72]

　　美国人在与中国人进行的皮毛交易中赚了钱，但是收购太平洋西北地区的海獭皮毛并不是他们唯一的产品来源。他们也有其他的渠道，其中最不同寻常的就是美国人与俄国人的合伙关系。1803 年 10 月初，从波士顿出发的"奥凯恩号"（*O'Cain*）船长约瑟夫·奥凯恩（Joseph O'Cain）抵达阿拉斯加海岸外的科迪亚克岛（Kodiak Island），给俄国美洲公司（Russian American Company）总经理亚历山大·A. 巴拉诺夫（Alexander A. Baranov）送来了一个提议。这个公司是俄国皇帝保罗一世创建的，专门负责管理俄国在美洲的经济活动，其中就包括皮毛交易。奥凯恩告诉巴拉诺夫，加利福尼亚海岸外有很多海獭，要获得它们宝贵的皮毛唯一缺少的要素就是能够杀死它们的技巧高超的猎人。如果巴拉诺夫能够提供一批阿留申人和一些"拜达卡"皮船，奥凯恩保证自己能够获得那些海獭皮毛并和俄国人分享利益。

　　巴拉诺夫对这个提议很感兴趣。俄国的海獭皮毛交易此时正经历低潮，所以奥凯恩的提议就显得格外诱人。巴拉诺夫也根本不会觉得强迫阿留申人到那么遥远的地方去捕猎海獭有什么可歉疚的，后者在他眼中的重要性比牲口高不了多少。再说俄国本来就一直希望有机会在加利福尼亚立足，通过这次活动，巴拉诺夫也许可以获得一些宝贵的信息来帮助他实现这个目标。于是，双方达成了协议。10 月底，奥凯恩就带着 40 名阿留申人和 20 条皮船离开科迪亚克向北下加利福尼亚的圣昆廷湾（San Quentin Bay）出发了，随行的还有一名俄国监督员。阿留申人不负自己优秀猎手的名声，很快就杀死了 1100 只海獭。奥凯恩还从当地的西班牙传教士手中收购了 700 张海獭皮，然后在 1804 年 6 月返回科迪亚克，把属于巴拉诺夫的那份留给他之后，将其余的都送到广州进行出售。[73]

这种由巴拉诺夫提供阿留申人和"拜达卡"皮船，同时不同的美国人提供船只负责运输的大致安排持续了将近十年的时间，为俄国收获了超过 8000 张皮毛。美国人至少也收获了同样丰厚的甚至可能是数量更多的皮毛。[74]不过这并不是故事的结局。俄国人借这个机会充分了解了加利福尼亚海岸的情况，认为自己应当到这个区域里永久定居，好在富饶的河谷地区进行农耕，为在贫瘠边远的阿拉斯加生活的人们提供那里最需要的粮食。除此之外，俄国人还打算把阿留申人转移到加利福尼亚去，让他们继续捕杀还没有被美国人捕光的海獭。

抱着这样的目标，俄国人于 1812 年在旧金山西北约 50 英里以外的博德加湾（Bodega Bay）建立了一个交易点。这个交易点的名字是罗斯堡（Fort Ross），"罗斯"是"俄国"

163

（*Rossiya*）这个单词的缩减。堡垒的位置距离海岸有 20 英里。共有 25 名俄国人和 8 名阿留申人带着他们的"拜达卡"皮船来到这里负责堡垒的正常运转。俄国人在此进行农业生产的尝试失败了，他们甚至连自己对食物的需求都满足不了，不过捕杀海獭的活动进行得倒是很顺利。阿留申人只用了几个星期的时间就杀死了 800 只海獭。在一个格外成功的捕猎季节中，在费拉隆群岛（Farallon Islands）周围和海岸沿线作业的阿留申人捕杀了将近 8000 只海獭。不过这种程度的丰收不可能一直持续下去。到 19 世纪 20 年代初，本地的海獭几乎都被杀光了。[75]虽然运气一年不如一年，但是俄国人一直在罗斯堡待到 1841 年 12 月。因为一直受到西班牙人和美国人的骚扰，俄国人最终把堡垒卖给了一个在德国出生的瑞士移民后代约翰·奥古斯塔斯·萨特（John Augustus Sutter）。这个人到了 1848 年会变得举世闻名，因为人们在他位于加利福尼亚科洛马（Coloma）的锯木厂里发现了黄金，从而掀起了美国的第一次淘金热。[76]

除了海獭皮毛，美国人也向中国人出售海狗皮毛。即便是在"哥伦比亚号"和"华盛顿号"起航之前，1786 年抵达纽约的属于楠塔基特岛的"合众国号"（*United States*）上就装载了 13000 张海狗皮毛，都是要运往广州的，这可能也是美国捕杀海豹事业的开端。在那之后的 35 年中，海狗皮毛交易急剧扩大，越来越多的船只涌向广州，以平均每张皮毛约合 1 美元的价格向中国商人出售皮毛，再由后者将这些原材料制成各种各样的服装。[77]

第九章 "完美的黄金收益循环"

海豹捕猎者在全世界范围内搜寻着海狗的身影。包括海狗在内的几种海豹科或海狮科的动物被统称为毛皮海豹或毛皮海狮（fur seal），为的是与包括海狮在内的另一些被统称为粗毛海豹或粗毛海狮（hair seal）的动物相区别。粗毛海豹的皮毛不够柔软奢华，所以不受追捧。捕海豹者完全不需要原住民的帮助，而是亲自捕杀海豹并处理皮毛。他们要做的就是前往有这种动物聚居的岛上或海岸边，用棍棒和刀子杀死动物，然后剥下它们的皮毛。这种屠杀行为的规模之大几乎令人难以置信。一次航行收获的皮毛就可以超过 10 万张，所有从被屠杀的毛皮海豹身上剥下来送到市场上的皮毛总数超过好几百万张。[78]

到 19 世纪 20 年代初，美国人的海獭皮毛交易已经进入了垂死挣扎的阶段。美国船只曾经每年向广州运输 18000 张皮毛，到此时，运输量已经骤减到不足原来的 1/5。再过 10年，这个数字将锐减至 300 张。一位声名显赫的美国海獭皮毛商人在 1832 年时通知自己的一位船长："这一季我将不再装备船只出海，这项贸易似乎已经走向终结了。"[79]虽然有些人把陷入这样艰难处境的责任推给俄国和英国交易者的竞争，但问题的根本其实是显而易见的——海獭已经快要灭绝了。不仅太平洋西北地区沿岸，而且从加利福尼亚到阿拉斯加的整条海岸线之外都已经看不到海獭的踪影了。它们本来就不是繁殖力旺盛的物种，在人类的贪婪面前更是没有一丝生机。

美国的毛皮海豹行业也遵循了相似的轨迹。美国和其他国家的海豹捕猎者走遍了全世界，一个栖息地接一个栖息地地搜寻，争先恐后地把能找到的海豹都用棍棒和尖刀杀死，然后剥下它们皮毛。一位捕鲸船船长本杰明·莫雷尔（Benjamin Morrell）到访奥克兰群岛（Auckland Islands）时目睹的一切其实再常见不过了。"虽然……〔这些岛上〕曾经生活着无数群〔海豹〕，……但是参与了捕杀海豹活动的美国和英国的水手们就是有办法把它们全杀干净，甚至不留下一对继续繁殖；1830 年 1 月 4 日，这里已经看不到一只毛皮海豹了。"[80]

1843 年，英国驻广州领事为曾经繁荣一时的美国与亚洲之间的海獭和海狗皮毛交易创作了一段可以算作安魂曲的追思作品。"20 年前，（几乎完全被美国人控制的）与中国之间的皮毛交易每年能够创造 100 万美元以上的收入。但是，由于人们对猎物毫无节制的屠杀，它们的数量已经缩减到不值得再进行捕杀了。实际上，在过去的两三年里，我们已经没有皮毛可出口到中国了。"[81]这个时代已经结束了，曾经投资海上皮毛交易的美国商人都去寻找别的投资目标了，比如捕鲸或为皮革交易运输牛皮。

165　　在"波士顿人"到太平洋西北地区捕杀海獭，斯托宁顿（Stonington）、新伦敦、纽约市及其他一些地方的人们驶向更遥远的地方捕杀海豹的同时，美国皮毛交易行业还朝另一个方向发展出了新的分支。在梅里韦瑟·刘易斯（Meriwether Lewis）和威廉·克拉克（William Clark）的带领下，美国的皮毛交易者们开始向大陆的腹地跋涉，最终将彻底打通直达太平洋的大道。

第十章
沿密苏里河溯流而上

1803 年 7 月 4 日，美国总统托马斯·杰斐逊宣布美国
从法国手中购得路易斯安那领地，美国的国土面积由此扩大
了一倍。这让前往太平洋的美国人感到无比振奋。没过多
久，刘易斯和克拉克就带领着一支"探索军团"（Corps of
Discovery）从圣路易斯出发，沿密苏里河溯流而上，翻过落
基山脉，抵达哥伦比亚河注入太平洋的入海口，然后原路返
回。刘易斯和克拉克关于这片新领地上有丰富皮毛资源的报
告刺激了美国皮毛交易的扩大，动物捕杀者也追随着探险者
的脚步纷纷前往。

实际上，这次探险计划的种子早在 18 世纪 50 年代就已
经埋下了。那时的杰斐逊还是一个生活在弗吉尼亚殖民地的
小男孩，身边围绕的都是相信美洲的未来在西部的人。杰斐
逊的父亲彼得也是这些人中的一员。彼得是一位富裕的农场
主，也是一位测绘员。因为他是忠诚地产公司的成员，拥有
阿巴拉契亚山脉以西一片将近 100 万英亩土地的所有权，因
而他偶尔也会去"探索一下荒野"。[1]杰斐逊的两个邻居也都是
很有影响力的人，一个是詹姆斯·莫里牧师（Reverend James

167 Maury），另一个是托马斯·沃克博士（Dr. Thomas Walker）。莫里是杰斐逊最重要的老师之一，他对于地缘政治学有一种敏锐的理解；沃克则一直计划领导一场探险活动，以确定密苏里河能否作为通向太平洋的水路通道，但是这样的计划因为法国印第安人战争的爆发而被迫夭折了。这两个人对于塑造杰斐逊的思维，以及让他对神奇的西部产生无限向往起到了重要的作用。杰斐逊对西部的执迷贯穿一生，从未减退。[2]

杰斐逊对于西部的看法在美国大革命结束后已经变得更加成熟，也更具战略性。西部不再只是不列颠帝国的延伸；相反，他现在认为那里是对于这个新兴国家至关重要的一个地方。这就是为什么战争结束仅仅一个月之后，杰斐逊就给著名的"老西北地区的征服者"乔治·罗杰斯·克拉克上将（Gen. George Rogers Clarke）写信说英国人打算探索"从密西西比到加利福尼亚的广大地区"，可能是为了在这些地方继续进行殖民统治。杰斐逊询问上将是否愿意带领一支队伍进行类似的探险。[3]克拉克认可这是一个很好的主意，但是他以财务状况困难为由拒绝了这个提议："你的提议……我非常赞同，如果我有足够的钱我会毫不犹豫地接受，不过最近我发现我对于这个世界的营利方法一无所知［,］大概是因为我把所有的精力都奉献给了公共利益。"换句话说，他的爱国精神让他一贫如洗，如今他不得不专注于挣钱养活自己了。[4]

杰斐逊最担心的英国人的探险活动后来也没能成行，不过他很快就有新的情况需要担心了。1785年，当时作为美

第十章　沿密苏里河溯流而上

国驻法公使暂居巴黎的杰斐逊听说路易十六计划派遣探险家拉彼鲁兹到太平洋西北地区收集科学数据，并寻找西北航线。不过无论是为拉彼鲁兹的航行筹备的物资还是杰斐逊听到的其他消息都让他认定法国人"心里打的是另一个算盘：也许他们是想在美洲西海岸定居；也许他们只想在那里建立一个或多个工厂（交易点）进行皮毛交易"。[5]然而，拉彼鲁兹并没有做这两件事，他把时间都花在了探索和测绘漫长的西部海岸线及沿途收购皮毛上，最终这些皮毛都被送到中国卖掉了。[6]

杰斐逊尤其为英国和法国对于西部的兴趣而感到担忧，因为这种兴趣会威胁到他为美国设想好的前景。在"天定命运"这个说法被创造出来的 50 多年前，杰斐逊就已经在心中认定了这个激进理念的基本原则。[7]如曾经在他年少时影响过他的那些人一样，杰斐逊相信美国，或至少是美国的影响力注定将向西推进，覆盖整片大陆。他在 1786 年的时候曾写道："我们的联邦应当被视为将要遍布整个美洲，包括北美洲和南美洲的所有人民的初始的家园。"至于欧洲列强眼下在西部地区主张所有权的问题，杰斐逊自信地认为他们最终都将被赶走。举例来说，杰斐逊最大的担忧不是当时统治着路易斯安那领地的西班牙会成为美国向西扩张的障碍，而是怕西班牙人"软弱得守不住［这片地方］……等不到我们的人民扩张到那里并一点一点将那片领地从他们手中夺过来"。[8]

相信美国未来必将扩张的人绝对不止有杰斐逊。当时在马萨诸塞州的查尔斯顿有一位名叫杰迪代亚·莫尔斯

（Jedidiah Morse）的公理会牧师。他在自己创作的一本美国地理学书籍中更加坚定地提出了这个观点：

> 我们完全可以预计在不远的将来，美利坚帝国将把密西西比河以西数以百万计的人口都纳入统治之下。我们有充分的理由断定，密西西比河绝不是帝国的西部边界。上帝从来没有打算将这片大陆上最好的部分留给距离这里4000英里的君主的臣民定居。所以我们才敢于预测，当人类更加理解自己的权利之后，当欧洲人和美洲人都更加迅速地掌握了这些知识之后，欧洲君主们的权力就会被局限于欧洲范围以内，如今他们在美洲占据的各个领地就会变成像美国一样自由、自主和独立的帝国。[9]

杰斐逊持有的不断发展的美国扩张说理念，加上他对英法可能向西部殖民或夺走该区域内皮毛交易机会的担忧，使得他想要让美国最先主张对这片地方享有权力的渴望日趋强烈。因此，当约翰·莱迪亚德抵达巴黎打算实现自己驾船前往太平洋西北地区的愿望时，杰斐逊高兴地接待了莱迪亚德并提出了他关于采取另一种方式前往美洲的建议。杰斐逊后来回忆说："1786年我在巴黎结识了来自康涅狄格州的约翰·莱迪亚德。他有头脑，有文化，更有无所畏惧的勇气和进取精神。"莱迪亚德在太平洋西北地区建立皮毛交易点的梦想破灭之后，杰斐逊"建议他尝试到我们大陆的西部地区进行探索，他可以先穿过圣彼得堡到堪察加，然后搭乘一

169

艘俄国船前往努特卡海峡，再从那里开始穿越美洲大陆的行程"。[10]

莱迪亚德本来就在考虑这样的一条路线，所以痛快地答应进行这次探索活动。于是杰斐逊马上联系了俄罗斯帝国女皇叶卡捷琳娜二世，请求她批准自己的新门徒从俄国通过。尽管女皇拒绝了这个请求，但莱迪亚德还是启程了，他希望自己到圣彼得堡之后可以去拜见女皇陛下，向她讲解这一计划的诸多优点，从而说服她许可自己继续前行。就如莱迪亚德之前的很多计划都没能成功一样，这次计划很快也失败了。

他抵达圣彼得堡后才发现叶卡捷琳娜到克里米亚去了。不肯放弃的莱迪亚德不顾女皇的旨意继续向东行进。等叶卡捷琳娜在 1787 年 7 月返回圣彼得堡并获悉莱迪亚德的胆大妄为之后，震惊的女皇下令逮捕莱迪亚德并将他驱逐出境。女皇陛下不能允许一个美国人违抗自己的命令，也不相信莱迪亚德真的只是想要探索美洲，她确信莱迪亚德是想要在太平洋西北地区的海岸上建立皮毛交易点，进而与在阿拉斯加的俄国皮毛交易者竞争。叶卡捷琳娜的军队在 1788 年 1 月底抓住了莱迪亚德，并在 3 月中旬随意地把他扔在了波兰。莱迪亚德从那里启程返回伦敦，最终于 5 月底到达。[11]

莱迪亚德的失败令杰斐逊十分失望，但还不至于彻底放弃，他仍然在寻找进行西部探险活动的机会。杰斐逊将"哥伦比亚号"的惊人航行视为自己努力的新灵感，这艘船在 1790 年返回波士顿，成功地完成了到太平洋西北地区的皮毛交易航行。西部地区对于美国的重要性已经无需多做证明。1792 年底，杰斐逊说服美国哲学学会"着手召集一些有能力的人员去探索［西部地区］……沿密苏里河溯流而上，穿越石头山（Stony mountains）［即落基山脉］，再沿最近的河流顺流而下直至太平洋"。[12]短短数月之内，学会就从包括乔治·华盛顿和亚历山大·汉密尔顿在内的一批声名显赫的支持者那里筹集到了大笔资金，并选定法国植物学家安德烈·米肖（André Michaux）负责领导这次探险活动。杰斐逊指示米肖说，"你此次行动的主要目的是找到从美国前往太平洋的最近、最方便的通路……同时收集沿途地区的详细信息，各地的物产、居民和其他有意思的情况"。[13]不幸的是，杰斐逊和学会后来发现米肖其实是一名法国间谍，他的任务是煽动在路易斯安那的法国人反抗西班牙领主。得知此情况后，探险活动被叫停了，在杰斐逊的要求下，米肖都还没有走到肯塔基就被尴尬的法国公使召回了。[14]

杰斐逊三次尝试进行西部探险，三次的结果都令他失望。不过，他的第四次尝试将带来辉煌的成功。

1801 年 3 月 4 日，托马斯·杰斐逊成为美国第三任总统。米肖事件已经过去了将近十年，但杰斐逊从未丧失对西部探险的兴趣，不过推进这项事业并不是他的政府要考虑的最重要的事情。1802 年夏天，情况出现了改变。一个包裹被送到了杰斐逊在弗吉尼亚州的位于山顶之上的蒙蒂塞洛庄园中，包裹里是一本最近刚刚出版的《1789 年和 1793 年两次从蒙特利尔穿越北美洲大陆进入冰冷宁静的海洋的经历，以及对皮毛交易兴起和状态的记述》（*Voyages from Montreal Through the Continent of North America to the Frozen and Pacific Oceans in 1789 and 1793, With an Account of the Rise and State of the Fur Trade*）。这本书的作者名叫亚历山大·麦肯齐（Alexander Mackenzie），是一位勇气可嘉、意志坚定的苏格兰人。这本书回顾了作者受雇于西北公司时进行的两次探险活动，当时这个公司正在与自己最大的竞争对手哈得孙湾公司为加拿大皮毛交易的控制权而展开一场大规模的斗争。[15]

　　引起杰斐逊注意的是 1793 年进行的第二次航行。麦肯齐的团队抵达了今天的不列颠哥伦比亚省海岸线中段迪恩海峡（Dean Channel）附近的太平洋水域，成为第一批穿过墨西哥以北大陆的欧洲人。为了纪念自己的壮举，麦肯齐把朱砂和熊的油脂混合在一起制成颜料，在水边的一块大石头上写下了这样一句话："1793 年 7 月 22 日，亚历山大·麦肯齐从加拿大经陆路到此。"[16]

　　这句话对杰斐逊的冲击是巨大的。麦肯齐已经实现了杰斐逊抱有的穿越美洲一路向西的梦想。更糟糕的是，麦肯齐还在鼓动他的同胞们利用他这趟突破性的探索之旅的成果，到太平洋沿岸进行殖民活动，将英国的商业帝国继续扩大。麦肯齐提出："这条连接大西洋与太平洋的道路已经贯通，我们应该在内陆沿途、大陆两端的海岸沿线和岛屿上都建立起成体系的交易点，这样才可以彻底控制从北纬 48°至北极之间，除俄国人在太平洋上已经占据的部分［阿拉斯加］之外的北美洲的皮毛交易。此外我们也许还能占有两片大洋里的鱼类资源，以及世界各地的市场。"[17]

171

杰斐逊将麦肯齐的壮举和呼吁人们采取行动的号召视为对美国利益的直接威胁。他仍然坚信美国的未来在西部，所以美国必须马上以自己的行动对麦肯齐的挑战做出回击。杰斐逊在 1803 年 1 月 18 日向国会送交了一份"绝密信息"，内容是申请 2500 美元的经费派遣一支队伍沿密苏里河逆流而上，"直到抵达西边的海洋［太平洋］"。这次行动的主要目的是为开发当地皮毛资源的商业活动做好准备。杰斐逊正是使用经济利益诱使多疑的国会同意为他的计划出资的。他指出密苏里河沿岸的印第安人目前正和加拿大人进行利益丰厚的皮毛交易，这些交易"是在高纬度地区进行的，需要通过无数的水道和湖泊进行转运，而且每年还有很长的冰封期"，所以这些交易"和密苏里河上的皮毛交易根本不能比"，杰斐逊补充说，"后者是在温和的气候下进行的，利益也最丰厚，一条水道直接连通货物源头，也许［能让我们的皮毛交易者把皮毛直接］从西边的海洋……［运到］大西洋"。[18]

如历史学家史蒂芬·安布罗斯（Stephen Ambrose）注意到的："认真听取报告的国会议员都收到了一个再明确不过的讯息：我们能够把皮毛交易从英国人手里抢过来。"[19]行动的次要目标是"增进我们对于"这片大陆的"地理［和科学］方面的了解"，不过对于杰斐逊来说这几乎和主要目标一样重要。[20]行动的最终目的虽然未被点名，但谁都明白美国人此行就是要收集情报，培养印第安人盟友，等到时机成熟之后，美国人就可以在向西扩张到这片由其他国家控制的地区时占据一定先机。[21]

第十章　沿密苏里河溯流而上

杰斐逊从来都是一位精明的政治家，他还将这次行动视为让国会支持他提议的众多印第安人政策之一的途径。他在自己提交的"绝密信息"的开头部分就指出："生活在美国境内的印第安人部落因为自己占据的领地不断缩小而越来越不安定，虽然这完全是他们自愿出售土地带来的结果。"然而现在他们也开始拒绝出售更多的土地了。在杰斐逊眼中，这是一个令人担忧的现象。因为不断增长的美国人口需要更多新领地，但是很多领地都属于印第安人，如果他们不再出售土地，美国人就没有地方可定居——除非强行将印第安人驱逐，不过杰斐逊还是希望能够避免采取这种方式。

杰斐逊敦促国会采取两种能够让印第安人开放他们的土地供美国人定居的办法。第一种是"鼓励"印第安人转型为农场主，要向他们证明进行农耕是比打猎更好的生活方式，最终促使他们卖掉"面积广大、未经耕种的荒野"，作为"改善他们的农场，提升家庭生活舒适性的手段"。第二种是增加政府开办的交易点数量。杰斐逊说此举能够让那些道德败坏的私人皮毛交易者没有生意可做，这些人一直想办法挑动印第安人与政府作对，但是政府的交易点能够让印第安人明白"他们富余的资源［土地］正是我们想要的东西，我们富余的资源［交换货物］正是他们想要的东西，相互交换才是最明智的做法。这样我们就可以引导［印第安人］进行农耕、开展制造业和融入文明社会；将他们和我们的定居点团结在一起，帮助他们为最终参与分享我们政府带来的福利做好准备，我相信我们的行为是最符合他们自身利益的"。[22]

杰斐逊没有在他的"绝密信息"中提及的是他相信扩大政府工厂（交易点）的影响力和获得印第安人土地之间的关键环节在于信贷。他在给印第安纳州州长威廉·亨利·哈里森（William Henry Harrison）的书信中提到，前往这些工厂的印第安人希望得到比他们提供的皮毛能交换到的更多的货物，这些工厂也都非常乐意许可他们赊购。杰斐逊接着说道，政府"很高兴看到他们之中信誉良好、有影响力的个人负债，因为据我们的观察，当这些个人还不起债的时候，他们就会出售土地"。[23]

杰斐逊意识到，有些国会议员也许会认为自己很难投票支持增设政府开办的工厂的提议，因为那些将被迫陷入竞争的私人交易者恰恰是他们的选民。杰斐逊相信解决这个潜在问题的办法就是扩张领土，他说这些皮毛交易者因此而失去的任何生意都可以从扩张带来的更多皮毛交易机会中获得弥补。[24]杰斐逊的论点最终说服了国会支持扩大工厂体系和进行探险活动这两项提议。

总统将给国会的信息设定为绝密是因为他知道这些内容在国际社会上有可能产生爆炸性的影响。探险行动将要前往的地方属于其他国家，或是被其他国家主张了所有权。其中最主要的就是法国，法国的执政者拿破仑·波拿巴最近通过《圣伊尔德丰索密约》（Treaty of San Ildefonso）从西班牙手中收回了对路易斯安那领地的控制权。无论法国还是英国都有皮毛交易者深入路易斯安那和太平洋西北地区进行皮毛交易，所以这两个国家都绝不会友善地看待美国人的探险行动，因为行动的目的显然是要抢夺对皮毛交易的控制权，还有可能在印第安人之间播下引发冲突的种子，以加速西部地区落入美国手中的计划。所以，杰斐逊没有宣扬行动的真实目的，反而称此次探险完全是一次"学术追求"，是为增加对西部的了解。不过欧洲人当然不会傻得相信这种说法：他们都知道美国人脑子里想的根本不是什么学术。[25]

　　这一次杰斐逊选择了他的私人秘书、同样来自弗吉尼亚州的28岁陆军上尉梅里韦瑟·刘易斯来领导探险活动。有趣的是，刘易斯在1792年就曾请求带领美国哲学学会组织的西部探险活动。当时杰斐逊拒绝了刘易斯，而是选择了最终让他大失所望的米肖。经过这么久之后，很多事情都已经发生了改变，刘易斯积攒了10年的工作经验，变得更加成熟，他不仅是完全可以胜任这个职务的人，也是杰斐逊唯一考虑的人。之后，刘易斯选择了32岁的陆军上尉威廉·克拉克与自己共同领导这次探险活动。这两位探险家集结了31名队员和1条名叫"水手"的纽芬兰犬，组成了探索军团的核心部分。[26]

　　杰斐逊给刘易斯的指示非常具体。"你这次行动的目标就是探索密苏里河及其主要支流，"杰斐逊解释道，"寻找能够连通太平洋的通路，无论是哥伦比亚河、俄勒冈河、科罗拉多河还是其他什么河流，只要是直接连通、适合行船的横穿大陆的水道，可以进行商贸活动就好。"探险途中，刘易斯要去接触他遇到的印第安人，了解他们财产的范围，以及他们与其他部落的关系，还有他们的法律与习俗等。刘易斯还要特别注意印第安人可以提供哪些如皮毛一样的"商品"，以及他们最想要从美国人这里交换什么样的货物。身为一个热爱科学、注重细节的文艺复兴人，杰斐逊还指示刘易斯要详细记录沿途的气候和地理特征、矿产资源和动植物群落情况。杰斐逊还说："你在和原住民打交道的时候，一定要采取最友好和安抚的方式，这样他们才会对你报以相同的态度；将所有充满嫉妒和戒备之人都转变为我们的盟友也是你此行的目标；你要填补他们的无知，让他们了解美国的位置、范围、特点及其爱好和平、乐于进行商贸交往的倾向；告诉他们我们想要成为亲善友好的邻居及对他们有用的人的愿望，还有我们想要和他们进行商业交往的打算。"如果刘易斯和探索军团能够抵达太平洋，他们还要确定"在密苏里河源头收购皮毛是不是……像在努特卡海峡或海岸沿线任何地方一样有利可图；如果皮毛交易由此改为在密苏里河上进行，美国［是否能够］比现行的环球航行的交易方式收益更多"。换句话说，如果太平洋沿岸的皮毛能够沿密苏里河向东运输，交易货物也可以走同一条路向西运输，美国商人就可以省去派遣船只绕行合恩角送货换取皮毛的费用了。[27]

在刘易斯还在华盛顿为启程做准备时，有重大消息传到了首都。以华盛顿为基地的《国家情报员》 （*National Intelligencer*）在 1803 年 7 月 4 日宣布美国以 1500 万美元的价格从拿破仑手中买下了路易斯安那领地——有人称这是人类历史上最有影响力的地产交易。[28]这场交易彻底改变了此次探险活动的性质。探索军团将不再是进入他国领地穿行，相反，他们的大部分旅途如今都被包括在了美国新增的领土之内，不过这一部分的范围究竟有多大无法确定，因为根本没人知道路易斯安那领地的具体范围。如杰斐逊后来评价的那样，购买这个地区"无限提升了我们对于这次探险行动的兴趣，也减少了我们对于可能出现的外国势力干预的担忧"。[29]除此之外，刘易斯和克拉克的职责如今又多了一项，他们要通知自己遇到的印第安人：路易斯安那领地如今成了美国领土的一部分，所以他们现在都是在华盛顿的"伟大父亲"的"孩子"。

175

1804 年 5 月，探索军团开始了沿密苏里河溯流而上的行程。18 个月之后，在目睹了一些世上最壮观的景色，也经历了一些最艰难的地形之后，两位队长和他们的队员们经过 4000 多英里的长途跋涉，终于抵达了哥伦比亚河在太平洋岸边的出海口。抵达目的地的欣喜提升了所有人的士气，克拉克自然也感到无比愉悦，他在自己的日记中写道："看到了海洋！噢！太高兴了！"[30]几周之后，克拉克在一棵巨大松树的树皮上刻下了这样的字句："1804～1805 年经陆路。美国。威廉·克拉克上尉。1805 年 12 月 3 日。"[31]

不难想象，克拉克模仿麦肯齐的刻字，不仅是为了向前人致敬，更是他自己做出的骄傲的声明——意思是我们也做到了。杰斐逊指示刘易斯在抵达海岸边之后要尽全力寻找"任何国家的船只"，如果可能的话，派两个手下带着他的书信乘船返回；如果刘易斯认为让剩下的探索军团成员经陆路返回太过危险的话，那么他应当想办法安排所有人乘船返回。然而，探索军团没有遇到任何船只，他们决定在哥伦比亚河的一条支流上游几英里处驻扎过冬，他们在那里建造了一片面积不大的用栅栏围起来的封闭区域，并将其命名为克拉特索普堡（Fort Clatsop）。[32]

刘易斯和克拉克在 1806 年 3 月 23 日向 "克拉特索普堡做了最后的道别"，然后踏上向东返回的漫长旅途，并于 9 月 23 日抵达圣路易斯。历时将近两年半的史诗级探险活动终于结束了。这次行动的成果非常丰硕。刘易斯和克拉克与很多印第安人族群建立了友好的关系，并收集了他们人数、习俗、结盟关系和大致的生活方式等详细信息。这次探险还收集到上百种动植物样本，其中很多都是科学界尚无人知晓的。刘易斯和克拉克记录了地质地形方面的详细情况并绘制了草图，为创作第一幅详细的贯穿大陆通往太平洋的线路图提供了基础。在探险过程中，两位队长也从没忘记自己探险的主要目的是要验证向西发展商业活动的潜力。所以他们的日记中也写满了各处的皮毛情况和皮毛交易的机会。比如，1804 年底至 1805 年初那个冬天，刘易斯在日记中记录到黄石河周围有数量丰富的 "带皮毛的动物"，他还断言在河口地区建立交易点会带来 "收益最丰厚的皮毛交易"，还能防止英国西北公司将其皮毛交易活动扩大到这一范围之内。[33]

虽然探险活动获得了很多成功，但它在一个很关键的方面是失败的。杰斐逊希望刘易斯和克拉克能够找到一条从密苏里河通向太平洋的全程水路来作为进行皮毛交易的主干道。可惜在杰斐逊看来，高耸入云的落基山脉似乎是一道不可逾越的屏障。在刘易斯的书面报告中，他也向总统汇报了这个坏消息。刘易斯描述了密苏里河与哥伦比亚河之间虽然难走但是可以穿行的通道，这段全长 340 英里的道路中有 140 英里"要翻山越岭，山很高，有 60 英里的路段长年被冰雪覆盖"。[34]如安布罗斯所说，"刘易斯的这席话彻底打消了人们寻找西北航线的想法"。[35]

在刘易斯看来，道路难走只是一个小问题，他告诉杰斐逊自己和克拉克认为"横穿大陆的通道会为皮毛交易带来巨大的优势"。密苏里河及其支流周围的河狸和海獭比"世上其他任何河流上的都多"，刘易斯宣称，从那里收集的皮毛可以被运送到哥伦比亚河河口，然后经海运送到中国去，这样美国人就可以比英国人更快地把产品送到市场上。刘易斯也没忘了将哥伦比亚河的皮毛资源计算在内，他注意到虽然哥伦比亚河及其支流周围的河狸数量不如密苏里河附近那么多，"但也绝不是不值得经营的，这里完全可以展开有收益的皮毛交易"。由此可见刘易斯的宏伟计划，他总结道："如果政府能够以哪怕只是非常有限的方式对人民的创业活动进行一些扶助，我完全相信他们很快就能依靠这里的资源发展起交易活动并从中获利。10～12 年以后，通过这条通道穿越大陆就会像人们如今横渡大西洋一样稀松平常。"[36]

探索军团的回归引发了不断扩大的为致敬美国新英雄而举办庆祝活动的热潮。抵达圣路易斯两天之后，刘易斯和克拉克就受到了镇上领袖市民的设宴款待，后者还在克里斯蒂旅馆里为他们举办了舞会。根据当时一份报纸的报道，"这样的场面能够真实体现人们对于这些甘愿为祖国同胞的利益 177

253

而冒险挑战疲劳和饥饿的英雄们的敬意"。宴会上觥筹交错，人们纷纷发表祝酒词，以各种各样的名义举杯，包括"敬克里斯托弗·哥伦布——愿那些与他一样无畏、坚韧地做出壮举之人永远不会像他一样被忘恩负义的公众无情地对待"；"敬密苏里河——愿它在美国人的帮助下成为为全世界各国提供财富的媒介"；"敬美国的商业活动——它是美国政治地位提升的基础"。[37]

在探险活动已经结束的消息缓缓地在全国各地的报纸上传播的同时，圣路易斯的居民们可以第一时间向探险家们询问关于他们行程的问题。有一个话题迅速成为人们关注的焦点，那就是密苏里河及更远地方的皮毛资源和交易机会情况。让－皮埃尔·舒托（Jean-Pierre Chouteau）是圣路易斯最显赫家族的成员，也是当地最杰出的皮毛交易者之一。他在家中极尽奢华地招待了刘易斯和克拉克，同时也迫切地向自己的客人询问了他们看到的一切。探索军团的其他成员也在镇上各处传扬类似的内容。根据作家阿伦·J.拉奇（Arlen J. Large）的观点："围绕在营火周围的聊天、在酒吧里流传的故事、宴会后举着白兰地和雪茄进行的高雅闲谈——正是这些没有被记录下来的内容……最先激发了人们去开发利用此次探险成果的尝试。接下来在西部发生的一大波皮毛交易探索的原动力更多都是来自探险结束之后流传的各种消息，而非什么正式的书面文件。"[38]

不过，我们应当从恰当的角度来看待这"一大波"尝试。西部的皮毛交易活动并不是因为刘易斯和克拉克的探险才有的。[39]圣路易斯从 1764 年起就是一个重要的皮毛交易中心，最晚也是从那时起就已经有法国和西班牙的皮毛交易者，后来又有美国的皮毛交易者前往密苏里河了。刘易斯和克拉克在探险途中肯定也看到过很多在他们到来之前已经有人在进行皮毛交易的证据。他们遇到的一些印第安人也已经拥有用皮毛交换来的各种欧洲和美国商品了。探索军团在行进途中还曾多次遇到皮毛交易者。

虽然西部皮毛交易不是由这次探险活动引发的，但是这次探险确实对交易活动起到了推进作用。关于探险队伍所到之地的自然地理情况的详细信息，尤其是密苏里河上游及更远地方的情况，令圣路易斯的皮毛交易者无比兴奋，备受鼓舞，其中的代表就是曼纽尔·莉萨（Manuel Lisa）。

曼纽尔·莉萨1772年9月8日出生于新奥尔良的一个 178 西班牙人家庭，18世纪90年代末，莉萨来到圣路易斯，很快就成了镇上最主要的皮毛交易者之一，也是舒托家族最重要的竞争者。[40]在莉萨的批判者大军眼中，他是一个过分好斗的生意人，性格粗鲁，相信为达目的可以不择手段。简单来说就是这个人不值得信任。莉萨的一位雇员宣称为莉萨工作的人"都非常讨厌和鄙视［他］，这既是因为他的行事作风，也是因为他的邪恶名声。还有很多流言都是关于他在边界地区实施的所谓的恶行。这些传闻可能是胡编乱造或夸大其词的，但是从他的样貌上看，他倒真像是能干出这样事情的人。莉萨肤色黝黑，长得像墨西哥人，每个部位都透着一股匪气——既闪烁在他那双西班牙人的黑色眼睛中，也沉沉地'压在他邪恶的'前额上"。[41]当梅里韦瑟·刘易斯不得不与莉萨打交道以获得进行探险的物资储备的时候，通常内敛克制的上尉几乎都压不住对这个西班牙人及其合伙人弗朗西斯·贝努瓦（Francis Benoit）的怒火。"我诅咒曼纽尔［·莉萨］，我更要三倍地诅咒贝努瓦先生，"刘易斯在给克拉克的信中这样写道，"他们根本不值得我如此苦恼和烦忧。我与他们接触时是坦率诚恳的，［但］很快就谈崩了；我认为这两个人都是无赖。"[42]

不过，也有人对莉萨赞赏有加，这些人当中就包括皮毛交易历史问题专家海拉姆·戚廷顿。他说莉萨是"勇敢的创业者，对自己的目标坚持不懈，有无穷无尽的能量，最能代表科尔特斯时代的西班牙人。他的能力非常出众，还非常善于识人，对于与印第安人交易及他们的风俗习惯非常了解，在自己的生意上非常活跃，他的性格是个谜，与他同时期的人并不理解他"。戚廷顿还补充说就算莉萨"真的使用了什么不道德的手段来实现个人利益……那些诋毁他的人也未必有资格批评他，因为他们之间的区别只是莉萨成功了而那些人没有。莉萨比他们精明太多了"。[43]

1807年春天，也就是刘易斯和克拉克凯旋半年之后，莉萨带着50~60名队员从圣路易斯启程了，这些人当中还有几个正是探索军团的前成员。队员们用平底货船载着将要与印第安人进行交换的货物沿密苏里河溯流而上。驾驶任何船只逆水航行都很困难，使用平底货船更是一项无比艰巨的任务——这种船基本上就是一种只能漂浮的驳船，长度可以达到50~75英尺，宽度有8~18英尺，能够装载20~30吨的货物。最大的困难来自河流本身。密苏里河是美国最长河

179

流密西西比河最长的支流，绵延 2600 英里，水势湍急，多涡流、曲折和急弯，还有隐藏在翻滚水面之下危险多变的沙洲和断枝沉木。因此，密苏里河可以算是世界上最危险、最不可预测的大河之一，它还因为夹杂着大量淤泥的河水而得到了"大浊水河"的绰号。[44]传教士马凯特在 1673 年沿密西西比河顺流而下经过密苏里河河口的经历让他感到胆战心惊。"当我们……沿着一条美丽、平静、清澈的河水航行的时候，"教士写道，"我们听到急流发出的巨大水声就知道我们马上就要冲向那里了。我从没见过比这更可怕的事：很多棵带着树杈的完整的大树纠结在一起，就像一个完全漂浮在水中的小岛一样，从佩吉塔努伊河（Pekitanoui）[密苏里河在印第安人语言里的名称]的河口猛地被冲出来，我们要想通过这里也要面临巨大的风险。何况这里的水质极为浑浊，我们什么也看不清，所有人都紧张到了无以复加的程度。"[45]

如果世上有谁能够驾驭密苏里河的话，那个人就是莉萨。他最知道如何掌控笨重的平底货船，因为他曾经驾驶这样的船只在密西西比河及大浊水河下游航行，从实践中积攒了经验。他和别的内河水手们会因水流状况的不同而采用不同的航行策略。大多数情况下，河水湍急，船只可以贴近岸边航行，这时水手们就会采取纤绳拖拽的方式，也就是由 20 ~ 40 人在岸边用最长可达 1000 英尺的拖船绳索拉着船只行进。这是一种极为艰难的工作，因为岸边几乎没有路，拖拽船只的人们要拖着沉重的船只，在茂密的树丛或灌木丛里，或者是光秃秃的、随时有碎石滚落的悬崖上，又或者是有厚厚淤泥的河岸边艰难跋涉。如果再出现阻碍船只贴近岸边航行的屏障，水手们就会改为采取另一种被称为绞缆拖拽的拖拽形式。这种情况下，几名水手会先划着小船通过障碍，然后把绳子拴在一棵粗壮的大树上。绳子的另一端还在船上，水手们通过收紧绳子就可以拖着船只向前移动了。但是，如果拦住货船的沙洲迫使货船离开岸边太远或者是河岸上彻底无法通行的话，拖拽方式就要被架杆方式取代了。在这种情况下，水手要在靠近船头的两侧各排一队，每队8～10人，每人拿着一根长杆插进水中，杆头指向下游的方向，直插进河底。依靠杆子的圆头用力抵着河底，水手们开始朝船尾走，直到领头人走到不能走了为止。这时所有人都会把他们的杆子从水里拔出来，回到船头，重复同样的动作。每个人都必须以最快的速度回到原始位置重新开始，这样才能保持住向前的冲力。如果水太深不适宜插杆且水流比较和缓，水手们也可以直接摇桨划船。还有一种极少见的情况是，如果船只行驶到一段相对笔直的河段，又恰好赶上顺风风力强到足以超过水流力量的话，水手们也可以张开船帆御风而行。[46]

莉萨和他的水手们就运用了以上所有办法，缓慢但坚定地前进着。在接近密苏里河与普拉特河（Platte rivers）交界处，即今天内布拉斯加州的奥马哈（Omaha）南边一些的时候，莉萨收到了一个意外的天降大礼。他在这里遇到了一名独自划着独木舟顺流而下的白人。这个名叫约翰·科尔特（John Colter）的人曾经是探索军团的成员，他在探险活动晚期离开了队伍，到密苏里河上游捕河狸去了。莉萨认为科尔特对于自己的团队是一个完美的补充，因为他就是从自己要去的地方来的，自然了解那里的情况。经过简单的协商之后，科尔特加入了莉萨的队伍。[47]

莉萨继续前进到密苏里河与黄石河的交界处，然后沿黄石河逆流而上，在 10 月驶入了比格霍恩河（Bighorn River）。莉萨的行程就停在了这里，他打算朝一个新方向发展自己的皮毛交易。传统上，美国人都是靠印第安人向他们提供皮毛，莉萨也不例外，但他并不是完全依靠印第安人。凭借他之前的经历和从其他皮毛交易者及刘易斯和克拉克那里获得的信息，莉萨已经知道大平原印第安人（Plains Indians）不喜欢也不擅长捕杀河狸。如一位加拿大交易者在 1805 年时观察到的那样："〔密苏里河上游的〕河狸非常多，但是那里的印第安人根本懒得捉。他们总是跟我说，如果河狸像野牛一样，需要骑着马捕杀，他们会很乐意为白人提供河狸。相反，在地上的弯弯绕绕里寻找河狸，只为满足白人的贪婪这件事在他们看来不仅很麻烦，而且有损他们的尊严。"[48]

考虑到这样的情况，莉萨确信光靠印第安人提供河狸的做法注定要以失败告终。于是，他采取了一种尚未有人尝试过的途径。印第安人用皮毛来进行物物交换的时候，莉萨与他们交换；除此之外，他也会派出自己的动物捕杀者到野外捕杀河狸。莉萨给受雇于他的每个手下都提供了一套捕猎行头，涵盖了各种在野外工作和生存所必需的工具，包括 1 支步枪、1 匹马或骡子，还有装了 6~8 个钢质捕兽夹的麻袋，每个捕兽夹都是请铁匠手工打造的，单价高达 6 美元。在所有装备里，这些捕兽夹是最重要的，因为能捕到河狸全凭这种工具。

181　　捕兽夹的种类很多，但它们抓住目标猎物的基本原理都一样。夹子可以是半圆的或方形的，边缘通常是平的，少数一些带有锯齿。夹子的部分要完全打开，同时将两条手肘形的粗钢带用一根金属棒固定住位置，这根金属棒被称为"狗"，由此形成的巨大张力就是捕兽夹的弹簧动力。"狗"与一张被称为"平底锅"的扁平金属板相连。河狸一踩到"平底锅"，"狗"就松了劲儿，捕兽夹就会以极大的力气迅速闭合，从而夹住河狸的脚或小腿。为了促使河狸跨出踩到"平底锅"这致命的一步，动物捕杀者会采用一些伪装，再设计一次突袭。第一步，他要在距离河狸池塘边缘水深四五英寸的地方放好捕兽夹——设置为随时可以咬紧的状态；第二步，连接着捕兽夹的绳索最多有 5 英尺长，绳子的另一头系在被钉在池塘中水深一些的地方的塘底淤泥中的木桩上。动物捕杀者会捡一根有一头磨圆了一些的小树枝，把这一头插进兽角瓶里蘸一点被他们称为"药"的东西。这种"药"是用河狸香、香料、樟树的树胶和杜松子酒等原料混合而成的一种有刺激性气味的液体。配制这种"药"的药方可能有几十种甚至上百种，每个动物捕杀者都死守着自己的秘方，生怕被竞争者知道了会占据优势。准备好带香味的诱饵之后，动物捕杀者会把没有药物的那一头树枝插进池塘边的淤泥中，另一头露出水面几英寸的样子，距离捕兽夹的距离也就是 1 英尺。好奇的河狸露出水面检查香气的来源时会踩到"平底锅",触动受牵制的弹簧,最终被捕兽夹夹住。如果捕兽夹只是夹到了河狸的爪子,河狸还可以咬断爪子逃生;如果捕兽夹夹住了河狸腿部偏上的位置,那么河狸就必死无疑了。惊慌失措的河狸往往选择向深处潜水,但这个办法是跑不掉的,因为捕兽夹连着钉在水里的木桩。河狸会拼尽全力挣脱,结果却是被淹死,因为捕兽夹和锁链的重量会将它们拖入水中。[49]

莉萨雇用的动物捕杀者不仅有工资拿,还可以根据自己捕猎成果带来的收益获得一定比例的分成,这是一个激励他们努力工作的成功办法。后来莉萨在黄石河与比格霍恩河的交汇处建造堡垒时,他又给这个交易点安排了新的功能。这个交易点起初是以莉萨儿子的名字命名,叫雷蒙德堡(Fort Raymond),后来则被叫成了曼纽尔堡或莉萨堡。这个堡垒不仅是密苏里河上游,也是蒙大拿州的第一个交易点。对于莉萨的手下来说,他们不仅可以在这里卸载皮毛、补充物资、休息整顿,还能在遇到印第安人攻击时获得庇护。对于印第安人来说,他们可以从这个交易点换取他们需要的货物。对于莉萨来说,他可以把自己手下需要的物资送到这个方便且居于核心位置的地点,并把集中到这里的皮毛运回圣路易斯。[50]

建立起曼纽尔堡之后不久,莉萨派遣科尔特去进行一趟侦查之旅,目的是与该地区里的印第安人建立交易联系,并确定哪里是最适宜捕杀河狸的地点。科尔特不仅完成了雇主交给他的任务,还探索了更多的地方。他在相当于今天蒙大

182

拿州、怀俄明州和爱达荷州境内开拓出了一条此前尚无人在
地图上标注过的 500 英里长的蜿蜒道路。走这条路时不仅要
翻越艰险的高山，穿越深邃盘绕的峡谷，在冬天最寒冷的几
个月里，科尔特还要背着 30 磅重的背包沿着曲折的河床独
自一人前行，他身上穿的衣物也只是能让他不至于被冻死而
已。[51] 鉴于此，用戚廷顿的话说，科尔特成了 "第一个探索
比格霍恩河河谷的探险家；第一个穿越温德河（Wind
River）源头的几个山口，看到西部科罗拉多河源头的人；
第一个看到蒂顿山脉（Teton mountains）、杰克逊霍尔
（Jackson Hole）、皮埃尔霍尔（Pierre's Hole）和斯内克河
（Snake river）源头的人；最重要的是，他是第一个穿过后
来闻名于世的黄石仙境所在区域的人"。[52]

　　主要是因为科尔特没有留下任何文字记录，他与别人交
流过的信息也非常模糊，这就使得一代代的学者和坐在扶手
椅里空想的历史学家们有了充分的想象空间——关于科尔特
行程的确切范围的激烈争论一直没有结果。[53] 很多人质疑他
穿行的地方是不是今天的黄石国家公园，甚至怀疑他声称自
己到过一个有很多喷得很高的间歇泉、有含硫黄的沥青坑、
有火焰从地面的裂缝中冒出等可怕自然景观的地方的说法是
不是真的。根据他的说法，很多动物捕杀者都称这片地方为
"科尔特的地狱"。[54] 不过就算关于科尔特行程的某些说法不
真实，我们还是可以确信他的艰苦跋涉是美国探险历史上最
令人震惊的单人行程之一。[55]

　　当科尔特外出探索的同时，莉萨的策略也进行得非常顺

利。他的手下在曼纽尔堡附近的溪流与大河中捕到了很多河狸，印第安人也会带着皮毛前来交易。莉萨的成功一部分正是源于他对这些印第安人客户的深刻理解和尊敬之情。莉萨 183 能够与各个印第安人部落保持友好关系，这一点连他的敌人都不免感到佩服。在职业生涯晚期评价自己的惊人能力时，莉萨说道："我在印第安人面前表现得像一个施恩者，而非掠夺者……我的铁匠不间断地为他们服务，还不收取任何费用。我把捕兽夹借给他们使用，只要求他们以优先与我进行交易为回报。我的交易点向病弱者提供救济，为无家可归的老人提供住宿。通过这些方法，我赢得了当地人的信任和友谊，结果自然是他们都愿意与我交易。"[56]

搜集来的皮毛被捆成 60～80 张一捆。1808 年夏天，莉萨把这些皮毛运回了圣路易斯，以最高 4 美元一张的价格售出。莉萨的满载而归及有钱可赚的前景给这个人口近千人的繁忙边境城镇带来了巨大的喜悦，促使当地生意人中一小波有钱有势的领袖们和莉萨联手组建了密苏里皮毛公司，公司的目标是开发密苏里河上游直至落基山脉的皮毛交易机会。[57]股东中包括两个舒托家族的成员、安德鲁·亨利（Andrew Henry）、鲁本·刘易斯（梅里韦瑟·刘易斯的兄弟）、皮埃尔·梅纳尔（Pierre Menard）以及威廉·克拉克。克拉克认为这次投资是一种能利用自己在史诗性的西部探险中费尽千辛万苦获得的情报营利的手段。这个企业的成立引起了《密苏里公报》（*Missouri Gazette*）的注意，该报刊文称这个公司"从各个角度来说都完全有能力获得无限的收益，不仅能为公司的参与者，也会为整个社会群体带来好处"。[58]

公司的探索队于 1809 年春从圣路易斯出发，秋天的时候，莉萨的手下开始在曼纽尔堡附近设陷阱捕河狸。包括当年剩下的时间和接下来的一年里，捕河狸的收获都很好。梅纳尔和亨利还带领一队人手到位于密苏里河源头被称作"三叉口"（Three Forks）的区域里建立了一个新的交易点。这里是杰斐逊河、麦迪逊河与加拉廷河（Gallatin River）的交汇处，这片区域是一片极好的、尚未有人涉足的地方，拥有丰富的皮毛资源，所以来这里的人认为在这个交易点建成的第一季他们就可以收集 300 捆，也就是最多 24000 张河狸皮。不过在这个梦想实现之前，对美国人充满愤怒之情的黑脚族印第安人先向他们发动了进攻。[59]

黑脚族印第安人与美国人之间的关系第一次受创是在 1806 年 7 月底。当时刘易斯和三个手下骑着马沿玛丽亚斯河（Marias River）源头不远处的"双药溪"（Two Medicine Creek）行进。透过眼角的余光，刘易斯发现一英里外的一条山脊上有大约 30 匹马和几个印第安人。考虑到慌忙逃跑反而容易"招致追逐"，所以刘易斯决定主动朝印第安人接近，他高举起双手，"召唤"对方来与自己会面。印第安人犹豫了一会儿，最终还是过来了。这八个印第安人都是皮根人（Piegans），属于黑脚族的一个部落。刘易斯对于印第安人的真实意图感到担忧，并告诉自己的手下保持戒备。即便如此，刘易斯还是相信自己的人能够抵挡任何进攻，而且天马上就要黑了，所以他邀请印第安人和他们"一起扎营"。

第十章　沿密苏里河溯流而上

担心印第安人一有机会就会抢走他们的财物，所以刘易斯和手下们轮流值夜。第二天一早，刘易斯他们有三个人还睡着，印第安人们则已经集中到营火边，其中一人发现正在站岗的约瑟夫·菲尔德（Joseph Field）如刘易斯在他的日记中记录的那样，"粗心地将他的枪支放在了在他身后睡觉的我的兄弟［鲁本］身边"。印第安人抓住这个机会，抓起了约瑟夫和鲁本的枪，然后又扑过去抢刘易斯和四人之中的最后一个乔治·德鲁拉德（George Drouillard）的枪。约瑟夫朝鲁本大喊，后者跳起来和约瑟夫一起去追赶偷枪贼，跑了不到 60 码就追上了那个印第安人，并从他手里夺回了枪。鲁本把自己的刀子插进了印第安人的前胸，后者蹒跚了几步就倒在了地上。与此同时，被骚乱惊醒的德鲁拉德一边朝着一个印第安人大喊"该死的，放下我的枪"，一边与之搏斗并夺回了枪。德鲁拉德的喊声吵醒了刘易斯，后者看到另一个印第安人正拿着自己的步枪逃跑，于是就追了上去。追到之后，他用自己的手枪抵着印第安人的头，"说服"他放下步枪。

此时，刘易斯和自己的同伴们已经夺回了他们的枪支，接下来他们要解决的是阻止印第安人抢走他们的马匹。刘易斯把两名印第安人堵在了一个箱型峡谷里，举着枪威胁说不把马匹还回来自己就要开枪了。一个印第安人跳到了一块大石头背面，另一个身上有武器的印第安人则突然转过身来，刘易斯开枪击中了他的腹部。这名印第安人倒在地上之后还用右手肘撑着地朝刘易斯开枪还击，然后也爬到了一块石头后面，不过后来这个人还是死在了那里。虽然印第安人没有打中刘易斯，但子弹是贴着他什么都没戴的头顶飞过去的，上尉说自己"能够清晰地感受到子弹掠过时带起的风"。因为没有拿弹药袋，刘易斯无法重装子弹，所以他迅速返回营地组织自己的手下离开这个地方。不过临走之前，刘易斯还
185 是决定要做个声明。一个印第安人的尸体就躺在营地旁边，他的脖子上还戴着刘易斯前一晚送给他的杰斐逊和平奖章，那象征了在华盛顿的"伟大父亲"与印第安人的友谊。刘易斯没有取下这个奖章，为的就是让任何看到这可怕一幕的印第安人都"清楚地知道我们是谁"。[60]

这次暴力冲突造成两名皮根人丧生，从此开启了黑脚族和美国人之间长期的仇恨和敌意。这之中起作用的有两个因素：第一个是印第安人丧命这件事本身让其他印第安人渴望复仇；第二个也是更重要的是，那些幸存的皮根人给自己的部落送回的消息。当刘易斯和印第安人一起围坐在营火边的时候，他告诉印第安人美国希望与所有部落维持和平关系。他还告诉印第安人，美国不仅与肖松尼族（Shoshone）和内兹佩尔塞族（Nez Percé）签订了和平条约，还承诺向他们提供包括枪支在内的交易货物，而这两个部落正好是黑脚族的宿敌。在他们看来，情况再明白不过了——美国人计划与本族的敌人交易并向他们提供武器，所以美国人也是本族的敌人。[61]

两年之后，另一次冲突的发生让本就紧张的局势更加恶化。1808 年初春时节，莉萨派遣科尔特护送乌鸦印第安人（Crow）和扁头印第安人（Flathead）到曼纽尔堡进行交易。途中他们遇到了一大批黑脚族人并受到袭击。虽然科尔特并不想与对方发生冲突，但是他不得不保卫自己的安全，所以

第十章 沿密苏里河溯流而上

只好朝迅速逼近的印第安人开了枪。科尔特自己的腿上也受了伤，他爬进了一片灌木丛，躲在后面继续还击，几乎枪枪致命。遭受严重伤亡的黑脚族撤退了，但是有一个景象深深地烙进了他们的脑海中：科尔特在与他们的敌人——乌鸦印第安人——并肩作战。这让黑脚族又多了一个憎恨美国人的理由。[62]

1808 年底，科尔特亲身体验了这种憎恨有多么深。当时他和另一位探索军团的前成员约翰·波茨（John Pottss）一起在三叉口地区捕杀河狸。两人都知道自己是在黑脚族的领地里，因而有可能遭遇风险，所以他们选择在夜里布置陷阱，到了白天就躲藏起来。有一天清早，他们正在河中检查捕猎结果，突然听到远处一个矗立在河边的悬崖上方响起了雷鸣般的怒吼和咆哮。科尔特认为那是大批的印第安人，所以想立刻离开河边，但波茨嘲笑他是胆小鬼，说那不过是大群野牛发出的声音，于是他们就继续去查看捕猎成果了。

几分钟之后，科尔特的担忧变成了现实。五六百名黑脚族人出现在河流两岸。印第安人示意两个人上岸。根本没有逃跑可能的科尔特和波茨只得照做，他们划着小独木舟靠近岸边的浅滩。独木舟一停下，印第安人就抢走了波茨的步枪。科尔特跳出独木舟，抢回了枪并交还给波茨，然而后者却立即划动了独木舟。不过波茨还没顺流划出几英尺，就被印第安人的弓箭射中了。"科尔特，我受伤了"，他喊道。但波茨还是没有听从科尔特让他划回岸边的请求，反而开枪打死了一个印第安人。这时，一大波密集的弓箭从天而降，用科尔特的话说，波茨"身上被插出了无数个洞"。

　　印第安人抓住科尔特，并扒光了他的衣服。科尔特在与乌鸦印第安人相处时已经学到了不少黑脚族语言，因而他听懂了印第安人之间是在争论如何处置他的问题。他们的第一反应是把科尔特当成靶子用于练习，不过首领提出了一个更好的提议。他抓着科尔特的肩膀"问他跑得快不快"。科尔特知道这意味着什么——死亡赛跑。所以他回答说自己跑得很慢，虽然事实恰恰相反。首领肯定是以为科尔特很快就会输掉，所以把科尔特带到三四百码以外的地方，让他"自己拯救自己"。

　　科尔特一开始跑，就听见印第安人发出了尖厉的叫喊声，狩猎开始了。他认为自己唯一的逃生希望就是跑到大约6英里之外的杰斐逊河的分叉口去。在强烈的恐惧和肾上腺素的刺激下，科尔特无暇顾及自己赤裸的双脚被锋利碎石边缘或仙人掌刺割伤的疼痛。他跑得太用力了，以至于鼻子里的血管都破裂了，两道鲜血一直流到身上。当跑到距离杰斐逊河还有一半距离的时候，科尔特回头查看了一下追捕自己的人。令他惊讶的是，他几乎把所有人都甩掉了，只剩一个手里握着长矛的勇士还在他身后不到100码的地方。当他继续跑到距离河流只剩1英里的地方时，印第安人已经追到了仅剩20码的距离。科尔特意识到自己唯一的机会就是正面回击，出其不意地解决掉这个追击者。这样想着的科尔特突然停了下来，猛地转过身，大张双臂，好像是准备好了抵挡即将到来的攻击。印第安人被科尔特突然的行为吓了一跳，他本想停下来投掷长矛，结果没站稳，长矛插进地上折成了两段。科尔特趁机扑了上来，抓住长矛带尖头的一段，扎进了趴在地上的印第安人的身体里，然后接着拼命向杰斐逊河跑去。当其他印第安人发现自己受伤的同伴时，他们发出了"瘆人的叫喊声"，加倍努力地要抓住自己的猎物。

科尔特很快来到了河边，看到岸边不远处有一块巨大的浮木。他潜入水中，躲到纠结缠绕的树枝下面，找到一个他能把头露出水面偷偷观察外面的情形又不会被别人发现的地方。没过多久，印第安人就追来了，科尔特回忆说他们在岸边大喊大叫，"像一群魔鬼一样"。他们沿着两岸上上下下找了几个小时，甚至就站在了科尔特藏身地点的上方，但是并没有发现他。最终，当印第安人的声音都远去了，夜幕也已经降临之后，科尔特才放弃了浮木的掩护，在黑暗中缓慢且悄无声息地向下游游去，然后摸黑上了岸。虽然科尔特躲过了印第安人，但是要返回将近 250 英里之外的曼纽尔堡的话，他仍然面临着各种同样可怕的难题——酷热的太阳、寒冷的夜晚、被饿死的可能，等等。科尔特仅靠吃含有汁水的草原萝卜或补骨脂根部维生，他跋涉了七天的时间，终于抵达了曼纽尔堡。虽然他此时已经形容憔悴，半死不活，但是在堡垒人员的照顾下，科尔特最终恢复了健康。[63]

鉴于黑脚族与美国人之间最近的暴力历史，梅纳尔和亨利在三叉口的交易点很快就遭到攻击也并不令人意外。在梅纳尔和亨利抵达这里之后没多久的 1810 年 4 月 12 日，就有五名为他们捕猎河狸的人被一群四处游荡的黑脚族人杀死了。这迫使动物捕杀者们不得不改变工作方式以保护自己的安全。大多数人留在交易点里时刻守卫，只派一小拨人出去照看陷阱，出去的时候还要小心翼翼地聚集在一起不能走散。也有一个对于这样的危险满不在乎的人，那就是德鲁拉德。他说自己在某种意义上说"太印第安人了，不会被印第安人抓住的"。于是德鲁拉德不顾同伴的抗议，独自一人到远离交易点的地方设置陷阱，独自查看捕猎成果。每一次丰厚的成果都让他变得更加大胆，下次就会前往上流更远的地方捕猎。可惜到了第三天，德鲁拉德没有回来，另外两个出去猎捕食物的人也一去不返了。其余的动物捕杀者一起去寻找这些失踪人员，他们先发现的是那两名猎人，他们的尸体"被长矛、弓箭和子弹刺穿了，倒在地上，离得很近"。没向前走多远，人们又发现了德鲁拉德，他的"尸体损坏程度很可怕：头……被割了下来，内脏流了出来，身体也被砍成了几块"。[64]

188   印第安人的袭击一直在继续，死亡人数不断上升，到1810 年夏秋季节，梅纳尔和亨利不得不放弃了这个位于三叉口的交易点。梅纳尔带着积累的皮毛返回了圣路易斯；亨利则继续向南，翻过大陆分水岭，到达了斯内克河靠北的支流，并在那里建立了一个不大的交易点。这样他就成了第一个在落基山脉以西做生意的美国皮毛交易者。之后密苏里河皮毛公司又遭遇了更多灾难，先是一场大火烧光了价值15000 美元的皮毛，后来河狸皮毛的价格又从每磅 4 美元猛跌到 2 美元 50 美分。[65]在公司经历艰难困苦的这个时期，莉萨这位勇往直前的领导者还陷入了与一位格外强大的劲敌——约翰·雅各布·阿斯特（John Jacob Astor）的竞争中，后者正是这个国家最成功的皮毛交易者。

第十一章

阿斯托里亚

在德国的瓦尔多夫靠近黑森林北部边缘的地方有一个风
景如画的小乡村。1763 年 7 月 17 日，玛丽亚·马德莱娜·
阿斯特（Maria Magdalena Astor）生下了一个男婴，给他取
名为约翰·雅各布（Johann Jakob）。这是她的第六个孩子，
也是第五个儿子（第一个儿子还在婴儿期就夭折了）。孩子
们的父亲雅各布·阿斯特（Jakob Astor）是一个没受过多少
教育，也没见过什么世面的人，但是他踏实肯干。他的家境
虽然算不上富有，但他经营的肉铺是当地生意最兴隆的。玛
丽亚去世时小约翰只有三岁，之后他的父亲再婚，并很快又
和自己的新妻子生了六个孩子，本来就人丁兴旺的阿斯特家
也变得更加拥挤了。

雅各布一心希望自己的孩子们能够继承家族事业，可惜
他们一个接一个地打破了他的梦想。最年长的乔治·彼得
（George Peter）是第一个离开家的，他在 18 世纪 70 年代初
的时候就去了伦敦，后来成了一位出色的乐器制造师。二儿
子约翰·海因里希（Johann Heinrich）加入德国军队做伙
夫，并于 1775 年随黑森雇佣兵的一支被派往美洲，为英国

271

国王乔治三世镇压起义。此时已经改名为亨利的约翰·海因里希到达后没多久就认定自己的未来就在这里，所以在1776年夏天的长岛战役之后，他从军队里偷跑出来，到纽约东河附近的使女巷和珍珠街交叉口的弗莱市场上开了一家肉铺。[1]三儿子约翰·梅尔希奥（Johann Melchior）在科布伦茨（Koblenz）附近定居，成了当地贵族所有的土地上的佃农，同时还负责管理一间学校。接下来就轮到约翰·雅各布追求自己的事业了。他在父亲的肉铺里干得很好，同时也是一个天赋出众的好学生，他很有自信，年纪轻轻就坚信自己注定会走出这个宁静淡泊的小村庄，注定要成就一番大事业。乔治和亨利寄回家中的书信里都提到他们各自定居的城市里充满了无穷无尽的机会，这些内容更让约翰·雅各布坚定了离家的愿望。[2]

约翰·雅各布最先和他的牧师，以及他最敬爱的老师瓦伦丁·热恩（Valentine Jeune）探讨了离开的打算。二者都知道瓦尔多夫这样一个小地方是实现不了约翰·雅各布的天赋，也满足不了他的野心的。不过他们也觉得直接前往纽约是不明智的。美国此时深陷于革命战争之中，虽然亨利已经在那里成功立足，但这并不意味着约翰·雅各布也能有同样的好运，更何况在战争期间开创事业怎么说也是存在很大风险的。所以，热恩和牧师都鼓励约翰·雅各布不如先到伦敦去，他可以先为乔治工作一段时间，学习说好英语，等美国的局势稳定了再前往纽约也不迟。

然而，约翰·雅各布计划中最大的障碍正是他的父亲。热恩和牧师好心地提出由他们代表年轻男孩去给他父亲做工作。约翰·雅各布的父亲毫不意外地强烈反对这个计划。他不想再失去第四个儿子了，尤其是这个儿子刀工精湛，也很擅长算账——他要是走了，自己的肉店要留给谁呢？不过，经过几个月激烈的争论之后，雅各布最终不情愿地同意了儿子离开。还有两个月才满 17 岁的约翰·雅各布在 1779 年 5 月永远地告别了瓦尔多夫。

接下来的故事人们耳熟能详。约翰·雅各布走到莱茵河畔，在木材驳船上找了份船员的工作，一路顺流而下到了荷兰，再从那里登船前往伦敦。一到达目的地，约翰就开始在乔治的乐器工厂里工作。四年之后，将自己的名字拼法英文化了的约翰·雅各布（John Jacob）已经学好了英语，练就了出色的推销本领，做好了前往美国的准备。此时他的哥哥亨利在纽约已经成了一名成功的屠夫，他在给约翰的书信里写满了乐观的消息———一个人想要在这个新国家获得成功，唯一需要的就是智慧和实干精神，这两项都是约翰·雅各布最不缺乏的。1783 年 11 月，也就是《巴黎条约》正式终结了战争不到两个月之后，约翰订了一张"北卡罗来纳号"（*North Carolina*）的卧铺船票，揣着仅有的 5 英镑，穿过大西洋驶向美国了。他的行李箱里还装着一小批笛子，他指望着用卖笛子的钱作为自己美国探险之旅的奠基石。

阿斯特就是在这艘船上第一次听说皮毛交易的。几位头等舱乘客恰巧是强大的哈得孙湾公司的雇员，这个公司是当时世界上最大、最成功的皮毛交易参与者。阿斯特在头等舱甲板区域外碰巧听到几个人散步时谈到采购问题，他们之间活跃的对话引起了阿斯特的兴趣。与他一样乘坐统舱的乘客

191

里还有一位德国老乡，这个人在战争之前就已经在美国做皮毛生意了，他很乐意解答阿斯特的诸多问题，这又进一步激起了后者对这项事业的兴趣。所有信息中最让阿斯特兴奋的莫过于从印第安人手里购买皮毛成本很低，把皮毛送到纽约或伦敦却可以卖出很高的价钱这件事。

1月中旬，"北卡罗来纳号"抵达了弗吉尼亚海岸。当年冬天的天气格外寒冷，连切萨皮克湾（Chesapeake Bay）的南端都结了冰。船长小心翼翼地掌控着船只，花了大约一个星期的时间在海湾中慢慢向北航行，小心地躲避边缘锋利、随意漂动的浮冰，有很多次船身和浮冰的距离都已经接近到可能发生危险的地步了。巴尔的摩港刚刚进入人们的视线范围之后，气温又下降了很多，水面都结了冰，"北卡罗来纳号"虽然已经距离岸边很近了，却无法再继续航行。为人节俭又不赶时间的阿斯特选择继续留在船上，因为按照船票上的规定，只要航程还没有彻底结束，船只的所有者就有义务为乘客提供三餐和住宿。一个多月的时间过去了，阿斯特看着很多同船乘客选择了下船，也就是先下到冻住的海湾水面上，再自己拖着行李走到陆地上去。当船上的物资快要用光之后，阿斯特才以同样的办法上岸，然后坐上一辆马车，在3月24日或25日抵达了巴尔的摩市区。当天他沿着市场街一路前行时，阿斯特遇到了瑞士人尼古拉斯·托斯科迪（Nicholas Tuschdy），后者是一位商店老板，他邀请阿斯特到自己家里做客，还提出把他的笛子展示在自己的商店里售卖。有一些笛子卖出去了，不到一个月的时间，阿斯特就攒够了买车票的钱，他终于可以前往自己的终极目的地——纽约了。[3]

第十一章　阿斯托里亚

亨利已经九年没见过自己的弟弟了，他热情地接待了他，还提出安排约翰到自己在弗莱市场上的肉铺里切肉。不过约翰来这里可不是为了重复自己在德国时的生活，所以他选择了帮亨利一个烤蛋糕、曲奇和圆面包的朋友销售产品。这个工作让他有机会了解纽约的方方面面。当时这个城市相对狭小、贫穷，还在努力从长达七年的战争和敌人侵占留下的烂摊子中艰难复苏。在兜售糕点的同时，阿斯特一直没有忘记自己在"北卡罗来纳号"轮船上听到的那些小道消息。到 1784 年夏天，他决定亲自去看看自己听到的关于皮毛交易的描述到底是不是真的。他知道自己必须先了解更多关于这项交易的情况才能做出判断，所以他去了一个名叫罗伯特·布朗（Robert Browne）的贵格教皮毛经销商的店里打工。他的工作内容是拍打皮毛以防止它们生虫。阿斯特的工钱是每周 2 美元外加食宿。[4]

阿斯特一直都是一个勤勉尽职的员工，认真地学习布朗能教给他的一切。在每天晚上和周末的业余时间里，阿斯特还会想尽办法自学更多。他会到城市的各个码头上寻找有皮毛可出售的内河水手或印第安人，然后用自己工作挣来的钱和销售乐器的收入购买这些皮毛。不到一年之后，阿斯特就囤积了一大批皮毛，他把皮毛送到英国出售，赚了一笔不小的数目。在返回纽约之前，他又从自己哥哥那里采购了一批笛子，还说服了两名伦敦的钢琴师指定自己为他们在美国的独家代理商。亨利说的没错，美国是一个充满机会的地方，而约翰正迫切地想要打造自己的成功。[5]

阿斯特白天依然为布朗工作，在业余时间销售乐器和皮

192

275

毛。但是随着情况的变化，他已经准备好了向新的方向发展。1785 年 9 月，阿斯特迎娶了莎拉·托德（Sarah Todd），他的新妻子不但给他带来了 300 美元的嫁妆，还拥有和丈夫一样强烈的自信心和进取心。有了妻子的支持和鼓励，阿斯特在 18 世纪 80 年代晚期自立门户，在珍珠街 81 号开办了一家乐器商店，同时在皮毛交易上也投入了更多的心思。[6]乐器生意很红火，但皮毛交易才是阿斯特心中最重要的事，而且占用了他越来越多的时间和精力。他到纽约北部、宾夕法尼亚和新泽西的偏僻森林里进行了几次漫长、艰辛，有时甚至是很危险的探索。阿斯特背了 60 磅重的交换货物与当地的动物捕杀者、印第安人及其他交易者交换皮毛，然后把收获带回纽约销售或出口。他与蒙特利尔的商人们建立起了稳固的合作关系，并安排拼船向欧洲运输皮毛，还在奥尔巴尼、斯克内克塔迪（Schenectady）、尤蒂卡（Utica）的斯凯勒堡（Fort Schuyler）和卡茨基尔（Catskills）建立了皮毛交易点，大批皮毛交易者都被吸引到了这些地方进行交易。

193

当时的河狸皮毛售价最少是 20 先令 1 磅，随着销售利润一点点累积，阿斯特看到了一个更加光明的未来。他还大胆预测当英国最终将北部边界地区有争议的皮毛交易点都还给美国之后，"到那时……我会靠皮毛交易挣到大钱"。[7]他说的没错。在《杰伊条约》确保交易点回到美国人手中之后，阿斯特扩大了他的生意规模，到 1800 年时，据说他的身价已经达到了 25 万美元，其中大部分都来自皮毛销售收益。[8]他的成功格外引人注意的另一个原因是当时美洲大陆的皮毛交易已经相对陷入了低谷——实际上，在 19 世纪初，唯一能靠交易皮毛获得可观利益的美国皮毛交易者就是在太平洋西北地区收购皮毛并运往中国销售的"波士顿人"。阿斯特也知道他们获得成功的事例，所以他在 1800 年和另外三名商人合作派遣了"塞文河号"（Severn）满载皮毛前往广州。"塞文河号"运回了丝绸、锦缎、茶叶和瓷器，创造了惊人的利益。阿斯特在接下来几年里成了"塞文河号"的完全所有者，此外还增加了两艘船组成属于他的日益壮大的中国贸易舰队。[9]

阿斯特可不是一个守财奴，他把从皮毛交易中赚来的钱投入房地产行业。他第一次购入土地是在 1789 年，当时他以 600 美元多一点的价格买下了包厘街上的两小块地皮；考虑到同时期的美国人每天的平均工资只有 1 美元左右，这个数目足以算是一笔巨款了。也正是在这个时候，全城的人都在谈论百老汇街上刚刚建起的一排豪华漂亮的大房子的事。据传说，有一天阿斯特从这排房子前经过时评论说："将来我要……在这条街上建一栋比这些都大的房子。"无论他是不是真的说了这样的话，他仍然可以说是在某种程度上实现了这样的诺言。1802 年，阿斯特花 27500 美元买下了百老汇街 223 号的大宅，这里曾经是纽约州第一位参议员鲁弗斯·金（Rufus King）的宅邸。34 年之后，阿斯特拆掉了原来的大宅及这个街区上其他的建筑，建起了一栋更加壮观的大型建筑——6 层楼、309 个房间、建筑正面以花岗岩为材料的阿斯特大厦，这里很快就成了纽约市最时髦的酒店之一。[10]

194   那些年里，阿斯特的同事们总是取笑他的地产交易，尤其是那些位于城市范围之外很远地方的地皮。他们认为那些地方只是长着树的荒地，阿斯特这样做是在浪费自己的钱财。不过后来城市渐渐扩张到了阿斯特地产的边缘，于是他通过出售和出租这些"毫无价值的"土地赚取了巨大的收益——如今的时代广场就包括在这些地段之中。在阿斯特年事已高之后，有人问他是不是囤积了太多地产。他对此的回答是："如果我当时就能预知今日，而且又有足够的钱投资的话，我一定会把曼哈顿岛上每一寸土地都买下来。"[11]

     不过，阿斯特买下百老汇街上的金家大宅时，房地产既不是他的主要兴趣，也不是他的主要收入来源，不过随着时间的推移，房地产无疑将同时占据这两个位置。在 19 世纪初，阿斯特已经成了这个国家里最富有的人之一。几乎即将成为百万富翁的他最首要的身份还是皮毛经销商——而且是全美国甚至全世界最成功的一个。[12]不愿意故步自封的阿斯特还在寻求扩大经营范围、增长财富的新途径。没过多久，刘易斯和克拉克完成了他们的伟大探险，于是阿斯特将自己的目光转向了西部。

     当曼纽尔·莉萨于 1807 年春第一次涉足密苏里河上游时，阿斯特也在忙着制订计划，他的目标是垄断从密西西比河以西到太平洋岸边所有的皮毛交易。这样的设想足够大胆，涉及的范围也极其广阔。阿斯特打算沿密苏里河建造一系列交易点，遵循刘易斯和克拉克的探险路线，先翻过大陆分水岭，再沿哥伦比亚河到达太平洋。从大陆分水岭以东的

第十一章　阿斯托里亚

密苏里河流域收集到的所有皮毛都会被送到圣路易斯或新奥尔良，最终进入纽约和欧洲的市场上；而分水岭以西的皮毛则会被送到太平洋岸边，然后装船运到中国，换成丝绸、香料、茶叶和瓷器，而这些产品都会被运回纽约，在美国国内市场销售，或卖到其他海外市场上。作为自己的交易帝国在西部的主阵地，阿斯特设想在哥伦比亚河河口建立一个交易点，让它成为从乡村地区运来的皮毛资源的分销通道。为了实现这样的计划，阿斯特在 1808 年 4 月 6 日组建了美国皮毛公司，资本总额 100 万美元。

阿斯特推进自己的计划时几乎没有遇到任何阻碍。他足够有钱，想雇用多少人都行，还能够给他们都装备上最好的物资和工具。联邦政府对西部地区的发展极为关切，但是联邦政府此时尚未形成关于这片地区中的私人企业的具体政策，而且也不想阻挠阿斯特的行动。不过在开始西进之前，阿斯特还是希望获得杰弗逊总统对他开展这项新事业的支持，或者至少是赞成。这种"认可"无疑会让他在遇到其他竞争者时占据一定优势，在遇到什么质疑的时候应该也用得着。不过，要获得总统的支持并不是那么容易的。阿斯特知道如果自己说实话——也就是自己纯粹是为了获得个人的商业利益而想要垄断西部的皮毛交易，杰斐逊很可能会拒绝他的请求。毕竟，当时的人并不崇尚独占野心和过度重视积累个人财富，杰斐逊持有的西部发展观也绝不只是扩大贸易机会。鉴于此，根据传记作者约翰·厄普顿·特雷尔（John Upton Terrell）的说法，阿斯特选择了撒谎，他把美国皮毛公司描述成一个由很多关键投资者组成的机构，而实际上这

279

个公司几乎是由他一人完全掌控的；阿斯特还宣称他的主要目标是改善与印第安人的关系，为美国人能够和平地在西部定居奠定基础，而实际上他主要的兴趣只是通过皮毛赚钱。最后，阿斯特还极力主张自己的行动可以为政府节省巨大的人力物力，因为政府可以免于建造更多的皮毛工厂（交易点）；而实际上他的真实目的是避免政府可能带来的竞争。[13]

在这样谎话连篇，或者起码是避重就轻的介绍中，阿斯特只提到了一个毋庸置疑的事实——加拿大人在西部皮毛交易活动中已经远远领先于美国人了。虽然《杰伊条约》的第三条规定加拿大人和美国人可以穿越五大湖区和老西北地区中的两国国界进行皮毛交易，但美国人并不确定这样的权利是否要被适用到新购买的路易斯安那地区，而加拿大人则坚信应当适用，于是问题就出现了：加拿大的动物捕杀者和皮毛交易者每年都能从密西西比河以西的大片地区里收获价值以十万计的"美国"皮毛，然后沿密苏里河运回蒙特利尔进行销售。[14]阿斯特有理有据地论证了这样的行为会造成利益流失海外。他说美国人在这项事业上敌不过加拿大人是因为美国的动物捕杀者和交易者在销售上做得不好，美国的消费者们不得不花更多的钱购买皮毛是因为像阿斯特这样的商人为了满足不断增长的国内需求不得不从蒙特利尔购买高价的皮毛。秉持着自己的第二祖国在 19 世纪初奉行的沙文主义，阿斯特坚信美国的皮毛应当由美国人控制和销售；如果他的计划成功了，这个目标就将成为现实。[15]

阿斯特希望自己提出的这些因素能够说服杰斐逊，而总统最终于 1808 年 4 月初给阿斯特写信表示支持他的事业。

"听说我们的商人愿意组建公司与生活在我们领土之内的印第安人进行交易，这让我感到非常满意。……为了把这项生意牢牢地掌握在我们的国民手中，……行政机构愿意提供任何合理的支持与协助。"[16]

　　将联邦政府拉上船之后，阿斯特就开足马力行动起来。为了给将要在哥伦比亚河河口建立的皮毛交易点开路，他先是给美国皮毛公司创建了一个分公司，这个分公司叫作太平洋皮毛公司。它主要负责安排两趟行程——一个是走水路，另一个是走陆路。走水路的船要载着几位经理、一些办事员和皮毛交易者，还有各种必需的交易货物、物资储备和武器绕行合恩角前往目的地，为将要建立在哥伦比亚河河口的皮毛交易点做好准备工作；走陆路的队伍中也包含了各种人员，他们要沿着刘易斯和克拉克的路线前进，最终与走水路的队伍在终点会合。

　　阿斯特知道一旦加拿大人发现自己给太平洋皮毛公司安排的任务，肯定会火冒三丈；毕竟，他们对于开发落基山脉以西的皮毛资源同样有兴趣，绝对不想被美国人排挤出这个地方。所以，一直都是一名实用主义者的阿斯特决定邀请加拿大人参与他的行动，这样的举动显然是与他暗示给杰斐逊的自己的公司要让所有交易都掌握在美国人手中的承诺背道而驰的。阿斯特知道在西部为皮毛资源与加拿大人竞争的结果只能是两败俱伤，所以他给了自己最主要的加拿大竞争者西北公司一个购买太平洋皮毛公司 1/3 股份的机会。然而西北公司并不是什么易与之辈，他们想要的也是独占远西区的皮毛交易。邀约遭拒让阿斯特非常懊恼，但也增强了他要在加拿大人在海岸附近建立起他们的交易点之前建好并开始运营自己的交易点的决心。

197　　虽然加拿大人不会购买太平洋皮毛公司的股份了，但阿斯特还是希望加拿大人能够深入参与到公司的运营中。阿斯特长年来一直从加拿大皮毛交易者和代理手中购买皮毛，所以他相信这些人都是最擅长这项生意的。如今他愿意做任何事来保证他的公司获得成功，所以他雇用了无数加拿大人为自己工作，其中很多还是满怀怨恨的西北公司曾经的雇员。阿斯特还许可这些人拥有少数太平洋皮毛公司的股份。以这种方式转投阿斯特的人之中包括亚历山大·麦凯（Alexander McKay）、邓肯·麦克杜格尔（Duncan McDougall）、大卫·斯图尔特（David Stuart）和唐纳德·麦肯齐（Donald Mackenzie），此外还有大批法裔加拿大船夫和少数加拿大办事员。太平洋皮毛公司的雇员总数最终超过了 140 名，阿斯特也雇用了不少美国皮毛交易者、代理和办事员，只是为了证明这毕竟还是一家美国公司。他任命一位土生土长的新泽西商人威尔逊·普莱斯·亨特（Wilson Price Hunt）为陆路队伍的领导，同时也是阿斯特计划建立的西部交易点的总代表和代理人。为保证这项规模巨大的经营活动能够顺利运行，阿斯特提供了 40 万美元的资金支持。[17]

阿斯特的船只"汤琼号"（Tonquin）在 1810 年 9 月初做好了前往哥伦比亚河航行的准备。这艘船船速很快，结实耐用，相对比较新，船身长 94 英尺、宽 25 英尺、高 12 英尺，配备了 10 门炮，额定载重 269 吨。船上共有 21 名船员和 33 名太平洋皮毛公司的雇员，其中还包括 4 名合伙人——麦凯、麦克杜格尔、斯图尔特和斯图尔特的侄子罗伯特。"汤琼号"的船长是功勋卓著、受人尊敬的海军上尉乔纳森·索恩（Jonathan Thorn）。美国海军许可上尉休假来指挥这次航行。[18]他也确实把自己的指挥权发挥到了极致。乘坐"汤琼号"航行的一位办事员加布里埃尔·弗朗谢（Gabriel Franchère）后来写到索恩时说他是"一个讲究纪律的人，脾气暴躁，习惯了别人对他绝对服从，只想着尽职，才不会在乎船员们的抱怨，也不会征求任何人的意见，只是一字不差地执行阿斯特先生的指示。被选定掌管这艘船的船长就是这样一个人"。[19]这些性格特质也许能让索恩在海军中获得成功，但是只能给"汤琼号"带来灾难。

随着"汤琼号"启程日期的临近，阿斯特越来越担忧船只的安全问题。美国和英国之间的紧张关系日益加剧，很快就会导致 1812 年战争的爆发。阿斯特已经听到了有英国军舰从哈利法克斯（Halifax）出动的传闻，英国政府也许就是受到了西北公司的鼓动，要去拦截"汤琼号"，并扣押船上的英籍乘客，彻底终结这次航行。为了应对这种他猜想到的阴谋，阿斯特请求驻扎在纽约的海军大校派遣军舰护送"汤琼号"安全驶离海岸。大校批准了这个请求，派遣了被称为"老铁甲舰"的美国海军护卫舰"宪法号"（*Constitution*）为阿斯特的船保驾护航。

"汤琼号"计划起航的前一天，阿斯特交给自己的合伙人一封书信，里面大致列出了他对他们的要求及在航行期间和之后他们要做些什么。阿斯特要求合伙人们尽量维持"和谐和团结一致"，对于重大问题要征求所有人的意见，通过投票的方式按少数服从多数的原则来解决问题。鉴于这次航行的最终成功还要依赖于与当地印第安人建立友好或至少是文明的关系，毕竟大部分的皮毛都是要靠他们来提供的，所以阿斯特别强调了这个问题，指示自己的代理人们要抱着赢得印第安人好感的目标行事。"但愿你们遇到的印第安人是友善的，那样的话你们也应当友善地对待他们；如果你们遇到的印第安人是充满敌意的，你们应对时也要谨慎克制，说服他们相信你们是来与他们交朋友的。"阿斯特还警告索恩"在海岸边要格外小心，不要轻信原住民的友善表象。在那里发生的所有事故都是因为当事人太信任印第安人了"。[20]

1810年9月8日，"宪法号"护送满载物资的"汤琼号"从纽约港出发了，远处的海面上并没有英国军舰的身影，所以阿斯特的船只放心地扬帆远去了。可是，麻烦几乎是立刻就找上门了。习惯了自己下达的命令都能得到执行的索恩很快就开始讨厌船上的人员，认为他们要么是毫无经验的水手，要么是毫无用处的花花公子。他不喜欢船上人们的过分随便和缺乏纪律性，也不喜欢那些船夫们吵闹的行为及时不时就唱起歌来的习惯。索恩还会嘲笑船上的办事员们随时记录船上经历的习惯，认为这些人是"虚荣做作的读书人"，他们要将航行故事发表的想法也是可鄙的。索恩尤其厌恶合伙人对于船上食物的抱怨，他认为有各种新鲜的和熏

第十一章　阿斯托里亚

制的肉食就已经很不错了。"挑剔的胃口得不到满足让他们感到郁闷，"索恩评论说，"他们大声抱怨不能在自己家里享受舒适的生活实在是太——糟了，他们更愿意乘坐运送自己货物的商船航行。这些自命不凡的人竟然还在吹嘘他们可以'吃狗肉'。"索恩怀疑这些合伙人没有一点男子气概，他发誓说"除非能把弗莱市场开到艏楼上，把科芬园搬到船尾来，让主桅楼像加拿大的春天一样凉爽宜人"，否则自己永远不会和再和这些人一起出海。至于船上的办事员和劳动力，更是被索恩评价为"最无能、最无用的'吃水手饭的人'"。[21]

反过来说，船上的乘客对于索恩强迫他们遵守军事纪律也感到十分愤怒。合伙人对于索恩专横的态度更是忍无可忍，因为他们认为自己是雇用他驾船的雇主，不是听从他命令的手下。那些船夫们不认为索恩有理由因为他们唱歌就训斥他们；办事员和合伙人对索恩要求他们打扫自己生活区的卫生，或到主甲板上练队，或晚上8点熄灯的规定也都心存不满。当索恩警告合伙人如果对方再做出在他看来是无礼的行为，他就要将合伙人关起来的时候，麦克杜格尔掏出手枪警告船长说，如果他再发出这样的威胁，自己会要了他的命。麦凯也为船长的问题感到担忧，他在自己的日志中写道："我们恐怕是落入了一个疯子手里。"[22]

没有什么事比"汤琼号"在马尔维纳斯群岛（英称福克兰群岛）停靠的事更能体现船上的气氛有多么糟糕了。1810年12月4日，船员们被派遣上岸获取淡水，一些想要到岛上找点"新鲜"的乘客也跟他们一起登陆了。虽然索恩警告他们不要走得太远，听到枪响的信号之后必须马上返回，但是枪响之后，乘客们选择无视这个信号，又过了几个小时才返回船上，结果火冒三丈的船长对他们大发脾气。到了 12 月 7 日，"汤琼号"再次停靠到马尔维纳斯群岛的另一个地方进行维修。在船只抛锚停船的这四天里，大多数合伙人和少数几个办事员们登上附近的岛屿并搭起帐篷，每天靠猎捕企鹅、鹅、鸭子和海豹，以及寻找岛屿上的法国人和英国人的生活遗迹来打发时间。到 12 月 11 日上午，麦凯和大卫·斯图尔特到岛屿远端一侧寻找猎物，有一小拨人在割草，为的是拿回船上喂猪，还有一些人在木头上刻字，用来替换岛上两个很久以前去世的英国人坟墓前已经烂掉的旧墓碑。

200　　修好了船，又补充了更多淡水之后，索恩下令鸣枪。很快，除了麦凯和斯图尔特之外的人都回到了岸边有一条小船被拉上沙滩的地方，然后就在那里等着两位合伙人的出现。可是索恩并没有心情等，这已经是乘客们第二次无视他的要求了，忍无可忍的索恩下令立即收起船锚，放下船帆。

　　等麦凯和斯图尔特回到岸边的时候，"汤琼号"都已经驶出了他们的视线范围。岸边的八个人大惊失色，这不知所措的八个人马上全都跳上小船，拼命朝着已经走远的大船划去。大船上的乘客也都在哀求索恩掉转船头，甚至有人拿出枪来威胁要把船长的脑袋打爆，即便如此索恩也不肯就范。那八个人在海上划了足足三个半小时，直到风向改变，减缓了"汤琼号"的船速之后，他们才终于追上大船，重新爬上甲板。[23]后来在给阿斯特写信汇报这件事的时候，索恩声称："就算出了海港岬嘴之后的风力（不幸地）无法推动船只前进，我也会坚决地丢下他们不管；实际上，我只能认定发生这样的情况对您来说实在是一件不幸的事。依我看来，这件事里最初的损失就可以充分证明他们似乎根本不明白财产的价值，也完全不在乎您的利益，即便是在他们自己的利益也与此息息相关的情况下。"[24]

"汤琼号"绕行合恩角的过程也是一如既往地艰险，不过船只还是在 1811 年 2 月 11 日顺利抵达了夏威夷。船只在此停靠的两周多时间里，没有发生什么能让索恩对他的乘客们刮目相看的事情。"体现他们的无知和无耻的事例不胜枚举，"索恩在给阿斯特的信中写道，"至于每天都会发生的疯狂胡闹就更是数也数不清了。"[25]即便如此，"汤琼号"在停靠期间还是办了不少正事的，包括补充物资、增加雇用21 名岛民为水手，其中一半人只为这次航行工作，剩下的将成为太平洋皮毛公司的雇员。从夏威夷起航之后，"汤琼号"最终于 1811 年 3 月 22 日抵达了哥伦比亚河河口。

换作任何一个不这么独断专行的人看到哥伦比亚河河口处奔腾入海的汹涌河水时都难免会感到心惊胆战，继而慎重地考虑一下自己应该采取何种行动。可索恩不是其他任何人，他下令让自己的大副带领四名船员一起登上一条捕鲸小艇前去寻找一条能够绕过沙洲的水路。碎浪不停地拍打着沙洲的边缘，暗藏危险的水流翻滚着涌向天边。大副对这个命令提出了质疑，和他同行的四个人中有三个是"没什么航海经验的加拿大人"，所以他认为这样的行动是在拿船员的

201

生命作赌注，因为"和他一起下水的人都不会驾驭……小艇，此时的天气状况又很恶劣，这片水域还是西北海岸线上最危险的地方"。[26]索恩因为大副公然反抗命令而怒不可遏，他对大副说："你要是怕水的话就该留在波士顿。"接着他又大声吼道："这里我说了算……别像个胆小鬼似的。把小艇放下水！"[27]

合伙人恳求索恩收回命令，但他根本不与理会，还咒骂他们"联合起来阻挠他的计划"。大副意识到自己除了服从没有别的选择，于是眼泪汪汪地对几个合伙人说："我的叔叔几年前就是在这里淹死的，如今我也要和他一起葬身于此。永别了，我的朋友们！但愿我们能到天堂再会。"[28]小艇一被放入水中，就成了一个轻飘飘的木塞子，时而被抛向风口浪尖，时而沉入深深的波谷，不仅不受控制地疯狂旋转，还随时有可能被淹没或掀翻。小艇离开大船还不到100码的距离就从人们的视线里消失了，再没有人见过小艇上那些人。

索恩虽然有所动摇，但仍不肯屈服。在接下来的几天里，他又派出了几批船员去探索安全地绕过沙洲，进入另一侧相对平静的水域的航线。在这一过程中，又有三名船员下落不明，不过最终"汤琼号"成功地绕了过去，并于3月24日接近午夜时分在贝克湾（Baker Bay）抛锚停船。回顾他们刚刚经历的各种灾难，弗朗谢评价道："我们都还没上岸，就在两天之内损失了八名船员，所有人都觉得这不是什么好兆头……从纽约起航时，我们很多人还相互不认识，到抵达哥伦比亚河的时候，我们已经成了朋友，几乎是将彼此当作兄弟看待。……过去的几天里充满了恐惧和惊慌，今天则是我们忧伤地悼念逝者的日子。"[29]

靠岸之后最首要的工作是确定建立交易点的位置。在河口下游及各个海港和海湾考察了一下之后，合伙人选定了哥伦比亚河南岸紧邻扬湾（Youngs Bay）的乔治角（今天的史密斯角）。到4月的第二周，人们就开始为建造今后被命名为阿斯托里亚堡的建筑而展开辛苦的清理场地工作了。堡垒的名字是为了致敬他们的雇主阿斯特，随着堡垒渐露雏形，切努克（Chinook）和克拉特索普印第安人就开始每天带着食物和皮毛前来进行交易了，有时也可能只是为了侦查情况。迫不及待地想要遵循自己收到的指令，驾驶"汤琼号"向北继续航行寻找交易机会的索恩最终于6月初起航。船上共有23名乘客，其中包括负责监管货物的麦凯和一位名叫拉玛祖（Lamazu）的印第安人翻译，后者是在航行过程中被雇用上船的。就在即将离开阿斯托里亚之时，索恩还和自己的二副发生了争执，结果是二副被勒令下船。麦凯为此感到非常担忧，他在出发前把一个办事员叫到一边悄悄对他说："你看到我们有多倒霉了：船长又发疯了，把船上仅剩的一名高级船员也赶下了船。如果你能看到我们活着回来，那一定是发生了奇迹。"[30]

"汤琼号"航行到温哥华岛西南面的克拉阔特海峡（Clayoquot Sound）中抛锚停船。[31]当地的印第安人起初很是友善，热情地欢迎麦凯及船上其他一些乘客到访他们的村子，到了晚上还专为麦凯准备了一张用奢华漂亮的海獭皮毛铺的床。在欢迎他们上岸的同时，印第安人也会划着小船到"汤琼号"上交易皮毛。本来一切都很顺利，直到索恩傲慢专横的本性又一次显露出来。当一位部落首领竭力说服索恩接受一笔条件比较苛刻的买卖的时候，索恩抢过首领举着的一卷海獭皮毛，并用它猛击首领的面部。愤怒的首领带着他的勇士们离开了，不过这件事可不算完，首领要开始计划复仇行动了。

几天之后，印第安人貌似平和地返回"汤琼号"进行交易。船员们许可多条独木舟上的人登船卸货，很快甲板上就聚集了不少印第安人，每个人都抱着大捆的海獭皮毛。印第安人的数量之多引起了一些船员的恐慌，他们跑去通知索恩和麦凯。当二人来到艉楼甲板时，拉玛祖对他们说自己觉得"会有不好的事情发生"。虽然麦凯也抱有类似的怀疑，但索恩又无视了他们的担忧，声称"船上有的是武器，就是有数量再多的印第安人也不用怕"。[32]索恩显然是忘记了，或者是根本就没把阿斯特给他的"不要同时……许可多个［原住民］登船"的警告当回事。[33]随着越来越多的印第安人登上船只或聚拢在大船周围，连索恩也不得不警觉起来。他突然下令让所有印第安人下船，让自己的水手收锚扬帆，不过到了此时一切都晚了。印第安人收到首领发出的信号，立即抽出藏在皮毛捆中的刀子或木棒，发动了进攻。

麦凯是第一个丧命的，他先是迎头挨了一棒，接着被从203 船上扔到下面满载着印第安人妇女的独木舟上，妇女们就用船桨把他打死了。索恩从舱房里出来时没有拿手枪，他仅凭随身携带的小折刀进行了英勇的反抗，他在杀死了两名袭击者之后才被制服。前后不过五分钟的时间，屠杀就差不多结束了。最后只有五名船员还活着，其中一人伤势严重。他们跑回下层甲板取了枪，一边从舱梯向上爬一边射击，印第安人纷纷翻过船舷逃跑。船员们跑到主甲板上继续射击，印第安人则拼命地划着独木舟朝岸上逃去。

当晚，那名伤得很重的船员知道自己已经没救了，所以当其他人登上捕鲸小艇逃生之后，他决定留在大船上伺机报复。第二天一早印第安人返回大船的时候，这名船员已经做好了准备。印第安人虽然没看到船上有人，但开始还是小心翼翼的，后来就有越来越多的人翻过船舷，还有的爬上了系帆绳索。最后，船上的印第安人已经达到了数百名。这时，躲在船只弹药库里的船员点燃了 9000 磅的火药，在"汤琼号"爆炸的瞬间，"四肢、头颅和身体飞得到处都是"。[34] 除了这名船员，共有超过 200 名印第安人在爆炸中丧生。登上捕鲸小艇的 4 名船员也没能成功逃生，他们后来都被印第安人抓住，还遭受了酷刑，最终死亡。"汤琼号"上唯一的幸存者是拉玛祖。他在最初的混战时就逃到了岸上，成了当地一个部落的囚徒。

留在哥伦比亚河河口的阿斯托里亚的人们原本指望着到北方交易的"汤琼号"能在三个月之内返回。但是从 7 月开始就有关于灾难发生的零散消息传回了堡垒。到 8 月底，从各个印第安人那里得到的越来越多的详尽描述足以让人们确定"汤琼号"及所有船上成员都已经遇难了。最终的证明是在 10 月初被传到堡垒的。获得释放的拉玛祖给阿斯托里亚的人们讲述了事情的经过。这场悲剧让阿斯托里亚的人们陷入了深深的哀伤之中。如今他们不仅损失了很多人员，也失去了很多交易货物和物资，这些东西都随着船只一起被炸成了碎片。除了哀伤之外，阿斯托里亚人也提高了警惕。"汤琼号"的消息传开以后，印第安人都为爆炸的事而愤怒不已；知道他们的武器都被毁了也让印第安人对于战胜白人更有信心了。阿斯托里亚人在印第安人开始撤离这片地区，也不再到堡垒进行交易之时就意识到大事不妙了，接着还传出了印第安人在计划发动攻击的消息。阿斯托里亚人于是开始加固堡垒的防御措施，并每天练习使用武器。不过留在阿斯托里亚主持大局的麦克杜格尔知道，如果印第安人真的发动进攻，自己手下这一小拨人根本抵挡不住。鉴于此，他决定先发制人，主动安排一次袭击——只不过，他的袭击是一次心理战。

麦克杜格尔邀请本地的首领们会面。他们一在营火前就座，麦克杜格尔就从自己的衣兜里掏出一个小瓶子。"生活在你们之间的白人数量很少，此话不假，"麦克杜格尔说，"不过我们擅长医药……我拿的这个小瓶子里装的就是天花，现在有瓶塞塞得严严实实；不过只要我拔出塞子，放出瘟疫，地球上所有的男人、女人和孩子就都要死光光！"天花就是随皮毛交易者而传入的，几年前曾给海岸地区的印第安人造成了毁灭性的打击，疫情重新爆发的风险让印第安人胆战心惊。考虑到麦克杜格尔的威胁，首领们承诺不会向白人发动进攻，双方勉强达成了一项不怎么稳固的停战协议。[35]

第十一章 阿斯托里亚

虽然截至此时已经有不少灾难降临到阿斯托里亚人头上，但他们也有一些值得乐观的理由。阿斯托里亚已经慢慢转变成了一个真正的堡垒，这里有仓库、住房、带高高尖木桩的围墙，被围起来的面积有 120 英尺长、90 英尺宽，前后都加了栅栏，四角也都布置了小加农炮。人们把随身带来的种子和根茎播种到面积可观的菜园里，很快就收获了茁壮的土豆和萝卜，有一个萝卜的重量甚至达到了惊人的 15 磅。人们还使用"汤琼号"上携带的预制部件造了一艘小帆船——这也是在西海岸上造出的第一艘美国船。帆船被命名为"多莉号"（*Dolly*），是以阿斯特女儿多罗西娅（Dorothea）的名字命名的。堡垒里的人还开始和本地印第安人交易，并派遣队伍到河流上游建立新的交易点。阿斯托里亚人似乎已经走上了打造阿斯特设想的皮毛交易中心的正确道路。不过，随着人们庆祝 1812 年的到来，另一个问题浮上了他们的心头——那支本来早该抵达的从陆路前来会合的队伍呢？[36]

1810 年 9 月 3 日，也就是"汤琼号"从纽约港起航的几天前，太平洋皮毛公司的合伙人亨特和麦肯齐抵达了圣路易斯，这里就是陆路队伍启程的地方。队伍里已经雇用了大批加拿大船夫，不过在开启这次艰苦的行程之前，他们还是打算再多找一些人手。虽然阿斯特已经是美国最成功的皮毛交易者，但圣路易斯仍是这个国家的皮毛交易首都。很多当地的皮毛商人和交易者对于阿斯特想要占有西部交易的野心都表现出了警惕。这其中反应最强烈的莫过于曼纽尔·莉萨。他认为阿斯特的活动将给对于自己来说无比宝贵的密苏里皮毛公司带来最危险的竞争，甚至是对自己的公司形成包围之势。所以莉萨一直在想方设法阻挠亨特召集人马和采购更多物资。虽然亨特最终凑齐了自己需要的一切，但是因为莉萨的干扰，他花费的时间比原本预计的长了好多，这使得他的行动严重滞后于时间表。眼看冬天即将来临，亨特想要走完密苏里河全程的计划不得不等到来年。但是，要让一支这么庞大的队伍在圣路易斯过冬的开销太大了，所以在 10 月 21 日，亨特带领自己的 60 多名队员登上 3 条船，逆流航行了大约 500 英里到达密苏里河与诺德韦河（Nodaway）的交汇处。此时河面已经开始结冰，航行无法继续，于是亨特和队员们就登上河岸，开始扎营过冬。[37]

　　亨特觉得他还需要更多人手，尤其需要找到一个懂苏族语的翻译和更多的猎人。所以 1811 年 1 月 1 日，他启程返回圣路易斯招聘，将近月底时才抵达。在亨特离开之后的这段时间，莉萨也没有闲着。他说服自己在密苏里皮毛公司的合伙人们也组织一次到密苏里河上游的探索活动，目标有两个：第一是弄清楚安德鲁·亨利为什么在 1810 年秋天离开了三叉口交易点，从此再无音信；第二是监视亨特的活动，防止他抢走他们的生意。因此，亨特一返回圣路易斯就不得不为争夺他能够找到的最好的人手而和莉萨竞争。双方争抢得最激烈的目标莫过于能说苏族语言的翻译皮埃尔·多里翁（Pierre Dorion, Jr.），因为他正是这个热闹的边境城镇里唯一会说这种语言的人。

　　多里翁是老皮埃尔·多里翁和一位苏族妇女生下的儿子，是一个"精明、偏执、半文盲的混血"，曾经作为动物捕杀者及苏族语翻译而受雇于刘易斯和克拉克。[38]老多里翁曾经有 20 年中的大部分时间都是在扬克顿（Yankton）的苏族人中间生活的，他的儿子就是因此熟练地掌握了苏族人的语言。正是这项技能吸引亨特来到多里翁的门前邀请他加入自己的陆路探险活动。不过亨特很快就发现，莉萨是绝不会轻易将多里翁拱手相让的。

　　仅仅一年前，莉萨还曾经雇用多里翁作为翻译加入他前往密苏里河上游的行动，帮助他顺利通过蒂顿的苏族人领地。苏族人以难以预测且有时还很危险而闻名，他们控制着河流上的重要河段，要求交易者先向他们进贡才能通过。虽然多里翁的翻译技能给莉萨帮了大忙，但他酗酒的毛病却总是给他自己惹来麻烦。在莉萨的曼丹堡（Fort Mandan）时，多里翁就放纵了自己对威士忌的痴迷，不过这些酒都是密苏里公司的商店出售的，价格是 10 美元 1 夸脱，所以多里翁很快就留下了长长的账单，欠他老板的钱也更多了，这就是莉萨得知多里翁在考虑为亨特工作之后会气得跳脚的原因。莉萨想尽办法要阻止多里翁加入自己的竞争对手那边，办法之一就是使用多里翁累积的大笔债务作为迫使他保持忠心的撒手锏。不过这个策略反而激起了多里翁和莉萨对着干的决心。经过两周艰难的讨价还价之后，多里翁最终决定把宝押在亨特身上（亨特提出的每年 300 美元的工资无疑是促使多里翁做此决定的重要原因）。[39]多里翁的雇佣条款里还有一条是许可他的妻儿随行，他的妻子是一名爱荷华州的印第安人，名叫玛丽（Marie），他们的两个儿子当时分别是 4 岁和 2 岁。

　　亨特带着多里翁一家，及另外十来个新招到的人手在 3

206

月 12 日这天启程返回诺德韦营地。但是莉萨依然没有放弃阻挠多里翁的努力。亨特一行人开始向上游航行的第二天，莉萨就申请到了要求多里翁偿还酒债的逮捕令。听说了逮捕令消息的人当中包括约翰·布拉德伯里（John Bradbury）和托马斯·纳托尔（Thomas Nuttall），这两个人都是以研究植物为主的英国博物学家，最近刚刚加入亨特的队伍。他们并不为阿斯特工作，只是借这个机会沿密苏里河逆流而上，收集沿途的标本。约翰·布拉德伯里和托马斯·纳托尔为了等下一次递送邮件的机会而在圣路易斯多留了一天。当天晚些时候他们获得了关于逮捕令的消息，还得知地方官员第二天就要前去将多里翁捉拿归案。为了避免多里翁遭到逮捕，约翰·布拉德伯里和托马斯·纳托尔在深夜 2 点的时候偷偷离开圣路易斯，朝上游追去，赶在亨特的队伍抵达圣查尔斯（St. Charles）之前追上了他们，因为官员们就是计划在那里逮捕多里翁的。多亏两位植物学家的警告，多里翁一家躲到林子里待了几天之后才在圣查尔斯之外和探险队会合。[40]

　　几天之后，在一个叫拉·沙雷特（La Charrette）的镇子上，亨特看到一个满头白发的老人站在河边。他随口告诉布拉德伯里：“那就是丹尼尔·布恩（Daniel Boone），是他发现了肯塔基。”布拉德伯里正好有一封布恩的侄子写的介绍信，于是他上岸去访问这位著名的猎人、动物捕杀者兼探险家。布恩告诉布拉德伯里自己已经 84 岁了——实际上他应该才 77 岁——而且刚刚完成一次捕猎之旅，收获了近 60 张河狸皮毛。与布恩道别之后，布拉德伯里追上了亨特的

207

船，第二天他又和亨特一起拜访了另一位传奇的西部人物——约翰·科尔特，他曾经是探索军团的成员，后来作为一名动物捕杀者受雇于莉萨。

布拉德伯里想要寻找科尔特的原因是之前在圣路易斯的时候，威廉·克拉克告诉他科尔特就在这片地区，他也许能告诉年轻的博物学家"密苏里河上发现超过 40 英尺长的鱼类骨架的地方"在哪儿。所以当亨特的队伍抵达贝夫河并从一个当地人口中听说科尔特就住在 1 英里之外的地方时，他们马上决定登门拜访。虽然科尔特并不知道什么巨型鱼类，但是他有丰富的西部探险经验，他陪同亨特的队伍走了很远，热切地与他们分享自己知道的一切。布拉德伯里说科尔特"似乎很想跟随探险队一起前行，但是因为刚刚结婚不久，他只能很不情愿地离开了我们"。[41]

在接下来的几周里，亨特的队伍在密苏里河上缓慢地前进，遭遇了倾盆暴雨、强大水流，还有很多在河中漂流的大树，它们原本都是生长在岸边的，河岸被冲垮之后，大树就随之掉进了河中。到了 4 月初，队伍已经航行了 240 英里。亨利认为自己的小型船队是唯一在河上航行的船只，然而事实并非如此：有人正在亨特后面紧追不舍。

亨特刚一离开圣路易斯，莉萨就加紧了安排自己的探索行动的步伐。最终在阳光明媚的 4 月 2 日，他从圣查尔斯登上了一条据说是这条河上"有史以来向着上游航行的"最好的平底货船。[42]莉萨想要追上亨特不仅仅是为了防止他抢走自己的皮毛交易机会，更是因为他害怕自己会被号称

"密苏里河上的海盗"的"蒂顿的苏族人"抢劫。[43]莉萨相信如果自己可以在遇到苏族人之前加入亨特的队伍，他们就可以组成一个强大的阵营，让印第安人不敢进攻。就这样，被一些人称为历史上最伟大的平底船竞速开赛了，只不过与其说这是两条船在竞赛，倒不如说是一条船在拼命追赶另一条船。[44]

208　　　莉萨面临的任务几乎是不可能完成的。亨特比他早出发了 21 天，已经逆流航行了 200 多英里。不过莉萨喜欢用贬低对手的方式来鼓舞自己的士气。他曾经对威廉·克拉克说："我做事雷厉风行。当别人还在考虑今天出发还是明天出发的时候，我都已经走出老远了。"[45]不过，就眼前的情况来说，莉萨不得不再等一天才能真正启程了。把平底船推下水没几个小时，驶出圣查尔斯不过几英里之后，莉萨就不得不重新靠岸，因为他的 25 名船员中竟有多人不见踪影。原来前一天晚上，主要由加拿大人和克里奥尔人组成的船员们为庆祝出发喝了个酩酊大醉，所以很多船员到此时都还没有返回船上。因为这些人"完全陷入了酒后的兴奋状态"，莉萨知道自己当天无论如何不可能集齐船员了，所以他干脆"随他们去了"，允许他们再放纵一晚。第二天下午 2 点，所有人终于醒了酒，全都返回了船上。追逐就此正式开始了。[46]

　　莉萨亲力亲为，带领船员划出了惊人的速度。一位加入了莉萨队伍的爱冒险的律师兼作家亨利·马里·布拉肯里奇（Henry Marie Brackenridge）注意到："他一会儿掌舵，一会儿站在船头的抓钩边，还经常握着长杆帮船员们划船。"他们借助风力、撑杆和纤绳拖拽的方式在水流湍急的河面上迅速前进，有时会被春雨淋个透湿；有时会遭遇奔腾的激流或凶险的漩涡；有时要绕过沙洲和半露出河面的树木，船体都是贴着树枝蹭过去的；还有时会遇到被河水泡得发胀的野牛尸体随着水流有韵律地起起伏伏。河岸两边满是柔和的鲜绿和艳黄，一派春回大地、生机盎然的景象。随着船只的前进，这片景色渐渐落在了船员的身后。微风吹拂着无边无际的野草；山胡桃树、橡树、杨树和白蜡树生长得格外茂密；两岸都有平缓的小山和石灰岩峭壁。每向西多走 1 英里，白人留下的印记就更淡化一些，直到最终彻底消失。

　　亨特离开圣路易斯大约六周之后，在诺德韦过冬的大队人马结束了安营扎寨的日子，登上四条船向河流上游驶去。莉萨此时还落后他们 200 多英里，但六天之后的 4 月 27 日，在河上遇到的皮毛交易者们告诉莉萨他距离亨特只剩大概五天的航程。这个消息极大地"鼓舞了"这支队伍，不过这样的乐观态势并没能维持多久。船员们越来越疲倦、越来越焦躁。到 5 月 4 日的时候，有些人向布拉肯里奇抱怨说："我们已经无法继续坚持这样无休止的辛劳了，这样过分地努力已经耗尽了我们的力气。我们几乎是不眠不休地航行，几乎没时间吃饭或抽烟。我们再也受不了了，这超出了人类的极限……［莉萨］根本不可怜我们。"话虽如此，但船员们还是在莉萨的督促下拼尽了全力继续追赶，后者对船员的伤痛或疲乏没有一丝宽待。 209

　　几周之后，两个沿密苏里河顺流而下的皮毛交易者给莉萨带来了令他不安的消息。此时的亨特仍然领先他四天的航程，而且就快要接近苏族人的领地了。为了让亨特停止前进，莉萨派出了一名手下和一名受雇于他的印第安人一起带着一封书信走陆路前去追赶亨特，请求他等待莉萨抵达，希望双方组成一支强大的队伍。5月24日，这封信被送到了亨特手上。当时他正在奈厄布拉勒河（Niobrara River）河口以南的一个篷卡人（Poncas）村庄里。虽然亨特根本不相信莉萨，也不打算等他，但他还是让来人传信回去说自己同意他的请求，希望这样的诡计能够骗莉萨减慢速度。过了两天，正当亨特打算继续逆流而上的航行之时，三名动物捕杀者的到来改变了这次行程的路线。[47]

爱德华·罗宾逊（Edward Robinson）、约翰·霍巴克（John Hoback）和雅各布·雷泽诺（Jacob Reznor）之前都在斯内克河上捕杀动物，此时正要返回肯塔基去。根据布拉德伯里的说法："但是这几个人一看见我们，就把［他们的］家人啊、庄稼啊之类的都抛到脑后了；他们同意加入我们的队伍，重新跳上了独木舟。"[48]这几个人在亨特正要前往的那片地区里游历过很久，凭借他们对当地状况的了解，他们立刻建议亨特改变既定的路线。

在这次陆路远征的计划阶段，阿斯特本来打算让自己的队伍重走刘易斯和克拉克开辟的那条路线——沿密苏里河逆流而上，穿过落基山脉，再沿哥伦比亚河顺流而下。不过在与多位探险家们讨论了这个计划之后，亨特决定选择一条更靠南、据说能够更快抵达太平洋的路线，那就是沿着黄石河顺流而下，然后翻过山脉，这样做还能让他们尽量远离生活在北方的充满敌意的印第安人，尤其是黑脚族。听了这个计

划之后，罗宾逊、霍巴克和雷泽诺都劝说亨特应当再次改变
路线。他们不建议队伍沿黄石河前进，认为更快更安全的途
径是行驶到靠近今天的南达科他州边境的格兰德河（Grand
River）以北的阿里卡拉人（Arikara）村庄，然后弃船买马
改走陆路，翻过山脉到哥伦比亚河的源头。被说服的亨特于
5 月 26 日中午离开了篷卡人的村庄，朝阿里卡拉人的村庄
进发。[49]

　　亨特离开的第二天，莉萨来到了篷卡人的村庄，却发现
自己被骗了。盛怒之下的他又迫使自己的船员们加倍努力，
甚至经常彻夜不停地追赶。在最顺利的一个 24 小时里，他
们航行了 75 英里之多。不过再怎么努力，莉萨也不可能在
进入苏族的领地之前追上亨特了。后来他和亨特的队伍都遇
到了苏族人，虽然形势严峻，但最终他们都平安通过了。

　　一周之后，竞速终于结束了。莉萨仅用了 61 天的时间
就航行了 1100 英里，平均每天的行程达到了惊人的 18 英
里。如今他终于看到了亨特的身影。两支队伍之间显而易见
的敌意和相互的不信任使得这样的会合根本称不上友好。尽
管如此，他们还是决定共同前进。然而仅仅过了两天，当探
险队伍在河边扎营的时候，两拨人之间就几乎爆发了打斗。
莉萨仍然在为多里翁拖欠酒钱及转投亨特的事而愤愤不平，
所以直接去找后者理论；多里翁和善地回应了他，然后两个
人就各自走开了。可是后来莉萨经过多里翁的帐篷时，后者
突然跳出来用拳头反复击打了自己的前任雇主。随着二人之
间敌意的升温，双方甚至打算进行决斗，直到冷静的布拉肯
里奇和布拉德伯里介入调停，这场冲突才被避免。[50]

　　莉萨和亨特于 6 月 12 日抵达了阿里卡拉人的村庄。虽然亨特想要尽快启程，但是要为 65 人的庞大队伍购置马匹太困难了。直到 7 月 18 日，莉萨从他在上游的堡垒里运来一些马，亨特才终于通过与印第安人及莉萨的交易凑了 82 匹马，但是这个数目依然远远低于他的需求。在接下来的几个月里，亨特的人马向西行进，很多人只能步行，因为马匹都用来驮运补给和物资了。他们穿过了今天的南达科他州和怀俄明州，在 9 月 26 日抵达了霍巴克河（Hoback）与斯内克河的交汇处。队伍中有四人被留在这片区域捕杀动物，剩下的人则继续前进，翻过蒂顿关（Teton Pass），前往斯内克河北部支流上的亨利堡。

　　翻过崎岖不平的山脉，穿过茂密的树林，走过广袤的平原，漫长的跋涉已经让亨特的队伍精疲力竭。他们都希望眼前的河流就是上帝对他们祈祷的回应，但愿它能通向哥伦比亚河，从而带他们抵达最终目的地。亨特显然是这么想的，所以在 10 月 19 日，除了 5 名留在这里捕杀河狸的人之外，他的队伍重新登上了 15 条用附近的树木粗糙削造的独木舟下水出发了，所有的马匹都被留在这里，由两名肖松尼族印第安人照管。[51]

211　　起初，这条水路让人充满希望。这支小型船队顺风顺水，航行得很快。然而没过多久，斯内克河就露出了自己的真面目。凶险的急流和湍急的旋涡掀翻了好几条独木舟，让队员们损失了不少宝贵的物资。即便如此，这支英勇无畏的探险者队伍还是继续在这条被船夫们称为"受诅咒的疯河"

（*la maudite rivière enragée*）的河流上艰难前行，有些地方的水流特别急，他们就上岸走一段，其他能划桨的地方，他们就划桨前进。[52]在河上航行了将近 350 英里之后，一条独木舟撞到了岩石上，一名船夫落水淹死了。接着，他们又航行到河上一段名叫卡尔登瀑布（Caldron Linn）的地方，从这里通行的艰难程度简直是个噩梦。如后来一位旅行者描述的那样，这段"河流被夹在两边的岩石峭壁之间，宽度不超过 40 英尺，任何言语都不足以形容这里的惊人景象——赫卡忒的毒妇锅里喷出的最恶毒的咒语也不及这个瀑布一半狰狞"。[53]

　　继续驾船前进已经不可能了。携带的补给快要吃完了，天气也越来越冷。亨特认为大家分成几个小组分头前往太平洋的话，成功的概率也许还能高一些。三支小分队的行动都充满了艰辛，他们沿着河岸前进，穿过荒芜的平原，冒着刺骨的寒风，踩着冰雪翻过一座座大山。队员们几乎没有任何食物补给，有时甚至要靠啃自己的鹿皮鞋，或把河狸皮毛撕成条烤着吃来维生。在攀爬斯内克河岸边一个高耸的峭壁时，有两支队伍都因为悬崖太陡峭而无法下到河岸边，最终严重缺水的队员们不得不靠喝自己的尿液解渴。在这些人当中，没有谁的故事比玛丽·多里翁的更令人震惊了。她不但怀着好几个月的身孕，还要照顾四岁和两岁的儿子，可是从没有人听到她有任何抱怨。12 月 30 日，在刚刚越过一条冰冻的河流之后，玛丽的孩子降生了，然而仅仅八天之后，孩子就在母亲的怀抱中夭折了。玛丽的坚韧性格为她赢得了同行者的钦佩，亨特说她和我们"之中任何人一样勇敢"。[54]

第一支队伍经过艰难跋涉，最终在 1812 年 1 月 18 日抵达了阿斯托里亚。亨特一组人在 2 月 15 日抵达，而最后一组人到 5 月底才终于抵达。整个行进过程中只损失了三名队员，这一点不能不算个奇迹了。亨特的抵达虽然是个值得庆祝的事，人们也确实制作了丰盛的烤河狸，还"畅饮了格罗格酒"，举办了"盛大的舞会"，但是刚刚复苏的阿斯托里亚人还是很快就重新投入到了工作中。[55]他们已经准备好在奥卡诺根河（Okanagon river）与哥伦比亚河的交汇处建立交易点，其他地点上的交易点也正在筹划之中。到了春末，阿斯托里亚开始显露出成功的迹象，交易者从印第安人手里获得了 3500 张皮毛，其中大部分是河狸皮，少数是海獭、松鼠和狐狸的皮毛。到 5 月 11 日，阿斯特的另一艘船"河狸号"（Beaver）终于满载着人们急需的物资和人员抵达。阿斯托里亚人的精神也为之一振。看起来，虽然此前经历了诸多坎坷，但阿斯特的计划最终将获得成功。[56]

与此同时，在纽约的阿斯特于 1812 年冬天听说了"汤琼号"的结局。他平静地甚至是淡然地接受了这个消息，这很符合他坚韧的性格。当一个朋友为他的冷漠而表示震惊时，阿斯特回答说："你想让我做什么？让我为我改变不了的事躲在家里以泪洗面吗？"[57]阿斯特能够获得如此惊人的成功正是因为他遇到困难时会选择努力克服而不是畏惧退缩。如今他也打算这样做。不过，这一次阿斯特面临的困难是他一辈子都没有遇到过的巨大障碍——战争。

第十一章　阿斯托里亚

　　美国总统詹姆斯·麦迪逊①在 1812 年 6 月 18 日向英国宣战。尽管最常被提及的引发战争的主要原因是英国强征美国水手及限制美国海运贸易，但皮毛交易在这里也发挥了相当大的作用。在战争爆发前的几年里，《杰伊条约》一直没能得到全面的贯彻，这使得加拿大和美国皮毛交易者之间的紧张状态日趋升级。加拿大人仍在为条约中割让领土的条款而怀恨在心，他们的交易网络依然深入整个老西北地区，甚至是路易斯安那领地中的部分地区，加拿大人表现得好像他们才是掌控这里的皮毛交易的人一样。所以当美国竞争者不断出现在这片区域里之后，加拿大人的怒火就越烧越旺，结果导致加拿大人实际上成了最坚定的主战者，他们希望借此重新夺回在《杰伊条约》中被夺走的，至少字面上是那样约定的宝贵的皮毛产地的控制权。

　　很多美国皮毛交易者也为加拿大人专横的行为而愤愤不平，所以他们也都积极地加入了号召政府宣战的行列，希望战争的结果能让他们最终无拘无束地占有他们本来就已经赢得的西部地区。[58]在皮毛交易者争议的背后，还不可避免地混杂着边界问题和更严重的与印第安人关系问题。英国人正在和印第安人结盟。他们为西部地区的一些印第安人部落提供武器，好让他们抵制美国人的扩张浪潮，这当然也会让加拿大的皮毛交易受益。有些印第安人使用新获得的武器攻击美国人的定居点，很多美国人都相信这些攻击背后的始作俑者正是英国人。此类行为比对于获得皮毛资源的关切更让边

213

---

　　① 原文为詹姆斯·门罗，应为笔误。——译者注。

境各地人民怒火中烧，支持开战的声势也愈演愈烈。[59]

　　阿斯特也为加拿大人抢走美国人的皮毛而感到郁闷。不过他依然反对战争，因为他知道战争爆发会切断英国货物的供应，而那恰恰是与印第安人交易时最重要的交易物品；更重要的是，战争爆发还会让他的皮毛无法进入英国市场。不过，当战争真的爆发之后，阿斯特也没有为自己的困境怨天尤人，而是把精力都投入到了保住阿斯托里亚上。到 1812 年底，阿斯特私下里得知西北公司正在敦促英国政府毁掉阿斯托里亚，就算政府不肯有所行动，公司也做好了亲自动手的准备。为了避免以上任何一种结果的出现，阿斯特在 1813 年 2 月给时任国务卿詹姆斯·门罗写信，在向他说明了当前形势的情况下，请求美国政府派遣 "40～50 人" 到阿斯托里亚，"在已经在那里的人们的协助下击退［英国］军队"。为了使自己的要求更有说服力，阿斯特暗示如果美国想要对阿斯托里亚及其附近的地区主张所有权，那么让这个 "刚刚建立不久的定居点" 免于遭到摧毁将发挥重大的作用。最后，阿斯特还承诺他自己也会尽快派遣额外的支援队伍。[60]

　　门罗无视了阿斯特的请求，这令皮毛行业大亨感到懊丧，但他绝不会就此放弃。如果政府什么都不做，那么他这位当时的财富泰坦就要挺身而出了。阿斯特知道在此时这样的敌对状态下，英国军舰会毫不犹豫地俘虏任何敢于离港的美国船只，不过他并不会轻易退缩。他的阿斯托里亚人正处于危险之中，自己一定不会见死不救，让英国海军见鬼去吧。就这样，阿斯特装备了一艘坚固的商船 "百灵鸟号"

（*Lark*），于 1813 年 3 月起航为边远的交易点运送补给，然后载上交易点收购的皮毛驶向中国进行销售。不过，最终阻挠"百灵鸟号"完成自己使命的并不是英国海军，而是夏威夷外一场猛烈的飓风，失事船只上还有五名船员丧生。

"百灵鸟号"起航几周之后，阿斯特就听说西北公司又向英国政府提交了另一份请愿书，内容是要求政府协助摧毁阿斯托里亚。接着他又听说政府同意了这个请求并派出了多艘船去执行这个任务。得到这个令人担忧的消息之后，阿斯特再次给门罗去信，提醒他美国人随时可能遭受攻击。这一次的回应很迅速。麦迪逊总统下令派遣停靠在纽约的护卫舰"亚当斯号"（*Adams*）前去执行保护阿斯托里亚的任务，在这艘船准备出发的同时，阿斯特也再次自行装备了一艘商船陪同"亚当斯号"一同前往，给交易点运送补给。

正在这时，阿斯特收到了阿斯托里亚人送来的信息，消息的内容大大提振了他的精神。一支由罗伯特·斯图尔特为首的队伍在 1812 年 6 月从阿斯托里亚出发，返回东部向阿斯特汇报交易点的发展情况。1813 年 4 月 30 日，这支队伍完成了惊人的越野跋涉，平安抵达圣路易斯。《密苏里公报》宣布了他们返回的消息，并将注意力着重放在了他们选择的路线上："根据这些队员提供的信息，似乎存在一条横穿北美洲大陆的通道，人们可以乘坐马车畅通无阻地行进，一路上都不会遇到一个可以被称作山的障碍。"除此之外，斯图尔特的路线似乎还能够在很大程度上避开有可能给这一行程造成"阻碍"的印第安人。这样的消息一经传出，这条道路就被公认为是比刘易斯和克拉克选择的更靠北的前

214

往太平洋的路线好得多的选择，因为另一条路的途中有不少"几乎无法逾越的障碍"。[61]

在当时，无论是报社还是读者都不可能知道，斯图尔特的路线只需在一处进行微调之后，就将成为美国历史上一条最著名的通道。如历史学家威廉·H. 戈茨曼（William H. Goetzmann）观察到的："除了绕道杰克逊霍尔这一段弯路之外，[斯图尔特的队伍] ……已经发现并亲自穿行了后来的俄勒冈小道。这条路线中最重要的几个发现包括能穿过围绕在温德河山脉东南端山脉的南山口（South Pass），以及顺着斯威特沃特河（Sweetwater River）到普拉特河的路线，他们就是沿着这条路穿过大平原的。南山口后来更是成了数以十万计的移民涌入西部的'大门'。"[62]

阿斯特对于路线的关注远不及对于了解阿斯托里亚情况的渴望。在斯图尔特返回之前，他能确定的只有"汤琼号"被炸毁和船员被屠杀的消息。相比之下，斯图尔特到达圣路易斯后立即给阿斯特写来的信件中对于哥伦比亚河河口交易点发展情况的描述则是"令人欣喜"的。阿斯特说这令他"心中充满了感恩之情，恨不得要跪地祈祷"。[63]不过美好的喜悦转瞬即逝。就在"亚当斯号"和阿斯特的商船准备起航之前，战争的态势愈发紧急了。带领一支小型舰队在安大略湖上袭扰英国人的指挥官艾萨克·昌西（Cmdr. Isaac Chauncy）要求增援，受调遣的人员中就有"亚当斯号"上的全体船员。结果这条护卫舰只能继续停在纽约的港口，阿斯特想要给阿斯托里亚运送增援和补给的愿望也破灭了。这样的沉重打击已经够糟糕了，但是如果阿斯特知道此时在大陆另一端发生了什么的话，他一定会更加郁闷。

    阿斯特的补给船只"河狸号"在 1812 年 8 月从阿斯托里亚起航，亨特也是船上的乘客之一。船只的航行计划是前往在锡特卡的俄国皮毛交易点收购一些皮毛，几个月之内返回阿斯托里亚。结果，亨特这一去就是一年，延迟这么久的原因是一系列糟糕的失误。当亨特抵达锡特卡时，俄国人手上并没有皮毛，他们建议亨特到普里比洛夫群岛（Pribilof Islands）去采购。亨特确实从群岛上买回了皮毛，但途中遭遇了暴风雨，几乎失事。后来亨特想要返回阿斯托里亚，然后去广州销售皮毛，但是因为冬天马上就要来临了，他担心损毁严重的"河狸号"经受不住西北地区海岸边的波涛汹涌，所以就先到夏威夷去修船了。船修好之后，亨特下令让船长科尼利厄斯·索尔（Cornelius Sowle）驾船前往广州出售皮毛，而他自己则留在夏威夷等待阿斯特的另一艘补给船抵达后随船一起返回阿斯托里亚。索尔抵达广州之后发现已经有一封阿斯特发出的书信在这里等着他了。信中提到了战争的爆发，并下令让索尔立即起航把这个重要的消息传达给阿斯托里亚的人们。索尔给阿斯特回信说自己不能照他说的做，他打算留在广州直到恢复和平为止。

    此时的亨特面临的问题恰恰相反，他倒是迫切地想要返回阿斯托里亚，却因为阿斯特的补给船只一直没有抵达而被无奈地困在了夏威夷。直到 1813 年 6 月 20 日，亨特才从来到夏威夷的"信天翁号"（Albatross）那里第一次听到关于战争的消息，这更坚定了他要返回阿斯托里亚的决心，于是他花 200 美元租下了"信天翁号",装载了食物和其他货物,穿越太平洋驶向哥伦比亚河河口,最终于 1813 年 8 月 20 日抵达目的地。他很快就发现,自己不在的这一年,阿斯托里亚的境况很是糟糕。[64]

1812 年的整个秋冬时节,阿斯托里亚人都在徒然地等待着"河狸号"的返航。整个堡垒都陷入了忧郁之中。在亨特离开期间代行管理职责的麦克杜格尔和其他一些人都开始担心船只是不是已经在海上失事了,或是受到了印第安人的攻击。到 1813 年 1 月底,西北公司的一位合伙人来到了阿斯托里亚,这个名叫约翰·乔治·麦克塔维什(John George Mctavish)的人曾经在这个地方进行交易。他来这里不仅是告诉阿斯托里亚人战争已经爆发,更是通知他们在即将到来的 3 月里,一艘英国海军军舰就将抵达这片海岸,占领阿斯托里亚,而麦克塔维什和他的属下们就是来这里与即将抵达的军舰会合的。[65]

"河狸号"显然是不会回来了,人们也指望不上美国海军能派船前来保卫阿斯托里亚,所以麦克杜格尔和麦肯齐决定放弃这个交易点,返回圣路易斯去。就在他们为启程做准备的时候,麦克塔维什带着自己的人手来了。此时已经是 4 月初,麦克塔维什指望的英国军舰本应抵达并占据这个交易点了,然而至今并没有什么船只出现。麦克塔维什受到了他的加拿大同胞麦克杜格尔和麦肯齐的热情款待,于是他就留在阿斯托里亚耐心地等待船只抵达。可是几个月的时间过去了,依然没有什么船只出现。

第十一章　阿斯托里亚

到了 6 月底，麦克杜格尔召集所有的合伙人开会，虽然其中有些人坚决反对放弃阿斯托里亚，但最终大伙还是认定这是最好的选择。[66] 不过，虽然人们最终达成了一致，但到了这个月份再准备启程翻越落基山脉显然已经晚了，所以麦克杜格尔和麦克塔维什达成了一个协议：双方都可以留在这个区域，共同分享皮毛交易机会，到来年春天，美国人就会离开。麦克塔维什带着这样的协议和自己的人手返回了他们在斯波坎（Spokane）的交易点，阿斯托里亚人则继续留在这里。

到了 8 月 20 日，"信天翁号"（Albatross）驶入了人们的视线。亨特对于阿斯托里亚人达成的交易感到担忧，他很想改变他们要放弃这个交易点的打算，不过最终没能成功，因为其他合伙人都不肯改变主意。再说，阿斯特先生的利益也是不得不考虑的问题，亨特认为在这个问题上，他此时能做的只有找一条船，将阿斯特的皮毛运到广州去，那样也许多少还能实现一些盈利。"信天翁号"似乎是最好的选择，但是这艘船已经预定要前往太平洋南部的马克萨斯群岛（Marquesas Islands），然后返回夏威夷，所以不能受雇于亨特。即便如此，亨特还是义无反顾地登上了"信天翁号"，四个月之后船只停靠在了夏威夷，亨特又从这里雇用了一艘双桅帆船"小商贩号"（Pedlar），于 1814 年 1 月 22 日起航返回阿斯托里亚。[67]

当亨特在太平洋上寻找拯救阿斯托里亚的办法时，大批英国人抵达了这里。第一批是 1813 年 10 月初到的。总共 10

条独木舟载着麦克塔维什和 74 名西北公司的人员在阿斯托里亚正前方停船靠岸。麦克塔维什通知阿斯托里亚人一艘英国军舰马上就要来了，英国军舰收到的指令是"彻底消灭"这个美国交易点。利用这个消息引发的恐慌，麦克塔维什只花了实际价值的很少一部分就买下了阿斯托里亚所有的皮毛和交易货物。[68]买卖的条款中还有一项是许可阿斯托里亚人加入西北皮毛公司，不愿加入的，公司也会承担他们安全向东返回美国领地的费用。

第二批，也是最后一批英国人是乘坐以威廉·布莱克（William Black）为船长的"浣熊号"（*Racoon*）在 11 月 30 日行驶到哥伦比亚河河口的。布莱克迫切地想要实践这个成功占领阿斯托里亚的机会，他在发现自己的目标已经被西北公司买下之后极度失望。实际上，阿斯托里亚根本算不上什么有价值的目标。"这就是我久仰大名的那个堡垒吗？"布莱克忍不住要问。"该死的，我只要一门发射 4 磅重炮弹的大炮，用不了两个小时就可以攻下这么个小地方！"[69]即便如此，布莱克还是在 12 月 13 日正式占领了阿斯托里亚，并将其重新命名为乔治堡。

当亨特于 1814 年 2 月 28 日抵达阿斯托里亚的时候，他已经无力改变这里的结局了。交易已经达成，很多受阿斯特雇用的加拿大人此时都转投了西北公司，其中就包括麦克杜格尔，后者甚至还成了西北公司的合伙人。亨特试图取回阿斯特的皮毛，但是麦克杜格尔要求他必须以极高的价格购买才行，而这样的价格是亨特不愿接受的。在拿回了太平洋皮毛公司的记事簿之后，亨特于 4 月 3 日登上"小商贩号"

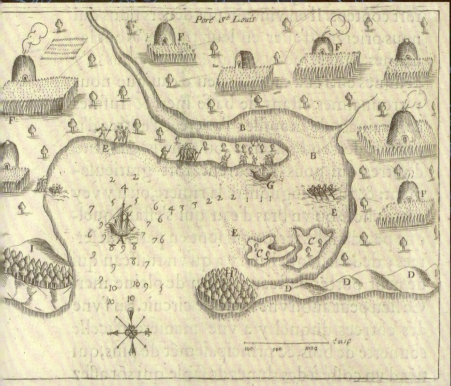

萨米埃尔·德·尚普兰于 1605 年绘制的普利茅斯港地图。
(Courtesy Rare Books and Special Collections Division, Library of Congress)

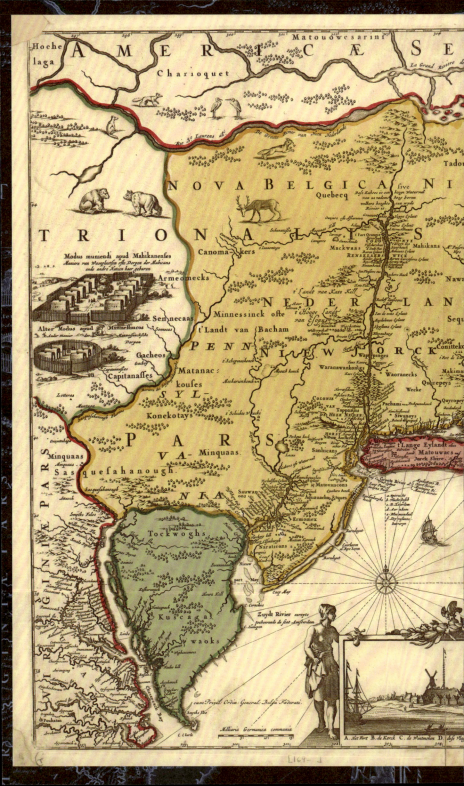

AMERICÆ SE

Hochelaga

Matouowesarini

Charioquet

La Grand Riviere d

Rio St Laurens di.

De Groote river van Nieu Nederlandt

NOVA BELGICA sive NI

Quebecq

Tadou

TRION A L I S

Modus muniendi apud Mahikanenses
Maniere van Woonplaetsen ofte Dorpen der Mahicans
ende andre Natien haer geburen

Canoma-kers

NEDER LAN

Fort Orange

Mackwaes

RENSELAERS WICK

Mahikans

Nawa

Armeomecks

Sennecaas

Minnessinck ofte 't Hooge Landt van Jopus

Alter Modus apud Minnessincos

't Landt van Bacham

Sequ

Kanastaische Dorpen

PENN

NIEW JORCK

Conitteko

Gacheos

Waranawankongs

Wappinges

Makima

Matanac-kouses

Waoranecks

Quirepeys

SYL-

Wecke

Pachami

Quyopey

Capitanasses

Konekotays

COLONIE VAN DE HEER NEDER

Siwanoys

PARS

Nieuw Amsterdam

VA- Minquaas

Sanhican

't Lange Eylandt alias Matouwacs of Jorck Shire

Minquaas

Sasquesahanough

Matovancons

Aquaacknonk Siques

Ermomex

Tockwoghs

Naraticons

Nieuw

part May

Boere Kill

Kus ea ga

waoks

Zuydt Rivier eertyts
genoemd de soet Amsterdam

cum Privil: Ordin: General: Belgii Fœderati.

Milliaria Germanica communia

A. Het Fort B. de Kerck C. de Westmolen D. dese Wa

这幅 1685 年版地图是最初绘制于 1650 年前后的原始版本的更新，图中显示了 17 世纪中期的新尼德兰和美洲东北部海岸的大片地区。地图右下角插入的图像是新阿姆斯特丹的景观。

（*Courtesy Library of Congress*）

约翰·詹姆斯·奥杜邦在 1843 年创作的《美洲河狸》（*American Beaver*）。
(*Courtesy Collections & Archives Department, Nimitz Library, U.S. Naval Academy*)

密苏里河上的河狸巢穴，由卡尔·伯德莫尔（Karl Bodmer）创作。
（Courtesy Rare Book Division of the Library of Congress）

蒙大拿州雷德罗克国家野生动物保护区附近由河狸建起的堤坝。
（*Courtesy Winston E. Banko and U.S. Fish and Wildlife Service*）

河狸的巢穴
(Courtesy Hans Stuart and the U.S. Fish and Wildlife Service)

河狸的头骨
(Courtesy Penny Ann Dolin)

CARTE DE LA NOUVELLE FRANCE, où se voit le cours des Grandes Rivieres de ...

Aux Environs des-quelles se trouvent les ETATS, PAÏS, NATIONS, PEUPLES &c. de la FLORIDE, de la LOU...
du NOUVEAU JERSAY, de la NOUVELLE YORCK, de la NOUV. ANGLETERRE, de L'ACADIE, du CA...
Grande Ile de TERRE NEUVE : Dressée sur les MEMOIRES les plus NOUVEAUX recueillis pou...

LES COSTES DE LA LOUISIANE DEPUIS LA BAYE
DE ASCENSION IUSQUES A CELLE DES S. IOSEPH,
...

Echelle

LES COSTES DE LA LOUISIANE

LA LOUISIANE

Lac de Maurepas
Lac de Pont Chartrain
Grand fleuve du Mississipi

GOLFE DE MEXIQUE

GOLFE DE MEXIQUE

REMARQUES

LAC SUPERIEUR

LAC DES ILINOIS

LAC HURONS

LAC ERIÉ

PROVINCE DE QUIVIRA

Apaches
Navajoa
los Quelz
Zuni
Moqui
Apaches de Xila
Apaches
Hojomes

NOUV. MEXIQUE

LA LOUISIANE

LA FLORIDE

PAYS DES CHAOUANONS

les Chouanans
les Cenis
les Tancaoüens
les Panis
les Paoulaones

NOUV. ESPAGNE

ROYAUME DE LEON

Baye de Spirito Santo

GOLFE

DE

MEXIQUE

ISLE DE CUBA
B. de Havana

ISLE BAHAMA

这幅 1720 年前后由法国人绘制的地图足以说明为什么法国人和英国人会在新大陆上发生冲突。法国的势力范围是图中粉色和黄色的区域，从东北方的圣劳伦斯河河谷一直向南延伸至路易斯安那和墨西哥湾（地图左上角的细节图显示的是墨西哥湾海岸）。英国的势力范围是图中绿色的区域，从纽芬兰岛海岸附近延伸至佛罗里达，还包括图中上方中间位置的哈得孙湾周围的地方。

（*Courtesy National Maritime Museum, London*）

已知最早的由欧洲人创作的美洲野牛的图像，出自弗
科·洛佩斯·德·戈马拉（Francisco López de Gómara）
出版的《印第安通史》（*La Historia General de las Indias*
（*Courtesy Library of Congress*）

头戴貂皮帽子的本杰明·富兰克林。
（*Courtesy Library of Congress*）

1845年，科罗拉多州阿肯色河上的本特堡。现在本特的老堡至国家级历史遗址是在科罗拉多州拉洪塔附近的本特堡原始遗址上复原的，由国家公园管理局经营

(Courtesy Library of Congress)

北海狗。
(Courtesy, U.S. Fish and Wildlife Service)

在密苏里河上航行的满载皮毛的麦基诺船，船上的皮毛交易者正遭到印第安人的攻击

19世纪晚期的皮毛拍卖会广告。拍卖品包括野牛皮盖毯、貂皮大衣、黑貂皮、白貂皮、河狸皮毛、海狗皮毛和松鼠皮。

1777年，英国人在北美洲东部进行皮毛交易的场景。

约翰·米切尔（John Mitchell）在 1755 年绘制的说明英法在美洲势力范围的地图，这幅图清晰地显示了在美洲的殖民地定居者都认为殖民地的西部边界是远远超过密西西比河的。

亨利·哈得孙
（ *Courtesy Library of Congress* ）

基特·卡森。
（ *Courtesy Library of Congress* ）

本杰明·富兰克林向美洲的各个英属殖民地发出的警告，于 1754 年印发，画面内容旨在敦促殖民地"团结起来"（Join）抵抗法国人和印第安人，否则就可能面临"死亡"（Die）的结局。这幅画被广泛地认定为美洲第一幅政治漫画。

《清教徒在普利茅斯登陆》，萨隆尼和梅杰公司（Sarony and Major），1846 年。
Courtesy Library of Congress

梅里韦瑟·刘易斯和威廉·克拉克在给印第安人开会。

THE LAST BUFFALO.

"Don't shoot, my good fellow! Here, take my 'robe,' save your ammunition, and let me go in peace."

PARS

阿尔伯特·比尔施塔特（Albert Bierstadt）在 1888 年创作的《最后的野牛》（*The Last of the Buffalo*）。

（*Courtesy Buffalo Bill Historical Center, Cody, Wyoming: Gertrude Vanderbilt Whitney Trust Fund Purchase, 260*）

《彼得·史蒂文森》（*Peter Stuyvesant*），由托马斯·金布雷德（Thomas Gimbrede）创作，1826 年。

（*Courtesy The New York Public Library/Art Resource, NY*）

1903年，西奥多·罗斯福总统和约翰·缪尔一起站在加利福尼亚州约塞米蒂山谷的冰川点上。

(*Courtesy Library of Congress*)

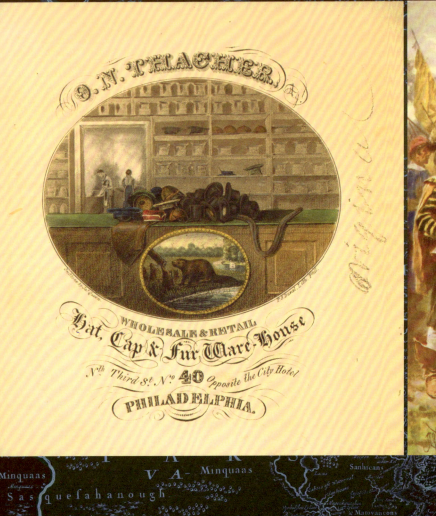

O. N. THACHER

WHOLESALE & RETAIL
Hat, Cap & Fur Ware-House
N°. Third St. N° **40** Opposite the City Hotel
PHILADELPHIA.

费城一家皮毛帽子商店（O.N. Thacher, Hat, Cap & Fur Ware-House）在 1840 年时的广告。

（Courtesy Library of Congress）

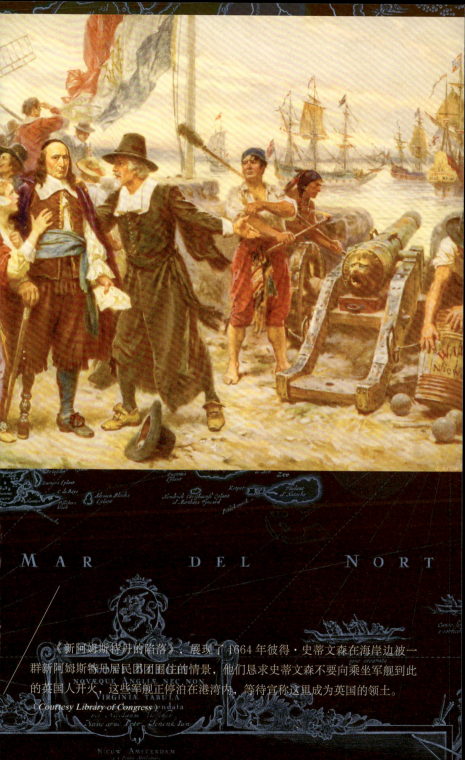

《新阿姆斯特丹的陷落》，展现了1664年彼得·史蒂文森在海岸边被一群新阿姆斯特丹居民团团围住的情景，他们恳求史蒂文森不要向乘坐军舰到此的英国人开火，这些军舰正停泊在港湾内，等待宣称这里成为英国的领土。

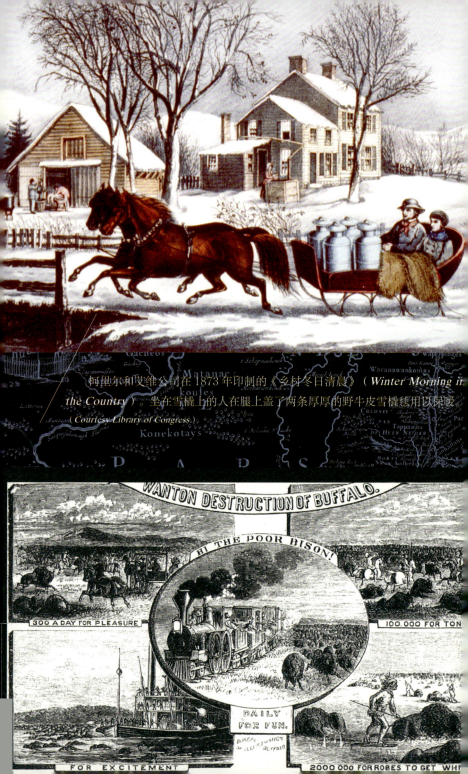

柯里尔和艾维公司在 1873 年印制的《乡村冬日清晨》（*Winter Morning in the Country*）。坐在雪橇上的人在腿上盖了两条厚厚的野牛皮雪橇毯用以保暖。（*Courtesy Library of Congress.*）

1781 年 10 月 19 日，英军司令查尔斯·康沃利斯侯爵（Gen. Lord Charles Cornwallis）在约克敦投降。由柯里尔和艾维公司于 1846 年印制。

Courtesy Library of Congress

W. E. 韦伯（W. E. Webb）在 1872 年出版的《野牛之地》（*Buffalo Land*）中的插图，描绘的是各种屠杀野牛的方式。

《1609年提康德罗加战役》，萨米埃尔·德·尚普兰（居于画面中心）在尚普兰湖畔与莫霍克族发生的冲突中使用枪支进行战斗。

皮毛最流行时期的一位女士，她身穿皮毛大衣，头戴用羽毛装饰的帽子。该照片拍摄于 1906 年前后

Courtesy Library of Congress

第十一章　阿斯托里亚

（*Pedlar*）返回纽约去了。第二天，全部 90 名不愿加入西北公司的阿斯托里亚人也启程了，他们驾驶 10 条独木舟沿着哥伦比亚河开启了向东返回的行程。[70]

4 月 17 日，当阿斯托里亚人来到距离沃拉沃拉河（Walla Walla River）河口不远的地方时，有印第安人将三条独木舟推入水中，并开始追逐他们。阿斯托里亚人不清楚印第安人有什么目的，所以还是继续划桨。可是这时他们突然听到一个孩子的声音在用法语朝他们大喊，请求他们停下，于是他们就照做了，改为向着最近的岸边驶去。当印第安人划着独木舟靠近之后，阿斯托里亚人认出一条独木舟上的三名乘客正是翻译皮埃尔·多里翁的妻子玛丽·多里翁和她的两个儿子。玛丽给所有人讲述了自己的悲惨遭遇。

1813 年夏天，阿斯托里亚的一位办事员约翰·里德（John Reed）带领着一支小队沿斯内克河捕杀河狸。他手下总共有六名队员，其中就包括皮埃尔·多里翁。多里翁的妻子和儿子也一如既往地跟着他。到了秋天，有一名队员因为从马背上摔下而丧了命，另有一人离队逃跑了。不过那之后不久，一直在这片区域里捕杀动物的罗宾逊、霍巴克和雷泽诺加入了里德的队伍。随着冬天的临近，这支队伍又分成了两拨。里德在斯内克河边修建了一个小木屋，有四个人和他一起留在了这里。剩下的那些——包括一位名叫吉勒·勒克莱尔（Gilles Le Clerc）的加拿大人、雷泽诺、多里翁和他的家人——继续走了五天，到达了一个据说有很多河狸的地方，并在那里建造了一个棚屋。白天，男人们出去设置陷阱捕猎，玛丽和她的两个儿子就留在棚屋里打理男人们带回来的皮毛，并给他们准备三餐。

1814 年 1 月初的一天，勒克莱尔浑身是血地回到木屋，已经站都站不住了。他临死之前告诉玛丽是印第安人袭击了他们，她的丈夫和雷泽诺都已经死了。害怕印第安人很快就会追到棚屋来的玛丽带上一些物资，给儿子们穿好保暖的衣物，让他们两个共骑一匹马，她自己则爬上另一匹。玛丽向着斯内克河边里德的小木屋而去，想要提醒里德危险将至。可惜她到得太晚了，等待她的只有被遗弃的小木屋和满地的血迹，这足以证明里德和其他人都已经被杀死了。

玛丽立即向着西北方向的哥伦比亚河继续前进，但是冰雪覆盖的蓝山（Blue Mountains）成了她无法克服的障碍。玛丽知道要活下去的唯一机会就是先找地方过冬，等待天气转暖。于是她带着两个儿子躲进了一个不太深的峡谷里，挖了一个雪洞，用树皮、树枝、小树杈等材料搭建了一个简易的庇护所，外面再盖上她随身携带的仅有的几张动物皮毛。她的两匹马很快就被宰了作为食物，马皮也被用来作为巩固庇护所的保暖措施，以抵御刺骨的严寒。

到了 3 月中，食物几乎都吃完了，冰雪也终于开始融化。玛丽带着儿子们翻过山脉向哥伦比亚河前进，直到被沃拉沃拉河的印第安人收留。玛丽得知阿斯托里亚人计划春天启程返回美国，所以她一直等着，希望很快就能遇到他们的独木舟从这里经过。终于在 4 月 17 日，她一个儿子的喊声让他们一家终于回归了大部队。阿斯托里亚人给了印第安人一些礼物以"报答他们的费心关照"，接着又把玛丽和她的儿子们送到了邻近的一个加拿大人的皮毛交易点，然后才继续自己的行程。[71]

《纽约公报和大众广告》（*New-York Gazette and General Advertiser*）在 1814 年 11 月 12 日为阿斯托里亚刊登了一段简短的讣告，宣布"太平洋皮毛公司已经不复存在"。几个月之前，在阿斯特刚开始收到他的"才建立不久的定居点"遭遇各种灾难的汇报时，他曾经给自己的一位同事写信说："还有能比我的这个事业更有价值、更光荣、更具开创性，却遭遇了更多不幸的尝试吗？"[72]阿斯特的挫败感还因为被他视为变节的麦克杜格尔的行为而加深了。阿斯特确信麦克杜格尔与西北公司相互勾结，所以才以极低的价格转让了阿斯托里亚的一切。正是这样的两面派行为为他赢得了西北公司合伙人的位子。[73]麦克杜格尔激烈地否认了这样的指控，称考虑到当时大军压境的情况，自己已经尽力为阿斯特争取到了最划算的买卖。无论阿斯特和麦克杜格尔的说法谁真谁假，反正结果是阿斯托里亚落入了加拿大人手中。即便如此，阿斯特仍不愿放弃。"只要我还活着，只要我还有一美元可花，"阿斯特在给一位曾经的合伙人的信中写道，"我就要继续这项事业，挽救我们的损失……我们被出卖了一次，但是我不会因此失去勇气。"[74]

1814 年 12 月 24 日签署的《根特条约》（Treaty of Ghent）终结了 1812 年战争。条约第一条就规定"战争期间一方从另一方手中夺取的任何领土、地方和财产……都要立即归还，不得拖延"。[75]阿斯特认为这是一个好消息，他在1815 年 3 月给自己的侄子写信说："现在是和平时期了，我们应当对哥伦比亚河享有权利，而且我认为我们应当重新投入这项生意。"[76]不过美国与英国之间就阿斯托里亚地位问题的争论陷入了多年的拉锯战。美国政府受到阿斯特在背后的推动，声称阿斯托里亚是战争期间被布莱克船长占领的，因此应当返还给美国。然而英国声称美国人出售阿斯托里亚是在布莱克抵达之前，所以加拿大人有权占有这个交易点。

到 1817 年底，阿斯特的愿望才终于要实现了。詹姆斯·门罗总统派遣美国军舰"安大略号"（Ontario）航行至哥伦比亚河河口"以友好、和平的方式，在避免使用武力的前提下，主张美国对于邻近地区的主权"。[77]门罗总统出于礼节给阿斯特写了一封信，通知他此次航行的情况及目的。但是这个消息并没有给阿斯特带来任何喜悦。

因为政府拒绝了自己部署军队保卫交易点的要求，阿斯特已经决定放弃重建阿斯托里亚。因为他认为在得不到保护的前提下，他的交易者们根本无法与该区域里的加拿大交易者抗衡，后者在交易过程中已经表现出了联合起来不惜诉诸武力也要保护自己皮毛资源的意图。换句话说，就算美国政府宣称了对该地区享有主权，阿斯特也不打算重返那里了，他宁愿把自己的关注和精力用在别的生意上。[78]

美国和英国之间在"安大略号"起航前去执行任务之后上演了一场错综复杂的外交"芭蕾"，但那不是本书要说的内容。最终双方达成协议将阿斯托里亚还给美国。1818年 10 月 6 日，乔治堡上空飘扬的英国米字旗被降下，换成了美国的星条旗。但这样的归还不过是象征意义的。西北公司的雇员仍被许可留在堡垒里，不到两周之后，加拿大人就获得了类似长期租赁的使用交易点的权利，因为英国和美国签订了《1818 年条约》（Convention of 1818），双方同意"落基山脉以西，任何一方宣称了主权的领地及内水都应当对双方船只、公民和臣民免费开放，有效期十年"。[79] 于是，加拿大人在美国特使离开之后很快重新升起了英国国旗，他们是绝对不会离开这里的。

虽然阿斯特的阿斯托里亚堡垒以失败告终，但这个地方后来因为华盛顿·欧文（Washington Irving）在 1836 年出版的著作《阿斯托里亚：落基山脉之外的事业》（*Astoria：or, Enterprise Beyond the Rocky Mountains*）而获得了某种永恒的声望。欧文是当时最著名的美国作家之一，他的短篇故事集《睡谷的传说》（*The Legend of Sleepy Hollow*）和《瑞普·凡·温克尔》（*Rip Van Winkle*）都是流传甚广的畅销作品。他同时也是阿斯特的朋友。当阿斯特建议欧文创作一部以阿斯托里亚的事业为题材的作品时，欧文立即就答应了。欧文在这本书的序言中写道："我突然想到，一本这样的作品里会包含各种各样我非常感兴趣的关于皮毛交易的有意思的细节，有在遥远的地区进行的充满冒险的创业，还有形形色色的人、部落、团体和角色，还有那些受到了这项事业影响的文明人和野蛮人。"[80] 认为欧文与阿斯特的友谊会使得他倾向于从对阿斯特有利的角度理解问题是很自然的，不过《阿斯托里亚：落基山脉之外的事业》这本书确实为广大读者提供了对于整个美国皮毛交易历史上最值得铭记的一段的精

221

彩描述。

    1812 年战争对于阿斯特来说并不完全是个灾难。虽然他在太平洋西北地区的抱负没能实现，但他还是想办法安排了几艘满载着皮毛的船驶向了欧洲和中国。其他美国皮毛交易者就没有这么大本事了，所以他们的生意都极大地衰退了。战争之后，财力雄厚且对于尽可能多地控制皮毛交易充满野心的阿斯特是第一个重新投入这一行业的人，并且很快就扩大了自己在老西北地区的生意，还雇用了大批交易者在当地建立新的交易点。1816 年 4 月 29 日，国会通过的一项法案也大大地推动了他的事业。这项法案的内容是除非受雇于美国交易者，否则外国人不得在美国进行皮毛交易。讽刺的是，外国移民出身的阿斯特也参与了推动这一法案获得通过的游说活动。

    《1818 年条约》的签订进一步巩固了阿斯特的地位。条约规定，美国的北部边界是从今天的明尼苏达州北部的伍兹湖开始到落基山脉为止的北纬49°线。阿斯特利用这些新的政治现实加强了自己对五大湖区附近和密西西比河上游地区皮毛交易的控制。他买下了那些原本在北纬49°线以南的美国领土上经营的加拿大人皮毛公司的所有权，然后雇用了成百上千突然失业的英国交易者和法国船夫为自己工作。在麦基诺和底特律的交易中心，总有几十人组成的阿斯特的皮毛交易者大军，驾驶着 5 ~ 20 条满载货物的平底船遍布在这片地区。结果就是，阿斯特的美国皮毛公司出奇地赚钱，每年收入数十万美元。促进阿斯特成功的正是欧洲和美国市场在战后的复兴。河狸皮帽子及其他动物皮毛又重新流行了起来，这样的商品所提供的舒适和由此显示的社会阶层差异又重新获得了有鉴赏力的消费者的钟爱。[81]

在阿斯特掌控了老西北地区皮毛交易的同时，圣路易斯的交易者们要想从战争的影响中恢复就困难得多了，他们既没有阿斯特那样超群的财力，也没有他所拥有的商业人脉。圣路易斯的交易者们只能断断续续地尝试恢复他们在密苏里河上的活动。就连最勇往直前的莉萨在复兴他挚爱的密苏里皮毛公司的过程中也遇到了很多障碍。到 1820 年 8 月 12 日他去世时，他的公司规模仍然处于相对较小的状态。即便如此，密苏里河在后来的美国皮毛交易中仍将扮演一个重要的角色。凭借刘易斯和克拉克最初的探险发现，还有莉萨和其他皮毛交易者的不断开拓，此时所有人都已经知道密苏里河上有很多河狸。到 1822 年，有一个人决定要去这里捕杀河狸。

第十二章
山地人

19世纪20年代初，威廉·亨利·阿什利（William Henry Ashley）的财务状况一落千丈。20多年前，年纪尚轻的他离开弗吉尼亚，到圣路易斯以南大约50英里以外，位于密苏里河岸边一个名叫圣热纳维耶夫（Ste. Genevieve）的法国人聚居区定居。在过去的这些年里，阿什利制作过火药，开采过铅矿，投资过地产，加入过民兵队伍，获得的最高职衔是准将。1821年在密苏里正式成为一个州之前，他还曾当选密苏里领地的副总督。不过阿什利在经济上总是入不敷出，他的一些投资都以失败告终，还欠了不少债。阿什利最终决定从政，那么他的财务状况就更成了一个严重的问题，因为即便是在19世纪早期，政客想要获得光明的前景也必须有雄厚的财力作支撑。问题在于，他该去哪儿找钱呢？阿什利想到的答案是皮毛。虽然身陷财务困境之中，但他的名声还是很好的。凭借自己的信誉，阿什利凑到了一笔基金，和安德鲁·亨利共同组建了一个皮毛交易公司。后者是阿什利的老朋友了，两人早在1804年就合伙进行过采矿。[1]

第十二章　山地人

1822 年 2 月 13 日，阿什利在《密苏里公报和大众广告》（*Missouri Gazette & Public Advertiser*）上刊登了一条广告："致有事业心的青年们。本广告发布者现招募 100 人沿密苏里河逆流而上，到达其源头，并在当地工作一年、两年或三年。欲知更多详情者可到华盛顿县铅矿附近咨询安德鲁·亨利少校（他正是将率领这支队伍前往目的地的人），也可以到圣路易斯附近找本广告的发布者。"[2]虽然这则广告没有提及工作的性质，但任何读到它的人都明白这一定跟皮毛交易有关。毕竟，除纽约市以外，圣路易斯就是这个国家最重要的皮毛交易中心了。亨利曾是莉萨的密苏里皮毛公司合伙人之一，早已经为自己在这个行业里赢得了足够的信誉，是个传奇一般的大人物。真正能够吸引"有事业心的青年们"离开家乡几年时间，"沿密苏里河逆流而上"的理由就是找到以柔顺光滑的河狸皮毛形式存在的财富的可能。再说，阿什利和亨利已经为此筹划了好几个月，所以关于这次活动目的的猜测也在准探险者中间流传了有一段时间了。[3]

很短的时间之内就有 150 人报了名，其中大部分本身就是动物捕杀者。主要负责协助阿什利在"售卖格罗格酒的商店和其他更堕落的场所里"开展招募工作的一位绅士说他无法很好地描述自己集结起来的这批人，不过他评价"连法斯塔夫（Falstaff）的手下跟这些人比起来都算是有教养的"。[4]雇佣合同的条款也是独一无二的，受雇的人都不是"领工资的雇员"（*engagés*），他们能够获得的报酬只有皮毛。作为对价，公司将为捕杀者们提供装备，并要求他们协助修建及保卫交易点，他们捕获的皮毛一半上交给公司，另一半算他们自己的收入。[5]

到了 4 月初，探险队开始朝着一片号称"蕴藏了比秘鲁矿场的收益还丰厚的皮毛财富"的区域进发。[6]当时最具影响力的报纸之一，总部位于巴尔的摩的《奈尔斯每周登记簿》（*Niles' Weekly Register*）在报道队伍启程的消息时注意到这些人"被描述为英勇无畏的，是一支充满男子气概、装备精良的队伍，已经做好了到一片几乎尚不为人所知的蛮荒区域里工作三年的准备……如果他们获得了成功，［这项探索活动］不仅能让他们自己获得丰厚的利益，对于我们的国家也大有益处，不仅可以为大规模的皮毛交易打下基础，还能向那些留在家里娇生惯养的男孩子证明，行动才是获得巨大财富的真正途径"。[7]

尽管人们抱有的期望很高，公司头两年的经营却只能用悲剧和失败来形容。一艘平底船在密苏里河上倾覆，价值 10000 美元的物资沉入了泥泞的河底。黑脚族人和阿里卡拉人的袭击造成了 20 多名雇员的死亡，逃跑的人数与这比起来大概只多不少。虽然公司在黄石河河口建起了一个堡垒，也向各个方向派出了捕杀者小队，但是他们送回堡垒的河狸皮毛数量远远达不到预期。到 1824 年底，公司的前景已经非常暗淡了，连带阿什利的未来也变得毫无希望。为了给自己的雇员们运送补给，他已经错过了竞选州长的机会，他的信用额度也大大地降低了，最糟糕的是，公司经验最丰富的动物捕杀者和领导者亨利宣布退休，留下阿什利一个人孤军奋战。从来都是乐观主义者的阿什利这次

第十二章　山地人

依然不肯放弃，反而决定向新的方向扩展业务。此前公司的一个捕杀者小队曾经从南山口翻过大陆分水岭到达格林河河谷（Green River Valley），并在那里发现了一个有很多河狸的宝藏。1824 年夏天，关于这个发现的消息传到了阿什利的耳朵里，于是他决定放弃密苏里河上游，转为向落基山脉进发。[8]

当年秋天，阿什利带着大量的物资和 25 名动物捕杀者从位于今天内布拉斯加州东部边缘的阿特金森堡（Fort Atkinson）出发，向格林河河谷前进。这段行程经历了难耐的严寒和刺骨的冷风，一路上连可以点火的木头都很难找到，积雪厚到难以通行，有时队员们只能沿着随意游荡的野牛群踏出的路前进。不过当地友善的波尼人（Pawnee）给他们提供了帮助，不仅为他们指明了最好的路线，还卖给他们马匹以取代死掉的那些。最终，阿什利和他的队员们于 1825 年 4 月 19 日来到了格林河河谷。[9]

阿什利把自己的队员们分成小组，让他们分头到山里去捕杀河狸。在队员出发之前，阿什利告诉他们 7 月的时候回到格林河河边的某个地方集合，这个地方将由阿什利选定，他会沿途留下路标好让其他人能够找到这个地方。如他计划的这样，队员们在 7 月 1 日这天都抵达了格林河与亨利河交汇处 20 英里之外的亨利河岸边。[10]阿什利骄傲地审视着集中到自己面前的 120 名动物捕杀者，其中有 29 名是抛弃了哈得孙湾公司转投他手下的。如阿什利所说，这些人"分成小组散布在山脉以西北纬 38°至 44°之间的区域里，他们遭受的损失"只有被一伙乌鸦印第安人偷走的

17 匹马，以及一人"在科罗拉多河源头被一群不明身份的印第安人"杀死。[11] 阿什利给他的队员分派了补给，收集了属于他的皮毛，然后在 7 月 2 日带着一小队人启程向东返回，其他人则留在山里继续捕杀动物。阿什利大约带了 100 捆皮毛返回圣路易斯，价值 50000 美元（每一捆 60 张皮毛，重量约 100 磅）。

这次成功鼓舞了阿什利，第二年夏天他又带着一大批物资返回了山区，在另一个集合地点和他的捕杀者们碰头。这次他选择的地点是今天的犹他州洛根（Logan）附近的卡什河谷（Cache Valley）尽头。这一次阿什利收集到的成果比第一次还要丰厚，他带了大约 125 捆皮毛返回，价值 60000 美元。阿什利不仅重新具有了清偿能力，还攒下了一笔雄厚的竞选基金。在这之后，阿什利将自己在公司里的股份卖给了他手下三名最出色的动物捕杀者，他们是杰迪代亚·史密斯（Jedediah Smith）、大卫·杰克逊（David Jackson）和威廉·萨布利特（William Sublette）。阿什利后来也一直在做皮毛生意，主要是向自己曾经的公司提供物资和交易物品，不过他的重心已经转向了在圣路易斯大宅里过安定的婚姻生活，他绝大部分的注意力则投入到了他醉心的政治活动上。1831 年，密苏里州的国会议员斯潘塞·佩蒂斯（Spencer Pettis）在一场决斗中丧生之后，阿什利的机会终于来了，他通过竞选填补了这个空缺，之后又干满了两个任期。[12]

虽然阿什利作为公司领导者的时间并不长，但他依然当之无愧地被视为皮毛交易历史上的一位巨人。集合点制度也成了落基山脉皮毛交易的一个固定节目。动物捕杀者全年留

第十二章　山地人

在落基山脉附近或山区里捕杀动物，每年夏天到指定的地点向公司代表销售自己收获的皮毛，并购置补给。这样的方式一直延续到了 1840 年。各个公司每年一次通过陆路运输物资的行程绵延 1000 多英里，它们在密苏里以西的起点不尽相同，有韦斯特波特（Westport）、独立城（Independence）和圣约瑟夫（St. Joseph）。运输行程的路线是沿密苏里河、普拉特河、北普拉特河、斯威特沃特河一路向西，翻过坡度和缓的南山口，到达格林河河谷及更远的地方。[13] 所有集合点都被选在大陆分水岭以西，大多数是在相当于今天的怀俄明州境内，偶尔也会在犹他州或爱达荷州境内。每次前往集合地点的人数少则几百，多则上千。他们之中不仅有动物捕杀者、办事员、皮毛公司官员，还会有来进行交易的印第安人。交易点所在地会形成临时的村庄，有时持续几天、几周，有时能持续一个多月。这些常年生活在野外，定期来集合点的人就被称为山地人，这个特殊的群体从其形式和功能上来说都有点类似于法国的"自由交易者"或荷兰的"森林走私者"，更是如科尔特、德鲁拉德、罗宾逊、霍巴克和雷泽诺一样的动物捕杀者的后继之人。[14]

山地人可能受雇于那些在落基山脉经营皮毛交易的公司，也可能是独立的自由捕杀者。[15] 前者相当于受契约约束的雇员，可以从公司领到固定的工资和装备。作为回报，他们要负责维护捕杀者的营地，还要为雇主带回尽可能多的河狸皮毛。有些自由捕杀者也会从公司获得装备，但是不领工资，他们带回来的河狸皮必须按照事先商定好的价格卖给公司。不过山地人群体中最著名的角色还要数那些完全自由的捕杀者，他们自己决定捕杀活动路线，不受任何人的束缚。如山地人约瑟夫·米克（Joseph Meek）观察到的那样："真正的自由捕杀者认为自己比前两类捕杀者都高级得多。自由捕杀者自己有马、装备、武器和弹药。他们可以选择自己认为合适的路线，在他们认为合适的时间和地点进行捕猎和设置陷阱；可以与印第安人进行交易；也可以把自己的皮毛卖给出价最高的人；还可以随意穿着花哨的服饰，而且大多数自由捕杀者都有一位印第安人妻子和混血的子女。"[16]

大多数历史学家将 1825 年至 1840 年这段时间定义为山地人的时代，这期间有不超过 3000 人在从事这个职业。[17]大多数人相对年轻，有十七八岁的，也有二十几岁或三十几岁的。他们大多来自密苏里、肯塔基、弗吉尼亚地区，以及加拿大，少数一些来自其他州。山地人几乎全是白人，但也有印第安人、黑人和梅蒂人（métis）。梅蒂人就是欧洲人或法裔加拿大人与印第安人妇女的后代，这个名称在法语中就是混血的意思。[18]山地人通常生活在远离城镇、相对无人定居的地区，定居移民和农场主们在这里都要辛勤劳动才能勉强度日，山地人同样清楚狂野偏远之地蕴藏的危险和生机。他们不得不面对的是一片无法无天的地界，随时可能遭遇暴力，所以他们对于使用枪支和骑马都特别在行。因为他们的成功几乎完全取决于他们个人的主动性，所以他们通常都是很能自食其力，并且足智多谋的人。

228　　山地人的生活方式虽然充满艰辛，但是超过 80% 的山地人都是有家室的，大约 33% 的山地人娶了印第安人妇女，

第十二章 山地人

有的甚至同时娶了不止一位妻子。[19]与印第安人通婚——他们口中所谓的"村野婚姻"——通常是交易的结果。山地人会向未来新娘的父亲提供大量货物或是一匹马来交换他的女儿。西方艺术家阿尔弗雷德·雅各布·米勒描述过一场这样的交易,一名动物捕杀者"按照[该]区域……的规矩"付出了总计600美元的货物,包括"100美元一支的枪,40美元一条的毯子,20美元一码的法兰绒,64美元一加仑的烈酒",此外还有价码不等的烟草、珠子和其他货物。[20]据另一位同时期人的观察,一旦交换完成,印第安人妻子就成了"她钟爱的骑手的私人财产,如果他愿意,且有市场,丈夫可以随时将妻子转卖他人"。[21]

尽管这些结合的本质是冷冰冰的财物交换,尽管印第安人妇女的地位和牲口差不多,但这些村野婚姻通常是稳固而充满关爱的,不但存续时间长,还会有很多子女。印第安人妻子的作用不仅仅是提供陪伴和生养后代,还能为丈夫事业的成功做出至关重要的贡献,她们既是翻译和向导,又会做饭和打理皮毛,山地人到荒野中捕猎期间,妻子们还能协助照管山地人作为暂时住所的营地。这些婚姻还让山地人和他们妻子所属的部落之间形成了紧密的联系,有助于他们进行交易和组建军事联盟。[22]

正规教育对于在山里的生活来说不是什么必不可少的东西,很多山地人只读过一点书,甚至根本没上过学,但他们绝不是愚昧无知的人。有些人在进山捕猎时会随身携带书籍,还有些人写下了内容丰富、文笔优美的日记,其中有不少还被出版了。[23]一位喜欢读莎士比亚和拜伦的作品,还饱览了各种地质学、化学和哲学作品的动物捕杀者愉快地回忆了在"漫长的冬日夜晚",人们会聚在较大的林间木屋里组成"落基山脉大学",在一起探讨时下流行的话题。[24]另一位动物捕杀者声称他和他的同行们"携带了充足的阅读材料,老山地人都是爱读书的人。东部人总是把山地人当成半野蛮的群体,这点让我觉得很可笑,因为一般说来,山地人在常识方面的文化水平一点儿也不比东部人差"。[25]

229　　让人们进入山区捕杀猎物的动力很多。有些人是为了寻求冒险,另一些是为了躲避文明社会的束缚和非难,还有些可能是找不到别的工作,不可否认也会有少数一些是为了逃脱法律的制裁。不过所有山地人都具有一个共同的动力,那就是谋生的需要,不仅要生存,还想要过得体面。所以,如一位历史学家说的那样,山地人都是"预期资本家"。[26]如山地人泽纳斯·伦纳德(Zenas Leonard)评论的那样:"我们开始投入这项生意的时候就抱着靠皮毛交易赚大钱的想法,我们需要的只是一点坚韧和勤奋。"[27]无论是什么让他们走进深山,很多山地人都爱上了这种新生活带给他们的自由和无拘无束的美好感觉,他们一点也不想念被自己抛在身后的单调乏味的生活,所以很多人都选择永久地留在了西部。[28]

　　鲁弗斯·B. 塞奇(Rufus B. Sage)花了三年时间和山地人一起到处游历,他得出的结论是"一个真正的山地人是一个难以解开的谜。他看起来像一个怪胎(*sui genus*),穿着怪异、语言怪异、样貌也怪异,与其他人的区别很明显……他的皮肤因为长期暴露在外",已经晒得很黑,"他

第十二章 山地人

的脸部特征和体型结构都经受了重塑，变得更加粗糙和坚毅"。他的头发总是很长，蓬乱不堪；他的脸上总是留着浓密的络腮胡和唇髯；不过也有不少山地人对于梳理打扮非常在意，他们要么留着精细修剪的唇髯，要么就干脆刮得干干净净。[29]捕杀者向西进发之时，会带着羊毛或棉质的衣物，把它们穿坏了以后还能用来换取典型的绒面皮衣物。这些皮衣主要是由雄鹿皮制成的，也有些是野牛皮、麋鹿皮、海獭皮和羚羊皮。虽然绒面皮是山地人最主要的服装材料，但他们也会穿着从集合点买来的布料衬衣和外套。山地人头上戴的是粗羊皮或其他动物皮毛制作的帽子，脚上穿着鹿皮鞋，腰上系着皮带，用来挂刀子和手枪。他们的肩上搭着装子弹的小袋、装火药的兽角和制作子弹的工具，除这些之外还有一种被恰如其分地称为"万能包"的袋子，里面装着燧石、烟斗、烟草、剃刀以及装在小罐里面的用熊的油脂制成的头油，用来固定向后梳的背头发型。很多山地人还拥有一种相当于今天的可扩展文件夹或手提箱的大背袋。他们管这种背袋叫生牛皮袋，因为它是用生牛皮制成的，可以用来装肉干、换洗衣物和鹿皮鞋。一个装备齐全的山地人自然还得有斜挂在马鞍上或牢牢地握在手里的步枪；一袋子抓捕河狸的捕兽夹；一张鞍褥，就是一条毯子或一张野牛皮，白天可以垫在马鞍下面，晚上可以作为褥子睡在上面；最后还要有一匹脚步稳健、值得信赖的马匹或骡子，能够载着他到任何他要去的地方。[30]

与人们脑海中浪漫化的独行侠的观念相反，山地人很少有单独行动的时候。他们会组成团队，最多时能达到60人。

230

329

集体行动不仅更加安全，还能让大家感受到同志友爱。山地人每年的生活非常固定。从秋天到河水开始冻结之前都可以抓捕河狸，在这段时间里，山地人会分散成两人一组，从团队的大本营出发，在某一区域内沿水捕杀河狸。[31]等天气开始变冷，队员们就会集中到过冬的营地里。如米克写到的那样，每到这时，"山地人'就很悠闲'，可以享受生活：这个季节里物资还充足，人们放松、消遣、结交朋友、找乐子、整天'忙着无所事事'。白天会有捕杀者队伍来来往往，有人做饭、晾晒肉干、制作鹿皮鞋、清理武器，也有人摔跤［或］玩其他游戏……山地人的营地里还会有他们的印第安人盟友、印第安人妻子和很多孩子，总之就是形形色色的人物的大杂烩"。[32]等天气重新转暖，河流重新流淌起来之后，山地人也会重新分散到各处去捕杀动物。到了夏天，他们就要前往集合点了。

到集合点之前，山地人还要先去一个被他们称作宝藏（cache）的地方，那就是一种埋藏在地下的隐蔽地窖，山地人会把自己的财物藏在里面。在捕杀的季节里，当山地人收获的皮毛或其他物资的数量太大，不便于带着走的时候，这样的隐蔽地窖就必不可少。宝藏就是落基山脉上的一种临时仓库，能为山地人解决这个难题。修建宝藏是一种技术含量很高的工作。首先要面临的挑战就是必须选对一个干燥的地方，然后人们就要开始挖坑。这个圆锥形的坑洞最深可以达到 7 英尺，里面铺上树枝和杂草。动物捕杀者把皮毛和其他补给放到地窖里，然后仔细地将地表恢复成之前的样子，防止被别人发现他们财产的藏匿地点。[33]

第十二章　山地人

西部有很多地方的名字里都带有"cache"（宝藏）这个单词，包括河流、溪流、交叉口、河谷和山脉等，原因就是这些地方曾经是最受山地人喜爱的挖地窖的理想场所。不过犹他州卡什河谷（Cache Valley）的得名却有另一个骇人的原因。在19世纪30年代早期，有几个山地人正在这片地区修建宝藏，当时这里的名字还是柳树河谷。当挖掘工作即将完成时，地窖一侧的墙壁突然垮塌，将一个山地人活埋在了下面。山地人沃伦·安格斯·费里斯（Warren Angus Ferris）后来回忆说，被活埋之人的同伴们"相信那个人几乎是当即就丧命了，他们还认为他也算是被恰当地埋葬了，这个宝藏也已经毁了，因此就任由自己的同伴没鸣丧钟、没装棺材地留在了那里，直到加百列的号角响彻天际再得道升天。而这些人自己则另选别的地方挖地窖去了。这样的做法冷酷无情，足以证明在遥远的荒野地区，生命的价值是如何被轻视的"。[34] 从此以后，柳树河谷就变成了卡什河谷（宝藏谷）。尽管挖地窖的人已经想尽了办法，但有些宝藏还是会因为渗水而受损，或是被动物破坏，或是被印第安人或其他动物捕杀者盗挖。也有很多地窖因为被隐藏得太细致，地点太隐蔽，所以再也没有被挖掘出来，要么是因为捕杀者忘了自己存放财物的位置，要么是因为他在没来得及告诉任何人之前就死了。[35]

夏季前往集合点是山地人一年中的头等大事。去这里的首要工作就是结算账目。动物捕杀者们在这里向皮毛公司的代表出售被称为"毛茸茸的钞票"的河狸皮毛，然后用这些收入购置要一直用到明年集合时的物资和工具。山地人还会用皮毛换烈酒，通常是威士忌。那些娶了印第安人女子为妻的山地人通常被称作"妻子的男人"，他们会花钱给妻子购置适当的衣物和饰品，有时花在这上面的钱还不是什么小数目。一个山地人就观察到："印第安人女子一旦交了这种好运［即成为自由捕杀者的妻子］，她对于自己身份地位的意识就会立即得到提升和扩展；她丈夫的钱包和交易信用都要被用来把她打扮得光鲜亮丽。一个自由捕杀者的妻子只能穿得像其他平凡无趣的妻子们一样？快放弃这可怜的想法吧！"[36]这些粗犷豪放、个性鲜明的自由捕杀者其实和东部海岸上的生意人们一样在意自己的身份地位，而这种身份从某种程度上说就体现在他们妻子的外表上，所以一个自由捕杀者的妻子完全可能拥有一匹高头大马、一副精致的马鞍、一些装饰的珠宝和一件编制精美、颜色亮丽的长袍。

山地人一年中大部分时间都在山林中捕杀河狸，到严寒的冬季又只能蛰伏在营地里，所以来到集合点对于他们而言也是与老友相聚或结识新人的机会。他们会交换山中的情况，分享各自的故事，还会一起玩游戏，开怀畅饮，或寻找顺从的印第安妇女满足性欲，总之就是享受一段疯狂的假期。[37]一个在1826年来到集合点的人为我们描述了当时的场面。公司的物资大队抵达集合点，"满载着各种货物及与山地人和印第安人交易需要的所有东西。人们不免会认为这样大量的奢侈品从东部运送至此是值得大肆庆祝的事情。事实也正是如此，只要是白人和印第安人能想到的，多荒唐的活动也可以随意进行，人们可以欢笑、歌唱、舞蹈、嬉戏、大喊大叫、上蹿下跳、赛跑、打靶、讲故事和进行交易。烈酒的供应更让我们的节日气氛提高了不止一点点"。[38]

　　这些集合点的活动，特别是后来几年的，很快就会演化成醉酒之人的狂欢，而结果是让不少山地人陷入经济困难。有一段当时的记述如下：

　　　　动物捕杀者们独自或少数几人结伴，带着成捆的河狸皮毛来到这个山上的市场，货物价值上千美元的情况并不少见，一次捕猎就能收获这么多。然而在集合点里的挥霍很快就能用光他们的收入。动物捕杀者购买的货物质量很差，但价格高得出奇……只要捕杀者手里还有钱或还可以赊账，集合点就会连续不断地出现酗酒、赌博、吵架和斗殴的情景……［捕杀者们会玩纸牌，］赌注就是"河狸皮毛"，它在这里就相当于流通的货币；把皮毛输光了之后，还可以押上自己的马匹、骡子、步枪、衣物、捕猎工具和马裤等。胆大妄为的赌徒们在整个营地里到处找人挑战，不惜用一个捕杀者最宝贵的财物做赌注，比如马匹，或者是妻子（如果他有的话），甚至有一次还有人赌上了自己的头皮。"女人与河狸"都泡汤了是山地人表达遭受巨大损失的惯用语。或早或晚，这些钱财都将流入不知餍足的交易者的口袋中。捕杀者经常会在几小时之内就将自己辛苦捕获的价值几百美元的成果都挥霍掉；然后用赊账的方式购买工具，离开集合点重新踏上捕猎的征程，只为了来年再重复相同的错误。[39]

这就是山地人的职业背后隐藏的无情真相：起初充满乐观的"预期资本家"辛苦了一年，却通常会落得个身无分文的下场。有少数山地人能够避免掉进这样的圈套，攒下一些钱财，但这样的例子太少了。如伦纳德评论的那样："在这片地区里捕猎的人，十个里面都难有一个能想到要把自己的收入积攒起来。相反，他们只要看到花钱的机会，就会把钱挥霍个精光。他们不关心自己明天会遇到什么，他们只相信今朝有酒今朝醉。"[40] 很多时候，唯一能够变得富有的是皮毛公司的所有者，他们以过分抬高的"山地价格"出售物资和烈酒，产生的利润率接近2000%。[41]

山地人捕杀河狸的足迹遍布整个落基山脉，从今天蒙大拿州和爱达荷州北部边界向南直到怀俄明州、犹他州和科罗拉多州。他们还曾涉足落基山脉以外很远的地方，向南向西到过亚利桑那州、新墨西哥州、内华达州、加利福尼亚州、俄勒冈州和华盛顿州。山地人通常就是他们所到之地出现的第一批白人，在他们之前这些地方只有印第安人来过。[42] 这些旅程也是山地人最为人们所铭记的地方。他们当中走过地方最广的莫过于杰迪代亚·斯特朗·史密斯（Jedediah Strong Smith）。历史学家戈茨曼称他为"最伟大的美国探险家之一"。[43]

史密斯于1799年1月6日出生在纽约的班布里奇（Bainbridge），他的家人在他十几岁的时候举家迁往了宾夕法尼亚州的伊利县，后来又迁到了俄亥俄州的阿什兰县（Ashland County）。被家里人昵称为"代亚"的史密斯是一

第十二章 山地人

个稳重严肃但充满好奇心的男孩，他把大部分时间都花在了到树林中打猎上。据传说，史密斯16岁左右的时候，家里的一个朋友送给他一本刚刚出版的关于刘易斯和克拉克探险活动历史的书，书中的内容不仅激发了他所有的想象力，还点燃了他对西部的兴趣。就算这个故事不是真的，史密斯的兴趣最终无疑还是转向了西部。[44]如当时的很多年轻人一样，史密斯将西部看作充满无限可能的地方。

1821年春，身高6英尺，身材瘦削，有一头棕发和一双目光深邃的蓝眼睛的史密斯离开家前往了圣路易斯，他之后在1822年加入了阿什利组建的前往密苏里的队伍。[45]史密斯开启自己事业的时候就已经在心中定下了明确的目标。对此他这样写道："我抱着成为一流猎人的决心到山里去，要让我自己彻底熟悉印第安人的特征和习惯，我要找到哥伦比亚河的源头，然后沿着它一直前往入海口，让整条河都成为我获取利益的源泉。"[46]

史密斯的第一个主要发现——更准确地说是重新发现——就是找到穿过落基山脉的南山口。1812年底，罗伯特·斯图尔特和其他阿斯托里亚人在从哥伦比亚河河口向东返回圣路易斯的途中穿过了南山口，他们也成了最先发现这里的白人。虽然当时的媒体大肆宣传了这个地势较低、相对平坦、是穿过山脉最好走的路线的关口，但这个发现还是很快就被人遗忘了。直到1824年史密斯带领着阿什利的一个小队重新发现了南山口时，人们才终于认识到这里的重要性。从那时起，山地人就将这个关口作为他们穿过落基山脉的通路，在接下来的日子里，向西进发的美国移民也都会选

234

择这样的路线。

　　史密斯最令人印象深刻的旅程在一定程度上是受到了阿什利的另一个手下吉姆·布里杰（Jim Bridger）的发现的激励。布里杰是一个和史密斯一样坚韧不拔、勇于冒险的人。1824 年秋天，他先于自己的捕杀者小队到一片地区进行侦察，那时他来到了大盐湖——布里杰被广泛地认可为第一个见到这个残迹湖的白人。14000 年至 32000 年前的那个面积巨大的淡水湖曾经覆盖了今天犹他州的大部分及爱达荷州和内华达州的边缘。[47]布里杰来到湖边，尝了一小口湖水，然后回到自己的队伍中，告诉他们自己发现了太平洋的一个海湾。这个消息激起了史密斯的兴趣。为了确定湖水西南方向之外是什么，史密斯在 1826 年 8 月 22 日带领着自己的 15 名队员朝着未知的区域出发了。[48]"我想要成为第一个看到其他白人从没有看过的地方的人，"史密斯说，"我想要沿着通往新地方的河流前进。"[49]不过探险并不是他唯一的目标，捕杀河狸才是他的主业，他希望自己即将进入的新地方能有很多河狸。

　　在史密斯行程的第一段中，他与今天犹他州和桑皮特河河谷（San Pete Valleys）里的尤特人（Ute）进行交易；然后向南沿着塞维尔河与维尔京河（Sevier and Virgin rivers）继续前进，翻过了今天的宰恩国家公园（Zion National Park）里险峻的山峰，抵达科罗拉多河岸边；最后他翻过了崎岖不平的布莱克山（Black Mountains），进入宽阔的莫哈韦河河谷（Mojave Valley），与莫哈韦印第安人一起生活了几周，让自己的队员借机好好休息了一下。从印第安人那里

第十二章　山地人

听说墨西哥人在加利福尼亚建立的定居点距此不过十天路程之后，史密斯继续向西前进，希望能从墨西哥人手中买到自己急需的补给，之后再北上去捕杀河狸。

这段路程实际上花了 16 天的时间，其中 15 天都是在穿越莫哈韦沙漠（Mojave Desert）。队员们有时步行，有时骑马，队伍两边是被风吹拂的沙丘组成的不断变换的景象，有被结晶盐覆盖的沙坪，仙人掌、石炭酸灌木和约书亚树，还有长着三角叶杨和蒲葵的孤单的绿洲出现在天边——对于这些队员来说，绿洲实在是太稀少了。史密斯发现莫哈韦河有一种使人不安的特性，它总是断断续续的，有时会彻底消失在黄沙中，走过一段距离之后又会重新出现，因此史密斯管这条河叫"变化无常的河"。最终，队伍在 11 月 26 日翻过圣贝纳迪诺山（San Bernardino Mountains），进入了水草丰美的河谷。他们在这里受到了圣加百列教区的方济会神父们的热情接待。史密斯给这一地区的总督何塞·玛丽亚·埃切安迪亚（José María Echeandía）写了一封信，请求他许可自己购置补给，然后前往旧金山的海湾岸边，他的计划是到达那里之后向东翻过山脉，返回大盐湖。埃切安迪亚给史密斯回了信，内容却是要求他前往教区以南大约 90 英里之外的圣迭戈（San Diego）。

史密斯骑着马抵达了圣迭戈。总督个子很高，骨瘦如柴，且毫无幽默感，他礼貌但事无巨细地询问了一大堆问题。埃切安迪亚对美国人很有戒心。他早就知道美国人的船只在海岸边做生意，但是从没听说有美国人能经陆路来到他管辖的地盘。难怪他听到史密斯声称自己只是来这里购置补给和捕杀河狸的说法时会感到不知怎么办好。埃切安迪亚犹豫了一个月的时间也无法决定该如何处理这些陌生的来访者：是把他们当作间谍关起来，抓到墨西哥城进行审问？还是给他们放行？

　　在等待总督做出决定的这段时间，史密斯经常与一位波士顿商船的船长威廉·坎宁安（William Cunningham）待在一起。后者为在这里看到他而感到非常惊奇。坎宁安后来写道："杰迪代亚·S. 史密斯队长带着一队猎人从圣路易斯出发，沿密苏里河抵达了这里……一群男人，仅凭他们的步枪和捕兽夹以捕杀动物为生，却探索了整片广袤的大陆，他们只要能吃到河狸的尾巴就觉得心满意足，这难道不令人难以置信吗？"[50]不过，史密斯此时可没法觉得心满意足。从大盐湖出发之后的行程至此都非常失败。如今他只能祈祷埃切安迪亚许可他们继续前进，他才有希望去北方找到河狸。

　　直到 1826 年 12 月底，冬天已经降临海岸地区的时候，总督才终于告诉史密斯他可以继续前行，不过他和他的队员必须按他们来加利福尼亚时的原路返回。除了他们已经走过的地方，埃切安迪亚不想让他们再看到自己领地的任何情况。史密斯搭乘坎宁安的船只沿海岸北上去与自己的队伍会合。在购置了补给和马匹之后，史密斯再次翻过圣贝纳迪诺山，之后无视总督的命令，向着西北方向进入内华达山脉西侧山脚下的圣华金河谷（San Joaquin Valley），一边继续前进，一边沿路捕杀河狸。

　　到了 5 月初，队员们已经收获了数量可观的河狸皮毛。史密斯知道他们要想在夏天赶回集合点就必须马上向东进发

第十二章　山地人

了。可是高耸的内华达山脉横亘在眼前，挡住了他们的去路。[51]将近45年之后，年轻的约翰·缪尔（John Muir）在自己第一次穿越内华达山脉的夏季徒步旅行接近结束时满怀感情地在日记中描述了这条后来将在他的人生中扮演重要角色的雄伟山脉。"我永远不会忘怀的第一次高山远足即将结束。我穿过了光之山脉（Range of Light），它绝对是上帝建造的最耀眼、最美丽的山脉。我为它的荣耀而喜悦。我愉快地、感恩地、充满希望地祈祷自己能有机会故地重游。"[52]史密斯对于内华达山脉的描述与缪尔的正相反，虽然山脉也令他印象深刻，但那绝不是什么美好的印象。

史密斯第一次翻越山脉的尝试是一次彻头彻尾的苦难经历。沿着两边都是巨石的美洲河（American River）峡谷前进时，峡谷水位很高，天气也冷得刺骨，地上已经铺满了厚厚的积雪，天上的雪花还在每天不停地飘落。史密斯的队伍不得不与极度疲乏和体温过低做斗争。队员们很快就失去了信心，还损失了五匹马。这样走了60英里之后，情况更加恶化了，所以史密斯决定掉头，原路返回山下，然后向东南方前进到斯坦尼斯劳斯河（Stanislaus River）。他把大部分队员和皮毛安顿在这里，只带着两名最优秀的队员再度尝试翻越山脉。他的计划是先自行返回集合点，再回来接应其他人。

史密斯的小队带了七匹马，还有两头驮草料和食物的骡子。5月20日，他们从斯坦尼斯劳斯河岸边启程，先是沿河走了一段，然后就拐进了林木茂盛的山麓地带。随着高度的攀升，松树和冷杉都越来越稀疏。不到一个星期之后，他们已经抵达了相当于今天埃布茨关口（Ebbetts Pass）附近的多岩石的山峰。[53]虽然表面已经结了冰碴的积雪最深处能达到 8 英尺，但在越来越强的阳光的照耀下，积雪都变得紧实了，所以史密斯和他的队友们没费太大力气就通过了。成功翻过高山，进入下面干旱的峡谷地带之后，这几个人虽然疲倦，但身体状况都还不错，只损失了两匹马和一头骡子。这段路程已经足够艰难，然而最艰难的还在后面。

237　　在接下来的一个月里，这支小队穿越大盆地，通过内华达州。根据史密斯的说法："多岩石的山坡就是这片杳无人烟的荒地上唯一的歇脚处……除此之外就只有黄沙裸露的平原了。"因为水源非常稀少，史密斯等人只能把自己埋在沙子里降温。食物吃光了之后，他们只好把剩下的五匹马之中的一些宰了吃肉。进入夏天之后，史密斯在 6 月 27 日写道："我看到远处有一片无垠的水域向东部和北部延伸。铺展在我们眼前的正是美丽的大盐湖。"[54]

　　史密斯和他的队友们到此时已经"形销骨立"，一周之后他们终于抵达了贝尔湖（Bear Lake）边的集合点。"我的到达在营地里引起了轰动，"史密斯观察到，"因为人们都认为我和我的队伍已经失踪了。从圣路易斯带来的一门小加农炮还发射了炮弹以庆祝我们的回归。"[55]史密斯和队友的这段旅程让他们成了第一批经陆路向西南抵达加利福尼亚的美国人，也是已知最先翻越内华达山脉和穿越大盆地的人。在集合点休息了十天之后，史密斯遵守自己的承诺，带领一支队伍去接应被自己留在加利福尼亚的那些人。因为考虑到这支队伍拖着物资和行李可能无法穿越环境恶劣的大盆地这个

"沙漠平原"，他决定重走最初前往加利福尼亚时的道路。[56]

史密斯返回莫哈韦河河谷，再次与前一年曾热情接待过他的那些印第安人进行了交易。莫哈韦人非常友善，交易活动也很顺利。不过这些都只是假象。1826年史密斯第一次前往加利福尼亚途中从此经过之后不久，另一批动物捕杀者就和莫哈韦人发生了争斗，还杀死了几个印第安人。这让莫哈韦人迫切地想要复仇，他们认为史密斯的到来是一个绝佳的机会。到8月中，当史密斯的队伍准备离开的时候，莫哈韦人也在等待发动进攻的机会，最后他们选择在捕杀者穿越科罗拉多河的时候下手。

史密斯和他的手下已经走到河中心的时候，莫哈韦人攻击了还在河岸边等待过河的那部分人马，杀死了十个男人，抢走了两名印第安妇女。史密斯和剩下的八人躲过一劫，其中只有一个受了些伤。他们迅速逃到河对岸，把补给扔得到处都是，希望印第安人忙着去争抢财物而不是追击他们。然而印第安人并没有放弃，几名捕杀者跑到距离河流半英里之外后，印第安人也渐渐追上了他们。出于战术考量，史密斯带着他的队员重新返回河边，因为那里有三角叶杨树林可作为他们的掩护。史密斯后来回忆说："我们用小刀砍倒了几棵小树，清理出一小片空场作为阵地，倒下的树勉强可作为临时的防护胸墙。然后我们用绳子把切肉刀固定在一些较轻的长树枝顶端，充作长矛。我们就凭这些随手改造的简易装备迎接冷酷无情的敌人……那真是一个令人胆战心惊的时刻。"

238

史密斯和队员们总共只有五杆枪，而迅速围拢过来的莫哈韦人却有好几百名。当几名印第安人进入射程范围之内后，史密斯下令让两名队员开枪，结果是打死两人，打伤一人。"其他印第安人吓得四散奔逃，我们总算躲过了近在眼前的死刑。"[57]史密斯的小队没有马，而且只携带了15磅重的肉和少量宝贵的其他物资。他们徒步向西前进，在途中从其他印第安人那里买了马。他们经历了诸多疲劳和艰辛才穿越沙漠，翻过高山，最终找到了被史密斯留在斯坦尼斯劳斯河岸边的队伍。

在接下来的三个月里，史密斯又被墨西哥官员死死地缠住了。他曾经的对头埃切安迪亚总督对他百般质问，非要他解释清楚自己去而复返究竟是什么居心。最终，在1827年即将过去的时候，史密斯和他的20多名队员，外加300多匹马和骡子才终于获准离开。队伍先是向北行进，七个月之后抵达了今天俄勒冈州里兹波特（Reedsport）附近的安普夸河（Umpqua River）。他们在此搭建了营地，没过多久，库伊什（Kuitsh，即安普夸河下游）的印第安人就来与他们进行交易了。到7月中，史密斯带着两名队员，在两名印第安人向导的带领下，乘坐独木舟沿安普夸河逆流而上，想要寻找一个方便过河的地点。在离开营地之前，史密斯提醒留在营地里的人要特别保持警惕，因为就在几天前，捕杀者才刚刚和一些印第安人发生过严重冲突。

当天晚些时候，侦查小队返回了营地。史密斯意识到这里安静得很诡异。好像是收到了什么信号指令一样，向导突然抢过了史密斯的枪，迅速跳进了河中。与此同时，隐藏在

第十二章 山地人

岸上的印第安人发动了攻击。史密斯和他的两个同伴疯狂地朝河对岸划去，然后跳下独木舟，躲进了树林中。他们心中明白，营地里的人肯定已经全被杀死了。三周多以后，史密斯和两名队友来到了哈得孙湾公司在哥伦比亚河上的温哥华堡交易点。他们在这里受到了主人的殷勤款待，还遇到了哈里森·罗杰斯（Harrison Rogers），后者是唯一从营地里逃生的史密斯的队员。罗杰斯说虽然史密斯已经警告了他们，但是在 7 月 14 日早上，库伊什印第安人前来与他们进行交易时，营地里的人们还是放松了警惕。印第安人一发现自己占了优势，就向捕杀者们发起了攻击，把 15 人砍成了肉酱。史密斯一行人在温哥华堡过了冬，春天来临时，他们启程返回了落基山脉。虽然史密斯在人员和财产上都遭受了巨大的损失，但是这次前往海岸的行程在他本来就很光辉的履历中又增添了一项新的壮举：他和他的同伴们成了已知的第一批经陆路从加利福尼亚前往哥伦比亚河的人。[58]

史密斯作为山地人的职业经历最典型的特征就是极度劳累、极度危险以及所到范围极广。激励他前行的动力不仅仅是找到河狸和探索新地域，更是源于他对被他留在身后的人们的挚爱。史密斯在一封写给自己兄弟的书信中是这么说的："我是为了能够帮助〔大家庭中〕那些有需要的人才甘愿面临任何风险的。为此我才会翻越常年覆盖着积雪的高山；为此我才会在酷热的夏天穿越沙漠平原，在那里渴得要命的时候也找不到水，哪怕能找到一小块阴凉让我过热的身体降降温就心满意足了；为此我才会忍饥挨饿，有时连续几天都没有食物，能找到一些根块、几个蜗牛都足以充饥，要是能吃上一块马肉或烤狗肉就谢天谢地了；更重要的是，为此我才放弃了文明社会中的一切优渥条件，甚至牺牲了和亲朋好友谈天说地的美好时光！"[59]

另一位伟大的山地人探险家名叫约瑟夫·雷德福·沃克（Joseph Reddeford Walker）。[60]1798 年 12 月 13 日出生在田纳西州罗恩县（Roane County）的沃克可谓名副其实的体壮如山，他身高 6 英尺 4 英寸，体重超过 200 磅。19 世纪 20 ~ 30 年代初，他一直在西部捕杀动物并交易皮毛，还在密苏里州的杰克逊县（Jackson County）做过不长时间的治安官。1831 年他加入本杰明·路易·厄拉利·德·博纳维尔（Benjamin Louis Eulalie de Bonneville）的队伍，成了后者的副手。博纳维尔原本是一名陆军上尉，他获得了一个为期两年的假期，用来进行皮毛交易并到西部进行探险，收集当地的地理、地形和博物学方面的信息，还要了解当地印第安人部落的实力及分布情况。1833 年夏天，博纳维尔派遣沃克到加利福尼亚和太平洋沿岸探险并完成这些任务。泽纳斯·伦纳德是沃克此次探险活动中的一名书记员，他说"沃克先生是最适合执行这类任务的人。他能够忍受野外生活的艰辛；他很了解印第安人的性格；他对自己的手下亲善友爱，能够让别人在服从他命令的同时不会感到受了冒犯；再说，探索未知区域也是他最大的兴趣所在"。[61]

沃克带了 40 名队员，在 7 月 24 日从格林河的集合点出发，向大盐湖以西的方向去了。他们从那里又招募了 20 名自由捕杀者，还杀了很多野牛，晒制了能给每人分 60 磅的牛肉干储备。在继续沿着这条"西进路线"前进的过程中，队伍进入了一片伦纳德见过的"最广阔、最荒芜的平原"，也就是大盆地。队伍沿着洪堡河（Humboldt River）行进，但是他们给河流取名为"贫瘠的河"，因为一个人"沿［这条河的］……河岸……走几天，都找不到一根粗到可以做拐杖的树枝"。沃克的队伍在河边遇到了很多派尤特或迪格尔印第安人（Digger Indians）。这些印第安人会偷走队员捕河狸的工具及其他补给。有些队员催促沃克采取行动报复这样的盗窃行为，但是沃克总劝他们隐忍。尽管如此，还是有个别人在接下来的几天里擅自决定反击，杀死了六名印第安人。虽然他们竭力隐瞒，但沃克还是发现了。他立刻下令停止此类行为，但是为时已晚，这件事不可能就这么完了。捕杀者杀人恶行的消息已经传了出去，当队伍抵达由洪堡河河水注入而形成的沼泽和低洼湖时，当地的印第安人下定决心要为死者复仇。

　　队员们刚在湖边建好营地，就有大概900名印第安人将他们包围了起来。立即意识到来者不善的沃克下令让自己的队员们看好马匹，并建造临时的防御胸墙，这样他们才能进行防守。沃克拒绝了印第安人使者想进入他的营地的要求，印第安人也不肯在胸墙和自己集结的地方之间的中间点会面，一群印第安人表示要执意向前靠近。沃克的人比画着手势警告他们不要再前进，否则就有可能被杀死。为了表明立场，沃克的人朝在附近湖面上游着的几只鸭子开了枪。"鸭子被打死了，"伦纳德回忆说，"这让印第安人非常震惊，不过枪响的声音比那更让他们害怕，所有人都吓得趴在了地上。在这之后他们又在河岸边支起了一张河狸皮，让我们朝它射击以满足他们的好奇，之后天黑了他们就撤退了。"

241   第二天，沃克的队伍拔营之后，又有80～100名印第安人"大胆无礼"地靠近了他们。沃克"下令进行一次冲锋，还说在这种情况下，再没有比这更好的启程方式了"。在一场短暂但激烈的混战之后，共有39名印第安人丧生，剩下的也都逃走了。后来写到这场悲剧性的战斗时，伦纳德这样为他们的屠杀行为进行辩解："我们对待印第安人的严厉程度可能会让慈善家们感到厌恶；但在当时的情势之下，诸多因素加在一起造成我们不得不采取冷酷的手段。人们必须明白，一旦被包围，我们不可能指望任何救援队伍，我们所在的地方生活着很多充满敌意的野蛮人，他们的数量多到可以将我们生吞活剥。我们的目标是发动一场有决定性的打击。我们确实也是这么做的——只是攻击效果比我们预期的更严重了一些。"[62]

到10月的第二个星期，沃克的队伍抵达了内华达山东侧的山脚下。此时正值秋季，漫山遍野都是明艳的金黄、饱满的大红和靓丽的橙色。队伍具体是从哪一个地方上山的已经无法确定，但似乎是沿着沃克河走的（这条河后来就以沃克的名字命名了）。队员们翻过了海拔将近11000英尺的莫诺山口（Mono Pass），沿着分隔了默塞德河（Merced）与图奥勒米河（Tuolumne）的花岗岩山脊前进，到月底的时候，队伍已经从山上下到了圣华金河谷中。[63]凭借这段行程，沃克的队伍成了第一批见到后来的约塞米蒂国家公园（Yosemite National Park）部分区域的白人。他们为头顶远处

第十二章 山地人

生长的宏伟的杉树林感到惊奇，有些树木接近根部的树干周长能够超过 100 英尺。[64]大面积的深厚积雪和陡峭的山坡严重减缓了队伍的行进速度，在食物吃光了而山上又找不到任何猎物的情况下，队员们只好杀死了 17 匹马。当时的处境已经非常艰难，不少人都想掉头返回，沃克避免手下逃跑的唯一办法就是没收他们的马匹和武器。

出了山区之后，队伍继续向西前进。有一天晚上，忙着在圣华金河谷下游搭建帐篷的队员们听到远处传来雷鸣般的巨响。有些人警惕了起来，担心这个声音可能是地震，害怕自己很快就会遭遇山崩地裂。沃克让他们冷静下来，告诉他们这并不是大地发出的声响，而是太平洋的巨浪在拍击海岸。这个消息提振了人们的精神，他们意识到自己终于接近此次行程的目的地了。几天之后，队伍抵达了旧金山湾北部，在绵延的海岸边发现了很多正在捕鱼的印第安人，不过后者并没有对他们这些初来乍到的陌生人流露出一点兴趣。没过多久，队伍在 11 月 20 日终于来到了太平洋岸边。沃克和他的队员们为海洋的无边无际和巨大威力所折服，更让他们惊讶的是他们看到远处刚好有一艘船。

为了引起船只的注意，沃克的队员把白色的毯子系在长杆上左右摇晃。随着船只的不断靠近，队员们的惊讶渐渐转变为巨大的喜悦和激动，因为他们"看到桅杆上迎风飘扬的正是庄严的美国星条旗"。这艘船是从波士顿出发的"拉戈达号"（*Lagoda*），正在海岸沿线与西班牙人交易作为制造皮革原料的牛皮。"拉戈达号"的船长约翰·布拉德肖（John Bradshaw）派了一艘小艇到岸边查看这些陌生人究竟是谁，当他发现对方也是美国人之后，立即下令发射加农炮致敬，还邀请所有队员到船上赴宴来庆祝这场最不同寻常也最出人意料的相遇。沃克的队员们痛饮了白兰地，还吃到了已经几年没见过的面包、奶酪和黄油。第二天，庆祝活动又延续到了岸上，水手们也毫不客气地大吃特吃"捕杀者和猎人的储备"，尤其是新鲜的肉食，这可比他们在船上大部分时间里吃的腌制的咸肉好多了。[65]

布拉德肖把自己对这一区域的了解都告诉了沃克，并建议他到首府蒙特雷（Monterey）去拜见这个省份的墨西哥总督。沃克于是在 11 月底的时候抵达了首府，发现那里其实不过是一个有三四十栋房子的小镇，镇上有一座教堂、一个小堡垒和一个既是监狱又是总督办公场所的建筑。蒙特雷就建在一个巨大的海湾边沿，这个海湾又深又宽，沿海岸航行的许多船只都会停到这里进行交易或购置补给。实际上，镇上的一些人已经通过与停靠在海湾的船只交易牛皮及包括河狸和海獭在内的各种动物皮毛发家致富了。

总督热情地接待了沃克，还许可美国人在这片区域里过冬，其间他们可以自由出入他的省份。美国人还被许可捕猎并与当地人进行交易，但是他们不能到印第安人的领地上设陷阱捕河狸或进行交易。这最后一点警告是出于西班牙人很尊重印第安人，总督担心美国人会侵犯他们的利益。在接下来的两个半月里，沃克和他的队员们走遍了蒙特雷附近的广大区域，受到了西班牙人和印第安人的良好对待，因为他们其实也像美国人想了解他们一样迫切地想了解美国人。[66]

243　　有一次，美国人观看了一群西班牙人进行的逗牛游戏

第十二章　山地人

（Bullbaiting）。这是当地一种常见的娱乐方式。游戏开始之前，人们要下注猜测哪个骑手能够最先把绳索套到附近牛群中公牛的脖子或牛角上。一旦公牛被套牢，其余人也要帮忙将牛拖拽进候宰栏里。赌输了的人还有机会翻盘，他们的任务是出去猎一头灰熊，方法是先设法把绳索套到熊腿上，然后一直拉拽到它精疲力竭为止，到时候人们就可以把熊也拖到候宰栏外面——下注的钱都归第一个用绳索套中灰熊的人所有。

接下来的一个阶段，人们会用头上绑着钉子的长杆反复戳刺公牛。等公牛被彻底激怒之后，人们就把灰熊赶进候宰栏。赌注自然是押哪个动物能够最终胜出。（如果是在空旷的地方，灰熊很可能会轻易地解决掉公牛；但是在狭窄的候宰栏里，获胜的一方往往是公牛，它会追着灰熊用牛角猛刺。）如果灰熊获胜，它就可以重获自由；如果是公牛"获胜"，人们还可以再进行最后一轮赌博。这一次的挑战内容是看有没有人能够走进候宰栏，触摸到公牛身上的指定位置，然后平安返回。（参与挑战的人可以向牛头上扔一块毯子，暂时蒙住牛的眼睛。摸到指定位置之后，他还必须抓着毯子逃出候宰栏。）获胜的挑战者为把赌注压在他身上的人赢了钱，所以能够参与分成。失败的挑战者不仅输了赌局，有时还会丢掉性命。[67]

沃克的队伍经过充分休整，又补充了物资之后，于1834年2月中启程返回落基山脉。不过有六名队员选择留下不走了，这些人都是木匠或其他手艺人，他们爱上了加利福尼亚，更重要的是看到了自己的手艺在这里很有市场，能够为他们带来利益。他们在这里过冬的这段不长的时间里，这些人了解到合格的手艺人在这里非常难找，人们对高质量的成品需求旺盛。两名队员合造了一个木风车就卖出了 110 美元，另外几人造了几张桌子，也能卖到 8 ~ 10 美元一张。根据伦纳德的描述，"我们的队伍和这六个人道别的场景"是我们从行程开始"至今经历过的最让人难过的分离"。之前也有捕杀者离队，但是人们都相信彼此不久之后还能在东部重逢。而这六个人是打算永久定居加利福尼亚，再也不返回美国了。[68]

244　　　　沃克没有选择来时所走的艰难翻越内华达山的路线作为返程路线，而是领着自己的队伍向南穿过了山脉南段一个后来会被称为"沃克山口"的"低矮、容易穿越的通道"。[69]队伍从这里向北走到洪堡湖，并在那里与派尤特人再次交战，他们又杀死了 14 名印第安人。之后他们沿洪堡河走到它的源头，经陆路到达斯内克河，然后又到贝尔河，在 7 月中与博纳维尔会合。沃克和他的队员们一路上没有捕到多少河狸，但是他们的行程也具有其他足够引人注目的理由。他们是继史密斯和他的队伍之后，人们已知的第二支翻过内华达山的白人队伍，也是第一支从东向西翻越该山脉的队伍。沃克开拓的路线中的很多路段后来都成了著名的加利福尼亚小路的组成部分，大批美国人涌向加利福尼亚的时候走的就是这条路。

　　　　铺陈在眼前的尚未被世人见证过的美景足以令意志坚定、不常动感情的山地人们也感到敬畏和惊叹。他们经历了

第十二章　山地人

成千上万次行程，都是前往之前完全没有被探索过的西部地区，他们的叙述也激发了画家、作家和东部数以十万计的潜在定居者的想象。实际上，正是这些早期的记录让美国人越来越意识到西部边界以外还有广阔的领域。举例来说，山地人沃伦·费里斯记录了一段他在距离今天怀俄明州派恩代尔（Pinedale）不远的温德河山脉（Wind River Range）附近的一座"高山"上目睹的疯狂景象。"大群的北美野牛在大草原上向各个方向狂奔，就像大群的骑兵在演练他们熟悉的阵势一般……一个个牛群跑过去又跑回来，从一个地方全速冲向另一个地方；……它们不停地奔跑，扬起漫天的尘土，直到数量和队形都看不出了，巨大的黑色阵线如一片缓慢移动的黑云一般飘向平原远方。"[70]在一个寒冷的 2 月夜晚，另一个山地人奥斯本·拉塞尔（Osborne Russell）在大盐湖边突出的岩架上露营。"此时的氛围很平静，寒冷而安宁，"他写道，"天上的星星非比寻常地明亮。"当他在午夜时分醒来的时候，拉塞尔从悬崖上向"黑暗的深渊中望去，感受到了死亡之夜的寂静"。他之所以会选择在这样一个险峻的地方栖身，就是"为了在早上观看日出时分的湖泊全景"。[71]在经过怀俄明州拉勒米（Laramie）附近的一个山涧时，伦纳德说自己"为附近山坡粗犷而别致的景色所震撼"。体积硕大、给人一种"阴郁之感"的黑灰色巨石像是"崩塌"在山坡上一般，以各种怪异的角度危险地凸出地面，似乎随时会滚落下来砸向下面的人。"如果但丁打算设计一层石头地狱，那他完全可以把这里的景象作为样板。"不过伦纳德很快也指出这种"令人畏惧的"场景只是人们会遇到的众多景象中的一种。"再走一个小时就可能遇到完全不同的风景",但都是"美丽而令人着迷的"。[72]

要熬过艰辛的行程,山地人必须摄入大量高热量的食物,在当时来说,就是每天最多能摄入达到 10 磅重的肉食。[73]考虑到可选择的范围有限,他们也没法挑剔什么。山地人之间有一种普遍的说法叫"是肉都能吃"。虽然最受偏爱的种类是野牛肉、麋鹿肉、鹿肉、山猫肉、河狸尾巴,运气好的时候还有美洲狮的肉,但只要是能够被猎捕到或是被陷阱困住的动物就都可以成为山地人的食物,比如蛇或蜥蜴。陷入绝望的处境时,他们还会吃掉自己的马和骡子。[74]

山地人捕到猎物后会毫不犹豫地吃掉猎物大部分部位的肉。以野牛为例,人们可以吃掉肋排、腰部的嫩肉、牛舌、牛心、睾丸("草原生蚝")和骨髓("捕杀者的黄油")。[75]他们会划开野牛的颈部静脉喝流淌出来的温热血液,有些人说那尝起来就像牛奶。山地人也会取出野牛的肠子(*boudin*),挤出里面的污物之后放在火上慢慢烤,一次就能吃掉很长一段。他们会割下刚刚被宰杀的尸体中的肝脏,还要撒上一点胆汁品尝。[76]山地人把野牛脊椎两侧的大条肥肉(*dépouille*)切下,抹上厚厚的猪油,再用烟熏上大半天,这样制成的食物可以代替面包。用一个山地人的话说,它尝起来"嫩滑甜美,还很有营养……比任何面包都高级"。[77]野牛能够提供的肉量多,营养价值又很高,所以成了山地人最主要的食物来源。如一个动物捕杀者说的那样:"光凭野牛这一种动物就可以治愈消化不良,预防肺痨,增强体质,生肌健体，起死回生！"[78]

　　牛肉可以煮熟、烤熟或在火上用烟熏制，然后立即食用或晾成肉干。平原上的印第安人食用这种食物已经有几个世纪的时间了，山地人称肉干为"查克"（jirk），是从西班牙语中的"肉干"（*charqui*）一词衍生而来的（人们更加熟悉的表示"牛肉干"的单词是"jerky"，不过这个拼法是在山地人时代结束很久之后才被使用的）。"查克"通常都是用野牛肉做的，有时是切成细条，再划上几刀，也有时会经过熏制以获得不同风味。做好的肉干要放进架高的木架子上，以防止有饥饿的动物循着空气中飘浮的肉味到营地里偷吃。在山地的空气中晾晒几天之后，肉干就可以食用或是被打包上路了。[79]干肉饼（pemmican）是一种在肉干"剁成的肉馅"甚至有时是磨成的粉里混合脂肪，再加上野生浆果增添甜味而制成的食物。肉干和干肉饼为山地人提供了浓缩的高热量和高蛋白食物，不但便于携带，还能够保存很多年。[80]

246

　　虽然肉类和脂肪在山地人的饮食中占了很大比例，以至于据说动物捕杀者能够"像海獭一样不怕雨，像北极熊一样不怕冷"，但他们当然也还是要吃其他食物的，包括浆果、谷物、鹅、乌鸦卵及野生的洋葱和莴苣。当食物稀缺的时候，他们连河狸皮或鹿皮鞋都吃。[81]至于调味料的问题，只有补给充分的山地人可能会在他的万能包里携带一些，没有条件的就只能凑合了。不过这也没有人们以为的那么糟糕，尤其是如一些动物捕杀者说的那样，饥饿就是"最主要的调味料"。[82]山地人的饮料包括水、咖啡和茶，此外还有一些酒类，常见的是威士忌，少见的混合酒包括"蜂蜜酒"和"果汁甜酒"，就是加了蜂蜜或糖的带甜味的葡萄酒或加了水果的烈酒。[83] 吃完饭之后，山地人往往要点上烟斗抽烟作为放松。如果连烟草也没有，他们还可以抽一种印第安人的"金尼克-金尼克烟"（*kinnick-kinnic*），这是一种用晾干的柳树或其他树木的内皮磨成的粉，也具有轻微的镇静作用。[84]

山地人往往一走就是几年，远离东部海岸的文明世界，他们还发展出了自己特有的语言，或者说是一种动物捕杀者使用的方言。戚廷顿描述其为"英语、法语和西班牙语的奇怪混合，完全没有语法或文学适当性可言"。[85] 除此之外，他们还会使用一些从当地部落里学来的印第安人词语和各种手势。[86] 结果就是东部来的人偶尔听到山地人对话时可能完全不明白他们在说什么。光是"鞍褥"或"生牛皮袋"这种山地人才用得到的名词就已经够让人迷惑的了，至于"plew"（一张特别好的河狸皮毛）、"painter"（黑豹）、"bushway"（老板，来源于"资本家"一词）、"shinin times"（特别难忘的经历，源自"闪亮的山脉"这个说法，印第安人和动物捕杀者都用这个名字指代落基山脉）这类"山地语"（mountain-man-isms）就更让人摸不着头脑了。类似的，任何字典里都查不到的山地人自创词也会让人百思不得其解，比如"hivernants"［至少在山区过冬一次的人，他们才有资格在"greenhorns"（新手）面前表现得高人一等］、"death dust"（高质量的火药）和"Ol virginny"或"honeydew"（这两个词指的都是烟草）。[87]

354

第十二章　山地人

山地人经常谈论到的话题之一是被他们称作"老以法莲"的灰熊（*Ursus arctos horribilis*），这种动物是山区的百兽之王。[88]山地人在行进的路程中会面临很多致命的危险，灰熊就是其中最让人惧怕的一种。虽然山地人对于灰熊总是充满敬意，甚至是敬畏，但是这并不影响他们带着报复心捕杀灰熊。杀死灰熊不仅能够获得宝贵的美味肉食，还被山地人群体认定为一项"巨大的荣誉"。[89]不过有些时候，捕熊的人反而会沦为灰熊的盘中餐——根据围绕在营火边的人们讲述的故事来看，这样的时候还不在少数。在所有这类故事中，最著名的莫过于休·格拉斯（Hugh Glass）的遭遇了。[90]

人们对于格拉斯年轻时的情况了解不多。根据有些记录，他在进入皮毛交易行业之前曾经和让·拉菲特（Jean Lafitte）一起在墨西哥湾当过海盗，后来被一些波尼族印第安人俘虏，他们的首领为格拉斯在危险面前展现的勇敢和气魄所折服，于是收他为义子。[91]不管之前的经历是什么样的，反正在1823年9月的一天，他作为安德鲁·亨利带领的一小队人马中的一员，朝着黄石河方向前进。格拉斯是队伍中的猎人，在被派出去找食物的时候遇到了一头带着几只幼崽的雌性灰熊。母熊很可能是在格拉斯靠近时听到了声音或嗅到了他的气味，所以先是藏到了一片树丛之后，然后在距离震惊的猎人不足3码的地方突然直立而起。在格拉斯能够"扣动扳机"或匆忙闪躲之前，母熊已经扑向了目标，抓住他的喉咙和肩膀。母熊把格拉斯举到空中又扔向地面，还咬下了他一大块肉，转身喂给小熊。格拉斯试图逃跑，但母熊又发动了攻击，这一次他的左臂和后脑都被划开了深深的伤口。在母熊忙着抓捕猎物的同时，她的幼崽也跃跃欲试地想要加入战斗，但是格拉斯的捕猎同伴及时赶到，吸引了小熊的注意力。有一只小熊转而去追赶这第二名猎人，但是还没能靠近就被猎人开枪打死了，后来猎人说自己是"消灭了一个恶棍"。此时，亨利队伍中的其他人也已经赶到，他们立即朝站在格拉斯身边的母熊连续不断地射击，最终母熊身中数弹而亡。

格拉斯此时已经命悬一线，他遭受了重击，血流不止，疼痛难忍。亨利必须马上决定接下来要做什么，此刻他们正处在充满敌意的印第安人的领地内，为了队伍的安全，他们必须继续前进。最近的交易点距此也有好几百英里远，格拉斯目前无法得到任何医疗救助，而且他的伤情太严重了，亨利确信轻易移动伤者可能会更加致命。但把格拉斯丢在这里不管当然是不行的，于是亨利提出了重金奖励，任何愿意留在这里陪着格拉斯直到他死亡或恢复力气继续前进的队员将获得高额报酬。有两名队员自告奋勇地接受了这个任务。[92]他们看护了格拉斯几天，毫无疑问是盼着他尽早咽气的。到了第五天，这两名看护者觉得自己已经做得够多了。他们可能是觉得格拉斯不可能恢复了，也可能单纯是失去了耐心，反正他们就这么丢下格拉斯不管了，离开的时候还拿走了他的步枪和所有财物，只剩下他穿着的那一身被抓烂的染血的衣物。等这两个人追上队伍后，他们撒谎说格拉斯已经死了，还说他们妥善地安葬了遗体。

70 多年后，马克·吐温风趣地讽刺："关于我死亡的报道太夸张了。"这句话也可以被用在格拉斯身上。[93]他在被那两个人丢下的地方又坚持了十几天,依靠浆果和附近的泉水维持生命。在恢复了一点力气之后,他就开始朝着密苏里河的方向,向350英里之外的交易点前进了。一路上他到处搜罗食物,有一次遇到一群狼刚刚杀死了一头野牛幼崽。格拉斯在野牛幼崽的尸体被吃光啃净之前吓走了狼群,从而收集到了一些肉食储备。就这样,格拉斯最终走到了交易点,不过他并没有在此停留太长时间,因为他已经决定要找那两个丢下他不管的人报仇,并夺回自己的财物,尤其是他最宝贝的步枪。在接下来的几个月里,格拉斯继续寻找那两个任由他自生自灭的人,其间经历了很多风险,包括从一群印第安人手下勉强逃脱。后来他追踪到了密苏里河上的一个军事堡垒,发现那两个人之中的一人已经在这里应征入伍。格拉斯当然没法袭击一个士兵,不过指挥官听了他的故事之后深受触动,下令让那个士兵把捕杀者的步枪物归原主,也算是满足了格拉斯的一个心愿。这个举动明显安抚了"休·格拉斯的怒火",他就此放弃了报仇的打算,也没有再找另一个人对质。格拉斯的亲身经历太奇特了,如同神话传说一样,他的生还和康复很快就成了伟大的19世纪传奇故事中的材料。

对于山地人来说,比灰熊更危险的是印第安人,不过也不是所有印第安人都危险。在通婚、交易联系和其他因素的作用下,大部分山地人能够和他们遇到的印第安人友好相处,或者至少能够避免武力冲突。[94]如果山地人还需要更多

249

理由来文明地对待印第安人的话，他们只需要评估一下自己
所处的暴露于攻击之下的境况就行了。在那些远离美国人定
居点，也得不到任何形式的军事保护的尚未被探索的领地
上，印第安人的数量远超过白人。即便是遇到原本友善的印
第安人时，也有可能因为出现误解而产生争议，最后导致武
力冲突的爆发。除此之外，还有一些印第安人是一贯对山地
人抱有敌意的，比如黑脚族的怒火就因为白人动物捕杀者不
断侵蚀他们的领地和自刘易斯与克拉克之后不断前来的探险
者而一直没有熄灭。不过山地人最危险也最坚定的敌人还要
数草原上的阿齐纳人（Atsina），也称格罗文特人（Gros
Ventre）。他们是黑脚族的紧密盟友。山地人无论何时遇到
阿齐纳人，气氛都会非常紧张，大多数情况下会爆发战斗。

这二者之间的交战次数太多，难以一一列举，但是最突
出的一次要数 1832 年集合点活动刚刚结束后爆发的战斗。
当年的集合点是在高耸入云的蒂顿山脉西部边缘的皮埃尔霍
尔。[95]7 月 17 日，威廉·萨布利特的兄弟米尔顿·萨布利特
（Milton Sublette）带着 14 名手下，随同另外两支动物捕杀
者小队一起离开集合点，朝东南方向的斯内克河前进。走了
大约 8 英里之后，他们还没有走出皮埃尔霍尔峡谷，但是队
员们决定就在这里扎营过夜。第二天一早，队员们正要启程
的时候注意到远处有大批人马正通过山口。起初，山地人以
为那是另一批动物捕杀者，但是当一个队员使用小望远镜仔
细观察之后，他告诉所有人那些正在迅速进入山谷底部的都
是印第安人，冲在最前面的两队还都骑着马。紧接着，山地
人就听到了喊声，他们意识到对面的一群人正是最值得惧怕

第十二章　山地人

的阿齐纳人，而且似乎是一整个村子的人都出动了，有妇女、孩子，还有被牵着走的马匹。[96]山地人派出了两个人骑马上前与印第安人交涉，这两个人还都和阿齐纳人结下过仇怨，其中一个叫安托万·戈丁（Antoine Godin）的是萨布利特队中一名梅蒂人动物捕杀者。他父亲是易洛魁人，之前在山区的一次争斗中被阿齐纳人杀死了。另一个人是一位扁头印第安人首领，他因为阿齐纳人曾经攻打自己的部落而怀恨在心。

　　见到使者靠近的阿齐纳人也派出了一支小队上前，领队的是他们的首领之一。这位首领没有携带武器，反而在手中举了一个象征和平的烟斗。不过戈丁和扁头印第安人首领对和平不感兴趣，也都不是为了这个目的而来的。当两人与这个首领面对面时，他们立即发动了攻击。阿齐纳人首领本来是伸出手做了一个安抚性的动作，戈丁却一下抓住对方的手臂并大喊："开枪！"扁头印第安人举起步枪射中了首领，后者从马上摔落，已经没有了生命迹象。[97]接下来，戈丁扯下了首领穿的红色长袍，骑马狂奔向其他山地人，一边跑还一边欢呼，高举在手中的胜利标志迎风飘扬。开战已经不可避免。

　　此时的阿齐纳人迅速审视了一下周围的环境，选择了一个最好防御的位置。他们迅速冲进旁边的沼泽边缘一片有柳树和三角叶杨的林子，树林周围还有浓密的灌木和藤蔓作掩护。印第安人勇士们在树林边缘占据好位置，并开始朝山地人射击；与此同时，后者也躲进了不远处的一条沟壑里。阿齐纳人妇女撤退到了林子中心，并在那里挖了一条壕沟，还堆起一个土坡，土坡上盖满了树干和树枝。阿齐纳人人数多于山地人，他们选择的位置也更有战略优势。山地人知道他们想要获胜必须依靠增援，所以一个信使骑马返回集合点，召集了更多还没有拔营的动物捕杀者和印第安人来帮忙。一大批山地人在内兹佩尔塞人和扁头印第安人的陪同下迅速赶来参战，带队的正是威廉·萨布利特。

阿齐纳人看到又有大批人马涌入峡谷时，形势已经逆转了。本来人数占优的他们如今反而变成了少数的一方。放弃了进攻打算的阿齐纳人退回了自己临时建造的林中堡垒，准备在那里进行防御。山地人很快就发现自己一方的火力几乎无法伤害到对方，因为敌人被灌木丛、树林和人造胸墙掩护得很好。相反，动物捕杀者和他们的同盟想要上前就不得不把自己暴露在对方的枪口之下，有几个人已经因此中弹。尽管存在很大的风险，威廉·萨布利特还是决定采取攻陷堡垒的方式结束这场围困。这肯定是一场风险极大的赌博，不过很快，他就带着大约 30 名山地人和印第安人举着随时准备好射击的步枪开始匍匐前进了。这些人之中有的"感觉自己是要去赴死的，所以一边前进一边立下了遗嘱"。不过，即便是这样意志坚定的进攻也并没有获得成功。两边的伤亡人数都在持续上涨，还有一个人的死因可以归结为醉酒后的任性妄为。山地人参战之前总是要轮流喝威士忌给自己增加额外的勇气，或者至少可以麻痹恐惧的感觉。有一个家伙喝了太多酒之后认定自己是隐形人，非要爬到印第安人的堡垒边缘，扒着墙头往下看。据他的一个同伴说，"他为自己的冒失付出了代价，头上中了两枪"。[98]

第十二章　山地人

　　萨布利特自己也被射中了肩部，最终他还是决定采取放火的办法把印第安人逼到开阔场地上。不过，在他执行这个计划之前，山地人的一些印第安同盟者请求他不要采取这么激烈的措施，因为他们还指望着战斗结束后掠夺对方的财物。萨布利特听从了他们的意见。正当他考虑下一步怎么做的时候，情势又出现了戏剧性的变化。在战斗之间的间歇里，一位阿齐纳人首领朝进攻者大喊，说就算山地人赢了一次战斗，也不会改变他们最终失败的结局，因为距此不远的地方还有好几百名阿齐纳人，等他们赶到之后一定会向山地人发起复仇。首领是用阿齐纳人自己的语言喊的，经过翻译之后传到山地人那里的信息完全被曲解了。山地人认定阿齐纳人的大军不是来对付他们，而是要去攻打集合点的。

　　担心被留在集合点的一支单薄的人马无法保卫自己，山地人和他们的同盟者迅速骑马返回了集合点，只留下一支小队盯着印第安人堡垒里的动静。返回集合点之后，山地人才明白自己被误导了，但是再返回战场已经来不及，所以他们就在集合点里扎营过夜了。

　　第二天一早，山地人回到战场之后都被惊呆了。在夜幕的掩护下，在守卫没有一丝察觉的情况下，阿齐纳人已经逃之夭夭了。根据战斗亲历者约瑟夫·米克的说法："发现这一点之后，白人动物捕杀者之中有不少人感到极为懊恼，很多人都怪罪印第安人盟友，认为他们就为了抢夺自己世世代代的仇敌的几条毯子和其他货物而放弃了火烧堡垒的计策。"不过堡垒之内的景象已经足够恐怖了。10 名阿齐纳人

252

和 30 多匹马的尸体躺在那里，而其他人的尸体可能是在撤退时被带走了，因为阿齐纳人称他们当天总共死了 26 人。至于山地人这一边的伤亡数量则是 6 死 6 伤，他们的印第安人盟友遭受的伤亡数量差不多也一样。

总共有多少山地人死于与印第安人的战斗、灰熊的攻击、伤病及自然环境因素是永远无法确定的。根据最主要的两个皮毛公司对雇用人员的统计，在 1822 年至 1829 年之间，非自然死亡的人数是 70 人。另一份资料宣称平均每周就会有一个山地人死亡；还有一份资料认为从 1825 年至 1830 年间，光是被印第安人杀死的山地人人数就达到了每年 10～20 人。[99] 无论真正的数目如何，如果我们将所有参与这项生意的公司都考虑在内，再纵观将近 20 年的整个山地人时代，那么山地人的死亡数量无疑是在一二百到五六百这个区间之内的。鉴于以此为业的人数总量不超过 3000 人，这个死亡率绝对可以说是很高的了。

山地人的生活令很多与他们同时期的人着迷，所以在 19 世纪早期到中期这段时间里，有大量关于这一题材的文章和书籍出版发行。举国上下对山地人的这种关注甚至是执迷，催生了大量对于山地人的刻板印象，其中有两种最广为流传。一种是将山地人当成浪漫主义英雄，认为他们勇敢、愉悦地探索未知的领地，依靠自己的力量、智慧和勇气面对各种障碍，而且很多时候都能成功克服困难。另一种则把山地人的生活描述得十分阴暗，认为他们虽然勇敢无畏，但也背离了文明社会的价值观。这样的离经叛道者被认为是不受道德约束的，他们追求的是荒淫放纵、无法无天的生活，无论从身体上还是从精神上，都已经变得更加接近野蛮人了。第一种印象的最好的例子出自华盛顿·欧文笔下。在 1837年出版的畅销书《博纳维尔上尉的探险：远西区的落基山脉以外的景象》（*The Adventures of Captain Bonneville，Or Scenes Beyond the Rocky Mountains of the Far West*）中，欧文把所有的溢美之词都献给了山地人： 253

> 用什么言语都不足以形容这些皮毛交易先锋们具有的勇气、刚毅和坚韧。正是他们进行了早期的那些探险活动，他们克服了足以令人失去勇气、丧失信心的障碍，最先在荒野之中开辟道路……他们对于地平线以外的区域一无所知，只能一边探索一边收集信息……地球上可能再没有哪一群人的生活比他们更充满劳累、艰险和刺激了；也没有谁能比西部的自由捕杀者更热爱自己的职业……他们保有的激情近乎疯狂。冷酷而机警的野蛮人无谓地阻拦他们前进的脚步；岩石、峭壁和冰冷的激流徒劳地想要让他们知难而退；只要有一只河狸出现在前方，他们就可以置所有的危险于不顾，也敢于挑战任何困难……这就是山地人，西部最强悍的动物捕杀者；这就是我们大致描绘出的荒野，以及他们过的那种罗宾汉式的生活，这群人是奇异而各具特色的，他们如今正活跃在落基山脉上。[100]

另一种不这么过分称赞的对山地人的描述可以参考乔治·F. 鲁克斯顿（George F. Ruxton）的概括。他是一位英国陆军中尉和探险家，1847 年时曾花几个月的时间穿越了落基山脉：

> 落基山脉上的动物捕杀者应当被归于一个比任何文明人都更接近原始野蛮人的生物"属别"。他们生活在荒野的山区中，只能与大自然为伴，他们的习惯和特征体现出了一种最独特的单纯与凶残的混合……他们随时可能遭遇各种艰难险阻，对于危险的恐惧已经麻木，能够毫不犹豫地像杀死动物一样杀死人类，就像他们对于自己的性命也已经不甚在意一样。他们对于法律、人性或神圣天意已经失去概念或是不当回事。他们的欲望就是他们的法律……喜欢苛责的人说他们是复仇心重、嗜血的醉鬼……［和］赌徒……我见过一些正直的山地人，但是他们身上的动物属性仍然令人无法忽视……他们就是未开化的白人在残酷的处境中应该表现出来的样子，依靠自己的直觉维持生存。[101]

254　　很多历史学家分析了各种对山地人的刻板印象，分析了其中的优点和缺点，为这些关于他们的描述究竟是有益的概括还是过分简化的误读而争论不休。[102]可以说，没有任何一种刻板印象能够捕捉到山地人群体中存在的复杂性和多样性。比如前面提到的这两种——浪漫主义英雄和脱离尘世的野人——就都有其准确的地方，至少可以用来形容某一时期的某一些山地人。

以每年的集合点为核心活动的落基山脉北部和中部的皮毛交易是 19 世纪 20～30 年代美国皮毛交易的重要组成部分，但不是全部。即便是阿什利在《密苏里公报》上发广告招聘"有事业心的青年们"以前，美国的皮毛交易就已经开始向另外两个方向发展了，引领潮流的正是遥远的西南部动物捕杀者和几乎无所不在、永不服输的阿斯特。

第十三章
陶斯的动物捕杀者和阿斯特的帝国

19世纪早期，美国西部边界地区的商人们对于到圣菲（Santa Fe）赚钱越来越感兴趣。这个至此已有将近200年历史的新墨西哥首府是西班牙帝国在北美洲（西班牙人称之为新西班牙）最主要的前哨战之一。很多年来，美国人听到的各种关于圣菲蕴藏的财富的传闻及关于那里具有作为交易中心的巨大潜力的说法，都来自少数一些去过那里的人口中虚无缥缈的故事。最先采取行动证实这些传言的人之一是威廉·莫里森（William Morrison），一位来自伊利诺伊领地卡斯卡斯基亚（Kaskaskia）的商人。他向一位名叫巴蒂斯特·拉·朗代（Baptiste La Lande）的法裔克里奥尔人提供了价值2000美元的货物，然后在1804年时派他去圣菲寻找任何能赚钱的货物进行交易。结果证明，选择拉·朗代执行这个任务是一个大错特错的决定。他抵达圣菲不久就成功卖出了自己的货物，不过他并没有带着莫里森的收益返回卡斯卡斯基亚，而是决定就留在圣菲生活了。我们不知道究竟

是什么原因使得拉·朗代可以如此轻易地抛弃自己的责任，但看起来似乎是墨西哥妇女的魅力让他难以抵挡，任何想要

离开的念头都被抛到九霄云外了。

　　在接下来的几年里，又有不少美国人前往圣菲建立交易联系，但结果几乎全都以失败告终，因为那里的西班牙政府下定决心百般阻挠这些交易。先是法国人夺回了路易斯安那，后有杰斐逊购买了那片领地，这些情况已经使得新西班牙的面积大幅缩水。在世界舞台上显露出日暮西山之势的西班牙无论如何不想再失去一丁点儿对这片地区的控制力，所以他们对于美国人的到来格外警惕。哪怕是表面上看来对西班牙和美国交易者都有利的商业交往也要一律禁止。因为这样的交易不仅会威胁西班牙对向其统治区域内输出货物的垄断，更有可能刺激美国人向西班牙控制地区扩张的野心。所以西班牙政府会采取将所有外国人都拒之门外，如有必要不惜使用武力的政策就一点也不奇怪了。这样的政策不仅适用于交易者，也适用于美国的动物捕杀者。这些人捕杀河狸的身影已经越来越多地出现在圣菲以北和以东的山脉与河流之中，那些地方本来都是被西班牙宣称占有的。因此，在19世纪早期，任何前往西南方向的美国人都面临着巨大的风险。他们之中有不少人被没收了全部财物，扔进监狱，或是在武力威胁下被迫返回来处。[1]

　　有一支小队的经历格外引人注目。1817年时，有几个人从圣路易斯出发，在阿肯色河（Arkansas River）源头捕杀河狸，并与阿拉巴霍人（Arapaho）进行交易。结果一支西班牙军队将这些动物捕杀者全抓回了圣菲，理由是他们擅自进入了西班牙领地。西班牙总督严厉斥责了这些人，还告诉他们如果不听话，随时可能被"爆头"。总督没收了价值

30000 美元的皮毛和其他补给，给美国人戴上手铐脚镣，把他们押入地牢关了 48 天。被囚禁的末期，如他们之中一人后来回忆的那样，这些人被送上了军事法庭，"被强制跪在地上……接受邪恶不公的判决——这些没有伤害过任何人，不带任何恶意的人竟要被剥夺全部财产，那是他们经过两年艰苦劳动才获得的成果"。之后，总督给了这些人几匹病弱的瘦马，让他们返回圣路易斯，并警告他们永远不许再回来。[2]

1821 年墨西哥摆脱西班牙的统治、成功获得独立之后，这里的情况发生了巨大的转变。在人民头顶作威作福的西班牙大老爷们都离开了，墨西哥的官员们很快就与美国近邻建立起了贸易关系。在墨西哥城的墨西哥中央政府发表声明说："我们尊重其他国家，愿意与各国维持和谐的关系，建立适当的贸易及其他联系。"[3]这样的立场转变对于生活在圣菲的人民来说是值得欢欣的：他们再也不用被迫从在城镇以南很远地方营业的西班牙商人手中购买种类有限、价格奇高的商品和物资了。如今，他们可以从与美国人的交易中受益，人们对于很快就能买到物美价廉的丰富产品这件事充满了期待。

第一个利用了开放市场的好时机的美国人是威廉·贝克内尔（William Becknell）。他是密苏里人，曾经当过兵，也做过不少其他工作，包括挖盐和摆渡。贝克内尔在 1819 年大恐慌中遭受了巨大的打击，无法偿还日渐高涨的债务，于是想出了依靠到圣菲进行交易活动来翻身的办法。一听说墨西哥已经宣布独立，贝克内尔就在 1821 年 6 月 25 日的《密苏里情报员》（*Missouri Intelligencer*）上发布了一条广告，招聘"到西部交易马匹和骡子，并捕杀各种动物"的人员。[4]

第十三章　陶斯的动物捕杀者和阿斯特的帝国

应征的人数大概有 25 人，他们在 8 月 4 日出发，11 月中抵达圣菲。到那里以后这些人就听说革命获得了成功，墨西哥已经是一个独立自主的国家了。与当地人之间的交易进行得很顺利，地方长官告诉贝克内尔他"希望美国人能够进一步与"新墨西哥"发展关系"。[5]1822 年 1 月底，贝克内尔返回了密苏里的富兰克林，他割开鼓鼓的生牛皮背包，将里面闪闪发光的钱币倾倒在石板路上，任由它们滚向四面八方，这一行为让旁观者目瞪口呆。贝克内尔告诉自己的密苏里老乡们在圣菲做生意"非常赚钱，那里有很多钱、很多骡子"——实际上，因为太好赚钱，所以开春之后，贝克内尔就带着队伍，用马车装载了价值 3000 美元的货物再次返回圣菲。[6]他的第二次行程收获更为丰厚，实现了将近60000 美元的利润。同时，他还开拓了一条从密苏里到新墨西哥首府的平坦的直通路线，让马车队也可以顺利通行，此举也使得贝克内尔被称为"圣菲通道之父"。[7]

其他人追随了贝克内尔的脚步，因而这条圣菲通道很快就成了一条人员来往频繁的交通要道。从富兰克林出发的队伍先到密苏里州的独立城，从那里上通道主路，走大约 800 英里，几乎是沿对角线穿过今天的堪萨斯州，然后进入科罗拉多州东南角走一小段，再穿过俄克拉荷马州西北角的长条地带，最后从新墨西哥东北部前往圣菲。这条路可不是什么胆小之人都能轻易通过的。一路上不时要进入怀有敌意的印第安人的领地，比如奥色治人（Osage）、波尼人和科曼奇人（Comanche）的地盘；有些路段的地形条件还非常艰险，最难通过的一段要数堪萨斯州西南角的锡马龙沙漠（Cimarron

Desert），那里海拔较高，地势平坦，长年干燥，直径超过 50 英里的荒原中几乎找不到水，就算有也是藏在深坑中或极难被发现的干河床里，表面还有几英寸甚至是几英尺厚的像石头一样坚硬的沙子。贝克内尔第一次穿过这片沙漠时，他和他的队员都严重脱水，不得不靠割下骡子的耳朵喝它们的血来解渴。他们还杀了一头野牛，剖开它的肚子，喝里面绿色的像水一样的液体。他们称这个经历是"绝妙的享受"。[8]

当时一份密苏里的报纸在评价这些敢于穿行圣菲通道的人时是这样说的：

> 大篷车途径的区域很广阔，要走的路程很长，要穿越的河流和沼泽很宽，更不用说那些峡谷、森林和像非洲一样干旱的沙漠有多么难以通行。走这条路的人要有钢铁一般的筋骨和积极坚定的意志。提到这些内陆地区探险的故事总会让人们想到东部的大篷车队……无论是前往西部还是返回东部的车队都要面临同样多、同样令人忧心的危险。具有饱满的骑士精神和某种浪漫主义本性是参与此类活动的先决条件。[9]①

---

① 实际上圣菲通道有两条主要路线。前文中提到的是锡马龙路线，走这条路线的主要是大部分交易者、动物捕杀者和旅行者，这条路线也是让贝克内尔获得"圣菲通道之父"这个称号的路线。除此之外，还有一条山地路线，它与前一条路线的分岔点在今天堪萨斯州的锡马龙以外不远的地方，从这个分岔点沿阿肯色河走到今天科罗拉多州的拉洪塔（La Junta），然后向西南方向穿过桑格雷－德克里斯托山（Sangre de Cristos）东侧的拉顿山口（Raton Pass），最终抵达圣菲。山地路线也是由贝克内尔开辟的，这条路线不如锡马龙路线那样适宜马车通过，但优点在于有更多水源，且不易受到印第安人攻击。

第十三章 陶斯的动物捕杀者和阿斯特的帝国

那些成群结队地踏上圣菲通道的美国人心中抱定了两个目标。第一，他们携带了五花八门的货物去与新墨西哥人交易，包括烟草、纽扣、小刀、鞋、药品、水果、大米，甚至还有鲸脑油蜡烛，他们想要换回来的货物主要有银币、牲畜、布料和其他可能畅销的商品。[10]第二，美国人还有到那里捕杀动物以获得皮毛的打算，在那里捕杀动物的收获大大超出了他们的预期。新墨西哥的河流和小溪中有很多河狸，因为这里的河狸之前还从未受到过捕杀。[11]新墨西哥人对于自己眼前的河狸视而不见，其部分原因在于这里气候炎热，根本不需要保暖的皮毛大衣或毛毡帽子，所以无论是在新墨西哥省还是在新西班牙的其他地方，河狸皮毛都没有什么市场。再说新墨西哥人并不擅长捕杀河狸，更不会打理皮毛。相对于这些高级的皮毛，粗劣一些的鹿皮、麋鹿皮和野牛皮在新墨西哥的销售却很红火，这些生皮可以用来制造皮革产品，包括外套、上衣、鞍具，甚至是作为装饰简朴的土坯房教堂的画作使用的帆布，这样的教堂在新墨西哥随处可见。[12]

新墨西哥有很多河狸的消息一传开，沿圣菲通道前来的美国交易者和动物捕杀者就更多了。他们之中很多人会把圣菲东北方向的一个坐落在山区中的小镇陶斯（Taos）作为自己的经营基地。美国人从那里与圣菲人交易货物，也从那里出发前往四周的乡野中捕杀河狸，然后把皮毛装上马车运回圣路易斯出售。早期一些捕杀活动的收获非常惊人。1824年时，贝克内尔和他的同伴们带回了价值10000美元的皮毛和180000美元的银币。[13]美国人的持续成功很快引起了当地新地方官员的不满，后者自然而然地认为从自己省份里运走的每一马车皮毛都是本地的财富在流失。针对这样明显的不平衡，地方官员在 1824 年通过了一项法律，规定捕杀动物的权利专属于新墨西哥居民。然而，这并没能阻止美国人抢走这里的皮毛，因为法律的执行力很有限，人们有很多办法规避这些条款。比如申请墨西哥居民身份并获得捕杀许可，或者雇用"墨西哥代理人代为获得许可"，再或者是通过贿赂的手段让官员睁一只眼闭一只眼，都不行的话还可以冒着被抓的风险硬干。[14] 动物捕杀者的执着使得这部法律形同虚设。实际上，"在美国人开始通过［圣菲通道］展开陆路贸易活动的最初 15 年里，每辆从这里返回的马车上都装载着数量可观的皮毛"。[15] 以 1831 年为例，两位在陶斯做生意的交易者向圣路易斯运回了总价值高达 50000 美元的皮毛。[16]

在西南地区进行的美国皮毛交易也需要不断演变以适应行业存续的需要。随着动物捕杀者数量的增多，他们必须不断扩张搜寻河狸的范围，因为陶斯周边地区的河狸已经被捕光了。接下来河狸被搜刮殆尽的地区是里奥格兰德河（Rio Grande）河谷及佩科斯河（Pecos）河谷中的河流和小溪。再后来，捕杀者们不得不前往更向北和向西的地方，进入了今天的科罗拉多州、犹他州、亚利桑那州、内华达州和加利福尼亚州。他们沿着科罗拉多河和希拉河（Gila）等西南地区的大河行进，这些河流从陡峭、曲折、多姿多彩的峡谷中流过，在地球坚硬的岩石表面刻出了自己的印记。[17] 动物捕杀者们翻过险峻的高山，走过富饶的河谷，穿过酷热的沙漠，成了最熟悉西南部地形特征的专家。

　　陶斯的动物捕杀者能够抵达的所有地方几乎都是墨西哥的领土。在墨西哥获得独立之前，当时还是美国国务卿的约翰·昆西·亚当斯在 1819 年 2 月 22 日与西班牙驻美国公使堂路易斯·德·奥尼斯（Don Luis de Onis）签订条约，确立了美国与西班牙领地之间的界线。西班牙将佛罗里达割让给美国，放弃对北纬 42° 以北的西北地区主张权力，还就路易斯安那领地与新西班牙之间的界线与美国达成了协议。结果就是相当于今天的加利福尼亚州、内华达州、犹他州、新墨西哥州、亚利桑那州、得克萨斯州全境，以及俄克拉荷马州、堪萨斯州、科罗拉多州和怀俄明州部分地区被划入了新西班牙。墨西哥人发动起义将西班牙人彻底赶走之后，他们就控制了这些区域，而陶斯的捕杀者们则成了进入他国领土的人。

　　陶斯的动物捕杀者与山地人有很多共同点。他们最重要的捕杀对象是河狸，虽然在干旱的西南地区捕到的河狸皮毛颜色浅、毛发稀疏，远不如在北方地区收获的皮毛质量好，但是被运回东部之后也能卖出不错的价钱。陶斯的动物捕杀者经历的旅程可以与山地人的相提并论。他们面临着许多类似的风险，他们也同样嗜酒如命，后者最常喝的酒叫"陶斯闪电"，是一种以小麦为原料蒸馏出的烈性调和酒。很多陶斯的动物捕杀者都娶了本地的墨西哥或印第安妇女，他们不再以捕杀动物为生之后，也有很多人选择继续留在西南地区生活。

不过，在陶斯进行交易的人与山地人之间还是有很多区别的。首先，西南地区的皮毛交易规模很小。在山地人时代的最高峰，山地人的数量可能有 1000 名之多，而西南地区
261 的动物捕杀者数量从来没有超过 300 人。其次，没有任何大型皮毛公司参与管理这里的交易，陶斯的动物捕杀者们都是采取少数几个自由捕杀者松散地联合在一起的形式。他们也不在山区里设定集合点，而是以陶斯为他们的固定基地。再加上西南地区的动物捕杀者们在捕杀动物以外的时间里可能会在陶斯或任何其他墨西哥人聚居地生活，所以他们找其他工作挣钱的情况并不鲜见。他们有的会去做矿工；有的会种田；还有的会到牧场里照料牲畜。[18]

以地域为标准划分山地人和陶斯人的方法并不总是准确的。很多山地人也会到西南地区捕杀动物；同样的，不少陶斯的捕杀者也会前往北方，进入落基山脉中部或北部，有机会的话还会在返回新墨西哥之前到山上的集合点里转转。还有一些人会游走在两种不同的皮毛交易文化之间，比如克里斯托弗·休斯顿·卡森（Christopher Houston Carson）就是一个这样的例子，他起初是陶斯的捕杀者，后来成了一名山地人。

卡森于 1809 年出生在肯塔基州的麦迪逊县，他的家人都亲切地称他为"基特"（Kit）。基特一家在他不到一岁的时候就向西迁移到了距离密苏里河不远处尚无人定居的地方。那个地方在几年前被丹尼尔·布恩的儿子们买下，因为这里有盐矿，所以被取名为"布恩泉乡"（Boone's Lick，字

面意思是布恩的盐沼地）。卡森有一双深蓝色的眼睛，个头不高，却出奇地强壮。他从不多言，却能展现出一种冷静的自信和敏锐的理解力。卡森没有接受过多少正规教育，他8岁那年父亲就去世了，他也因此被迫辍学，为家庭生活贡献自己的力量。1822年，卡森的母亲改嫁给一个他认为不值得尊重的人，随着他与继父之间的摩擦不断升级，后者最终决定将卡森赶出家门。14岁的卡森去了离家不远的富兰克林，在马具商大卫·沃克曼（David Workman）手下做学徒。他非常讨厌这份工作，所以在1826年8月，卡森偷偷跑到了独立城，加入了一支将要前往圣菲的马车队，希望借此机会去见识"不同的地方"，并亲自确认那些关于西部存在着无数机遇的令人激动的故事到底是真是假。[19]

在快要走到圣菲通道终点时，卡森去了陶斯。接下来的几年中，他在这里学会了西班牙语，也做过各种工作，包括在新墨西哥西南部圣丽塔（Santa Rita）的一个铜矿里当驾驭畜力运输队的人，或者是当翻译，他还给在陶斯经营一家为捕杀动物者提供补给的商店的老板尤因·扬（Ewing Young）当过厨子。扬本人也是个捕杀动物者，他是在1822年贝克内尔第二次前往这一地区时跟随他的队伍一起来到新墨西哥的。到卡森来为他工作的时候，扬已经成了西南地区最著名的动物捕杀者之一。这一方面是因为他的事业成功和为人正直，另一方面是因为他与印第安人的那些交战。1829年8月，卡森也加入了扬的捕杀者队伍，向着加利福尼亚出发了。[20]

在接下来的18个月中，扬的队伍抵达旧金山并返回。

262

在此期间，卡森已经成长为一个技巧娴熟的捕杀者了。1831年春他返回陶斯之后获得的几百美元的报酬就是捕杀活动的利润分成。"我们过了一段荣耀的时光，"卡森后来回忆说，"我们尽情地挥霍着自己的钱财，根本不去想我们是经历了多大的风险才挣到这些钱的。我们唯一的想法是……尽情享受这个地方能提供的所有乐事。在看待自己辛辛苦苦挣来的钱财的问题上，动物捕杀者和水手的观念很相似。他们同样随时面临着丢掉性命的危险，但是一旦行程结束、报酬到手，他们就不再去想自己经历过的危险，而是选择花光所有的收入，然后再踏上新的行程。"[21]

卡森的新行程始于1831年秋天。这次他们是向北进发，从科罗拉多到爱达荷，在宽广的落基山脉中捕杀了两年。虽然1833年10月卡森返回陶斯出售自己收获的河狸皮毛，但是他很快就又返回北方，并在接下来的七年时间里作为一名山地人，继续磨炼自己的狩猎、捕杀和生存技巧。在此期间，他还经历了很多与印第安人的残酷战斗，这让他获得的"英勇地"抗击印第安人的斗士的名声日渐响亮。

卡森在山区生活时期最著名的事件要数他与法裔加拿大动物捕杀者约瑟夫·乔伊纳德（Joseph Chouinard）的争斗。[22]乔伊纳德是一个身材高大、格外健壮的人，他还有一个人尽皆知的外号叫"山中大恶霸"，据说他"经常会用鞭子抽打惹他不高兴的人，这个范围几乎涵盖了所有人"。[23]1835年，他在格林河附近的集合点的所作所为更是淋漓尽致地呼应了他的坏名声。喝醉的乔伊纳德先是痛打了两三个

第十三章　陶斯的动物捕杀者和阿斯特的帝国

法国同胞，接着又公然宣称自己渴望收拾几个美国人，尤其想要"用鞭子抽他们"。卡森是一个谦逊内敛，重行动不重言辞的人，但是听到乔伊纳德口出狂言，他也忍不住怒发冲冠。卡森本来就看不起乔伊纳德这样的小人，更何况双方当时正在为赢得阿拉巴霍族姑娘"唱歌的小草"（Singing Grass）的芳心而相互竞争，这位佳人当时就在集合点。

　　法国人的挑衅终于让卡森忍无可忍。"任何人都不应当说出这样的话"，卡森回忆说，"所以我告诉他我是营地里最差劲的美国人，"还说"很多人都能够打赢他只是缺乏尝试的勇气"，如果乔伊纳德不停止做出这样的威胁，"我会扯断他的肠子"。卡森敢于挺身而出对抗乔伊纳德的这一行动令人敬佩，其原因还在于两人在身材上的巨大差距。乔伊纳德壮得像头熊，而卡森却很瘦小，身高不超过 1.63 米。后来在内战中成名的北方联邦将领威廉·特库姆赛·谢尔曼（William Tecumseh Sherman）在 1848 年见到已经成为传奇的卡森时非常惊讶："在我眼前的是一个瘦小、驼背的男人，红发，满脸雀斑，蓝色的眼睛目光柔和，怎么也看不出他其实是个拥有超凡勇气或冒险精神的人。"[24]不过卡森用自己的职业生涯证明，人的外表往往是具有欺骗性的。

　　乔伊纳德没有对卡森说一个字，而是直接取了步枪上马，骑到营地边界。很多人都围拢过来等着看接下去会发生什么。卡森将乔伊纳德的行动视为一种挑战，于是随手抓起一把手枪也跳上了自己的骏马朝法国人狂奔而去，直到两人的"马匹近得几乎碰到了一起"。卡森质问乔伊纳德是不是想要朝他开枪。魁梧的巨人嘴上说不是，行为却泄露了真心。乔伊纳德举枪瞄准卡森的方向，两人几乎是同时开的枪，所以"在场的人都说他们只听到了一声枪响"。卡森的子弹打穿了乔伊纳德的胳膊，法国人的子弹却打偏了，但是因为他的步枪离卡森的头太近了，当他发射子弹时，从枪口喷出的灼热火药烫伤了卡森的左眼，飞出去的子弹蹭掉了他的一小片耳垂，留下了永久的伤痕。"我们在集合点剩余的日子里，法国恶霸没有再骚扰我们。"卡森日后的回忆也体现出了其标志性的简洁。除了战场上的胜利，他在情场上也击败了乔伊纳德：不到一年之后，卡森就迎娶了"唱歌的小草"，他送给她父亲"东奔西跑"（Running Around）的彩礼是三头骡子和一杆枪。[25]

卡森是从陶斯的动物捕杀者变身为山地人，而也有一些人与他正相反。杰迪代亚·史密斯、大卫·杰克逊和威廉·萨布利特就属于后一种情况。他们三人在 1826 年时买下了阿什利的股份，在山区组建了自己的皮毛交易公司并运营了四年。1830 年时，三个人评估了公司在当年的温德河集合点的表现之后，认定这门生意已经做到头了。从 1826 年到此时，他们已经损失了 40 名队员和价值超过 40000 美元的装备、马匹、骡子、捕杀工具和皮毛。此次来到集合点，他们"几乎没有任何偿付能力"。其实当年的捕杀活动收获很好，如果把这些成果都运回圣路易斯，一定可以卖出将近 85000 美元的收入，足以还清他们的所有债务并获得盈余，但是三个人对于山地交易的未来已经失去了信心。这里的竞争越来越激烈，河狸的数量越来越稀少，补给的成本和队员的工资越来越高，这些因素都让他们不敢再干下去了。[26] 再说他们也想回到家中与亲朋好友团聚。于是三个合伙人把自己的公司卖给了另外五名山地人——托马斯·菲茨帕特里克（Thomas Fitzpatrick）、吉姆·布里杰、米尔顿·萨布利特、亨利·弗雷（Henry Fraeb）和让·巴蒂斯特·热尔韦（Jean Baptiste Gervais）。这些人给自己组建的新公司取名为落基山脉皮毛公司。[27]

史密斯、杰克逊和萨布利特在 1830 年 10 月初返回圣路易斯之后就分道扬镳了。不过没过多久，杰克逊和萨布利特就又动起了重操旧业的念头，这一次他们没有选择山区，而是将目光对准了圣菲。他们打算从日益兴旺的"草原商业"中获利。[28] 史密斯听说这些计划之后也被勾起了兴趣。虽然他已经发誓不再参与落基山脉的皮毛交易，但是圣菲为他提供了一次新的冒险机会。就这样，三人在 1831 年初重新建立了合伙关系，到 4 月底，他们就组织起了一支包括 83 名队员和 24 辆马车在内的队伍，踏上了圣菲通道。[29]

从车队向着西南方的河狸皮毛新圣地出发时起，灾难就如影随形。在最初的 300 英里中，队员们就不得不动用他们携带的能发射 6 磅重炮弹的加农炮来抵御几百名骑在马上的印第安人的攻击。接着，一名队员为了捕捉羚羊而掉队，结果被一小队波尼族印第安人杀死了。队伍进入锡马龙沙漠时恰逢最干旱的时节，沙漠本身成了队员们最大的挑战。之前被马车开辟出的道路即便在好时节里也很难辨认，如今更是被成群结队的野牛践踏得完全看不出来了。队员们遇到的几个水坑都已经干涸，露出的水底"因为干燥的空气和灼热的阳光而裂开了深深的纹路"。[30]到 5 月底，在几乎三天没有水喝的情况下，无论是队员还是牲畜都已经到了生死边缘，他们唯一的希望就是尽快找到水。史密斯和托马斯·菲茨帕特里克骑着马走在车队前面寻找水源。他们发现的第一个水坑又是空的，史密斯让菲茨帕特里克留在这里向深处挖挖看会不会有水，他自己则继续向前寻找。骑到锡马龙河已经干涸的河床上时，史密斯也开始挖坑，很快就有水聚集到了地表。

史密斯不知道的是，此时正有 20 多名科曼奇人在这片区域里捕杀野牛。看到史密斯骑马过来时，这些人都躲藏了起来，直到此时他们才开始向他靠近。等史密斯看到印第安人时，后者距离他大约只有半英里了。史密斯意识到自己已经来不及逃跑了，于是他骑上马，端着随时可以开火的步枪，希望通过展示自信救自己一命。当印第安人靠近到距离史密斯仅剩几码远的地方时，他示意对方停下，印第安人照做了。接着他们又试图吓唬史密斯的马，希望它会掉头逃跑，这样他们就有机会朝史密斯背后射击了。最后马匹终于受惊乱动起来，一个印第安人趁机射中了史密斯的左肩，几乎将他从马上震下去。不过史密斯设法重新转向了袭击他的人，他端起步枪一口气打光了里面的子弹，打死了印第安人的首领，还打伤了一名勇士。然而，在史密斯有机会举起手枪之前，科曼奇人冲上来用长矛将他杀死了。[31]

车队中的其他人还不知道史密斯已死，他们找到了水，之后沿着通道没走多远就遇到了 1500 名格罗文特人组成的队伍，对方来势汹汹，很快就准备向车队发起进攻。队员们迅速将马车围成圈，开始挖壕沟准备防守，不过战斗还没有开始，萨布利特就和对方达成了停战协议，车队得以通过，并在几周之后抵达了圣菲。史密斯的合伙人这时候才接到他令人震惊的死讯。几个墨西哥人交易者从杀死史密斯的科曼奇人勇士那里听说了史密斯生前最后的这段经历，然后又把此事告诉了萨布利特和杰克逊。二人很难相信像史密斯这样一个经历过那么多致命危险都得以幸免的人，最终在 32 岁的时候就结束了自己的一生。他们的悲痛之情无以言表：他们失去的不仅是一个同事，更是一位亲密的朋友。

　　萨布利特和杰克逊在圣菲的交易很成功。他们收购了55 捆河狸皮毛和 800 张野牛皮，后者在东部的国内市场上正变得越来越受欢迎，它既可以被制作成外套，又可以直接当作雪橇毯出售。虽然这样的开头还算成功，但是萨布利特和杰克逊在西南地区的皮毛交易活动并没有维持多久。在夏天结束之前，他们就解除了合伙关系。杰克逊由此前往加利福尼亚倒卖骡子，萨布利特则返回了圣路易斯，最终又返回落基山脉，重新干起了山地人的老本行。[32]

　　在西南皮毛交易逐步发展起来的同时，约翰·雅各布· 266 阿斯特已经成了美国最有实力的皮毛商人，而且他正在寻找机会继续扩大他以纽约为基地的规模巨大的美国皮毛公司。到 19 世纪 20 年代初期，阿斯特近一步控制住了五大湖周边及密西西比河上游的皮毛交易。他的两位精明能干的合伙人——也是曾经的阿斯托里亚人——拉姆齐·克鲁克斯（Ramsey Crooks）和罗伯特·斯图尔特（Robert Stuart）负责掌管公司的北部分公司，并成功地打败了所有竞争者，将其他人的活动都限制在无足轻重的程度。阿斯特从来不是一个会陶醉于自己的成就、停滞不前的人，他已经开始进入圣路易斯的市场。当地的皮毛交易精英群体多年来对他不仅是艳羡，更有惧怕，他们本来将密苏里河上游日益繁荣的皮毛交易看作自己的所有物，谁也不想与阿斯特这样的竞争者较量，只可惜他们心里都清楚，后者向他们的地盘扩张已经是不可避免的了。

阿斯特第一次涉足密苏里的交易是在 1816 年，他利用自己能够获得的高质量的货物和雄厚的财力与圣路易斯的两家公司签订了合约，由阿斯特向这两家公司提供货物，而这两家公司则将自己的皮毛卖给阿斯特。这只是阿斯特的第一步。虽然阿斯托里亚的尝试失败了，但阿斯特从来没有放弃沿密苏里河建立一系列皮毛交易点，借此掌控这一地区，甚至是落基山脉以外地区的皮毛交易的打算。抱着这样的目标，阿斯特于 1822 年春在圣路易斯开了一家商店和一个仓库，还创立了美国皮毛公司的西部分公司，专门负责执行向河流上游扩张的计划。与此同时，伟大的战略家阿斯特已经开始计划他的下一步棋了，也是在这个时候，他听到了自己一直盼望的消息——美国政府终于决定废除自己建立的工厂（交易点）体系。

工厂体系从 1795 年开始实施，到 1812 年战争前夕，这样的交易点总共建起了 12 个。不过到 19 世纪 20 年代末，仅剩下 8 个还在运营，其中 7 个都在密西西比河以东。[33]支持

第十三章　陶斯的动物捕杀者和阿斯特的帝国

工厂体系的那些人指责私人交易者欺诈印第安人，用烈酒引诱他们堕落，他们原本希望这些国家经营的工厂能够将私人交易者挤出市场。此外，这些工厂的设计目的还包括在政府与印第安人之间建立牢固的联系，消除印第安人在边界地区的攻击，让这些所谓的印第安野人接受文明教育和基督教化，最终放弃原本的生活方式，融入美国社会的主流。[34] 结果是，工厂体系没能实现以上任何一个目标。回过头去看这个问题的时候，人们可以清楚地发现，工厂制度从施行之初就是注定要失败的。

政府犯下的一个关键错误是在创建这种体系的同时，还继续向私人皮毛交易者颁发许可，这就使得交易者与工厂之间形成了竞争关系。这个问题带来的损害非常大，因为工厂原本的设计目的就不是赢得竞争。在实践中，大多数工厂的代理经营者都是退伍军官或政府委派的官员，这些人对于皮毛交易的运作原理和他们面对的客户群体——印第安人——缺乏了解。代理经营者实际上把这份工作当成了一个闲职，他们领受薪水，根本不会离开他们在交易点里的舒适居所，只等着印第安人自己将皮毛送上门。代理经营者受联邦政府管辖，无论交易点收购多少皮毛，他们的薪水都是固定不变的，所以他们没有任何扩大交易规模的动力。他们不了解皮毛的等级和保存方法，也不在乎自己收购的皮毛质量好坏，结果就是买到一大堆劣质的商品，运回东部的时候往往已经破烂不堪了。代理经营者也无权向印第安人赠送礼物，而这已经是与印第安人交易时长期存在并被广泛接受的特征。虽然政府不以营利为目的，所以可以提供价格相对低廉的货物，但工厂提供的货物都是美国制造的，不如印第安人更喜欢的英国货物质量好。就算某些美国货物的质量没差别，但货物供应的形式也总是不令人满意，最能说明问题的一个例子就是银子。印第安人想要的是纤薄的小块，好加在他们的珠宝里做装饰。而那些与政府签约供应银子的银匠们提供的都是以磅为单位的粗银条，这样的产品制作方便，省时省力，价格还便宜。因为这样的粗银条不如小银块受欢迎，所以印第安人也不愿意支付代理经营者要求的价款。最终这些银条就只能被积压在库房里。最后一个问题就是，政府禁止代理经营者向印第安人提供烈酒，这就等于夺走了他们手中最为印第安人所渴望的交换商品。综上所述，工厂在与私人交易者的竞争中总是处于劣势就不奇怪了。交易者们会到各地主动收购皮毛，会赠送礼物，会提供高质量的英国商品和大量的烈酒，还知道如何辨别皮毛的等级和如何保存皮毛。私人交易者的收入完全靠自己的表现，所以他们的行动更积极。他们还更了解印第安人的生活方式，经常选择与重要部落通婚，由此建立了有助于交易活动的联系。[35]

268　　　印第安人毫不意外地也不喜欢这些工厂，还表达了对"政府变身为交易者的不屑"。[36]不过很多印第安人都会前往这些工厂，既然代理经营者们根本不知道自己被糊弄了，印第安人就把自己手中最差的皮毛高价卖给他们，最好的那些则留给私人交易者。代理经营者与自己客户之间的联系一点也不牢固，所以无法实现政府想与印第安人发展稳定关系的目标。实际上，在1812年战争期间，很多生活在工厂附近的印第安人部落都站在了英国人的一边，还格外积极地参与攻击这些之前与自己做过交易的工厂。至于更宏大的让印第安人"接受文明"和信仰基督，从而融入美国社会主流的目标就更加遥不可及了，工厂在这些方面同样没有任何作为。[37]

虽然存在各种设计缺陷，工厂体系还是收购到了足以引发私人交易者怒火的皮毛，在后者眼中，政府每收购一条皮毛都意味着他们的利益受到了一次损失。结果就是阿斯特及他在圣路易斯的主要竞争们在 1812 年战争即将结束时联合起来对他们共同的敌人发起了毫不留情的攻击。阿斯特是这场斗争的急先锋，他很好地利用了自己的政治影响力和雄厚财力。克鲁克斯被多次派往华盛顿代表主张废除工厂体系的一派进行游说，指出其中存在的所有缺陷，同时驳斥任何对美国皮毛公司或整个皮毛交易者群体的批判言论。报纸上的大量文章、社论和正式的请愿也都支持他的活动，敦促政府尽快就这一关键问题采取措施。很多政治家，尤其是代表边境各州和各领地的那些也都跳上了反对工厂体系一方的花车。

虽然没有取得什么成绩，但工厂体系仍然拥有支持者，这些人都相信工厂最大的缺陷只是从开始就存在的——由于有私人交易者而产生的竞争。"政府应当把这项交易控制在自己手中，"托马斯·比德尔少校（Maj. Thomas Biddle）如此争论道。他在 1819 年完成了一项重要的关于与印第安人交易的研究："如果代理商可以诚信、尽职并对自己的工作充满热情；如果工厂不是只设置在有部队驻扎的地方，而是建在所有方便印第安人交易的地点；如果能够固定交易物品的价格，将代理经营者的报酬与他们收购的皮毛的价值直接挂钩；如果能够对他们的账目严加监管，那么印第安人就会完全受政府的影响，［也就没有必要］用威士忌去引诱印第安人堕落了。"[38]

关于工厂体系的激烈争论一直延续到 1822 年初，直到这时才由参议员托马斯·哈特·本顿（Senator Thomas Hart Benton）给出了决定性的最后一击。本顿曾经做过记者，后来成了一名律师，他开始批判工厂体系的时候已经是密苏里领地一颗冉冉上升的政治家新星了。此时，本顿作为代表这个刚刚升级为密苏里州的地方的第一批参议员之一，也是印第安事务参议员委员会的主席，他起草了一项彻底关闭工厂体系的法案。他对这个问题的热情无疑是受到了阿斯特雇用他代表美国皮毛公司支持者的影响。[39]该法案在国会获得通过，并于 1822 年 5 月 6 日正式成为法律。充满热情的克鲁克斯给本顿写信祝贺他的胜利："这个结果是证明这个国家的才华、智慧和不屈不挠的最好证据，您摧毁了一个道貌岸然的怪物，您理应受到我们整个群体由衷的感谢。"[40]虽然阿斯特一直低调内敛，从不会喜形于色，但他无疑也是非常高兴的。没有了工厂体系的捣乱，他就可以把自己的注意力都放在控制密苏里的皮毛交易上了。

阿斯特的传记作者之一，约翰·厄普顿·特雷尔宣称：

　　阿斯特拥有的资源、钱财、智慧、人脉和政治权利比圣路易斯所有交易者拥有的加在一起还多。他在欧洲

的代理能以最低的价格从工厂直接为他采购货物。他是
世界上最大的皮毛经销商，与英格兰、法国、德国、比
利时和其他国家最好的商行建立了联系。他自己的船只
可以将他的皮毛运送到大洋彼岸，并运回他采购的商
品。所以阿斯特能够以比别的商人都低的成本把英国商
品送到圣路易斯的水滨。[41]

虽然特雷尔对于圣路易斯群体智慧的评价有点过于苛刻，但
他提到的其他几点都是准确无误的。阿斯特就是一股巨大无
比、不可阻拦的力量。只要他定下了目标，想挡他的路无疑
是不明智的。

　　与落基山脉和陶斯的交易不同，密苏里的皮毛交易发展
到此时主要还是依赖印第安人的劳动。他们负责捕杀动物、
处理皮毛，然后与皮毛公司的代表进行交易。这些代表要么
是到印第安人村落里收购皮毛，要么是在河流沿线的皮毛公
司固定交易点等待印第安人前来。因此公司的成功与否就取
决于它与各个部落建立交易关系的能力。阿斯特派遣自己的
手下溯流而上，沿途建立交易点以促成这种联系。不过很多
时候，他们会发现当地已经有其他公司的交易点了。遇到这
种情况时，阿斯特绝不会犹豫或退缩；相反，他会将所有的
竞争者击垮、买下或吞并。如果遇到的公司很小很穷，随时
可能倒闭，阿斯特的人会直接进入前者的交易地盘，向印第
安人提供物美价廉的交换产品和无穷尽的烈酒，以此抢走所
有皮毛交易机会。因为阿斯特财力雄厚，他几乎可以接受任
何收购价格。结果就是印第安人很快就将皮毛都送到阿斯特

270

的交易点里,其他的竞争者就逐渐被这种经济绞杀挤出了市场。如果遇到的公司大一些,无法这么轻易被击败,阿斯特通常会采取两种办法。一种是直接收购这些公司,当然是在价格合理的情况下;另一种是在那些公司里的合伙人不想完全出售公司,而是想成为阿斯特的合伙人的情况下,阿斯特也会欣然同意,因为阿斯特要求他们签署的排他协议已经规定了这些公司都将成为美国皮毛公司的全资子公司。[42]

无论遇到什么情况,阿斯特都有应对之计。就这样,在19世纪20年代中期到后期的这段时间里,阿斯特沿着密苏里河高歌猛进。到20年代末,"从皮毛交易的角度说",整条河都成了他的"私人小溪"。[43]他已经击败、吞并或排挤掉了所有其他公司,包括斯通和博斯特威克公司(Stone, Bostwick & Company)、梅纳尔和瓦莱公司(Menard & Valle)、伯纳德·普拉特公司(Bernard Pratte & Company)和哥伦比亚皮毛公司(Columbia Fur Company)。对最后一个公司的收购被证明是阿斯特最重要的一次收购。[44]他由此获得了密苏里河上七个地位极其重要的交易点,包括位于艾奥瓦州的康瑟尔布拉夫斯(Council Bluffs)的交易点和靠近北达科他州的曼丹人村庄的交易点。哥伦比亚皮毛公司的主要交易内容是大张的野牛皮,有些好年份里能够实现每年20万美元的毛利,这对于阿斯特希望实现的增长来说是一个令人满意的贡献。一个对于阿斯特帮助特别大的人是出生在苏格兰的肯尼斯·麦肯齐(Kenneth McKenzie),他是哥伦比亚皮毛公司原本的董事长。[45]1827年,阿斯特任命麦肯齐为新成立的美国皮毛公司西部分公司密苏里河上游门市部负责人，负责管理密苏里河与大苏河（Big Sioux）交汇点上游的皮毛交易。

　　麦肯齐是一个自视甚高的人，喜欢穿着唬人的军队制服，在自己手下面前耀武扬威，好像自己是恺撒或拿破仑一样。有一次他从欧洲购买了一套量身定制的铠甲，不过没有任何关于他穿了这身铠甲的记录。虽然麦肯齐的作风浮夸，但阿斯特选择他来领导公司向西扩张的决定被证明是绝妙的一招。在他过度自恋的表象下，麦肯齐其实拥有像他的德国移民老板一样出众的能力和无所畏惧的开创精神。麦肯齐的外号是"密苏里之王"，他在位于尤宁堡（Fort Union）的总部里掌管着自己的领地。尤宁堡位于黄石河与密苏里河交汇处上游一点的地方，是美国皮毛公司在这片区域里最大最重要的交易点。麦肯齐就是在这里从几个至关重要的方面促成了阿斯特帝国的扩张。[46]

　　迫切想要加入落基山脉地区皮毛交易的阿斯特在 1828 年时将这个任务交给了麦肯齐。当年秋天，麦肯齐就派遣阿什利曾经的手下埃斯蒂内·普罗沃（Étienne Provost）进入山区，通知当地的自由动物捕杀者，美国皮毛公司西部分公司愿意与他们做生意，并会提出最有竞争力的价格来收购他们的皮毛。很快，已经大名鼎鼎的休·格拉斯就敲响了麦肯齐的大门，他代表了一批不愿长途跋涉前往公司交易点的自由捕杀者前来表达希望公司能够到集合点与他们进行交易的愿望。向山地人提供物资的公司数量一直在减少，山地人为了购买这些商品所支出的成本则不断上涨。格拉斯和他的同

271

伴们都希望美国皮毛公司能够加入这项交易，有了竞争，他们购买货物的价格也许就会下降。这样的说法足以说服麦肯齐。在他的催促下，美国皮毛公司在 1829 年时派出了一支动物捕杀者队伍，还送了很多货物进入山区，由此，阿斯特终于加入了落基山脉上的交易。[47]

麦肯齐在向落基山脉进军的同时，还在想着开发另一片很可能带来丰厚利益的区域。几十年来，美国的动物捕杀者们一直都渴望进入黑脚族领地捕杀那里的河流和小溪上数量丰富的河狸。然而，由于与黑脚族人的宿怨，美国捕杀者无法进入相当于今天蒙大拿州西北部的这片大部分位于落基山脉东坡的区域。虽然黑脚族人会与英国人的哈得孙湾公司交易皮毛，但是他们绝对不欢迎美国人。麦肯齐将进入黑脚族的领地视为一个前途无限的机会，但是他又担心轻易派遣捕杀者前往会让他们的生命安全受到威胁。

1830 年秋，一位头发已经花白的老动物捕杀者雅各布·伯杰（Jacob Berger）抵达尤宁堡，他的到来为麦肯齐提供了一个可能的解决之道。伯杰已经做了至少 20 年的捕杀者，曾经是哈得孙湾公司在黑脚族领地边缘的一个堡垒里的雇员。他经常与黑脚族人进行交易，能够熟练地使用他们的语言，与各个部落的人关系都很融洽。他为什么会选择离开自己的老雇主到美国交易点里游荡，没人知道。也许是他与自己的上级发生了冲突，也许是他想要了解美国人在干什么。不管因为什么，反正当麦肯齐听说了伯杰的特殊技能和人脉关系之后，他毫不犹豫地将后者招为己用。麦肯齐问伯

272

杰能不能作为特使去说服黑脚族同意与美国人进行交易，伯杰接受了这个任务并带着四名麦肯齐的手下出发了。

五个人的队伍骑着马走了四周的时间也没遇到一个印第安人。一路上，伯杰都在队伍最前面展开一面美国国旗，好让看到他们的人都知道他们是谁。虽然麦肯齐的人是自愿跟随伯杰前来的，但是每过一天他们的不安就要加深一些。黑脚族已经杀死了很多美国人，他们好战的名声广为流传。在国境之外的小路上独自行进的一队人越来越被恐惧的情绪所控制，最终他们在玛丽亚斯河河口上游不远的地方遇到了一个规模很大的黑脚族营地。伯杰的四个队友吓得想要逃跑，他们担心自己随时可能成为印第安人屠宰场里的原料，但伯杰劝慰他们不要担心。[48]印第安人一看到这些人靠近，就派出骑马的勇士迎了上去。伯杰下令队友停住脚步，然后自己骑马上前与来者进行交涉。印第安人看到一个独自举着旗子的美国人毫不胆怯地朝他们的方向奔来时全都勒住了缰绳，反而不知如何是好了。经过一段紧张的僵持之后，伯杰叫出了对方的名字，那些印第安人立刻过来迎接他们的老朋友，与他握手，还亲切地拍了拍他的背。

在后续的宴会和讨论过程中，伯杰说服了几名首领，让他们带领大约40名勇士前往尤宁堡与麦肯齐会面。1831年夏天，双方在那里签订了历史性的和平条约。[49]在那之后不久，麦肯齐就在黑脚族领地的中心位置，临近玛丽亚斯河和密苏里河交叉口的地方建立了一个交易点。这里被取名为皮根堡（Fort Piegan），以致敬与美国人达成和平协议的黑脚族部落。后来这个堡垒被烧毁了，于是他们又在玛丽亚斯河

上游距此 6 英里的位置建造了一个新的麦肯齐堡。与黑脚族
建立友好关系对于美国皮毛公司来说非常有利，他们每年能
够从这些印第安人手中获得数以千计的河狸皮毛。[50]

麦肯齐最伟大的创新不是他的交易或外交技巧，而是他
对沿河航行活动的了解。在 19 世纪 20 年代，给密苏里河上
游的各个交易点运送物资是一件非常艰苦的工作，满载货物
的平底船非常笨重，要靠纤绳拖拽、绞缆拖拽和风帆动力等
多种方式才能逆流而上。于是麦肯齐想到：能不能使用蒸汽
船向上游航行呢？

第一艘抵达圣路易斯的蒸汽动力船是 1817 年停靠在城
市边缘的密西西比河上的"派克号"（*Pike*）。两年之后，
《密苏里公报》刊文称当"派克号"蒸汽动力船驶入人们的
视线时，"我们并没有意识到它的重大意义，但是如今，我
们所有的梦想每天都在成真。仅仅是眼下这个季度中，就已
经有五艘蒸汽船停靠在我们的岸边，还有几艘随时可能到
达。以前谁敢说或者谁会说到 1819 年的时候，我们能看到
来自费城或纽约的蒸汽船？然而今天这些都成了事实！"[51]蒸
汽船对于 19 世纪早期的美国人来说一定像飞机对于 20 世纪
早期的美国人一样令人兴奋，它给经济活动带来的促进作用
也是惊人的。

蒸汽船虽然令人印象深刻，但几乎所有人都认定强大的
密苏里河变幻莫测，蒸汽船最多只能航行到康瑟尔布拉夫
斯。麦肯齐不认同这样的想法。他将蒸汽船视为能给皮毛交
易带来革命性变化的举动。到 19 世纪 20 年代晚期，他开始

273

第十三章　陶斯的动物捕杀者和阿斯特的帝国

催促西部分公司的负责人小皮埃尔·舒托（Pierre Chouteau, Jr.）向阿斯特进言，鼓励他为公司打造第一艘蒸汽船。舒托最终也认可了这个提议的价值，于是在 1830 年夏天写信给阿斯特，向他说明蒸汽船运输的诸多好处，强调了蒸汽船将货物运输到交易点并将皮毛运回来的速度很快，航行所需要的人手也少得多。阿斯特接受了这个建议，并雇用了路易斯维尔（Louisville）的造船匠。1831 年初，造价近 10000 美元的"黄石号"（*Yellowstone*）驶向圣路易斯，做好了工作的准备。这艘船体积很大，有 130 英尺长、20 英尺宽，吃水线以上有三层甲板，多个铺位，船身前部有两个烟囱，边上有一个 18 英尺长的轮桨。船在水中的浮力很大，满载 75 吨最大载重量时的吃水深度也只有 5.5 英尺。[52]

"黄石号"看起来应该可以胜任在密苏里河上航行的任务，不过它的处女航非常令人失望。1831 年 4 月 16 日从圣路易斯出发才一个多月之后，"黄石号"就在密苏里河与奈厄布拉勒河交叉口上游不远处陷进了淤泥里。从蒂顿河河口附近的特库姆赛堡（Fort Tecumseh）前来的几艘平底船将"黄石号"上的货物运走之后，蒸汽船才轻到可以重新浮起来并行驶到堡垒。人们将船上剩余的货物也运上岸，又给蒸汽船重新装满"野牛皮、皮毛，还有 10000 磅重的野牛舌"。"黄石号"就载着这些收获返回圣路易斯去了。[53]

虽然"黄石号"已经逆流航行到了比之前的任何蒸汽船都远的地方，但麦肯齐坚信这艘船还能走得更远。一年之后的 1832 年 6 月，"黄石号"成功抵达了尤宁堡，之后在 7 月初就回到了圣路易斯，顺流航速达到了平均每天 100 英里。意识到这件事的重大意义的克鲁克斯给舒托写信说："我诚挚地祝贺你的蒸汽船经过坚持不懈地尝试最终成功抵达黄石……你拉近了我们与密苏里河瀑布的距离，现在去那里就相当于我年轻时到普拉特河一样快了。""黄石号"航行成功带来的反响还跨越了美国的国境。阿斯特也从法国给舒托写信表示祝贺，告诉他："您进行的'黄石号'航行活动在欧洲引起了巨大的关注，这里所有的报纸都在报道这件事。"但是"黄石号"最重要的作用，或者说对美国皮毛公司最重要的作用还要数它大大加强了公司在这一地区的竞争力。考虑到当时加拿大人仍然在北纬49°线以南地区与印第安人进行交易，从而将相当数量的皮毛都带到了美国国境之外的情况，《密苏里共和党人》刊文称："很多习惯了与哈得孙湾公司进行交易的印第安人都说这个公司已经无法与美国人竞争了，所以今后他们要把自己的皮毛卖给后者；他们还说英国人可以领走自己的狗，烧掉自己的雪橇了，只要河上有蒸汽船，那些东西就都没用了。"[54]

相比于阿斯特的西部分公司在密苏里河和落基山脉取得的成功，北部分公司的成果也毫不逊色。1816 年，英国人被赶走之后，阿斯特在五大湖沿岸和密西西比河北部建立的实际上的垄断到 19 世纪 20 年代和 30 年代初的时候又进一步加强了。在克鲁克斯的带领下，阿斯特雇用的人手遍布相当于今天明尼苏达州、威斯康星州、伊利诺伊州、印第安纳州、密歇根州、俄亥俄州和艾奥瓦州的广大地区，几乎是将这个范围内所有的部落都拉进了公司巨大无比的交易网中，

第十三章　陶斯的动物捕杀者和阿斯特的帝国

让每一张皮毛都被送到了北部分公司的各个交易点里，这些交易点分散在相当于今天的明尼阿波利斯－圣保罗、德卢斯、芝加哥、密尔沃基和底特律。奥吉布瓦人（Ojibwa）、索克人（Sauk）、福克斯人（Fox）、基卡普人（Kickapoo）和其他部落的印第安人在乡村中捕猎，他们的目标已经从河狸扩大为任何皮毛可以卖出好价钱的动物，包括浣熊、水獭、麝鼠、狐狸和兔子。北部分公司也会从这一地区里的自由动物捕杀者或交易者手中购买皮毛。一旦所有的皮毛都被交易点收购，其中大部分会被送到圣路易斯，在那里接受拆包、计数、分级、称重，之后重新捆成捆，用蒸汽船送到新奥尔良，再从那里转换其他船只运到纽约，然后进入国内或国际市场进行销售。1825 年伊利运河开通之后，北部分公司的一大批皮毛就改为从这里运抵纽约了。[55]

无论阿斯特的手下在哪里经营，他们都要和梅蒂人打交道。在包括整个太平洋西北地区在内的很多地方，梅蒂人是皮毛交易中不可或缺的组成部分，他们可能是交易者，可能是动物捕杀者，也可能是白人交易者与印第安人供货者之间的中间人。因此从很多方面来说，阿斯特的手下及其他皮毛交易者都从与这个独特的梅蒂人群体的关系中受益匪浅。这个群体的发展与皮毛交易在 17 世纪、18 世纪，直至 19 世纪早期的扩大是分不开的，是随着很多"自由交易者"、船夫和皮毛交易公司的雇员进入乡村并与当地人通婚并定居而产生的。[56]

在西部分公司将自己的交易范围扩大到密苏里河上游

和落基山脉的同时，北部分公司也加强了对自己地盘的统治。他们从来不曾停止使用的方法之一就是供应充足的烈酒。阿斯特的手下当然不是唯一这么做的人：他所有的竞争者也都是靠让印第安人染上酒瘾来将皮毛吸引到自己手中的。虽然有很多旨在保护印第安人的联邦法律禁止人们向印第安人领地出口烈酒，但这些法律没有一个能产生任何实效。此类法律中的第一个规定了皮毛公司可以进口仅供本公司员工饮用的酒，于是所有公司都采取了虚报员工数量的办法。虽然后来又通过了取消对公司员工特别对待的禁止进口任何烈酒的法律，但效果依然不好。确保法律被执行的手段非常有限，皮毛公司发明了各种走私技巧来阻挠政府官员的执法，想尽办法将这种违禁品运到河流上游和山区里。等到政府终于能够成功没收大部分烈酒，足以对这个行业产生一定影响之后，有些交易者就决定自行建立蒸馏室酿造私酒。

包括阿斯特在内的几个皮毛交易公司的老板在公开场合谴责使用烈酒的行为及烈酒给印第安人造成的毒害，私下里他们真正担忧的却不是印第安人的身心健康，而是怕醉酒会影响印第安人收集皮毛的能力。即便如此，公司老板们也从来没有担忧到要彻底停止向印第安人供应烈酒或切实遵守法律规定的地步。他们最普遍的理由是：就算我们不向印第安人提供烈酒，也会有别的公司提供，到时候它们会把所有交易机会都吸引走，我们就将一无所获。这样的论点不仅适用于美国公司，也同样适用于哈得孙湾公司，后者同样以烈酒为诱饵引诱密苏里河上游的印第安人穿越边境进入加拿大，把他们的皮毛送到英国人的交易点去。因此，在 19 世纪 20 年代和 30 年代初期，与印第安人交易中使用的烈酒数量会大幅度增加就不会令人惊讶了。[57]

　　烈酒在这一时期的皮毛交易中扮演的无疑是一个极为关键同时也是充满破坏力的角色，但重要的是我们应当如何客观全面地看待使用烈酒的问题。几乎所有探讨皮毛交易和它对印第安人影响的人都是白人。他们在谈及印第安人时也总是将他们笼统概括为一个庞大的群体。这些描述中的绝大部分是将印第安人刻画成渴望酒精胜过一切的人。正是因为他们这种据称是无法控制的对酒精的渴望，皮毛交易点才会堕落成为酒鬼狂欢的地方，让印第安人沉醉到顾不得考虑自己的经济利益。关于这种以偏概全的思维方式的例子可见于 1819 年比德尔的评论："印第安人对于它［指烈酒］的渴望太强烈了，能够提供最多烈酒的人往往能够获得最多皮毛，没有烈酒可交换的人在竞争中通常会败下阵来。因为没有哪一笔交易的达成不涉及烈酒。"[58]实际情况应该是，并非所有的印第安人都参与了皮毛交易，也不是所有的印第安人都喝酒，就算是那些喝酒的人也不一定会糊涂到让狡猾的交易者随便骗走他们的皮毛。在很多例子中，交易过程其实已经形成了固定模式，而且印第安人并不是什么好哄骗的对象。如曾经的探险家和圣路易斯印第安人事务主管威廉·克拉克在 1828 年写到的那样："与大众普遍持有的观点不同，他们［指印第安人］对于提供给他们的货物有很好的辨识力。这种交易也并不如许多人以为的那样充满欺诈和骗局。"[59]就如人们对于山地人的刻板印象不能代表这个行业里各不相同的

277

个人一般，人们将印第安人视为醉醺醺的受害者的想法也不是完全正确的——很多印第安人是这样的，但也有很多人不是。[60]

阿斯特在皮毛行业中的巨大成功当然不仅仅建立在无限供应的烈酒之上，更重要的是他建立了一个能够确保他在交易过程的每个环节都能有效获益的体系。[61]这个体系的关键是他压榨处于供应链最底部的劳动者的能力。如其他任何皮毛公司一样，美国皮毛公司也会想尽任何办法抬高交换货物的价格、压低被交换的皮毛的价格。这就使得印第安人处在了一个最不利的位置上。当一个地区里存在多个交易者进行竞争的时候，印第安人还能够利用这种竞争将自己的皮毛出售给出价更高的交易者。随着美国皮毛公司的一家独大，这样的机会就越来越少了。如一位在19世纪30年代细心观察了公司运营状况的人所说："索克印第安人和福克斯印第安人此时的人口数量超过6000……却不得不接受［美国皮毛公司的］交易者高价销售的货物和其他东西，因为他们只能依靠这些交易者，如果交易者不向他们提供他们需要的物资来养活自己，这些印第安人真的会饿死。"[62]

受到压榨的不仅是印第安人。美国皮毛公司从独立的交易者手中购买皮毛时也会提出苛刻的条件。公司还会尽可能压低自己雇用的交易者的工资，同时强迫他们在公司的交易点以过高的价格购买装备和物资。和山地人一样，为美国皮毛公司北部和西部分公司工作的交易者们几乎挣不到什么钱，还经常欠了自己的雇主一屁股账。[63]为了获得这点可怜的工资，交易者们通常要付出巨大的牺牲。如战争部长刘易斯·卡斯（Lewis Cass）在 1832 年向美国总统安德鲁·杰克逊汇报的那样："这项交易总体来看是艰苦且危险的，里面存在各种权利的缺失和剥夺，最终会导致劳累过度和丧失劳动能力。参加这项事业的人都活不长，身体好的就更少了。他们的劳动量严重超标，补给严重缺乏且没有保障；印第安人有时还会突然发动暴力袭击，甚至不分朋友还是敌人都通通杀死。"[64]

中278

考虑到美国皮毛公司每年进行成千上万次利润丰厚的买卖，人们不难看出为什么阿斯特能够凭借皮毛发财。[65]阿斯特的成功及其公司的行为当然也会招来别人的鄙视。如戚廷顿所说："怎么形容它当时的成功都不为过。人们说到'公司'这个词时都是指美国皮毛公司。包括该公司雇员在内的大多数人都对它充满怨恨。在它存续的整个时期里，它一直是公众诅咒的对象，其他贪婪的垄断者也是一样。"后来戚廷顿又补充道："对于普通人来说，美国皮毛公司……注定要获得统治力，否则就要一败涂地。因此它才会受到所有人的憎恶，哪怕是那些尊重它的实力的人也不例外。"[66]后来当选美国总统的扎卡里·泰勒上将（Gen. Zachary Taylor）在 1830 年时宣称"美国皮毛公司从整体上说［就是］……历史上最糟糕的流氓"。[67]

到 19 世纪 30 年代早期，凭借阿斯特的无穷资源而获得的巨大成功是这个公司与其他主要竞争者唯一的区别。也是在此时，皮毛交易扩展到了年轻的美国的各个角落。成千上万的人涉足了这项事业，杀死的动物不计其数（有些人因此过上了好日子，还有些像阿斯特一样变得非常富有）。虽然皮毛交易的范围很大，但它依然不是美国的主要行业。比如在 1833 年时，输出海外的价值 80 万美元的皮毛仅占这个国家出口总值的 2%。（这个行业的经济影响力只体现在圣路易斯和纽约等几个非常看重皮毛行业的地方。）[68]

在两个多世纪的时间里，河狸一直在皮毛事业的起起伏伏中扮演着一个不仅有经济意义，更具有象征意义的重要角色。不过时至此时，皮毛行业开始向一个新的方向发展了，再过不了十年，河狸的时代就将彻底终结。

第十四章
河狸的衰落

肯尼斯·麦肯齐一直是一个争强好胜的人，为了在竞争
中占据优势，1831 年他又给美国皮毛公司的管理层提出了
新的建议：为什么不铸造一些奖章，然后以美国总统的名义
送给印第安人？刘易斯和克拉克送给印第安人的杰斐逊奖章
及哈得孙湾公司发出的奖章一直深受印第安人的喜爱，后者
将这些礼物视为建立交易关系不可或缺的组成部分。麦肯齐
认为，如果美国皮毛公司能够铸造自己的奖章并将其授予印
第安人，那么此举必将有助于增强公司与密苏里河上游的印
第安人，特别是刚刚与麦肯齐签订了和平条约的黑脚族人的
联系。[1]

阿斯特批准了这个建议，不过要付诸实践之前还要解决
一个小问题。以总统的名义铸造奖章并发给印第安人是政府
的职能，私人企业无权这样做。为了规避这个障碍，美国皮
毛公司将自己铸造的东西称为装饰品而非奖章，还说这些礼
物将以阿斯特的名义而非美国政府的名义赠出。战争部接受
了这样的说法，很快制模工就开始给这个所谓的装饰品制造
模具，所有人说到它时也依然称其为奖章。奖章的成品非常

精美，是用银、铜和铝铸造的，有一些还镀了金。奖章上的图案毫不意外的是阿斯特的侧面像，围绕肖像刻的文字是"美国皮毛公司董事长"。奖章背面是两个印第安人的烟斗（和平的象征）和两把战斧相互交叉围成一个边框，边框中心是两只握紧的手，围绕着这个图案的文字是"和平与友谊"。奖章背面的外沿还刻了"尤宁堡"和"U. M. O."，后者是"密苏里河上游装备点"的缩写。美国皮毛公司的帝国看起来几乎就是一个自治的政府，阿斯特就是这个帝国的统治者，只不过他的统治很快就要走向终结了。[2]

从 1825 年起，阿斯特就已经开始考虑要退出皮毛交易了。他向克鲁克斯吐露过自己的真实想法："关于是否要继续这项事业，我现在还决定不了。"[3]在 19 世纪 20 年代剩余的几年中及进入 30 年代之后，阿斯特偶尔也会提到这件事，不过他的副手们都以为他只是说说而已。1830 年，当关于阿斯特即将撤出的传言浮出水面时，罗伯特·斯图尔特在给另一位皮毛交易者的书信中写道："请不要把关于阿斯特先生要撤出的事情当真……我的观点是，他不到被上帝召唤的那一天是不会退休的。"[4]即便是阿斯特在 1833 年开始与人协商出售自己在美国皮毛公司股份的事宜之后，称呼阿斯特为"让人无法预测的老人"（de notre estimable grand-papa）的克鲁克斯还是对皮埃尔·舒托说："这项生意对于［阿斯特］来说……就像他的独生子一样，他没有勇气与它彻底分离。"[5]不过，阿斯特还真就有这样的勇气，1834 年 6 月 1 日，他将美国皮毛公司的北部分公司卖给了克鲁克斯，将西部分公司卖给了圣路易斯的普拉特和舒托公司，这两个公司都令人混乱地继续沿用了美国皮毛公司这个名字。[6]皮毛是阿斯特发家的起点，也为他积累了无尽的财富，但是如今他要开始新的旅程了。

　　阿斯特突然决定退出皮毛交易的原因不止一个。他对皮毛行业未来可持续性的担忧是重要的一点。即便是行情最好的时候，皮毛交易也是一项难以捉摸的买卖，容易受到时尚变化、供应量起伏、经济条件好坏等诸多因素的影响。19世纪30年代恰恰是一个尤其不稳定的时期，皮毛的价格从1832年起就开始下跌。当时阿斯特正在法国，他认为至少从一定程度上引起了这种现象的原因之一正是流行元素的变化。1832年8月他在写给舒托的信中提到："我担心除非是质量极好的皮毛，否则近期很难找到买家。看起来现在制作帽子的工匠都改用丝绸而非河狸皮毛了。"[7]阿斯特还很担心另一种替代材料将取代河狸的位置，那就是已经开始大量从南美洲出口到欧洲的海狸鼠皮毛。[8]海狸鼠皮毛比河狸皮毛便宜得多，皮毛的质量虽然不及河狸的，但是也可以很容易地制成毛毡帽子。之后席卷全球大部分地区的霍乱疫情也是河狸皮毛衰落的又一原因，因为人们相信受到污染的衣物，包括皮毛都会造成疫情的进一步蔓延。所以不但没有人购买新的皮毛，已经拥有的人也把皮毛烧掉或扔掉了。[9]对于阿斯特家族来说，这无疑是一个愁云密布的时期。1832年10月，阿斯特的次子兼生意上的合伙人威廉·巴克豪斯·阿斯特（William Backhouse Astor）给舒托写信说"手里有河狸皮毛的人一定会遭受损失"，于是舒托打算停止购入更多皮毛。

281

到 1833 年 1 月纽约市场收购落基山脉皮毛的价格下跌了
33%，降低到 4 美元 1 磅，至于从圣菲运来的质量差一些的
皮毛则根本无人问津。回忆当时的情况，威廉评论说："这
是我们生意最糟糕的一年。"[10]

越来越恶化的河狸市场肯定是有力促使了阿斯特下定离
开这个行业的决心，不过当然还有别的原因。美国皮毛公司
最初获得的 25 年期特许授权将在 1833 年到期，这为他离开
公司创造了一个方便的理由。他不会把皮毛公司的控制权传
给他的儿子，因为威廉根本没有兴趣接替父亲的位置，而是
更愿意把精力集中在房地产上，尤其是此时美国正在兴起城
市化进程，美国的陆上风景正发生着惊人的变化。然而，促
使阿斯特彻底斩断他与公司联系的最重要的原因也许还要数
他的健康问题。已经 70 岁高龄的阿斯特日渐衰弱，1834 年
4 月他返回了纽约，之前两年他在巴黎短暂生活期间就常常
卧病。一个月之后他给曾经的阿斯托里亚人威尔逊·亨特写
了一封充满哀伤之情的书信，信中他抱怨道："我不在的这
段时间，我的妻子、兄弟、女儿、姐妹、孙辈和很多朋友都
去世了，我知道自己的大限也不远了。"[11]

事实证明，阿斯特的想法是错的。他又活了 14 年，并
且通过在房地产和其他项目上的精明投资又赚了很多钱。
1848 年 3 月 29 日，在他即将迎来自己 85 岁生日之际，被称
为"商界拿破仑"的阿斯特在纽约的大宅中去世，这栋建
筑位于纽约上东区地狱之门水道边，从那里可以俯瞰整条东
河的景致。[12] 他亲密的朋友，同时也是生意伙伴的菲利普·
霍恩（Philip Hone）在当天的日记中写道："约翰·雅各

282

第十四章 河狸的衰落

布·阿斯特今天上午去世了……生命的原料终于耗尽，就像老旧的机器磨损锈蚀，或油灯烧完了最后一点灯油。他身体抱恙已经有一段时间了，如今终于抛下他无穷无尽的财富，与世长辞了。他的财富估计在2000万美元左右，甚至有些精明的人认为这个数目已经达到3000万；不管怎么说，他绝对是美国最富有的人……皮毛交易就是这位当代大富豪的点金石；河狸和麝鼠的皮毛就是点亮他的阿拉丁神灯的灯油……他做什么都能赚钱，仿佛是财富之神想要用他的成功来为自己的永不失算树立丰碑。"[13]

阿斯特对于河狸皮毛的担忧是有先见之明的。实际上，到1840年时，河狸皮毛已经成了美国皮毛交易中相对无关紧要的一个部分。很多人认为造成这一现象的主要原因是丝绸帽子的出现，其次就是海狸鼠皮毛的替代作用——这些因素正是阿斯特在1832年就提到的。[14]实际上，在1836年2月，克鲁克斯给普拉特和舒托公司写信说："海狸鼠皮毛现在的价钱是一年前的一半，丝绸帽子带来的竞争太激烈了，河狸皮毛不可能再涨价了。"五个月之后他又写信说："海狸鼠皮毛的出现大大降低了人们对河狸皮毛的需求，我担心［河狸皮毛］的价格会继续下跌。"[15]克鲁克斯虽然这么说，但传统的关于丝绸和海狸鼠皮毛所产生影响的评价还是有些夸大其词的。[16]虽然这两种材质的竞争确实抢走了河狸皮毛交易的部分市场，但是后者并没有实质性受损。就算是波及全美经济活动的1837年大恐慌也只是降低了皮毛的价格，并没有给这个行业致命一击。实际上，经历了19世纪30年代初期的低谷之后，河狸皮毛的价格在接下来几年中又出现了波动。不仅河狸皮帽子仍有市场，用河狸皮毛为大衣做装饰或镶边以及制作手套等需求也依然比较旺盛。既然如此，美国皮毛交易又是为什么在 30 年代末期陷入了糟糕的绝境呢？要了解这个问题，人们不能只抓着丝绸和海狸鼠皮毛的竞争或 1837 年大恐慌不放，反而应当从河狸自身入手寻找答案。

1834 年的《美国科学杂志》（*American Journal of Science*）宣布了一个令人沮丧的消息。"看起来皮毛交易从今以后肯定要衰退了……由于猎人们坚持不懈和无所顾忌地捕杀，再加上原本为它们提供了食物和栖身之所的树林与河流渐渐被人类占用，北美洲的这种动物的数量正在慢慢减少。在城市化的大潮下……这些动物只能不断后退。"[17] 从很多方面来说，这样的故事已经上演了千百遍。在人类历史上，人类的扩张和贪婪地谋取皮毛的行为必将导致动物数量的减少。虽然《美国科学杂志》称"皮毛交易"这个整体"肯定要衰退"，这一论断未免有些以偏概全，但是专就美国的河狸皮毛交易来说，这个结论是千真万确的。

河狸的状况堪忧已经不是什么新鲜事了。美国博物学家约翰·D. 戈德曼（John D. Godman）在 1826 年就警告人们，这样不加节制地捕杀河狸最终必将导致河狸灭绝的悲惨结局。他也承认可能存在例外："少数个体也许能够逃脱眼下立即被捕杀的厄运，成为这片大地上的原生生物仅剩的后代，用它们的存在纪念自己很久以前被人类深不可测的欲望深渊吞噬的种族。"[18]

第十四章　河狸的衰落

19世纪30年代见证了灭绝加速的趋势。从西南地区送来的河狸皮毛数量迅速缩减，很多陶斯的动物捕杀者都感觉难以维系。1834年时，尤因·扬评论道："我抓到的河狸不如以前多了，但我还在尽最大的努力。"每年从圣菲通道前往圣路易斯的马车上装载的皮毛数量也越来越少。[19]1831年，动物捕杀者威廉·戈登（William Gordon）注意到："皮毛数量一年比一年少，而且这样的缩减是普遍而广泛的。落基山脉〔以东〕的……河狸几乎可以被认定为灭绝了；也许还有人能偶尔抓到几只，但再不会有任何人大量投资这项事业了。"[20]落基山脉中的皮毛交易衰退趋势比其他地方都要明显，因为河狸皮毛是这里人们的生存命脉。

1832年的一份政府报告预测说，落基山脉的河狸皮毛交易不是可持续发展的产业。山地人"给这种动物带来了巨大的毁灭……如今的状况若持续下去，用不了多久河狸就会彻底灭绝，即便是那些在我们的国民难以到达的偏远地区的河狸也不能幸免"。[21]来到1837年格林河集合点的山地人多克·纽厄尔（Doc Newell）哀伤地评论说："这个地方的日子越来越难过了，河狸变得稀少，其他动物的皮毛也都不好找了。"[22]1839年时，一位从山区通过的德国医生弗雷德里克·维斯利策努斯（Frederick Wislizenus）也去了格林河集合点，后来他回忆了自己观察到的死气沉沉的景象。"以前，一位动物捕杀者就能在这种场合挥霍掉1000美元。如今，他们的辉煌时刻已经一去不复返了，因为持续不断的捕杀大大减少了河狸的数量。河狸皮毛收获的减少直接体现在今年在集合点的捕杀者们收敛了不少的行为方式上。他们酒

284

喝得不多，几乎没有任何人赌博。"[23]山地人自己就是造成这一结果的最主要原因，因为他们正是无限制地杀死河狸的人。不过另一个非常重要的参与者带来的影响也是不该被忽略的，那就是哈得孙湾公司，这个公司雇用的捕杀者在摧毁远西区河狸的问题上难辞其咎。

美国与英国签订《1818 年条约》的时候，双方将美国与加拿大之间的边界规定为至落基山脉为止的北纬 49°线，同时双方还不太情愿地同意分享"落基山脉以西被任何一方主张了权利的"领地和领水，有效期为十年。这一大片地区被称作俄勒冈领地，范围包括加利福尼亚州北部边界，即北纬 40°以北，至阿拉斯加最南端，即北纬 54°40′。其实美国和英国并没有权力分享这片地区，因为当时西班牙和俄国都对这片地区宣称了主权。不过西班牙在 1819 年时放弃了自己的权利主张，五年之后，俄国也放弃了，只剩美国和英国继续为这片争议领土而斗争。[24]

这场外交争端如火如荼地持续了很多年。其中的争议很复杂，有法律层面的，也有战略角度的，但归根结底是双方都主张自己对俄勒冈领地享有所有权。美国人通过一系列关键事件来证明他们的主张，这些事件中大部分都与皮毛交易的历史相关。其中就包括格雷在 1793 年的探险活动中对哥伦比亚河的发现、刘易斯和克拉克的探险及克拉特索普堡的建立、阿斯托里亚的建立，还有购买路易斯安那的事。有些人称，这次购买其实已经将美国的领土扩展到了太平洋沿岸。英国人针对这些说法也给出了一系列的反驳理由，其中最主要的是弗朗西斯·德雷克爵士（Sir Francis Drake）在16世纪到美洲西海岸的探险（不过他最北抵达了哪里尚无法确认），库克船长在1778年时到太平洋西北地区的航行，温哥华在格雷之行几个月之后"发现了"哥伦比亚，以及英国在1816年购买和占领了阿斯托里亚。英国人和美国人就是因为无法就谁的主张更在理而做出决定，才会在《1818年条约》中做出了共同分享的安排。

虽然双方都主张自己对从北纬42°到北纬54°40′之间的整片俄勒冈领地享有权利，但是有争议的范围其实比这个小得多。实际上，在双方为《1818年条约》条款进行的协商，也包括在19世纪20年代初进行的后续谈判中，美国就提出将双方边界定为沿北纬49°线向西一直到太平洋沿岸。对此英国提出的还价建议是沿北纬49°线向西到哥伦比亚河，然后以河流为界向西延续到太平洋沿岸。这样一来实际上是将今天的华盛顿州西部都割让给了加拿大。因此，争夺的关键其实只是北纬49°线以南与哥伦比亚河以北之间的一片地区。鉴于两国无法就怎样处理这个地方达成共识，他们决定等《1818年条约》到期前需要重新协商之时，也就是在1827年的时候将分享期限规定为无限期。

美国和英国没能就边界问题达成协议，这刚好为哈得孙湾公司创造了一个战略性的机会，它在1821年与自己曾经的竞争对手西北公司合并成了一个公司。新公司想要占据这片争议地区的原因不仅是这里的皮毛资源丰富，更是为了利用沿哥伦比亚河入海的这条通路。公司的管理者乔治·辛普森（George Simpson）认为，要确保这种结果的最好办法就

285

是让哥伦比亚河以东和以南的地区成为"河狸荒漠",形成一种"没有河狸的缓冲区",这样美国的动物捕杀者就不会向西北方向扩张了,因为一贯的理论是捕杀者到了哪里,定居者就会追到哪里。[25]如辛普森辩驳的那样:"我们能够获得的针对对方的最大最好的保护就是将这片地区的猎物捕杀殆尽。因为美国政府进行殖民的第一步往往就是让与印第安人交易的交易者到目标区域进行交易。如果这里没有带皮毛的动物可捕了,美国人自然就没有动力前来了。"[26]更何况,公司收获的每一张皮毛都可以增加公司的收入,如历史学家弗雷德里克·默克(Frederick Merk)观察到的那样:"公司管理者的地区策略是一个能够确保自己的利益和控制权的精妙计划。哥伦比亚河以北的争议地区里将不再有美国竞争者的身影,无法再捕猎的河流南部就是将美国人阻挡在外的绝缘体。"[27]

这种"寸草不留"的灭绝行动与哈得孙湾公司在属于他们自己的遥远的北方地区的行事方式有着天壤之别。公司在自己的领地中实行定额制,通过限制捕杀数量来确保收获的可持续性。[28]动物捕杀者们不会把小溪中的河狸杀尽,而是通过轮流捕杀的方法,确保有足够的动物进行繁殖,以补充这片地区中的动物数量。如果人们在第一年进行了捕杀,那么接下来两年就不能再去打扰河狸。[29]尽管施行这样的措施会很艰难,但哈得孙湾公司能够确保连续多年捕杀到大量河狸,这绝对是与执行这样的政策分不开的。[30]然而,公司在对待美国人的时候可是不会有任何克制的打算的。

第十四章　河狸的衰落

在 19 世纪 20 ~ 30 年代，哈得孙湾公司派出了大批的动物捕杀者到哥伦比亚河南部和东部捕杀河狸。[31] 其中最著名的也是影响最深远的要数彼得·斯基恩·奥格登（Peter Skene Ogden）领导的那些行动。奥格登是个非常强悍的人，拥有钢铁般的意志和过硬的身体素质。[32]他的父母是美国人，但他出生在加拿大。1824 年他第一次出发捕杀河狸时是 30 岁，在接下来的 6 年里，他又领导了 5 次这样的行动。在这一过程中，他探索的西部地区范围之广已经赶上，甚至有可能超过了杰迪代亚·史密斯探索过的，涵盖了今天华盛顿州和俄勒冈州东部部分地区，以及爱达荷州、犹他州、内华达州和加利福尼亚州大部分地区。[33]他是第一个看到洪堡河的白人，当时他称这条河为"未知河"；他还是第一个从北向南穿越远西区的白人。[34]奥格登在行动过程中偶尔也会遇到美国的竞争者，但双方的态度往往是谨慎而文明的。[35]

1825 年 5 月 22 日的一次遭遇比以往更充满火药味。当时奥格登在大盐湖以东的韦伯河边宿营，有两个从哈得孙湾公司偷跑出来的人给他送来了令人不安的消息——"这个地方到处都是美国人"。奥格登知道这只能意味着麻烦的来临。当天晚上他在日记里写道："美国人和加拿大人都在追寻同一个目标"——那就是河狸。[36]第二天，事情的走向更加糟糕。由 25 名美国动物捕杀者组成的队伍"举着旗子"骑行到了距离奥格登的营地不足 100 码的地方，并在那里搭建起他们自己的营地。这可不是什么想要交际的表示，美国人的不快是显而易见的。他们认为英国人擅入了美国领土，他们不应该捕杀属于美国人的河狸。他们已经听说英国人到了晚上喜欢在营帐里升起英国国旗，美国人将此视为"对美国的羞辱"。[37]让美国人感到气愤的原因还有他们从哈得孙湾公司出逃者那里听到的故事，后者说公司对待他们非常苛刻，以极高的价格向他们出售物资，收购皮毛的价钱却低得像白送一样。[38]

美国人扎好营帐之后，他们的领头者，曾经与阿什利一起前往西部的约翰逊·加德纳（Johnson Gardner）来到奥格登的面前，不怎么礼貌地指出他和他的队员进入了美国领地。加德纳警告英国队伍最好马上离开，还向英国的队员们提出了一个建议：如果奥格登的人愿意带着自己捕到的皮毛加入美国人的队伍，自己会张开双臂欢迎他们，如果需要，他会为保卫他们的自由而战。为了鼓励英国人倒戈，加德纳还向那些动物捕杀者保证说美国交易者收购皮毛的价格至少是哈得孙湾公司的八倍。

加德纳给了对方一晚上的时间，让自己的建议产生的影响充分发酵。到第二天早上，他又开始继续进行言辞上的刺激，大声质问奥格登："你们不知道自己站在哪一国的领土上吗？"奥格登认为自己还在俄勒冈领地境内，所以他回答说不知道，因为英国和美国还没有确定这片领地最终属于谁，眼下两个国家对这里享有同等的权利。加德纳怒吼着说奥格登想错了，因为英国已经将这片领地"割让"给了美国，奥格登和他的队员们"没有获得在这里捕猎或交易的许可"，所以他们应该"从哪儿来的……回哪儿去"。奥格登冷静地回答说除非"得到英国政府的命令"，否则他不会离开。听到这话的加德纳彻底咆哮道："你这是自找麻烦！"

然后就愤怒地离开了。[39]加德纳当然是弄错了俄勒冈领地的地位，而且两个人还都弄错了他们所处的位置。实际上，他们发生争执的地点是在北纬42°以南的犹他，因此双方都应算作擅入墨西哥境内。[40]

事实证明，加德纳的建议还是很有说服力的。奥格登手下的不少队员都为自己受到的苛刻对待感到不满，最终有23人转投了美国人的阵营，总共带走了700张河狸皮毛。[41]在这场大规模的出走过程中，不同阵营的人之间难免会发生大量的肢体冲突和言语攻击，差一点儿就要擦枪走火了。奥格登在5月26日的日记里写道："这就是我现在的处境，被敌人团团围住不说，恐怕今年返回的愿望都无法实现了。留在这片地区继续捕杀河狸无异于为美国人做工，因为我完全有理由担忧手下还有更多捕杀者打算加入美国人的队伍"，那样他们就可以为自己的皮毛寻个好价钱了。[42]郁闷的奥格登返回之后，他的老板评估了这样的新形势，并决定采取新的策略。从此以后，哈得孙湾公司将以不低于美国人给出的收购价收购皮毛，以避免再有雇员变节。这个策略很有效。奥格登不用再为如何留住自己的队员而发愁了，他之后领导的大多数捕杀行动都获得了成功，能够运回大量河狸皮毛。[43]

哈得孙湾公司组织的这些成功的捕杀行动令美国人怒火中烧，后者恶狠狠地抱怨是加拿大动物捕杀者抓走了落基山脉以西地区大部分的河狸。[44]阿什利在写给参议员本顿的书信中汇报，奥格登"兴高采烈地"吹嘘，他和他的手下在两三年的时间里，仅在涵盖了今天的华盛顿州和俄勒冈州东

288

部及爱达荷州大部分的斯内克河谷中就收获了 85000 张河狸皮毛，价值约 60 万美元。[45]早在 19 世纪 30 年代，史密斯、杰克逊和萨布利特就担心"这片地区上同时有［美国人和英国人］两方人马进行捕杀，河狸已经几近灭绝；除非美国人能够阻止英国人的行动，否则这里的河狸很快就会彻底消失，甚至整个美国境内都再也捉不到一只"。[46]哈得孙湾公司的成功不仅惹恼了美国人，也让集合点的体系就此作古。

1840 年的格林河集合点迎来了一位不同寻常的参与者——罗马天主教神父皮埃尔－让·德·斯梅（Pierre-Jean De Smet）。他是跟着当年的物资运输队一同前往西部地区进行传教的。德·斯梅为人亲切友好，随和爱笑，还宣称自己对"任何认识的人都没有存过一丁点怨念"。7 月 5 日是礼拜日，他选择在这一天为聚集在此的人们做一场弥撒。[47]根据德·斯梅的回忆："当天人们搭建了高出平地的圣坛，四周还摆放了树枝和花环；我分别用英语和法语给在场的会众布道，还在一位翻译的帮助下向扁头印第安人和斯内克印第安人做了宣讲。我有幸见到多个国家的人民聚集在此，通过参与我们的神妙圣事而感到巨大的满足……是一个真正令人感动的场景——加拿大人用法语和拉丁语，印第安人用他们自己的语言，大家一起吟唱了赞美诗。"[48]然而德·斯梅没有意识到的是这次弥撒其实就相当于一场安魂曲，因为当年开办的集合点正是人们最后一次进行这样的活动。[49]这并不是什么突然决定的事。集合点制度从多年前就开始走下坡路了，就如河狸的数目在逐渐减少一样，将众多物资用

第十四章　河狸的衰落

大篷车运送到山里来已经失去了经济吸引力。1840年更是一个尤其艰难的年份。如纽厄尔评论的那样："眼下绝对不是什么好年景，捕不到河狸，别的就都不用想了。"鉴于此，向集合点供应物资的最主要的公司的管理者皮埃尔·舒托决定下一年不再进山参加这项活动了。集合点制度就这样终结了。[50]

对于大多数山地人来说，没有集合点就意味着他们作为动物捕杀者的日子要结束了。这样的结局被米克和纽厄尔的一段对话完美地描绘了出来，这段话后来被写入了米克的自传中：

> "来吧，"纽厄尔对米克说，"我们在山区里的日子结束了——在河狸搭建的大坝上涉水的日子结束了，不是挨饿就是受冻的日子结束了，与印第安人交易和打仗的日子也结束了。落基山脉上的皮毛交易完蛋了，我们留在这里没有任何好处，好像从来也没有过什么。我们还年轻，前面的路还长。我们不应该把生命浪费在这里；我们不能也不会返回美国去。我们一起下山，到威拉米特河（Willamette）开农场去。"[51]

然而，有些山地人还没有做好放弃这种生活方式的准备。在最后一次集合点结束之后，他们选择继续捕杀动物并在山里过冬，然后把皮毛送到密苏里河、阿肯色河或普拉特河上的一个或多个交易点里。这些交易点都是19世纪30年代建成的，有些山地人从那时就已经开始与交易点交易而放弃前往集合点了。最终，无论是山地人的数量还是被送来的皮毛数量都一天比一天少。到19世纪40年代末，山地人几乎绝迹了。就这样，美国皮毛交易中最丰富多彩的一个时代结束了，山地人逐渐退出了历史舞台，但他们的功绩在今后很多年中仍在发挥作用。

虽然山地人的时代只是很短暂地出现在国家历史的舞台上，但他们对美国历史走向的影响力是不容小视的，尤其是从向西部探索和殖民的层面来说。[52]与山地人同时期的人都认可他们发挥的作用。作家兼银行家詹姆斯·霍尔（James Hall）在1848年写道："这些勇敢的山地人在我们国境之外的未知区域里探索，不仅确保了我们能够进行皮毛交易，也是扩张我们国家领地的先锋。"[53]半个世纪之后，海拉姆·戚廷顿也就相似的主题发表了观点："交易者和动物捕杀者是最先探索并开创通路的人，这些通路现在是今后也会一直是方便我们进行商贸活动的康庄大道。他们是前往西部的'开路人'。"[54]

290　　然而，山地人的大部分发现后来都被人遗忘了，因为大部分人没有将他们积累的地理知识记录到纸上，或是绘制成远西区的地图，相反，很多信息随着这代人的离世被带进了他们的坟墓。杰迪代亚·史密斯就是此类错失机会的例子中最令人难过的一个。他本来计划出版根据他掌握的关于西部的丰富知识而整理的日记和地图，后来却推迟到等他从圣菲返回之后，结果他中途被科曼奇人杀死在锡马龙河边，他的出版计划也因为他的去世而永远不可能实现了。不过包括史

第十四章　河狸的衰落

密斯在内的山地人留下的不少信息还是传回了东部，而且已经足够引起人们对西部的浓厚兴趣了。这些信息流传回来的途径很多。返回圣路易斯或其他城镇的山地人会向朋友及地方官员，更重要的是向记者们讲述自己的经历。记者们总是相信这样的故事能够成为吸引眼球的新闻。1826 年 9 月初的《密苏里先驱和圣路易斯广告》（*Missouri Herald and St. Louis Advertiser*）就向自己的读者们宣布：

> 阿什利将军最近到落基山脉以西地区进行的探险活动收获了关于一些对美国人民而言意义重大的问题的关键信息。事实证明，广大的西部偏远地区是可以通过陆路到达的，也不用随同运输多少人畜需要的补给……整条通路都在平坦开阔的地区，比美国的收费公路更适宜车马通过——货车和客车都可以轻松行驶到和阿什利将军到过的一样远的地方。[55]

根据戈茨曼的说法，"阿什利和他的队员们"就是以这样的方式"为美国的移民和皮毛交易者们指明了西进的道路"。[56]

山地人还通过向东部发回正式书面报告的方式为扩大政府在西部的利益做出了贡献。他们提供的这些信息不仅增进了官员们对于这一地区地形和印第安人情况的了解，更强调了车队可以轻松地穿过落基山脉，并一路向西抵达西部海岸线。按照山地人的说法，西部的土地非常肥沃，这为美国人民移居当地奠定了良好的基础。不过山地人也提出了警告，

417

要进行这种殖民定居活动的前提是政府采取措施推翻《1818 年条约》，让英国人离开美国人主张占有的太平洋西北地区。因此他们毫不讳言地敦促政府尽快展开行动将英国人强行赶走。[57]

当时关于山地人的和由山地人创作的书籍也丰富了美国人对西部的幻想，增强了他们对于有朝一日将这些遥远地区纳入美国领土的意识。这类作品中最著名的莫过于华盛顿·欧文创作的《博纳维尔上尉的探险：远西区的落基山脉以外的景象》。他在书中把位于今大俄勒冈州境内的威拉米特河河谷及德舒特河（Des Chutes River）河谷描绘得充满了无穷的吸引力。"这些河谷一定会成为未来在这片地区定居的人们进行贸易活动的核心地点；在山脚地带一定还有很多像这里一样被环绕的地方，虽然现在还荒废着无人居住，在交易者和动物捕杀者眼里不过是一片贫瘠的荒野，但是只要有能干的农夫小心打理，这里马上就会变成另一番景象，要么是麦浪翻滚，要么是家畜成群。"[58]泽纳斯·伦纳德的著作是在欧文的作品出版两年之后出版的，书中清楚地体现了一些动物捕杀者持有的，也是被戈茨曼称为"人们对远西区抱有的'共通的'或全民性的看法"，那就是不只把那里当作捕杀河狸的猎场。[59]在他随同沃克一起前往加利福尼亚进行探险的过程中，伦纳德曾经在 1833 年时站在旧金山湾岸边仔细地思考未来这里会变成何种模样。"这片广大的荒地已经属于美国了，"伦纳德自以为是且过早地提出了这种主张，"我们的政府应当提高警觉，它必须维护自己的权利，尽快占领这片地区，因为我们完全有理由认为，对于这个国

291

家来说，［落基］山脉以西的领地早晚有一天会像山脉以东的一样至关重要。"[60]

不过，就算是在山地人已经停止捕杀动物之后，他们对于殖民定居活动的影响力也依然存在。很多山地人改行做了探险活动的向导，其中就包括约瑟夫·沃克和基特·卡森（Kit Carson）。他们利用自己对于西部地形的了解帮助"伟大的探路者"约翰·C. 弗雷蒙（John C. Frémont）绘制地图，为无数赶着马车向西进发的移民指明了穿越大陆的通道。山地人带领定居者沿俄勒冈小道西行。少数如吉姆·布里杰这样的山地人则在沿途开办了交易点，向赶路的移民们出售物资。最终，退出捕杀行业的大部分山地人都没有返回东部，而是像米克和纽厄尔一样向西进发并定居在那里，为美国西部边界前哨战的存续和壮大做出了举足轻重的贡献。[61]

就这样，哈得孙湾公司的宏伟计划以彻底的失败告终。　292辛普森曾经希望通过在哥伦比亚河以南和以东创造一片"皮毛荒漠"的办法来阻止美国的皮毛交易者进入这些区域，从而避免定居者前来。虽然辛普森的手下创造出的荒漠让这里的皮毛交易销声匿迹了，但是它在阻止移民进入的方面没有发挥任何作用。讽刺的是，辛普森如此惧怕的前往此地区的移民正是在山地人的引领下来到这里的。山地人用自己的发现、著作，甚至是以直接作为向导的方式为19世纪30年代末到40年代中期成千上万将西部当成目的地的移民提供了巨大的帮助。这一大批定居者反过来又成了英国人最终决定放弃哥伦比亚河和北纬 49°线之间领地的部分原因，而这片地方正是辛普森拼命想要保住的。

在 1844 年的总统选举期间，民主党候选人詹姆斯·K. 波尔克（James K. Polk）承诺将重新占领俄勒冈领地。他当选之后就着手划定美国和英国在太平洋西北地区的永久分界线。波尔克的口号是"不接受 54°40′为界就开战！"他想通过这样的主张让英国人以为他要占据从俄勒冈领地到俄国的阿拉斯加南部边界以南的全部地区，如有必要甚至不惜动用武力。不过这样的立场完全是在虚张声势，主要是喊给他自己党派中的极端主义者们听的。1845 年美国兼并得克萨斯的结果是美国与墨西哥几乎开战，而波尔克此时最不想要发生的事莫过于再与英国开战。所以他向英国人释放信号说自己愿意以北纬 49°为基础进行谈判，这与美国此前多次提出的建议并没有什么不同。虽然英国在一开始时表示拒绝，但很快又认为自己还是与美国这个主要的贸易伙伴保持友好关系为妙。为了控制一片几乎只对哈得孙湾公司，而非对英国政府有利的领地而与美国开战并不划算。[62]再说，北纬 49°线以北也有足够的河狸供哈得孙湾公司捕杀了。河狸皮毛毕竟只是公司庞大业务范围中相对不重要的一小部分，为此去打仗看起来太不明智了，尤其是当时英国国内还有更重要的政治和军事问题亟待解决。最后一点原因是英国看到美国人在威拉米特河河谷的定居者已经超过了 6000 人，且必然还会有更多人继续向西迁移，最终占据哥伦比亚河以北的地方。这些既成事实只会增强英国人想要妥协的愿望。于是在1846 年 6 月 15 日，英国与美国签订了将北纬 49°线定为双

293

第十四章　河狸的衰落

方分界线的条约，条约还规定有一部分越过了这一界限的温哥华岛属于英国。[63]

在美国西南部、密苏里河上游和落基山脉的河狸数量不断减少，山地人逐渐消失的这段时间里，美国的皮毛交易却和以往一样拥有极强的适应能力，它已经朝着新的方向继续发展了。从西部运回来的大张的野牛皮在多年前就已经成了这项交易中的重要组成部分，从此时开始，它更是走上了舞台的中心。

第十五章
最后的野牛皮

294 　　美洲野牛（*Bison bison*，or buffalo）是美洲大陆上体型最大的动物，也是一种十分威武的野兽。[1]成年公野牛最重能达到 2000 磅，它的头很大，像一个攻城槌一般，头顶有一对黑色的牛角，下巴上有浓密的山羊胡似的长毛。从野牛身上像驼峰一样最高的部位测量，这种动物的高度通常有 5.5~6 英尺，从鼻子到尾巴根部的长度最长能达到 9 英尺。野牛身体的前半部分粗壮有力，肌肉发达，还长满了厚厚的、蓬松的长毛；相比之下，野牛身体的后半部分就称得上纤瘦了。成年雌野牛比公野牛小得多，最多只有 5 英尺高、6.5 英尺长，体重接近 1200 磅。[2]

　　在欧洲人来到北美洲之前，这片大陆约 1/3 的面积上都分布着野牛。从落基山脉西面的陡坡到阿巴拉契亚山脉东面的山脚下，在中大西洋区的几个州，其分布范围甚至接近了
295 海岸边。从南北范围来看，野牛的踪迹遍及纽约至佛罗里达，从加拿大西北部的大盐湖一直到墨西哥北部。[3]没有人知道野牛当时的确切数量，但是就此提出的观点很多。其中最有理有据的估算是 3000 万头左右，也有人认为能到达 7500

万头甚至更多。[4]无论曾经的数量是多少，无可争议的悲剧事实是到 19 世纪末期，这种被称为"草原之王"的威武猛兽已经到了灭绝的边缘。造成这种令人痛心的结局的原因很多，不过大张野牛皮的过度交易无疑是其中最重要的一项。

在 1521 年前后，正忙着侵略阿兹特克帝国的埃尔南多·科尔特斯（Hernando Cortés）成了第一个见到美洲野牛的欧洲人。根据 17 世纪西班牙历史学家安东尼奥·德·索利斯（Antonio de Solís）的说法，科尔特斯是在参观阿兹特克帝国原本的统治者蒙特祖玛（Montezuma）的动物园时看到美洲野牛的。这种被科尔特斯称为"墨西哥公牛"的动物有一副粗野笨拙、凶猛好斗的外表，这肯定吓到了那些欧洲人。德·索利斯形容野牛是"最罕见的物种……奇妙地融合了各种动物的特点。它的肩部弯曲，背部突出，有些像骆驼；身体侧面毛发较短，尾巴很大，脖子上像狮子一样长着鬃毛。它的蹄子是偶蹄，头上像公牛一样有角作为武器，总体看来凶悍、强壮、灵活"。[5]

十年之后，西班牙探险家阿尔瓦尔·努涅斯·卡维萨·德·巴卡（Álvar Núñez Cabeza de Vaca）成了第一个在野外见到野牛的人，地点就在今天的得克萨斯州境内的某个地方。探险家的姓氏正好是"母牛头"的意思，他注意到："我已经见过这种动物三四次，还吃过它的肉。这种野牛有两根不长的牛角，像摩尔人家养的牛一样。它们还有很长的毛，像美丽奴绵羊的绒毛一样浓密。有些野牛是棕色的，其余的是黑色的……印第安人用小野牛的皮制作毯子，用成年野牛的皮制作鞋和盾牌……野牛在河谷中自在地游荡。生活在它们附近的人就靠野牛生活，同时还向内陆地区输出大量的野牛皮。"[6] 人们已知的第一位见到野牛的英国人是托马斯·阿高尔（Thomas Argall）。他是在 1612 年从波托马克河（Potomac River）附近登陆弗吉尼亚海岸的，之后他向内陆行进了很远的距离，沿途发现了"大批像牛（Kine）一样大的牲畜"。[7]

296　　　欧洲人与印第安人之间交易大张的野牛皮是在这些不期而遇发生了很久之后才开始的。西班牙人在 16 世纪晚期将自己的领地扩展到墨西哥时，曾与众多部落建立起联系，包括普韦布洛人（Pueblo）、科曼奇人和阿帕切人（Apache）。西班牙人在定期举行的集市上用欧洲货物和马匹与印第安人交换供食用的肉类、到矿场里工作的奴隶和包括大张野牛皮在内的各种动物皮毛。有的野牛皮被染成了各种美丽的颜色，可以用来做装饰；另一些则用于做毯子或寝具。[8] 在 18 世纪时沿着俄亥俄河谷一直来到密西西比河流域的法国皮毛交易者总会购买大张的野牛皮运回国，那些将圣路易斯作为交易基地的法国和西班牙交易者也是如此。到 18 世纪晚期，少数美国人也开始以野牛皮为交易对象。1806 年，托马斯·阿什（Thomas Ashe）在穿越宾夕法尼亚州西部途中遇到一位"老者，他是最早到这片地区定居的人之一"，老者告诉阿什自己刚来到这里的前两年里，野牛还非常常见，他曾经和他的朋友"一起杀死了 600 ~ 700 头这种尊贵的动物，只是为了获得它们的皮毛，当时一张野牛皮的价格才 2 先令"。[9]

第十五章　最后的野牛皮

美国人是直到 1812 年战争之后才真正开始进行大张野牛皮的交易的。此时，密西西比河东部数量相对较小的野牛群已经开始出现缩减趋势，原因是当地的定居者们需要杀了它们作为食物，或是想要占据它们的栖息地为己所用。这一地区的印第安人哀叹他们曾经熟悉的那个世界已经不复存在了。1827 年时，在伊利诺伊州有一位伯塔瓦托米（Potawatomi）印第安人首领名叫夏伯尼（Shabonee），他回忆说自己年轻的时候，"在这些草原上看到过大群的野牛，在每个树林里都能找到麋鹿，然而此时这些动物都不见了，它们都朝着太阳落山的方向去了。曾经还有广大的地区上不曾出现过白人，如今，交易点和定居者几乎无处不在。过不了几年，每片林地中都会飘散着从白人居住的小屋里升起的炊烟，所有的草原都会变成他们耕种谷物的农田"。[10] 然而，在密西西比河以西的地方，情况就不是这样的了。那里还有很多巨大得看不到边际的野牛群分布在各处，尤其是在大平原上。大平原的范围很大，北至加拿大，南至墨西哥，西至落基山脉脚下，东至西经 98°，在某些地方甚至还要更向东一些（后一种情况可以被理解为沿北达科他州东部边界向南延伸到得克萨斯州中部的一条假想的界线）。

大平原上的野牛不仅统治着这片土地，还对这一地区印第安人的生活发挥着核心作用。在人类历史上，可能再没有哪种动物能像野牛一样在平原印第安人的文化、精神和经济生活中扮演如此完整而全面的角色了。平原印第安人涵盖了超过 20 个部落，包括科曼奇人、阿帕切人、黑脚族人、乌鸦人、基奥瓦人（Kiowa）、苏族人、曼丹人、希达察人

（Hidatsa）和波尼族人等。如托马斯·梅尔斯（Thomas Mails）说的那样："如果上帝是世间万物的创造者和监管者；如果星辰、月亮及大地母亲汇集所有的智慧孕育了印第安人的生命和希望；如果太阳是智慧和温暖的源泉，那么野牛就是这些东西最切实可见、最直接的证据，因为它几乎为人类提供了日常生活所需的一切。"[11]

平原上的印第安人不会浪费野牛身上的任何部位。深褐色的皮毛可以用来制作冬天的外套、上衣、摇篮、圆锥形帐篷的遮盖物或烟斗袋；粗牛皮可以制成鹿皮鞋的鞋底、拨浪鼓、盾牌或马鞍；牛毛可以用来填充枕头、制作头饰或编成绳子；尾巴可以做成鞭子或赶苍蝇的掸子；牛角可以做成杯子、勺子、装火药的容器或是勺子；牛身上全部的肉和大部分内脏器官都可以食用，其中最珍贵的部分就是牛舌。牛的膀胱可以用来做装羽毛的袋子，或是在上面插一根鸟类的中空的骨骼或是掏空木髓的小树枝，这样就成了一个挤压式吸入或喷出液体的工具。野牛胃里的东西可以被用来治疗皮肤疾病，胃内膜可以用来做桶、水壶或做饭用的容器。野牛的骨头可以被制成刀子、箭头、战棍、痒痒挠或骰子；髋关节部位多孔的中心部位可以用来蘸取颜料当刷子用。野牛的蹄子、鼻子、眼睛、削下来的皮屑、软骨和阴茎都可以放进锅里煮成黏稠的糊状物，澄清之后能当胶水用来固定羽毛和箭头，这些糊状物甚至还被某些部落当成一种有嚼劲的美食。野牛的牙齿可以作为服装上的装饰物，或是挂在脖子上当作项链。晾干的筋腱可以被撕成细丝用来缝制衣物。实际上，野牛身上没有任何东西会被忽视：在晾干的阴囊里装满卵石

第十五章 最后的野牛皮

就成了一个摇铃；牛粪可以用来做燃料或碾碎了撒在烟草上，既能助燃又能增添一种独特的香气；野牛的脑子会被碾碎涂抹在牛皮上，这是制革过程中的一个步骤；野牛的头盖骨是宝贵的祭祀庆典用品；连野牛偶尔咳出的毛粪石都被当成仪式用品，用来"召唤"野牛现身。[12]

那些追随着刘易斯和克拉克的脚步，沿着密苏里河蜿蜒而上的交易者和走过圣菲通道的交易者一样，他们的主要目标是收购河狸皮毛，但也会交换大张的野牛皮。与河狸皮毛交易一样，大张野牛皮的交易也受到时下流行趋势的影响。如一位 1821 年的作者观察到的那样："保留了长毛的［野牛］皮……制成的耐用又漂亮的雪橇毯眼下在美国［和加拿大］特别流行。"[13]这种牛皮还可以制成冬季的保暖外套或寝具。[14]根据一份政府文件的估计，在 1815 年至 1830 年间，密苏里河沿岸及西南地区的交易者平均每年运回圣路易斯的大张野牛皮的数量是 26000 张，售出的价格是 3 美元一件。[15]

从大张野牛皮交易的角度来看，并不是所有野牛的价值都是一样的。几乎没有人会交易三岁以上的公牛的皮毛，因为它们的皮毛太厚太重，无法制成轻便的外套，而且它们的毛发也已经变得非常粗糙，质量大都不太好。不过老牛的牛皮适合做鞋，人们可以把它裁切成小块，用有毛发的一面做鞋里。如一位顾客形容的那样，这种鞋"又大又笨，但是非常暖和"。[16]年幼的公牛皮毛更具有市场吸引力，是人们通常交易的对象。它们的皮质略薄一些，毛发也更柔顺。不过，最好的野牛皮都来自母牛，母牛的皮毛受年龄影响不大，皮质轻薄，毛发浓密柔顺。这种对母牛和小公牛的偏爱对于野牛群的繁殖潜力危害极大，进一步加重了皮毛交易给野牛生存带来的破坏性的影响。

大多数野牛皮的颜色都是深浅不一的棕色，毛发相对粗糙，不过少数一部分成品会因其与众不同的特性而备受推崇，所以价格同样很高。"类河狸牛皮"就是有特别细致柔软的毛发，颜色也接近河狸皮毛的一种野牛皮。"蓝色牛皮"的皮毛也很柔顺，而且颜色发蓝。"黑褐色牛皮"大部分呈黑色，只在身体侧面、鼻子附近和前腿内侧呈褐色或偏红色。"类鹿皮牛皮"是白色或暗奶油色的牛皮。很多印第安人认为这种白色的野牛皮非常神圣，有巨大的精神力量，他们认为这样的野牛皮具有"巫医法术"（Big Medicine）。白色的野牛极为罕见，历史上有记录的还不足 12 例。[17]

299　　在人们进行大张野牛皮交易的最初几年里，交易者几乎是完全依靠印第安人供货的。后者通常会在冬季猎捕野牛，因为这时野牛身上的毛发最浓密，不过春秋两季猎捕的情况也是存在的。最古老的猎捕办法叫作"跳崖"，就是将惊慌失措的野牛群哄赶到悬崖边，等它们自己掉下去。另一个办法叫"比斯昆"（piskun），就是将野牛群赶入一个围栏里，然后用弓箭射杀。[18]有些骑马的印第安人也会采用"包围"的策略，就是先将一群野牛包围起来，然后逐渐缩紧包围圈，最后用弓箭或长矛杀死惊慌失措的野牛，直到一头活的也不剩。最常见也是最危险的杀死野牛的方法其实是一种叫作"奔跑的野牛"的猎捕手段。印第安人会骑着自己最好的"猎牛马匹"冲进牛群,选中一个目标,用弓箭或长矛直击野牛的要害部位将其杀死。这最后一种方式当然是非常激动人心的,捕杀的过程充满刺激,但是也有超高的风险。根据观察者的说法:"真正的威胁并不是来自野牛,因为它们几乎不会选择向捕猎者发动攻击。主要的问题在于无论是骑手还是马匹几乎都看不到地面的情况,有些地方可能很不平整,或是隐藏着土拨鼠或地鼠挖的洞。[马匹摔倒、骑手被踩踏的]风险时刻存在,所以冲向野牛群的印第安人完全可以说是豁出了性命的。"[19]

加工野牛皮的工作费力费时,而且都是由印第安人妇女进行的。流程第一步是将野牛皮拉抻平整,用木桩钉进地里。然后再用尖锐的兽骨或金属工具将皮子上连着的肉刮干净。妇女们要用一整天甚至更长的时间来把碾碎的鹿脑、野牛脑子,或是动物肝脏和脂肪涂抹在牛皮上。这层油腻的涂料会被留在皮毛上浸润三天,达到使牛皮软化的目的。接下来,妇女们会把牛皮放在小火上慢慢烤干,同时不断拍打或揉搓以确保大张皮子的各个位置"一样又软又韧"。牛皮干了之后,妇女们就要立刻开始重新擦揉牛皮,这次是"用绷紧的马鬃绳或皮革编织的皮绳在牛皮上来回滑动以确保牛皮顺滑平整"。最后,妇女们还要用一块石头,通常是浮石来给牛皮抛光。因为一位妇女一年最多能鞣制十张野牛皮,所以一些印第安人部落为了扩大生产力会到别的部落里掠夺妇女回来做奴隶。同时娶多位妻子也是提高生产力的办法之一。[20]

300　　到了 19 世纪 30 年代，因为蒸汽船能够航行到密苏里河上游，从而方便了交换物资和大张野牛皮的运输，所以野牛皮的交易规模被极大地扩展了。在将这些大张野牛皮装船运往下游之前，人们先要将其带毛的一面朝里叠好，十件摞成一摞，然后放在一个木制的压力机里挤压成一个个重约 100 磅的非常紧实的包袱，再用麻绳或粗皮绳扎紧。如果牛皮的数量超过蒸汽船能运输的数量，人们也可以使用一种被称为麦基诺船（mackinaws）的平底木船运输皮毛，这种船最多能装载 15 吨重的野牛皮。驾驶一艘麦基诺船顺流而下需要四名摇桨人和一名舵手，航行的速度能够达到大约每天 100 英里。船只抵达圣路易斯之后就不能用了，往往会被劈了当木柴。[21]

蒸汽船不仅促进了皮毛交易，也加速了疾病的传播。19 世纪早期在北部平原上进行交易的皮毛商人就曾经把疾病传给印第安人，结果让后者遭受了毁灭性的打击。1837 年夏天，在密苏里河上游蔓延开来的天花疫情带来的结果格外可怕。[22]主要的病菌携带者是美国皮毛公司的蒸汽船"圣彼得号"，它的航行任务是向尤宁堡运送货物和补给。船上有些乘客在航行途中患上了天花。当船只停靠在曼丹堡附近时，公司的雇员们本想阻止印第安人靠近这艘船，但印第安人认为这是交易者们为了哄骗他们低价售卖皮毛而编造的借口，至少有一名印第安人还是偷偷上了船并偷走了一条沾染着病菌的毯子。"圣彼得号"载着垂死的乘客继续前往尤宁堡。在那里给病人接种疫苗的举动不但没有成功，反而还进一步

第十五章　最后的野牛皮

扩大了病菌传播的范围。当阿西尼伯因人来到堡垒交易大张的野牛皮时，堡垒里的人再一次尝试将他们拒之门外。不过印第安人依然不肯相信他们的说法，执意要进行交易，结果他们一进堡垒就染上了疾病。公司的人照样与印第安人交易，还给密苏里河更上游的地方及黄石河上的其他交易点送去了货物，并在那些地方与更多印第安人进行了交易。

这场疫情就像一片干旱森林中的野火，不仅蔓延到了各个与交易者有直接接触的部落，还感染了其他没有接触的部落。曼丹人、米纳塔里人（Minataree）、阿里卡拉人、苏族人、阿西尼伯因人和黑脚族人这六个部落受打击最严重，包括妇女和孩子在内总共有超过 17000 人丧生。[23]到 1837 年 11 月，疫情逐渐自行消退几个月之后，一位身在尤宁堡的观察者描述了当时的惨状："无论你往哪个方向去，能看到的就只有令人哀痛的死亡；每个山坡上都有小房子，但是烟囱里已经不会再冒出一缕炊烟。没有一点人声来打破这种可怕的寂静，却总能听到乌鸦呱呱的啼声，充满着不祥的意味；或是野狼悲怆的嚎叫，这些畜生已经靠啃食遍地的人类尸体而变得肥壮。荒芜之神似乎亲自走过了这片草原，把他的仇恨发泄在所有人类身上。"[24]那些没有被疾病夺去生命的人也有途径免于忍受这样令人无法想象的身体和精神上的双重折磨，另一个同时期的人描述说："很多英俊美貌的阿里卡拉人虽然病愈了，却无法忍受自己受损的容颜，于是选择了自杀。有的人冲向石头当场撞死，有的则用刀子或枪支结束了自己的生命。草原变成了坟地，野花在埋葬着印第安人的地方怒放。方圆几英里的范围内都弥漫着成百上千无人掩埋的尸体所散发出的恶臭。妇女和儿童没有食物可吃，他们成群结队地到处游荡，或者是围绕在尸体旁边哭泣。男人们四散奔逃。曾经骄傲、善战、无比尊贵的黑脚族几乎绝迹了。"[25]

人们对于大张野牛皮的欲望太强烈了，以至于如此严重的一场瘟疫都没能给这项交易画上句号。实际上，因为疾病而失去了近一半人口的阿西尼伯因人在 1838 年春天时又给尤宁堡送来了并不比往年少的大张野牛皮。公司的交易者之一，夏尔·拉庞特尔（Charles Larpenteur）问阿西尼伯因人"怎么能够送来这么多的野牛皮"，他们"笑着说自己预计来了这里马上会丧命，所以想在死之前［把野牛皮都换成烈酒］尽情狂欢一场"。[26]

大张野牛皮交易在密苏里河上游兴旺红火的同时，它在西南地区的发展也非常顺利。1833 年至 1834 年间修建的本特堡（Bent's Fort）是该地区内最繁忙的交易点。虽然这里也进行河狸或其他动物皮毛的交易，但是这个位于阿肯色河上相当于今天科罗拉多州拉洪塔的交易点最主要的交易物品还要数大张野牛皮。在密苏里河上 90000 张野牛皮沿河而下的同一年，有大约 15000 张野牛皮被装上了马车，经圣菲通道从本特堡送到了圣路易斯。[27]本特堡获得成功的原因部分在于这个堡垒的建立者之一——威廉·本特（William Bent）娶了一位名叫"猫头鹰女人"（Owl Woman）的夏延人。正是这门婚事确保了堡垒与这个部落之间的商业联系。[28]

302　　　从 19 世纪 30 年代末到 60 年代结束，平均每年送到圣路易斯的大张野牛皮数量为 90000 ~ 100000 张，此外还有少量被送到了包括明尼苏达州圣保罗在内的小一些的交易中心。[29]这些大张野牛皮可能会以 4～10 美元不等的价格被批发出去，之后的零售价格可以达到 25～50 美元不等，当然能卖出高价的只是个别质量极好的野牛皮。[30]与受到欧洲人欢迎的河狸皮毛不同，大张的野牛皮几乎完全是销售给美国人和加拿大人的。拉姆齐·克鲁克斯尝试过向欧洲人推销大张的野牛皮，但是收获非常有限。因为运输笨重的大张野牛皮的成本很高，最终的销售价格也高，这样就使得它在与从欧洲当地就可以购买的同样保暖的羊皮衣物竞争时失去了优势。[31]

这一时期里，大张野牛皮的交易还只是造成野牛数量下降的原因之一。印第安人每年"为生存和部落间交易"而杀死的野牛数量大概有 50 万头。[32]生活在马尼托巴地区雷德河（Red River）沿岸的梅蒂人也会捕猎野牛，他们的猎场范围涵盖了马尼托巴西部、萨斯喀彻（Saskatchewan）、蒙大拿州、南达科他州和北达科他州，甚至是明尼苏达州北部的大片区域。梅蒂人每年杀死的野牛数量在 5 万头左右，主要是为了获取食物。[33]除此之外，皮毛交易者、农民和定居者每年为获取食物、消遣性捕猎，为将野牛的栖息地转化为耕地或家畜牧场，以及为城镇扩张等目的而杀死的野牛也能达到几万头甚至几十万头。[34]再加上蒸汽船需要燃烧木材来获得动力，麦基诺船需要用木材来建造，所以密苏里河沿岸滥砍滥伐十分严重，导致这片土地供养动物群体的承载能力大幅下降。包括干旱、疫病、暴风雪、火灾和天敌捕食等自然因素也在决定野牛命运的过程中扮演了重要的角色。[35]

虽然存在各种压力，但西部的野牛数量仍然是相当庞大的。1839 年 6 月，托马斯·法纳姆（Thomas Farnham）沿圣菲通道穿越堪萨斯的途中就被一个无边无际的野牛群困住了。"过去三天里，野牛几乎把这一整片地区都占满了，"法纳姆写道，"看起来即便是圣菲交易者巨大的车队想要从牛群之间穿过也是极危险的。我们一天只能前进 15 英里。向道路两边眺望，视线所及的范围是一侧 15 英里，两侧加在一起的横向距离是 30 英里；三天以来我们纵向行进了共 45 英里；也就是说，用纵向距离 45 英里乘以横向距离 30 英里所得的 1350 平方英里的面积之内，密密麻麻地聚满了这种高贵的动物。如果从高处俯瞰，其密集程度足以让人看不到哪怕 1 平方里格的地面。"[36]20 年之后还是在同一个地方，另一位作者写道："我沿着阿肯色河走了 200 英里，几乎全程都在穿越一个连续不断的野牛群，它们像牛群惯常的那样紧密地聚集在一起。无论你向南还是向北，无论你走多远，野牛的数量似乎都没有减少的趋势。如果它们受到惊吓突然狂奔起来，还会发出像雷声一般的轰鸣，让整片大地都震颤起来。"[37]

然而，这种局部地区高度集中的野牛群是具有迷惑性的，越来越多敏锐的观察者已经看出，虽然数量减少的速度还比较缓慢，但是野牛无疑已经走上了通向灭绝的道路。西部艺术家乔治·卡特林（George Catlin）在 1841 年时写道："野牛的厄运已经注定，这种动物一旦灭亡，这片大平原上的［印第安人］居民必将随之陷入真正的绝望和饥荒……文

第十五章　最后的野牛皮

明的人类已经被世上所有的奢侈和安逸包围着，却还要为了我们的享受而剥下这些有更实际用处的动物的皮毛，将它们的尸体弃于荒野喂狼，这似乎非常冷酷无情（不是吗?）……更何况，每出售……一张牛皮，印第安人只能获得大约一品脱的威士忌!"[38]1843 年，约翰·詹姆斯·奥杜邦在西部草原上观看了一次猎捕野牛的活动之后，很有先见之明地评论说："这种活动不可能延续很久。即便是眼下，人们也完全可以感觉到野牛群规模的缩减。用不了多少年，野牛就会像大海雀一样消失不见；我们必须防止这样的悲剧重演。"[39]乔赛亚·格雷格（Josiah Gregg）曾在美国西南地区经商多年，他在 1845 年时写道，如果野牛"只是被当作食物而捕杀，那么它们的自然增长可能还能够抵消这部分损失；然而实际情况是，不仅有旅行者和猎人持续不断、无所顾忌地捕杀野牛，更有印第安人出于获得食物以外的目的，更多是为获得野牛皮毛和舌头而大肆屠杀（他们发现交易者随时愿意收购牛舌）。鉴于此，野牛的数量迅速地减少了，最终必将从这片大陆上彻底消失"。[40]卡特林、奥杜邦和格雷格等人的警告并没能阻止人们继续屠杀野牛，虽然号召采取措施的呼声越来越高涨，野牛灭亡的趋势依然不可阻挡。

内战结束之后的十年间，野牛平稳地走向灭亡的脚步突然加快了。从 1865 年起，美国联合太平洋铁路公司开始在内布拉斯加的奥马哈铺设铁轨。接下来的四年里，铁轨的里程翻倍延长，穿过大平原，一直到达了犹他州的普罗蒙特里角（Promontory Point）。1869 年 5 月 10 日，人们用打下金色

304

道钉的行动来庆祝联合太平洋铁路和中央太平洋铁路连通，从而形成了第一条横贯大陆的铁路线。铁路通车比任何其他力量都更严重地加剧了屠杀野牛的行动。联合太平洋铁路线将大平原上的野牛一分为二，形成了南北两个群体。几年后，艾奇逊－托皮卡－圣菲铁路公司（Atchison，Topeka & Santa Fe Railroad）和堪萨斯太平洋铁路公司（Kansas Pacific Railroad）也将它们的铁路线铺到了西南部的中心地带，因此南部的野牛群又被强行分割成了多个单个规模进一步缩减的群体。[41]

铁路给野牛造成的最直接的影响从修建之时就开始显现了。成千上万铺设铁轨的工人需要吃饭，野牛肉正好是他们最喜欢的食物。铁路公司雇用了猎人负责提供肉食，其中最著名的一位莫过于威廉·弗雷德里克·科迪（William Frederick Cody），他就是在19世纪60年代晚期为联合太平洋铁路公司工作时得到"野牛比尔"（Buffalo Bill）这个绰号的。科迪回忆说："我有一辆四头骡子拉的马车、一个负责赶车的车夫和两个负责切割牛肉的屠夫。他们都是勇敢无畏、全副武装的男人。我自己则骑在我那匹名叫布里格姆的马上。"科迪通常会挑选牛群里最肥和最幼小的母牛作为捕猎目标，然后骑马追击并射杀猎物。在他为铁路公司工作的一年里，他总共杀死的野牛达到了惊人的4280头。[42]

为了满足铁路工人的胃口而被杀死的野牛虽多，可再多也比不上被大批坐着火车来西部专程为了消遣或营利而捕猎野牛的人们杀死的野牛数目。虽然铁路的铺设使得铁轨周围最多50英里宽的区域内的野牛变得稀少，但还是会有不少

第十五章　最后的野牛皮

野牛游荡到铁路附近，成为冷血乘客娱乐消遣的受害者。从19世纪70年代早期开始，就有一些坐在舒适车厢里的乘客发明了一种从行驶中的火车上射杀草原上的野牛，然后任凭尸体留在光天化日之下慢慢腐烂的游戏。[43]大批的"冒险家"也乘坐这些火车来到西部，他们的目的就是通过杀死野牛来证明自己的非凡勇气，然后带着战利品回家挂到墙上炫耀。"射杀野牛成了一种热潮，"托皮卡当地的一份报纸在1872年时刊文称，"从伦敦来的人们——土生土长的伦敦东区人、花花公子甚至是贵族——更不用说从合众国内各地前来的人们都来这里享受他们所谓的'冒险'。这算哪门子冒险?! 参与者不用冒一点风险，不需要任何技巧。我看射杀野牛并不比射杀普通的牛有难度，也不比猎捕得克萨斯州的牛群有危险。"[44]

除了游客和这些自诩的冒险家们，火车还运送了成千上万的"专业人士"来到大草原上，这些职业猎人都是为了赚钱而来的，市场上需要什么他们就猎什么。他们之中很多人杀死野牛就只是为了要牛舌。在东部一些餐馆里，牛舌从很久以前就是一道佳肴了。这些猎人杀死野牛之后，只要几刀就能割下他们追求的目标。牛舌处理起来也很方便，只要用烟熏制一下或用盐腌起来，然后装进桶里运回东部就行了。牛舌在那里最高能够卖到50美分一条。不过，大多数白人猎人还是为了野牛皮而来的，因为制革技术最近有了进步，曾经不能用的野牛皮也可以被制成结实的皮带，用以带动工业化的齿轮不停转动了。这些猎人也会从母牛或幼小的公牛身上剥下最好的牛皮送回东部，由那里的制革厂鞣制加

305

工。普通野牛皮的市场价格是在 50 美分到 1 美元之间，而可以做成外衣的高档野牛皮则能够卖到这个价格的三倍甚至更高。获得成功的关键在于保证数量，而且铁路的贯通也使得运输野牛皮更加快速和便宜了。[45]

职业猎人偏爱的捕猎方法是"静态捕猎"。首先，他们会走到野牛群的下风向几百码以外的地方隐藏起来，避免被这些动物看到或闻到。然后，猎人会使用威力巨大、射程较远的步枪瞄准自己选定的目标，将它们一一射杀。枪声虽然会吓到牛群，但那通常只是一瞬间的事，感受不到敌人存在的野牛可能会走过去看看突然倒下、鲜血喷涌的同伴，然后就继续吃自己的草了；也有可能牛群会慢慢走开，困惑不解但是仍然完全不知晓自己正面临着致命的威胁。猎人不会操之过急，可能会间隔几分钟才开一枪。通过这样的方式，一个猎人一次就能杀死 50 头或 100 头野牛。接下来一步就是剥皮。猎人要把牛皮上的肉刮净，然后用火烤，拉抻平整后再用木桩钉进地面固定，直到晾干。这一过程中的浪费现象严重到令人难以置信。很多"新手"猎人枪法不精，野牛被射中后没能当场毙命，反而是走出很远才死掉，这些野牛的牛皮就没人去管了。即使是剥下来的牛皮也可能因为切割方法不对或是在保存、拉抻和晾干等环节上做得不好，导致成品根本不符合买家的要求。一位了解内情的观察者称，要获得一张野牛皮，最多可能意味着五头野牛失去了生命。虽然这个比例随着猎人和剥皮者技术的提高会有所降低，但实际死亡的野牛数量还是比被利用起来的多得多。[46]

美国陆军在野牛的衰落上也扮演了一个角色，不过人们

第十五章　最后的野牛皮

至今还在为这个角色的影响究竟有多大而进行着激烈的争论。[47]很多士兵无疑认定杀死野牛是解决"印第安问题"的好办法之一。1867 年，理查德·欧文·道奇上校（Col. Richard Irving Dodge）对一位以冒险为目的的猎人说："最好把你能找到的野牛都杀死，多死一头野牛就能少一个印第安人。"[48]两年之后，谢尔曼将军的评论被《陆军海军期刊》（*Army Navy Journal*）记录了下来。他说："迫使印第安人接受定居的文明生活方式最迅速的办法就是派出十个团的兵力到大草原上去，命令他们把所有的野牛都射杀，直到印第安人没法再依靠这种动物过活为止。"[49]1875 年，有报道称菲利普·谢里登上将（Gen. Philip Sheridan）说捕杀野牛的猎人"在过去两年里做了不少事，接下来一年还将更有作为，他们为平定愤愤不平的印第安人而做出的贡献比过去30 年里所有正规军队做出的还要大。他们是在摧毁印第安人的粮仓；谁都知道，军队一旦失去补给就会陷入巨大的不利境地。如果你愿意，可以为他们提供更多火药和子弹；为了获得长久的和平，让猎人们尽情地捕杀野牛，剥下它们的牛皮出售吧，直到野牛彻底灭绝了才好"。[50]虽然军队人员也会捕杀野牛作为食物或借此消遣娱乐，而且他们还是出于一些战略目的故意这样做的；但是他们通过为猎人提供保护和免费弹药、协助运输和存储物资的方式给野牛带来的危害很可能比他们直接造成的更严重。所以有猎人非法擅入印第安人的领地猎捕野牛时，军队往往会采取不闻不问的态度也就不会令人奇怪了。[51]

　　人们屠杀野牛的数量之多令人震惊。除了职业猎人、游客、军队以外，还有印第安人和定居者们。根据道奇上校的估计，从 1872 年至 1874 年间，大概有 370 万头野牛被杀死，其中 85% 以上死于职业猎人之手。今天的人很难理解这种大屠杀的规模。平原上到处都是惨白的野牛骨架，多到足以兴起一种次级行业的地步。很多人专门到草原上捡拾牛骨头，然后将它们卖给可用其制作肥料和饲料的公司，后者会把骨头磨成粉、熬成牛蹄油或烧成骨黑。骨黑就是一种可以用于提纯和过滤精制糖的炭。[52]在道奇城里，2/3 的居民都参与了野牛皮交易，牛骨头也成了一种有效的货币形式。史密森尼学会（Smithsonian Institution）首席标本制作师威廉·坦普尔顿·霍纳迪（William Templeton Hornaday）写道："南方野牛生活的草原上要是有个顶棚的话，就是一个天然的、广阔的尸骨存放处了。遍地都是腐败的野牛尸体，很多并没有被剥皮，它们就那么密密麻麻地遍布在几千平方英里的平坦的大草原上，污染了空气和水，更形成了一幅令人作呕的可怕景象。剩下的牛群成了分散在各处的一些小团体，为了躲避猎人的骚扰东躲西藏。如今在草原上游荡的猎人数量几乎和野牛一样多。"导致南方野牛群灭亡的另一个重要原因是这片地区恶劣的自然环境，包括其他动物的猎食，干旱、暴风雪，可能还有得克萨斯牛瘟的引入，这种致命的疾病也造成了其他牲畜的死亡。[53]到 1875 年，彻底的崩溃降临了。南方的野牛群"完全消失了"，只剩最后几头零散的分散在各处。[54]此时北方虽然还生存着大量的野牛，但它们也同样遭受着攻击。

第十五章　最后的野牛皮

整个 19 世纪 70 年代，平原北部的印第安人每年都能交易 10 万张野牛皮。到了 19 世纪 80 年代早期，北方太平洋铁路从北达科他州延伸到了蒙大拿州，成千上万的职业猎人和剥皮者在杀光了南方的野牛之后，又跑来北方故伎重施，从而加速了这一地区野牛的灭亡。印第安人交易的大张野牛皮数量最多下降了 75%，白人猎人刚好填补了这个缺口。不过，终结的轨迹已经显现，这一点从这片地区中一位主要的皮毛商人的评论中就可以看出。他说，在 1881 年时，北方太平洋公司总共运输了 5 万张野牛皮；接下来一年，这个数字猛增到 20 万，到 1883 年则骤减为 4 万；到 1884 年更是缩水到仅 300 件，只能装满一节火车车厢——时至此时，北方的野牛群几乎也消失殆尽了。[55]

在天定命运说刚刚兴起的人心振奋的时代里，盲目乐观的美国人在接近半个世纪的时间中都没能意识到这些可怕的预告。例如 1882 年 3 月 12 日的《波士顿环球日报》(*Boston Daily Globe*) 就刊文告诉自己的读者野牛的数量还很多。"人们为了获得皮毛，每个冬天都会杀死成千上万头野牛；到了夏天，印第安人会杀死几千头野牛，贵族冒险家们为了消遣也会捕杀野牛。这就是过去 10～15 年的情况，但是西部草原上野牛群的数量和规模还和过去一样，至少从每年运到东部的大张野牛皮的数量来判断是这样的。"就连在北方的那些白人猎人也选择了盲目乐观，他们一厢情愿地认为南方发生的悲剧不会在北方重演。根据霍纳迪的说法："1883 年秋天，猎人们一如既往地花上几百美元置齐了装备，高高兴兴地去寻找到此前为止一直能够为他们提供丰富野牛皮资源的'牧场'了。结果几乎每个人都遭遇了相同的结果——一无所获,血本无归。人们确实很难相信,曾经数以百万计,后来也有成千上万头的野牛,怎么就彻底而且永远地消失了呢?"[56]

西奥多·罗斯福后来成了美国最伟大的支持自然保护的总统,他还年轻时就曾思考北方和南方野牛群的命运。1885年时他这样写道:"人类此前的历史上,从未有过一种数量这么多的大型野生动物物种在这么短的时间内被屠杀殆尽的例子。野牛的灭绝是动物世界中一个真正的悲剧……草原上没有什么景象是比惨白的野牛骨架更常见的了。"一位曾在蒙大拿州北部穿行了1000英里的牧场主告诉罗斯福,"自己在整段行程中,随时可以见到野牛的白骨,却从未见到一只活着的野牛"。[57]野牛的灭亡不仅是"动物世界"的悲剧,也是印第安人的悲剧。后者的生存从物质、精神、经济甚至是存在都与野牛这种威风凛凛的高贵动物有着千丝万缕的联系。如今野牛渐渐消失,印第安人自我维系的能力也随之降低了,所以在面对白人迫使他们放弃自己的生活方式,放弃自己的土地,放弃自己的独立的压力时,印第安人的抗压能力也越来越弱。[58]

1889年时,波士顿的一位记者发现城中的一个商店橱窗里摆着一个告示牌,上面写着"高价收购大张野牛皮"。当记者进入商店并询问店主为什么要挂出这样的告示牌时,店主回答说:"我猜你早就知道我们的野牛要灭绝了吧。"这个店主还说,有人长期委托他收购尽可能多的大张野牛皮，不过至今他还没有什么收获。他派了两个雇员去走街串巷，挨家挨户地上门询问是否有人要出售野牛皮。结果是一个雇员一张牛皮也没找到，另一个雇员虽然找到了几张，但是所有者都表示无论他们出什么价格自己也不打算出售这些野牛皮。"换作十年前，"店主继续说道，"我随便去哪里转转，说话的功夫就能买回来 100 张〔野牛皮〕了……过不了多久，捕猎野牛就会像寻找钻石一样难了。"[59]实际上，此时的情况就已经是这样了。

最后一次有记录的捕猎野牛活动是在 1887 年底进行的。一群猎人在得克萨斯州塔斯科萨（Tascosa）附近袭击了南部仅剩的最后一个野牛群。这个群体中原本还有 200 头野牛，结果 52 头被射杀，其中 10 头被完整制成了全身标本，剩下的只有头被砍下来做标本，身上的牛皮都被剥了制成大张的野牛皮，其中质量最好的那些卖出了 20 美元一张的高价。[60]

在那个好奇的记者走进这家波士顿商店的同年，霍纳迪想设法确认究竟还有多少野牛幸存。结果令人非常震惊。根据他的调查，黄石国家公园里还有 200 头野牛，在得克萨斯州最北部的狭长地带里有 25 头，科罗拉多州有 20 头，怀俄明州南部有 26 头，蒙大拿州有 10 头，达科他地区有 4 头。除这些以外，加拿大还有 550 头野生野牛和 256 头畜养的野牛。所以 1889 年时，北美洲的野牛总数仅为 1091 头。考虑到曾经有上千万头野牛生活在这片大陆上，如今这个结果让人无论如何也不敢相信。[61]

309

尾声　一个时代的终结

310　　美国的皮毛交易并没有随着几近灭绝的野牛一起消失；实际上，这项事业至今也没有终结。从 19 世纪晚期到现在，美国人一直在以获取皮毛为目的而屠杀动物，然后将皮毛售出以满足各种时尚用途。如今在美国还活跃着 15 万名左右的兼职捕杀动物者，另外还有成百上千的皮毛农场，它们参与的国际皮毛交易在近些年来实现了 100 亿～150 亿美元的销售额。[1]不过，这些并不是《皮毛、财富和帝国》这本书关注的主题，本书涉及的内容截至 20 世纪初动物保护运动兴起之前。

　　事实证明，野牛的困境其实只是美国面临的一个广大得多的难题表现出来的症状之一。整个 19 世纪，尤其是 19 世纪下半叶被人们称为"灭绝时代"是完全有道理的。[2]为养活不断增长的人口、满足各种时尚追求和消遣享乐而被杀死

311　的动物数量多得惊人；还有更多动物的灭亡原因是它们赖以生存的栖息地被不断扩张的城镇、农场、公路和铁路线侵占破坏。结果就是，难以计数的物种数量骤减，有些物种濒临灭绝，还有少数一些已经彻底从地球上消失了。野牛是美洲

最伟大的标志之一，当然最适合作为这个"灭绝时代"的典型代表。不过，其他令人痛心的例子还有很多，包括候鸽在内的大量有装饰性羽毛的鸟类被捕杀的原因就是人们想要用它们身上美丽的羽毛来装饰自己的帽子。[3]

野牛当然也不是"灭绝时代"中唯一因为自己的皮毛而受到人类猎杀的动物。从美国皮毛交易开始之初，人们供应的皮毛种类就很丰富，到19世纪晚期情况依然如此。举例来说，在这段时间中的有些年份里，人们杀死了超过40万只臭鼬、超过50万只浣熊、超过200万只麝鼠——对于以上每一种动物来说，被杀死的统计总数有时比这要多得多。在19世纪下半叶，被杀死的河狸数量重新出现了惊人的增长。因为已经有多年无人捕杀，所以这种动物的数量增长了不少。虽然河狸皮帽子的市场需求已经很小了，但是这种皮毛在给大衣做装饰或制作暖手筒上的应用依然广泛。海豹和海獭的皮毛也同样再次流行起来，特别是在1867年美国完成了从俄国手中买下阿拉斯加的世纪大单之后。从1870年到1890年，阿拉斯加商业公司从美国政府手中获得了每年捕杀10万头雄性北海狗（*Callorhinus ursinus*）的租约。在租期内的大多数年份里，公司都能捕杀到略超过限额数量的北海狗，然后将这些皮毛出售给皮毛商人，后者再把皮毛制成极昂贵的外套。在这段时间内，还有成千上万只阿拉斯加海獭也被无情地杀死了，因为它们奢华的皮毛同样是人们垂涎的目标。[4]

"灭绝时代"还引起了美国社会的一种根本性改变。包括爱默生、梭罗、约翰·缪尔和约翰·伯勒斯（John

Burroughs）在内的不少有识之士慷慨激昂地赞颂了人与自然和谐共存的优点，令很多人深受启发。美国人开始越来越为他们正在见证的这场大毁灭而感到担忧——不仅是数不清的动物无辜地被人类杀戮，连最原始的栖息地也在渐渐消失。此时的人们终于决定要采取行动了。人们对环境保护的发自内心的渴求（*cri di coeur*）恰恰是被镀金时代造成的大破坏所激发出来的，这不能不说是一种讽刺。有些人打算通过将人类作用限制在最低程度以内的方法来保护自然，如果可以的话，最好是不对自然产生任何作用。另一些人则追求与还在萌芽的自然保护运动中倡导的新兴理论较为接近的哲学，即人类应当合理有效地利用自然资源，这样才能让子孙后代在未来也能享受自然的美好和利益。在以上某种或全部观点的推动下，从 19 世纪晚期到 20 世纪初期，大量的个人、各种狩猎或捕鸟组织，还有许多政治家——其中最著名的莫过于西奥多·罗斯福——都开始致力于推行能够根本改变人与自然世界互动方式的措施。他们的努力为人类开启了一个新的时代，人们目睹了美国第一个国家公园的建立，见证了国家野生动物保护区体系的创设。除此之外，还有第一个国家森林的划定，以及各州及联邦层面通过的各种旨在保护被狩猎动物和有装饰性羽毛鸟类的法律法规。[5]

312

　　最初的这些运动令自然保护主义的声势愈发壮大，后者给皮毛交易带来了深刻的影响。到 20 世纪初期，大多数州都通过了限制捕杀带皮毛动物的法案，主要是规定了审批许可的要求，设置了狩猎期和禁猎期，对某些动物规定了限捕量，对一些特定物种则完全禁止捕杀。与此同时，联邦也通过了支持这些地方法律的《莱西法案》（Lacey Act），规定跨州运输在违反州法律情况下捕杀的野生动物的行为也是违法的。这些法律的目的都不是阻碍或彻底终结皮毛交易，反而是为了确保这种交易能够永远地延续下去。其中蕴含的逻辑是，通过法律手段保护动物免受无节制的屠杀，从而确保带皮毛动物的数量能够保持在一个可以经受住相当数量捕杀的程度，这样才能让动物捕杀者们每年都有收获，让更大层面上的经济形成良性发展。换句话说，各州之所以会重视保护动物，主要是因为这是维系皮毛交易自身的唯一办法。即便是规定因为某些物种数量太少，所以完全禁止捕杀的那些州也是抱着先让这些动物休养生息，等数目重新增多之后好恢复捕杀的目的。[6]

　　国际上对皮毛交易进行规范的行动也从这时开始出现了。直到大约 1880 年时，在阿拉斯加捕杀北海狗的活动还主要是由美国人在普里比洛夫群岛上进行的，那里是世界上北海狗最集中的地方。美国人每年要杀死大约 10 万头北海狗，这已经严重威胁到了这种动物的长远存续。接下来几年里，因为美国、英国（加拿大）、俄国和日本远洋（公海）捕猎的能力提高了，所以人们开始到普里比洛夫群岛以外的水域中进行作业，结果是每年被杀死的海豹数量又增多了75000 头。[7]如此程度的捕杀是不可能长久持续下去的，这四个国家意识到了这个问题，于是在 1911 年时一起签订了条约，禁止远洋捕杀海豹的活动，对陆地上的捕杀活动也做出了数量限制。这个条约还规定了禁止捕杀海獭，因为当时海獭的数量极少，已经接近灭绝的边缘。[8]

313

皮毛、财富和帝国

自然保护行动的兴起和当时各州、联邦及国际层面通过的各种法律代表着美国皮毛交易一个重要的历史转折。这无疑是为一个时代画上了句号。市场不再是推动皮毛交易的唯一动力。相反，从这时起，越来越多的法律法规对交易行为做出了限制。许多带皮毛的动物终于第一次享受到了法律的保护。《皮毛、财富和帝国》涵盖的内容也将止于此刻。这是一个新的开始，会有其他人就此书写新的篇章。接着讲述美国皮毛交易在 20 世纪和 21 世纪的历史的人肯定会考虑很多本书中不曾涉及的问题，其中不少还非常敏感，比如法律的发展和实效、美国从纯粹的皮毛出口国到纯粹的进口国的转变、皮毛农场的惊人发展和捕杀动物活动的衰退、人造皮毛的发展和营销及时尚潮流的变化，还有环境保护运动的兴起等。现代美国皮毛交易的故事还不得不回应一些极具争议、充满感情，甚至带有很强的政治、道德和伦理色彩的关于皮毛交易本身的争论。持不同观点的各方在很多问题上争执不下，比如动物的权益、动物捕杀者的权利、人权、虐待动物、皮毛农场的生存状态及人类究竟是否应该穿戴皮毛等。

关于本书中那些主要动物角色——无论是河狸、海獭还是野牛——的大多数新闻都是令人振奋的，尤其是与它们在 19 世纪末时的数量相比的话。沿着河流和小溪修建大坝的河狸重新返回了大部分在很多年前已经见不到它们身影的地方。最引人注目的一次重新现身绝对要数 2007 年 2 月 21 日，一位目光敏锐的观察者在纽约市的布朗克斯河（Bronx

314

River）边惊讶地发现了一只体型巨大、有棕色皮毛的动物
在朦胧不清的河水中游动，看起来与周围的环境格格不入。
这个动物正是一只河狸，这是过去 200 年中人们在纽约城发
现的第一只河狸。这只河狸被取名为何塞，为的是纪念布朗
克斯的国会议员何塞·塞拉诺（José Serrano），正是凭借他
争取到的 1500 万美元的联邦重建基金，这条曾经被严重污
染的河流才重新恢复清澈——这只独自生活的勇敢的河狸才
能在这里不受打扰地捡拾树枝搭建巢穴。纽约人为自己城市
里到来的新居民感到无比惊奇。[9]当然，也不是所有人都为河
狸在全国范围内的复苏而感到高兴。在很多报纸上都能看到
房屋主人或小镇官员因为河狸而气愤或懊恼的消息，原因往
往是它们啃倒了树木或将水流引进原本没有水的地方——有
些时候，这些地方可能是人家的后院。[10]

　　同样令人振奋的还有海獭的数量与 20 世纪早期的最低
点相比也已经上升了不少。不过在它们历史上传统的栖息地
里，也就是从阿拉斯加向南到下加利福尼亚的北美洲海岸沿
线的很多地方，如今还是没有海獭或只有极少一些。整体来
看，如今的海獭数量比起皮毛交易开始之前在太平洋里自在
游弋的数量来说仍然只能算是九牛一毛。这也是为什么美国
鱼类及野生动植物管理局仍将分布在加利福尼亚州沿海大部
分水域、阿拉斯加海岸沿线和从阿留申群岛到科迪亚克群岛
沿线的海獭列为濒危动物。[11]强壮坚韧的野牛的数量也已经
重新增加了。从 19 世纪晚期到 20 世纪早期，在私人和公众
的努力之下，仅剩的一些野牛得到了保护，野牛免遭彻底灭
绝的命运。如今在各个国家公园、动物保护区、野牛牧场、

印第安人保留地和动物园里的野牛总数已经超过了 50 万头，其中大部分是像家牛一样被圈养起来供人们食用牛肉的。[12]

很久之前的皮毛交易留下的印记至今仍然清晰可见。追溯美国很多城镇的历史都会发现，它们的起源甚至创设都离不开皮毛交易，马萨诸塞州的斯普林菲尔德、缅因州的奥古斯塔、康涅狄格州的塞布鲁克、纽约市、匹茨堡、底特律、芝加哥、圣保罗、格林贝、密尔沃基、圣路易斯、南达科他州的皮埃尔、堪萨斯州的莱文沃思、科罗拉多州的普韦布洛、蒙大拿州的本顿堡和阿斯托里亚都是这样的例子，除此之外还有更多。另外一些地方的名字则是以皮毛交易者或动物捕杀者的名字命名的，包括亚利桑那州的威廉姆斯、犹他州的奥格登和普罗沃、明尼苏达州的迪吕特、蒙大拿州的卡伯特森和布里杰山、华盛顿州的博纳维尔、怀俄明州的杰克逊和拉勒米、爱达荷州的克雷格蒙特、科罗拉多州的基特·卡森峰和内华达州的沃克湖。许多场所、学校、运动队用河狸或野牛作为自己的名字或运动衣及队旗上的图案，这也证明了这些动物曾经普遍存在及它们对于皮毛交易的重要性。山地人是美国历史上最重要的代表人群之一，他们对于文化的影响依然深刻，从我们的语言、电影、电视或西部各地举办的许多重现集合点盛况的活动中都能看到他们的影子。从更广阔的层面来看，皮毛交易的历史也体现在各个国家公园、州立公园、博物馆和历史遗迹中。这些地方有很多受过培训的解说员会热切地与你分享他们关于遥远过往的丰富知识。[13]最后，还有数十万甚至上百万的美国人民，他们的家

315

450

族至少可以追溯到各种早期的美国人，有白人、黑人、印第安人，还有梅蒂人等，正是他们创造和延续了皮毛交易，让它能够从 17 世纪一直发展到 19 世纪。

随着时间的推移，当下的兴奋感和即时性会渐渐让人忽视过往的印记和教训，将历史留下的遗产抛诸脑后也是常态。但是，如果皮毛交易也这样被人遗忘就太可惜了，因为它在美国成为一个怎样的国家，以及如何走到今天的过程中发挥了至关重要的作用。

注 释

引 言

1. James Truslow Adams, *The Founding of New England* (Boston: Atlantic Monthly Press, 1921), 102.

2. 在创作本书的过程中，我必须确定究竟是使用"印第安人"还是"美洲原住民"来笼统指代生活在美洲的原住民。最终我决定在大部分情况下使用"印第安人"一词，因为大多数我敬佩的作者使用的都是这种说法，我也认为这样比较合适。正因为如此，当我读到 David Hackett Fischer 创作的 *Champlain's Dream* 一书时，我高兴地发现 Fischer 提到自己曾询问一些印第安人首领更希望别人如何称呼他们。首领们给出了两个答案：如果你想具体提及某一个民族，那么你应当使用这个民族专有的名字，比如莫霍克族（Mohawk）；如果你想笼统地指代"他们所有人"，那么"印第安人"这个称谓"比任何其他称谓都好"，而且"他们为被这样称呼而感到骄傲"。我会遵循这样的建议。本书中具体提及某个民族时，我使用了该民族的恰当名称，在笼统指代时则使用了"印第安人"一词。参见 David Hackett Fischer, *Champlain's Dream: The European Founding of North America* (New York: Simon & Schuster, 2008), 636n26。

3. Hiram Martin Chittenden, *The American Fur Trade of the Far West*, vol. 1 (1902; reprint, Stanford: Academic Reprints, 1954), xi. 另一部关于皮毛交易的经典著作是 Paul Chrisler Phillip 的两卷本，内容涵盖了北美皮毛交易的

452

整段历史，长达 1380 页。Paul Chrisler Phillips，*The Fur Trade*，2 vols. (Norman：University of Oklahoma Press，1961）.

第一章　"人们能找到的最好的大河"

1. Donald S. Johnson，*Charting the Sea of Darkness：The Four Voyages of Henry Hudson*（New York：Kodansha International，1993），87；同上书，51，73，132 – 142；Russell Shorto，*The Island at the Center of the World：The Epic Story of Dutch Manhattan and the Forgotten Colony That Shaped America*（New York：Vintage Books，2005），20 – 24，28 – 31；Emanuel van Meteren，"On Hudson's Voyage," in *Narratives of New Netherland*，*1609 – 1664*，ed. J. Franklin Jameson（New York：Charles Scribner's Sons，1909），6；Llewelyn Powys，*Henry Hudson*（New York：Harper & Brothers Publishers，1928），70 – 83；and Douglas Hunter，*Half Moon：Henry Hudson and the Voyage That Redrew the Map of the New World*（New York：Bloomsbury Press，2009），6 – 11。在哈得孙的 1608 年航行因受浮冰阻碍而被迫结束之后，他曾尝试寻找一条向西北方向航行最终通往东方的航线。他在自己的日记中写道："向东北方向寻找通路是徒劳无果的……因此我下定决心想尽一切办法向西北方向航行。" Johnson，*Charting the Sea of Darkness*，73. 向西北方向航行了大约十周之后，哈得孙手下的船员以发起暴动为威胁说服哈得孙返回英格兰。早在 1607 年，哈得孙受雇于马斯科威公司出海寻找东方航线时还曾尝试向北航行，"一直向北，绕过地球的顶点"。然而那次尝试同样由于浮冰的拦截而以失败告终。Shorto，*The Island at the Center of the World*，20，22. 关于亨利·哈得孙及他著名的寻找前往远东的北方航线的第三次航行的文献非常丰富。我认为在描述哈得孙的故事与美洲皮毛交易起源的关系这一问题上最有帮助的作品除前面引用过的作品之外，还包括 E. B. O'Callaghan，*History of New Netherland*，*Or*，*New York Under the Dutch*，2nd ed. vol. 1（New York：D. Appleton & Company，1855），5 – 42。

2. Van Meteren，"On Hudson's Voyage," 6 – 7. 还可参见 Johnson，*Charting the Sea of Darkness*，128 – 129；and Shorto，*The Island at the Center of the*

318

World, 31。

3. Robert Juett, "The Third Voyage of Master Henry Hudson," in Georg Michael Asher, ed., *Henry Hudson The Navigator*, *The Original Documents in Which His Career is Recorded* (London: Hakluyt Society, 1860), 74; Shorto, *The Island at the Center of the World*, 31; and Hunter, *Half Moon*, 2 – 3, 93 – 96.

4. Van Meteren, "On Hudson's Voyage," 7; and Oliver A. Rink, *Holland on the Hudson*: *An Economic and Social History of Dutch New York* (Ithaca: Cornell University Press, 1986), 28.

5. Robert Juett, "The Third Voyage of Master Henry Hudson," in *Narratives of New Netherland*, 21.

6. Van Meteren, "On Hudson's Voyage," 8; and Rink, *Holland on the Hudson*, 29. 按照 Martine Gosselink 的说法，哈得孙是被他手下的八名英国水手强迫在达特茅斯靠岸的（其余八名水手为荷兰人）。Martine Gosselink, *New York, New Amsterdam*: *The Dutch Origins of New York* (Amsterdam: National Archive, 2009), 41. 其他作者认为哈得孙这一举动的原因尚不能确定。参见 Shorto, *The Island at the Center of the World*, 33; 和 Edgar Mayhew Bacon, *Henry Hudson, His Times and His Voyages* (New York: G. P. Putnam's Sons, 1907), 173 – 174。

7. Shorto, *The Island at the Center of the World*, 31 – 34.

8. Juett, "The Third Voyage of Master Henry Hudson," in *Narratives of New Netherland*, 18 – 23, 25 – 26.

9. Van Meteren, "On Hudson's Voyage," 7.

10. 如 Nathaniel C. Hale 观察到的那样："可以说人类真正拥有的第一件财产就是动物皮毛。" Nathaniel C. Hale, *Pelts and Palisades*: *The Story of Fur and the Rivalry for Pelts in Early America* (Richmond, VA: Dietz Press, 1959), 1. 科学家们至今还在为人类体毛较少的进化层面的原因而争论，更多关于这个问题的内容可参见 James A. Kushlan, "The Evolution of Hairlessness in

319

Man," *American Naturalist* 116, no. 5 (November 1980): 727 – 729; and Terrence Kealery, "Glad to be Naked," *New Scientist* (August 7, 1999): 47。

11.《圣经·创世记》3：20, *The Oxford Annotated Bible with Apocrypha*, Revised Standard Version, ed. Herbert G. May and Bruce M. Metzger (New York: Oxford University Press, 1965), 5; William E. Austin, *Principles and Practice of Fur Dressing and Fur Drying* (New York: D. Van Nostrand Company, 1922), 128; William Clarence Webster, *A General History of Commerce* (Boston: Ginn & Company, 1903), 7; R. Turner Wilcox, *The Mode in Furs* (New York: Charles Scribner's Sons, 1951), 2; William Smith, William Wayte, and G. E. Marindin, *A Dictionary of Greek and Roman Antiquities*, 3rd ed., vol. 2 (London: John Murray, 1891), 362; Jules Toutain, *The Economic Life of the Ancient World* (New York: Alfred A. Knopf, 1930), 50; Wolfgang Menzel, *The History of Germany From the Earliest Period to the Present Time*, vol. 1 (London: Bell & Daldy, 1869), 127; and James A. Hanson, *When Skins Were Money: A History of the Fur Trade* (Chadron, NE: Museum of the Fur Trade, 2005), 19。有些人声称希腊神话中伊阿宋和阿尔戈人一起寻找金羊毛的旅程其实就是"皮毛商人伊阿宋"的故事；故事中的金羊毛是一只作为牺牲的公羊的金色皮毛——其实就是动物皮毛。金羊毛在这里象征的就是当时被用来交易的所有价值高昂的皮毛，交易这些物品可以轻易让人变得富有。由此看来，伊阿宋的旅程并没有什么浪漫之处，不过是一次靠交易皮毛赚了大钱的商业活动罢了。参见 Captain John C. Sachs, *Furs and the Fur Trade*, 3rd ed. (London: Sir Isaac Pitman & Sons Ltd., 1923), 3 – 4; and Hale, *Pelts and Palisades*, 2 – 4。

12. Elspeth M. Veale, *The English Fur Trade* (Oxford: Clarendon Press, 1966), 60, 66; Hanson, *When Skins Were Money*, 21; and Raymond H. Fisher, *The Russian Fur Trade, 1550 – 1700* (Berkeley: University of California Press, 1943), 1 – 16, 184 – 230.

13. Alexander Pulling, *The Order of the Coif* (Boston: Boston Book

Company, 1897), 223n3.

14. Patrick Fraser Tyler, *History of Scotland*, vol. 3 (Edinburgh: William Tait, 1829), 271 – 272.

15. Veale, *The English Fur Trade*, 9.

16. Ibid. , 13 – 14; and E. E. Rich, *Hudson's Bay Company*, *1670 – 1870*, vol. 1 (New York: Macmillan Company, 1961), 1.

17. Veale, *The English Fur Trade*, 17 – 18, 20, 135, 144; and Wilcox, *The Mode in Furs*, 20.

18. Walter Scott, *Tales of a Grandfather*, vol. 6, *France*, (Edinburgh: Robert Cadell, 1836), 76 – 77; William Francis Collier, *The Great Events of History* (London: T. Nelson and Sons, 1860), 100; and Veale, *The English Fur Trade*, 4.

19. Helen Zimmern, *The Hansa Towns* (New York: G. P. Putnam's Sons, 1889), 96. 追求虚荣的主题也让中世纪的另一位评论者感到困扰，不过这个故事的寓意并不是谴责人们使用皮毛，反而是在赞美皮毛的价值。1371年前后，一位名叫若弗雷·德·拉·图尔·朗德里（Geoffrey de la Tour Landry）的法国骑士为自己的女儿们创作了一本书，目的是帮助她们理解爱与人生的意义。其中一个故事讲的是曾经有一对姐妹，姐姐比妹妹漂亮，而且即将见到父亲为自己选定的丈夫人选，对方是一名年轻富有的骑士。准新娘对于自己"苗条匀称的身材"非常自信，所以决定穿一件"没有镶皮毛的"礼服。虽然礼服"很服帖，凸显了她的身姿"，但是当天"风大雾大"，她穿的"单薄衣物"根本不适宜这样的天气，她脸上"失去了……血色，因为寒冷［变得］苍白甚至青紫"。相反，她的妹妹因为明智地穿上了保暖的镶着皮边的衣物，看起来非常健康，双颊像鲜艳的玫瑰一般红润。当年轻的骑士到来之后，他只看了两姐妹一眼，就向她们的父亲请求迎娶气色更好的妹妹为妻。以为自己选对了人的年轻骑士后来再到妻子家中做客时，却发现穿上了暖和的皮毛长袍的姐姐才是更美丽的那个，不过已经什么都晚了，他后悔也没有用。Quoted in Veale, *The English Fur Trade*, 1;

320

and James Robinson Planche, *A Cyclopædia of Costume or Dictionary of Dress* (London: Chatto and Windus, 1876), 117 – 118.

20. 中世纪时期，以这种方式被杀死的动物数量起码有数百万，甚至可能达到几千万乃至上亿。要更好地理解这种大屠杀的规模，可以看下面这个例子：1406 年时，从波罗的海的里加港出发的三艘船上共装载了 333348 张皮毛，而且几乎全部都是同一种松鼠的皮毛。参见 Veale, *The English Fur Trade*, 134。

21. Frederick Jackson Turner, "The Character and Influence of the Indian Trade in Wisconsin," in *Education, History, and Politics, Johns Hopkins University Studies in Historical and Political Science*, ed. Herbert B. Adams (Baltimore: Johns Hopkins Press, 1891), 551; and Kirsten A. Seaver, *Maps, Myths, and Men, The Story of the Vinland Map* (Stanford: Stanford University Press, 2004).

22. Arthur Middleton Reeves, *The Finding of Wineland the Good: The History of the Icelandic Discovery of America* (London: Henry Frowde Oxford University Press, 1895), 47 – 48.

23. Susan Tarrow, "Translation of the Cellere Codex," in Lawrence C. Wroth, *The Voyages of Giovanni da Verrazano, 1524 – 1528* (New Haven: Yale University Press, 1970), 134, 137 – 138, 140 – 141; and Neal Salisbury, *Manitou and Providence* (New York: Oxford University Press, 1982), 52 – 53.

24. Jacques Cartier, "Navigations to Newe France, trans. John Florio," *March of America Facsimile Series*, 10 (1580; reprint, Ann Arbor: University Microfilms, 1966), 15 – 17. See also James Phinney Baxter, *A Memoir of Jacques Cartier Sieur de Limoilou, His Voyages to the St. Lawrence, a Bibliography and a Facsimile of the Manuscript of 1534 with Annotations, etc.* (New York: Dodd, Mead & Company, 1906), 105.

25. Mark Kurlansky, *Cod: A Biography of the Fish That Changed the World* (New York: Walker and Company, 1997), 28 – 29, 48 – 49; and H. P. Biggar, *The Early Trading Companies of New France: A Contribution to the*

History of Commerce and Discovery in North America（Toronto：University of

321　Toronto Library，1901），24 – 25. 自维京人之后最先与印第安人进行皮毛交易的欧洲人有可能是 15 世纪晚期到纽芬兰附近水域里捕鳕鱼和鲱鱼的渔民。他们在捕鱼之外的时间里可能通过物物交换的方式获得了原住民提供的皮毛。然而，关于这些活动的证据都是"零碎且具有暗示性的"。这种结果并不令人意外，因为渔民非常忌讳将优良渔场一类的商业机密透露给别人，所以他们几乎从不就自己的航行留下任何书面记录。Salisbury，*Manitou and Providence*，51.

26. 米克马克印第安人顽强不懈地想要吸引卡蒂埃及他的水手们与自己进行交易，这样的努力足以证明这些印第安人此前已经与欧洲人进行过交易，而且很可能就是与欧洲的渔民。

27：Biggar，*The Early Trading Companies of New France*，25 – 26；and Harold A. Innis，*The Fur Trade in Canada*（Toronto：University of Toronto Press，1956），9.

28. Francis Parkman，*Pioneers of France in the New World*，*Huguenots in Florida*，*Samuel de Champlain*（Boston：Little，Brown & Company，1907），234.

29：Biggar，*The Early Trading Companies of New France*，17，25，32 – 37.

30. Phillips，*The Fur Trade*，vol. 1，28；and Biggar，*The Early Trading Companies of New France*，38 – 67.

31. Juett，*The Third Voyage of Master Henry Hudson*，in Asher，*Henry Hudson the Navigator*，59 – 60；and Hunter，*Half Moon*，93 – 99.

32. Thomas A. Janiver，*The Dutch Founding of New York*（New York：Harper & Brothers Publishers，1903），6 – 7；John Romeyn Brodhead，*History of the State of New York*，*First Period，1609 – 1664*（New York：Harper & Brothers Publishers，1853），43 – 44；Francis Parkman，*Pioneers of France in the New World*，*France and England in North America*，*Part First*，vol. 2（Boston：Little，Brown & Company，1897），276 – 277；Shorto，*The Island at*

the Center of the World，34；and O'Callaghan，*History of New Netherland*，vol. 1，32n1，在美洲的皮毛交易是荷兰与俄国之间传统皮毛交易的补充，而非替代品。荷兰人在 17 世纪剩下的时间里依然在与俄国人进行交易。参见 Fisher，*The Russian Fur Trade*，190 – 191。

第二章　宝贵的河狸

1. 关于此时河狸在时尚界日益受到青睐的内容，参见 Innis，*The Fur Trade in Canada*，11；J. F. Crean，"Hats and the Fur Trade," *Canadian Journal of Economics and Political Science*，28，3（August，1962）：373 – 386；and Wilcox，*The Mode in Hats and Headdress*，113。

2. Earl L. Hilfiker，*Beavers*，*Water*，*Wildlife and History*（Interlaken，Windswept Press，1991），13 – 16；Björn Kurtén and Elaine Anderson，*Pleistocene Mammals of North America*（New York：Columbia University Press，1980），236；and Miles Barton et al.，*Prehistoric America：A Journey Through the Ice Age and Beyond*（New Haven：Yale University Press，2002），155. 欧洲的河狸和北美洲的河狸分别拥有 48 对和 40 对染色体，欧洲的河狸看起来"比它们在新大陆的表亲更古老、更传统"，不过也有些人相信它们并不是完全不同的物种。参见 Dietland Müller-Schwarze and Lixing Sun，*The Beaver：Natural History of a Wetlands Engineer*（Ithaca：Comstock Publishing，2003），2 – 3，10，13。河狸体重的记录是 1921 年 8 月在威斯康星州的艾恩里弗抓到的 110 磅重的河狸。Leonard Lee Rue III，*The World of the Beaver*（Philadelphia：J. B. Lippincott Company，1964），15 – 17.

3. 不列颠哥伦比亚省有一棵直径 37 英寸的三角叶杨，这似乎是目前有记录的被河狸啃断的最粗的树木。Rue，*The World of the Beaver*，64，66.

4. Lewis H. Morgan，*The American Beaver*（Philadelphia：J. B. Lippincott & Co.，1868），18 – 20，65 – 66；Rue，*The World of the Beaver*，15 – 16；Müller-Schwarze and Sun，*The Beaver*，11 – 12，23；and Hilfiker，*Beavers*，*Water*，*Wildlife and History*，25 – 27. 河狸有时候会吃树皮，尤其是大树的树皮。它们会一点点啃掉树皮，结果是就算树木不倒也依然会死亡。

322

5. 有些观察者称，河狸用尾巴拍打水面的声音在 1/2 ~ 3/4 英里之外都能听见。参见 Müller-Schwarze and Sun, *The Beaver*, 48; Hilfiker, *Beavers, Water, Wildlife and History*, 24; and Morgan, *The American Beaver*, 28。

6. Mark Kurlansky, *The Basque History of the World* (New York: Penguin, 1999), 48 – 49.

7. Thomas Morton, *New English Canaan* (Fairfield, WA: Ye Galleon Press, 2001; facsimile of original 1637 edition), 44, 77. 莫顿注意到，人们相信河狸的尾巴能够帮助"普里阿普斯（Priapus）提升"。普里阿普斯是希腊和罗马神话中的生殖之神，他最与众不同的特点就是巨大且永久勃起的阴茎。有一种关于河狸尾巴的描述是这样的，"所有河狸的尾巴都是美味佳肴，所以在德国，偶尔才能被抓到的河狸的尾巴是只有君主才能够享用的食物。这种肉食比陆上和水中所有动物的肉质都鲜美……河狸身上最美味的地方就是它的尾巴。印第安人轻易不肯将它拿出来，除非是作为非常特别的招待或馈赠"。参见 Adriaen van der Donck, *A Description of New Netherland*, ed. Charles T. Gehring and William A. Starna, trans. Diederick Willem Goedhuys (1655; reprint, Lincoln: University of Nebraska Press, 2008), 123。

8. Müller-Schwarze and Sun, *The Beaver*, 13.

9. 河狸的巢穴可以是沿着池塘边缘建造的地上巢穴，也可以是独立支撑的用树杈、嫩枝和淤泥以池塘底部为基础堆起来的圆顶小丘，小丘的顶部高出水面之上。这样的巢穴四周都是封闭的，除了靠近顶点的地方留有一个小小的通气孔，在底部留有一个出口供河狸进出。有记录的最大的河狸巢穴出现在魁北克。那个巢穴的底部直径达到 40 英尺，露出水面部分的高度达到 8 英尺。参见 Rue, *The World of the Beaver*, 104; 和 S. Hodgson, Thomas Bewick, and Ralph Beilby, *A General History of the Quadrupeds*, 3rd ed. (London Newcastle-upon-Tyne: G. G. J. & J. Robinson, & C. Dilly, 1792), 258, 260。

10. 为了收集建造巢穴的材料，河狸能够咬断几乎任何落叶树木，但是

323

它们只在极其偶尔的情况下才会咬断针叶树，而且它们任何时候都不吃针叶树的树皮。Müller-Schwarze and Sun, *The Beaver*, 2.

11. 同上书，68。河狸当然不是圆锯，它们要咬断一棵树木需要花不少时间，咬断直径六七英寸粗的树木需要一个小时；咬断两倍于这个直径的树木则需要四个小时或更长时间。

12. Washington Irving, *The Adventures of Captain Bonneville, or Scenes Beyond the Rocky Mountains of the Far West*, vol. 2 (London: Richard Bentley, 1837), 136.

13. 关于河狸如何修建堤坝的最全面的论述，参见 Morgan, *The American Beaver*, 78 – 131, 还可参见 Horace T. Martin, *Castorologia, or the History and Traditions of the Canadian Beaver* (London: Edward Stanford, 1892), 222。

14. Alice Outwater, *Water: A Natural History* (New York: Basic Books. 1996), 23; and Enos A. Mills, *In Beaver World* (1913; reprint, Lincoln: University of Nebraska Press, 1990), 4. 迄今为止最大的河狸堤坝是在新罕布什尔州柏林发现的。堤坝的长度达到 4000 英尺，堤坝后面拦出了一个湖，湖上有 40 个河狸巢穴。Rue, *The World of the Beaver*, 77.

15. Mills, *In Beaver World*, 36.

16. Outwater, *Water: A Natural History*, 20. See also Müller-Schwarze and Sun, *The Beaver*, 4.

17. Hilfiker, *Beavers, Water, Wildlife and History*, 14 – 16; and Outwater, *Water*, 21. 还有人认为史前北美地区的河狸数量能够达到 12 亿只。参见 Hilfiker, *Beavers, Water, Wildlife and History*, 15。对于这些估算的数字，我们必须抱着怀疑的态度来审视。计算历史上的动物数量是一个复杂的问题，我无法为这些五花八门的数据的 "准确性" 和 "严谨性" 做担保。说北美洲曾经生活过 2 亿只河狸的说法似乎令人难以接受，考虑到皮毛交易仅用了（相对来说）不长的时间就造成河狸数量的骤减，说它们的实际数量远不及 6000 万也完全不会令人意外。我们永远不可能确切地知道那时究竟有多少河狸，自然也就不可能知道从欧洲人到来之后兴起的皮毛交易到底造成了多少河狸的死亡。

18. Outwater, *Water: A Natural History*, 27; and Everett S. Allen, *A Wind to Shake the World: The Story of the 1938 Hurricane* (Boston: Little, Brown & Company, 1976), 37 – 39.

19. Mari Sandoz; *The Beaver Men: Spearheads of Empire* (Lincoln: University of Nebraska Press, 1964), 25; J. W. Powell, *Eleventh Annual Report of the Bureau of Ethnology to the Secretary of the Smithsonian Institution*, part 1 (Washington, DC: U. S. Government Printing Office, 1894), 438, 465 – 466; Jane C. Beck, "The Giant Beaver: A Prehistoric Memory?" *Ethnohistory* 19 (Spring 1972), 109 – 110; Charles G. Leland, *The Algonquin Legends of New England* (Boston: Houghton, Mifflin & Company, 1884), 342 – 343; Francis Parkman, *The Jesuits in North America in the Seventeenth Century*, vol. 1 (Boston: Little, Brown & Company, 1906), 63n1; Katharine Berry Judson, *Myths and Legends of California and the Old Southwest* (Chicago: A. C. McClurg & Co., 1912), 48 – 49; and Marion Whitney Smith, *Algonquian and Abenaki Indian Myths and Legends* (Lewiston: Central Maine Press, 1962).

20. Pliny, *The Natural History of Pliny*, trans. John Bostock and H. T. Riley, vol. 2 (London: George Bell & Sons, 1890), 297 – 298.

21. Henry David Thoreau, *The Writings of Henry David Thoreau: Journal*, ed. Bradford Torrey, vol. 13 (Boston: Houghton, Mifflin & Company, 1906), 152.

22. Dante Alighieri, *Readings of the Inferno of Dante*, text and trans. William Warren Vernon, intro. Edward Moore, vol. 2 (London: Methuen & Co., 1906), 8 – 9n; and Richard Thayer Holbrook, *Dante and the Animal Kingdom* (New York: Columbia University Press, 1902), 197 – 199.

23. George Cartwright, *Captain Cartwright and his Labrador Journal*, ed. Charles Wendell Townsend (Boston: Dana Estes & Company, 1911), 297;

324

and John D. Godman, *American Natural History*, 3rd ed. , vol. 1, (1826; reprint, Philadelphia: Hogan & Thompson, 1836), 284.

24. Sir Thomas Browne, *The Works of Sir Thomas Browne*, ed. Simon Wilkins (London: Henry G. Bohn, 1852), 240 – 244. 有人说河狸属的属名 "*Castor*" 就是源于它这种自我阉割的行为, 因为这个单词是拉丁语中 "阉割" (*castratum*) 一词的变形。不过这个属名真正的来源是什么尚无定论: 有人认为 "*Castor*" 其实来自希腊词语 "肚子" (*gaster*) 或希腊神话中的神明卡斯托耳 (Kastor)。参见 Outwater, *Water*, 21; *Aesop's Fables*, trans. Laura Gibbs (Oxford University Press, 2002), 207 – 208; and Sandoz, *The Beaver Men*, 22。

25. *Aesop's Fables*, 207 – 208.

26. Morton, *New English Canaan*, 77. 莫顿还错误地相信河狸坐在自己的巢穴里时, 肯定要把 "尾巴垂到水里", 否则尾巴会 "因为温度太高而腐烂脱落"。然而, 莫顿却没有解释为什么河狸在陆地上啃咬树木时尾巴能够安然无恙。

27. Thoreau, *The Writings of Henry David Thoreau: Journal*, 153. 关于其他西方人创造的关于河狸的神话, 参见 Thomas Smith, *The Wonders of Nature and Art*, vol. 9 (London: J. Walker, 1804), 161 – 165; *The Wonders of Nature and Art*, vol. 2 (Reading, England: C. Corbett, 1750), 173; and Theodore Roosevelt, *Roosevelt's Writings*, ed. Maurice Garland Fulton (New York: Macmillan Company, 1920), 258 – 259。

28. John James Audubon and John Bachman, *The Viviparous Quadrupeds of North America*, vol. I (New York: J. J. Audubon, 1846), 349.

29. 参见, 例如 W. Bingley, *Animal Biography; or, Anecdotes of the Lives, Manners, and Economy, of the Animal Creation, Arranged According to the System of Linnaeus*, vol. 1, *Quadrupeds* (London: J. Adlard, 1803), 401; Jeremy Belknap, *The History of New Hampshire*, vol. 3 (Boston: Belknap and Young, 1792), 154; 和 James Burnett Monboddo, *Of the Origin and Progress of Language*, vol. 1 (London: J. Balfour and T. Cadell, 1774), 457 – 458。

325

30. Morgan, *The American Beaver*, 17 – 18.

31. Müller-Schwarze and Sun, *The Beaver*, 11.

32. Sandoz, *The Beaver Men*, 46.

33. 同上书, 46 – 47; George A. Dorsey, "Games of the Makah Indians of Neah Bay," *American Antiquarian and Oriental Journal* 23 (January – November, 1901): 72; *The Annual Cyclopedia and Register of Important Events of the Year 1899* (New York: D. Appleton & Company, 1900), 19; and Andrew McFarland, "Indian Games," *Bulletin of the Essex Institute* 17 (January – March, 1885): 112 – 113。

34. George A. Burdock, *Fenaroli's Handbook of Flavor Ingredients*, 5th ed. (Boca Raton: CRC Press, 2005), 276 – 277. 鉴于河狸香中含有水杨酸, 也就是阿司匹林中的主要成分, 所以说河狸香有各种治疗功能的理论也许是有一定依据的。河狸会吃柳树的树皮, 那里面就含有水杨酸。印第安人有时也会通过嚼树皮的方法来治疗各种疾病。Müller-Schwarze and Sun, *The Beaver*, 43; and Marcello Spinella, *The Psychopharmacology of Herbal Medicine: Plant Drugs that Alter Mind, Brain, and Behavior* (Cambridge: MIT Press, 2001), 303 – 304. 其他一些据说能够被河狸香治愈的小病还包括腹绞痛、牙痛、肝脏肿瘤、耳痛、耳聋、坐骨神经痛、精力不济、恶性热、胸膜炎、嗜睡、脓肿、战栗、中毒和郁结。参见 A. Moquin-Tandon, *Elements of Medical Zoology*, trans. and ed. Robert Thomas Hulm (London: H. Bailliere Publisher, 1861), 121 – 122; Martin, *Castorologia*, 91 – 97; George D. Hendricks, "Misconceptions Concerning Western Wild Animals," *Western Folklore* 12, no. 2. (April 1953), 126; 和 *British Journal of Homeopathy*, ed. J. J. Drysdale, R. E. Dudgeon, and Richard Hughes (London: Henry Turner and Co., 1875), 434。与河狸香一样有名的从动物身上获得的定香剂还包括抹香鲸产生的龙涎香、非洲麝猫身上产生的麝香。Mandy Aftel, *Essence & Alchemy, A Natural History of Perfume* (Layton, UT: Gibbs Smith, 2004), 77; and Nigel Groom, *The New Perfume Handbook*, 2 ed. (London: Blackie Academic & Professional, 1997), 57.

35. Crean，"Hats and the Fur Trade，" 374 – 375. 一位研究制帽问题的历史学家称："一顶完美的河狸皮帽子被认为是制帽人的最高成就。" James Harford Hawkins, *History of the Worshipful Company*, *of the Art or Mistery of Feltmakers of London* (London：Crowther & Goodman, 1917)，16. 考虑到制作一顶河狸皮帽子所需要的技巧和工艺，会有这种说法一点都不奇怪。从辨别皮毛的质量，到加工处理、修剪"河狸绒毛"，到将皮毛制成厚厚的毛毡，到帽子的定型和剪裁，制作一顶河狸帽子最多需要 30 道工序，最长需要 7 个小时的时间。其中最基本也是最艰难的一道工序是去除粗糙的保护鬃毛，露出柔软的底层绒毛。这项工作就是靠制帽人把皮毛摊在腿上，用手指、小刀或镊子一点一点把粗毛拔干净。北美洲河狸皮毛交易的展开为制帽人省去了这项费时费力的工作，因为大多数从那里进口的皮毛上的粗毛都已经被除干净了，这是由于印第安人已经把这些皮毛当外套穿过了。去完粗毛的下一步就是修剪，皮毛要经过梳理、称重、弯折、制毡、拍打、成形、修剪、染色、蒸汽软化、熨烫、拉绒、加衬、抛光，最终才能成为一顶精美的帽子。因为河狸皮的高昂价格，所以一顶帽子上使用多种皮毛的情况并不少见。帽子上的其他位置，比如内衬等地方通常就是用河狸皮与便宜一些的兔子皮之类的其他皮毛拼接而成的。关于更完整的河狸皮帽子制作过程的描述可登录 White Oak Society 的河狸皮帽子制作过程网页，http：//www. whiteoak. org/learning/furhat. htm，(accessed March 17, 2008)；还可参见 John Thomson, *A Treatise on Hat-Making and Felting* (Philadelphia：Henry Carey Board, 1868)，29 – 52，60 – 61；and Hawkins, *History of the Worshipful Company*，15 – 19。

在 18 世纪初，毛毡加工过程经历了一次革命，增加了一项被称为毡合预处理的步骤，就是在皮毛表面刷一层汞盐和硝酸，这种做法能够让皮毛更加强韧，从而提升毛毡的质量。毡合预处理能让皮毛的颜色更加接近橙色或偏黄的红色，就好像葫芦卜的颜色一样，这也正是毡合预处理步骤英文单词"carroting"的由来 (carrot 是胡萝卜的意思)。这个步骤给制帽人的健康带来了巨大的危害。毛毡制作时有加热和蒸汽软化的步骤，这会让汞

326

盐挥发到空气中，被制帽人吸入。暴露在这样的物质之中时间越久，制帽人越可能出现汞中毒。汞中毒的主要症状包括神经损伤、不受控制的颤抖、脚步蹒跚及精力衰退。这一系列症状很可能就是"像制帽人一样疯癫"这句谚语出现的原因。更多关于汞对制帽人产生的影响的内容，参见 John Timbrell，*The Poison Paradox：Chemicals as Friends and Foes*（Oxford：Oxford University Press，2005），166。

36. "我们能找到的关于帽子制作的历史记录很少，与帽子有关的任何信息都非常匮乏。"Thomson，*A Treatise on Hat-Making and Felting*，26. 还可参见 Wilcox，*The Mode in Hats and Headdress*，41。

37. Geoffrey Chaucer，*The Canterbury Tales of Chaucer*，by Thomas Tyrwhitt，vol. 1（Edinburgh：James Nichol，1860），9。

38. Thomson，*A Treatise on Hat-Making and Felting*，27；and Eric R. Wolf，*Europe and the People Without History*（Berkeley：University of California Press，1982），159.

39. Shorto，*The Island at the Center of the World*，34.

40. Quotes from Abacuk Pricket，"A Larger Discourse of the Same Voyage，and the Success Thereof," in Johnson，*Charting the Sea of Darkness*，177 – 179，149 – 152，195 – 200；Peter C. Mancall，*Fatal Journey：A Tale of Mutiny and Murder in the Arctic*（New York：Basic Books，2009），6 – 17，119 – 130；and Shorto，*The Island at the Center of the World*，34 – 35.

41. Mancall，*Fatal Journey*，144 – 146，209 – 210；and Johnson，*Charting the Sea of Darkness*，196 – 200.

327 第三章　新阿姆斯特丹的崛起

1. Simon Hart，*The Prehistory of the New Netherland Company*（Amsterdam：City of Amsterdam Press，1959），21 – 22；and Gosselink，*New York，New Amsterdam*，43. 根据 Hart 的观点，"荷兰与被称为新尼德兰和哈得孙河地区的商业联系的起源至今仍不甚明朗"，17。

2. 关于布洛克 1612 年航行的信息并不多，但有限的材料似乎都暗示了这次航行是成功的。比如说，布洛克的一个资助人在 1613 年 7 月 30 日在写给自己妻子的书信中提到了布洛克在 1612 年底至 1613 年初这个冬季前往哈得孙河的航行，称这次航行"比去年的还要成功"。参见 Hart, *The Prehistory of the New Netherland Company*, 74; Rink, *Holland on the Hudson*, 32 – 34。虽然此时荷兰人对于这条河的官方称谓还是毛里求斯河（Mauritius），但是到了 1614 年，该地区的皮毛交易者们已经开始称其为哈得孙河了，为的是纪念这位探险家之前的航行。参见 Shorto, *The Island in the Center of the World*, 38。在最初的这段时间里，哈得孙河也曾经被称为北河，以区别于南河（即特拉华河）。

3. Hart, *The Prehistory of the New Netherland Company*, 22 – 23, 74 – 75, 80 – 81; Gosselink, *New York*, *New Amsterdam*, 43; and Van Cleaf Bachman, *Peltries or Plantations*: *The Economic Policies of the Dutch West India Company in New Netherland*, *1623 – 1639* (Baltimore: Johns Hopkins Press, 1969), 6 – 7. 有些人宣称罗德里格斯是黑人或黑人与白人的混血儿，实际情况无法确定。Gosselink, *New York*, *New Amsterdam*, 45.

4. Bachman, *Peltries or Plantations*, 6 – 7; and Hart, *The Prehistory of the New Netherland Company*, 25 – 26.

5. Hart, *The Prehistory of the New Netherland Company*, 80 – 83.

6. 同上书, 28 – 31。

7. 同上书, 32; and Tom Lewis, *The Hudson*: *A History* (New Haven: Yale University Press, 2005), 54 – 55。

8. *Documents Relative to the Colonial History of the State of New-York, Procured in Holland*, *England and France by John Romeyn Brodhead*, ed. E. B. O'Callaghan, vol. 1 (Albany: Weed, Parsons & Company, 1856), 5 – 6, 10.

9. John de Laet, ed. and trans. , "Extracts from *The New World*, *or A Description of the West Indies* (1633), in *Collections of the New-York Historical Society*, vol. 1 (New York: New-York Historical Society, 1841), 291, 299. 有些记录宣称，拿骚堡是在岛上一个始建于 1540 年的由法国皮毛交易者建造

的旧堡垒的基础上建造的。参见 John Fiske，*The Dutch and Quaker Colonies in America*，vol. 1（Boston：Houghton，Mifflin & Company，1899），92。

10. Rink，*Holland on the Hudson*，49；and Gosselink，*New York，New Amsterdam*，49.

11. Van der Donck，*A Description of New Netherland*，139 – 140.

12. 绒粗呢的英文单词"duffels"来源于最初生产这种布料的小镇的名字，即弗兰德的迪弗尔镇（Duffel）。Shorto，*The Island at the Center of the World*，46；Alice Morse Earle，*Costume of Colonial Times*（New York：Charles Scribner's Sons，1894），103；Bachman，*Peltries and Plantations*，21；and Ian K. Steele，*Warpaths：Invasions of North America*（New York：Oxford University Press，1994），114 – 115.

13. William N. Fenton，*The Great Law and the Longhouse：A Political History of the Iroquois Confederacy*（Norman：University of Oklahoma Press，1998），224 – 227；Daniel Gookin，"Historical Collections of the Indians in New England," in *Collections of the Massachusetts Historical Society for the Year 1792*，vol. 1（1674；reprint，New York：Johnson Reprint Corporation，1968），152；and William B. Weeden，"Indian Money as a Factor in New England Civilization," *Johns Hopkins University Studies in Historical Political Science*，（Baltimore：Johns Hopkins University Press，1884），9 – 10.

14. Gookin，"Historical Collections of the Indians in New England," 152. See also Daniel K. Richter，*Facing East from Indian Country：A Native History of Early America*（Cambridge：Harvard University Press，2001），45 – 46；and Harold G. Moulton，*Principles of Money and Banking*（Chicago：University of Chicago Press，1916），62 – 63.

15. Weeden，"Indian Money as a Factor in New England Civilization," 9，28 – 29；Ashbel Woodward，*Wampum：A Paper Presented to the Numismatic and Antiquarian Society of Philadelphia*，2nd ed.（Albany：Munsell，Printer，1880），13，41 – 42；and Richter，*Facing East from Indian Country*，45 – 46.

注　释

16. Weeden, *Indian Money as a Factor in New England Civilization*, 9, 28 – 29; Woodward, *Wampum*, 13, 15, 41 – 42; Richter, *Facing East from Indian Country*, 45 – 46; and Brodhead, *History of the State of New York*, 171 – 172.

17. Weeden, *Indian Money as a Factor in New England Civilization*, 15.

18. 撰写有关美洲皮毛交易，尤其是殖民时代的皮毛交易问题时会遇到的困难之一是，几乎所有历史文献都是由与印第安人进行交易的白人留下的，而非出自印第安人自己的记录。所以人们几乎不可能确定印第安人对于他们参与的交易到底持什么样的看法，以及他们对于和自己进行交易的那些人存在怎样的认知。不过，总归还是有一些文件留存了下来。历史学家根据这些内容，并在仔细地分析了更丰富的同时期由白人撰写的文献之后，尽可能还原了当时皮毛交易的风貌，尤其是对印第安人在其中扮演的角色的描述力求准确和客观。

19. Paul Le Jeune, *Travels and Explorations of the Jesuit Missionaries in New France, 1610 – 1791*, vol. 6, ed. Reuben Gold Thwaites (Cleveland: Burrows Brothers Company, 1897), 297, 299.

20. 如温尼伯大学的 Jennifer Brown 教授指出的那样：“欧洲人记录了印第安人对于他们用于交换的欧洲货品有多么印象深刻；印第安人口述历史中的内容则正相反——他们记录的都是欧洲人对于印第安人并不怎么看中的皮毛有多么钦佩痴迷。”Peter C. Newman, *Empire of the Bay: The Company of Adventurers That Seized a Continent* (New York: Penguin Books, 1998), 164.

21. Nicolas Denys, *The Description and Natural History of the Coasts of North America (Acadia)*, trans. and ed. William F. Ganong (Toronto: Champlain Society, 1908), 426.

22. William Cronon, *Changes in the Land: Indians, Colonists, and the Ecology of New England* (New York: Hill & Wang, 1983), 97 – 99. 如希克森描述的那样：“印第安人受制于有限的技术水平，他们虽不是环保主义者，

329

但是在与外部世界接触前，他们从不会破坏性地滥用资源。" Harold Hickerson，"Fur Trade Colonialism and the North American Indian," *Journal of Ethnic Studies* 1（Summer 1973）；24.

23. 有些人认为印第安人愿意加入皮毛交易并自愿致力于将他们赖以生存甚至奉为神明的动物赶尽杀绝，是因为他们以为入侵部落的各种疾病是由动物导致的而不是欧洲人传入的，所以他们其实是在向动物复仇。这样的目的比他们想要获得欧洲人货物的愿望更强烈。关于这种有煽动性且颇具争议的观点的深入探讨，参见 Calvin Martin，*Keepers of the Game：Indian-Animal Relationships and the Fur Trade*（Berkeley：University of California Press，1978）；Shepard Krech III，ed.，*Indians，Animals，and the Fur Trade：A Critique of Keepers of the Game*（Athens：University of Georgia Press，1981）；and Cronon，*Changes in the Land*，91。

24. Francis Jennings，*The Ambiguous Iroquois Empire*（New York：W. W. Norton & Company，1984），80；and Edmund S. Morgan，*American Heroes：Profiles of Men and Women Who Shaped Early America*（New York：W. W. Norton，2009），50 – 51.

25. Cronon，*Changes in the Land*，92 – 98；Jennings，*The Ambiguous Iroquois Empire*，80.

26. Daniel P. Barr，*Unconquered：The Iroquois League at War in Colonial America*（Westport：Praeger，2006），22. 根据历史学家 Richard White 的观点："印第安人想要水壶是因为它可以被放在火上加热。水壶能煮沸里面的水而不被损坏，这很有用。不过很多水壶都没有被当作水壶用，反而是被切割开来做成箭头用于打猎了。还有一些被改造成了给有身份的人的珠宝。印第安人很看重水壶是因为制造水壶的材料格外易于处理。" Richard White，"Indians in the Land," *American Heritage*（August/September 1986），http：//www. americanheritage. com/articles/magazine/ah/1986/5/1986 _ 5 _ 18. shtml，（accessed April 2，2009）.

27. Laurel Thatcher Ulrich，*The Age of Homespun：Objects and Stories in the*

Creation of the American Myth （New York：Alfred A. Knopf，2001），55. See also Cronon，*Changes in the Land*，102；James Axtell，*Beyond 1492：Encounters in Colonial North America* （Oxford：Oxford University Press，1992），138 – 139；and David Pietrez de Vries，"From the 'Kortee Historiael Ende Journaels Aenteyckeninge，1633 – 1634 （1655），" in *Narratives of New Netherland*，217.

28. Cronon，*Changes in the Land*，95 – 96.

29. 这个荷兰人后来受到自己的雇主斥责并被辞退了，因为他们也为这个人的所作所为感到不齿。Brodhead，*History of the State of New York*，146；and Paul Otto，*The Dutch-Munsee Encounter in America：The Struggle for Sovereignty in the Hudson Valley* （Oxford，England：Berghahn Books，2006），59. 在另一个更加恶劣的事例中，一个名叫 Hans Hontom 的荷兰人劫持了一位莫霍克族的酋长并要求获得赎金（很可能是以贝壳珠的形式支付）。然而，收到赎金之后的 Hontom 依然决定对酋长实施阉割，酋长最终死于伤口感染，而 Hontom 竟然还把酋长的生殖器挂在自己船只的桅杆支架上。参见 "Examination of Bastiaen Jansz Krol，" in *Van Rensselaer Bowier Manuscripts*，trans. and ed. A. J. F. van Laer （Albany：University of the State of New York，1908），302；and Fenton，*The Great Law and the Longhouse*，270。

330

30. 关于将印第安人视为客户的观点来自 2008 年 8 月我与《皮毛交易博物馆季刊》（*Museum of The Fur Trade Quarterly*）编辑和历史部名誉主任詹姆斯·汉森在皮毛交易博物馆进行的探讨。

31. 根据历史学家 Ian K. Steele 的观点："历史学家们一直以来为美洲印第安人在北方进行皮毛交易和在南方进行鹿皮交易中表现出的缺乏理性感到难堪，这是没有道理的。早期将北美印第安人描绘成用宝贵的皮毛换取欧洲人没有价值的货物的天真受害者的观点已经被另一种更合理的观点取代，那就是有辨识力的印第安人客户能够明确地要求对方提供满足自己要求的水壶、毯子、小刀或枪支。"Steele，*Warpaths*，69. 还可参见 Axtell，*Beyond 1492*，132 – 133；and Hickerson，"Fur Trade Colonialism，" 19。

32. Roger Williams，*A key into the Language of America*，in *Collections of the*

Massachusett Historical Society for the Year 1794, vol. 3 （1643；reprint，New York：Johnson Reprint Corporation，1968），232.

33. Cronon，"Indians in the Land."如 1735 年时一位印第安人说的那样："我们认为贸易与和平是一码事。"Quoted in Peter Wraxall，*An Abridgement of the Indian Affairs Contained in Four Folio Volumes*，*Transacted in the Colony of New York*，*from the Year 1678 to the Year 1751*，ed. Charles Howard McIlwain（Cambridge：Harvard University Press，1915），195.

34. 同样明摆着的还包括英国人对于荷兰人入侵所谓的英国领地表示出的关切。实际上，在 1620 年春天，当托马斯·德尔梅船长在哈得孙河上遇到荷兰皮毛交易者时，他就直接告诉荷兰人他们已经进入了英国国王的领地，并警告他们必须马上离开。荷兰人对此的回应是他们的国家对于这片地区享有权利，所以他们要继续留在这里。John Fiske，*The Dutch and Quaker Colonies in America*，vol. 1 （Boston：Houghton，Mifflin & Company，1903），100；and Brodhead，*History of the State of New York*，93.

35. "Petition of the Directors of the New Netherland Company to the Prince of Orange，&c.，February 1，1620," in *The Story of the Pilgrim Fathers*，*1606 – 1623 A. D.*；*as Told by Themselves*，*Their Friends*，*and Their Enemies*，ed. Edward Arber（London：Ward and Downey，1897），297 – 298；and Fiske，*The Dutch and Quaker Colonies in America*，95.

36. "Resolution of the States General on the Petition of the New Netherland Company，April 11，1620," in *The Story of the Pilgrim Fathers*，*1606 – 1623 A. D.*," 298. See also Nathaniel Philbrick，*Mayflower*：*A Story of Courage*，*Community*，*and War* （New York：Viking，2006），20；and William Bradford，*History of Plymouth Plantation*，ed. Charles Deane （Boston：privately printed，1856），42.

331　37. Bachman，*Peltries or Plantations*，25 – 32.

38. Benjamin Schmidt，*Innocence Abroad*：*The Dutch Imagination and the New World* （Cambridge：Cambridge University Press，2001），196 – 197.

39. Shorto, *The Island at the Center of the World*, 38; and Schmidt, *Innocence Abroad*, 196.

40. Shorto, *The Island at the Center of the World*, 40; and Henry William Elson, *History of the United States of America*, vol. 1 (New York: Macmillan Company, 1908), 184 – 185.

41. Shorto, *The Island at the Center of the World*, 40 – 41; Schuyler van Rensselaer, *History of the City of New York in the Seventeenth Century*, vol. 1 (New York: Macmillan Company, 1909), 43 – 44; and Charles Washington Baird, *History of the Huguenot Emigration to America*, vol. 1 (New York: Dodd, Mead & Company, 1885), 158 – 169.

42. Shorto, *The Island at the Center of the World*, 43 – 49.

43. E. B. O'Callaghan, *The Documentary History of the State of New-York*, vol. 4 (Albany: Charles Van Benthuysen, 1851), 132; and Shorto, *The Island at the Center of the World*, 42 – 43.

44. James Grant Wilson, *The Memorial History of the City of New-York*, vol. 1 (New York: New-York History Company, 1892), 147; and Mary L. Booth, *History of the City of New York*, *From its Earliest Settlement to the Present Time* (New York: W. R. C. Clark & Meeker, 1859), 52, 140.

45. 彼得·沙根于 1626 年 11 月 5 日写给议会的书信, in *Documents Relative to the Colonial History of the State of New-York*, *Procured in Holland, England and France by John Romeyn Brodhead*, vol. 1, 37。Shorto 称沙根的这封信为"纽约市的出生证明"。曼哈顿被买下之后，很多人都在暗示这次交易是历史上最重大的敲诈行为之一。关于不认可这一观点的有趣而深入的讨论，参见 Shorto, *The Island at the Center of the World*, 49 – 58。

46. Bachman, *Peltries or Plantations*, 94.

47. 接下来的 1627 年是收获格外突出的一年，人们从新法兰西运回了 22000 张皮毛。Biggar, *Early Trading Companies*, 129; and Geoffrey J. Matthews, *Historical Atlas of Canada*, *From the Beginning to 1800* (Toronto: University of

Toronto Press, 1993), 84.

48. David A. Price, *Love and Hate in Jamestown: John Smith, Pocahontas, and the Heart of a New Nation* (New York: Alfred A. Knopf, 2003), 14 – 16, 35 – 37.

49. John Smith, *The Complete Works of Captain John Smith (1580 – 1631)*, vol. 1, ed. Philip L. Barbour (Chapel Hill: University of North Carolina Press, 1986), 1v – 1x.; Bradford Smith, *Captain John Smith, His Life & Legend* (Philadelphia: J. B. Lippincott Company, 1953), 46, 48, 52 – 53, 58, 61 – 64, 115 – 116; E. Keble Chatterton, *Captain John Smith* (New York: Harper & Brothers Publishers, 1927), 16 – 17, 35 – 38, 65, 141 – 148. 有些历史学家认为很多传说中的史密斯的壮举其实不足为信。如 Bradford Smith 写到的那样:"美国历史上再没有哪个人物能像约翰·史密斯船长一样引起学者这么广泛的兴趣了。" Smith, *Captain John Smith*, 11.

332
50. John Smith, *The True Travels and Observations of Captaine John Smith in Europe, Asia, Africke, and America, Beginning About the Yeere 1593, and Continued to This Present 1629*, vol. 1 (1629; reprint, Richmond: Franklin Press, 1819), 114.

51. John Smith, *A Map of Virginia, With a Description of the Country, the Commodities, People, Government and Religion (1612)*, vol. 1, *The Complete Works of Captain John Smith, 1580 – 1631*, 155.

52. William Douglass, *A Summary, Historical and Political of the First Planting, Progressive Improvements, and Present State of the British Settlements in North-America*, vol. 2 (London: R. Baldwin, 1755), 241; "A brief and true report of the commodities as well merchantable as others, which are to be found and raised in the country of Virginia, written by Thomas Harriot: together with Master Ralph Lane his approbation thereof on all points," in *The Principal Navigations Voyages Traffiques & Discoveries of the English Nation Made by Sea or Over-land to the Remote and Farthest Distant Quarters of the Earth at any time within the*

compasse of these 1600 Yeeres, vol. 8, compiled by Richard Hakluyt (Glasgow: James MacLehose and Sons, 1914), 355 – 356; John Brereton, "A Briefe and True Relation of the Discoverie of the North Part of Virginia, 1602, by John Brereton," in *Early English and French Voyages Chiefly from Hakluyt, 1534 – 1608*, ed. Henry S. Burrage (New York: Charles Scribner's Sons, 1906), 336 – 337; James Rosier, "A True Relation of the Voyage of Captaine George Waymouth, 1605," in *Early English and French Voyages Chiefly from Hakluyt, 1534 – 1608*, 371; and Johnson, *Charting the Sea of Darkness*, 140.

53. Smith, *The True Travels and Observations of Captaine John Smith in Europe, Asia, Africke, and America*, 198 – 199; Hale, *Pelts and Palisades*, 63 – 64; Phillips, *The Fur Trade*, vol. 1, 162 – 163; and Frederick J. Thorpe, "Fur trade," in *Encyclopedia of the North American Colonies*, ed. Jacob Ernest Cooke, vol. 1 (New York: Charles Scribner's Sons, 1993), 644.

第四章　　"《圣经》与河狸"

1. Samuel Eliot Morison, *The Story of the "Old Colony" of New Plymouth [1620 – 1692]* (New York: Alfred A. Knopf, 1960), 6.

2. 大不列颠的河狸，更具体来说是英格兰的河狸灭绝的确切时间很难确定。根据一本关于河狸历史的经典著作中的说法，人们最后一次在英格兰看到河狸的时间是 1526 年。Martin, *Castorologia*, 29.

3. Bradford, *History of Plymouth Plantation*, 108.

4. Adams, *The Founding of New England*, 102. 亚当斯还补充说："纽约、新英格兰和加拿大的建立都要依靠与印第安人的交易，河狸皮毛是所有交易中最重要也是最有利可图的。"同上。还可参见 Francis X. Moloney, *The Fur Trade in New England, 1620 – 1676* (Cambridge: Harvard University Press, 1931), 17。

5. Adams, *The Founding of New England*, 93; Philbrick, *Mayflower*, 20 – 21; and Roland G. Usher, *The Pilgrims and their History* (Williamstown, MA: Corner House Publishers, 1984), 59 – 63.

333

6. Bradford, *History of Plymouth Plantation*, 45 – 47, 51.

7. 同上书, 61 – 63。

8. 同上书, 74。

9. 同上书, 75。

10. Edward Winslow and William Bradford, *Mourt's Relation of Journal of the Plantation at Plymouth*, intro. Henry Martyn Dexter (Boston: John Kimball Wiggin, 1865), 2.

11. Bradford, *History of Plymouth Plantation*, 75 – 80.

12. 同上书, 87; and Winslow and Bradford, *Mourt's Relation*, 61。

13. Charles Francis Adams, *Three Episodes of Massachusetts History*, vol. 1 (Boston: Houghton, Mifflin & Company, 1896), 1 – 12; Philbrick, *Mayflower*, 79; Morton, *New English Canaan*, 22 – 24; Alden T. Vaughan, "Introduction, Indian-European Encounters in New England: An Annotated, Contextual Overview," in Alden T. Vaughan, ed., *New England Encounters, Indians and Euroamericans, ca. 1600 – 1850* (Boston: Northeastern University Press, 1999), 9; and Alden T. Vaughan, *New England Frontier: Puritans and Indians, 1620 – 1675* (Boston: Little, Brown & Company, 1965), 21 – 22. 此类连续性事件并不是只在新英格兰或美洲才发生的, 通常的情况是外国人, 主要是欧洲人到达一个新地方, 紧接着就会发生严重的传染病。如查尔斯·达尔文观察到的那样: "欧洲人到哪儿, 死亡就会找上当地的原住民。" 虽然达尔文并没有宣称或暗示疾病是导致这种结果的唯一原因, 但这绝对是被提到过的原因中最主要的一个。Charles Darwin, *The Voyage of the Beagle*, ed. Charles W. Eliot (New York: P. F. Collier & Son, 1909), 439.

14. Daniel Gookin, quoted in Jedidiah Morse, *Annals of the American Revolution* (Hartford, CT, 1824), 27.

15. Edward Johnson, *Johnson's Wonder-Working Providence, 1628 – 1651*, ed. J. Franklin Jameson (1654; reprint, New York: Barnes & Noble, 1952), 41. Johnson 在任何事上都要发掘其中的宗教意义, 他还认为印第安人想要用

注　释

皮毛与欧洲人交换物品是上帝让英国人前往新英格兰的另一种兆头。同上书，40。

16. Bradford，*History of Plymouth Plantation*，102. 当时另一位到过这个地方的旅行家认为普利茅斯是"新发现的各各他"。Morton，*New English Canaan*，23. 关于这件事的精彩描述，参见 Philbrick，*Mayflower*，48－49，78－80。

17. Thomas Prince，*A Chronological History of New-England in the form of Annals*（Boston：Cummings，Hilliard，and Company，1826），185，189；Bradford，*History of Plymouth Plantation*，93；Winslow and Bradford，*Mourt's Relation*，83；and Philbrick，*Mayflower*，92.

18. Winslow and Bradford，*Mourt's Relation*，84；and Usher，*The Pilgrims and Their History*，88.

19. Winslow and Bradford，*Mourt's Relation*，87；and Philbrick，*Mayflower*，93－94.

20. Bradford，*History of Plymouth Plantation*，94－95.

21. Prince，*A Chronological History of New-England in the form of Annals*，187.

22. Winslow and Bradford，*Mourt's Relation*，124；and Bradford，*History of Plymouth Plantation*，104－105.

23. Bradford，*History of Plymouth Plantation*，105.

24. Smith，*A Description of New England*，in Smith，*The Complete Works of Captain John Smith*（*1580－1631*），vol. 1，340.

25. Winslow and Bradford，*Mourt's Relation*，130.

26. Bradford，*History of Plymouth Plantation*，105；and Winslow and Bradford，*Mourt's Relation*，129.

27. Bradford，*History of Plymouth Plantation*，107－110.

28. 同上书，108，118。

29. 同上。

334

30. Salisbury，*Manitou and Providence*，141.

31. Bradford，*History of Plymouth Plantation*，127；and Moloney，*The Fur Trade in New England*，21 – 22.

32. Bradford，*History of Plymouth Plantation*，208 – 211. 这些新发现的可交易的存货，加上当年丰收的玉米使清教徒们能够获得足够的皮毛"提前交齐属于公司的部分，还能给人们留点衣物过冬"。同上书，210.

33. 同上书，204。

34. 同上书，134；and Francis J. Bremer，*John Winthrop：America's Forgotten Founding Father* (Oxford：Oxford University Press，2005)，252。

35. Hickerson，"Fur Trade Colonialism and the North American Indians,"39.

36. William Wood，*New England's Prospect* (1634；reprint，Amherst：University of Massachusetts Press，1977)，48.

37. Reuben Gold Thwaites，ed.，*Travels and Explorations of the Jesuit Missionaries in New France，1610 – 1791*，vol. 6，*Quebec*：1633 – 1634 (Cleveland：Burrows Brothers，1897)，299. 还可参见 Carl P. Russell，*Firearms，Traps，& Tools of the Mountain Men* (Albuquerque：University of New Mexico Press，1977)，97 – 102。

38. *Travels and Explorations of the Jesuit Missionaries in New France，1610 – 1791*，299 – 301.

39. Innis，*The Fur Trade in Canada*，14；Carolyn Gilman，*Where Two Worlds Meet：The Great Lakes Fur Trade* (St. Paul：Minnesota Historical Society，1982)，40；Sandoz，*The Beaver Men*，136；James Churchill，*The Complete Book of Tanning Skins and Furs* (Mechanicsburg，PA：Stackpole Books，1983)，69 – 70；and Agnes C. Laut，*The Fur Trade of America* (New York：Macmillan Company，1921)，79 – 80.

40. 有一位名叫大卫·汤普森（David Thompson）的"苏格兰绅士"最先在今天的新罕布什尔州朴次茅斯附近定居，1626 年他迁居到波士顿港中的一个小岛上，如今这个岛屿就是以他的名字命名的。参见 Morton, *New English Canaan*, 22; Bradford, *History of Plymouth Plantation*, 208 – 209; and Hale, *Pelts and Palisades*, 98。塞缪尔·马弗里克（Samuel Maverick）在距离汤普森岛不远的面条岛（东波士顿）上进行皮毛交易，他还在那里建造了一个 335 小堡垒，里面号称有"四门能要人命的［小型加农炮］，足以抵御印第安人的攻击"。Adams, *Three Episodes of Massachusetts History*, vol. 1, 191 – 192.

41. Bradford, *History of Plymouth Plantation*, 119 – 120; and George Bancroft, *History of the United States of America, From the Discovery of the Continent*, vol. 1 (New York: D. Appleton & Company, 1888), 211.

42. Bradford, *History of Plymouth Plantation*, 120 – 124, 128 – 129; and Morison, *The Story of the "Old Colony" of New Plymouth*, 93.

43. 关于这场战斗的精彩描述，参见 Philbrick, *Mayflower*, 140 – 155。如 Philbrick 指出的那样，这场胜利大大地影响了印第安人和殖民地定居者之间的关系，还影响了印第安人部落之间的关系。皮毛交易也深受波及，因为斯坦迪什的屠杀吓跑了一些最常与他们进行交易的印第安人。鉴于此，殖民地定居者"起码在一段时间内"无法获得和他们之前能够获得的一样多的皮毛了。同上书，155。

44. Morison, *The Story of the "Old Colony" of New Plymouth*, 104 – 105.

45. Bradford, *History of Plymouth Plantation*, 133 – 134; and Morison, *The Story of the "Old Colony" of New Plymouth*, 104 – 105.

46. Moloney, *The Fur Trade in New England*, 32.

47. Bradford, *History of Plymouth Plantation*, 239 – 240. 后来布拉德福德还创作了一首冗长生硬的诗文来哀叹让印第安人获得武器的坏处。参见 William Bradford, "A Descriptive and Historical Account of New England in Verse," in *The Collections of the Massachusetts Historical Society for the Year 1794*, vol. 3 (1794; reprint, New York: Johnson Reprint Corporation, 1968), 82 – 83。

48. Adams, *Three Episodes of Massachusetts History*, vol. 1, 195.

49. Bradford, *History of Plymouth Plantation*, 141; and Phillips, *The Fur*

Trade, vol. 1, 71.

50. Adams, *Three Episodes of Massachusetts History*, vol. 1, 169 – 170; Willison, *The Pilgrim Reader*, 332; and William Heath, "Thomas Morton: From Merry Old England to New England," *Journal of American Studies* 41, no. 1 (2007): 136. 从莫顿之后的活动来看，他早年的经历要更有意思些。

51. Bradford, *History of Plymouth Plantation*, 236 – 237.

52. Morton, *New English Canaan*, 60.

53. Bradford, *History of Plymouth Plantation*, 237. 似乎连莫顿也很满意这个文字游戏，他至少有一次也使用了"欢愉的小山"来指代自己定居的地方。Morton, *New English Canaan*, 132 – 134.

54. Morton, *New English Canaan*, 55.

55. 虽然很多观察者认为莫顿还向印第安人出售了烈酒，但是他本人并不承认这一点："我在和他们做生意的整个过程中，从来没有向他们出售过烈酒。"不过就算莫顿真的卖酒了，那也不如交易枪支这件事更令清教徒恼怒。Morton, *New English Canaan*, 54. 莫顿声称他的一个仆人在五年时间里靠销售河狸皮毛赚了 1000 英镑。同上书，78。

56. 同上书，132, 134 – 135。

57. Bradford, *History of Plymouth Plantation*, 237.

58. Adams, *Three Episodes of Massachusetts History*, vol. 1, 194 – 197. 应当注意到的是，普利茅斯的清教徒并不反对性行为。实际上，他们非常热衷于此，但是这种行为必须以建立了婚姻关系为前提。让清教徒怒不可遏，并且极力要求严惩的行为是像莫顿这样的有妇之夫与其他人，尤其是与印第安人发生性关系。关于清教徒与性的探讨，参见 Morgan, *American Heroes*, 61 – 74。

59. Vaughan, *New England Frontier: Puritans and Indians*, 89 – 90.

60. Bradford, *History of Plymouth Plantation*, 238 – 240.

61. 同上书，240 – 241。

62. Morton, *New English Canaan*, 137 – 143.

336

63. Bradford，*History of Plymouth Plantation*，241 – 242.

64. 莫顿受到审判并离开美洲，这终结了他的皮毛交易活动，不过他的人生并没有就此完结。后来他又两次返回新英格兰，最后一次返回期间还因为被视为保皇派煽动者而遭到囚禁，最终虽未被定罪，但他还是被驱逐到了缅因省，1647 年他在那里逝世。

65. Bradford，*History of Plymouth Plantation*，223.

66. 同上书，234；伊萨克·德·拉丝雷于 1627 年写给威廉·布拉德福德的书信，in *Collections of the New York Historical Society*，second series，vol. 1，363 – 364。

67. Bradford，*History of Plymouth Plantation*，221，232 – 234.

68. Phillips，*The Fur Trade*，vol. 1，119.

69. Bradford，*History of Plymouth Plantation*，259 – 263，267，275.

70. Edward Winslow，*Good Newes from New England*（1624；reprint，Bedford：Applewood Books，1996），69.

第五章　竞争、冲突与诡计

1. Bradford，*History of Plymouth Plantation*，279，290 – 291；Benson J. Lossing，*Lives of Celebrated Americans*（Hartford，CT：Thomas Belknap，1869），14. 阿勒顿并不是独自一人完成这些勾当的。承包商们还选择了另外四名原本属于商人和投机者公司的股东作为合伙人加入他们的公司。虽然这些合伙人对于阿勒顿的大部分会导致严重后果的商业决定都是持支持态度的，但承包商们还是将主要的责难都指向了阿勒顿一人。另外四名合伙人为自己辩驳的理由是阿勒顿是承包商选定的代表，所以他们在某种程度上有义务听从他的领导。

2. Bradford，*History of Plymouth Plantation*，293 – 294. 虽然 1631 年这次袭击佩诺布斯科特河交易点的事件是英国殖民地定居者与法国人之间第一次对殖民地皮毛交易有影响的冲突，但这并不是英国与法国在新大陆上的第一次争斗，争斗的结果就是对这项交易的控制权最终易主。1628 年，英格兰与法国交战期间，英格兰国王查理一世就签发了捕拿许可，授权私人 　337

皮毛、财富和帝国

可以随意袭击属于法国的资产。伦敦的一位商人杰维斯·柯克（Gervase Kirke）及他的合伙人们就获得了这样一份许可，批准他们"摧毁任何法国船只……彻底……根除在新斯科舍省和加拿大的法国人定居点"。商人们采取此类行动的目的就是夺取对北方利益丰厚的皮毛交易的控制权。在接下来两年的时间里，柯克和他的儿子们领导了一系列成功的突袭活动，最终占领了魁北克和罗亚尔港，后来商人们还宣称自己已经占领了整个新法兰西。不过，在商人们为自己的掠夺成果（包括从投降的法国人和当地印第安人手中搜罗来的 7000 多张河狸皮毛）欢呼雀跃的时候，查理一世却决定将加拿大还给法国。两国于 1629 年初步签署了和平条约。查理突然改变主意主要是为了改善自己的财政状况。他的王后是他在 1625 年迎娶的法国人亨利埃塔·玛丽亚（Queen Henrietta Maria）。结婚时法国方面曾承诺支付 80 万克朗的嫁妆，然而到 1629 年时，这笔嫁妆才刚刚支付了一半。查理告诉法国人如果他们把剩下的一半嫁妆付清，他就同意让法国重新控制加拿大，法国人当然立即接受了这个条件。就这样，如帕克曼指出的那样，"为了获得约合 24 万美元的嫁妆……查理让大不列颠及其殖民地在接下来的一个世纪里陷入了血腥的战争"。从 1629 年开始谈判，到 1632 年签订最终的和平条约，法国重新获得北美洲的控制权的规定正式生效为止，在美洲的英国人和法国人之间也在进行着一场"没有宣战的"战争。沿海岸地区偶尔会发生小规模的武装冲突，每一次的胜利者都是英国人。Henry Kirke, *The First English Conquest of Canada*（London：Bemrose & Sons, 1871），61；Francis Parkman, *Pioneers of France in the New World*（Boston：Little, Brown & Company, 1918），444－445；Phillips, *The Fur Trade*, vol. 1, 73－78.

3. Henry Sweetser Burrage, *The Beginnings of Colonial Maine, 1602－1658*（Portland：Marks Printing House, 1914），267；and Henry S. Burrage, "The Plymouth Colonists in Maine," *Collections of the Maine Historical Society*, third series, vol. 1（Portland：Maine Historical Society, 1904），138.

4. Bradford, *History of Plymouth Plantation*, 333－334.

5. *Records of the Governor and Company of the Massachusetts Bay in New England*,

注 释

vol. 1, compiled by Nathaniel B. Shurtleff (Boston: William White, 1853), 53.

6. Bernard Bailyn, *The New England Merchants in the Seventeenth Century* (New York: Harper & Row, 1955), 23

7. Francis Higginson, "Francis Higginson's New-England's Plantation," in Alexander Young, *Chronicles of the First Planters of the Colony of Massachusetts Bay, from 1623 to 1636* (Boston: Charles C. Little and James Brown, 1846), 245 – 246.

8. Winthrop, quoted in Bailyn, *The New England Merchants in the Seventeenth Century*, 24.

9. Bradford, *History of Plymouth Plantation*, 336 – 337.

10. 同上书, 316 – 317.

11. "Affray at Kennebeck, 1634," *New England Historical and Genealogical Register for the Year 1855*, vol. 9 (Boston: Samuel G. Drake, 1855), 80.

12. Bradford, *History of Plymouth Plantation*, 317 – 318.

13. Augustine Jones, *The Life and Work of Thomas Dudley, the Second Governor of Massachusetts* (Boston: Houghton, Mifflin & Company, 1900), 174; and Samuel Lane Boardman, "A Chapter in the History of Ancient Cushnoc—Now Augusta," in *Collections of the Maine Historical Society*, third series, vol. 2 (Portland: Maine Historical Society, 1906), 322.

14. John Winthrop, *The History of New England from 1630 to 1649, from his Original Manuscripts*, ed. James Savage, vol. 1 (Boston: Little, Brown & Company, 1853), 156; and Bradford, *History of Plymouth Plantation*, 318.

15. Quotes from Bradford, *History of Plymouth Plantation*, 318 – 322; John S. C. Abbott and Edward H. Elwell, *The History of Maine*, 2nd ed. (Augusta: Brown Thurston Company, 1892), 96; and William D. Williamson, *The History of the State of Maine, From its First Discovery, A. D. 1602 to the Separation, A. D. 1820, Inclusive*, vol. 1 (Hallowell, ME: Glazier, Masters & Smith, 1839), 253 – 254. See also Burrage, *The Beginnings of Colonial Maine*, 246 –

338

247; Jones, *The Life and Work of Thomas Dudley*, 174; and Boardman, "A Chapter in the History of Ancient Cushnoc—Now Augusta," 317 – 330.

16. 也有人认为瓦希纳卡特（Wahginnacut）的名字拼法是"Wahquimacut"。参见，例如，Timothy Dwight, *Travels in New-England and New-York*, vol. 1 (London: William Baynes and Son, 1823), 110。提到清教徒拒绝荷兰人邀请的决定时，布拉德福德评论说："当时他们手头有很多别的事，顾不上考虑这个。"Bradford, *History of Plymouth Plantation*, 311.

17. Bradford, *History of Plymouth Plantation*, 311; and G. H. Hollister, *The History of Connecticut, from the First Settlement of the Colony to the Adoption of the Present Constitution*, vol. 1 (New Haven: Durrie and Peck, 1855), 17.

18. Bradford, *History of Plymouth Plantation*, 312n1.

19. Edwin M. Bacon, *The Connecticut River and the Valley of the Connecticut* (New York: G. P. Putnam's Sons, 1907), 19 – 20.

20. Rink, *Holland on the Hudson*, 119.

21. Shorto, *The Island at the Center of the World*, 81 – 82; and James Grant Wilson, *The Memorial History of the City of New-York, From its Settlement to the Year 1892*, vol. 1 (New York: New-York Historical Society, 1892), 178.

22. Bayard Tuckerman, *Peter Stuyvesant* (New York: Dodd, Mead & Company, 1893), 24. 也可参见 Shorto, *The Island at the Center of the World*, 82; and Brodhead, *History of the State of New York*, 230。

23. 这里也被有些人称为"好望屋"（House of Good Hope）或"希望堡"（Fort Hope）。Bacon, *The Connecticut River and the Valley of Connecticut*, 21; and Brodhead, *History of the State of New York*, 234 – 235.

24. Hollister, *The History of Connecticut*, 18 – 19. 也可参见 Rink, *Holland on the Hudson*, 122 – 123。

25. Bradford, *History of Plymouth Plantation*, 313 – 314. 也可参见 Rink, *Holland on the Hudson*, 123 – 124; and Arthur H. Buffinton, "New England and the Western Fur Trade," in *Publications of the Colonial Society of Massachusetts*,

339

vol. 18, *Transactions 1915 – 1916*（Boston：Colonial Society of Massachusetts, 1917）, 167。

26. Adams, *The Founding of New England*, 103; Franklin B. Dexter, "Estimates of Population in the American Colonies," in *Proceedings of the American Antiquarian Society*, *New Series*, vol. 5（Worcester：Published by the Society, 1889）, 25; and Justin Winsor, *The Memorial History of Boston*, vol. 1（Boston：James R. Osgood and Company, 1883）, 112.

27. Bailyn, *The New England Merchants in the Seventeenth Century*, 28; Henry Hall, *Report on the Ship-Building Industry of the United States*（Washington, DC：U. S. Government Printing Office, 1884）, 47; and *A Handbook of New England*（Boston：Porter E. Sargent, 1916）, 601.

28. Charles Hosmer Walcott, *Concord in the Colonial Period*, *Being a History of the Town of Concord*, *Massachusetts*（Boston：Estes and Lauriat, 1884）, 17; Moloney, *The Fur Trade of New England*, 67 – 69; Bailyn, *The New England Merchants in the Seventeenth Century*, 28 – 29.

29. A Mr. Savage, quoted in Bradford, *History of Plymouth Plantation*, 312n1.

30. 同上书, 109。"海湾恩宠号"是在马萨诸塞建造的第一艘船。

31. O'Callaghan, *History of New Netherland*, vol. 1, 152.

32. *A Handbook of New England*（Boston：Porter E. Sargent, 1916）, 43.

33. John Winthrop, *Winthrop's Journal*, "*History of New England*," *1630 – 1649*, vol. 1, ed. James Kendall Hosmer（New York：Charles Scribner's Sons, 1908）, 108.

34. Bradford, *History of Plymouth Plantation*, 338 – 339.

35. 同上书, 340 – 342; and Adams, *The Founding of New England*, 190。

36. Brodhead, *History of the State of New York*, 260.

37. Abiel Holmes, *The Annals of America from the Discovery of Columbus in the Year 1492 to the Year 1826*, vol. 1（Cambridge：Hilliard and Brown, 1829）,

229；Rensselaer, *History of the City of New York*, 129；"The Representation of New Netherland," *in Collections of the New-York Historical Society*, 2nd series, vol. 2, trans. Henry C. Murphy（New York：New-York Historical Society, 1849），277；and John Gorham Palfrey, *History of New England During the Stuart Dynasty*, vol. 1（Boston：Little, Brown & Company, 1899），539.

38. Adams, *The Founding of New England*, 191.

39. Philips, *The Fur Trade*, vol. 1, 131. 其他被"认为是斯普林菲尔德的衍生品或竞争者的"马萨诸塞城镇还包括 Northampton, Hadley 和 Deerfield。参见 Vaughan, *New England Frontier：Puritans and Indians*, 216。

40. Bradford, *History of Plymouth Plantation*, 346 – 347；and Bailyn, *The New England Merchants in the Seventeenth Century*, 25.

41. Bailyn, *The New England Merchants in the Seventeenth Century*, 26.

42. Joseph B. Felt, *Annals of Salem from Its First Settlement*（Salem：W. & S. B. Ives, 1827），70 – 71；Earle, *Costume of Colonial Times*, 125 – 126；John Gorham Palfrey, *History of New England During the Stuart Dynasty*, vol. 1（Boston：Little, Brown & Company, 1859），552；and Justin Winsor, *The Memorial History of Boston*, 483.

43. Phillips, *The Fur Trade*, vol. 1, 4.

44. *Stuart Royal Proclamations, Royal Proclamations of King Charles I*, vol. 2, ed. James F. Larkin（Oxford：Clarendon Press, 1983），613 – 618.

第六章　"猎狗多了，兔子难逃一死"

1. Buffinton, "New England and the Western Fur Trade," 166.

2. Morton, *New English Canaan*, 99 – 100.

3. Buffinton, "New England and the Western Fur Trade," 167.

4. "The Assembly of the XIX to the States General ［October 23, 1629］," in *Documents Relative to the Colonial History of the State of New-York*, vol. 1, 40.

5. Brodhead, *History of the State of New York*, 184；and Hale, *Pelts and Palisades*, 135.

注　释

6. Michael Kammen, *New York*, *A History* (New York: Oxford University Press, 1975), 38; and Shorto, *The Island at the Center of the World*, 89.

7. Shorto, *The Island at the Center of the World*, 105, 110, 118 – 128.

8. 确定荷兰人在这段时间之内到底送出了多少皮毛是一个复杂的问题。根据17世纪40年代大部分时间都居住在奥朗日堡附近的阿德里安·范·德·唐克的说法，"全算起来的话，这个地方平均每年被杀死的河狸数量是8万只"。另一位名叫亚普·雅各布（Jaap Jacobs）的人认为范·德·唐克估计的数字"太高了"。雅各布回顾了历年的数据，发现1633年时，从新尼德兰出口的河狸皮毛数量是8800张，海獭及其他动物的皮毛是1383张。接下来一年，这两个数字分别上升到14891张和1413张。雅各布还指出"17世纪40年代［皮毛交易的］数量方面的细节记录很稀少"，但是他注意到接近40年代末的时候，皮毛交易的规模发生了突飞猛进的扩大。比如，1647年有一艘船从曼哈顿起航，后来在威尔士的海岸附近沉没，这艘船上就装载了大约16000张河狸皮。参见 Adriaen van der Donck, *A Description of New Netherland*, 99; Jaap Jacobs, *New Netherland: A Dutch Colony in Seventeenth-Century America* (Leiden: Brill, 2005), 197 – 201; and Shorto, *The Island at the Center of the World*, 179。

9. 关于范·德·博加特这次行程的描述依据的是他本人的日记和 Shorto 的作品。所有引文均出自 Harmen Meyndertsz van den Bogaert, *A Journey into Mohawk and Oneida Country, 1634 – 1635*, trans. and ed. Charles T. Gehring and William A. Starna, with a word list and linguistic notes by Gunther Michelson (Syracuse: Syracuse University Press, 1988), 1 – 22。还可参见 Shorto, *The Island at the Center of the World*, 76 – 81; and Jacobs, *New Netherland*, 207 – 208。

10. 掌（hand）是一个没有确定数值的长度单位，指的是手掌张开后，大拇指到小拇指之间的距离。

11. Amandus Johnson, *The Swedish Settlements on the Delaware, Their History and Relation to the Indians, Dutch and English, 1638 – 1664*, vol. 1　341

（New York：D. Appleton & Company, 1911）, 182 – 184；Shorto, *The Island at the Center of the World*, 88, 114 – 115；and Hale, *Pelts and Palisades*, 147 – 149.

12. Shorto, *The Island at the Center of the World*, 116. See also Johnson, *The Swedish Settlements*, vol. 1, 186.

13. Johnson, *The Swedish Settlements*, vol. 1, 186 – 194. 米努伊特没能看到新瑞典的发展。1638 年 8 月他乘船返回欧洲时，船只在加勒比海上遭遇飓风失事。Shorto, *The Island at the Center of the World*, 117.

14. Johnson, *The Swedish Settlements*, vol. 1, 192.

15. 同上书, 208。

16. 同上书, 209 – 211。

17. 同上书, 211 – 214, especially 214n31；Hale, *Pelts and Palisades*, 153；O'Callaghan, *History of New Netherland*, vol. 1, 231；and *Documents Relative to the Colonial History of the State of New-York*；*Procured in Holland, England and France by John Romeyn Brodhead*, vol. 2, ed. E. B. O'Callaghan（Albany：Weed, Parsons and Company, 1858）, 144。

18. *Documents Relative to the Colonial History of the State of New-York*, vol. 2, 144.

19. Samuel Hazard, *Annals of Pennsylvania from the Discovery of the Delaware*（Philadelphia：Hazard and Mitchell, 1850）, 61.

20. 同上。

21. 据估计，烧毁这个交易点给英国人造成的损失达到了 1000 英镑。参见 Johnson, *The Swedish Settlements*, vol. 1, 215。

22. Charles H. Levermore, *The Republic of New Haven：A History of Municipal Evolution*（1886；reprint, Port Washington：Kennikat Press, 1966）, 93；and Shorto, *The Island at the Center of the World*, 182 – 183.

23. J. Thomas Scharf and Thompson Westcott, *History of Philadelphia, 1609 – 1884*, vol. 2（Philadelphia：L. H. Everts & Co. , 1884）, 1023.

24. Johnson, *The Swedish Settlements*, vol. 1, 380 – 388; Hale, *Pelts and Palisades*, 154; Brodhead, *History of the State of New York*, vol. 1, 382; J. Thomas Scharf, *History of Maryland From the Earliest Period to the Present Day*, vol. 1 (Baltimore: John B. Piet, 1879), 240; and John Winthrop, *Winthrop's Journal*, "*History of New England*," 1630 – 1649, ed. James Kendall Hosmer, vol. 2 (New York: Charles Scribner's Sons, 1908), 142.

25. Winthrop, *Winthrop's Journal*, vol. 2, 142.

26. Adams, *The Founding of New England*, 229.

27. Johnson, *The Swedish Settlements*, vol. 1, 388 – 391; Winthrop, *Winthrop's Journal*, vol. 2, 189; Brodhead, *History of the State of New York*, vol. 1, 382 – 383; and C. William A. Veditz and Bartlett Burleigh James, *The History of North America*, vol. 6, *The Revolution* (Philadelphia: George Barre & Sons, 1904), 169 – 170.

28. 人们通常认为这个易洛魁湖指的就是尚普兰湖。1642 年，爱尔兰人达比·菲尔德（Darby Field）和他的两位印第安人向导一起爬上了怀特山脉中的一座山峰，并宣称自己看到远处"有一片巨大的水面，据他估计有 100 英里宽，纵向则根本看不到对岸"。人们认为他看到的就是易洛魁湖，这个发现重新激起了人们想要寻找通过水路到达那里的路线的兴趣。菲尔德显然就是第一个爬上怀特山脉任何山峰顶端的欧洲人。Winthrop, *Winthrop's Journal*, vol. 2, 62 – 63, and 164; and Johnson, *The Swedish Settlements*, vol. 1, 391 – 395.

29. Kieft, quoted in Johnson, *The Swedish Settlements*, vol. 1, 396. See also Winthrop, *Winthrop's Journal*, vol. 2, 181.

30. *Winthrop's Journal*, vol. 2, 181, 191. See also Johnson, *The Swedish Settlements*, vol. 1, 396 – 397.

31. 挑起与佩科特人的战争的起因是两名皮毛交易者被杀，死者之一是约翰·奥尔德姆，正是他沿老康涅狄格路进行交易的经历激发了马萨诸塞人迁居到康涅狄格河河谷的热情。

342

32. 第一段引文来自 Reuben Gold Thwaites, *The Colonies 1492 – 1750* (New York: Longmans, Green, and Co., 1910), 162。第二段引文来自 Adams, *The Founding of New England*, 206。还可参见 Rensselaer, *History of the City of New York*, vol. 1, 167。

33. Moloney, *The Fur Trade in New England*, 54.

34. Phillips, *The Fur Trade*, vol. 1, 153 – 154, and Hanson, *When Skins Were Money*, 39.

35. 新的皮毛交易者总是要接受关于给皮毛分级的训练，伦敦商人弗朗西斯·柯比（Francis Kirby）就在 1632 年 6 月 22 日写给小约翰·温思罗普的信中说明了挑选最好的皮毛时需注意的要点，in *Winthrop Papers*, vol. 3, *1631 – 1637* (Boston: Massachusetts Historical Society, 1943), 82。

36. 除了荷兰的绒粗尼，印第安人还渐渐喜欢上了一种被称为"斯特劳德"（strouds）的英国羊毛布料，这种布料是在英格兰格洛斯特郡的斯特劳德河谷制造的，专为与印第安人进行交易之用。参见 Francis Jennings, *The Invasion of America: Indians, Colonialism, and the Cant of Conquest* (New York: W. W. Norton, 1976), 99。

37. 彼得·史蒂文森于 1660 年 4 月 21 日写给荷兰董事们的书信，in *Documents Relating to the Colonial History of the State of New York*, vol. 14 (1883; reprint, New York: AMS Press, 1969), 470。贝壳珠在新尼德兰和新英格兰的使用范围极广，又没有任何限制，所以它变成了一种"通用货币"。所有交易都接受这种货币，它还可以用来支付工钱、还账和缴税。在荷兰殖民地、马萨诸塞和康涅狄格，贝壳珠就是法定货币。贝壳珠的使用范围如此广泛，其部分原因在于当地没有其他形式的可流通的钱币，无论是铸币还是纸币都没有。贝壳珠的受欢迎程度导致了仿造物的出现，殖民地里出现了大量制作粗糙的假冒珠子。假造贝壳珠的办法很多，把白珠子染黑可以增加它的价值，用陶瓷、石子或非传统使用的贝壳品种以外的贝壳制造的贝壳珠都可以以假乱真。不过，这种制作粗糙的假贝壳珠也不是在哪儿都能使用的，虽然印第安人会用低劣的贝壳珠与英国人及荷兰人进

注 释

行交换，但是他们几乎不会接受对方支付这样的贝壳珠来换取皮毛。 **343**

Weeden, *Indian Money as a Factor in New England Civilization*, 9, 24, 28 – 29; Woodward, *Wampum*, 13, 41 – 46; Jerry W. Markham, *A Financial History of the United States*, vol. 1 (Armonk, NY: M. E. Sharpe, 2002), 43 – 44; Agnes F. Dodd, *History of Money in the British Empire & The United States* (New York: Longmans, Green, and Co., 1911), 228; Walter A. McDougall, *Freedom Just Around the Corner: A New American History, 1585 – 1828* (New York: Perennial, 2005), 63.

38. Axtell, *Beyond 1492*, 134; and Peter Allen Thomas, "Into the Maelstrom of Change," in *A Place Called Paradise: Culture & Community in Northampton, Massachusetts, 1654 – 2004* (Amherst: University of Massachusetts Press, 2004), 13. 还可参见 Caughan, *New England Frontier*, 231。关于印第安人与借贷的关系的早期论述 (1643) 可参见 Williams, *A key Into the Language of America*, 233。

39. Vaughan, *New England Frontier*, 227 – 231; Peter C. Mancall, *Deadly Medicine: Indians and Alcohol in Early America* (Ithaca: Cornell University Press, 1995), 26; and Maloney, *The Fur Trade in New England*, 102 – 108.

40. James D. Knowles, *Memoir of Roger Williams, the Founder of the State of Rhode Island* (Boston: Lincoln, Edmands and Co., 1834), 287. See also Henry C. Dorr, "the Narragansetts," in *Collections of the Rhode Island Historical Society*, vol. 7 (Providence: Kellogg Printing Company, 1885), 179.

41. Denys, *The Description and Natural History of the Coasts of North America*, 440 – 443. 关于印第安人如何丧失传统生活方式，接受欧洲人货物的讨论可参见 Daniel K. Richter, *The Ordeal of the Long-House: The Peoples of the Iroquois League in the Era of European Colonization* (Chapel Hill: University of North Carolina Press, 1992), 86 – 87; Richter, *Facing East from Indian Country*, 44; and Gookin, "Historical Collections of the Indians in New England," 152。

42. 印第安人抛弃本来的手工艺，越来越依赖欧洲产品的循环，这导致他们不得不更加迫切地狩猎来获取皮毛。这一观点主要依据 Richter，Jennings 和 Axtell 的作品，Richter 也曾引用 Axtell 的观点。Richter, *Facing East from Indian Country*，50－51；Jennings, *The Invasion of America：Indians*，85－91；and Axtell, *Beyond* 1492，128－151。

43. Richter, *Facing East from Indian Country*, 50.

44. 举例来说，英国殖民地官员约翰·斯图尔特（John Stuart）在 1761 年时评论说："如今的印第安人是无法脱离欧洲人独立生活的，他们已经不太会使用自己的祖先曾经使用的那些燧石斧头或其他原始的器皿了，曾经只是增加方便的东西如今都变成了生活必需品。"Quoted in Richter, *Facing East from Indian Country*, 174.

45. *Documents Relative to the Colonial History of the State of New-York*, vol. 1，150；and Jennings, *The Ambiguous Iroquois Empire*, 80－81.

46. Richter, *The Ordeal of the Long-House*, 86. See also Axtel, *Beyond 1492*, 142－143；and Mancall, *Deadly Medicine*, 67, 75.

47. Denys, *The Description and Natural History of the Coasts of North America*, 444. 如曼考尔指出的那样，"印第安人妇女也喝酒，有些还要参加涉及饮酒的祭祀仪式，只是观察者一直没有关注过妇女的问题"。Mancall, *Deadly Medicine*, 67.

48. O'Callaghan, *History of New Netherland*, 264.

49. Gookin, "Historical Collections of the Indians in New England," 151.

50. Mancall, *Deadly Medicine*, xi, 42－43.

51. 除非另有标注，此处关于荷兰人与瑞典人之间冲突的背景信息均来源于以下资料：Johnson, *The Swedish Settlements*, vol. 1，414－449；Shorto, *The Island at the Center of the World*, 182－183，278－279；and Hale, *Pelts and Palisades*, 135－163。

52. Shorto, *The Island at the Center of the World*, 183.

53. Stuyvesant, quoted in Johnson, *The Swedish Settlements*, vol. 1，435.

54. 同上书，435，436。

注　释

55. Benjamin Nead, "Historical Notes on the Early Government and Legislative Councils and Assemblies of Pennsylvania, Part I," in *Charter to William Penn, and Laws of the Province of Pennsylvania, Passed Between the Years 1682 and 1700, Appendix*, ed. by Staughton George, Benjamin M. Nead, and Thomas McCamant (Harrisburg: Lane S. Hart, 1879), 425 – 426; and Frederick J. Zwierlein, *Religion in New Netherland* (Rochester: John P. Smith, 1910), 121 – 122.

56. Brodhead, *History of the State of New York*, 601. 在他们给史蒂文森的书信的另一部分中，公司的董事说"我们都不知道自己更应该为瑞典人在南河大胆地与我们作对而震惊，还是为我们指挥官的懦弱投降而愤怒，这样的行为几乎令人无法忍受"。Quoted in John S. C. Abbott, *Peter Stuyvesant* (New York: Dodd, Mead and Company, 1898), 177.

57. Brodhead, *History of the State of New York*, 604.

58. 同上书, 605; Johan Clason Rising, "Relation of the Surrender of New Sweden, by Governor Johan Clason Rising, 1655," in Albert Cook Myers, ed., *Narratives of Early Pennsylvania West New Jersey and Delaware, 1630 – 1707* (New York: Charles Scribner's Sons, 1912), 170 – 176。

59. E. B. O'Callaghan, *History of New Netherland, or New York Under the Dutch*, 2nd ed., vol. 2, (New York: D. Appleton & Company, 1848), 288 – 289.

60. 史蒂文森认为新英格兰在 1650 年前后相对于荷兰殖民地的人数优势接近 50∶1。不过，有些历史学家认为他的说法有夸大的嫌疑。比如有一位历史学家就认为 1647 年时，新尼德兰的人口是 1500 人，新英格兰的人口则是 25000 人。参见 Oliver Perry Chitwood, *A History of Colonial America* (New York: Harper & Brothers 1931), 208n20。

61. Bancroft, *History of the United States of America*, vol. 1, 508. See also *The History of New Jersey From its Earliest Settlement to the Present Time*, ed. W. H. Carpenter and T. S. Arthur (Philadelphia: J. B. Lippincott & Co., 1856), 46; Alexander Johnston, *A Study of a Commonwealth-Democracy*

（Boston：Houghton，Mifflin & Company，1903），147；and Thwaites，*The Colonies*，163.

62. Shorto，*The Island at the Center of the World*，236 – 238；and Hale，*Pelts and Palisades*，180 – 182. 好望堡最终于 1654 年被英国人占据，当时荷兰人和英国人正在交战，康涅狄格殖民地将自己范围内所有属于荷兰的财产都没收了。Chitwood，*A History of Colonial America*，153.

63. O'Callaghan，*History of New Netherland*，vol. 2，153.

64. Levermore，*Republic of New Haven*，96.

65. 同上书，97；Buffinton，"New England and the Western Fur trade，" 171 – 172。

66. 1659 年 8 月 4 日的 "奥朗日堡法庭记录"，in *Documents Relating to the Colonial History of the State of New York*，vol. 13，edited by B. Fernow （1881；reprint，New York：AMS Press，1969），101；and Buffinton，"New England and the Western Fur Trade，" 177 – 180。

67. 史蒂文森于 1659 年 9 月 4 日写给荷兰董事会的书信摘录，in *Documents Relating to the Colonial History of the State of New York*，vol. 13，107 – 108。此时在奥朗日堡和河狸镇周边的河狸皮毛交易已经开始衰退，不过对于殖民地来说，这还是很重要的行业。根据 Burke 的观点，"河狸镇皮毛交易的鼎盛时期出现在 1656 年和 1657 年，当时每年有 4 万张河狸和海獭的皮毛被送往新阿姆斯特丹。不过仅仅过了两年，情况就发生了翻天覆地的变化"，皮毛出口的数量急剧下跌。Thomas E. Burke，Jr.，*Mohawk Frontier：The Dutch Community of Schenectady*，*New York，1661 – 1710*，2nd ed.（Albany：State University of New York Press，2009），7.

68. "史蒂文森总督写给荷兰董事会的书信摘录"，无日期，应该是在 1659 年 10 月底或 11 月初，in *Documents Relating to the Colonial History of the State of New York*，vol. 13，126。

69. 同上书，"史蒂文森总督写给荷兰董事会的书信摘录"，1659 年 12 月 22 日，同上书，129 – 130。

345

70. "史蒂文森总督写给荷兰董事会的书信摘录",1660 年 3 月 9 日,同上书,149 – 150。

71. 普通法院书记员威廉·托里（William Torrey）于 1659 年 11 月 12 日写给彼得·史蒂文森的书信,in *Records of the Colony of New Plymouth in New England*,ed. David Pulsifer,vol. 2,*1653 – 1679*（Boston：William White,1859）,445 – 446。还可参见 Buffinton,"New England and the Western Fur Trade,"179。

72. O'Callaghan,*History of New Netherland*,vol. 2,406.

73. 关于这次权力转移及一系列导致其发生的事件的简明历史,其精彩记述参见 Shorto,*The Island at the Center of the World*,284 – 300；and O'Callaghan,*History of New Netherland*,vol. 2,515 – 538。

第七章　再见,法国人

1. 根据 Fischer 的观点,尚普兰没有获得总督的头衔,他的官方职务是"新法兰西中将"。不过实际上他行使的就是总督的职权,魁北克地区的人民也都尊称他为总督。Fischer,*Champlain's Dreams*,445 – 446.

2. Father Vilmont,"The Journey of Jean Nicolet, 1634," in *Early Narratives of the Northwest*, *1634 – 1699*, ed. Louise Phelps Kellogg（New York：Charles Scribner's Sons, 1917）, 11 – 16. 也可参见 Phillips, *The Fur Trade*, vol. 1, 90 – 91；Reuben Gold Thwaites, *Stories of the Badger State*（New York：American Book Company, 1900）, 26 – 32；Henry Collin Campbell, *Wisconsin in Three Centuries*, *1634 – 1905*, vol. 1（New York：Century History Company, 1906）, 83 – 93；and Francis Parkman, *Pioneers of France in the New World*（Boston：Little, Brown & Company, 1918）, 456 – 459。

3. Vilmont, "The Journey of Jean Nicolet, 1634," 16. 也可参见 Reuben Gold Thwaites, "The Story of Mackinac," in *Papers and Proceedings of the Eighteenth General Meeting of the American Library Association*,（Washington, DC：American Library Association, 1897）, 72。

4. 本段落中的材料及引文均来自 Fischer, *Champlain's Dream*, 512 – 519.

5. Gilman, *Where Two Worlds Meet*: 30; Bernard DeVoto, *The Course of Empire* (Boston: Houghton, Mifflin & Company, 1952), 239 – 240; Timothy J. Kent, *Birchbark Canoes of the Fur Trade*, vol. 1 (Ossineke, MI: Silver Fox Enterprises, 1997), vii; and Captain Russell Blakeley, "History of the Discovery of the Mississippi River and the Advent of Commerce in Minnesota," in *Collections of the Minnesota Historical Society*, *vol*. 8 (St. Paul: Minnesota Historical Society, 1898), 372 – 375.

6. DeVoto, *The Course of Empire*, 103.

7. Phillips, *The Fur Trade*, vol. 1, 200; and "The American Fur Trade," *Hunt's Merchant's Magazine* (September 1840): 187.

8. J. P. Dunn, *Indiana, A Redemption from Slavery* (Boston: Houghton, Mifflin & Company, 1888), 90 – 91.

9. Phillips, *The Fur Trade*, vol. 1, 91 – 92; Fischer, *Champlain's Dream*, 507 – 508; Clarence A. Vandiveer, *The Fur-Trade and Early Western Exploration* (Cleveland: Arthur H. Clark Company, 1929), 40 – 42; and Francis Parkman, *The Old Regime in Canada*, vol. 2 (Boston: Little, Brown & Company, 1907), 109 – 110.

10. Phillips, *The Fur Trade*, vol. 1, 96.

11. Jerome Lalemant, *Travels and Explorations of the Jesuit Missionaries in New France*, vol. 92, ed. Reuben Gold Thwaites (Cleveland: Burrows Brothers, 1898), 307.

12. Francis Parkman, *Count Frontenac and New France Under Louis XIV, France and England in North America*, *Part Fifth* (Boston: Little, Brown & Company, 1910), 79 – 80.

13. Richter, *The Ordeal of the Long-House*, 50 – 74; José António Brandão, *"Your Fyre Shall Burn No More"*: *Iroquois Policy Toward New France and Its Native Allies to 1701* (Lincoln: University of Nebraska Press, 1997); Daniel K. Richter, review of *"Your Fyre Shall Burn No More"*: *Iroquois Policy Toward*

New France and Its Native Allies to 1701, by José António Brandão, *William and Mary Quarterly* 55, no. 4 (Oct. , 1998): 620 – 622; Thomas S. Alber, "Iroquois Policy and Iroquois Culture: Two Histories and an Anthropological Ethnohistory," *Ethnohistory*, 47, no. 2 (Spring 2000): 484 – 491; Barr, *Unconquered*, 37 – 58; Jerry Keenan, *Encyclopedia of American Indian Wars, 1492 – 1890* (New York: W. W. Norton, 1999), 15; and George T. Hunt, *The Wars of the Iroquois: A Study in Intertribal Trade Relations* (Madison: University of Wisconsin Press, 1940), 32 – 34.

14. Barr, *Unconquered*, 50 – 53; Hunt, *The Wars of the Iroquois*, 87 – 105; Innis, *The Fur Trade in Canada*, 36 – 37; and DeVoto, *The Course of Empire*, 98.

15. François le Mercier, *Travels and Explorations of the Jesuit Missionaries in New France, 1610 – 1791*, vol. 40, ed. Reuben Gold Thwaites (Cleveland: Burrows Brothers, 1898), 211 – 213.

16. Phillips, *The Fur Trade*, vol. 1, 187.

17. Innis, *The Fur Trade in Canada*, 43 – 44; Hanson, *When Skins Were Money*, 59; and Ted Reese, *Soft Gold: A History of the Fur Trade in the Great Lakes Region and its Impact on Native American Culture* (Bowie, MO: Heritage Books, Inc. , 2001), 17.

18. Phillips, *The Fur Trade*, vol. 1, 186; Chitwood, *A History of Colonial America*, 369 – 370; and W. J. Eccles, *The Canadian Frontier, 1534 – 1760* (New York: Holt, Rinehart & Winston, 1969), 104 – 109.

19. E. Bunner, *History of Louisiana, From its First Discovery and Settlement to the Present Time* (New York: Harper & Brothers, Publishers, 1855), 41 – 43; Vandiveer, *The Fur-Trade*, 57 – 58; Chittenden, *The American Fur Trade*, vol. 1, 72 – 73; and Robert Lowrie and William H. McCardle, *A History of Mississippi, From the Discovery of the Great River by Hernando de Soto, Including the Earliest Settlement Made by the French, Under Iberbville, to the Death of*

Jefferson Davis (Jackson, MS: R. H. Henry & Co., 1891), 13 – 14.

20. Henry Tonty, quoted in DeVoto, *The Course of Empire*, 134. See also Francis Parkman, *La Salle and the Discovery of the Great West*, 11th ed. (Boston: Little, Brown & Company, 1879), 275 – 288; Ray Allen Billington, *Westward Expansion: A History of the American Frontier, 3rd ed.* (New York: Macmillan Company, 1967), 109; and George Bancroft, *History of the United States of America from the Discovery of the Continent*, vol. 2, (New York: D. Appleton & Company, 1884), 159 – 168; and Eccles, *The Canadian Frontier*, 109.

21. Edwin O. Wood, *Historic Mackinac*, vol. 1 (New York: Macmillan Company, 1918), 64; Louise Phelps Kellogg, *Early Narratives of the Northwest, 1634 – 1699*, ed. Louise Phelps Kellogg (New York: Charles Scribner's Sons, 1917), 7; Phillips, *The Fur Trade*, vol. 1, 241 – 243.

22. Phillips, *The Fur Trade*, vol. 1, 203.

23. 通过这次探险，拉迪松和戴斯格罗斯勒成了第一批探索苏必利尔湖的白人，他们还前进到了"相当于今天明尼苏达州边界之内的地方"。Edward D. Neill, "Groseilliers and Radisson, the First Explorers of Lake Superior and the State of Minnesota," *Magazine of Western History* (February 1888): 412. 这对姻亲兄弟在加拿大是家喻户晓的历史人物，学生们会戏称他俩为"萝卜和醋栗"(Radishes and Gooseberries)。

24. Newman, *Empire of the Bay*, 54 – 57. See also George Bryce, *The Remarkable History of the Hudson's Bay Company* (London: Sampson Low, Marston & Company, 1900), 3 – 7; Hanson, *When Skins Were Money*, 42; Phillips, *The Fur Trade*, vol. 1, 223 – 226; DeVoto, *The Course of Empire*, 111, 126 – 127. 拉迪松和戴斯格罗斯勒进行的各次探险的具体时间在学术界尚存在争论。此处依据的是 Phillips 的观点。参见 Phillips, *The Fur Trade*, vol. 1, 225 – 226n。

25. Newman, *Empire of the Bay*, 57 – 61; Phillips, *The Fur Trade*, vol. 1,

348

注　释

267；Peter Esprit Radisson, *Voyages of Peter Esprit Radisson*（Boston：Prince Society, 1885）, 244；and Bryce, *The Remarkable History of the Hudson's Bay Company*, 3.

26. Newman, *Empire of the Bay*, 65 – 81. 也可参见 Hanson, *When Skins Were Money*, 42；and Beckles Willson, *The Great Company*, *Being a History of the Honourable Company of Merchants-Adventurers Trading into Hudson's Bay*（Toronto：Copp, Clark Company, 1899）, 35 – 39。很多人或玩笑或嘲讽地称哈得孙湾公司的首字母缩写（HBC）代表的是"基督降临之前"（Here Before Christ）或"饿肚子公司"（Hungry Belly Company）。参见 Newman, *Empire of the Bay*, 4 – 5。

27. Eccles, *The Canadian Frontier*, *1534 – 1760*, 115.

28. 关于该交易的信息参见 Kathryn E. Holland Braund, *Deerskins & Duffels：Creek Indian Trade with Anglo-America, 1685 – 1815*（Lincoln：University of Nebraska Press, 1993）；and Ken Zontek, "Forgotten in the Fur trade：The Deerskin Trade of the High Plains and Intermountain West, 1540 – 1882," *Rocky Mountain Fur Trade Journal* 1（2007）：25 – 46。这项交易中产生的一个副产品就是用"雄鹿"（buck）这个词语指代美元的说法盛行了起来，因为一张鹿皮的售价是一美元。Hanson, *When Skins Were Money*, 51.

29. 国王派遣的专员之一爱德华·伦道夫（Edward Randolph）在 1688 年时如此评论这种趋势："新普利茅斯殖民地的捕鲸活动利益丰厚。鉴于河狸皮毛的生意如今已经每况愈下，我相信捕鲸会成为我们最好的收益来源之一。" Quoted in Joseph B. Felt, *Annals of Salem*, 2nd ed., vol. 2（Salem：W. & S. B. Ives, 1849）, 223. 伦道夫将河狸交易和捕鲸相提并论令人觉得非常有意思，同时也很讽刺：常年捕杀河狸已经让殖民地的河狸变得非常稀少。依据这样无情的逻辑，常年在沿海岸水域捕鲸也会使近海中的鲸鱼变得越来越稀少，所以人们才不得不到深海中去捕鲸。还可参见 Morgan, *The American Beaver*, 227 – 228；Vaughan, *New England Frontier：Puritans and Indians*, 219, 232 – 233；and Peter A. Thomas, "Cultural Change on the Southern

New England Frontier, 1630 – 1665," in *Cultures in Contact*, ed. William W. Fitzhugh (Washington, DC: Smithsonian Institution Press, 1985), 155 – 156。

30. 在新英格兰范围内也曾经有河狸和其他带皮毛的动物，但是数量很少，只够进行偶尔的、少量的交易。最终，这样的情况也无法维持下去了。举例来说，新罕布什尔和佛蒙特部分地区的河狸分别于 18 世纪晚期及 19 世纪初期至中期实际上就已经绝迹了。William Ellery Moore, "Contributions to the History of Old Derryfield," in *Manchester Historic Association Collections*, vol. 2, *1900 – 1901* (Manchester, NH: Manchester Historic Association, 1901), 65; and Zadock Thompson, *History of Vermont*, *Natural*, *Civil*, *and Statistical in Three Parts* (Burlington: Published for the Author by Chauncey Goodrich, 1842), 39.

31. Cronon, *Changes in the Land*, 103. 克罗农指出，不仅是失去皮毛迫使印第安人使用自己的土地作为商品，贝壳珠的贬值也是原因之一，而印第安人本来可以使用它们换取欧洲人的货物。根据历史学家 Neal Salisbury 的观点，到 17 世纪 30 年代初，马萨诸塞湾周围的波塔基特人（Pawtucket）和马萨诸塞印第安人"已经没有皮毛可进行交易了"，结果就是他们越来越多地以自己的土地来进行交易。Salisbury, *Manitou and Providence*, 201 – 202. 还可参见 Richter, *Facing East From Indian Country*, 100 – 101。

32. René Robert Cavelier Sieur de La Salle, *The Journey's of Rene Robert Cavelier Sieur de LaSalle*, ed. Isaac Joslin Cox, vol. 1 (New York: Allerton Book Co., 1922), 198 – 199; and La Salle, "Memoir of the Sieur de La Salle Reporting to Monseigneur de Siegnelay the Discoveries Made by Him Under Order of his Majesty," in *Collections of the Illinois State Historical Society*, vol. I, ed. H. W. Beckwith (Springeld: H. W. Roker Company, 1903), 121.

33. Phillips, *The Fur Trade*, vol. 1, 326. 这项土地使用许可最终未被授予。

34. Newman, *Empire of the Bay*, 107 – 111; Chitwood, *A History of*

349

注　释

Colonial America, 376.《赖斯韦克条约》结束了威廉王之战,《乌得勒支条约》结束了安妮女王战争。虽然这些战争并没有对北美洲皮毛交易的控制权产生多少影响, 但是这些跨境的交战确实影响了皮毛的运输。比如, 在威廉王之战期间, 易洛魁人站在了英国人一方, 所以就成了法国人攻击的重要对象。这样的袭击造成印第安人运送到奥尔巴尼的皮毛数量明显减少。引自 Thomas Elliot Norton, *The Fur Trade in Colonial New York*, 1686 – 1776 (Madison: University of Wisconsin Press, 1974), 100。

35. 根据 Reese 的观点, 船夫"划船的速度要达到每分钟划桨 60 次, 连续航行 12 ~ 14 小时, 每小时只能休息一次, 每次休息 10 分钟"。Reese, *Soft Gold*, 27. 与自由交易者一样, 船夫的形象也如历史学家 Carolyn Podruchny 充分证明的那样被过分地美化和夸大了:"他们就像漫画书中的英雄一样, 船夫们的名气很大, 整个加拿大都是靠他们大力神一般的力量建立起来的, 他们还能够唱着歌, 在欢声笑语中飞快地划桨, 飞跃陡峭的瀑布, 船速快得如射出的弓箭一般。" Carolyn Podruchny, *Making the Voyageur World: Travelers and Traders in the North American Fur Trade* (Lincoln: University of Nebraska Press, 2006), 2. 还可参见 Alexander Ross, *The Fur Hunters of the Far West: A Narrative of Adventures in the Oregon and Rocky Mountains*, vol. 2 (London: Smith, Elder & Co., 1855), 236 – 237。

36. Hanson, *When Skins Were Money*, 62; Sandoz, *The Beaver Men*, 85 – 86; and Phillips, *The Fur Trade*, vol. 1, 296 – 297.

37. Eccles, *The Canadian Frontier*, 145; and Hanson, *When Skins Were Money*, 64.

38. Hanson, *When Skins Were Money*, 49.

39. Phillips, *The Fur Trade*, vol. 1, 338; and "An Act for reducing the several acts for licensing pedlars, and preventing frauds in the duties upon skins and furs, into one set," in *The Statutes at Large; Being a Collection of All the Laws of Virginia, From the First Session of the Legislature, in the Year 1619*, ed. William Waller Hening, vol. 7 (Richmond: Franklin Press, 1820), 284 – 285.

350   40. Hanson, *When Skins Were Money*, 51 – 52; Norton, *The Fur Trade in Colonial New York*, 101 – 102; Innis, *The Fur Trade in Canada*, 138, 142; and Phillips, *The Fur Trade*, vol. 1, 353, 379, 381, 411.

41. Phillips, *The Fur Trade*, vol. 1, 383 – 384, 412 – 416, 424 – 426.

42. Chitwood, *A History of Colonial America*, 389 – 90; Hanson, *When Skins Were Money*, 53 – 57, 64 – 65; and Phillips, *The Fur Trade*, vol. 1, 378.

43. W. J. Eccles, "The Fur Trade and Eighteenth-Century Imperialism," *William and Mary Quarterly* 40 (July 1983): 362. 根据 Leach 的观点, "毫无疑问，影响印第安人结盟模式变化的最主要因素就是皮毛交易"。Douglas Edward Leach, *Arms for Empire: A Military History of the British Colonies in North America*, 1607 – 1783 (New York: Macmillan Company, 1973), 177. 还可参见 Phillips, *The Fur Trade*, vol. 1, 370 – 371。

44. Innis, *The Fur Trade in Canada*, 109 – 111; David J. Weber, *The Spanish Frontier in North America* (New Haven: Yale University Press, 1992), 178; Cadwallader Colden, "A Memorial Concerning the Fur Trade of the Province of New-York, Presented to his Excellency William Burnet, Esq., Captain-General and Governor, December 10, 1724," in David Hosack, *Memoir of De Witt Clinton* (New York: J. Seymour, 1829), 236 – 237; and Richard White, *The Middle Ground: Indians, Empires, and Republics in the Great Lakes Region, 1650 – 1815* (Cambridge: Cambridge University Press, 1991), 120 – 121.

45. Alexander Henry, *Travels and Adventures in Canada and the Indian Territories Between the Years 1760 and 1776* (New York: I. Riley, 1809), 45.

46. 将纯酒倒入火焰会让燃烧更剧烈，被稀释的酒则不会。因此知道交易者经常会往烈酒里兑水的印第安人会含一口交易者提供的烈酒吐在火焰上，如果火苗变大了，他就知道这是好货——真正的"烈酒"；否则就是交易者在弄虚作假。参见 George E. Ellis, *The Red Man and the White Man in North America from Its Discovery to the Present Time* (Boston: Little, Brown &

Company, 1882), 489; Win Blevins, *Dictionary of the American West* (Seattle: Sasquatch Books, 2001), 145。

47. Charles A. Hanna, *The Wilderness Trail*, vol. 2 (New York: G. P. Putnam's Sons, 1911), 307.

48. Mancall, *Deadly Medicine*, 102, 128.

49. Andrew McFarland Davis, "The Indians and the Border Warfare of the Revolution," in *Narrative and Critical History of America*, ed. Justin Winsor (Boston: Houghton, Mifflin & Company, 1888), 668; Wayne Edson Stevens, *The Northwest Fur Trade*, *1763 – 1800* (Urbana: University of Illinois, 1928), 17 – 18; Writer's Program of the Works Progress Administration in the State of Indiana, *Indian: A Guide to the Hoosier State*, 3rd ed. (New York: Oxford University Press, 1947), 45; and Thorpe, "Fur Trade," in *Encyclopedia of the North American Colonies*, 641. 可参考汉森的不同意见，他认为"比起其他欧洲人，法国人与印第安人相处得更好……是一个谜"。Hanson, *When Skins Were Money*, 67. 类似观点参见 Saum, *The Fur Trader and the Indian*, 68 – 88。

50. Leach, *Arms for Empire*, 177.

51. Charles Howard McIlwain, introduction to Wraxall, *An Abridgement of the Indian Affairs*, xl – xli.

52. *Annals of the West: Embracing a Concise Account of Principal Events Which Have Occurred in the Western States and Territories, From the Discovery of the Mississippi Valley to the Year Eighteen Hundred and Fifty-Six*, comp. James R. Albach (Pittsburgh: W. S. Haven, 1858), 148 – 149.

53. Benjamin Franklin, *The Works of Benjamin Franklin*, comp. and ed. John Bigelow, vol. 3 (New York: G. P. Putnam's Sons, 1904), 140.

54. Homer E. Scolofsky, "Colonial Wars," *in The New Encyclopedia of the American West*, ed. Howard R. Lamar (New Haven: Yale University Press, 1998), 239; Leach, *Arms for Empire*, 177; and Eccles, *The Canadian Frontier*, 158.

351

55. Vandiveer, *The Fur Trade*, 102 – 106; Phillips, *The Fur Trade*, vol. 1, 492 – 495; DeVoto, *Course of Empire*, 200 – 216.

56. 这些皮毛交易点和防卫要塞包括：密西西比州的比洛克西堡（Biloxi），亚拉巴马州的莫比尔堡（Mobile），路易斯安那州的新奥尔良堡（New Orleans），印第安纳州韦恩堡附近的迈阿密堡（Miami），伊利诺伊州拉斐特附近的瓦亚唐诺堡（Ouiatenon），伊利诺伊州普雷里德罗歇（Prairie du Rocher）的沙特尔堡（de Chartres），纽约州扬斯敦的尼亚加拉堡（Niagara），密苏里州不伦瑞克（Brunswick）附近的奥尔良堡（Orleans，具体位置已经无人知晓），伊利诺伊州的圣路易斯堡（St. Louis）、克雷沃克尔堡（Crevecoeur）和温森斯堡（Vincennes），安大略湖东侧的弗兰特纳克堡（Frontenac）。

57. 有些殖民地获得的特许授权赋予了他们对于延伸到太平洋沿岸的土地的权利，也称"海到海"声明，这些殖民地包括马萨诸塞、康涅狄格、弗吉尼亚、南卡罗来纳、北卡罗来纳和佐治亚。参见 Edward W. Kerson, "Articles of Confederation," in *The New Encyclopedia of the American West*, 57。

58. Parkman, *Montcalm and Wolfe*, vol. 1, 130. 还可参见 John W. Monette, *History of the Discovery and Settlement of the Valley of the Mississippi*, vol. 1（New York：Harper & Brothers, 1846），165.

59. Cadwallader Colden, "The French and the Fur Trade（1724），" in *American History Told by Contemporaries*, vol. 2, ed. Albert Bushnell Hart（New York：Macmillan Company, 1919），320 – 321; and Phillips, *The Fur Trade*, vol. 1, 382.

60. Leach, *Arms for Empire*, 121.

61. Phillips, *The Fur Trade*, vol. 1, 342 – 346; and Leach, *Arms for Empire*, 166 – 167.

62. Leach, *Arms for Empire*, 251; *The Cambridge History of British Foreign Policy*, *1783 – 1919*, ed. A. W. Ward and G. P. Gooch（New York：Macmillan Company, 1922），90 – 92. 根据德沃托的观点，"让一个地方的［战争］结

注　释

束的办法就是在另一个地方爆发另一场战争"。DeVoto，*The Course of Empire*，220. "英法之间在北美州的冲突在七年战争期间达到了顶峰。这种冲突的实质是争夺皮毛交易及对于内陆地区的印第安部落的控制权。" Wayne E. Stevens，"The Organization of the British Fur Trade，1760 – 1800，" *Mississippi Valley Historical Review* 3，no. 2（September，1916）：175.

63. Innis，*The Fur Trade in Canada*，116.

64. Hanna，The Wilderness Trail，323.

65. Bert Anson，*The Miami Indians*（Norman：University of Oklahoma， 352 201），43；and Leach，*Arms for Empire*，320 – 321.

66. Francis Parkman，*Montcalm and Wolfe*，vol. 1（Boston：Little，Brown & Company，1907），42 – 43.

67. 同上书，46 – 47，51。

68. 同上书，47 – 48。

69. 有的作者在指代容凯时使用的名字是 Jean Coeur 或 Jonquiere。参见 Emilius O. Randall，*History of Ohio：The Rise and Progress of an American State*， vol. 1（New York：Century History Company，1912），230。

70. Marquis de La Jonquiere，"Conference Between the Marquis de La Jonquiere and the Indians," in *Papers Relating to the French Occupation in Western Pennsylvania，1631 – 1674，Pennsylvania Archives，Second Series*，vol. 6， ed. John B. Linn and William H. Egle（Harrisburg：E. K. Meyers，State Printer， 1891），112.

71. Hanna，*The Wilderness Trail*，225.

72. Baron de Longueil，quoted in Parkman，*Montcalm and Wolfe*，vol. 1，88.

73. 同上书，90；Leach，*Arms for Empire*，323 – 324。

74. Parkman，*Montcalm and Wolfe*，vol. 1，90，133 – 138；Leach，*Arms for Empire*，324 – 326；and Fred Anderson，*The War That Made America：A Short History of the French and Indian War*（New York：Viking，2005），34 – 36.

75. A Friend to Publick Liberty，"To the Freeholders and Citizens，Inhabitants

of the Province of Pennsylvania," *Pennsylvania Gazette* (September 26, 1754).

76. Richard Frothingham, *The Rise of the Republic of the United States*, 3rd ed. (Boston: Little, Brown & Company, 1881), 131n2.

77. Leach, *Arms for Empire*, 321, 325 – 326; Parkman, *Montcalm and Wolfe*, vol. 1, 56 – 57; and Phillips, *The Fur Trade*, vol. 1, 508.

78. 出自威廉·特伦特于 1753 年 8 月 11 日写给罗伯特·丁威迪总督的书信，in *The Ohio Company Papers, 1753 – 1817*, ed. Kenneth P. Bailey (Arcata, CA: Sons of the Revolution Library, 1947), 23 – 24. 特伦特是克罗根的姻亲兄弟。还可参见 Leach, *Arms for Empire*, 326; Justin Winsor, *The Struggle in America Between England and France, 1697 – 1763* (Boston: Houghton, Mifflin & Company, 1895), 280; William R. Nester, *The Great Frontier War: Britain, France, and the Imperial Struggle for North America, 1607 – 1755* (Westport, CT: Greenwood Publishing, 2000), 42。还可参见 Phillips, *The Fur Trade*, vol. 1, 514。

79. 这些话是莫霍克人首领 Tiyanoga［也被称为亨德里克·彼得斯 (Hendrick Peters)］在 1754 年 7 月的奥尔巴尼议会上做出的发言。"Manuscripts of Sir William Johnson," in O'Callaghan, *The Documentary History of the State of New-York*, vol. 2, 581. 还可参见, Walter Isaacson, *Benjamin Franklin: An American Life* (New York: Simon & Schuster, 2003), 160。

80. Anderson, *The War That Made America*, 39, 45.

81. John Marshall, *The Life of George Washington, Commander in Chief of the American Forces, During the War Which Established the Independence of His Country and First President of the United States*, compiled under the inspection of the Honourable Bushrod Washington, from Original Papers, vol. 2 (Philadelphia: C. P. Wayne, 1804), notes section 11. 还可参见 George Washington, "Major Washington's Journal of a Tour Over the Allegany Mountains," in Jared Sparks, *The Writings of George Washington, With the Life of the Author*, vol. 2 (Boston: Russell, Odiorne, and Metcalf, 1834), 439 – 440。

82. Leach, *Arms for Empire*, 331 – 336; Anderson, *The War That Made America*, 43 – 47; T. S. Arthur and W. H. Carpenter, *History of Virginia from its Earliest Settlement to the Present Time* (Philadelphia: Claxton, Remsen & Haffelfinger, 1872), 242 – 245.

83. 加拿大的两个渔业小岛——圣皮埃尔和密克隆——仍然被法国控制，这两个岛屿都在圣劳伦斯湾。这些岛屿至今仍然属于法国。法国人还保留了在纽芬兰大浅滩东南部捕鱼的权利，那里一直是世界上鳕鱼资源最丰富的渔场之一。Colin Gordon Calloway, *The Scratch of a Pen*: 1763 *and the Transformation of North America* (New York: Oxford University Press, 2006), 8.

84. Hanson, *When Skins Were Money*, 65; and Nancy McPhee, *The Book of Insults Ancient & Modern* (New York: St. Martin's Press, 1978), 101.

85. Sigmund Diamond, "An Experiment in 'Feudalism': French Canada in the Seventeenth Century," *William and Mary Quarterly* (January 1961): 33. 还可参见 Leach, *Arms for Empire*, 496 – 497。

86. 1759 年 10 月 25 日，也就是攻陷魁北克一个多月之后，波士顿威斯特教堂的牧师 Jonathan Mayhew 做了一次演讲，从他的字里行间我们可以体会到英国人从战胜新法兰西中感受到的喜悦和期许。Mayhew 提到如今英国战胜了法国，他和许多英国国民都坚信的结果很快就会到来："内陆那些蛮荒之地的部落们肯定会与我们展开大规模的交易，尤其是皮毛交易。最近几年来，皮毛几乎都被法国人占有了。如今，印第安人要为我们打猎了，这样他们才能从我们这里获得他们日常必需的用品。从某种程度上说，加拿大人也是这样。这个国家已经没落了，如果还有人想在那里生活，就要依靠我们提供物资，这当然不是免费的，他们得想办法支付费用。简言之，这个地方所有的贸易，从北方的哈得孙湾到南边的佛罗里达，再到密西西比河及其附近地区，都将属于英国国民：这样的贸易将极大地促进对英国产品的需求，这将为大不列颠的国民创造比他们如今能够获得的更多的就业机会，养活数以万计的人口。英国的航海活动也将得到发展，殖民地范围必将扩大。" Jonathan Mayhew, *Two Discourses Delivered October 25th 1759*:

Being the Day Appointed by Authority to be Observed as a Day of Public Thanksgiving, for the Success of His Majesty's Arms, More Particularly in the Reduction of Quebec, the Capital of Canada (Boston: Richard Draper, 1759), 44 – 45.

354 # 第八章 美国人赶走英国人

1. Benjamin Franklin, "The Examination of Dr. Benjamin Franklin, [before the English House of Commons, in February, 1766,] relative to the Repeal of the American Stamp Act," in Benjamin Franklin, *Memoirs of the Life and Writings of Benjamin Franklin*, 3rd ed., vol. 2, appendix 4 (London: Henry Colburn, 1818), 379. 富兰克林论述的另一部分是加拿大和新斯科舍省的边界争议问题。

2. Billington, *Westward Expansion*, 132.

3. "Purchasing good behavior," 出自杰弗里·阿默斯特于 1761 年 8 月 9 日写给威廉·约翰逊爵士的书信, in James Sullivan, *The Papers of Sir William Johnson*, vol. 3 (Albany: University of the State of New York, 1921), 515; "Think it necessary," 引自 Billington, *Westward Expansion*, 138。还可参见 Anderson, *The War That Made America*, 233; and Reuben Gold Thwaites et al., *Wisconsin in Three Centuries, 1634 – 1905*, vol. 2 (New York: Century History Company, 1906), 32。

4. 阿默斯特于 1761 年 8 月 9 日写给约翰逊的书信, 515; 杰弗里·阿默斯特于 1761 年 2 月 22 日写给威廉·约翰逊爵士的书信, in Sullivan, *The Papers of Sir William Johnson*, vol. 3, 345。还可参见 Anderson, *The War That Made America*, 233。

5. 乔治·克罗根于 1763 年 4 月 30 日写给杰弗里·阿默斯特将军的书信, in *Collections and Researches Made by the Michigan Pioneer and Historical Society*, vol. 19, ed. M. Agnes Burton (Reprint, Lansing: Wynkoop Hallenbeck Crawford Co., 1911), 183 – 184。

6. Billington, *Westward Expansion*, 138; and N. Matson, *Pioneers of Illinois*

注　释

(Chicago: Knight & Leonard Printers, 1882), 139.

7. Patrick Carter et al., *American History* (Toronto: Emond Montgomery, 2007), 48; Billington, *Westward Expansion*, 138; and Anderson, *The War That Made America*, 180.

8. Anderson, *The War That Made America*, 236; Billington, *Westward Expansion*, 138; and Leach, *Arms for Empire*, 498 – 499.

9. Carter et al., *American History*, 48; and DeVoto, *The Course of Empire*, 232 – 234.

10. Justin Winsor, *Narrative and Critical History of America*, vol. 6 (Boston: Houghton, Mifflin & Company, 1888), 687 – 688. 还可参见 Phillips. *The Fur Trade*, vol. 1, 561 – 565。

11. Anderson, *The War That Made America*, 240 – 241.

12. "Report of the Lords Commissioners for Trade and Plantations, on the Petition of the Honourable Thomas Walpole and his Associates, for a Grant of Lands on the River Ohio, in North America," April 15, 1772, in Franklin, *The Writings of Benjamin Franklin*, edited by Albert Henry Smyth, vol. 5, 1767 – 1772 (New York: Macmillan Company, 1907), 468 – 469, 472 – 473, 475; and Thwaites et al., *Wisconsin in Three Centuries, 1634 – 1905*, vol. 3, 32.

13. Billington, *Westward Expansion*, 154.

14. DeVoto, *Course of Empire*, 238, Stevens, *The Northwest Fur Trade*, 31 – 33; Billington, *Westward Expansion*, 140 – 142; Phillips, *The Fur Trade*, vol. 1, 569, 571 – 572, 580, 618 – 620; and Henry, *Travels and Adventures in Canada*, 239; Norton, *The Fur Trade in Colonial New York*, 199; and John Mitchell, *The Present State of Great Britain and North America with Regard to Agriculture, Population, Trade, and Manufactures, Impartially Considered* (London: T. Becket and P. A. De Hondt, 1767), 174 – 175.

15. Hanson, *When Skins Were Money*, 69. 老西北地区"包括了俄亥俄州、伊利诺伊州、密歇根州、威斯康星州和明尼苏达州东部——总面积25

万平方英里多一点"。B. A. Hinsdale, *The Old Northwest, The Beginnings of Our Colonial System* (Boston: Silver, Burdett and Company, 1899), v.

16. Clarence Walworth Alvord, *The Mississippi Valley in British Politics*, vol. 1 (Cleveland: Arthur H. Clark Company, 1917), 300 – 304.

17. *Louisiana, A Guide to the State, compiled by the Writer's Program of the Work Projects Administration in the State of Louisiana* (New York: Hastings House, 1945), 40 – 41; Henry Rightor, *Standard History of New Orleans, Louisiana* (Chicago: Lewis Publishing Company, 1900), 20 – 21; Hanson, *When Skins Were Money*, 107; Chittenden, *The American Fur Trade*, vol. 1, 98 – 102; William E. Foley and C. David Rice, *The First Chouteaus: River Barons of Early St. Louis* (Urbana: University of Illinois Press, 1983), 4 – 5; and Shirley Christian, *Before Lewis and Clark: The Story of the Chouteaus, the French Dynasty That Ruled America's Frontier* (New York: Farrar, Straus & Giroux, 2004), 33.

18. Harry Gordon, "Journal of Captain Harry Gordon from Pittsburgh Down the Ohio and the Mississippi to New Orleans, Mobile, and Pensacola," in *Travels in the American Colonies*, ed. Newton D. Mereness (New York: Macmillan Company, 1916), 475; and Phillips, *The Fur Trade*, vol. 1, 593, 627.

19. Phillips, *The Fur Trade*, vol. 1, 624 – 625; DeVoto, *Course of Empire*, 264; Hanson, *When Skins Were Money*, 67; Stevens, *The Northwest Fur Trade*, 34 – 42; and Clarence Walworth Alvord, *The Illinois Country, 1673 – 1818* (Chicago: A. C. McClurg & Co., 1922), 306 – 307.

20. Hamilton Andrews Hill, "The Trade, Commerce and Navigation of Boston, 1780 – 1880," in *The Memorial History of Boston, Including Suffolk County, Massachusetts*, vol. 4, ed. Justin Winsor (Boston: James R. Osgood and Company, 1881), 199; Phillips, *The Fur Trade*, vol. 1, 636, 638, 648 – 649; Herbert Eugene Bolton and Thomas Maitland Marshall, *The Colonization of North America*, 1492 – 1783 (New York: Macmillan Company, 1921), 422;

and Stevens, *The Northwest Fur Trade*, 45 – 47, 65 – 67, 77nn22, 24.

21. Benjamin Terry, *A History of England From the Earliest Times to the Death of Queen Victoria*, 4th ed. (Chicago: Scott, Foresman and Company, 1908), 939.

22. "Definitive Treaty of Peace Between the United States of America, and His Britannic Majesty," in Joseph Story, *A Familiar Exposition of the Constitution of the United States* (New York: Harper & Brothers, 1847), 324.

23. 同上书, 325 – 329; John Fiske, "Political Consequences in England of Cornwallis's Surrender at Yorktown," in *Atlantic Monthly* (January 1886): 50; and Phillips, *The Fur Trade*, vol. 1, 649 – 654。

24. Phillips, *The Fur Trade*, vol. 1, 643.

25. 约翰·亚当斯于 1783 年 3 月 28 日写给阿比盖尔·亚当斯的书信, in *Adams Family Correspondence*, vol. 5, ed. Richard Ryerson (Cambridge: Belknap Harvard University Press, 1993), 111。

26. Phillips, *The Fur Trade*, vol. 2, 15.

27. Mr. Powys, quoted in "Debate in the Commons on the Preliminary Articles of Peace," 1783, in *The Parliamentary History of England From the Earliest Period to the Year 1803*, vol. 23 (London: T. C. Hansard, 1814), 457.

28. Lord Shelburne, "Note of the Debates on the Peace in the House of Commons, February 1783, as Confirmatory of the Wisdom of the American Commissioners," in John Jay, *The Peace Negotiations of 1782 and 1783, An Address Delivered Before the New York Historical Society on its Seventy-Fifth Anniversary, Tuesday, November 27, 1883* (New York: New York Historical Society, 1884), 198. See also Phillips, *The Fur Trade*, vol. 1, 649 – 650.

29. February 17, 1783, "Preliminary Articles of Peace," in *The Parliamentary Register; Or History of the Proceedings and Debates of the House of Lords*, vol. 11 (London: J. Debrett, 1783), 34 – 35. 还可参见 Charles Francis Adams, *The Works of John Adams, Second President of the United States: With the Life of the*

356

Author, vol. 3 (Boston: Charles C. Little and James Brown, 1851), 367 – 668。

30. McLaughlin, "The Western Posts and the British Debts," 420; and Billington, *Westward Expansion*, 221 – 222.

31. Phillips, *The Fur Trade*, vol. 2, 22; McLaughlin, "The Western Posts and the British Debts," 414 – 420, 427, 430 – 433.

32. 乔治·华盛顿于 1786 年 5 月 10 日写给拉斐特侯爵的书信, in *The Writings of George Washington*, edited by *Worthington Chauncey Ford*, vol. 11, 1785 – 1790 (New York: G. P. Putnam's Sons, 1891), 28 – 29。

33. Charles Moore, *History of Michigan*, vol. 1 (Chicago: Lewis Publishing Company, 1915), 214 – 215; Phillips, *The Fur Trade*, vol. 2, 18 – 22; and A. C. McLaughlin, "The Western Posts and the British Debts," in *Annual Report of the American Historical Association for the Year 1894* (Washington, DC: U. S. Government Printing Office, 1895), 414 – 419.

34. 托马斯·杰斐逊于 1791 年 12 月 15 日写给乔治·哈蒙德的书信, in Thomas Jefferson, *The Writings of Thomas Jefferson*, ed. H. A. Washington, vol. 4 (Washington, DC: Taylor & Maury, 1854), 95。

35. David McCullough, *John Adams* (New York: Simon & Schuster, 2001), 456. See also Eric Jay Dolin, *Leviathan: The History of Whaling in America* (New York: W. W. Norton, 2007), 183.

36. "The Jay Treaty, the Avalon Project at Yale Law School," http://www. yale. edu/lawweb/avalon/diplomacy/britain/jay. htm (accessed September 6, 2008).

37. McLaughlin, "The Western Posts and the British Debts," 433; and Billington, *Westward Expansion*, 222.

38. Samuel Furman Hunt, "General Anthony Wayne and the Battle of Fallen Timbers," in *Orations and Historical Addresses* (Cincinnati: Robert Clarke Company, 1908), 388 – 341; Hanson, *When Skins Were Money*, 86; and Billington, *Westward Expansion*, 225 – 226.

357

39. Hanson, *When Skins Were Money*, 86; and McLaughlin, "The Western Posts and the British Debts," 425, 428.

40. 不只是英国人抱着这样的想法。1796 年时，在讨论是否批准这份条约的过程中，至少有一位美国政治家预言合约第三条的实施会给美国皮毛交易带来灾难。参见 William B. Giles, "Speech of William B. Giles on the British Treaty, Delivered in the House of Representatives of the United States, April 18, 1796," in *Eloquence of the United States*, vol.1, comp. Ebenezer Bancroft Williston (Middletown, CT: E. & H. Clark, 1827), 358 – 359。

41. George Washington, "Address to Congress, October 25, 1791," in *The Debates and Proceedings in the Congress of the United States, Second Congress* (Washington, DC: Gale and Seaton, 1849), 13.

42. George Washington, "Third Congress—First Session, the President's Speech," in *Addresses of the Successive Presidents of the United States to both Houses of Congress* (Washington, DC: Samuel Harrison Smith, 1805), 62.

43. Hanson, *When Skins Were Money*, 100.

44. 同上。

45. 这些工厂中有一个位于佐治亚州的科尔雷恩，另一个位于田纳西州边境的特利科。Phillips, *The Fur Trade*, vol.2, 12; Royal B. Way, "The United States Factory System for Trading with the Indians, 1796 – 1822," in *Mississippi Valley Historical Review* 6 (September 1919): 224; and Hanson, *When Skins Were Money*, 100 – 101.

第九章　"完美的黄金收益循环"

1. 关于詹姆斯·库克船长航行活动最精彩也最有意思的介绍参见 Tony Horwitz, *Blue Latitudes: Boldly Going Where Captain Cook Has Gone Before* (New York: Henry Holt and Company, 2002)。Horwitz 洞悉了詹姆斯·库克船长和《星际迷航》中的"进取号"星舰舰长詹姆斯·T. 柯克之间存在的相似性。他们都是天生的探险家，都受到同一种热情的推动——"要勇敢地前往没有任何人到达过的地方!"同上书，5。

2. James Cook, *The Voyages of Captain James Cook*, vol. I (London: William Smith, 1842), 201 – 212; Horwitz, *Blue Latitudes*, 14 – 15, 133 – 134, 143, 150 – 152; and J. C. Beaglehole, *The Life of Captain James Cook* (Stanford: Stanford University Press, 1974), 107.

3. James Cook, *The Voyages of Captain James Cook*, vol. 1, 445, 573 – 574; and Horwitz, *Blue Latitudes*, 210 – 211, 217 – 220.

4. James Cook and James King, *The Voyages of Captain James Cook*, vol. 2 (London: William Smith, 1842), 7 – 8. 还可参见 James Cook, "Cook's Second Voyage," in *The English Circumnavigators: The Most Remarkable Voyages Round the World by English Sailors With a Preliminary Sketch of Their Lives and Discoveries*, ed. David Laing Purves (London: William P. Nimmo, 1874), 541; and Alexander Begg, *History of British Columbia from Its Earliest Discovery to the Present Time* (Toronto: William Briggs, 1894), 18。

5. Cook and King, *The Voyages of Captain James Cook*, vol. 2, 233 – 244; and Horwitz, *Blue Latitudes*, 376.

6. Cook and King, *The Voyages of Captain James Cook*, vol. 2, 232, 258 – 264; and John Ledyard, *A Journal of Captain Cook's Last Voyage to the Pacific Ocean, and In Quest of a North-West Passage Between Asia and America, Performed in the Years 1776, 1777, 1778, and 1779* (Hartford, CT: Nathaniel Batten, 1783), 70.

7. Cook and King, *The Voyages of Captain James Cook*, vol. 2, 370 – 387; and Horwitz, *Blue Latitudes*, 378 – 398.

8. 要了解相关的争论, 可参见 Horwitz, *Blue Latitudes*, 390 – 392; and 409 – 411; and J. C. Beaglehole, *The Journals of Captain Cook*, ed. Philip Edwards (London: Penguin, 1999), 610 – 613。

9. Cook and King, *The Voyages of Captain James Cook*, vol. 2, 382 – 387; Horwitz, *Blue Latitudes*, 389 – 410; and Nicholas Thomas, *Cook, The Extraordinary Voyages of Captain James Cook* (New York: Walker and Company, 2003), 391 –

注　释

392. 根据 Beaglehole 的观点，"依靠目击者的报告是无法弄清楚究竟发生了什么的"。Beaglehole, *The Journals of Captain Cook*, 610.

10. Cook and King, *The Voyages of Captain James Cook*, vol. 2, 390 – 407; Horwitz, *Blue Latitudes*, 419 – 421; and Thomas, *Cook*, 399 – 401.

11. Cook and King, *The Voyages of Captain James Cook*, vol. 2, 433 – 527; and Thomas, *Cook*, 401 – 403.

12. King, quoted in Cook, *The Voyages of Captain James Cook*, vol. 2, 529 – 532.

13. 这一部分关于海獭的基本信息来自以下资料：C. M. Scammon, "The Sea Otters," in *American Naturalist* 4 (April 1870): 65 – 67; J. A. Estes, "Sea Otter, in *The Smithsonian Book of North American Mammals*, ed. Don E. Wilson (Vancouver: University of British Columbia Press, 1999), 180 – 182; Richard Ellis, *The Empty Ocean* (Washington, DC: Island Press, 2003), 146 – 147; James L. Bodkin, "Sea Otter (*Enhydra lutris*)," in *Wild Mammals of North America: Biology, Management, and Conservation*, ed. George A. Feldhamer, Bruce Carlyle Thompson, and Joseph A. Chapman (Baltimore: Johns Hopkins University Press, 2003), 735 – 743; and Adele Ogden, *The California Sea Otter Trade, 1784 – 1848* (Berkeley: University of California Press, 1941), 4 – 11。

14. 要更好地理解海獭毛发的稠密程度之高，可以比较"人类头发的平均数目大约是 60 万根"。Ellis, *The Empty Ocean*, 146. 海獭身上每平方英寸毛发数量究竟是多少说法不一，从 25 万到 100 万以上的都有。参见 Bodkin, "Sea Otter (*Enhydra lutris*)" 736; and Hans Kruk, *Otters, Ecology, Behaviour and Conservation* (New York: Oxford University Press, 2006)。

15. William Sturgis, "The Northwest Fur Trade," *Merchant's Magazine* 14 (June 1846): 534. 海獭的皮毛是像沙皮狗一样松松垮垮的，所以被割下来的皮毛比动物本身大不少，最多能够达到 6 英尺长、3 英尺宽。参见 Ogden, *The California Sea Otter Trade*, 4 – 5。

16. C. M. Scammon, "The Sea Otters," in *American Naturalist* 4 (April

359

515

1870）：65.

17. James R. Gibson, *Otter Skins, Boston Ships, and China Goods, The Maritime Fur Trade of the Northwest Coast, 1785 – 1841* (Seattle：University of Washington Press, 1999)：12 – 13；and Ogden, *The California Sea Otter* Trade, 5 – 6.

18. Corey Ford, *Where the Sea Breaks its* Back (Boston：Little, Brown & Company, 1966), 65.

19. 同上书, 66；Harold McCracken, *Hunters of the Stormy Sea* (New York：Doubleday & Company, 1957), 12 – 23。

20. Peter Lauridsen, Julius E. Olson, and Frederick Schwatka, *Vitus Bering, The Discoverer of Bering Strait* (Chicago：S. C. Griggs & Company, 1889), 151.

21. 同上书, 185 – 186；Georg Wilhelm Steller, *De Bestiis Marinis or, The Beasts of the Sea,* tran. Walter Miller (1751；reprint, Lincoln：Faculty Publications, UNL Libraries, 2005) 80 – 81。还可参见 McCracken, *Hunters of the Stormy Sea*, 24 – 26。

22. Steller, quoted in Ford, *Where The Sea Breaks Its Back*, 145. 还可参见 McCracken, *Hunters of the Stormy Sea*, 25 – 27。在岛上的时候，斯特拉成了唯一观察过海牛的博物学家，所以这种动物后来被命名为斯特拉大海牛。生态学家和作家 Carl Safina 形容它"就像一头巨大的阿拉斯加雪橇犬"，能够达到身长 35 英尺、体围 25 英尺。白令岛是唯一已知的有这种动物栖息过的地方，后来俄国的海獭捕杀者来到这里，他们为了食用鲜美的海牛肉而捕杀大海牛，直至该物种彻底灭绝。Carl Safina, *Eye of the Albatross* (New York：Macmillan, 2002), 180；and George Perkins Marsh, *Man and Nature* (New York：Charles Scribner, 1865), 119.

23. Ford, *Where the Sea Breaks Its Back*, 169 – 178, 187.

24. McCracken, *Hunters of the Stormy Sea*, 16 – 17, 78 – 81.

25. 同上书, 38 – 39, 55 – 58；Henry Elliot, *Our Arctic Province, Alaska*

and the Seal Islands (New York: Charles Scribner's Sons, 1897), 133n; Steller, *de Bestiis Marinis*, 75 – 76; James R. Gibson, " The Russian Fur Trade," in *Old Trails and New Directions: The Papers of the Third North American Fur Trade Conference* (Toronto: University of Toronto Press, 1980), 218 – 219; 和 Agnes C. Laut, *Pioneers of the Pacific Coast: A Chronicle of Sea Rovers and Fur Hunters* (Toronto: Glasgow, Brook & Company, 1915), 36 – 37。

26. 据推测到 1800 年时，俄国人已经杀死了超过 100 万只海獭以获取它们的皮毛。Mary E. Wheeler, " Empires in Conflict and Cooperation: The ' Bostonians' and the Russian-American Company," in *Pacific Historical Review* 40 (November 1971): 420.

27. James Zug, *American Traveler, The Life and Adventures of John Ledyard, the Man Who Dreamed of Walking the World* (New York: Basic Books, 2005), 1 – 34; Bill Gifford, *Ledyard: In Search of the First American Explorer* (Orlando: Harcourt, 2007), 3 – 55; and David Lavender, *Land of Giants: The Drive to the Pacific Northwest, 1750 – 1950* (New York: Doubleday & Company, 1958), 16 – 17.

28. 莱迪亚德的书是 "美国出版的第一本有版权的非虚构类作品"。Gifford, *Ledyard*, 52 – 54. 还可参见 Zug, *American Traveler*, 118 – 120。

29. Ledyard, *A Journal*, 70.

30. Zug, *American Traveler*, 132. 另见罗伯特·莫里斯于 1783 年 11 月 27 日写给约翰·杰伊的书信, in *The Revolutionary Diplomatic Correspondence of the United States*, ed. Francis Wharton, vol. 6 (Washington, DC: U. S. Government Printing Office, 1889), 735。

31. Kenneth Scott Latourette, " The History of Early Relations Between the United States and China, 1784 – 1844," in *Transactions of the Connecticut Academy of Arts and Sciences* (New Haven: Yale University Press, 1917), 12 – 13; Jean McClure Mudge, *Chinese Export Porcelain for the American Trade, 1785 – 1835*, 2nd ed. (Newark: University of Delaware Press, 1981), 35;

360

and Mary Malloy, "*Boston Men*" *on the Northwest Coast*: *The American Maritime Fur Trade 1788 – 1844* (Kingston, ON: Limestone Press, 1998), 23.

32. Zug, *American Traveler*, 132 – 137, 143 – 147.

33. 约翰·保罗·琼斯回忆的莱迪亚德对此的评论, in John Paul Jones, *Life and Correspondence of John Paul Jones*, *Including His Narrative of the Campaign of the Liman* (New York: A. Chandler, 1830), 362; and Zug, *American Traveler*, 157。

34. Gifford, *Ledyard*, 153. See also Samuel Eliot Morrison, *John Paul Jones*, *A Sailor's Biography* (Boston: Little, Brown & Company, 1959), 342 – 343; and Zug, *American Traveler*, 158 – 159.

35. Cook and King, *The Voyages of Captain James Cook*, vol. 2, 273, 532.

36. Robert Greenhow, *Memoir*, *Historical and Political*, *on the Northwest Coast of North America and the Adjacent Territories* (New York: Wiley and Putnam, 1840), 87; Malloy, "*Boston Men*," 25 – 26; Gibson, *Otter Skins*, *Boston Ships*, *and China Goods*, 299; Hubert Howe Bancroft, *History of the Northwest Coast*, vol. 1 (San Francisco: History Company, 1890), 354 – 355; and Charles Henry Carey, *History of Oregon* (Chicago: The Pioneer Historical Publishing Company, 1922), 255.

37. Barrell, quoted in Thomas Bulfinch, *Oregon and Eldorado*, *or Romance of the Rivers* (Boston: J. E. Tilton and Company, 1866), 2. See also Agnes Laut, "Gray of Boston Discoverer of the Columbia," in *Leslie's Monthly Magazine* 60 (July 1905): 276; Samuel Eliot Morison, *The Maritime History of Massachusetts*, *1783 – 1860* (Boston: Houghton, Mifflin & Company, 1941), 45 – 46; Frederic W. Howay, ed., *Voyages of the Columbia to the Northwest Coast*, *1787 – 1790 and 1790 – 1793* (1941; reprint, Portland: Oregon Historical Society Press, 1990), vi; Charles Bulfinch, *The Life and Letters of Charles Bulfinch Architect*, ed. Ellen Susan Bulfinch (Boston: Houghton, Mifflin & Company, 1896), 64 – 65; and E. H. Derby, "Memoir of Elias Hasket Derby, Merchant of

注　释

Salem, Massachusetts," in *Hunt's Merchants' Magazine*, 36 （February 1857）: 168.

38. Quoted in "The Columbia and Washington Medal," from Massachusetts Historical Society Web site, http://www.masshist.org/objects/2004may.cfm#descr （accessed september 20, 2008）.

39. Robert Haswell, "A Voyage Round the World" *in Voyages of the Columbia to the Northwest Coast*, *1787 - 1790 and 1790 - 1793*, ed. Frederic W. Howay, 4.

40. 同上书, 19 - 20。

41. 同上书, 14 - 15, 37。

42. 同上书, 34 - 52, 60 - 66, 102 - 107; Morison, *The Maritime History of Massachusetts*, 47。

43. Malloy, "*Boston Men*," 28; and Haswell, "A Voyage Round the World," 96.

44. Robert Coarse, *The Seafarers: A History of Maritime America 1620 - 1820* （New York: Harper & Row, 1964）, 214 - 215; Edward G. Porter, "The Ship Columbia and the Discovery of Oregon," in *New England Magazine* 6 （March - August, 1892）: 478 - 479; Howay, *Voyages of the Columbia to the Northwest Coast*, xi - xii; and Lavender, *The Land of Giants*, 47. 至少有一位观察者提出杀死肯德里克的加农炮弹是为庆祝他的生日而发射的, 而非庆祝战胜原住民。参见 Amaso Delano, *A Narrative of Voyages and Travels in the Northern and Southern Hemispheres, Comprising Three Voyages Around the World* （Boston: E. G. House, 1817）, 399 - 400。

45. 我本来想要用如今的美元价值来说明历史上的美元价值, 好让读者更好地理解当时的情况。不过进行这种换算的方法很多, 主要取决于选用什么样的假设。鉴于各种说法之间的差别非常大, 我决定不在本书中使用这种换算的结果, 以避免造成困惑。想要进一步研究这一问题的读者可以登录以下网址: http://www.measuringworth.com/ppowerus/。

519

46. Morison, *The Maritime History of Massachusetts*, 43 – 44.

47. Edward G. Porter, "The Ship Columbia and the Discovery of Oregon," in *New England Magazine* (June 1892): 479.

48. Coarse, *The Seafarers*, 215 – 217 (emphasis in the original); Porter, "The Ship Columbia and the Discovery of Oregon," 479; Sydney and Marjorie Greenbie, *Gold of Ophir: The China Trade in the Making of America* (New York: Wilson-Erickson, Inc. , 1937), 59; Samuel Eliot Morison, "Boston Traders in the Hawaiian Islands, 1789 – 1823," in *Massachusetts Historical Society Proceedings*, *October 1920 – June 1921*, vol. 54 (Boston: Massachusetts Historical Society, 1922), 11; "Ship Columbia," *Boston Gazette* (August 16, 1790); and "Massachusetts, The Columbia," *Massachusetts Spy* (August 19, 1790).

49. "The Oregon Question," in *Speeches and Occasional Addresses by John A. Dix*, vol. 1 (New York: D. Appleton & Company, 1864), 24.

50. Bancroft, *History of the Northwest Coast*, vol. 1, 611; and William Denison Lyman, *The Columbia River*, *Its History*, *Its Myths*, *Its Scenery*, *Its Commerce* (New York: G. P. Putnam's Sons, 1917), 43 – 65.

51. Robert Greenhow, *The History of Oregon and California and the Other Territories on the North-West Coast of America*, 2nd ed. (Boston: Charles C. Little and James Brown, 1845), 232.

52. John Boit, "Log of the Columbia," in *Massachusetts Historical Society Proceedings*, *October 1919 – June 1920*, vol. 53 (Boston: Massachusetts Historical Society, 1920), 245 – 246.

53. Boit, "Log of the Columbia," 247 – 249; "Remnant of the Official Log of the Columbia," in Howay, *Voyages of the Columbia to the Northwest Coast*, 435 – 436; and Lavender, *Land of Giants*, 44 – 45.

54. Boit, "Log of the Columbia," 411; and DeVoto, *Course of Empire*, 329.

55. Greenhow, *The History of Oregon and California*, 248. See also DeVoto,

362

The Course of Empire, 329; Lyman, *The Columbia River*, 66 – 68; and Lavender, Land of Giants, 48. 回顾"哥伦比亚号"的两次航行时莫里森写道:"第一次航行时,'哥伦比亚号'解决了与中国交易的谜题;第二次航行时,帝国尾随而来。"Morison, *The Maritime History of Massachusetts*, 51.

56. Lavender, *Land of Giants*, 23.

57. Gibson, *Otter Skins, Boston Ships, and China Goods*, 12 – 35, 299 – 300; and Malloy, "*Boston Men*," 26 – 27; Ogden, *The California Sea Otter Trade*, 2.

58. Malloy, "*Boston Men*," 26.

59. Morison, *The Maritime History of Massachusetts*, 53; and Gibson, *Otter Skins, Boston Ships, and China Goods*, 301.

60. James Monroe, "Message from the President of the United States, transmitting the information required by a resolution of the House of Representatives of the 16th of February last, in relation to Claims set up by foreign Governments, to Territory of the United States upon the Pacific Ocean, north of the forty-second degree of latitude, etc., April 17, 1822," in *North American Review*, vol. 6 (Boston: Hilliard & Metcalf Printers, 1822), 372.

61. Gibson, *Otter Skins, Boston Ships, and China Goods*, 57. 举例来说,1804 年一次从波士顿启程的航行在扣除了所有成本之后净赚了 156743 美元。Phillips, *The Fur Trade*, vol. 2, 57. 还可参见"The Fur Trade Between the N. W. Coast of America and China," *Nile's National Register* (March 18, 1843), 40。

62. Frederic Howay, quoted in Gibson, *Otter Skins, Boston Ships, and China Goods*, 58.

63. Sturgis, "The Northwest Fur Trade," 537. 18 世纪 80 年代晚期航行到太平洋西北地区的英国探险家 John Meares 注意到"我们付出了代价才明白[那些印第安人]特别精明,知道如何经商盈利"。John Meares, *Voyages Made in the Years 1788 and 1789, From China to the North West Coast of America*

363

（London：Logographic Press，1790），141 - 142. 还可参见 Robin Fisher，"The Northwest from the Beginnings of Trade with Europeans to the 1880s," in *The Cambridge History of the Native Peoples of the Americas*，vol. 1，*North America*，*Part* 2，ed. Bruce G. Trigger and Wilcomb E. Washburn（Cambridge：Cambridge University Press，1996），129。

64. Gibson，*Otter Skins*，*Boston Ships*，*and China Goods*，269；Malloy，"*Boston Men*," 12；and Fisher，"The Northwest from the Beginnings of Trade with Europeans to the 1880s," 135 - 148.

65. 对于朱伊特经历的艰辛的描述主要基于他本人的记录，该作品于 1815 年首次出版，所有的引文均出自其中。John R. Jewitt，in collaboration with Richard Alsop，*Narrative of the Adventures and Sufferings of John R. Jewitt*（Middletown，CT：Seth Richards，1815），11 - 16，24 - 39，41，164，179 - 198. 这个作品成了一本畅销书，影响了几代读者。人们为其中的情节所吸引，同时也感到震惊和恐惧。其他的资料还包括 Mary Malloy，*Devil on the Deep Blue Sea：The Notorious Career of Captain Samuel Hill of Boston*（Jersey Shore，PA：Bullbrier Press，2006），11 - 21；John R. Jewitt，*The Adventures and Sufferings of John R. Jewitt*，*Captive of Maquinna*，annotated and illustrated by Hilary Stewart（Seattle：University of Washington Press，1987）；Lavender，*Land of Giants*，49 - 52；and Morison，*The Maritime History of Massachusetts*，55。

66. Jewitt，*The Adventures and Sufferings of John R. Jewitt*，*Captive of Maquinna*，21.

67. Jewitt，*Narrative of the Adventures and Sufferings of John R. Jewitt*，114.

68. William Sturgis，"*A Most Remarkable Enterprise*," Lectures on the Northwest Coast Trade and Northwest Coast Indian life by Captain William Sturgis，ed. Mary Malloy（Marston Mills，MA：Parnassus Imprints，1997），2. See also Gibson，*Otter Skins*，*Boston Ships*，*and China Goods*，158；and John Vaillant，*The Golden Spruce：A True Story of Myth*，*Madness*，*and Greed*（New York：

注　释

W. W. Norton, 2005）, 49 – 50.

69. Sturgis, "*A Most Remarkable Enterprise*," 77.

70. Gibson, *Otter Skins, Boston Ships, and China Goods*, 158.

71. 关于这段双方都存在不光彩行为的历史的精彩论述参见 Gibson, *Otter Skins, Boston Ships, and China Goods*, 153 – 175。

72. 同上书, 158。

73. Bancroft, *History of the Northwest Coast*, vol. 1, 319; C. L. andrews, "The Sea Otter in California," in *Overland Monthly*（August 1918）: 132; McCracken, *Hunters of the Stormy Sea*, 200, 235 – 236; Robert Glass Cleland, *A History of California: The American Period*（New York: Macmillan Company, 1922）, 23; Hubert Howe Bancroft, *The Works of Hubert Howe Bancroft*, vol. 33, *History of Alaska, 1730 – 1885*（San Francisco: A. L. Bancroft & Company, 1886）, 477 – 481; William Dane Phelps, "Solid Men of Boston in the Northwest," in *Fur Traders of New England*, 39 – 40; Ogden, *The California Sea Otter Trade*, 45 – 47; and Morison, *The Maritime History of Massachusetts*, 60 – 61.

74. 根据 Bancroft 的观点, 这个交易最终"被俄国人终止了, 因为他们认 364 为他们的美国佬合作者既不值得信任, 也无法对其进行监督, 另外, 他们的非法行径也引起了西班牙人的敌意"。Bancroft, *History of the Northwest Coast*, vol. 1, 319. 还可参见 Wheeler, "Empires in Conflict and Cooperation," 427。

75. 根据海洋艺术家和作家 Richard Ellis 的观点, 到 1823 年时, 加利福尼亚海岸外"只能找到四岁的海獭"。Ellis, *The Empty Ocean*, 144.

76. McCracken, *Hunters of the Stormy Sea*, 268 – 269; Robin Milner-Gulland, *The Russians*（New York: Blackwell Publishing, 1999）, 1; Coman, *Economic Beginnings of the Far West*, 201 – 202; Albert Hurtado, *John Sutter: A Life on the North American Frontier*（Norman: University of Oklahoma Press, 2006）, 50.

77. Briton Cooper Busch, *The War Against the Seals: A History of the North*

American Seal Fishery (Kingston, ON: McGill-Queen's University, 1985), 6 –
36; Edouard A. Stackpole, *The Sea-Hunters: The New England Whalemen During
Two Centuries, 1635 – 1835* (Philadelphia: J. B. Lippincott Company, 1953),
181 – 193.

78. Busch, *The War Against the Seals*, 7 – 10; and Delano, *A Narrative of
Voyages and Travels*, 306. James Fenimore Cooper 在他的经典著作 *The Sea Lions*
中安排一个角色谈论了在新发现的 "猎海豹岛" 上杀死海豹是多么容易的
事, 因为它们还不知道害怕人类。"一个人可以直接走进海豹群里而不引发
任何警觉。简单说来, 一群捕杀者要做的就是杀死海豹、剥皮、收集海豹
油。就像在海边捡钱一样。"James Fenimore Cooper, *The Sea Lions*; *or, The
Lost Sealers*, vol. 1 (New York: Stringer & Townsend, 1849), 46. 在 1800 年
以前, 仅俄国人就杀死了超过 400 万头毛皮海豹。参见 Wheeler, "Empires
in Conflict and Cooperation," 420。根据 Busch 的估算, 仅南半球被杀死的毛
皮海豹就有 520 万头。Busch, *The War Against the Seals*, 35 – 36.

79. Gibson, *Otter Skins*, *Boston Ships*, *and China Goods*, 61. See also
Kenneth Scott Latourette, *The History of Early Relations Between The United States
and China, 1784 – 1844* (New Haven: Yale University Press, 1917), 54 – 55;
and Phillips, *The Fur Trade*, vol. 2, 57.

80. Benjamin Morrell, *A Narrative of Four Voyages to the South Sea*, *North
and South Pacific Ocean*, *Chinese Sea*, *Ethiopic and Southern Atlantic Ocean*,
Indian and Antarctic Ocean, *From the Year 1822 to 1831* (New York: J. &
J. Harper, 1832), 363 – 364. 还可参见 "Peru as It Is," *Blackwood's Edinburgh
Magazine* 65 (March 1839): 288n, and Callum Roberts, *The Unnatural History of
the Sea* (Washington, DC: Island Press, 2007), 103 – 109。

81. T. Watters, "Letter from Her Britannic Majesty's Consul-General, Canton, to
the Behring [sic] Sea Commissioners," December 28, 1891, in *Fur Seal
Arbitration*, *Proceedings of the Tribunal of Arbitration*, *Convened at Paris*, vol. 6
(Washington, DC: U. S. Government Printing Office, 1895), 251.

第十章 沿密苏里河溯流而上

1. DeVoto, *The Course of Empire*, 414. See also Stephen Ambrose, *Undaunted Courage*, *Meriwether Lewis*, *Thomas Jefferson*, *and the Opening of the American West* (New York: Simon & Schuster, 1996), 68.

2. 詹姆斯·莫里于 1756 年 1 月 10 日写给未知收信人的书信, in *Memoirs of a Huguenot Family*, translated and compiled from the original autobiography of the Reverend James Fontaine by Ann Maury (New York: G. P. Putnam & Sons, 1872), 387, 391; and DeVoto, *The Course of Empire*, 415。

3. 托马斯·杰斐逊于 1783 年 12 月 4 日写给乔治·罗杰斯·克拉克将军的书信, in *American Historical Review*, vol. 3, *October 1897 – July 1898* (New York: Macmillan Company, 1898), 673。

4. George Rogers Clarke, quoted in Donald Jackson, "Thomas Jefferson and the Pacific Northwest," in *Explorations Into the World of Lewis & Clark*, ed. Robert A. Saindon, vol. 1 (Scituate, MA: Digital Scanning Incorporated, 2003), 74.

5. 托马斯·杰斐逊于 1785 年 8 月 14 日写给约翰·杰伊的书信, in *Thomas Jefferson*, *The Writings of Thomas Jefferson*, ed. Albert Ellery Bergh, vol. 5 (Washington, DC: Thomas Jefferson Memorial Association, 1907), 63。

6. 托马斯·杰斐逊于 1785 年 10 月 6 日写给约翰·杰伊的书信, in *United States State Department*, *The Diplomatic Correspondence of the United States of America*, *from the Signing of the Definitive Treaty of Peace*, *10th December*, *1783*, *to the Adoption of the Constitution*, *March 4*, *1789*, vol. 1 (Washington, DC: Blair & Rives, 1837), 649; and Ambrose, *Undaunted Courage*, 69。

7. 根据历史学家 Robert J. Miller 的观点, "天定命运" (manifest destiny) 这个词组是在 1845 年由一位名叫 John L. O'Sullivan 的记者提出的。他在 *United States Magazine and Democratic Review* 上发表了一篇匿名社论, 谈论合并得克萨斯州的问题, 还谴责了其他国家试图阻碍美国扩张的行径, 称他们是在 "阻碍我们实现自己的天定命运, 即在上帝赐予我们的大陆上繁衍生息，让每年增长几百万的广大人口自由发展"。参见 Robert J. Miller，*Native America, Discovered and Conquered*（Westport, CT：Praeger, 2006），118；and John L. O'Sullivan，"Annexation," *United States Magazine and Democratic Review*（July and August, 1845），5。到 1801 年杰斐逊就任总统之后，他对这个观点越来越深信不疑。还可参见托马斯·杰斐逊于 1801 年 11 月 24 日写给詹姆斯·门罗的书信，in Jefferson, *The Writings of Thomas Jefferson*, vol. 10, 296；and Henry Nash Smith, *Virgin Land, The American West as Symbol and Myth*（Cambridge：Harvard University Press, 1970），15 – 16。

8. 托马斯·杰斐逊于 1786 年 1 月 25 日写给阿奇博尔德·斯图尔特（Archibald Stuart）的书信，in Thomas Jefferson, *The Works of Thomas Jefferson*, vol. 5, ed. Paul Leicester Ford（New York：G. P. Putnam's Sons, 1904），74 – 75。

9. Jedidiah Morse, "The American Geography," 1789 1st ed., quoted in Marcus Barker, "A Century of Geography in the United States," *Science*（April 22, 1898）：545. [1792 年出版的第二版《美国地理》（*The American Geography*）中包含了与第一版中相同的表述。] 参见 Jedidiah Morse, *The American Geography；or A View of the Present Situation of the United States of America*（London：John Stockdale, 1792），469.

10. Thomas Jefferson, "Autobiography," in Jefferson, *The Works of Thomas Jefferson*, vol. 1 103 – 105.

11. 同上。还可参见 Zug, *American Traveler*, 161 – 217；Zug, introduction to *The Last Voyage of Captain Cook, The Collected Writings of John Ledyard*, ed. James Zug（Washington, DC：National Geographic, 2005），xvii；Gifford, *Ledyard*, 156 – 159；Constance L. Skinner, *Adventures of Oregon：A Chronicle of the Fur Trade*（New Haven：Yale University Press, 1921），27 – 29；和 George Tucker, *The Life of Thomas Jefferson*, vol. 1（Philadelphia：Carey, Lea & Blanchard, 1837），223。仍然喜好漂泊的莱迪亚德在新建立的以伦敦

为基地的非洲联合会的倾力资助下，前往非洲探索这片大陆从红海沿岸到大西洋沿岸的北部地区的情况。然而，1789 年 1 月 10 日，年仅 37 岁的莱迪亚德在开罗因病去世。死因是疾病（可能是痢疾）引发的剧烈呕吐造成胃部血管破裂。美洲和欧洲的媒体大多报道了莱迪亚德的不幸早逝，并表示哀悼。*The American Museum, or Universal Magazine*（November 6, 1789）: 405. 还可参见 Zug, *American Traveler*, 227 – 228。

12. Jefferson, "Meriwether Lewis," in Jefferson, *The Writings of Thomas Jefferson*, vol. 18, 144; and Ambrose, *Undaunted Courage*, 70 – 71.

13. Thomas Jefferson, "Instructions to André Michaux for Exploring the Western Boundary (January 1793)," in Thomas Jefferson, *The Writings of Thomas Jefferson*, vol. 6, ed. Paul Leicester Ford（New York: G. P. Putnam's Sons, 1895）, 159.

14. Thomas Jefferson, "Memoir of Meriwether Lewis（August 18, 1813），" in Elliot Coues, *History of the Expedition Under the Command of Lewis and Clark*, vol. 1（New York: Francis P. Harper, 1893）, xxn; Ambrose, *Undaunted Courage*, 70 – 71; and Skinner, *Adventures of Oregon*, 27 – 29.

15. Ambrose, *Undaunted Courage*, 74; and Derek Hayes, *First Crossing: Alexander Mackenzie, His Expedition Across North America, and the Opening of the Continent*（Seattle: Sasquatch Books, 2001）, 254.

16. Alexander Mackenzie, *Voyages from Montreal Through the Continent of North America to the Frozen and Pacific Oceans in 1789 and 1793, With an Account of the Rise and State of the Fur Trade*, vol. 2（1801; reprint, New York: New Amsterdam Book Company, 1902）, 282.

17. 同上书，358。还可参见 Donald Jackson, *Thomas Jefferson & the Stony Mountains*（Urbana: University of Illinois Press, 1981）, 94 – 96。

18. Thomas Jefferson, "Jefferson's Confidential Message, Recommending a Western Exploring Expedition（January 18, 1803），" in *President's Messages: Inaugural, Annual and Special, from 1789 to 1846*, comp. Edwin Williams,

vol. 2, app. (New York: Edward Walker, 1846), xxvi.

19. Ambrose, *Undaunted Courage*, 78.

20. Jefferson, "Jefferson's Confidential Message," xxvii.

21. Smith, *Virgin Land*, 16 - 17; David J. Wishart, *The Fur Trade of the American West, 1807 - 1840* (Lincoln: University of Nebraska Press, 1992), 18; and American Philosophical Society Web site, http://www. amphilsoc. org/library/exhibits/treasures/landc. htm, (accessed November 3, 2008).

22. Jefferson, "Jefferson's Confidential Message," xxv.

23. 托马斯·杰斐逊于1803年2月27日写给威廉·亨利·哈里森州长的书信, in Jefferson, *The Writings of Thomas Jefferson*, vol. 9, 370。

24. Jefferson, "Jefferson's Confidential Message," xxvi.

25. 同上书, xxvii; Ambrose, *Undaunted Courage*, 77。欧洲人不相信杰斐逊宣称的探险目的是出于"学术追求", 这一点也不奇怪: 美国想要在西部的广大土地上定居及利用西部的资源早已经成了一个公开的秘密。参见 Frederick Jackson Turner, *The Frontier in American History* (New York: Henry Holt and Company, 1921), 183 - 184。

26. Thomas Jefferson, "Memoir of Meriwether Lewis," xix - xx; and Jefferson, *The Writings of Thomas Jefferson*, vol. 17, 145 - 146. 探索军团的总人数在整个探险过程中时有波动, 但所谓的固定成员人数是33名。参见 Irving W. Anderson, "The Corps," on the Public Broadcasting Service Web site, "Lewis & Clark, the Journey of the Corps of Discovery, A Film by Ken Burns," http://www. pbs. org/lewisandclark/inside/idx _ corp. html, accessed October 30, 2008。根据汉森的观点, "从密苏里随队出发或在途中加入探险队伍的人员总数是59人, 30人在此行前后或之中参与过皮毛交易"。Hanson, *When Skins Were Money*, 108.

27. Jefferson, "Memoir of Meriwether Lewis", xxvi - xxxi.

28. 同上书, xxxiv; Ambrose, *Undaunted Courage*, 101。

29. Jefferson, "Memoir of Meriwether Lewis," xxxiv.

30. William Clark，"Journal entry for November 7，1805，" in Reuben Gold Thwaites，*Original Journals of the Lewis and Clark Expedition*，*1804 - 1806*，vol. 3（New York：Dodd，Mead & Company，1905），207n，and 210n2.

31. 他们给这个位于河流南岸，距离海洋约 12 英里的半岛取名为威廉角［如今这里被称为汤角（Tongue Point）］。William Clark，"Journal entry for December 3，1805，" in Thwaites，*Original Journals of the Lewis and Clark Expedition*，264；and Olin D. Wheeler，*The Trail of Lewis and Clark*，*1804 - 1904*，vol. 2（New York：G. P. Putnam's Sons，1904），189.

32. Jefferson，"Memoir of Meriwether Lewis，" xxxi. 然而，事实证明美国船只"莉迪娅号"当时可能就在这附近。从努特卡海峡解救了被俘虏的约翰·朱伊特和约翰·汤普森之后，山姆·希尔船长驾驶"莉迪娅号"先向北航行至夏洛特皇后群岛，之后又向南，在 1805 年底的某个时候抵达了哥伦比亚河河口。"我们沿河航行了大约 10 英里之后发现了一个印第安人的小村庄，"朱伊特回忆说，"那里的村民告诉我们，从美国来的克拉克和刘易斯队长大概两个星期前来过这里，他们是从陆路抵达的，给印第安人留下了一些奖章。印第安人还向我们展示了这些奖章。"Jewitt，*Narrative of the Adventures and Sufferings*，161 - 162. 那些奖章就是杰斐逊的和平奖章，刘易斯和克拉克至少带了 89 枚奖章，分送给各位印第安首领，作为在华盛顿的"伟大的父亲"与印第安人之间友谊的象征。虽然朱伊特的描述不能确切证明这样的接触是何时发生的，但很有可能是在探索军团修建克拉特索普堡的那段时间。印第安人为什么没有告诉希尔此时刘易斯和克拉克还在距他们也许不超过 10 英里的地方，这一直是个谜。类似的，我们也永远不会知道如果刘易斯和克拉克遇到了希尔，他们的探险活动会变成什么样。无论怎样，刘易斯和克拉克并没有遇到"莉迪娅号"，这艘船没过多久就离开了努特卡海峡。

历史学家对于"莉迪娅号"几乎遇到刘易斯和克拉克的故事存在很多争议，主要是因为"莉迪娅号"返回哥伦比亚河的时间无法确定，以及无法解释印第安人对于刘易斯和克拉克就在附近的事绝口不提的原因。历史学家大卫·拉文德在其 1956 年出版的作品 *Land of Giants* 中宣称"莉迪娅号"在探索军团来到附近时就在哥伦比亚河上，但是在后来出版的 *The Way to the Western Sea* 中，他又公开否认了之前的说法，称经过充分研究相关文件之后，他认为"美国人［指刘易斯和克拉克］在这里的时候，这里没有船只"。即便如此，"莉迪娅号"与探索军团同时出现在哥伦比亚河附近的情况还是完全有可能出现过的。参见 Lavender, *Land of Giants*, 73; David Lavender, *The Way to the Western Sea: Lewis and Clark Across the Continent* (New York: Doubleday, 1988), 400; Malloy, *Devil on the Deep Blue Sea*, 46 – 48, 70 – 72; Stephen Ambrose Tubbs and Clay Straus Jenkinson, *The Lewis and Clark Companion* (New York: Macmillan, 2003), 201; Gold Thwaites, *Original Journals of the Lewis and Clark Expedition*, 327 – 28n1; and Wheeler, *The Trail of Lewis and Clark*, 191 – 193。

33. Meriwether Lewis, "Journal entry for March 23, 1806," in Thwaites, *Original Journals of the Lewis and Clark Expedition*, vol. 4, 197; and Meriwether Lewis, William Clark, et al., (Winter 1804 – 5, n. d.) in *The Journals of the Lewis and Clark Expedition*, http: //lewisandclarkjournals. unl. edu/hilight. php? id = 416. 在 1805 年 6 月 8 日，刘易斯写到他"毫不怀疑"（在蒙大拿北部的）玛丽亚斯河"从商业角度上将会成为密苏里河最重要的一条支流……因为这里有丰富的带皮毛的动物，而且很可能可以直接通向能够产出如今完全被英国皇室占有的宝贵皮毛的内陆地区"。他还补充说："在确定美国西北边界的时候，这条河注定会成为……美英两个大国之间争论的焦点。" Meriwether Lewis, William Clark, et al., June 8, 1805, entry in *The Journals of the Lewis and Clark Expedition*, http: //lewisandclarkjournals. unl. edu/hilight. php? id = 598.

34. 梅里韦瑟·刘易斯于 1806 年 9 月 23 日写给托马斯·杰斐逊的书信, in *The Original Journals of the Lewis and Clark Expedition*, edited by Reuben Gold Thwaites as Published in 1904, vol. 7, part 2, appendix 61 (Scituate, MA: Digital Scanning Inc, 2001), 334。

369

35. Ambrose, *Undaunted Courage*, 407.

36. 梅里韦瑟·刘易斯于 1806 年 9 月 23 日写给托马斯·杰斐逊的书信，in *The Original Journals of the Lewis and Clark Expedition*, 335 - 336。

37. "Arrival of Captains Lewis and Clark at St. Louis," in *Western World* (October 11, 1806), quoted in James P. Ronda, "St. Louis Welcomes and Toasts the Lewis and Clark Expedition: A Newly Discovered 1806 Newspaper Account," in *Explorations Into the World of Lewis & Clark*, ed. Robert A. Saindon, vol. 3 (Scituate, MA: Digital Scanning, Inc., 2003), 1280 - 1281. 还可参见 Betty Houchin Winfield, "The Press Response to the Corps of Discovery: The Making of Heroes in an Egalitarian Age," *Journalism & Mass Communication Quarterly* 80.4 [2003]: 866 - 883。

38. Arlen J. Large, "Expedition Aftermath: The Jawbone Journals," in *Explorations Into the World of Lewis & Clark*, vol. 3, 1172. 还可参见 Ambrose, *Undaunted Courage*, 412 - 413。

39. 多位历史学家都提出了这个观点。参见 James P. Ronda, "Imagining the West Through the Eyes of Lewis and Clark," in *Explorations Into the World of Lewis & Clark*, 464; 和 James E. Hanson, "Expansion of the Fur Trade Following Lewis and Clark," 同上书, vol. 2, 1167 - 1168。

40. Chittenden, *The American Fur Trade*, vol. 1, 125 - 126; Kathryn M. French, "Manuel Lisa," in *South Dakota Historical Collections*, vol. 4 (Pierre: South Dakota Historical Society, 1908), 121; and Hanson, *When Skins Were Money*, 111.

41. Thomas James, *Three Years Among the Indians and Mexicans* (1846; reprint, St. Louis: Missouri Historical Society, 1916), 47.

42. Lewis, quoted in *The Lewis and Clark Companion*, ed. Stephanie Ambrose Tubbs with Clay Straus Jenkinson (New York: Macmillan, 2003), 8. 还可参见 Bil Gilbert, *The Trailblazers* (New York: Time-Life Books, 1973), 55.

43. Chittenden, *The American Fur Trade*, vol. 1, 113, 130. 还可参见

William Finley Wagner, introduction to *Adventures of Zenas Leonard Fur Trader and Trapper*, *1831 – 1836*, ed. W. F. Wagner (Cleveland: Burrows Brothers Company, 1904), 21。

44. Richard H. Thornton, *An American Glossary*, vol. 1 (Philadelphia: J. B. Lippincott Company, 1912), 62; Stanley Vestal, *The Missouri* (Lincoln: University of Nebraska Press, 1996), 5; Chittenden, *The American Fur Trade*, vol. 1, 32 – 34; Paul O'Neil, *The Rivermen* (New York: Time-Life Books, 1975), 64 – 67; and Hiram Martin Chittenden, *History of Early Steamboat Navigation on the Missouri: Life and Adventures of Joseph La Barge*, vol. 1 (New York: Francis P. Harper, 1903), 102.

45. James Marquette, "Relation of the Voyages, Discoveries, and Death, of Father James Marquette, and the Subsequent Voyages of Father Claudius Allouez, by Father Claudius Dablon," in John Gilmary Shea, *Discovery and Exploration of the Mississippi Valley*, *With Original Narratives of Marquette, Allouez, Membre, Hennepin, and Anastase Douay*, (1678; reprint, New York: J. S. Redfield, 1853), 39.

46. O'Neil, *The Rivermen*, 64 – 65; and Chittenden, *History of Early Steamboat Navigation on the Missouri*, 103 – 106.

47. Harris, *John Colter*, 55 – 58; Gilbert, *The Trailblazers*, 55; O'Neil, *The Rivermen*, 62 – 63; Barbara Kubik, "John Colter—One of Lewis and Clark's Men," in *Explorations Into the World of Lewis & Clark*, vol. 1, 296 – 297.

48. Quoted in Coman, *Economic Beginnings of the Far West*, 300; and Hanson, *When Skins Were Money*, 153.

49. David Lavender, *Westward Vision: The Story of The Oregon Trail* (Lincoln: University of Nebraska Press, 1985), 124; Bill Harris, *The Lives of Mountain Men* (Guilford, CT: Lyons Press, 2005), 32; Bernard DeVoto, *Across the Wide Missouri* (Boston: Houghton, Mifflin & Company, 1947), 157; John James Audubon, *Audubon and His Journals*, ed. Maria R. Audubon, vol. 2

370

（New York： Charles Scribner's Sons, 1897）, 163；William A. Baillie-Grohman, *Camps in the Rockies*（New York：Charles Scribner's Sons, 1910）, 250；另有 2008 年 8 月我与詹姆斯·A. 汉森的私人交流。

50. Hanson, *When Skins Were Money*, 153；Chittenden, *A History of the American Fur Trade of the Far West*, vol. 1, 113 – 119；Harris, *John Colter*, 70；Kate Hammond Fogarty, *The Story of Montana*（New York：A. S. Barnes Company, 1916）, 28 – 29；and Eugene Morrow Violette, *A History of Missouri*（Boston：D. C. Heath & Co. , 1918）, 173 – 174.

51. Harris, *John Colter*, 73 – 74, 82 – 83.

52. Chittenden, *The American Fur Trade*, vol. 2（1902；reprint, Stanford：Academic Reprints, 1954）, 717.

53. 参见如 Merrill J. Mattes, "Behind the Legend of Colter's Hell：The Early Exploration of Yellowstone National Park," in *Mississippi Valley Historical Review* 36, no. 2（September 1949）：251 – 282；Harris, *John Colter*, 73 – 114；and Kubik, "John Colter—One of Lewis and Clark's Men," 297 – 300。断定科尔特究竟去了哪里的主要材料是威廉·克拉克根据科尔特 1810 年或 1811 年返回圣路易斯时与他谈话的内容绘制的地图。这幅地图后来作为 1814 年探险历史的一部分被出版，地图上有一条虚线被标注为"科尔特的 1807 年路线"。参见 Harris, *John Colter*（reproduced images between pages 80 and 81）。

54. Harris, *John Colter*, 73 – 114. 第一个在出版作品中使用"科尔特的地狱"这个说法的人是华盛顿·欧文。Irving, *Adventures of Captain Bonneville*, vol. 2, 80 – 81.

55. 不少作者都提出了基本上与此一致的观点。参见如 Chittenden, *The American Fur Trade*, vol. 2, 717；and Gilbert, *The Trailblazers*, 55。

56. Manuel Lisa, quoted in W. E. S. , "Journal of James H. Bradley", in *Contributions to the Historical Society of Montana*, vol. 2（Helena：State Publishing Company, 1896）, 228.

57. 这个公司的全名是圣路易斯密苏里皮毛公司，但是人们通常称其为密苏里皮毛公司。参见 Chittenden，*The American Fur Trade*，vol. 1，137。

58. "Missouri Fur Company," *Missouri Gazette* (March 8, 1809), in *Publications of the Nebraska State Historical Society*, vol. 20, ed. Albert Watkins (1809; reprint, Lincoln: Nebraska State Historical Society, 1922), 1 – 2. See also Chittenden, *The American Fur Trade*, vol. 1, 137 – 138.

59. Henry Marie Brackenridge, "Journal of a Voyage Up the River Missouri, Performed in Eighteen Hundred and Eleven," in *Early Western Travels*, *1748 – 1846*, ed. Reuben Gold Thwaites, vol. 6, (1816; reprint, Cleveland: Arthur H. Clark Company, 1904), 28 – 29; and Chittenden, *American Fur Trade*, vol. 1, 141 – 142.

60. Meriwether Lewis, William Clark, et al., July 26, 1806, entry in *The Journals of the Lewis and Clark Expedition*, http: //libtextcenter. unl. edu/ examples/servlet/transform/tamino/Library/lewisandclarkjournals? & _ xmlsrc = http://libtextcenter. unl. edu/lewisandclark/files/xml/1806 – 07 – 26. xml& _ xslsrc = http://libtextcenter. unl. edu/lewisandclark/LCstyles. xsl; Meriwether Lewis, William Clark, et al., July 27, 1806, entry, in *The Journals of the Lewis and Clark Expedition*, http: //libtextcenter. unl. edu/examples/servlet/transform/ tamino/Library/lewisandclarkjournals? & _ xmlsrc = http: //libtextcenter. unl. edu/ lewisandclark/files/xml/1806 – 07 – 27. xml& _ xslsrc = http: //libtextcenter. unl. edu/lewisand – clark/LCstyles. xsl; and David Lavender, *The Way to the Western Sea*, 342 – 351.

61. 根据 Ronda 的观点，点燃黑脚族对美国人仇恨的根本原因并不是两位勇士的死，而是美国人为黑脚族印第安人的敌人提供了枪支，给他们对这片地区的控制带来了威胁。"在自己的平原帝国正面临着大规模进攻的时候，黑脚族的勇士和使节们根本没有时间考虑为在三棵白杨树下丧命的人复仇。但是他们记住了刘易斯说过的话，探险者预言了暴力将至。"不过，加拿大探险家、地图制作者和皮毛交易者大卫·汤普森的评论则坚定地指出部落成员的死亡在决定黑脚族态度的问题上发挥了部分的甚至可能是决定性的作用。Ronda, "Imagining the West," 465 – 466; David Thompson, *David Thompson's Narrative of His Explorations in Western America, 1784 – 1812*, ed. J. B. Tyrrell (Toronto: Champlain Society, 1916), 375; Lavender, *The Way to the Western Sea*, 351 – 352; Washington Irving, *Astoria; or, Enterprise Beyond the Rocky Mountains* (Paris: Baudry's European Library, 1836), 90; Ken Burns, Lewis & Clark Web site, Public Broadcasting System, http://www.pbs.org/lewisandclark/native/bla.html (accessed November 9, 2008).

62. James, *Three Years Among the Indians*, 52 – 53; and Chittenden, *The American Fur Trade*, vol. 2, 715.

63. 19 世纪早期有两个描述这次遭遇的版本，两个版本在具体细节上虽有很多出入，但基本上讲了同一个故事：科尔特和波茨被黑脚族拦住，波茨被杀死了，科尔特为了逃命跳进河里躲藏，然后跋涉多日抵达曼纽尔堡。就算故事中有不少添枝加叶的夸张修饰，可能是科尔特，也可能是听他亲自讲述过这段经历的人编造的，但故事的主线大致上是真实可信的。我选择了 John Bradbury 讲述的版本。科尔特于 1810 年 5 月返回圣路易斯后向 Bradbury 讲述了这件事，之后 Bradbury 发表了第一份关于这件事的记述作品。另一个版本来自 Thomas James，他曾在 1808 年和科尔特一起探险，并从后者口中听到了这个故事。研究科尔特的历史学家 Burton Harris 相信 James 的版本比 Bradbury 的版本"更符合实际和逻辑"。我在这里邀请读者们做出自己的判断。John Bradbury, *Travels in the Interior of America, in the Years 1809, 1810, and 1811* (Liverpool: Smith and Galway, 1817), 17 – 21; and James, *Three Years Among the Indians*, 58 – 63.

围绕着刘易斯与黑脚族的接触及科尔特之后从这个部落手下逃生的壮举，其历史非常混乱，因为相关信息很少，已有的记述经常相互矛盾，各个版本之间对于当时发生了什么、为什么会发生、什么时候发生的、发生的这些事对于黑脚族和美国人之间关系演变的意义是什么的结论各不相同。关于各个观点相互区别的例子参见 "Letter of Major Thomas Biddle to

372

Col. Henry Atkinson " 29 October 1819," in *American State Papers*, *Indian Affairs*, vol. 2, p. 201, quoted in James, *Three Years Among the Indians*, 52n; Robert A. Saindon, editor's note, in Arlen J. Large, "Riled-up Blackfeet: Did Meriwether Lewis Do it?" in Saindon, *Explorations Into the World of Lewis & Clark*, vol. 2, 614 – 23; and DeVoto, *Across the Wide Missouri*, 396。

64. James, *Three Years Among the Indians*, 80; George Laycock, *The Mountain Men* (Guilford, CT: Lyons Press, 1988), 62 – 63; and Chittenden, *The American Fur Trade*, vol. 1, 142 – 143.

65. Chittenden, *The American Fur Trade*, vol. 1, 144 – 145, 251.

第十一章　阿斯托里亚

1. 直到美国大革命刚结束时，珍珠街还被称为皇后街。

2. Axel Madsen, *John Jacob Astor: America's First Multimillionaire* (New York: John Wiley & Sons, Inc., 2001), 8 – 13; John Upton Terrell, *Furs by Astor* (New York: William Morrow & Company, 1963) 23 – 32; Kenneth Wiggins Porter, *John Jacob Astor*, *Business Man*, vol. 1 (New York: Russell & Russell, 1966), 3 – 7; and John Denis Haeger, *John Jacob Astor: Business and Finance in the Early Republic* (Detroit: Wayne State University Press, 1991), 42 – 44.

3. 根据巴尔的摩的地方志，"1783 年底到 1784 年初的这个冬天格外寒冷：整个港湾几乎结满了冰，一直延伸到快入海的地方，港口从 1 月 2 日起就关闭了，直到 3 月 25 号才重新接受船只进入——即便是到了那个时候，人们也还是要进行很多破冰的工作才能航行"。J. Thomas Scharf, *The Chronicles of Baltimore: Being a Complete History of "Baltimore Town" and Baltimore City from the Earliest Period to the Present Time* (Baltimore: Turnbull Brothers, 1874), 235. See also Madsen, *John Jacob Astor*, 12 – 15; Terrell, *Furs by Astor*, 28 – 35; and Virginia Cowles, *The Astors* (New York: Alfred A. Knopf, 1979), 11 – 14.

4. James Parton, "John Jacob Astor," in *Harper's New Monthly Magazine*

注　释

（February 1865）：317；Booth，*History of the City of New York*，575 – 576.

5. 关于阿斯特的早年经历存在很多争议，人们对于他在瓦尔多夫及后来在纽约的最初几年做过什么持有很多不同意见。比如 John Denis Haeger 声称"流行的说法是阿斯特在纽约一个商人家的后院里拍打皮毛，或者是他沿着港口兜售一些不值钱的小东西等，这些显然都是胡编乱造"。我不认可 Haeger 的说法，但也无法证明他说的就是错的。所以本书中描述的阿斯特早年的经历是我认为合情合理，完全有可能发生过的，而且在我之前有许多作家也是支持这些说法的。参见 Haeger，*John Jacob Astor*，47；Porter，*John Jacob Astor*，vol.1，3 – 12，18 – 27；Terrell，*Furs by Astor*，21 – 49；Madsen，*John Jacob Astor*，7 – 20；and Newman，*Empire of the Bay*，348 – 349。

6. Charles Burr Todd，*The Story of the City of the New York*（New York：G. P. Putnam's Sons，1890），392；and Madsen，*John Jacob Astor*，20 – 21.

7. "John Jacob Astor，"*Merchants' Magazine and Commercial Review* vol. 11，*From July to December，1844*（New York：Published at 142 Fulton-Street，1844），155.

8. 阿斯特当时的身价具体是多少无法确定。引用了 25 万美元这个数字的资料是最多的，不过阿斯特对于自己的财务状况很是保密。他后来和一个朋友说过，其实他在人们知道他是百万富翁很久之前就已经是百万富翁了。Cowles，*The Astors*，28. 阿斯特在年老的时候喜欢说的一句话是："最初的 10 万美元最难赚；但是赚到它之后再赚更多就很容易了。"John Jacob Astor，quoted in Parton，"John Jacob Astor，"314.

9. Madsen，*John Jacob Astor*，18 – 34，52；Terrell，*Furs by Astor*，47 – 60，122；Parton "John Jacob Astor，"315. and Porter，*John Jacob Astor*，129 – 156.

10. Parton，"John Jacob Astor，"314. 还可参见 Alexander Starbuck，*History of the American Whale Fishery*（1878；reprint，Secaucus：Castle Books，1989），77；Burton J. Hendrick，"The Astor Fortune，"*McClure's Magazine*（April 1905）：571；"William B. Astor，"in *The Great and Eccentric Characters of the World，Their Lives and Their Deeds，Representing All Ages and All Countries*

（New York：Hurst & Co. Publishers，1877），791 – 792；Madsen，*John Jacob Astor*，53；Terrell，*Furs by Astor*，116 – 117；and Hershel Parker，*Herman Melville：A Biography*，vol. 1，*1819 – 1851*（Baltimore：Johns Hopkins University Press，2005），373。

11. Matthew Hale Smith，*Sunshine and Shadow in New York*（Hartford：J. B. Burr and Company，1869），117.

12. Freeman Hunt，*Lives of American Merchants*，vol. 2（New York：Derby & Jackson，1858），397.

13. Terrell，*Furs by Astor*，138 – 145. 还可参见 James P. Ronda，*Astoria & Empire*（Lincoln：University of Nebraska Press，1990），40 – 41。阿斯特的第一位也是最受他喜爱的传记作者欧文宣称，阿斯特对于在阿斯托里亚开展事业的浓厚兴趣的动力不仅仅是金钱。"他将计划在哥伦比亚河河口建立的交易点视为一个能够进行各种交易的大市场，是能够推广文明的培育中心。实际上，它将帮助美国人跨过落基山脉，遍布整个太平洋沿岸，就像他们已经活跃在大西洋沿岸一样。"阿斯特肯定是在很多年后向欧文提及了自己的帝国向往，但是没有证据证明阿斯特在开展这项事业之初就已经抱有这样的想法了；相反，获取利益的愿望却是毋庸置疑的。当然，建立帝国和扩大定居范围的动机也有可能从一开始就是鼓舞他行动的因素之一。如 Ronda 注意到的："阿斯托里亚的历史上有很多关键性的事件对于今天的人们来说还是个谜，部分原因就是阿斯特喜欢保密。"对阿斯特研究最透彻的传记作者之一 Porter 也认为阿斯特有可能真的把殖民活动和散播文明当作了自己行动的主要目标之一。参见 Irving，*Astoria*，18；Ronda，*Astoria & Empire*，44 – 46；和 Porter，*John Jacob Astor*，243。

374

14. Thompson，*David Thompson's Narrative of His Explorations in Western America*，204 – 206；and Andrew C. Isenberg，*The Destruction of the Bison*（New York：Cambridge University Press，2000），53.

15. Terrell，*Furs by Astor*，137 – 146；Haeger，*John Jacob Astor*，102 – 105；Zebulon Montgomery Pike，*Exploratory Travels Through the Western*

Territories of North America (1811; reprint, Denver: W. H. Lawrence & Co. , 1889) , 142; Irving, *Astoria* , 164 – 165.

16. 托马斯·杰斐逊于 1808 年 4 月 13 日写给约翰·雅各布·阿斯特的书信, in Jefferson, *The Writings of Thomas Jefferson* , vol. 11 , 28。

17. Irving, *Astoria* , 20, 37 – 41; Ronda, *Astoria & Empire* , 50 – 59; Chittenden, *The American Fur Trade* , vol. 1 , 167 – 169; and Terrell, *Furs by Astor* , 157 – 159.

18. Haeger, *John Jacob Astor* , 121; and Ronda, *Astoria & Empire* , 94 – 101.

19. Gabriel Franchère, "Narrative of a Voyage to the Northwest Coast of America in the Years, 1811, 1812, and 1813, or the First Settlement on the Pacific," in *Early Western Travels 1748 – 1846* , vol. 6 , ed. Reuben Gold Thwaites (1854; reprint, Arthur H. Clark Company, 1904) , 207.

20. Irving, *Astoria* , 26 – 27.

21. 同上书, 29 – 30。

22. Richard L. Neuberger, "Bloody Trek to Empire," *American Heritage* (August 1958) : 59. See also Franchère, "Narrative of a Voyage to the Northwest Coast of America," 207; and Irving, *Astoria* , 48 – 49.

23. Franchère, "Narrative of a Voyage to the Northwest Coast of America," 202 – 204; Irving, *Astoria* , 31 – 33.

24. Irving, *Astoria* , 33 – 34.

25. 同上书, 43。

26. 同上书, 45。

27. Alexander Ross, *Adventures of the First Settlers on the Oregon or Columbia River: Being a Narrative of the Expedition Fitted Out by John Jacob Astor to Establish the "Pacific Fur Company"* (London: Smith, Elder and Co. , 1849) , 55; and Neuberger, "Bloody Trek to Empire," 60.

28. Ross, *Adventures of the First Settlers on the Oregon or Columbia River*, 55.

29. Franchère, *Narrative of a Voyage to the Northwest Coast of America* ,

234 - 237.

　　30. Ross, *Adventures of the First Settlers on the Oregon or Columbia River*, 81,

375 159. 还可参见 Irving, *Astoria*, 54, 64; Franchère, "Narrative of a Voyage to the Northwest Coast of America," 250; and Ronda, *Astoria & Empire*, 196 - 220。

　　31. 我在此描述的 "汤琼号" 的遭遇是基于以下资料的内容, 但是这些资料在某些具体信息上相互之间存在冲突, 因此我根据自己认为最合理的故事线进行了一些梳理。Franchère, "Narrative of a Voyage to the Northwest Coast of America," 289 - 292; Ross, *Adventures of the First Settlers on the Oregon or Columbia River*, 158 - 166; Irving, *Astoria*, 64 - 70; Ronda, *Astoria & Empire*, 235 - 237; Chittenden, *The American Fur Trade*, vol. 1, 176 - 181; and "September," in *The Annual Register, or a View of the History, Politics, and Literature, for the Year 1813* (London: Baldwin, Craddock, and Joy, 1823), 83 - 84.

　　32. Franchère, "Narrative of a Voyage to the Northwest Coast of America," 290.

　　33. Irving, *Astoria*, 69.

　　34. Franchère, "Narrative of a Voyage to the Northwest Coast of America," 292; "September," *The Annual Register*, 84; and Chittenden, *The American Fur Trade*, vol. 2, 909 - 911.

　　35. McDougall, quoted in Irving, *Astoria*, 71. See also Franchère, "Narrative of a Voyage to the Northwest Coast of America," 255 - 256.

　　36. Franchère, "Narrative of a Voyage to the Northwest Coast of America," 255, 259; Ronda, *Astoria & Empire*, 97, 205 - 206; Silas B. Smith, "Beginnings in Oregon," in *Proceedings of the Oregon Historical Society* (December 16, 1899) (Salem, OR: W. H. Leeds, 1900), 94; and Irving, *Astoria*, 74 - 75.

　　37. Irving, *Astoria*, 81 - 83; Ronda, *Astoria & Empire*, 130 - 134.

　　38. Lavender, *The Way to the Western Sea*, 111; and Irving, *Astoria*, 86 - 87.

39. Irving, *Astoria*, 86 – 87; Chittenden, *The American Fur Trade*, vol. 1, 184; and Ronda, *Astoria & Empire*, 138 – 139.

40. Bradbury, *Travels in the Interior of America*, 11 – 13, 23; Irving, *Astoria*, 88 – 89; and Ronda, *Astoria & Empire*, 122 – 123, 133, 137 – 140.

41. Bradbury, *Travels in the Interior of America*, 17 – 20.

42. Brackenridge, "Journal of a Voyage Up the River Missouri," 31.

43. Irving, *Astoria*, 104.

44. Brackenridge, "Journal of a Voyage Up the River Missouri," 45; Chittenden, *The American Fur Trade*, vol. 1, 185; and O'Neil, *The Rivermen*, 65.

45. W. E. S. , "Journal of James H. Bradley," vol. 2, 228.

46. Brackenridge, "Journal of a Voyage Up the River Missouri," 32 – 33.

47. 同上书, 43, 66, 72, 83 – 84; Bradbury, *Travels in the Interior of America*, 76。

48. Bradbury, *Travels in the Interior of America*, 77.

49. 同上书, 77 – 78; Ronda, *Irving & Astoria*, 128 – 130, 149 – 151; Irving, *Astoria*, 138 – 140。

50. Bradbury, *Travels in the Interior of America*, 102 – 103; Brackenridge, "Journal of a Voyage Up the River Missouri," 99, 106 – 107; Irving, *Astoria*, 119 – 122; and Chittenden, *The American Fur Trade*, vol. 1, 185.

51. Chittenden, *The American Fur Trade*, vol. 1, 189 – 198; Ronda, *Astoria & Empire*, 165 – 179.

52. Neuberger, "Bloody Trek to Empire," 81.

53. Robert Stuart, quoted in Ronda, *Astoria & Empire*, 183. 还可参见 Irving, *Astoria*, 174 – 180。斯内克河上这一段危险的水域后来被称为"撒旦的塞孔"。

54. Neuberger, "Bloody Trek to Empire," 82. 还可参见 Irving, *Astoria*, 179 – 210; and Franchère, "Narrative of a Voyage to the Northwest Coast of

376

America," 269。

55. Irving, *Astoria*, 211.

56. Chittenden, *The American Fur Trade*, vol. 1, 203 – 205; Ronda, *Astoria & Empire*, 221, 231, 238 – 242.

57. Astor, quoted in Irving, *Astoria*, 70. 还可参见 Ronda, *Astoria & Empire*, 250。

58. 历史学家 Julius Pratt 称 1812 年战争 "起码对于英国人和加拿大人来说，就是争夺对西北地区规模巨大的皮毛交易的控制权的斗争"。Julius Pratt, "Fur Trade Strategy and the American Left Flank in the War of 1812," *American Historical Review* 40（January 1935）: 246. 还可参见 Thwaites, "The Story of Mackinac," 77。虽然很多皮毛交易者赞成为自己的权利而战，但很多美国人相信皮毛交易并不是什么值得为之奋斗的事业。参见，例如，J. Randolph, "Speech of the Hon. J. Randolph, Representative for the State of Virginia," in the *General Congress of America*, *for the Non-Importation of British Merchandize*, *Pending the Present Disputes Between Great Britain and America*（London: J. Butterworth, 1806）, 11 – 12。

59. Washington McCartney, *The Origins and Progress of the United States*（Philadelphia: E. H. Butler & Co. , 1847）, 322 – 323; Benson J. Lossing, "The Indians Instigated to Make War," *American Historical Record*（October 1872）: 448; and Willis Mason West, *History of the American People*（Boston: Allyn and Bacon, 1918）, 398.

60. 约翰·雅各布·阿斯特于 1813 年 2 月写给詹姆斯·门罗的书信, in *Message from the President of the United States, Communicating the Letter of Mr. Prevost, and other Documents, Relating to an Establishment Made at the Mouth of Columbia River, January 27, 1823*（Washington, DC: U. S. Government Printing Office, 1823）, 14 – 15。

61. "Expedition to the Pacific, from the *Missouri Gazette*," *The Portfolio*（October 1813）: 396.

注　释

62. William H. Goetzmann, *New Lands, New Men, America and the Second Great Age of Discovery* (New York: Viking, 1986), 131 – 132. 还可参见 Frederick v. Holman, "Some Important Results from the Expeditions of John Jacob Astor to, and from the Oregon Country," in *Quarterly of the Oregon Historical Society*, vol. 12, ed. Frederic George Young (Portland: Ivy Press, 1911), 215 – 216。

63. Irving, *Astoria*, 296 – 297.

64. Ronda, *Astoria & Empire*, 72 – 73, 240 – 242, 250 – 284; Irving, *Astoria*, 305; and David A. White, "Robert Stuart and Wilson P. Hunt," in *News of the Plains and Rockies, 1803 – 1865*, vol. 1, comp. David A. White (Spokane: Arthur H. Clark Company, 1996), 134.

65. Irving, *Astoria*, 285 – 287.

66. Ronda, *Astoria & Empire*, 282 – 283.

67. Irving, *Astoria*, 307 – 311.

68. 同上书, 313。人们对于麦克塔维什购买的货物的实际价值及传说的价值总额都存在争议。参见约翰·雅各布·阿斯特于 1823 年 1 月 4 日写给约翰·亚当斯的书信, in *Message from the President of the United States, Communicating the Letter of Mr. Prevost, and other Documents, Relating to an Establishment Made at the Mouth of Columbia River, January 27, 1823* (Washington, DC.: U. S. Government Printing Office, 1823), 17 – 18; and Irving, *Astoria*, 313。

69. Cox, *Adventures on the Columbia River*, 132n.

70. Ronda, *Astoria & Empire*, 297 – 301.

71. 关于玛丽·多里翁经历的磨难依据的是弗朗谢的日记和欧文所著的《阿斯托里亚：落基山脉之外的事业》中的内容。在这两份资料中内容有冲突的情况下, 以弗朗谢的记述为主, 因为他是从玛丽本人口中了解到这些事情的。Franchère, "Narrative of a Voyage to the Northwest Coast of America," 342 – 344; and Irving, *Astoria*, 294, 319 – 321.

72. Astor and the newspaper, both quoted in Ronda, *Astoria & Empire*,

377

301. See also Porter, *John Jacob Astor*, vol. 1, 235.

73. Irving, *Astoria*, 314. 弗朗谢认可阿斯特和欧文的估计。Franchère, "Narrative of a Voyage to the Northwest Coast of America," 303.

74. Astor, quoted in Porter, *John Jacob Astor*, vol. 1, 239.

75. Treaty of Ghent, 1814, quoted from Yale University Law School's Avalon Project Web site, http: //avalon. law. yale. edu/19th _ century/ghent. asp (accessed December 22, 2008).

76. Porter, *John Jacob Astor*, vol. 1, 240.

77. Greenhow, *The History of Oregon and California*, 307. 还可参见 Charles Henry Carey, *History of Oregon* (Chicago: Pioneer Historical Publishing Company, 1922), 247。

78. Irving, *Astoria*, 322; Porter, *John Jacob Astor*, vol. 1, 239 - 242; and T. C. Elliot, "The Surrender at Astoria in 1818," *Quarterly of the Oregon Historical Society* (December 1918): 271 - 282. 历史学家 James P. Ronda 使用了阿斯特于 1818 年写给 Albert Gallatin 的一封信来强调阿斯特会在此时决定放弃自己对于阿斯托里亚的抱负的另一个原因："如果我还年轻，我会重新恢复那里的交易——但是我已经老了，我会以最快的速度退出所有的生意。"Ronda, *Astoria & Empire*, 315. （不过，人们会发现，阿斯特的精力其实还是很旺盛的。）

79. Greenhow, *The History of Oregon*, 315; "The Oregon Treaty," *American Review: A Whig Journal of Politics, Literature, Art, and Science* (August 1846): 109; Porter, *John Jacob Astor*, vol. 1, 242; Ronda, *Astoria & Empire*, 314 - 315; and Irving, *Astoria*, 321 - 322. 要了解这场错综复杂的"芭蕾"，可以参考 Ronda, *Astoria & Empire*, 305 - 315; and Haeger, *John Jacob Astor*, 182。

80. Irving, *Astoria*, vi.

81. U. S. Congress, "An Act supplementary to the act passed the thirtieth of March, one thousand eight hundred and two, to regulate trade and intercourse with the Indian tribes, and to preserve peace on the frontiers," in *The Debates and*

378

Proceedings in the Congress of the United States, *Fourteenth Congress—First Session* (Washington, DC: Gales and Seaton, 1854), 1901 – 1903; Kenneth Wiggins Porter, *John Jacob Astor*, *Business Man*, vol. 2 (New York: Russell & Russell, 1966), 686 – 718; Phillips, *The Fur Trade*, vol. 2, 348 – 359, 389, 391; Way, "United States Factory System," 226; Hanson, *When Skins Were Money*, 117; Terrell, *Furs by Astor*, 216 – 232, 249, 254 – 259; Johnson, *The Michigan Fur Trade*, 122 – 126; Chittenden, *The American Fur Trade*, vol. 1, 310 – 311; and Isaac Holmes, *Account of the United States of America*, *Derived from Actual Observation During a Residence of Four Years in That Republic* (London: Caxton Press, 1823), 203 – 204.

第十二章　山地人

1. 阿什利的出生年份至今仍存在争议，有 1778 年、1782 年和 1785 年三个说法。早一些的两个可能性似乎更高一些。类似的，他离开弗吉尼亚抵达密西西比的确切日期也无从确定，范围大概在 1799 年至 1808 年之间。Dale L. Morgan, ed., *The West of William H. Ashley* (Denver: Old West Publishing Company, 1964), xv – xxi; Don Berry, *A Majority of Scoundrels: An Informal History of the Rocky Mountain Fur Company* (New York: Harper & Brothers, 1961), 4; Harvey L. Carter, "William H. Ashley," in *The Mountain Men and Fur Traders of the Far West*, ed. Leroy R. Hafen (Lincoln: University of Nebraska Press, 1972), 79 – 80; and *Dictionary of Missouri Biography*, ed. Lawrence O. Christensen et al. (Columbia: University of Missouri Press, 1999), 396.

2. Morgan, *The West of William H. Ashley*, 1.

3. Berry, *A Majority of Scoundrels*, 7.

4. James Clyman, quoted in Morgan, *The West of William H. Ashley*, 23.

5. Berry, *A Majority of Scoundrels*, 8 – 9.

6. *The St. Louis Enquirer*, quoted in Chittenden, *The American Fur Trade*, vol. 1, 263; and Dale L. Morgan, *Jedediah Smith and the Opening of the West*

（Lincoln：University of Nebraska Press，1964），29.

7. "Expedition to the Rocky Mountains," *Niles'Weekly Register* (June 8, 1822)：227；and "Expedition to the Rocky Mountains, *Philosophical Magazine and Journal* (July 1822)：73 – 74.

8. Carter，"William H. Ashley," 81 – 83；Robert M. Utley，*A Life Wild and Perilous*，*Mountain Men and the Paths to the Pacific* (New York：Henry Holt & Company，1997)，55 – 64；Berry，*A Majority of Scoundrels*，76 – 77；Fred R. Gowans，*Rocky Mountain Rendezvous*：*A History of the Fur Trade Rendezvous*，1825 – 1840 (Layton，MD：Gibbs M. Smith，Inc.，1985)，12 – 13；and Chittenden，*The American Fur Trade*，vol.1，262 – 273.

9. Berry，*A Majority of Scoundrels*，100 – 105.

10. Gowans，*Rocky Mountain Rendezvous*，15. 很多集合点的确切位置都存在争议。参见 Gowans，*Rocky Mountain Rendezvous*，18；and Carter，"William H. Ashley," 85。

11. William Ashley，*The Ashley-Smith Explorations and Discovery of a Central Route to the Pacific*，*1822 – 1829*，ed. Harrison Clifford Dale (Cleveland：Arthur H. Clark Company，1918)，156 – 157.

12. 阿什利带回圣路易斯的皮毛的具体数量和价值在各个报纸的报道中略有出入，我在此选择的数据介于可以查到的当时出现的各种数据的范围之内。Gowans，*Rocky Mountain Rendezvous*，20 – 21，31；Carter，"William H. Ashley," 86；Morgan，*The West of William H. Ashley*，xxiii；and Hanson，*When Skins Were Money*，157.

13. Fred R. Gowans，*The Great Fur Trade Road*：*Discovery and Exploration*，*1739 – 1843* (Salt Lake City：California Trails Association，1995)，106.

14. 根据历史学家罗伯特·M. 尤里的观点，"科尔特、德鲁拉德和莉萨的其他手下就是最早的一批山区动物捕杀者"；关于科尔特和德鲁拉德，他还特意称他们是"两位伟大的山地人，是后来人的榜样"。至于罗宾逊、霍巴克和雷泽诺，"他们的经历让他们成了山地人中的先驱"。Utley，*After*

379

Lewis and Clark, 12，22，38；and Frances F. Victor, *Eleven Years in the Rocky Mountains and Life on the Frontier*（Hartford，CT：Columbian Book Company，1879），48.

15. Richard J. Fehrman，"The Mountain Men—A Statistical View," in *The Mountain Men and the Fur Trade of the Far West*, vol. 10, ed. Leroy R. Hafen（Spokane：Arthur H. Clark Company，2004），10 - 11. 在落基山脉经营的公司中，最值得注意的包括阿什利和亨利的补给公司，史密斯、杰克逊和萨布利特皮毛公司，落基山脉皮毛公司，美国皮毛公司，以及普拉特和舒托公司。

16. Frances F. Victor, *Eleven Years in the Rocky Mountains and Life on the Frontier*，49 - 50.

17. 根据 Despain 的说法，"学术界估计［山地人的数量］大约是 3000 人。不过这个数字反映了他们对于山地人定义的两难抉择。在现实中⋯⋯山地人的数目可能还不到这个数字的一半"。S. Matthew Despain， "The Image," in *The Mountain Men*, ed Fred R. Gowans and Brenda D. Francis, *Museum of the Fur Trade Quarterly*（Summer 2006）：14.

18. 最著名的黑人山地人是詹姆斯·贝克沃思（James Beckwourth），他的父亲是爱尔兰人，母亲是穆拉托人女奴。贝克沃思的肤色较浅，五官更接近欧洲人，很容易被当成白人，不过他一直以自由的黑人自居。他的一生里充满了惊心动魄的冒险、命悬一线的逃脱和富有英雄主义的事迹。贝克沃思还曾与阿什利、史密斯及其他著名的山地人紧密合作，他曾在加利福尼亚短暂地参与过淘金，还是一名乌鸦印第安人首领、翻译、向导和抗击印第安人的斗士。在很长的一段时间里，历史学家一直将贝克沃思贬低成"好卖弄的骗子"，但是近年来，学者们开始在某种程度上为他正了名，并认定他的很多经历即便是有一些被美化的痕迹，但主线还是真实的。参见 James P. Beckwourth, *The Life and Adventures of James P. Beckwourth*, *Mountaineer*，*Scout*，*Pioneer*，*and Chief of the Crow Nation of Indians*，written from his own dictation by T. D. Bonner（New York：Harper & Brothers，1858）；

380

Elinor Wilson, *Jim Beckwourth: Black Mountain Man and War Chief of the Crows* (Norman: University of Oklahoma Press, 1972); and Gordon B. Dodds, "James Pierson Beckwourth," in *The New Encyclopedia of the American West*, 89 – 90。

19. William R. Swagerty, "Marriage and Settlement Patterns of Rocky Mountain Trappers and Traders," *Western Historical Quarterly* 11 (April 1980): 159 – 180; and Fehrman, "The Mountain Men—A Statistical View," vol. 10, 9 – 15.

20. Alfred Jacob Miller, "The Trapper's Bride," in *The West of Alfred Jacob Miller* (1837) (Norman: University of Oklahoma Press, 1951), 12.

21. Thomas Jefferson Farnham, *Travels in the Great Western Prairies, the Anahuac and Rocky Mountains, and the Oregon Country*, in *Travels in the Far Northwest, 1839 – 1846*, edited by Reuben Gold Thwaites, vol. 1 (1843; reprint, Cleveland: Arthur H. Clark Company, 1906), 255; Topham, "The 'Fair of the Wilderness,'" in *The Fur Trade & Rendezvous of the Green River Valley* (Pinedale, WY: Museum of the Mountain Man, 2005), 47; and Farnham, *Travels in the Great Western Prairies*, 254 – 255.

22. 除了已经标明引用的内容，在此处之前三段内容中使用的大部分信息来自以下资料：Harris, *The Lives of Mountain Men*, 8 – 10; Jay H. Buckley, "Indian Participation in the Rocky Mountain Fur Trade," in *The Fur Trade & Rendezvous of the Green River Valley*, 87 – 88; Hansen, *When Skins Were Money*, 154; Despain, "The Image," 10 – 15; and Fehrman, "The Mountain Men—A Statistical View," 9 – 15。

23. 根据 Don D. Walker 的观点："考虑到［山地人］的人数相对较少，以及他们需要为工作和生存付出的精力，还能有这么多部日记传世不能不令人感到惊奇。" Don D. Walker, "The Mountain Man Journal: Its Significance in a Literary History of the Fur Trade," *Western Historical Quarterly* 5 (July 1974): 307.

24. Russell, *Journal of a Trapper*, 55, 109.

25. William T. Hamilton, *My Sixty Years on the Plains, Trapping, Trading, and Indian Fighting* (New York: Forest and Stream Publishing, Co., 1905),

68. 还可参见 Stephen V. Banks，"Attire，Arms & Accoutrements，" in *The Fur Trade & Rendezvous of the Green River Valley*，61；Swagerty，"Marriage and Settlement Patterns，" 163；and Levette J. Davidson，"Shakespeare in the Rockies，" *Shakespeare Quarterly* 4（January 1953）：39 – 49.

26. "预期资本家"这个称谓是历史学家威廉·戈茨曼给山地人的定位，不过他也明确地提出这个名词原本是另一位历史学家 Richard Hofstadter 提出的，用来描述"追随杰克逊总统的人"。参见 William H. Goetzmann，*Exploration and Empire，The Explorer and the Scientist in the Winning of the American West*（New York：History Book Club，Francis Parkman Prize Edition，2006），107。还可参见 Utley，*A Life Wild and Perilous*，xiv；和 Swagerty，"Marriage and Settlement Patterns of Rocky Mountain Trappers and Traders，" 163。

27. Zenas Leonard，*Adventures of Zenas Leonard，Fur Trader and Trapper，1831 – 1836*，edited by W. F. Wagner（Cleveland：Burrows Brothers，1904），142.

28. 很多作家评论山地人对山脉产生的强烈的依恋感时会提到他们宁愿留在野外生活，也不愿重新回归"文明社会"。参见 Peter Skene Ogden，*Peter Skene Ogden's Snake Country Journal，1826 – 1827*，ed. K. G. Davies（London：Hudson's Bay Record Society，1961），94。还可参见 "The Peter Skene Ogden Journals，" with editorial notes by T. C. Elliot，in *Quarterly of the Oregon Historical Society*，vol. 11（Portland：Ivy Press，1911），216；and Bradbury，*Travels in the Interior of America*，190 – 191。

29. Rufus B. Sage，*Rocky Mountain Life：or Startling Scenes and Perilous Adventures in the Far West，During an Expedition of Three Years*（1846；reprint，Boston：Wentworth & Company，1857），37 – 39。

30. 同上书，Banks，"Attire，Arms & Accoutrements，" 56 – 59；Osborne Russell，*Journal of a Trapper or Nine Years in the Rocky Mountains，1834 – 1843*（Boise：Syms-York Company，1921），85；Russell，*Firearms，Traps，and Tools of the Mountain Men*，34 – 96；Laycock，*The Mountain Men*，102 – 106；2008 年 8 月我与詹姆斯·A. 汉森的私人交流。

381

31. Utley, *A Life Wild and Perilous*, 86.

32. Victor, *Eleven Years in the Rocky Mountains*, 83 – 84.

33. 欧文仔细地描述了宝藏的建造过程。参见 Irving, *Astoria*, 181 – 182。

34. Warren Angus Ferris, *Life in the Rocky Mountains*: *A Diary of Wanderings on the Sources of the Rivers Missouri, Columbia, and Colorado, 1830 – 1835*, ed. Leroy R. Hafen (1843 – 1844; reprint, Denver: Old West Publishing Company, 1983), 123 – 124.

35. Harris, *The Lives of Mountain Men*, 38.

36. Captain Benjamin Louis Eulalie de Bonneville, quoted in Irving, *Adventures of Captain Bonneville*, vol. 1, 235 – 237. 还可参见 Berry, *A Majority of Scoundrels*, 291.

37. Frederick A. Wislizenus, *A Journey to the Rocky Mountains in the Year 1839* (St. Louis: Missouri Historical Society, 1912), 88; Robert Glass Cleland, *This Reckless Breed of Men*: *The Trappers and Fur Traders of the Southwest* (Albuquerque: University of New Mexico Press, 1950), 24 – 26; Chittenden, *The American Fur Trade*, 39 – 40; and Gowans, *Rocky Mountain Rendezvous*.

38. Bonner, *The Life and Adventures of James P. Beckwourth*, 107. 米克在 1832 年记录了可能是他自己见过的，甚至是有史以来规模最大的一次集合点活动。地点在今天爱达荷州德里格斯的皮埃尔霍尔。"各地的队伍都平安来到了这里，原本僻静的山谷中此时搭满了帐篷……聚集在此的至少有 1000 人，还有两三千匹马或骡子。" Victor, *Eleven Years in the Rocky Mountains*, 110. See also Russell, *Journal of a Trapper*, 62.

382　39. George F. Ruxton, *Adventures in Mexico and the Rocky Mountains* (New York: Harper & Brothers, 1848), 236 – 237.

40. Leonard, *Adventures of Zenas Leonard*, 248. 根据戚廷顿的说法，"把挣来的工资以最快的速度花掉已经成了这个行业的惯例，是山地人的一种骄傲"。Chittenden, *The American Fur Trade*, vol. 1, 59.

41. Wislizenus, *A Journey to the Rocky Mountains*, 86 – 88; and Russell,

Journal of a Trapper, 63.

42. Utley, *A Life Wild and Perilous*, xiv; and Cleland, *This Reckless Breed of Men*, 54 – 55.

43. Goetzmann, *Exploration and Empire*, 112.

44. Morgan, *Jedediah Smith*, 23 – 26. 如摩根注意到的那样，因为史密斯"沉默寡言"，不愿谈及自己，所以对于他年轻时的经历，"我们知之甚少"。

45. 同上书，24 – 27。

46. Jedediah Smith, quoted in "Captain Jedediah Strong Smith: A Eulogy of That Most Romantic and Pious of Mountain Men, First American by Land Into California," *Illinois Magazine* (June 1832): reproduced in Edwin L. Sabin, *Kit Carson Days (1809 – 1868)* (Chicago: A. C. McClurg & Co. , 1914), 512.

47. 不过，有一个间接证据表明另一位山地人埃斯蒂内·普罗沃比布里杰更早一些见到了大盐湖。Utley, *A Life Wild and Perilous*, 72 – 73; and Goetzmann, *Exploration and Empire*, 118 – 120.

48. 接下来的关于史密斯第一次前往加利福尼亚的故事依据了以下资料：Utley, *A Life Wild and Perilous*, 89 – 94; Goetzmann, *Exploration and Empire*, 130 – 135; and Morgan, *Jedediah Smith*, 193 – 215。

49. Utley, *A Life Wild and Perilous*, 90. 还可参见 Goetzmann, *Exploration and Empire*, 130。

50. Letter from Cunningham, quoted in Robert G. Cleland, "The First Expedition of Jedediah S. Smith to California," in *Publications*, *Historical Society of Southern California*, *1912 – 1913*, vol. 9 (Los Angeles: Historical Society of Southern California, 1914), 203.

51. 内华达山脉 (Sierra Nevada) 是由西班牙人命名的，"*Sierra*" 的意思是 "锯齿状的山脉"，"*Nevada*" 的意思是 "被冰雪覆盖的"。

52. John Muir, *My First Summer in the Sierra* (Boston: Houghton, Mifflin & Company, 1911), 354.

53. Francis P. Farquhar, *History of the Sierra Nevada* (Berkeley: University

of California Press，1965），26.

54. Utley，*A Life Wild and Perilous*，92.

55. Morgan，*Jedediah Smith*，215.

56. 接下来一段关于史密斯第二次前往加利福尼亚，再前往俄勒冈的旅程的内容依据了以下资料：Morgan，*Jedediah Smith*，236 – 279；and Utley，*A Life Wild and Perilous*，94 – 97。

57. Morgan，*Jedediah Smith*，241.

58. Carter，"Jedediah Smith，" 91.

59. 杰迪代亚·史密斯于 1829 年 12 月 24 日写给他兄弟的书信，in

383 Morgan，*Jedediah Smith*，354；and David A. White，"Jedediah S. Smith，1827，" in *News of the Plains and Rockies，1803 – 1865*，vol. 1 comp. David A. White （Spokane：Arthur H. Clark Company，1996），273。

60. 接下来一段关于沃克的内容依据了以下资料。Leonard，*Adventures of Zenas Leonard*，146 – 243；Utley，*A Life Wild and Perilous*，117 – 129；Chittenden，*The American Fur Trade*，vol. 1，396 – 421；Cleland，*This Reckless Breed of Men*，276 – 310；Ardis M. Walker，"Joseph R. Walker，" in *Mountain Men and Fur Traders of the Far West*，291 – 310；and Goetzmann，*Exploration and Empire*，151 – 156.

61. Leonard，*Adventures of Zenas Leonard*，147.

62. 同上书，159，162，165。

63. 关于他们选择的路线的记述依据了戈茨曼和尤里的说法。参见 Goetzmann，*Exploration and Empire*，153；and Utley，*A Life Wild and Perilous*，125 – 126。

64. Leonard，*Adventures of Zenas Leonard*，85 – 87，174，180.

65. 同上书，186 – 192. 关于 19 世纪初在西部海岸地区进行的牛皮交易的精彩描述参见 Richard Henry Dana，Jr.，*Two Years Before the Mast*（1840；reprint，New York：D. Appleton & Company，1912）。

66. Leonard，*Adventures of Zenas Leonard*，204 – 226.

67. 同上书, 214 – 217。

68. 同上书, 226 – 227。

69. Goetzmann, *Exploration and Empire*, 154.

70. Ferris, *Life in the Rocky Mountains*, 278 – 279.

71. Russell, *Journal of a Trapper or Nine Years in the Rocky Mountains*, 118 – 119.

72. Leonard, *Adventures of Zenas Leonard*, 85 – 87, 180.

73. Wislizenus, *A Journey to the Rocky Mountains*, 51 – 52.

74. George Frederick Ruxton, *Life in the Far West* (Edinburgh: William Blackwood and Sons, 1851), 123; and "Life in the 'Far West,'" part 3, *Blackwood's Edinburgh Magazine* (August *1848*): 139 – 140.

75. Edwin L. Sabin, *Kit Carson Days, 1809 – 1868*, vol. 1 (1935; reprint, Lincoln: University of Nebraska, 1995), 154; and Wislizenus, *A Journey to the Rocky Mountains*, 51.

76. James, *Three Years Among the Indians and Mexicans*, 116; Ruxton, *Adventures in Mexico and the Rocky Mountains*, 255; and Ruxton, "Life in the 'Far West,'" part 4, 302.

77. Hamilton, *My Sixty Years on the Plains*, 33.

78. Sage, *Rocky Mountain Life*, 69. 还可参见 Farnham, *Travels in the Great Western Prairies*, 202 – 204。

79. Leonard, *Adventures of Zenas Leonard*, 75 – 76; DeVoto, *Across the Wide Missouri*, 163 – 165; Blevins, *Dictionary of the American West*, 203 – 204; and Richard C. Poulsen, *The Mountain Man Vernacular: Its Historical Roots, Its Linguistic Nature, and its Literary Uses* (New York: Peter Lang, 1985), 172.

80. William T. Hamilton, *My Sixty Years on the Plains, Trapping, Trading, and Indian Fighting* (New York: Forest and Stream Publishing, 1905), 32. 81: Rufus. B. Sage, *Rocky Mountain Life*, 71; and Victor, *Eleven Years in the Rocky Mountains*, 120.

384

82. Leonard, *Fur Trader and Trapper*, 77 – 78; and Ferris, *Life in the Rocky Mountains*, 100. 木材不够的时候，山地人会用干野牛粪点火。根据一些山地人的说法，在野牛粪点的火上烤出来的肉味道更好。费里斯就写道："一些有经验的老山地人都承认我们的厨艺大有进步，他们说我们的烤肉特别好吃的唯一原因就是用了这种火。我可以为此作证。"同上书，101。

83. Irving, *The Adventures of Captain Bonneville*, vol. 3, 152 – 153; and G. Gage Skinner, "Sweet Encounters: Mountain Men and the Honey Bee on the Fur Trade Frontier," *Rocky Mountain Fur Trade Journal*, 2 (2008): 55 – 56. 山地人能有蜂蜜吃这件事令人惊奇。蜜蜂并不是北美洲固有的生物，欧洲人在 17 世纪早期将它们引入了东海岸，之后这个物种才开始向西扩张。参见同上书，52 – 53; and Bradbury, *Travels in the Interior of America*, 33 – 34。

84. G. Turner, *Traits of Indian Character*, vol. 2 (Philadelphia: Key & Biddle, 1836), 116; Harris, *The Lives of Mountain Men*, 13 – 14; and Poulsen, *The Mountain Man Vernacular*, 172。

85. Chittenden, *The American Fur Trade*, vol. 1, 63. 还可参见 Ferris, *Life in the Rocky Mountains*, 364. 对于山地人语言的学术研究，以及探讨山地人在什么样的范围内存在某种独特语言的一种观点参见 Poulsen, *The Mountain Man Vernacular*。

86. Levette Jay Davidson, "Old Trapper Talk," *American Speech* 13 (April 1938), 85.

87. Poulsen, *The Mountain Man Vernacular*, 159 – 188; Harris, *The Lives of Mountain Men*, 138 – 141; Davidson, "Old Trapper Talk," 86 – 91; and Blevins, *Dictionary of the American West*, 337, 407. 关于山地人方言的更多例子可参考 Ruxton, *Life in the Far West*, 16 – 17, 127。

88. "*Ursus arctos horribilis*"是拉丁语"可怕的北方熊"的意思。Robert H. Busch, *The Grizzly Almanac* (New York: Lyons Press, 2000), 9. Henry Kelsey 是最先看到这些令人敬畏、智商很高又出奇强壮的动物的白人之一，他是哈得孙湾公司的雇员，1691 年他到马尼托巴湖北部探索时就曾杀死过一头灰熊。这次经历让他印象深刻，后来他还在日记中提到了这头熊，他形容其为"体型巨大的银色熊"，还提到"它不是成为人类的食物就是把人当食物吃掉"。参见 Henry Kelsey，"Henry Kelsey his Book Being the Gift of James Hubbard in the year of our Lord 1693,"from the CanText eLibrary，at the following Web site，http：//www. northernblue. ca/canchan/cantext/european/1693kels. html（accessed December 30, 2008）。

89. Miller，"The Grizzly Bear," in *The West of Alfred Jacob Miller*，32. 所有人都说西部有大量灰熊，比今天的数量多得多，所以在野外遇到一头熊并不是什么罕见的事情。参见 F. H. Day，"Sketches of the Early Settlers of California，George C. Yount," *The Hesperian*（March 1859）：1。

385

90. 虽然有些人认为休·格拉斯和熊的故事完全不可信，或至少其中大部分内容是编造的，但更多的人，包括我，都相信故事的基本内容是真实的。此处叙述的内容依据的是已知最早叙述格拉斯故事的书面版本，1825年出版的 *The Port Folio*，此外还参考了戚廷顿的描述。参见 "Letters from the West，No. XIV，The Missouri Trapper," *The Port Folio*，vol. 19，（January to June 1825），ed. J. E. Hall（Philadelphia：Harrison Hall，1825），214 – 219；and Chittenden，*The American Fur Trade*，vol. 2，698 – 706。山地人的文学作品中包含了大量人受到灰熊攻击的案例。参见，例如，James O. Pattie，"The Personal Narrative of James O. Pattie of Kentucky," in *Early Western Travels 1748 – 1846*，ed. Reuben Gold Thwaites，vol. 18（Cleveland：Arthur H. Clark Company，1905）。灰熊显然给进入山区的人类造成了极大的潜在威胁，但它们并不是唯一需要山地人防备的动物，美洲狮（也称美洲豹）和狼同样很危险。

91. David A. White，"James Hall〔re Hugh Glass〕，1825," in *News of the Plains and Rockies，1803 – 1865*，vol. 1，comp. David A. White（Spokane：Arthur H. Clark Company，1996），190 – 191；Laycock，*The Mountain Men*，132 – 134；and Edgley W. Todd，"James Hall and the Hugh Glass Legend," *American Quarterly* 7（Winter 1955），362 – 370. 有一本书是完全关于休·格

拉斯的，最后提出的结论是他经历的富于戏剧性的故事是真实的。这本书就是 John Myers Myers 创作的 *The Saga of Hugh Glass: Pirate, Pawnee, and Mountain Man* (Lincoln: University of Nebraska Press, 1976)。

92. 人们通常认为这两个人是约翰·S. 菲茨杰拉德 (John S. Fitzgerald) 和当时还很年轻、缺乏经验的吉姆·布里杰。参见 Utley, *A Life Wild and Perilous*, 57。

93. 引自 *The Yale Book of Quotations*, ed. Fred R. Shapiro (New Haven: Yale University Press, 2006), 781。大多数人相信"关于我死亡的报道太夸张了"这句话是马克·吐温说的；实际上这不是他的原话，不过这个版本确实听起来更悦耳也更有戏剧性。

94. Buckley, "Indian Participation in the Rocky Mountain Fur Trade," 82 – 95; Charles Wilkinson, *Blood Struggle: The Rise of Modern Indian Nations* (New York: W. W. Norton, 2005), 32; report from R. Graham, U. S. Indian Agent, to Thomas H. Benton (February 10, 1824), in *Messages from the President on the State of the Fur Trade, 1824 – 1832* (Fairfield, WA: Ye Galleon Press, 1985), 35; 2008 年 8 月我与詹姆斯·A. 汉森的私人交流。

95. 我对皮埃尔霍尔这次战斗的描述主要依据了米克 (Victor)、戚廷顿和欧文的记录。参见 Victor, *Eleven Years in the Rocky Mountains and Life on the Frontier*, 112 – 117; Chittenden, *The American Fur Trade*, vol. 2, 657 – 664; and Irving, *Adventures of Captain Bonneville*, vol. 1, 118 – 132。根据德沃托的说法："关于'皮埃尔霍尔一战'的目击者描述比对其他任何山地皮毛交易事件的描述都多。这些描述之间无论是在基本信息还是具体细节上都存在很多矛盾之处，所以当代的任何描述都不得不加入描述者自己的判断甚至是推测。"De Voto, *Across the Wide Missouri*, 398.

96. 当时很多对这场战斗的描述中都说参战的印第安人是黑脚族人，不是阿齐纳人，但这完全是因为山地人并不知道如何区分这两个部落，所以把他们统称为黑脚族人。因此，就算在皮埃尔霍尔与山地人交战的是阿齐纳人，他们也会被很多当事人及后来的作者认定为黑脚族人。如 Stanley

386

Vestal 指出的那样:"〔阿齐纳人〕自己的语言非常难懂,也没有什么人知道,所以他们在与陌生人,也就是那些与他们交战或一起打猎的人谈话时通常使用黑脚族的语言。因此山地人就把两个部落统称为黑脚族。"Stanley Vestal, *Jim Bridger*, *Mountain Man* (Lincoln: University of Nebraska Press, 1970), 73. 还可参见 DeVoto, *Across the Wide Missouri*, 81 – 82; Gowans, *The Rocky Mountain Rendezvous*, 71 – 77, 199 – 211; Chittenden, *The American Fur Trade*, vol. 2, 850 – 855; and Henry G. Waltman, "Blackfoot indians," in *The New Encyclopedia of the American West*, 107。另有 2009 年 6 月我与弗雷德·R. 高恩斯的私人交流。

97. 还有一个亲历者的描述内容与此相反,称射杀了阿齐纳人首领的其实是戈丁,扯下红色长袍的是扁头印第安人。无论哪种说法属实,反正首领的死加速了战斗的爆发。参见 John B. Wyeth, "Oregon; Or a Short History of a Long Journey from the Atlantic Ocean to the Region of the Pacific, By Land," in *Early Western Travels*, *1748 – 1846*," vol. 21, ed. Reuben Gold Thwaites (Cleveland: Arthur H. Clark Company, 1905), 70。

98. George Nidever, as quoted in Gowans, *Rocky Mountain Rendezvous*, 207.

99. Chittenden, *The American Fur Trade*, vol. 1, 306; Harris, *The Lives of Mountain Men*, 10; and Letter from William Gordon to Lewis Cass (October 3, 1831), in *Messages from the President on the State of the Fur Trade*, *1824 – 1832* (Fairfield, WA: Ye Galleon Press, 1985), 68.

100. Irving, *Adventures of Captain Bonneville*, vol. 1, 25 – 27, 36 – 38. 大约十年之后,詹姆斯·霍尔发展了欧文的观点,宣称"无论是在我们国家的历史上,还是人们的现实生活中,再没有比皮毛交易者和动物捕杀者在西部边界之外的蛮荒地区经历的冒险更多姿多彩、更令人惊奇的事了"。James Hall, *The West: Its Commerce and Navigation* (Cincinnati: H. W. Derby & Co., 1848), 15. 还可参见 "The American Fur Trade," *Hunt's Merchant's Magazine*, 202。

101. Ruxton, *Adventures in Mexico and the Rocky Mountains*, 233 – 234. 对于山地人的刻板印象的另一个例子来自 Timothy Flint, 在他 1830 年出版的小

说 *The Shoshone Valley* 中，他声称所有山地人"多多少少存在一种天生的对无拘无束的荒野生活的偏爱。这样的日子有时闲散，有时艰苦，有时饱餐，有时挨饿。每天的生活就是打猎、争斗、大吃大喝、玩弄诡计和拈花惹草。他们不受任何法律的制约，没有道德的管束，更没有任何自制力，只有印第安人的习惯和观点在无形之中影响着他们"。Timothy Flint，"Extract from the work，'The Shoshone Valley：A Romance，'"in Timothy Flint，*Western Monthly*
387 *Review*，vol. 3，*July 1829 to June 1830*（Cincinnati：E. H. Flint，1830），571 – 572；and Smith，*Virgin Land*，82.

102. 参见，例如，Goetzmann，*Exploration and Empire*，106 – 107；and Wishart，*The Fur Trade of the American West*，206 – 207；Smith，*Virgin Land*，81 – 89；Harvey Lewis Carter and Marcia Carpenter Spencer，"Stereotypes of the Mountain Man，"*Western Historical Quarterly* 6（January 1975）：17 – 32；William H. Goetzmann and Harvey L. Carter，"Mountain Man Stereotypes，"*Western Historical Quarterly*，6（July 1975）：295 – 302；and Bernard DeVoto，*The Year of Decision*，*1846*（New York：Houghton，Mifflin & Company，1989），58 – 60。

第十三章 陶斯的动物捕杀者和阿斯特的帝国

1. David Dary，*The Santa Fe Trail：Its History*，*Legends*，*and Lore*（New York：Alfred A. Knopf，2000），23 – 67；Chittenden，*The American Fur Trade*，vol. 2，489 – 500；David J. Weber，*The Taos Trappers：The Fur Trade in the Far Southwest*，*1540 – 1846*（Norman：University of Oklahoma Press，1970），12 – 52.

2. 尤利乌斯·德·曼（Julius De Mun）于 1817 年 11 月 25 日写给威廉·克拉克的书信，引自 U. S. Congress，*The Debates and Proceedings in the Congress of the United States*，Fifteenth Congress—First Session（Washington，DC：Gales and Seaton，1854），1965 – 1966. 还可参见 Utley，*A Life Wild and Perilous*，70；Chittenden，*The American Fur Trade*，vol. 2，499；and Dary，*The Santa Fe Trail*，60 – 61。

3. Dary，*The Santa Fe Trail*，72.

注　释

4. F. F. Stephens, "Missouri and The Santa Fe Trade," in Missouri Historical Review, vol. 9, October 1916 – July 1917 (Columbia: State Historical Society of Missouri, 1917), 292. 还可参见 Chittenden（戚廷顿在引用这条广告的内容时错误地将广告日期写成了 1822 年 6 月 10 日），The American Fur Trade, vol. 2, 501 – 502; and Dary, The Santa Fe Trail, 68 – 73; and William Becknell, "Journal of Two Expeditions from Boone's Lick to Santa Fe, by Capt. Thomas Becknell," in Missouri Historical Review, vol. 4, October, 1909 – July 1910 (Columbia: State Historical Society of Missouri, 1910), 71 – 81。

5. Becknell, "Journal of Two Expeditions from Boone's Lick to Santa Fe," 77. See also David J. Weber, *The Mexican Frontier*, *1821 – 1846* (Albuquerque: University of New Mexico Press, 1982), 125.

6. Becknell, "Journal of Two Expeditions from Boone's Lick to Santa Fe," 81. See also Dary, *The Santa Fe Trail*, 73; and Weber, *The Mexican Frontier*, 128.

7. 根据戚廷顿的说法，"密苏里的威廉·贝克内尔是与圣菲交易的创立者，也是圣菲通道之父。他是第一个成功地前往圣菲进行交易的人，是第一个开辟出后来被无数人采纳的路线的人，也是第一个驾着马车走这条路的人"。Chittenden, *The American Fur Trade*, vol. 2, 501. 还可参见 Dary, *The Santa Fe Trail*, 78; and Grace Raymond Hebard, *The Pathbreakers from River to Ocean* (Chicago: Lakeside Press, 1913), 79 – 80。

8. Hebard, *The Pathbreakers from River to Ocean*, 80. 还可参见 Dary, *The Santa Fe Trail*, 77; and Josiah Gregg, *Commerce of the Prairies*, *Or*, *The Journal of a Santa Fe Trader*, *During Eight Expeditions Across the Great Western Prairies*, *and a Residence of Nearly Nine Years in Northern Mexico*, vol. 1 (New York: J & H. Langley, 1845), 22 – 24。

9. The *Missouri Intelligencer*, quoted in Chittenden, *The American Fur Trade*, vol. 2, 515.

10. Cleland, *This Reckless Breed of Men*, 136 – 137.

11. 如戈茨曼所说，在墨西哥独立之前，西班牙人"选择留下溪流上的

388

559

河狸，转而是把注意力放在清除这片区域里的美国探险者上"。Goetzmann, *Exploration and Empire*, 55.

12. Weber, *The Taos Trappers*, 15 – 31. 还可参见 Hanson, *When Skins Were Money*, 164; and David J. Weber, "Spanish Fur Trade from New Mexico, 1540 – 1821," *The Americas*, 24（October 1967）: 124。

13. Cleland, *This Reckless Breed of Men*, 131 – 132.

14. Utley, *A Life Wild and Perilous*, 71.

15. Stephens, "Missouri and the Santa Fe Trade," 304. 还可参见 Gregg, *Commerce of the Prairies*, vol. 1, 307。

16. 威廉·戈登于 1831 年 10 月 3 日写给刘易斯·卡斯的书信, in *Messages from the President on the State of the Fur Trade, 1824 – 1832*（Fairfield, WA: Ye Galleon Press, 1985）, 67.

17. "与人们通常持有的观点正相反，西南地区的沙漠或半沙漠地带中的许多河流其实是动物捕杀者的重要捕猎场。"Cleland, *This Reckless Breed of Men*, 10.

18. Phillips, *The Fur Trade*, vol. 2, 469 – 509; Despain, "The Image," 12.

19. Carson, quoted in Kit Carson, *Kit Carson's Autobiography*, ed. Milo Milton Quaife（Lincoln: University of Nebraska Press, 1966）, 5. 还可参见 Hampton Sides, *Blood and Thunder: An Epic of the American West*（New York: Doubleday, 2006）, 8 – 15。

20. Utley, *A Life Wild and Perilous*, 109 – 110; Carson, *Kit Carson's Autobiography*, 6 – 9; Sides, *Blood and Thunder*, 13 – 14; Carter, "Kit Carson," 168; and Utley, *After Lewis and Clark*, 210.

21. Carson, *Kit Carson's Autobiography*, 21 – 22.

22. 很多与卡森同时期的人，包括目睹了这场战斗的人，在描述这一事件的时候也总是在很多细节上相互冲突。出现这种情况并不令人意外，因为这个故事算得上是最著名的山地人故事之一，被转述了太多次，后来的作者记叙时也会补充更多内容。我依据的主要是卡森的自传及 Hampton

Sides 对这场决斗的精彩描述。所有引文除非另有标注，否则都出自 Carson，*Kit Carson's Autobiography*，42 – 44；and Sides，*Blood and Thunder*，29 – 31。还可参见 Samuel Parker，*Journal of an Exploring Tour Beyond the Rocky Mountains*，*Under the Direction of A. B. C. F. M. Performed in the Years 1835*，'*36*，*and* '*37*（Ithaca：Published by the Author，1838），79 – 80。

23. "恶霸"的说法出自 Parker，*Journal of an Exploring Tour Beyond the Rocky Mountains*，79。其他引文出自 Carson，*Kit Carson's Autobiography*，43。　　389

24. William T. Sherman，*Memoirs of General William T. Sherman*，vol. 1（New York：D. Appleton & Company，1886），75. 还可参见 Ruxton，*Life in the Far West*，254 – 255。

25. Carson，*Kit Carson's Autobiography*，44；and Sides，*Blood and Thunder*，31.

26. John E. Sunder，*Bill Sublette：Mountain Man*（Norman：University of Oklahoma Press，1959），83 – 87；and Gowans，*Rocky Mountain Rendezvous*，56 – 57.

27. Sunder，*Bill Sublette*，88.

28. Josiah Gregg，*Commerce of the Prairies*. 当年 11 月，这三人返回圣路易斯之后不久，密苏里州州长米勒就称与圣菲交易是"这个国家'贸易活动中的重要分支'"。Sunder，*Bill Sublette*，93.

29. 关于队伍的确切规模存在一些争议。我引用的是摩根的数据。参见 Morgan，*Jedediah Smith*，326 – 328；和 Sunder，*Bill Sublette*，95 – 96. 还可参见 Chittenden，*The American Fur Trade*，vol. 2，552。

30. Sunder，*Bill Sublette*，97.

31. 关于这个故事的内容主要依据 "Captain Jedediah Strong Smith：A Eulogy of That Most Romantic and Pious of Mountain Men，"515 – 517。还可参见 Morgan，*Jedediah Smith*，329 – 330；and Sunder，*Bill Sublette*，97。

32. Sunder，*Bill Sublette*，99 – 107。

33. 芝加哥、格林贝、普雷里德欣（Prairie du Chien）、底特律、密西西比河上的奇克索断崖（Chickasaw Bluffs）和伊利湖上的桑达斯基（Sandusky）等地都有工厂（交易点）。Katherine Coman，"Government Factories: An Attempt to Control Competition in the Fur Trade," *American Economic Review* 1 (April 1911): 369 n2. 政府建立的工厂总数是 22 个，但是同时处于运营中的最大数目是 12 个。参见 Hanson，*When Skins Were Money*，101；and Berry，*A Majority of Scoundrels*，376。

34. Chittenden，*The American Fur Trade*，vol. 1，12.

35. 同上书，12 – 16；Berry，*A Majority of Scoundrels*，375 – 378；Hanson，*When Skins Were Money*，99 – 103；Terrell，*Furs by Astor*，302 – 304；和 Royal B. Way，"The United States Factory System for Trading with the Indians，1796 – 1822," *Mississippi Valley Historical Review* 6 (September 1919): 228 – 229。

36. Way，"The United States Factory System for Trading with the Indians," 229. 还可参见 James H. Lockwood，"Early Times and Events in Wisconsin," in *Second Annual Report and Collections of the State Historical Society of Wisconsin*，vol. 2 (Madison: Calkins & Proud T，1856)，130 – 131。

37. Jacob Van Der Zee，"Fur Trade Operations in the Eastern Iowa Country from 1800 to 1833," *Iowa Journal of History and Politics* (October 1914): 529. 还可参见 Way，"The United States Factory System for Trading with the Indians," 234；Hanson，*When Skins Were Money*，102；and Terrell，*Furs by Astor*，310。

38. Biddle，quoted in Coman，"Government Factories," 378. 还可参见 John C. Calhoun，"Indian Trade，Report from the War Department" (December 5，1818)，in *The Debates and Proceedings in the Congress of the United States，Fifteenth Congress—Second Session* (Washington，DC: Gales and Seaton，1855)，2457。

39. Terrell，*Furs by Astor*，304，308 – 309. 还可参见 Thomas Hart Benton，"Indian Factory System" (March 1822)，*The Debates and Proceedings in the Congress of the United States，Seventeenth Congress，First Session，Comprising the Period from December 3，1821，to May 8，1822* (Washington，DC: Gales and

390

Seaton, 1855）, 319, 331; and Way, "The United States Factory System," 232
n26。

40. Way, "The United States Factory System," 234.

41. Terrell, *Furs by Astor*, 373.

42. 同上书, 357 – 359; and Chittenden, *The American Fur Trade*, vol. 2,
375。

43. Berry, *A Majority of Scoundrels*, 234.

44. Terrell, *Furs by Astor*, 347 – 348, 369 – 384; and Chittenden, *The
American Fur Trade*, vol. 1, 322 – 326;

45. Phillips, *The Fur Trade*, vol. 2, 414 – 417.

46. Barton H. Barbour, *Fort Union and the Upper Missouri Fur Trade*
（Norman: University of Oklahoma Press, 2001）, 121 – 122; Chittenden, *The
American Fur Trade*, vol. 1, 343, 386; and A. C. Laut, *The Story of the
Trapper*, 44.

47. Terrell, *Furs by Astor*, 394 – 397; Chittenden, *The American Fur
Trade*, vol. 1, 327 – 329; and David Lavender, *The First in the Wilderness*
（Lincoln: University of Nebraska Press, 1998）, 386.

48. 当他们逐渐靠近印第安人的时候, 有些人大呼: "肉店有材料了!"
Charles Larpenteur, *Forty Years a Fur Trader on the Upper Missouri: The Personal
Narrative of Charles Larpenteur*, 1833 – 1872, vol. 1, ed. Elliot Coues（New
York: Francis P. Harper, 1898）, 113.

49. Chittenden, *The American Fur Trade*, vol. 1, 333 – 334.

50. Charles Larpenteur, *Forty Years a Fur Trader*, 109 – 115; Terrell, *Furs
by Astor*, 410 – 421; Chittenden, *The American Fur Trade*, vol. 1, 331 – 335;
Berry, *A Majority of Scoundrels*, 296 – 298; and Lavender, *The Fist in the
Wilderness*, 393.

51. Chittenden, *The American Fur Trade of the Far West*, vol. 1, 106. 还可
参见 E. W. Gould, *Fifty Years on the Mississippi*; *or*, *Gould's History of River*

Navigation（Saint Louis：Nixon-Jones Printing，1889），113。

52. Lavender，*The Fist in the Wilderness*，394；and Chittenden，*The American Fur Trade*，vol. 1，338 – 339.

53. Chittenden，*The American Fur Trade*，vol. 1，340.

54. 同上书，341。

55. 托马斯·福赛思（Thomas Forsyth）于 1831 年 10 月 24 日写给刘易斯·卡斯的书信，in Chittenden，*The American Fur Trade*，vol. 2，927 – 928；Terrell，*Furs by Astor*，365 – 366；Hanson，*When Skins Were Money*，114 – 118；and Phillips，*The Fur Trade*，vol. 2，362。

56. Gilman，*Where Two Worlds Meet*，78；Susan Sleeper-Smith，*Indian Women and French Men：Rethinking Cultural Encounter in the Western Great Lakes*（Amherst：University of Massachusetts Press，2001），5；John C. Jackson，*Children of the Fur Trade：The Forgotten Métis of the Pacific Northwest*（Corvallis：Oregon State University Press，2007）；Gerhardt J. Ens，"Métis，" in *Encyclopedia of the Great Plains*，ed. David J. Wishart（Lincoln：University of Nebraska Press，2007），124 – 126；and Fischer，*Champlain's Dream*，510 – 511.

57. Chittenden，*The Fur Trade of the Far West*，vol. 1，11 – 31；and Henry R. Schoolcraft，*Oneota or Characteristics of the Red Race in America*（New York：Wiley & Putnam，1845），420 – 421. 皮毛交易者自己建立蒸馏室的最好例子就是麦肯齐。他在密苏里河上运输烈酒的船只连续几次被利文沃斯堡的政府巡视员扣押并没收之后，麦肯齐认定唯一的解决办法就是自己造酒。参见 Clement A. Lounsberry，*Early History of North Dakota*（Washington，DC：Liberty Press，1919），179。

58. Chittenden，*The American Fur Trade*，vol. 1，23.

59. 威廉·克拉克和刘易斯·卡斯于 1828 年 12 月 27 日写给托马斯·H. 本顿的书信，in *Public Documents Printed by Order of the Senate of the United States at the Second Session of the Twenty-First Congress*（December 6，1830），vol. 1，doc. 39（Washington，DC：Duff Green，1831），28. 还可参见 Haeger，

John Jacob Astor，233 – 234。

60. 2009 年 2 月 24 日我与卡罗琳·吉尔曼（Carolyn Gilman）的私人交流，吉尔曼是密苏里历史博物馆的特殊项目历史学家。其他对印第安人商业悟性的评价参见 Daniel Walker Howe, *What Hath God Wrought: The Transformation of America*, 1815 – 1848 (Oxford: Oxford University Press, 2007), 48。

61. Terrell, *Furs by Astor*, 397 – 398.

62. 托马斯·福赛思于 1831 年 10 月 24 日写给刘易斯·卡斯的书信，in Chittenden, *A History of the American Fur Trade of the Far West*, vol. 2, 929。

63. Terrell, *Furs by Astor*, 403 – 404.

64. 刘易斯·卡斯于 1832 年 2 月 8 日写给安德鲁·杰克逊的书信，"Message from the President of the United States, in Compliance With a Resolution of the Senate Concerning the Fur trade, and Inland Trade to Mexico, February 9, 1832," in *Messages from the President on the State of the Fur Trade*, 1824 – 1832 (Fairfield, WA: Ye Galleon Press, 1985), 39。

65. 根据已有的最可信的估算，阿斯特个人每年的净收益略高于 10 万美元，这些利益来源于每年 50 万美元或更高的皮毛销售收入。Phillips, *The Fur Trade*, vol. 2, 354 – 359; Porter, *John Jacob Astor*, vol. 2, 820 – 823; and W. F. Reuss, *Calculations and Statements Relative to the Trade Between Great Britain and the United States of America* (London: Effingham Wilson, Royal Exchange, 1833), 271. 这样惊人的收入并不会让人觉得难以置信，因为在有些年份里，仅北部分公司在麦基诺岛的总部收购的皮毛价值就接近 30 万美元。参见 Phillips, *The Fur Trade*, vol. 2, 360。阿斯特在 1829 年时写道，"美国皮毛公司从过去几年至今一直拥有至少 100 万美元的资本"。出自约翰·雅各布·阿斯特于 1829 年 1 月 29 日写给托马斯·哈特·本顿的书信，in *Messages from the President on the State of the Fur Trade*, 1824 – 1832 (Fairfield, WA: Ye Galleon Press, 1985), 103。有些作者对于阿斯特个人年收益的估计过高。根据特雷尔的观点，在 19 世纪 20 年代末，当他的帝国 392

处于鼎盛时期时，阿斯特每年从皮毛交易相关的方方面面的总收益接近 100 万美元。根据 Madsen 的说法："阿斯特每年都能从对［西部和北部］分公司的投资中收益。最高时达到 100 万美元。此外，他还给自己发工资，但是具体数额不为外人所知。"参见 Terrell, *Furs by Astor*, 387; 和 Madsen, *John Jacob Astor*, 207。

66. Chittenden, *The American Fur Trade*, vol. 1, 344 – 345, 380.

67. *Report of the Secretary of the Interior Being Part of the Message and Documents Communicated to the Two Houses of Congress at the Beginning of the Second Session of the Forty-First Congress*, House of Representatives (Washington, DC: U. S. Government Printing, 1869), 555.

68. James L. Clayton, "The Growth and Economic Significance of the American Fur Trade, 1790 – 1890," in *Aspects of the Fur Trade*, *Selected Papers of the 1965 North American Fur Trade Conference* (St. Paul: Minnesota Historical Society, 1965), 70 – 71; and Sunder, "The Decline of the Fur Trade on the Upper Missouri," 132.

第十四章　河狸的衰落

1. Chittenden, *The American Fur Trade*, vol. 2, 342.

2. 同上书，343。2006 年时，一枚镀金的阿斯特奖章在钱币拍卖公司 SBG (New York) 拍出了 29900 美元的高价。在这个公司此前的另一次拍卖上，一枚银质阿斯特奖章拍出了 54625 美元。2009 年 4 月 30 日，我与该公司稀有钱币拍卖部门工作人员 Vicken Yegparian 的私人交流。

3. Madsen, *John Jacob Astor*, 218.

4. Porter, *John Jacob Astor*, vol. 2, 777.

5. Chittenden, *The American Fur Trade*, vol. 1, 343, 363.

6. Utley, *A Life Wild and Perilous*, 145.

7. Chittenden, *The American Fur Trade*, vol. 1, 364. 虽然丝绸帽子在阿斯特看来是个新鲜的东西，但是它其实早在 18 世纪晚期就已经出现在欧洲，并且从那时起就开始威胁河狸皮帽子的市场统治力。参见 Hanson, "The

Myth of the Silk Hat and the End of the Rendezvous System," *Museum of the Fur Trade Quarterly* (Spring 2000)： 2 – 3。

8. "海狸鼠（*Nutria*）是一种小型动物，也叫'*coypu*'、'*quoiya*'或'*Myopotamus Bonariensis*'，在南美洲很多地方都能见到它们的身影。它身上长一些的粗毛通常偏红色；底层的绒毛呈灰褐色。直到大约 30 年前，因为河狸皮毛的价格增长太快（一个世纪之内从 20 先令 1 磅上涨到 80 先令 1 磅），人们才开始使用海狸鼠的皮毛；从那之后，这种皮毛的使用量迅速增加，有时一年进口的海狸鼠皮毛就能达到 100 万张。"George Dodd, *Days at the Factories： or, The Manufacturing Industry of Great Britain Described* (London： Charles Knight & Co. , 1843), 140.

393

9. Terrell, *Furs by Astor*, 462； and Madsen, *John Jacob Astor*, 229.

10. William Astor, quoted in Weber, *The Taos Trappers*, 207 – 208. 还可参见 Utley, *A Life Wild and Perilous*, 174。

11. Porter, *John Jacob Astor*, vol. 2, 1, 114.

12. "在将近 40 年的时间里，［阿斯特］一直被称为'商界拿破仑'，他被视为他的时代中，甚至是人类史历史上最伟大的商人。"参见 "John Jacob Astor," *The Merchants' Magazine and Commercial Review* (July to December, 1844), 154。

13. Philip Hone, *The Diary of Philip Hone*, 1828 – 1851, ed. Bayard Tuckerman, vol. 2 (New York： Dodd, Mead & Company, 1889), 347 – 348. 《福布斯》罗列了一份表格，列举了历史上 75 名最富有的人，其标准是依照他们的财富换算成今天的美元之后的数目。约翰·雅各布·阿斯特在这个排行榜上名列第 18 位，他的财富放在 2008 年相当于 1150 亿美元，一些当代的富豪，如比尔·盖茨和沃伦·巴菲特都要排在他的后面（二者分别是第 20 位和第 40 位）。同样上榜的还有阿斯特的继承人们，包括他的孙子小威廉·巴克豪斯·阿斯特（第 27 位）、曾曾孙文森特·阿斯特（第 32 位）及曾孙约翰·雅各布·阿斯特四世（第 62 位）。参见 Wikipedia Web site, http：//en. wikipedia. org/wiki/Wealthy ＿ historical ＿ gures ＿ 2008

（accessed on April 11, 2009）。

14. Hanson, "The Myth of the Silk Hat," 2 – 11. 相关的文献中有无数个例子说明文章作者认为美国河狸皮毛交易衰落的主要原因是丝绸、海狸鼠皮毛或其他替代产品的发展。参见，例如，J. S. Newberry, "Report Upon the Zoology of the Route," in *Reports of Explorations and Surveys to Ascertain the Most Practicable and Economical Route for a Railroad From the Mississippi River to the Pacific Ocean*, vol. 6, *U. S. Congress, House of Representatives, 33rd Congress, Second Session* (Washington, DC: A. O. P. Nicholson, 1857), 58; Ruxton, *Adventures in Mexico and the Rocky Mountains*, 231; Morgan, *The American Beaver*, 227 – 228; and Hafen, *Mountain Men and the Fur Trade of the Far West*, vol. 1, 174 – 175。

15. Hanson, "The Myth of the Silk Hat," 3 – 4.

16. 关于丝绸、海狸鼠皮毛和 1837 年大恐慌对于河狸产生的影响的论述依据了詹姆斯·A. 汉森的观点，他认为人们过分渲染了丝绸帽子的出现对河狸皮毛交易产生的影响："［丝绸帽子终结了河狸皮毛交易的］想法是建立在错误的因果假设上的，它不过是一种传说，如果人们仔细研究了大事年表就会知道这种想法缺乏证据支撑。"Hanson, "The Myth of the Silk Hat," 2. 另外，汉森也驳斥了 1837 年大恐慌对于河狸皮毛价格有影响的说法。还可参见同上书，5; Utley, *A Life Wild and Perilous*, 174 – 175。

17. "On the Fur Trade, and Fur-Bearing Animals," *American Journal of Science* 25 (1834), 329, http://ajs. library. cmu. edu/books/pages. cgi? layout = vol0/part0/copy0&call = aJs _ 1834 _ 025 _ 1834& le = 00000336 (accessed February 24, 2009).

394   18. Godman, *American Natural History*, 277 – 278; and John D. Godman, "Natural History: The Beaver," in *Franklin Journal, and American Mechanic's Magazine*, ed. Thomas P. Jones, vol. 3 (Philadelphia: Judah Dobson, 1827), 161. 虽然在这些引文中并没有提到动物疫病的问题，但这很可能也是造成河狸皮毛在某些地区衰落的原因之一，当然这个原因远不及过度捕杀重要。

注　释

根据曾经在今天北达科他州彭比纳（Pembina）附近捕猎的美国动物捕杀者兼翻译 John Tanner 的说法，疫病造成当地河狸的数量大大减少了。John Tanner, *Narrative of the Captivity and Adventures of John Tanner, During Thirty Years Residence Among the Indians*, ed. Edwin James（New York：G. & C. & H. Carvill, 1830）, 104. 还可参见 Arthur J. Ray, *Indians in the Fur Trade*（Toronto：University of Toronto Press, 1974）, 119。

19. Utley, *A Life Wild and Perilous*, 115. 还可参见 Weber, *The Taos Trappers*, 225。

20. 威廉·戈登于 1831 年 10 月 3 日写给刘易斯·卡斯的书信, in *Messages from the President on the State of the Fur Trade*, 1824 – 1832（Fairfield, WA：Ye Galleon Press, 1985）, 68。

21. 刘易斯·卡斯于 1832 年 2 月 8 日写给安德鲁·杰克逊的书信, "Message from the President of the United states, in Compliance with a Resolution of the Senate Concerning the Fur Trade, and Inland Trade to Mexico, February 9, 1832," 同上书, 41。

22. Hafen, *The Mountain Men and the Fur Trade of the Far West*, vol. 1, 160. 同年, 纽厄尔的朋友, 同为山地人的约瑟夫·米克宣称："虽然春天时捕到的皮毛数量还不少, 但跟前几年相比还是少了很多。河狸正在迅速灭绝的事实已经越来越显而易见了。"Victor, *Eleven Years in the Rocky Mountains and Life on the Frontier*, 237.

23. Wislizenus, *A Journey to the Rocky Mountains*, 86 – 88.

24. 关于英美两国之间就俄勒冈领地的外交角力的讨论依据了以下材料, 其中第一本书对我的帮助尤其大：Miller, *Native America, Discovered and Conquered*, 121 – 145; Bashford, *The Oregon Missions*, 82 – 83; Greenhow, *Memoir, Historical and Political*, 2 – 3, 381, 389; and Frederick Merk, "An Episode of Fur Trade and Empire," *Mississippi Valley Historical Review* 21（June 1934）: 49 – 51.

25. Utley, *A Life Wild and Perilous*, 74; Merk, "An Episode of Fur Trade

569

and Empire," 51; and John Phillip Reid, *Contested Empire*: *Peter Skene Ogden and the Snake River Expeditions* (Norman: University of Oklahoma Press, 2002), 6, 42 – 43.

26. Simpson, quoted in Lavender, *Westward Vision*, 205; and Lorne Hammond, "Marketing Wildlife: The Hudson's Bay Company and the Pacific Northwest, 1821 – 1849," in David Freeland Duke, *Canadian Environmental History*: *Essential Readings* (Toronto: Canadian Scholar's Press, 2006), 206.

27. Merk, "An Episode of Fur Trade and Empire," 51.

28. Goetzmann, *Exploration and Empire*, 92; and Wishart, *The Fur Trade of the American West*, 32.

29. 对于这种轮流捕杀制度的更完整的描述参见 Wishart, *The Fur Trade of the American West*, 32。阿什利在 1827 年时曾考虑过让美国人采取与加拿大人采用的类似的保守捕杀方式。然而没有证据证明任何美国动物捕杀者真正采用了这种方式。加拿大人占据的优势之一是他们都归属于同一个公司——哈得孙湾公司,所以公司可以下令执行统一的政策。相反,美国的动物捕杀者则是为不同的公司服务,或者完全是自主捕猎的。出自威廉·亨利·阿什利于 1827 年 11 月写给托马斯·哈特·本顿的书信,in J. Henry Brown, *Brown's Political History of Oregon*, vol. 1 (Portland: Wiley B. Allen, 1892), 45 – 46。

395

30. 以 1840 年至 1890 年这段时间为例,哈得孙湾公司出口到英格兰的河狸皮毛数量从来没有低于过 26000 张,很多时候出口数量还要远高于此。实际上,在 1859 年至 1885 年间,出口河狸皮毛的数量甚至没有低于过 10 万张。Henry Poland, *Fur-Bearing Animals in Nature and Commerce* (London: Gurney & Jackson, 1892), xxiv, xxvi.

31. 辛普森称斯内克河地区到哥伦比亚河以南和以东这个范围内"生活着很多河狸……出于政治原因,我们必须想尽办法将这些河狸赶快杀光"。Simpson, quoted in Wishart, *The Fur Trade of the American West*, 32.

32. 这些行动实际上从 1818 年就开始了,当时是处于西北公司的监管之下。不过，以将哥伦比亚河以南变为"皮毛荒漠"为明确目标的行动开始得还要晚一些，是在西北公司并入哈得孙湾公司及辛普森到任之后才有的。

33. 戈茨曼认为"奥格登作为一名探险家，理应被视为西部的伟人之一"。Goetzmann, *Exploration, and Empire*, 99.

34. 同上书，92 - 99；Ted J. Warner, "Peter Skene Ogden," in Hafen, *Mountain Men and Fur Traders of the Far West*, 120 - 123; and Merk, "An Episode of Fur Trade and Empire," 53。

35. 基特·卡森说在他与尤因·扬一起前往加利福尼亚的途中，他们在加利福尼亚的圣华金河上遇到过奥格登的队伍，队员的数量超过 60 人。Carson, *kit Carson's Autobiography*, 14. 奥格登当时携带着 1000 张河狸皮毛，他和他的队员们与美国人一起在圣华金河与萨克拉门托河上捕杀了一段时间。Utley, *A Life Wild and Perilous*, 111.

36. Reid, *Contested Empire*, 103; and Utley, *A Life Wild and Perilous*, 76.

37. Utley, *A Life Wild and Perilous*, 75.

38. 如 Reid 注意到的那样，动物捕杀者们受到的苛刻对待是"独立的山地人完全能理解的哀伤，一有机会就要积极地表示愤慨"。参见 Reid, *Contested Empire*, 106 - 107。

39. 同上书，105 - 107；Utley, *A Life Wild and Perilous*, 76; Phillips, *The Fur Trade*, vol. 2, 453 - 454; and J. Cecil Alter, *Jim Bridger* (1925; reprint, Norman: University of Oklahoma Press, 1962), 67 - 68。

40. Warner, "Peter Skene Ogden," 125.

41. 同上书，126。

42. Michael S. Durham, *Desert Between the Mountains, Mormons, Miners, Padres, Mountain Men, and the Opening of the Great Basin*, 1772 - 1869 396 (Norman: University of Oklahoma Press, 1997), 51; and Goetzmann, *Exploration and Empire*, 96.

43. Warner, "Peter Skene Ogden," 126; and Lavender, *Land of Giants*, 129 – 130.

44. 戈登抱怨说: "最近一次战争之后, 授予英国人在我们国家内进行交易的许可被彻底地滥用了。[英国] 动物捕杀者不断地杀死仅有六个月大的幼崽, 还破坏了所有的河狸大坝。到如今, [美国] 动物捕杀者们只能在英国人曾经大获丰收的地方苦苦搜寻。"威廉·戈登于 1831 年 10 月 3 日写给刘易斯·卡斯的书信, in *Messages from the President*, 68. See also Greenhow, *Memoir, Historical and Political*, 197。

45. 威廉·亨利·阿什利于 1827 年 11 月写给托马斯·哈特·本顿的书信, ed. J. Henry Brown, *Brown's Political History of Oregon*, vol. 1 (Portland: Wiley B. Allen, 1892), 45 – 46。

46. 杰迪代亚·史密斯、大卫·杰克逊和威廉·萨布利特于 1830 年 10 月 29 日写给约翰·H. 伊顿 (John H. Eaton) 的书信, in Morgan, *Jedediah Smith*, 347. 辛普森也注意到了斯内克河流域的河狸数量减少的情况, 他在 1832 年时评论说这片地区 "已经被美国人占据了, 那里的河狸几乎已经被捕光了"。Phillips, *The Fur Trade*, vol. 2, 458.

47. Hiram Marin Chittenden and Alfred Talbot Richardson, *Life, Letters and Travels of Father Pierre-Jean de Smet, S. J.*, vol. 1 (New York: Francis P. Harper, 1905), 108.

48. Father Pierre Jean de Smet, "Letters and Sketches, with a Narrative of a Year's Residence among the Indian Tribes of the Rocky Mountains," in *Travels in the Far West*, 1836 – 1841, ed. Reuben Gold Thwaites, vol. 2 (1843; reprint, Cleveland: Arthur H. Clark Company, 1906), 138.

49. 汉森提出了这之后仍然举行过集合点活动的证据, 不过也指出大多数历史学家认同 1840 年的集合点就是最后一次集合的观点。Hanson, "The Myth of the Silk Hat," 8.

50. Newell, quoted in Hafen, *The Mountain Men and the Fur Trade of the Far West*, vol. 1, 164. 同年, 基特·卡森决定退出皮毛交易。"河狸已经变

得非常稀少，"卡森说，"我们不得不另谋生路，[另外五名山地人]……和我自己认为是时候前往阿肯色河上的本特堡了。[在那儿他将以每天 1 美元的薪水受雇为猎手，负责为堡垒提供肉食。]"Carson, *Kit Carson's Autobiography*, 63 – 64. 如历史学家詹姆斯·A. 汉森所说："集合点制度崩塌的原因简单明了，就是没有足够的河狸值得人们继续进行这项工作了。"Hanson, "The Myth of the Silk Hat," 8. 还可参见 Utley, *A Life Wild and Perilous*, 175。

51. Victor, *Eleven Years in the Rocky Mountains*, 175 – 176.

52. 接下来的讨论大多是依据戈茨曼的著作 *Exploration and Empire*, 105 – 180。根据罗伯特·尤里的看法，"如河狸捕杀者和皮毛交易者一样，山地人也在西部历史上留下了属于他们的一章。同时他们还以探险家和发现者的身份写出了另一章；以国家扩张主义者的身份再写一章。这一代拓荒者在西部和这个国家的历史上都扮演了重要的角色"。参见 Utley, *A Life Wild and Perilous*, xiv. 关于对山地人和他们在殖民西进过程中发挥的作用持轻视态度的观点，参见 Stewart L. Udall, *The Forgotten Founders: Rethinking the History of the Old West* (WA: City Island Press, 2002), 79 – 90。

53. James Hall, *The West: Its Commerce and Navigation* (Cincinnati: H. W. Derby & Co., 1848), 15. 同年，鲁克斯顿观察到："'远西区'的广阔大地上已经没有一个角落没有被吃苦耐劳的山地人搜刮殆尽……山区和溪流都还沿用着由没什么文化的猎人给它们取的名字……这些坚韧强悍的探路先锋们为到西部定居的人开辟了通道。"Ruxton, *Adventures in Mexico and the Rocky Mountains*, 234. 还可参见 "The American Fur Trade," *Hunt's Merchant's Magazine*, 186。

54. Chittenden, *The American Fur Trade*, vol. 1, xxv. 根据西奥多·罗斯福的观点："过去的猎人[和动物捕杀者]就是白人探索整片西部地区的先锋。"Theodore Roosevelt, *Ranch Life and The Hunting Trail* (1888; reprint, New York: Century Co., 1911), 81 – 82. 还可参见 Charles M. Harvey, "Fur Traders as Empire-Builders," in *Atlantic Monthly* 103 (April 1909): 523。

55. "General Ashley's Expedition," *Niles' Register* (December 9, 1826),

reprinted from *Missouri Herald and St. Louis Advertiser*, 229. Also quoted in part in Goetzmann, *Exploration and Empire*, 129.

56. Goetzmann, *Exploration and Empire*, 129.

57. 同上书，139，147－158；杰迪代亚·史密斯、大卫·杰克逊和威廉·萨布利特于 1830 年 10 月 29 日写给约翰·H. 伊顿的书信，in Morgan, *Jedediah Smith*, 346。

58. Irving, *The Adventures of Captain Bonneville*, vol. 3, 274.

59. Goetzmann, *Exploration and Empire*, 155.

60. Leonard, *Adventures of Zenas Leonard*, 192－193；and Goetzmann, *Exploration and Empire*, 155.

61. Utley, *A Life Wild and Perilous*, 263, 207－222；Ferol Egan, *Fremont: Explorer for a Restless Nation* (New York: Doubleday & Company, 1977)；Arthur Chapman, "Jim Bridger, Master Trapper and Trail Maker," *Outing Magazine* (January 1906): 341；and Grenville M. Dodge, *Biographical Sketch of James Bridger* (New York: Unz & Company, 1905), 25.

62. Newman, *Empire of the Bay*, 511.

63. 同上书，510－511；Robert H. Ferrell, "Oregon Controversy," in *The New Encyclopedia of the American West*, 833－834；Skinner, *Adventures of Oregon*, 262－264；Stewart Richardson, *Rivers of America: The Columbia* (New York: Rrinehart and Co., 1956), 84；Smith, *Virgin Land*, 18；和 John C. Calhoun, *The Works of John C. Calhoun*, vol. 4 (New York: D. Appleton & Company, 1888), 245－246。

398 第十五章　　最后的野牛皮

1. Phillip Manning, *Islands of Hope: Lessons from North America's Great Wildlife Sanctuaries* (Winston-Salem: John F. Blair, 1999), 123；Scott C. Zeman, *Chronology of the American West* (Santa Barbara: ABC－CLIO Inc., 2002), 10；Isenberg, *The Destruction of the Bison*, 22. 人们用过很多笔墨来争论到底该称这种动物为 "buffalo"（水牛）还是 "bison"（野牛）。"bison"

是从科学角度对这种动物的准确叫法，但是人们用的更多的是"buffalo"这个词。参见，例如，David Dary, *The Buffalo Book*: *The Full Saga of the American Animal*（Chicago: Sage Books, 1974）, 6, 10 - 11; Isenberg, *The Destruction of the Bison*, 22, 22n31; Ernest Thompson Seton, "The American Bison or Buffalo," *Scribner's Magazine*（October 1906）: 385 - 386; Jack W. Brink, *Imaging Head-Smashed-In*, *Aboriginal Buffalo Hunting on the Northern Plains*（Edmonton: Athabasca Press, 2008）, 32 - 33; 和 Dale F. Lott, *American Bison*: *A Natural History*（Berkeley: University of California Press, 2002）, xiv - xv。

2. Allen, *History of the American Bison*, Bison Americanus, 445 - 446; and George Catlin, *Illustrations of the Manners*, *Customs*, *and Condition of the North American Indians*, vol. 1（1841; reprint, London: Henry G. Bohn, 1866）, 24.

3. 有些资料上说野牛曾经生活的范围东至大西洋沿岸，北到新英格兰和加拿大沿海地区。要弄清楚在欧洲人到来之前，野牛究竟生活在哪里是一个令人头疼的难题。可以参考以下内容：Allen, *History of the American Bison*, Bison Americanus, 473 - 520; William Temple Hornaday, *The Extermination of the American Bison*（1889; reprint, Washington, DC: Smithsonian Institution Press, 2002）, 376 - 386; and Ted Franklin Belue, *The Long Hunt*: *Death of the Buffalo East of the Mississippi*（Mechanicsburg: Stackpole Books, 1996）, 8 - 10。虽然很多人听到密西西比河以东也有过野牛的说法会感到惊讶，但是下面这个故事足以说明野牛曾经的数量有多么巨大：1750 年时，曾经的新法兰西总督德·拉·加利索尼埃侯爵（Marquis de La Gallisonière）创作了一本《北美洲的法国殖民地记述》（*Memoir on the French Colonies in North America*），其中他敦促法国国王增强法国在伊利诺伊地区的控制力，这片地区涵盖了今天的伊利诺伊州、印第安纳州和俄亥俄州的大部分。他这个提议的目的是想将英国人赶走，以确保加拿大与密西西比河的战略连接。在宣扬这片地区作为殖民地的宝贵之处时，加利索尼埃兴奋地提到了广阔丰美的草原，以及"无可计数的野牛"。他认为野牛可以用来耕地。如果它们"能被抓来犁地，那么它们拖动［犁头］的速度肯定……比家养的公牛快多了！"引自 Edward G. Mason，*Chapters from Illinois History*（Chicago：Herbert S. Stone and Company，1901），227。加利索尼埃还预言说野牛的数量太多了，"可能几个世纪都不会绝迹，不仅是因为这片地区上没有什么人定居，所以杀死野牛的数量微乎其微；更是因为人们永远不会为了得到它的皮毛而杀死这种动物"。关于这个预言，他显然是大错特错了。引自 in Allen，*History of the American Bison*，Bison Americanus，571。还可参见 Edward G. Mason，"Old Fort Chartres，" *Atlantic Monthly*（May 1882）：623。

399

4. 欧洲人到来前北美洲野牛的数量是一个复杂的问题，人们已经为此争论了很多年。博物学家 Ernest Thompson Seton 在 1929 年时提出的估算结果是 7500 万头，但后来的学者认为有诸多理由证明这个数目过大。但 Seton 的结论是关于整个美洲大陆的野牛数量的，后来的一些数据则仅限于野牛最集中的大平原中的野牛数量。历史学家 Dan Flores 估计"在马匹到来之前"，大平原上的资源足够养活"2800 万至 3000 万"头野牛。更多相关争论可参考 Dan Flores，"Bison Ecology and Bison Diplomacy：The Southern Plains from 1800 to 1850，" *Journal of American History* 78（September 1991）：470 – 471；Isenberg，*The Destruction of the Bison*，24 – 30；Dary，*The Buffalo Book*，27 – 29；and Shepard Krech III，*The Ecological Indians：Myth and History*（New York：W. W. Norton & Company，1999），125 – 126。

5. Solis，quoted in Ernest Thompson Seton，"The American Bison or Buffalo，" *Scribner's Magazine*（October 1906）：385. See also Hornaday，*The Extermination of the American Bison*，373；and Valerius Geist，*Buffalo Nation：History and Legend of the North American Bison*（Stillwater，MN：Voyageur Press，1996），59.

6. Álvar Núñez Cabeza de Vaca，"The Account and Commentaries of Governor Álvar Núñez Cabeza de Vaca，of what occurred on the two journeys that he made to the Indies，" Southwestern Writers Collection of Texas State University，

注 释

http：// alkek. library. txstate. edu/swwc/cdv/book/54. html （ accessed March 13，2009）. 关于卡维萨·德·巴卡是如何来到得克萨斯及他在那里做了什么的精彩记述可参考 Steven Rinella，*American Buffalo：In Search of a Lost Icon* （New York：Spiegel & Grau，2008），17 – 19。

7. Samuel Argall，"A Letter of Sir Samuel Argoll touching his Voyage to Virginia，and Actions there：Written to Master Nicholas Hawes. June 1613，"in *Hakluytus Postumous or Purchas His Pilgrimes*，ed. Samuel Purchas，vol. 19 （1613；reprint New York：Macmillan Company，1906），92；and Dary，*The Buffalo Book*，9. "kine"这个词为什么会被用来指代野牛，其原因尚不清楚，不过它有可能源于西班牙语。参见，例如，Tom McHugh，*The Time of the Buffalo* （Lincoln：University of Nebraska Press，1979），43。

8. Hansen，*When Skins Were Money*，163 – 165. 还可参见 Weber，*The Spanish Frontier in North America*，177；and *Robes of Splendor：Native American Painted Buffalo Hides*，with contributions by George P. Horse Capture et al. （New York：New Press，1993）。

9. Thomas Ashe，*Travels in America，Performed in* 1806 （London：Edmund M. Blunt，1808），48 – 49.

10. Geist，*Buffalo Nation*，80. 也有人把首领的名字拼成"Sabonee"或"Shabbona"等。

11. Thomas Mails，*The Mystic Warriors of the Plains* （Garden City，NY：Doubleday & Company，1972），188.

12. 同上书，190 – 192；Tom McHugh，*The Time of the Buffalo*，103 – 109。

13. Henry R. Schoolcraft，*Narrative Journal of Travels From Detroit Northwest Through the Great Chain of American Lakes to the Sources of the Mississippi River in the Year* 1820 （Albany：E. & E. Hosford，1821），278 – 280. 还可参见 Wayne Gard，*The Great Buffalo Hunt* （Lincoln：University of Nebraska Press，1959），43。

14. Hornaday，*The Extermination of the American Bison*，444.

15. Chittenden，*The American Fur Trade*，vol. 1，7.

400

16. Hornaday, *The Extermination of the American Bison*, 443 – 444.

17. 同上书, 414 – 415, 444; Theodore R. Davis, "The Buffalo Range," *Harper's New Monthly Magazine* (January 1869): 159; Alexander Henry, *The Manuscript Journals of Alexander Henry*, *Fur Trader of the Northwest Company*, *and of David Thompson*, *Official Geographer and Explorer of the Same Company*, *1799 – 1814*, ed. Elliot Coues, vol. 1 (New York: Francis P. Harper, 1897), 242, 253; Kurz, *On the Upper Missouri*, 28, and E. Douglas Branch, *The Hunting of the Buffalo* (1929; reprint, Lincoln: University of Nebraska Press, 1962), 51。1933 年 5 月 3 日，一头几乎是纯白色的野牛出生在蒙大拿州的国家野牛保护区，它被取名为"巫医法术"，因为美洲原住民认为白色的野牛拥有神圣的力量。因为"巫医法术"身上有色素沉着——包括褐色的蹄子、棕色的头顶毛发和蓝色的眼睛，所以它并不是真正的白化病患者。即便如此，这样一个个体的出生还是非常罕见的，概率可能只有五百万分之一。参见 Hornaday, *The Extermination of the American Bison*, 414; 和 Eric Jay Dolin, *Smithsonian Book of National Wildlife Refuges* (Washington, DC: Smithsonian Institution Press, 2003); 21。

18. George Bird Grinnell, "In Buffalo Days," in *American Big-Game Hunting*, ed. Theodore Roosevelt and George Bird Grinnell (New York: Forest and Stream Publishing, 1893), 183 – 186.

19. Richard Irving Dodge, *The Plains of the Great West and Their Inhabitants* (New York: G. P. Putnam's Sons, 1877), 127. 还可参见 Francis Parkman, *Prairie and Rocky Mountain Life*; *or*, *The California and Oregon Trail* (New York: George P. Putnam, 1852), 256 – 258; and Francis Haines, *The Buffalo*, *The Story of the American Bison and Their Hunters from Prehistoric Times to the Present* (New York: Thomas Y. Crowell, 1970), 1 – 2。

20. Rudolph Friedrich Kurz, *On the Upper Missouri*: *The Journal of Rudolph Friedrich Kurz*, ed. Carla Kelly (Norman: University of Oklahoma Press, 2005), 195 – 196; Isenberg, *The Destruction of the Bison*, 99 – 101; and

注　释

George P. Belden, *The White Chief*; *or*, *Twelve Years Among the Wild Indians of the Plains* (Cincinnati: E. W. Starr & Co. , 1875), 126.

21. Hornaday, *The Extermination of the American Bison*, 443; T. Lindsay Baker, "Beaver to Buffalo Robes: Transition in the Fur Trade," in *Museum of the Fur Trade Quarterly* (Summer 1987): 6 – 8 Chittenden, *The American Fur Trade*, vol. 1, 34 – 35; Maria R. Audubon, *Audubon and His Journals*, vol. 1 (New York: Charles Scribner's Sons, 1897), 500; and Wishart, *The Fur Trade of the American West*, 85.

22. Wishart, *The Fur Trade of the American West*, 67. 另见约翰·多尔蒂 (John Dougherty) 于 1831 年 10 月 29 日写给威廉·克拉克的书信, doc. 190, U. S. House of Representatives, 22nd Congress, 1st session, in *Executive Documents*, *Printed by Order of the House of Representatives at the First Session of the Twenty-Second Congress*, *Begun and Held at the City of Washington*, *December 7*, *1831* (Washington, DC: Duff Green, 1832), 1 – 2。

23. Chittenden, *The American Fur Trade*, vol. 2, 620 – 627; Isenberg, *Destruction of the Bison*, 115 – 118; Barbour, *Fort Union and the Upper Missouri Fur Trade*, 135 – 138; Wishart, *The Fur Trade of the American West*, 67 – 69; DeVoto, *Across the Wide Missouri*, 280 – 295.

24. W. P. Clark, *The Indian Sign Language* (Philadelphia: L. R. Hamersly & Co. , 1885), 351 – 352.

25. Captain Marryat, *A Diary in America With Remarks and Illustrations*, *part Second*, vol. 3 (London: Longman, Orme, Brown, Green, & Longmans, 1839), 228.

26. Larpenteur, *Forty Years a Fur Trader*, 134 – 135.

27. Mark L. Gardner, " 'Where the Buffalo Was Plenty': Bent, St. Vrain & Co. and the Robe Trade of the Southern Plains," in *Museum of the Fur Trade Quarterly* (Fall/Winter 2007): 22 – 25; and Gard, *The Great Buffalo Hunt*, 53 – 57.

28. Gardner, "Where the Buffalo Was Plenty," 22 – 23.

401

29. John E. Sunder, *The Fur Trade on the Upper Missouri*, 1840 – 1865 (Norman: University of Oklahoma Press, 1965), 17; Baird, "Native Ruminating Animals of North America, and Their Susceptibility of Domestication," 41; "Fur Trade of St. Louis—Great West," in *Hunt's Merchant's Magazine and Commercial Review*, vol. 42, *January to June* 1860 (New York: George W. & Jno. A. Wood, 1860), 617; "Arrival of Red River Traders at St. Paul," in *The Great Lakes, Or Inland Seas of America*; *Embracing a Full Description of Lakes Superior, Huron, Michigan, Erie, and Ontario*; *Rivers St. Mary, St. Clair, Detroit, Niagara, and St. Lawrence*; *Commerce of the Lakes, Etc., Etc.*, comp. John Disturnell (New York: American News Co., 1868), 191; Thomas P. Kettell, "Furs and Fur Trade," in *One Hundred Years'Progress of the United States* (Hartford CT: L. Stebbins, 1870), 345; and John C. Frémont, *Narrative of the Exploring Expedition to the Rocky Mountains, in the Year 1842, and to Oregon and North California in the Years 1843 – 1844* (London: Wiley and Putnam, 1846), 135.

30. Baker, "Beaver to Buffalo Robes," 6 – 7; *Missouri Democrat*, "Fur Trade of St. Louis—Great West," 617; and Rinella, *American Buffalo*, 167. 有一个关于加工之后的野牛皮的价值的趣闻内容如下："几天前，百老汇街上的一个警察从一个看起来不务正业的游民手上没收了一张精致的野牛皮盖毯，警察怀疑他是偷来的，就将盖毯送到市监狱法庭由财务文员负责照管。与此同时，失窃者也来到监狱等待寻找失主的公告时限结束。48 小时还没过，就有一个经常在市监狱法庭出现的'讼棍'律师说服法官免于起诉被告并将其释放……无论法律规定的失物招领公告中是怎么说的，反正昨天，这张盖毯已经被一位出租马车的车主确认为是从自己的一辆马车上被盗的，他称盖毯的价值是 50 美元。" "New York City," *New York Daily Times* (February 22, 1855).

31. Sunder, *The Fur Trade on the Upper Missouri*, 16 – 17; and Branch, *The Hunting of the Buffalo*, 101 – 102.

32. Isenberg, *The Destruction of the Bison*, 93 – 94.

402

注 释

33. 从 1820 年到 19 世纪 60 年代中，生活在马尼托巴的雷德河沿岸的梅蒂人每年都会捕杀野牛。届时整个村子的人都会出动，所有村民都到马尼托巴西部、萨斯喀彻、蒙大拿州、南达科他州和北达科他州，甚至是明尼苏达州北部的猎场里去寻找大规模的野牛群。1840 年夏天的捕猎规模尤其巨大，共有 1630 人参加，有男有女，有老有少。Alexander Ross, *The Red River Settlement*: *Its Rise*, *Progress*, *and Present State* (London: Smith, Elder and Co. , 1856), 243 – 256; Rinella, *American Buffalo*, 166 – 167; and Hornaday, *The Extermination of the Buffalo*, 435.

34. 乔赛亚·格雷格在 1845 年写道："人们相信每年……从草原和'野牛牧场'边界……'出口的'［大张］野牛皮数量在 10 万张左右；人们随意屠杀的数量，或是为获得肉食而杀死的数量无疑还要更多，因为人们一年中需要使用野牛皮的日子还不到半年。"Josiah Gregg, *Commerce of the Prairies*, *Or*, *the Journal of a Santa Fe Trader*, *During Eight Expeditions Across the Great Western Prairies*, *and a Residence of Nearly Nine Years in Northern Mexico*, vol. 2 (New York: J & H. Langley, 1845), 213.

35. Isenberg, *The Destruction of the Bison* 30, 93.

36. Thomas J. Farnham, *Travels in the Great Western Prairies*, *The Anahuac and Rocky Mountains*, vol. 1 (London: Richard Bentley, 184), 81. 还可参见 George Catlin, *Letters and Notes on the Manners*, *Customs*, *and Condition of the North American Indians*, vol. 2, 3rd ed. (New York: Wiley and Putnam, 1844), 13 – 14。

37. Robert M. Wright, "Personal Reminiscences of Frontier Life in Southwest Kansas," in *Transactions of the Kansas State Historical Society*, 1901 – 1902, vol. 3 (Topeka: W. Y. Morgan, 1902), 50.

38. George Catlin, *Letters and Notes on the Manners*, *Customs*, *and Condition of the North American Indians*, vol. 1 (London: Published by the Author, 1841), 263. 卡特林还为解决野牛的困境提出了可能的对策，他建议如果能够将当时被套在皮毛交易中的投资"转投到制造羊毛外套的机器

上，就能更好地……利用资金，这既是为了国家的利益也是为了投资人的利益"。同上。

39. Audubon, *Audubon and His Journals*, vol. 2, 131.

40. Gregg, *Commerce of the Prairies*, vol. 2, 213. 还可参见 *A Pictorial Geography of the World*, vol. 2 (Boston, Charles D. Strong, 1856), 41; Allen, *History of the American Bison*, 561; and "Report of the Secretary of War," Senate Doc. 77, 40th Congress, 1st Sess. (July 19, 1867), 11。

41. Hornaday, *The Extermination of the American Bison*, 492; and Rinella, *American Buffalo*, 167.

42. William F. Cody, *True Tales of the Plains* (New York: Empire Book Company, 1908), 66 – 68.

43. 一位观察者这样描述这种不良的"娱乐方式"。"当火车朝着可能离自己几英里远的平静的［野牛］群快速驶来，同时鸣响刺耳的警笛时，野牛们会先抬起头仔细地观察这个正朝着它们靠近的物体。这个物体不仅会发出令大地震颤的吼声，还被一团白色的烟云笼罩着，这层烟云比老旧的驿马车能扬起的尘土飘得更高更远。弄清了火车的路线之后，野牛们不但不会逃回远处的山谷，反而会向着铁轨的方向冲去，显然是下定决心要不惜一切代价从火车头前面穿过铁轨。客运列车在平原地区的速度比较慢，野牛在列车旁边追跑一两英里的情况很常见。这些野兽只有在火车已经彻底走远之后才会放弃追逐。在野牛追着火车跑的时候，乘客会打开车窗，用后膛枪向高度密集的狂奔的野牛群射击上百发子弹。很多可怜的动物会当场身亡，有些受伤的回到山谷中也难逃一死。"W. E. Webb, *Buffalo Land, An Authentic Account of the Discoveries, Adventures, and Mishaps of a Scientific and Sporting Party in the Wild West* (Cincinnati: E. Hannaford & Company, 1873), 313 – 314. 还可参见 Peter D. Ridenour, *Autobiography of Peter D. Ridenour* (New York: Hudson Press, 1908), 215。

44. Quoted in Dary, *The Buffalo Book*, 124.

45. Hornaday, *The Extermination of the American Bison*, 435, 440, 496 –

注 释

498; Isenberg, *The Destruction of the Buffalo*, 130 – 131; William Cronon, *Nature's Metropolis: Chicago and the Great West* (New York: W. W. Norton, 1991), 216; and Joel Asaph Allen, *History of the American Bison*, Bison Americanus (Washington, DC: U. S. Government Printing Office, 1877), 570.

46. Hornaday, *The Extermination of the American Bison*, 494; and Allen, *History of the American Bison*, Bison Americanus, 579 – 580.

47. 参见, 例如, David D. Smits, "The Frontier Army and the Destruction of the Buffalo: 1865 – 1833," *Western Historical Quarterly* 25 (Autumn 1994): 313 – 338; and Isenberg, *The Destruction of the Bison*, 129。

48. William Butler, *Sir William Butler, An Autobiography* (New York: Charles Scribner's Sons, 1911), 97; and Smits, "The Frontier Army and the Destruction of the Buffalo," 328.

49. Smits, "The Frontier Army and the Destruction of the Buffalo," 317.

50. John R., Cook, *The Border and the Buffalo* (Topeka: Crane & Company, 1907), 113; and Smits, "The Frontier Army and the Destruction of the Buffalo," 330.

51. Isenberg, *The Destruction of the Bison*, 129; and Smits, "The Frontier Army and the Destruction of the Buffalo," 319 – 321, 332 – 333.

52. Hornaday, *The Extermination of the American Bison*, 501; Hansen, *When Skins Were Money*, 187; and Eugene D. Flaherty, *Wild Animals and Settlers on the Great Plains* (Norman: University of Oklahoma Press, 1995), 62. 从 1872 年到 1874 年这三年的时间里, 仅艾奇逊 – 托皮卡 – 圣菲铁路公司就运送了重达 10793350 磅的野牛骨头。Hornaday, *The Extermination of the American Bison*, 498.

53. Isenberg, *The Destruction of the Bison*, 139 – 140; and Flores, "Bison Ecology," 481 – 483.

54. Hornaday, *The Extermination of the American Bison*, 496, 501.

55. 同上书, 503, 505 – 509, 513; Isenberg, *The Destruction of the*

404

Bison, 140。

56. "Where the Buffalo Robes Come From," *Boston Daily Globe* (March 12, 1882); and Hornaday, *The Extermination of the American Bison*, 512.

57. Theodore Roosevelt, *Hunting Trips of a Ranchman*, vol. 2 (New York: G. P. Putnam's Sons, 1885), 74 – 76. 罗斯福年轻时认为野牛的灭亡是动物界的悲剧,也是一些人的损失,但他并不认为这对于全人类来说是什么坏事。在这本书后面的章节里,他还写道,因为野牛数量过多会阻碍人类定居,还因为消灭野牛"是解决印第安人问题的唯一办法……所以从大多数人的角度来说,野牛灭绝是一件好事"。同上书,82 – 83。

58. Isenberg, *The Destruction of the Bison*, 162.

59. "The Extinct Buffalo," *Boston Daily Globe* (September 22, 1889). 还可参见 "The Extermination of the Bison," *New York Times*, reprinted from the *London Daily Telegraph* (July 28, 1885)。

60. Hornaday, *The Extermination of the American Bison*, 502. 还可参见 A. L. Belden, *The Fur Trade of America, and Some of the Men Who Made and Maintain It* (New York: Peltries Publishing Company, 1917), 450 – 451。

61. Hornaday, *The Extermination of the American Bison*, 525; and William T. Hornaday, *Our Vanishing Wildlife, Its Extermination and Preservation* (New York: New York Zoological Society, 1913), 180.

尾声 一个时代的终结

1. Clive Roots, *Domestication* (Westport, CT: Greenwood Press, 2007), 127 – 129; Helen Coster, "Adventures in the Skin Trade," *Fortune* (November 26, 2007), 142; Lauren Letter, "Slowing Economy Pelts the Global Fur Business," *Wall Street Journal* (February 12, 2009); Jerry Harkavy, "Beaver Trapper Carries on Centuries-Old Tradition," *Boston Globe* (March 6, 2009); Harold Faber, "Becoming Rare Species: The American Trapper," *New York Times* (February 9, 1992); Sam Smith, "Fur Trappers are Taking on the Scourge of the Marshlands," *New York Times* (May 28, 2002); Kate Galbraith, "Back in

405

Style：The Fur Trade，" *New York Times* (December 24, 2006); Katie Weisman, "Fur's Quiet Comeback," *New York Times* (November 23, 2007); fact sheets on International Fur Trade Federation Web site, http：//www. iftf. com/iftf_ 3_ 1_ 1. php? id = 173 and http：//www. iftf. com/iftf_ 3_ 2_ 2. php (accessed April 6, 2009); and Fur Commission USA Web site, http：//www. furcommission. com/who/index. html (accessed April 6, 2009).

2. Frank Graham, Jr., *Man's Dominion*, *The Story of Conservation in America* (New York：M. Evans and Company, 1971), 14.

3. 更多关于 1914 年灭绝的候鸽的命运及其他在这个"灭绝时代"中数量逐渐减少的狩猎动物和有装饰性羽毛的鸟类的信息可参考 A. W. Schorger, *The Passenger Pigeon*, *Its Natural History and Extinction* (Norman：University of Oklahoma Press, 1955); Dolin, *The Smithsonian Book of National Wildlife Refuges*, 13 - 15; Peter Matthiessen, *Wildlife in America* (New York：Viking, 1987); Eric Jay Dolin and Bob Dumaine, *The Duck Stamp Story*：*Art*, *Conservation*, *History* (Iola, WI：Krause Publications, 2000), 15; and Frank Graham, Jr., *The Audubon Ark*, *A History of the National Audubon Society* (Austin：University of Texas, 1990)。

4. Poland, *Fur-Bearing Animals in Nature and Commerce*, xxxii - xxxiii, 252; Busch, *The War Against the Seals*, 110 - 111; and Roberts, *The Unnatural History of the Sea*, 110 - 111. 即便是在这个初期阶段，也不是所有人都赞成使用皮毛作为人身上的装饰的。1858 年的一份宗教杂志就针对皮毛交易发出了如下警告："我们毫不怀疑我们的读者会赞同我们的观点，那就是花钱购买昂贵的皮毛是不实用的，尤其是完全为了满足个人虚荣卖弄的愿望而购买的行为就更加不恰当了。然而，皮毛交易的各个分支为不少家庭提供了维持生计的办法，因此下面摘录的信息与很多人的利益是息息相关的。""The Fur Trade," *The Friend*, *A Religious and Literary Journal* (December 25, 1858)。

5. 更多关于自然保护运动兴起的信息参见 Stephen Fox, *John Muir and His*

Legacy: *The American Conservation Movement* (Boston: Little, Brown and Company, 1981); Frank Graham, Jr., *Man's Dominion*, *The Story of Conservation in America* (New York: M. Evans and Company, 1971); Dolin, *The Smithsonian Book of National Wildlife Refuges*, 23 - 82;) and James B. Trefethen, *An American Crusade for Wildlife* (New York: Winchester Press, 1975)。

6. Agnes C. Laut, *The Fur Trade of America* (New York: Macmillan Company, 1921), 151 - 186; Hanson, *When Skins Were Money*, 189 - 190; Henry Fairfield Osborn and Harold Elmer Anthony, "Can We Save the Mammals?" *Natural History* (September - October 1922); 389 - 405; Cameron Jenks, *The Bureau of Biological Survey* (1929; reprint, New York: Arno Press, Inc.,
1974), 10. 我能够查到的最早的保护有皮毛动物的法律规定是 1791 年马萨诸塞州通过的《本州关于动物保护和鼓励皮毛交易的法案》, 其中规定在每年 6 月至 9 月间杀死河狸、海獭、狼獾、麝鼠、黑貂、狐狸、食鱼貂、貂或圣马丁鸟的行为都是违法的。犯法者每违反一次法律规定, 要缴纳 "不少于 20 先令, 不高于 3 英镑的罚款"。"An Act for the Preservation and Encouragement of the Fur Trade Within this Commonwealth," June 10, 1791, in *Acts and Laws of the Commonwealth of Massachusetts* (Boston: Adams & Nourse, 1895), 262. 根据 1909 年国家动物保护委员会的报告, "我国的大部分野生狩猎动物和带皮毛动物已经被捕杀。为避免这些物种彻底灭绝, 美国各州及联邦政府采取了各种保护措施, 如今这些动物的数量已经有所上升"。National Conservation Commission, *Report of the National Conservation Commission*, vol. 1, U. S. Senate, 60th Congress, 2nd sess., doc. 676 (Washington, DC: U. S. Government Printing, 1909), 18. 这份报告还指出: "野生动物和鸟类为我们提供了肉食、皮革、皮毛和羽毛, 这些资源的价值达到了每年几百万美元, 且这个数量还在继续上升。" 同上书, 82. 在报告的附录中, 生物调查部门负责人 C. Hart Merriam 提供了一些关于美国的带皮毛动物数量减少, 以及人们为改善这种状况而做出的努力的重要背景信息: "北美洲曾经是世界上产量最高的皮毛供应区, 但是如今带皮毛动物的数量已经大大

406

地下降了，资源的供应已经远远满足不了市场的需求了……人们现在每年在美国获得的皮毛价值在 1500 万美元至 2000 万美元之间。皮毛价格昂贵的动物越来越稀缺，这造成了人们对低档皮毛的需求增加及其价格的升高。我们需要的是……合理地管理野生动物。眼下，所有地方的野生动物数量都因为人们对皮毛需求的增加和不断扩张的文明社会对于它们原本栖息地的侵蚀而不断减少……解决这个问题的办法是禁止过度捕杀和通过立法规定捕猎期的时限。很多州已经意识到了此类立法的必要性，并采取了相应的行动。剩下的州和联邦政府也应当效仿这些先例，协助保护和合理利用这些宝贵的自然资源，那样才能确保继续在不花费什么维护费用的前提下每年收获可观的利益。" C. Hart Merriam，"Relations of Birds and Mammals to the National Resources," in National Conservation Commission, *Report of the National Conservation Commission*, vol. 3, United States Senate, 60th Congress, 2nd sess., doc. 676（Washington, DC：U. S. Government Printing Office, 1909), 318 – 331.

7. 这个数字包括了中枪后被拉上船的和沉入水底的海豹的数量。Busch, *The War Against the Seals*, 145 – 147.

8. 同上书，197。这是第一个国际环境条约。参见 Roberts, *The Unnatural History of the Sea*, 111 – 112。

9. 回顾自己见到何塞的经过时，美国野生生物保护协会主席史蒂文·桑德森（Steven Sanderson）称这只河狸的出现"是我们伟大城市的一个有象征意义的时刻……一种曾经代表了北美洲荒野边界的动物，如今可以活跃在穿过布朗克斯动物园的河流中，这个事实就是我们在这个地球上的任何地方都能够与自然共存的有力证据。没有什么是不可能的"。引自 Live Science, "Beaver Returns to New York City Centuries after Eradication"（February 23, 2007), at the Web site http：//www. livescience. com/animals/070223bronx _ beaver. html（accessed April 9, 2009）。还可参见 Bob Kappstter, "Bronx River Beaver ‘Alive and Well,'" *Daily News*（May 7, 2008）; and Peter Miller, "Before New York," *National Geographic*（September 2009）：126。

407

10. 参见，例如 Cornelia Dean，"Return of the Once-Rare Beaver? Not in My Yard," *New York Times*，June 9，2009。

11. 关于海獭的更多背景信息参见美国鱼类及野生动植物管理局网站：Northern sea otter (*Enhydra lutris kenyoni*)，http：//ecos. fws. gov/speciesprofile/speciesreport. do? spcode = a0Hk；and Southern sea otter (*Enhydra lutris nereis*)，http：//ecos. fws. gov/speciesprofile/speciesreport. do? sp code = a0a7。还可参见 Roberts，*The Unnatural History of the Sea*，172 – 173。阿留申群岛沿岸的海獭数量在 1990 年至 2000 年间经历了一次骤降，科学家至今仍然在寻找其原因。关于这一情况的精彩论述及既有理论之一是虎鲸捕食海獭是造成数量下降的原因之一，同上书，171 – 183。

12. Eric W. Sanderson et al.，"The Ecological Future of the North American Bison：Conceiving Long-Term，Large-Scale Conservation of Wildlife," *Conservation Biology* 22 （April 2008）：254；and C. H. Freese et al.，"Second Chance for the Plains Bison," *Biological Conservation* 136 （April 2007）：175 – 184.

13. 美国专门以皮毛交易为主题的最好的两个博物馆是内布拉斯加州沙德伦的皮毛交易博物馆 （www. furtrade. org） 和怀俄明州派恩代尔的山地人博物馆 （www. museumofthemount ainman. com）。这两个博物馆都非常值得一去。

参考文献

This bibliography, which is intended as a starting point for those who want to learn more about the history of the fur trade in America, contains a small fraction of the sources cited in this book. For additional information about specific topics covered in the text, please refer to the endnotes.

Adams, James Truslow. *The Founding of New England*. Boston: Atlantic Monthly Press, 1921.

Bailyn, Bernard. *The New England Merchants in the Seventeenth Century*. New York: Harper & Row, 1955.

Barbour, Barton H. *Fort Union and the Upper Missouri Fur Trade*. Norman: University of Oklahoma Press, 2001.

Berry, Don. *A Majority of Scoundrels: An Informal History of the Rocky Mountain Fur Company*. New York: Harper & Brothers, 1961.

Branch, E. Douglas. *The Hunting of the Buffalo*. 1929. Reprint, Lincoln: University of Nebraska Press, 1962.

Buffinton, Arthur H. "New England and the Western Fur Trade." In *Publications of the Colonial Society of Massachusetts*. Vol. 18, *Transactions 1915–1916*. Boston: Colonial Society of Massachusetts, 1917.

Busch, Briton Cooper. *The War Against the Seals, A History of the North American Seal Fishery*. Kingston, ON: McGill-Queen's University, 1985.

———, and Barry M. Gough, eds. *Fur Traders from New England: The Boston Men in the North Pacific, 1787–1800*. Spokane: Arthur H. Clark Company, 1997.

Chittenden, Hiram Martin. *The American Fur Trade of the Far West*. 2 vols. 1902. Reprint, Stanford: Academic Reprints, 1954.

Cleland, Robert Glass. *This Reckless Breed of Men: The Trappers and Fur Traders of the Southwest*. Albuquerque: University of New Mexico Press, 1950.

Crean, J. F. "Hats and the Fur Trade," *Canadian Journal of Economics and Political Science* 28, no. 3 (Aug. 1962): 373–86.

Dary, David. *The Buffalo Book: The Full of Saga of the American Animal*. Chicago: Sage Books, 1974.

———. *The Santa Fe Trail: Its History, Legends, and Lore*. New York: Alfred A. Knopf, 2000.

DeVoto, Bernard. *Across the Wide Missouri*. Boston: Houghton, Mifflin & Company, 1947.

Gibson, James R. *Otter Skins, Boston Ships, and China Goods: The Maritime Fur Trade of the Northwest Coast. 1785–1841*. Seattle: University of Washington Press, 1999.

Goetzmann, William H. *Exploration and Empire, The Explorer and the Scientist in the Winning of the American West*. Francis Parkman Prize ed. New York: History Book Club, 2006.

Gowans, Fred R. *Rocky Mountain Rendezvous, A History of the Fur Trade Rendezvous, 1825–1840*. Layton, UT: Gibbs M. Smith, Inc., 1985.

Hale, Nathaniel C. *Pelts and Palisades: The Story of Fur and the Rivalry for Pelts in Early America*. Richmond, VA: Dietz Press, 1959.

Hanson, James A. *When Skins Were Money: A History of the Fur Trade*. Chadron, NE: Museum of the Fur Trade, 2005.

Harris, Bill. *The Lives of Mountain Men*. Guilford, CT: Lyons Press, 2005.

Hornaday, William Temple. *The Extermination of the American Bison*. 1889. Reprint, Washington, DC: Smithsonian Institution Press, 2002.

Horwitz, Tony. *Blue Latitudes: Boldly Going Where Captain Cook Has Gone Before*. New York: Henry Holt and Company, 2002.

Innis, Harold. *The Fur Trade in Canada*. Toronto: University of Toronto Press, 1970.

Irving, Washington. *Astoria; or, Enterprise Beyond the Rocky Mountains*. Paris: Baudry's European Library, 1836.

———. *The Adventures of Captain Bonneville, Or Scenes Beyond the Rocky Mountains of the Far West*. 2 vols. London: Richard Bentley, 1837.

Isenberg, Andrew C. *The Destruction of the Bison*. New York: Cambridge University Press, 2000.

Johnson, Amandus. *The Swedish Settlements on the Delaware: Their History and Relation to the Indians, Dutch and English, 1638–1664*. 2 vols. New York: D. Appleton & Company, 1911.

Krech, Shepard, III. *The Ecological Indians: Myth and History*. New York: W. W. Norton & Company, 1999.

Lavender, David. *Land of Giants: The Drive to the Pacific Northwest, 1750–1950*. New York: Doubleday & Company, 1958.

———. *The First in the Wilderness*. Lincoln: University of Nebraska Press, 1998.

Laycock, George. *The Mountain Men*. Guilford, CT: Lyons Press, 1988.

Madsen, Axel. *John Jacob Astor: America's First Multimillionaire*. New York: John Wiley & Sons, Inc., 2001.

Malloy, Mary. *"Boston Men" on the Northwest Coast: The American Maritime Fur Trade 1788–1844*. Kingston, ON: Limestone Press, 1998.

Mancall, Peter C. *Deadly Medicine, Indians and Alcohol in Early America*. Ithaca: Cornell University Press, 1995.

McCracken, Harold. *Hunters of the Stormy Sea*. New York: Doubleday & Company, 1957.

Mills, Enos A. *In Beaver World* 1913. Reprint, Lincoln: University of Nebraska Press, 1990.

Moloney, Francis X. *The Fur Trade in New England, 1620–1676*. Cambridge: Harvard University Press, 1931.

Morgan, Dale L. *Jedediah Smith and the Opening of the West*. Lincoln: University of Nebraska Press, 1964.

Morgan, Lewis H. *The American Beaver*. Philadelphia: J. B. Lippincott & Co., 1868.

Morison, Samuel Eliot. *The Maritime History of Massachusetts, 1783-1860*. Boston: Houghton, Mifflin & Company, 1941.

Müller-Schwarze, Dietland, and Lixing Sun. *The Beaver: Natural History of a Wetlands Engineer*. Ithaca: Comstock Publishing, 2003.

Newman, Peter C. *Empire of the Bay: The Company of Adventurers That Seized a Continent*. New York: Penguin Books, 1998.

Norton, Thomas Elliot. *The Fur Trade in Colonial New York, 1686–1776*. Madison: University of Wisconsin Press, 1974.

Outwater, Alice. *Water, A Natural History*. New York: Basic Books. 1996.

Phillips, Paul Chrisler. *The Fur Trade*. 2 vols. Norman: University of Oklahoma Press, 1961.

Richter, Daniel K. *Facing East from Indian Country: A Native History of Early America*. Cambridge: Harvard University Press, 2001.

Rink, Oliver A. *Holland on the Hudson: An Economic and Social History of Dutch New York*. Ithaca: Cornell University Press, 1986.

Ronda, James P. *Astoria & Empire*. Lincoln: University of Nebraska Press, 1990.

Shorto, Russell. *The Island at the Center of the World*. New York: Vintage Books, 2005.

Sunder, John E. *The Fur Trade on the Upper Missouri, 1840–1865*. Norman: University of Oklahoma Press, 1965.

Terrell, John Upton. *Furs by Astor*. New York: William Morrow & Company, 1963.

Utley, Robert M. *A Life Wild and Perilous: Mountain Men and the Paths to the Pacific*. New York: Henry Holt and Company, 1997.

Vanidiveer, Clarence A. *The Fur-Trade and Early Western Exploration*. Cleveland: Arthur H. Clark Company, 1929.

Veale, Elspeth M. *The English Fur Trade in the Later Middle Ages*. Oxford: Clarendon Press, 1966.

Weber, David J. *The Taos Trappers: The Fur Trade in the Far Southwest, 1540–1846*. Norman: University of Oklahoma Press, 1970.

Wishart, David J. *The Fur Trade of the American West, 1807–1840*. Lincoln: University of Nebraska Press, 1992.

致　谢

　　就我个人而言，创作这本书就是对于美国一段令人着迷的历史的愉悦探索。在整个过程中，我受到了很多有益的帮助和指导。首先要感谢的当然是那些就皮毛交易这一主题创作过作品的人，他们的研究成果让我能够梳理出这样一个完整的故事。这些人之中既有生活在那个年代并留下第一手记录的亲身经历者，也有根据史实记录并解读历史的人。关于美国皮毛交易的文献非常丰富，我建议那些喜欢《皮毛、财富和帝国》的读者可以以本书注释和参考书目为跳板，继续探索更多相关历史问题。

　　在此我要特别感谢那些审读过本书书稿的人，他们提供的宝贵改进意见大大地提升了这本书的质量。首先是退休了的航空航天工程师布鲁斯·贝拉森（Bruce Belason），他是一位历史爱好者，尤其关注美洲皮毛交易历史。我在开始创作本书之初就结识了布鲁斯，他不仅许可我随意使用他丰富的藏书，还是我的第一位读者。我每完成一个章节，他都会阅读并提供反馈意见。他和他的妻子安在我到他家做客的时候总是热情地接待我。接下来是内布拉斯加州沙德伦皮毛交

致　谢

易博物馆荣誉馆长詹姆斯·A.汉森。他就是一本北美皮毛交易的活百科，还是一位杰出的故事讲述者。我前往西部时和他及他的妻子安一起度过的两天时间是一次愉快的体验，而且我还从他那里获得了相当多的有益信息。除他们之外，杨百翰大学美国西部历史系荣誉教授弗雷德·R.高恩斯（Fred R. Gowans）和国家公园管理局前任首席历史学家罗伯特·M.尤里都提供了对我大有帮助的真知灼见。马萨诸塞州伍兹霍尔海上学府的航海时代历史教授玛丽·马洛伊（Mary Malloy）审读了关于太平洋西北地区海獭皮毛交易的章节，并提出了中肯的改进意见。还有野牛爱好者鲍勃·德尔克（Bob Doerk）审读了野牛皮交易的章节。最后，我还要感谢马萨诸塞州历史学会斯蒂芬·T.赖利图书馆馆长彼得·德鲁米，他审读了整本书稿并与我分享了他对这个题材的热爱。本书中如存在任何错误，都应属于我个人的问题。

其他为我提供了帮助的人还包括：皮毛交易博物馆馆长盖尔·德布斯·波特（Gail DeBuse Potter）；萨布莱特县历史学会主席和山地人博物馆馆长劳丽·哈特维希（Laurie Hartwig）；在我家乡马布尔黑德的阿伯特公共图书馆的全体工作人员；马萨诸塞州历史学会的全体工作人员；斯万普斯科特公共图书馆的全体工作人员；亨利·阿姆斯特朗（Henry Armstrong）、珍妮弗·贝尔特（Jennifer Belt）、玛丽·林恩·伯德（Mary Lynne Bird）、玛吉·波拉克（Marge Bollack）、鲁思·鲍勒（Ruth Bowler）、珍妮弗·A.布莱恩（Jennifer A. Bryan）、肖恩·坎贝尔（Sean Campbell）、凯特林·迪恩（Caitlin Deane）、埃里克·埃索（Eric Esau）、劳拉·A. 福斯特（Laura A. Foster）、吉娜·加登（Gina Garden）、凯蒂·加德纳（Katie Gardner）、克林特·吉尔克里斯特（Clint Gilchrist）、罗纳德·E. 格里姆（Ronald E. Grimm）、埃莱娜·格鲁林（Elaine Grublin）、洛丽·霍姆伯格（Lori Holmberg）、珍妮·盖尔斯（Jeannie Gales）、艾伦·格雷特（Alan Gehret）、凯莉·安妮·哈梅尔（Carrie Anne Hamel）、玛格丽特·基克希弗（Margaret Kieckhefer）、丹尼尔·克沙雷克（Daniel Kosharek）、彼得·刘易斯（Peter Lewis）、洛兰·C. 米勒（Lorraine C. Miller）、肯·罗宾逊（Ken Robison）、罗杰·莱利（Roger Ryley）、约书亚·肖（Joshua Shaw）、南希·舍伯特（Nancy Sherbert）、道格·舍伯特（Doug Sherbert）、凯莉－安·特金顿（Kelly-Ann Turkington）、托马斯·沃伦（Thomas Warren）、布伦达·J. 韦策尔（Brenda J. Wetzel）、维克·耶帕利安（Vicken Yegparian）和恰克·扬（Chuck Young）。我还要感谢为本书提供了图片的各个机构，机构详情可见插图信息。

　　我的经纪人拉塞尔·盖伦（Russell Galen）一如既往地令我感到钦佩，无论是他的睿智，还是他解决问题甚至是防止问题发生的超乎寻常的能力总是让我惊讶。他继续指导我关于出版事业中的复杂事务，从总体上帮助我理顺了整个流程，好让我能够专心于研究和写作。W. W. 诺顿出版社为我提供了一个作者能够得到的最重要的东西———一家优秀出版社的支持与鼓励。还有能力出众、不知疲倦的编辑鲍勃·韦尔（Bob Weil），他为本书花费了大量的时间和精力，提出了无数的改进建议，几乎让每一页内容都有所提升。这是我

致　谢

第二次与鲍勃合作，我希望今后还有更多合作机会，能够与他一起工作使我感到非常高兴。鲍勃的助理卢卡斯·惠特曼（Lucas Wittmann）在书稿的整个创作过程中为我提供了很多帮助，与他合作非常愉快。任何时候我有疑问，他都有答案，或者是能够很快帮我找到答案。后来接替他工作的菲尔·马里诺（Phil Marino）也同样出色。销售和市场部主任比尔·拉辛（Bill Rusin）是将本书放到读者手中的人，他的工作做得非常棒，他对我和我的作品的热情支持也令我感激不尽。我还要感谢出版部主任珍妮·卢西亚诺（Jeannie Luciano）给予我同样的支持。副总裁兼广告部主任路易斯·布罗克特（Louise Brockett）和广告部副主任雷切尔·萨尔兹曼（Rachel Salzman）的工作非常有创意、有效率，他们让我对于本书获得关注感到十分有信心。

执行主编南希·帕尔姆吉斯特（Nancy Palmquist）监督了整个编校和索引制作过程，并选择了杰出的苏·卢埃林（Sue Llewellyn）作为本书的文稿编辑，她不仅文字技巧娴熟，还让稿件更具幽默感，为我的文笔增色不少。项目编辑唐·里夫金（Don Rifkin）确保了文字中尽可能少出现错误。副总裁兼艺术部主任刘颖素（Ingsu Liu，音译）及她的团队为本书创作了美观的封面。印制经理安迪·马拉西亚（Andy Marasia）是最后印制出读者手中拿着的这本作品的人。我还要感谢埃布尔插图设计公司（Able Illustrator）的大卫·凯恩（David Cain）为本书创作了精美地图。

我在创作本书过程中受到的最重要、最持之以恒的支持来自我的家人。我要承认，我的父亲斯坦利·多林（Stanley

Dolin）是一位糟糕的评论者，因为他总是毫无保留地赞美我写出的所有内容，但我还是很喜欢听到他评价我的书稿，我为能够让他感到骄傲而非常开心。我的母亲露丝（Ruth）也同样支持我的创作，并对这一项目保持着浓厚的兴趣。我的孩子莉莉（Lily）和哈里（Harry）从来不会抱怨我把时间都花在了地下室里，他们还很喜欢取笑我的"洞穴书房"，说我每天就是坐在椅子上对着电脑屏幕，偶尔敲敲键盘，还会咕哝一些不连贯的自言自语。哈里经常问："爸爸，你那本皮毛的书写完了吗?"这总是能让我开怀大笑。我的妻子珍妮弗（Jennifer）是我最坚定的支持者，也是最大的力量源泉。虽然她不喜欢那些老套的话，但是我必须再次真诚地说一句，没有她的支持，我不可能完成这部作品。

索 引

（索引中的页码为本书页边码）

注：斜体页码指代图片。

图书在版编目（CIP）数据

皮毛、财富和帝国：美国皮毛交易的史诗／（美）
埃里克·杰·多林（Eric Jay Dolin）著；冯璇译.－－
北京：社会科学文献出版社，2018.5
　书名原文：Fur, Fortune, and Empire：The Epic
History of the Fur Trade in America
　ISBN 978－7－5201－2083－8

　Ⅰ.①皮… 　Ⅱ.①埃… ②冯… 　Ⅲ.①毛皮－对外贸
易－历史－美国－近代 　Ⅳ.①K712.4

中国版本图书馆 CIP 数据核字（2017）第 325584 号

皮毛、财富和帝国
——美国皮毛交易的史诗

著　　者／〔美〕埃里克·杰·多林（Eric Jay Dolin）
译　　者／冯　璇

出 版 人／谢寿光
项目统筹／段其刚　董风云
责任编辑／沈　艺　朱露茜

出　　版／社会科学文献出版社·甲骨文工作室（010）59366551
　　　　　地址：北京市北三环中路甲29号院华龙大厦　邮编：100029
　　　　　网址：www.ssap.com.cn
发　　行／市场营销中心（010）59367081　59367018
印　　装／三河市东方印刷有限公司

规　　格／开本：889mm×1194mm　1/32
　　　　　印张：20.625　插页：1　字数：433千字
版　　次／2018年5月第1版　2018年5月第1次印刷
书　　号／ISBN 978－7－5201－2083－8
著作权合同
登 记 号／图字01－2016－7067号
定　　价／92.00元